Eugen Leidig

# Preußisches Stadtrecht

Die Verfassung und Verwaltung der preußischen Städte

Eugen Leidig

**Preußisches Stadtrecht**
*Die Verfassung und Verwaltung der preußischen Städte*

ISBN/EAN: 9783743317260

Hergestellt in Europa, USA, Kanada, Australien, Japan

Cover: Foto ©ninafisch / pixelio.de

Manufactured and distributed by brebook publishing software
(www.brebook.com)

Eugen Leidig

**Preußisches Stadtrecht**

# Preußisches Stadtrecht.

## Die Verfassung und Verwaltung

der

### preußischen Städte

systematisch dargestellt

von

## Dr. Eugen Leidig,

Regierungsassessor.

Berlin, 1891.
Siemenroth & Worms.
SW. Wilhelmstraße 129.

# Vorwort.

Das preußische Verwaltungsrecht ist eine noch so junge und doch auch wenig gepflegte Wissenschaft, daß eine Arbeit, die einen nicht unbedeutenden Teil dieser Materie darzustellen versucht, kaum besonderer Rechtfertigung bedarf. Seit einem Menschenalter ist über preußisches Stadtrecht keine systematische Darstellung erschienen, die Anspruch auf wissenschaftliche Beachtung erhob.

Die Schwierigkeiten, die sich der systematischen Behandlung des preußischen Stadtrechts entgegenstellen, sind doppelter Art; einmal verlangt eine Fülle von Detail Aufnahme, um das Werk für die Praxis nutzbar zu machen, und ich muß es dem Urteile der Kritik überlassen, inwieweit mir auch die wissenschaftliche Durchdringung und juristische Verarbeitung dieses oft recht spröden Stoffes gelungen ist; dann aber muß ein Handbuch über Gemeinderecht meines Erachtens derart gehalten sein, daß es auch für die zahlreichen nicht juristisch vorgebildeten städtischen Beamten, namentlich auch für die Bürger, die dem städtischen Gemeinwesen ihre Dienste im Ehrenamt widmen, verständlich und von ihnen mit Nutzen zu gebrauchen ist. Ich hoffe, daß die, wie ich wohl sagen darf, große Mühe, welche ich grade hierauf verwandt habe, nicht ganz vergeblich gewesen ist.

Das Stadtrecht will den gegenwärtigen Rechtszustand darstellen, ich habe daher geflissentlich politische Erwägungen vermieden; ganz lassen sie sich freilich, wie ich meine, bei einer Arbeit über öffentliches Recht niemals verhindern.

Der Druck der ersten Bogen hatte bereits vor Abschluß des

Manuskripts begonnen und die Vollendung des Manuskripts hat dann längere Zeit, als ich anfangs glaubte, in Anspruch genommen; es haben sich daher einige Nachträge, die ich der freundlichen Beachtung empfehle, notwendig gemacht. In seiner jetzigen Gestalt gibt das Werk den Rechtszustand wieder, wie er am heutigen Tage in Geltung ist.

Möge denn das Buch, das mir bei der Ausarbeitung viel Mühe und viel Freude bereitet hat, an seinem Teile dazu beitragen, Sinn und Verständnis für das Wesen der deutschen Selbstverwaltung zu verbreiten und zu befestigen, möge es namentlich auch dazu mithelfen, daß immer weitere Kreise der Überzeugung werden, wie sie zuerst in der Städteordnung vom 19. November 1808 mit machtvoller sittlicher Energie zum Ausdruck gebracht ist, der Überzeugung, daß die öffentlichen Rechte zuerst und vor allem öffentliche Pflichten sind.

Berlin, am 1. Oktober 1890.

Eugen Leidig.

# Inhalt.

# Inhalt.

Erster Abschnitt.

Die städtische Gesetzgebung . . . . .

# Einleitung.

Das Recht der Gemeinden gehört zum öffentlichen Rechte eines Staates, insbesondere ist es ein Teil des Verwaltungsrechts. Jedes Recht bedarf zu seiner praktischen Wirksamkeit der positiven Geltung in einem bestimmten Staate: hier soll das Recht der preußischen Gemeinden dargestellt werden.

Der Begriff der Gemeinde ist ein einheitlicher, allein im Laufe der geschichtlichen Entwickelung hat er zwei verschiedene Ausprägungen als Dorf und als Stadt gefunden. Der Unterschied zwischen Dorf und Stadt besteht für Deutschland heute noch thatsächlich fort und ist in Preußen auch durch das positive Recht anerkannt. So sind wir berechtigt, hier nur die eine Ausprägung des Gemeindebegriffs, nur das Recht der städtischen Gemeinden zu behandeln.

Das Recht der Gegenwart kann nur begriffen werden aus der geschichtlichen Entwickelung des Rechts. Der dogmatischen Darstellung muß also eine Übersicht der Rechtsgeschichte der Städte vorangehen.

Wir dürfen uns aber weder bei der geschichtlichen noch bei der dogmatischen Darstellung auf das preußische Recht beschränken; Preußen ist stets ein Teil Deutschlands gewesen, das preußische Recht erscheint nur als eine besondere Gestaltung des nationalen Rechts, und wir können dasselbe daher auch nur im engsten Zusammenhange mit dem deutschen Rechte behandeln. Erst durch solche Verknüpfung des Partikularrechts mit dem nationalen Rechte, erst durch Vergleichung der verschiedenen Gestaltungen, die derselbe Rechtsgedanke in den einzelnen deutschen Territorien gefunden hat, gelangen wir dazu, daß dem deutschen Rechtsbewußtsein Wesentliche und Eigentümliche zu erkennen und damit die Grundlage zu gewinnen für das nationale deutsche Gemeinderecht der Zukunft.

# I. Übersicht der geschichtlichen Entwickelung der deutschen Städte.

Litteratur.

Die Chroniken der deutschen Städte vom 14. bis 16. Jahrhundert, Leipzig 1862—1887. Bd. 1—20 (mit vielen wertvollen Einleitungen und Beilagen). — Eichhorn, über den Ursprung der städtischen Verfassung in Deutschland (Zeitschrift für geschichtliche Rechtswiss. Bd. I, II, 1815/16). — Gaupp, über deutsche Städtebegründung, Städteverfassung und Weichbild, Jena 1824. — Eichhorn, Deutsche Staats- und Rechtsgeschichte, 4 Bde., 5. Aufl., Göttingen 1843/44. — v. Lanzicolle, Grundzüge der Geschichte des deutschen Städtewesens, Berlin 1829. — Rauschnik, Das Bürgertum und Städtewesen der Deutschen im Mittelalter, Dresden 1829. — Hüllmann, Städtewesen des Mittelalters, 4 Bde., Bonn 1826 bis 1830. — Barthold, Die Geschichte der deutschen Städte, Leipzig 1850. — Waitz, Deutsche Verfassungsgeschichte, Kiel 1844 ff., Bd. VII. — Hegel, Geschichte der Städteverfassung von Italien, Leipzig 1847, Bd. II. — Nitzsch, Ministerialität und Bürgertum im 11. und 12. Jahrhundert, Leipzig 1859. — Arnold, Geschichte der deutschen Freistädte, 2 Bde., Gotha 1854. — G. L. v. Maurer, Geschichte der Städteverfassung in Deutschland, 4 Bde., Erlangen 1869 ff. — A. Heusler, Der Ursprung der deutschen Stadtverfassung, Weimar 1872. — Uhrig, Grundzüge des Städtewesens im Mittelalter, Worms 1864 (Progr.). — F. Pfalz, Bilder aus dem deutschen Städteleben im Mittelalter, 2 Bde., Leipzig 1869. — K. Lamprecht, Deutsches Städtewesen am Schlusse des Mittelalters, Heidelberg 1884 (Frommel und Pfaff, Vorträge XVII, 3). — Kriegk, Deutsches Bürgertum im Mittelalter, Frankfurt a/M. 1868. N. F. 1871. — Roth v. Schreckenstein, Das Patriziat in den deutschen Städten, Freiburg i/B. u. Tübingen o. J. — Georg v. Below, Zur Entstehung der deutschen Stadtverfassung I, II (Sybel, histor. Ztschr. Bd. 58/59). — O. Gierke, Das deutsche Genossenschaftsrecht, Bd. I, II, Berlin 1869/1873. — A. Heusler, Institutionen des deutschen Privatrechts, 2 Bde., Leipzig 1885/86. — K. Lamprecht, Deutsches Wirtschaftsleben im Mittelalter, 3 Bde., Leipzig 1886. — C. L. A. Eisenhart, Versuch einer Anleitung zum Teutschen Stadt- und Bürgerrechte, Braunschweig 1791. — G. A. Tzschoppe und G. A. Stenzel, Schlesisch-Lausitzische Urkundensammlung zur Geschichte des Ursprungs der Städte und der Einführung und Verbreitung deutscher Rechte, Hamburg u. Berlin 1832. G. v. Below, die Entstehung der deutschen Stadtgemeinde. Düsseldorf 1888.

## 1. Die Entstehung des städtischen Gemeinwesens.

Als die Germanen den Völkern des Altertums bekannt wurden, befanden sie sich auf dem Übergange von nomadischen Zuständen zu seßhaftem Leben. Natürlich, daß solchem Volke Städte und städtisches Leben fremd waren. Wohl erhoben sich dann in den Jahrhunderten der Römerkämpfe in den deutschen Gebieten römischer Herrschaft zahlreiche Sitze städtischen Lebens, und viele der Städte am Rhein und der Donau, wie Trier, Köln, Mainz, Augsburg und manche andere, leiten ihren Ursprung bis in jene Tage zurück, aber die Deutschen scheuten nach wie vor das Wohnen in ummauerten Orten, „vergäße doch auch das Wild, in Gehege gesperrt, des eingeborenen Mutes". Als dann die Völkerwanderung die römischen Provinzen auf deutscher Erde mit germanischen Volks-scharen überflutete und deutsche Bauergemeinden, ledig des alten Widerwillens gegen städtisches Leben, in den einst glanzvollen Sitzen römischer Herrschaft ihre Wohnung nahmen, da ging den Deutschen „mit dem äußeren Begriff einer Stadt als eines um-mauerten volkreicheren Ortes nicht auch zugleich der rechtliche Begriff einer Stadt auf als einer besonders organisierten Ge-meinschaft."

Vielmehr galt auch in den neuen Verhältnissen die alte Ver-fassung fort, und die Städte mit ihrer Einwohnerschaft wurden völlig eingefügt in die bestehende Gliederung des Landes und Volkes. So blieben die Städte Teile eines sich über ihre Grenzen erstreckenden Gaues, einer Hundertschaft, oder es siedelten sich auch wohl in dem alten städtischen Bezirke mehrere Ortsgemeinden an: in keinem Stücke unterschied sich die freie Gemeinde, welche sich in den Trümmern einer römischen Stadt niedergelassen hatte, von den übrigen Gemeinden des Volkes. — Aber in allen von alters her bedeutenderen Orten fand sich neben der freien Gemeinde ein Bischof oder ein anderer geistlicher Grundherr, oft auch hatte der König hier eine Pfalz; beide aber besaßen dann Teile der Stadt-mark und geboten über die Grenzen des Stadtbezirkes hinaus zahl-reiche Hintersassen. Traten hierzu noch unabhängige Klöster und die von der übrigen Einwohnerschaft scharf gesonderte Judenge-meinde, so ergab sich eine Mannigfaltigkeit der Rechtsbeziehungen, die oft zu Konflikten und zur Rechtsverwirrung führen mußte. Solchen Verhältnissen ersproß die städtische Verfassung.

Schon in merowingischer Zeit gelang es der Kirche, für ihre Besitzungen mit Immunitätsprivilegien begabt zu werden, durch welche dem öffentlichen Richter das Schalten auf kirchlichem Grunde verwehrt wurde. Während früher die Grafen ihre Amtsbefugnisse, zumal die richterliche Gewalt, gleichmäßig gegen Vollfreie und die Hintersassen der Kirche und weltlicher Großen geübt und das Kirchengut behufs Beitreibung von Bußen, Pfändung von Schuld= nern, Ladung von Beklagten betreten hatten, ist ihnen jetzt die Ausübung von Amtshandlungen auf kirchlichen Besitzungen ver= boten. Nur durch Vermittelung des geistlichen Grundherrn können sie ihre Amtsgewalt gegen die kirchlichen Hintersassen geltend machen, an diesen müssen sie sich jetzt wenden, um zu bewirken, daß beklagte Zinsleute sich vor ihr Gericht stellen, verurteilte Hinter= sassen die Bußen bezahlen, Schuldner ihre Verpflichtungen erfüllen.

Im Laufe der Zeit fügte sich die Immunität immer fester. Damals voll löblichsten Eifers für das Wohl ihrer Hintersassen, suchten die geistlichen Grundherren dieselben zu schützen vor den überhandnehmenden Übergriffen der öffentlichen Beamten und, un= beengt durch die Ansprüche der Grafen, in angemessener und ge= ordneter Weise die Leistungen und Pflichten derselben festzustellen. Begünstigt vom Königtum, das die Grafen immer weniger in Ab= hängigkeit zu halten vermochte, gelang es, die Immunität stets weiter auszudehnen. Wo es die Gunst der Verhältnisse gestattete, beanspruchte der geistliche Herr die Immunität auch für die seiner Grundherrschaft nicht unterworfenen, aber zwischen Kirchengut wohnenden Freien, strebte er nach einem abgerundeten Immunitäts= bezirke. Zumal in den Städten suchte der Bischof die Immunität über die ganze Stadt auszudehnen und erlangte auch schließlich das königliche Privileg dafür. Indes wurde dies Ziel erst nach langem und mühevollem Streben erreicht.

Zuvörderst erlangten die Bischöfe in den Städten den Besitz der Königlichen Pfalzen und die Herrschaft über die Palatial= gemeinde.[1]) So standen sich nunmehr die bischöfliche Immunitäts=

---

[1]) D. h. diejenige Gemeinde, welche aus den zur Königlichen Pfalz ge= hörigen unfreien Leuten bestand.

gemeinde, welche nach Hofrecht ¹) lebte, und die freie Gemeinde, die unter Volksrecht ſtand, ſchroff gegenüber. Um die aus dieſer Gegenüberſtellung entſpringenden Konflikte zu beſeitigen, mußten die Biſchöfe ſtreben, auch die freie Gemeinde unter ihre Herrſchaft zu bringen. Durch die ottoniſchen Privilegien des 10. Jahrhunderts gelang es ihnen nun allerdings, ihre Herrſchaft über die ganze Stadt auszudehnen, aber zugleich wurde durch dieſe Privilegien der alte Immunitätsbegriff völlig aufgehoben, und an ſeine Stelle trat die Übertragung der Grafſchaftsrechte ²) für einen beſtimmten örtlichen Bezirk an den Biſchof. Der Biſchof belehnt jetzt den Grafen mit der Gerichtsbarkeit, aber der Graf wird dadurch nicht hofrechtlicher Bedienſteter des Biſchofs, ſondern bleibt nach wie vor öffentlicher Beamter, der öffentlich-rechtliche Funktionen ausübt. So wird durch die ottoniſchen Privilegien die freie Gemeinde nicht dem Hofrecht unterſtellt, ſie ſinkt nicht in die Hörigkeit des Biſchofs hinab, ſondern bleibt zugehörig zum Reiche, und nach wie vor iſt das Volksrecht für ſie in Geltung.

So iſt die Geſchichte der Verfaſſungsentwickelung nach außen hin eine Geſchichte des Übergangs öffentlich-rechtlicher Funktionen von dem Biſchof auf die Stadt und auf den Träger der Gewalt in derſelben, den Rat. Wie iſt nun der Rat entſtanden? Wie iſt er zur Ausübung öffentlich-rechtlicher Funktionen gelangt?

Seit dem 11. Jahrhundert findet ſich oftmals, daß die Biſchöfe bei Erledigung größerer Geſchäfte ſich mit einem Kreiſe vertrauenswürdiger Männer ihres Territoriums umgeben, deren verſtändigen Rat ſie beachten. Zu dieſem biſchöflichen Territorialrate, aus Klerus, Lehnsmannen und Miniſterialen ³) beſtehend, treten bei wichtigen Angelegenheiten auch wohl ſtädtiſche Leute (Burgenses)

---

¹) Hofrecht iſt dasjenige Recht, welches die Verhältniſſe der Unfreien unter ſich und zu ihrem Grundherrn ordnet, mag es der einzelnen unfreien Gemeinde — denn dasſelbe iſt für jede Gemeinde ein anderes — von dem Grundherrn gegeben, oder von der Gemeinde ſelbſt ausgebildet ſein.

²) Die Grafſchaften waren im früheren Mittelalter die hauptſächlichſten ſtaatlichen Verwaltungsbezirke; zu den Rechten des Grafen gehörte insbeſondere auch die Ausübung der Gerichtsbarkeit.

³) Miniſterialen ſind diejenigen Unfreien, welche nicht zur Leiſtung gemeiner Frondienſte verpflichtet ſind, ſondern die ihrem Herrn als Hausbeamte oder mit den Waffen dienen.

hinzu, und bei Geschäften, die nur die Stadt betreffen, bilden dann auch nur Burgenses den Rat des Bischofs. Am natürlichsten er= scheint, daß der Bischof die Beisitzer des Burggrafengerichts zu seinen Beratern erkor, die er als wackere Männer schon von ihrer gerichtlichen Thätigkeit kannte, wie sie ja auch in diesem Amte manche Einsicht und Erfahrung, was dem städtischen Wesen nütze, gewonnen haben mochten. Leichtlich schlossen sich dann im Laufe des 12. Jahrhunderts diese bürgerlichen Berater des Bischofs, an amtlichen Verkehr von ihrem Gerichtsamte her gewöhnt, enger an= einander, gaben sich eine gewisse Organisation und übten, teils mit Bewilligung, teils nur ohne Widerspruch des Bischofs, in autonomer Weise eine mehr oder weniger umfassende verwaltende Thätigkeit in der Stadt. Sahen die Bischöfe doch auch ihren eignen Vorteil darin, der städtischen Gemeinde eine gewisse Frei= heit und Unabhängigkeit in der Besorgung ihrer Gemeindean= gelegenheiten zu gewähren, und damit dem aufstrebenden Sinne der Städter Raum zur Entfaltung, dem wachsenden Verkehr und Wohlstande Förderung angedeihen zu lassen.

Wohlhabende und zufriedene Gemeinden zu beherrschen, war auch damals das Streben einsichtiger Regenten, nur durfte eben nicht ver= sucht werden, die Herrschaft selbst abzuschütteln, und dies geschah, als die Städte sich stark genug fühlten, reichsunmittelbar zu werden.

Seit Ende des 12. und Anfang des 13. Jahrhunderts ent= brannte daher der Kampf zwischen Stadt und Bischof. Der Rat übt jetzt selbst die Funktionen der öffentlichen Beamten aus, welche bisher dem Bischof zustanden, namentlich besteuert er, unabhängig vom Bischof, die Bürgerschaft, erfüllt die Pflichten, welche der Stadt gegen das Reich obliegen, und fügt mit diesem allen sich und die Stadt wieder unmittelbar ein in den Organismus der öffentlichen Gewalten des Reichs. Der Bischof aber verlangt, daß der Rat nach wie vor eine von ihm abhängige Behörde bleibe, deren Beschlüsse seiner Bewilligung bedürfen. In der Zeit von Philipp von Staufen bis zu Rudolf von Habsburg wogte dieser Kampf, der mit glänzendem Siege der Städte endete: seit dem Interregnum er= schien die Reichsstandschaft[1] derselben als ihr anerkanntes Recht.

---

[1] Das Recht auf Sitz und Stimme im Reichstage und damit zur Teil= nahme an der Reichsregierung.

Was die Biſchofsſtädte in harten Kämpfen als Inbegriff
ſtädtiſcher Freiheit errungen hatten, blieb vorbildlich für die weitere
Entwickelung des Städteweſens. Nicht in ſo mühevollem Ringen
wie dort, aber in weſentlich gleichartiger Weiſe entwickelte ſich zunächſt in den Königlichen Pfalzſtädten [1]) ſtädtiſche Verfaſſung und
ſtädtiſche Freiheit, zumal ja hier der König durch Erhebung dieſer
Ortſchaften zu Reichsſtädten nicht geſchädigt wurde.

Verhältnismäßig ſpät entſtanden dann Städte auf grundherr-
lichem Boden, auch dieſe immer nach dem Vorbilde der Biſchofsſtädte geſtaltet.

Als dann die große Wanderung deutſcher Volksmaſſen nach
Oſten hin das Flachland zwiſchen Elbe und Weichſel dem Deutſch-
tum eroberte, erwuchſen in dieſen ſlawiſchen Landen zahlreiche Sitze
ſtädtiſchen Lebens, und deutſche Stadtfreiheit verbreitete ſich bis
über die Düna und tief in das Magyarenland hinein. —

## 2. Die Blüte des deutſchen Städteweſens von der Mitte des 13. Jahr-
hunderts bis zum Ende des 15. Jahrhunderts.

Um die Mitte des 13. Jahrhunderts war die Entwickelung
der Stadtverfaſſung nach außen hin zum Abſchluſſe gekommen. Die
Stadt erſchien jetzt als ein politiſch abhängiges, rechtlich geſchloſſe-
nes Gemeinweſen, das in ſelbſtändiger Verwaltung ſeiner Angelegenheiten öffentlich-rechtliche Funktionen ausübte. Weſentlich für
die äußere Seite des Stadtbegriffs war die Ausübung öffentlich-
rechtlicher Funktionen und die rechtliche Geſchloſſenheit der Stadt,
die jedes fremde Recht innerhalb der eignen Rechtsſphäre abwies;
thatſächlich fand auch überall eine mehr oder weniger große Abhängigkeit von einer höheren politiſchen Macht ſtatt, wenn auch
von den nur Kaiſer und Reich unterworfenen Frei- und Reichsſtädten bis zu dem völlig unterthänigen Landſtädtchen ein gar
weiter Weg war.

Die äußere Entwickelung des Städteweſens hatte am Beginn
dieſes Zeitraums ihren Höhepunkt erreicht. Wohl ſtrebten die
Städte durch Erwerbung von Unterthanenland, durch das Aus-
bürger- und Pfahlbürgertum ſich zu Staaten auszugeſtalten und

---

[1]) Pfalzſtädte ſind die Städte auf Grund und Boden, der dem Könige
gehört.

in Städteverbündnissen die Kraft zu gewinnen zu sieghaftem
Widerstande gegen feindseliges Andringen neidischer Abliger und
des aufstrebenden Fürstentums; allein die innere Verschmelzung
des umliegenden Landgebietes mit der Stadt wußte das mittel=
alterliche Städtetum nicht zu bewirken, und mit der Sprengung
des rheinischen Städtebundes war die Macht der Städte gegen=
über dem Fürstentume gebrochen: nicht Angriff, nur noch Vertei=
digung des Erworbenen konnte fortan für sie die Losung sein. — Auch
im Norden Deutschlands, wo die machtvolle Hansa dem deutschen
Namen Ruhm und Ehren brachte, erhob sich das Fürstentum über
die Städte, auch hier gelang es diesen nicht, für die politische Ent=
wickelung Deutschlands maßgebend zu werden.

In dem inneren Ausbau der Verfassung fanden die Städte
ihre segensreiche Aufgabe für diesen Zeitraum, hier schufen sie die
Begriffe und Einrichtungen, welche zu dem Staate der Gegenwart
hinleiten. Was im vorigen Zeitraume begonnen, wurde jetzt,
namentlich nach den Zunftsiegen, auf das herrlichste vollendet;
überall tritt an die Stelle trüber Mischung des privat= und
öffentlich=rechtlichen Elementes eine scharfe Sonderung beider Ge=
biete.

Im Verhältnis zu der Stadtmark schieden sich jetzt die staat=
liche Gebietshoheit und das privatrechtliche Eigentum an Grund
und Boden. Die Bürger erschienen nach den Zunftsiegen als
eine einheitliche Bürgerschaft, in der alle nach dem Grundsatze
des Zusammenhanges der Rechte und Pflichten an der Erfüllung
der öffentlichen Aufgaben der Stadt teilnahmen; Gebiet und
Bürgerschaft wurden aber zu der höheren Einheit der Stadtper=
sönlichkeit zusammengefaßt, die, als eine Gesamtpersönlichkeit mit
eigener Willens= und Handlungsfähigkeit im öffentlichen und
Privatrechte, ihren Willen durch die städtischen Ämter als ihre
Organe ausführte.

### 3. Das deutsche Städtewesen von dem Ausgange des 15. bis zum Anfange des 19. Jahrhunderts.

Mit dem Mittelalter schwand auch der Glanz der deutschen
Städte dahin. Die veränderten Wege des Handels bewirkten ein
Sinken des Wohlstandes, die neue Art der Kriegführung, die zu=

nehmende Konsolidierung der Territorien drückte die Städte in ihrer Bedeutsamkeit herab; den umfassenden Aufgaben der Neuzeit konnten die wenigsten genügen. Mit dem Sinken der Macht und des Ansehens ging die Er= starrung des inneren Lebens Hand in Hand. Noch einmal, während der Reformationszeit, erhob sich das Bürgertum zu kräftigster Anteilnahme an den Zeitläuften, dann sank es in sich zusammen, — durch die Schläge des 30jährigen Krieges gebrochen, verfiel es fast völliger Agonie.

Geradezu eine Rückentwickelung hatte in den letzten beiden Jahrhunderten stattgefunden. Wiederum herrschte wie zu Anfang des Städtewesens die privatrechtliche Auffassung öffentlichen Rechtes: die Stadt erschien jetzt als eine mit dem Privileg der bürgerlichen Nahrung begabte Korporation, das Bürgerrecht war in das Recht auf bürgerliche Nahrung zusammengeschrumpft, der Rat hatte sich zunächst aus dem Organe der Stadt zu der kraft eignen Rechtes regierenden Stadtobrigkeit umgebildet, dann sah er sich gar als eine privatrechtliche Korporation an, die öffentlich=rechtliche Befug= nisse als privatrechtliche Nutzungsrechte ausübte, so daß jetzt das Recht auf Nutzung der Allmende,[1]) des Ratskellers und so fort, den Charakter des Ratsherrnamtes bestimmte.

Das Verdienst des seit Ende des 30jährigen Krieges kräftig aufstrebenden Absolutismus ist es dann gewesen, die Städte wieder öffentlichen Zwecken dienstbar gemacht zu haben, und wenn auch der absolutistische Staat für das eigne Leben der Gemeinde kein Verständnis hatte, so hat er doch wenigstens die Kräfte der Stadt für staatliche Zwecke geübt und so für das Wiedererwachen des alten städtischen Geistes vorbereitet.

#### 4. Die deutschen Städte im 19. Jahrhundert.

Eine neue Epoche in der Geschichte des deutschen Städtewesens bildete die preußische Städteordnung von 1808. Seither hat in allen deutschen Staaten die Gesetzgebung, unterstützt von dem kräftig aufblühenden Gemeinsinne der Bürger, die Städte wieder als eigne Gemeinwesen anerkannt. Wohl überwog in der ersten Hälfte des Jahrhunderts noch vielfach die französische Anschauung,

---

[1]) Allmende = Gemeindeland.

daß die Gemeinden nur Staatsverwaltungsbezirke seien; seitdem aber 1848 die Grundrechte des deutschen Volkes den Gemeinden selbständiges Leben verbürgt hatten, ist die geläuterte Anschauung des neueren deutschen Staatsrechts, welches die Gemeinden einer= seits als Gemeinwesen eignen Rechts, anderseits als Abteilungen der Staatsverwaltung betrachtet, mehr und mehr zur Geltung gelangt. Der nächsten Zukunft bleibt es vorbehalten, die richtige Grenze zwischen der genossenschaftlichen Selbstbestimmung der Gemeinde und den Ansprüchen des Staates zu finden. Möge dann das frisch erblühende Gemeindeleben den festen Untergrund bilden, auf dem sich der Staat der Gegenwart, fest und sicher gefügt, in lebendiger Anteilnahme seiner Bürger zu stets vollerem Glanze erbaue!

## II. Die Entwickelung der Städte in Preußen.

Litteratur:

C. Bornhak, Geschichte des preußischen Verwaltungsrechts, 3 Bde., Berlin 1884—86. — S. Isaaksohn, Geschichte des preußischen Be= amtentums vom Anfang des 15. Jahrhunderts bis auf die Gegenwart, 3 Bde., Berlin 1874—84 (unvollendet; reicht nur bis in die ersten Regierungsjahre Friedrich des Großen). — Zimmermann, Versuch einer Entwickelung der märkischen Städteverfassung, 3 Bde., Berlin 1837—40. — Schmoller, Das Städtewesen unter Friedrich Wilhelm dem Ersten (Ztschr. f. pr. Gesch. Bd. 8, 10, 11, 12). — Fischer, Lehrbegriff sämtlicher Kameral= und Polizeyrechte, 3 Bde., Frankfurt a/O. 1785 (enthält eine systematische Dar= stellung des preußischen Stadtrechts im 18. Jahrhundert). — v. Bassewitz, Die Kurmark Brandenburg, 4 Bde., Leipzig 1847—60. — E. Meier, Die Reform der Verwaltungsorganisation unter Stein und Hardenberg, Leipzig 1881. — Pertz, Das Leben des Ministers Freiherrn v. Stein, Bd. 6, Abt. 1 und 2, Berlin 1855. — v. Stein, Denkschriften über deutsche Verfassungen, herausgegeben von Pertz, Berlin 1848. — v. Raumer, Über die preußische Städteordnung, Leipzig 1828. — v. Raumer, Zur Rechtfertigung und Berichtigung meiner Schrift über die preußische Städteordnung, Leipzig 1828. — v. Savigny, Die preußische Städteordnung (L. Ranke, historisch= politische Zeitschrift Bd. I, Hamburg 1832). — Rumpf, Die preußische Städteord= nung von 1808, Berlin 1834. — v. Rönne und Simon, Die preußischen Städteordnungen vom 19. November 1808 und vom 17. März 1831 mit ihren Ergänzungen und Erläuterungen, Breslau 1843. — Schilling, Lehrbuch des Stadt= und Bürgerrechts der deutschen Bundesstaaten, 2 Bde., Leipzig 1830 (ent= hält eine systematische Darstellung der Städteordnung von 1808). — v. Rönne, Die Gemeindeordnung ... vom 11. März 1850. 2 Lieferungen, Brandenburg (jetzt Berlin) 1850.

## 1. Die Städte in Brandenburg bis zur Erwerbung der Mark durch die Hohenzollern.

Schon herrschte lange am Rhein und der Donau reges städti=
sches Leben, als noch in der Mark Brandenburg dürftige Ansiede=
lungen deutscher Bauern sich mühsam im Kampfe gegen die Slawen
erhielten. Erst als der tapfere Albrecht von Ballenstedt durch
Kaiser Lothar mit der Altmark belehnt wurde und seine siegreichen
Waffen über die Elbe trug, gestalteten sich die Verhältnisse sicherer.
Bis zum Ende des 12. Jahrhunderts entrissen Albrechts ruhm=
reiche Nachfolger den Slawen alle jene Gebiete, welche später die
Mark Brandenburg bildeten, und im Schutze der tapfern Herrscher
erhoben sich auch in den Landen östlich der Elbe bald deutsche
Städte.

Die erste urkundliche Nachricht, welche uns das Vorhandensein
von Städten in der Mark meldet, stammt aus dem Jahre 1151,
und diese zählt schon die Städte Brandenburg, Havelberg, Werben,
Arneburg, Tangermünde, Osterburg, Salzwedel und Stendal[1])
als dermalen bestehend auf. Mit der Ausdehnung der askanischen
Eroberungen auf dem rechten Elbufer und dem anwachsenden Zu=
flusse deutscher Ansiedler in die neu errungenen Gebiete wurde
auch die Gründung von Städten häufiger, ja seit dem Ende des
12. Jahrhunderts betrachteten die Fürsten die Städtegründung
geradezu als gewinnbringende Spekulation.

So wurde völlig planmäßig die Gründung einer Stadt an
einen Generalunternehmer (locator) vergeben, der für die Gefahr
und Mühen, welche er übernahm, das Schulzenamt, sowie von den
für die Stadtmark bestimmten Ländereien eine Anzahl Hufen als
Lohn erhielt.

Wie in dem westlichen Deutschland hat sich dann auch in
der Mark Brandenburg, hier wesentlich nach dem Vorbilde Magde=
burgs, die freie Stadtverfassung herausgebildet. Schon am An=
fange des 13. Jahrhunderts finden wir die Städte durch den Rat
geleitet, die landesherrlichen Rechte gegen die einzelnen Bürger
werden teils durch Kauf von der Stadt erworben, so der Grund=

---

[1]) Stendal nur in sofern, als es durch diese Urkunde mit dem Stadtrechte
beliehen, also erst jetzt zur Stadt erhoben wird.

zins für die Wohnstätten der Bürger, oder statt von den einzelnen Bürgern von der Stadt selbst gezahlt, wie es beispielsweise mit dem Hufenzinse geschah), und im Anschlusse hieran bildete sich dann auch das Besteuerungsrecht der Stadt über ihre Bürger aus.

In den wilden und rechtlosen Zeiten nach dem Aussterben der Askanier gelang es den Städten fast völlig unabhängig von der Fürstengewalt zu werden, und die größeren Städte stärkten ihre selbständige Stellung noch durch den Anschluß an die Hansa. Das Gefühl der Verpflichtung gegen den Staat war aber bei dieser hohen Selbständigkeit den Städten nur zu sehr verloren gegangen, Brandenburg drohte sich aufzulösen in eine Anzahl von reichsunmittelbaren Städten und ritterlichen Herrschaften, als eine neue Zeit mit der Übernahme der Regierung durch die Hohenzollern begann.

## 2. Die brandenburgischen Städte bis zum 17. Jahrhundert.

Als Friedrich I. die Mark übernahm, fand er überall Ver= wirrung und Rechtlosigkeit. Den Inhalt seiner Regierung bildet die Bändigung des Adels, sein Sohn konnte es wagen, auch die Selbständigkeit der Städte anzugreifen.

Epoche machte das Schicksal von Berlin=Cölln, das bei Ge= legenheit eines Zwistes zwischen Rat und Zünften 1442 gezwungen wurde, kurfürstliche Besatzung aufzunehmen und für die Rats= wahlen die Bestätigung des Landesherrn einzuholen. Was hier angebahnt, wurde von Albrecht Achilles vollendet. Als die alt= märkischen Städte sich der Einführung der Bierziese [1]) widersetzten und in blutigem Aufruhr zu Stendal kurfürstliche Einnehmer und Vasallen erschlagen wurden, kassierte Albrecht 1488 die Privilegien der rebellischen Städte, und wenn sie auch alsbald die meisten wieder erhielten, so wurde doch auch hier die landesherrliche Be= stätigung der Ratswahlen vorbehalten.

Wenn nun auch durch ausdrückliche Verzichtleistung auf ihre Privilegien nur Berlin und die altmärkischen Städte ihre frühere Selbständigkeit verloren hatten, so konnten doch auch die übrigen der wachsenden Fürstengewalt nicht widerstehen. So vermochte es

---

[1]) einer Brausteuer.

Joachim I. im Jahre 1515 in seiner allgemeinen Polizeiordnung auch die erste landesherrliche Städteordnung zu erlassen. Freilich hörten mit seinem Tode die fürstlichen Reformbestrebungen vorläufig auf. Adel und Städte, zu schwach, um sich der Fürstenmacht ganz zu entziehen, suchten nun eine möglichst günstige Stellung im Anschlusse an dieselbe zu erringen: indem sie dem Fürsten als Stände zur Seite treten, streben sie danach, die Gesetzgebung und Verwaltung ihren Interessen dienstbar zu machen.

Die Regierungen der geldarmen Nachfolger Joachims I. waren die Blütezeit ständischen Wesens in Brandenburg, und im wesentlichen unbeeinträchtigt von der kurfürstlichen Regierung, schalteten die Räte in den einzelnen Städten. Dabei zeigten sich im Verlaufe des 16. Jahrhunderts auch in Brandenburg dieselben Gebrechen der inneren Stadtverfassung wie im übrigen Deutschland. Erst dem Absolutismus des großen Kurfürsten und dann vorzugsweise Friedrich Wilhelm I. gelang es, das verrottete Städtewesen wieder den staatlichen Zwecken dienstbar zu machen, Ordnung im Stadthaushalte zu schaffen und durch ein ehrenhaftes und pflichtgetreues Staatsbeamtentum auch in den Städten Bürgerschaft und Rat so weit zu erziehen, daß nachher das große Werk der Städteordnung von 1808 auch das geeignete Material in den Städten vorfand.

### 3. Die preußischen Städte im 17. Jahrhundert.

In den Stürmen des 30jährigen Krieges brach die mittelalterliche Staatsordnung zusammen. Auf den Trümmern des ständischen Wesens erhob sich in dem Westfälischen Frieden die Fürstengewalt als das einzige Element, das in der allgemeinen Wirrnis Kraft genug besaß, Ordnung zu schaffen. —

In den Städten war während des schweren Krieges Wohlstand und Gewerbefleiß, Zucht und Ordnung verloren gegangen, nur langsam sammelte sich wieder die Bevölkerung in den öden Mauern, ein zuchtloses, engherziges Geschlecht.

Das Stadtregiment war jetzt überall in den Händen einiger weniger Familien; die Ratsherren meist nur auf eignen Vorteil bedacht; wo aber auch wackere Männer an der Spitze standen, glaubte man nur in zähem Festhalten an den mittelalterlichen

Privilegien, in ängstlicher Abwehr aller staatlichen Ansprüche wieder zur früheren Blüte gelangen zu können. Demgegenüber beschränkte sich die Regierung des großen Kurfürsten darauf, die städtischen Gewalten wenigstens so weit in den staatlichen Organismus einzufügen, daß sie den Zielen der kurfürstlichen Politik nicht geradezu widerstrebten.

Verarmt, menschenleer, über ganz Deutschland zerstreut waren ja die Territorien, welche nach dem Frieden der große Kurfürst als sein eigen ansprach; seine Politik mußte zunächst suchen, dem neu aufstrebenden Staate eine geachtete Stellung nach außen hin zu erobern, erst in zweiter Linie standen die inneren Reformen, und hier war es zunächst die Gestaltung der Zentralverwaltung, die seine Kraft erforderte. So blieben die Städte in ihrer kommunalen Verwaltung ziemlich unbehelligt, und nur ausnahmsweise, wenn die Übelstände zu arg geworden, namentlich auch wenn die Reformierten zurückgesetzt wurden, griff die fürstliche Gewalt ein.

Freilich war aber doch die Stellung der Städte am Ende des 17. Jahrhunderts schon eine ganz andere, als bei dem Regierungsantritte des großen Kurfürsten. Theorie und Praxis erkannten mehr und mehr den Fürsten als alleinige Quelle öffentlicher Gewalt an, die geordnete Zentralverwaltung, ein tüchtiges Beamtentum mußten auch auf die Städte zurückwirken, und die Reformen des Kurfürsten in Heerwesen und Steuergesetzgebung zogen auch diese mehr und mehr in den Staatsorganismus hinein. Insbesondere erzwang der große Kurfürst überall für sich das Besatzungsrecht und stellte dadurch neben die lokalen Behörden in konkurrierender Amtsgewalt den landesherrlichen Gouverneur. Den finanziellen Anforderungen des Staates mußte das verrottete städtische Steuersystem weichen, und an seine Stelle trat die Accise, eine allgemeine Verbrauchsabgabe, zuerst noch unter städtischer Regie, bald aber wesentlich von staatlichen Beamten verwaltet. Den Schlußstein dieser Reformen bildete dann die Unterstellung der Städte unter die Kriegskommissariate und die regelmäßige Kontrolle durch Kommissarien derselben, eine Einrichtung, die erst unter Friedrich Wilhelm I. zum Abschlusse gedieh.

Immerhin ist das Resultat dieser Reformbemühungen doch nicht zu hoch zu schätzen. Wohl war überall der Grund zu Neuem gelegt, hier und da war auch bessernd eingegriffen, die allgemeine Unterordnung der Städte unter die staatliche Gewalt sollte aber erst Friedrich Wilhelm I. durchführen.

#### 4. Die preußischen Städte im 18. Jahrhundert.

Was der große Kurfürst angefangen, wurde von Friedrich Wilhelm I. vollendet.

Die Handhabe, die Städte dem Staatsorganismus einzufügen, sie unter staatliche Behörden zu stellen, bot überall das zerrüttete, überschuldete Finanzwesen derselben. Mit Hilfe eines pflichtgetreuen, reformatorisch gesinnten Beamtentums griff Friedrich Wilhelm hier energisch durch. Kommissionen wurden niedergesetzt, Untersuchungen an Ort und Stelle abgehalten, in langwierigem Kampfe gegen Engherzigkeit und verbrecherischen Eigennutz der städtischen Oligarchien wurde das Schuldenwesen geregelt und unter staatliche Aufsicht genommen. Den Abschluß dieser Revision des städtischen Finanzwesens bildete für jede Stadt die staatliche Feststellung des Etats und die Regelung des städtischen Finanz- und Kassenwesens, sowie des Geschäftsganges bei den Räten durch die sogenannten „rathäuslichen Reglements".

War somit Ordnung geschaffen, dann wurde durch Unterstellung der Städte unter die Aufsicht der Kammern [1]) und mittels der laufenden Revisionen des städtischen Wesens durch den Steuerrat (commissarius loci) gesucht, diese Ordnung auch aufrecht zu erhalten. Am Ende der Regierung Friedrich Wilhelms war das Reformwerk im wesentlichen beendet. Nur im einzelnen, namentlich in der weiteren Ausdehnung der Befugnisse des Steuerrats, wurde es unter Friedrich II. fortgeführt.

Die umfassende Kodifikation des allgemeinen Landrechts stellte dann zum ersten Male seit der Polizeiordnung Joachims I. von 1515 von Staats wegen eine Städteordnung auf.

Die Reform des preußischen Städtewesens hatte damit geendet, die Selbständigkeit der Kommunen aufzuheben, sie hatte aber auch wieder in den städtischen Behörden Pflichtbewußtsein erweckt, sie hatte wieder an Stelle der privatrechtlichen Auffassung einer Ratsherrnstelle als einer nutzbaren Berechtigung den Charakter des Ratsherrn a m t e s gesetzt. Die Räte waren wieder, wenn auch noch nicht städtische, so doch staatliche Organe geworden. Ehrlichkeit herrschte nunmehr im Kassenwesen, Ordnung im Geschäftsgange. So war erst durch diese Reformen der Boden bereitet, aus dem von neuem ein frisches kommunales Leben erwachsen konnte, und nicht mit Unrecht hebt S ch m o l l e r hervor, daß die Städteord=nung von 1808 zum Verfasser einen jener viel geschmähten Steuer=räte, die Hauptstützen dieses Reformwerkes, habe.

### 5. Die Städteordnung des allgemeinen Landrechts.[1]

Die große Kodifikation des bestehenden Rechtszustandes, wie sie Preußen in den letzten Jahrzehnten des 18. Jahrhunderts in

---

[1] Bei dieser Gelegenheit sei doch auch auf die früheren Städteordnungen: die Polizeiordnung Joachims von 1515 und die Polizeiordnung Markgraf Johanns von 1540 hingewiesen.

a) Polizeiordnung von 1515 (Mylius VI Nachlese I).

Der Rat zerfällt danach in den alten und neuen Rat, je aus 2 Bürger=meistern und 6 Ratsherren bestehend, die sich jährlich in der Regierung ab=lösen. Doch ist bei wichtigen Angelegenheiten der vorjährige Rat seitens des gerade regierenden hinzuzuziehen.

Der Rat ergänzt sich bei vorkommenden Vakanzen selbst. Die Polizei=ordnung schreibt vor, daß die Ergänzungswahlen auf „verständige fromme Bürger, wie sie die unter ihren Bürgern bekommen", gerichtet werden, sowie daß dieselben zur rechten Zeit und in guter Ordnung stattfinden sollen. Der Wirkungskreis des Rates erstreckt sich auf die Finanzverwaltung der Stadt, und zwar sowohl auf die Vermögensverwaltung wie auf das Steuerwesen. Der Rat ist dann auch in Gemeinschaft mit Richtern und Schöffen Inhaber der Gerichtsbarkeit, und zwar sollen die Bürger von dem Rat, Richtern und Schöffen nicht weiter appellieren dürfen, ebensowenig dürfen Prozesse, die vor das städtische Gericht gehören, vor geistliche oder andere fremde Gerichte ge=bracht werden.

Als der Obrigkeit der Stadt sollen alle Bürger dem Rate gehorsamen, ihm steht die Befugnis und Pflicht zu, Feuer=, Bau=, Gesundheits= und Luxus=polizei zu üben. Er soll auf rechtes Maß und Gewicht halten und wird zur Sorge für Instandhaltung der Stadtmauern, Gräben, Thore, Brücken und Dämme verpflichtet.

Das Recht der Bürgerschaft wird in soweit gewahrt, als der Rat niemand von bürgerlichen Lasten befreien darf (ihm Freihäuser oder Freiwohnungen ge=statten) ohne Zustimmung der Herrschaft, der Gewerke und der Gemeinde.

b) Polizeiordnung von 1540. Sehr viel tiefer als die Polizeiordnung von

dem „allgemeinen Landrecht" durchführte, enthält auch eine Dar=
stellung des preußischen Stadtrechts (§ 1—178 Tit. 8 Teil II).
Der wesentlichste Inhalt ist folgender:

I. Städte sind diejenigen Ortschaften, in denen sich die Ein=
wohner hauptsächlich mit der Verarbeitung oder Verfeinerung der
Naturerzeugnisse und mit dem Handel beschäftigen, und denen vom
Staatsoberhaupte das Stadtrecht verliehen ist.

In der Regel erstreckt sich das Stadtrecht nicht auf die Vor=
städte. — Mit dem Stadtrechte ist immer das Marktrecht, oft auch
das Recht der Bannmeile verbunden.

II. Alle Einwohner der Stadt, welche in der Bürgerrolle
eingetragen stehen, sind Mitglieder der Stadtgemeinde. Die
Stadtgemeinde hat die Rechte der privilegierten Korporationen, sie
ist befugt, mit Genehmigung der vorgesetzten Landespolizeibehörde
Statuten zu errichten, welche die innere Einrichtung und Polizei
in der Gemeinde betreffen.

III. Das Bürgerrecht besteht in dem Inbegriff aller Vor=
züge und Befugnisse, welche den Mitgliedern einer Stadtgemeinde
vom Staate verliehen sind. Erlangt wird dasselbe durch Ver=
leihung der Stadtobrigkeit desjenigen Ortes, in dem der Betreffende
seinen Wohnsitz hat.

Erforderlich zur Erlangung des Bürgerrechts ist die Mün=
digkeit; Gutsunterthanen bedürfen zudem der Entlassung von
ihren Gutsherrschaften, Soldaten und Kantonisten des Abschieds
vom Regiment oder der Einwilligung des Kommandeurs. Sonst
ist jeder zur Erlangung des Bürgerrechts berechtigt, und es darf

1515 greift die des Markgrafen Johann in das städtische Leben ein. Die alten
und neuen Räte und ihre wechselweise Regierung werden hier abgeschafft. Es
soll nur ein Rat bestehen, der etwa vorfallende Vakanzen jährlich besetzen, auch
an Stelle untüchtiger Mitglieder andere erwählen soll. In jeder Stadt soll
nur ein Bürgermeister sein, der von dem Rate auf ein Jahr durch das Los
oder durch Stimmenmehrheit erwählt wird. Die gewählten Bürgermeister und
Ratsherren bedürfen der Bestätigung des Landesherrn, dem es auch freisteht,
an Stelle der Präsentierten andere zu ernennen. — Dem Rate wird sorgsame
Finanzgebarung zur Pflicht gemacht, ebenso soll er die Festungswerke der
Stadt in Stand erhalten und für genügende Armierung und Munition in der=
selben sorgen. — Das Oberaufsichtsrecht des Landesherrn über den Rat wird
stark betont und durch Androhung von Geldstrafen wirksam gemacht.

demjenigen, welcher hinlängliche Fähigkeit zum Betriebe eines städti=
schen Gewerbes hat und von unbescholtenem Wandel ist, die Auf=
nahme nicht versagt werden, sofern die Statuten der Stadt nicht
noch besondere Erfordernisse vorschreiben. Auch Bürgerkinder
müssen, wenn sie wirkliche Bürger werden wollen, das Bürgerrecht
besonders gewinnen. Wer Bürger werden will, muß in der Regel
auch den Bürgereid leisten. Verpflichtet zur Erwerbung des
Bürgerrechts ist jeder, der ein bürgerliches Gewerbe treiben will.
Das Bürgerrecht geht verloren durch Verlegung des Wohnsitzes
an einen andern Ort, ferner durch Verjährung, wenn der Be=
treffende sich zwar aus der Stadt entfernt, aber keinen andern
Wohnsitz genommen hat. Auch verliert das Bürgerrecht, wer für
ehrlos erklärt, des Landes verwiesen oder nach ergriffener Flucht
zum Tode verurteilt ist; bei anderen Verbrechen findet Verlust
desselben nur dann statt, wenn darauf nach Vorschrift der Straf=
gesetze ausdrücklich erkannt worden ist.

IV. Die Rechte der Bürger bestehen in der ausschließlichen
Befugnis, Kaufmannschaft und bürgerliche Gewerbe zu treiben,
sowie in dem Genusse derjenigen Rechte und Nutzungen, welche der
Bürgerschaft verliehen sind. Die Bürger sind verpflichtet, der
Stadt zu steuern und ihr persönliche Dienste zu leisten, auch ist
jeder schuldig, Stadtämter, denen vorzustehen er fähig ist, zu über=
nehmen und insoweit für dieselben keine Besoldung ausgeworfen
ist, sie unentgeltlich zu verwalten, doch kann er, falls statutarisch
nichts anderes bestimmt ist, nach einem Jahre von dem Amte
zurücktreten. Alle Bürger sind in Polizei= und Gewerbeangelegen=
heiten der Stadtobrigkeit unterworfen.

V. Außer den Bürgern gibt es in jeder Stadt Eximierte mit
besserem Rechte und Schutzverwandte mit schlechterem Rechte als
die Bürger. Während erstere weder der städtischen Gerichtsbar=
keit noch den Statuten der Stadt unterworfen sind, unterstehen
letztere der städtischen Gerichtsbarkeit und können zu den städtischen
Lasten herangezogen werden.

Die eigentlich bürgerlichen Rechte hat keine dieser beiden
Klassen.

VI. Gemeinschaftliche Angelegenheiten der Stadtgemeinde
werden durch Beratungen und Schlüsse derselben entschieden. So=

weit nicht die Privilegien und Statuten etwas anderes bestimmen,
steht der Stadtgemeinde auch die Wahl ihres Vorstandes zu und
im zweifelhaften Falle wird solches vermutet. — In der Regel
werden aber die gemeinschaftlichen Angelegenheiten nur mit den
Repräsentanten der Bürgerschaft verhandelt, und nur, wenn es
sich darum handelt, Kämmereigüter oder Gerechtigkeiten zu veräußern, in Erbpacht auszuthun, zu verpfänden, oder mit Dienstbarkeiten zu belegen, oder auch, wenn neue Schulden auf die
Kämmerei gemacht werden sollen, die aus den Kämmereieinkünften
ohne Abbruch der übrigen nötigen Ausgaben nicht getilgt werden
können, so genügt die Einwilligung der Repräsentanten nicht, vielmehr bedürfen sie alsdann schriftlicher Vollmacht von den Zünften
und den übrigen städtischen Korporationen. Auch das Recht der
Gemeinde, ihren Vorstand zu wählen, wird in der Regel nicht
durch diese selbst, sondern durch den Magistrat ausgeübt.

VII. Über die Wahl der Repräsentanten wird nichts bestimmt, sondern diese regelt sich nach den Statuten einer jeden
Stadt. Vielfach fanden überhaupt keine Wahlen der Repräsentanten durch die Bürgerschaft statt, sondern der Stadtvorstand
ernannte dieselben entweder nach eigenem Ermessen oder auf Grund
einer von der Bürgerschaft oder auch den Repräsentanten selbst
aufgestellten Vorschlagsliste. — Die Rechte der Repräsentanten
erstrecken sich auf die Zuziehung zur Rechnungslegung des Kämmerers, insoweit die Ausfälle der Kämmerei durch Beiträge der
Bürgerschaft aus ihren eigenen Mitteln getragen und ergänzt
werden müssen; ferner sind dieselben befugt, über alles, was die
Verwaltung der Stadtgüter, ingleichen die Einziehung und. Verwendung der Einkünfte betrifft, von dem Stadtvorstande Nachweis
und Erläuterung zu fordern. Endlich ist ihre Zustimmung auch
zu neuen Diensten und Geld= oder Naturalbeiträgen der Bürgerschaft erforderlich.

VIII. Stadtvorstand ist der Magistrat. Demselben steht die
Ausübung der Stadtpolizei über alle Einwohner der Stadt zu.
Er hat die Anstellung der Unterbeamten vorzunehmen und die
Aufsicht über alle der Stadtgemeinde untergeordneten Kollegia,
Korporationen und öffentlichen Anstalten zu führen. Er ist be=
fugt und verpflichtet, die Rechte der Stadtgemeinde in und außer

2*

Gericht wahrzunehmen, sowie die zur Stadt gehörigen, deren Rechte und Verfassung betreffenden Urkunden in seinem Archive aufzubewahren. Der Magistrat verwaltet ferner das Kämmereivermögen und beaufsichtigt den Kämmerer, falls ein solcher bestellt ist.

IX. Der Staat übt über die Stadtgemeinden ein Oberaufsichtsrecht aus in derselben Weise und in demselben Umfange, wie über alle privilegierten Korporationen; darüber hinaus ist er berechtigt, darauf zu sehen, daß das Kämmereivermögen ordentlich verwaltet und die Einkünfte davon zweckmäßig verwandt werden. Sodann ist staatliche Genehmigung stets notwendig, wenn über Gegenstände des Kämmereivermögens ein Prozeß geführt, oder das Kämmereivermögen mit einer Kapitalschuld belastet werden soll. Den statutarischen Bestimmungen und, in Ermangelung derselben, den Provinzialgesetzen bleibt es überlassen, darüber Feststellungen zu treffen, wie weit auch bei Verpachtungen der Kämmereigüter und Gerechtigkeiten, bei außerordentlichen Holzverkäufen und bei Verfügungen über Aktivkapitalien der Kämmerei die staatliche Genehmigung erforderlich ist.

### 6. Die Städteordnung von 1808.

Nach dem unglücklichen Ausgange des Krieges von 1806 faßte Preußens König, beraten von einem genialen Staatsmanne, den Entschluß, die verloren gegangenen materiellen Mittel zu ersetzen durch Erweckung und Förderung der geistigen und sittlichen Kräfte des Volkes. In die großartige Reformgesetzgebung der Jahre 1806—12 fügte sich die Städteordnung vom 19. November 1808 bedeutsam ein: Mit derselben begann für Preußens, für Deutschlands Gemeindewesen eine neue Zeit. —

I. Schon in dem Nassauer Programm vom Juni 1807 hatte Stein die Reform der Städteverfassung angeregt, aber erst nachdem derselbe von Berlin, wo er mit den französischen Machthabern längere Unterhandlungen geführt hatte, Ende Mai 1808 nach Königsberg zurückgekehrt war, kam diese Angelegenheit in Fluß. Auf Steins Anregung arbeitete der geheime Kriegsrat und Polizeidirektor Frey den Entwurf einer Städteordnung aus, den Stein bereits am 17. Juli dem ostpreußischen Provinzialminister von Schrötter übersandte. Auf Ersuchen Schrötters vom 3. August reichte Frey dann am 29. August eine weitere Ausarbeitung ein, in welcher er die Geschäftsorganisation der städtischen Behörden behandelte. In diesen beiden Entwürfen Freys waren schon die wesentlichen Grundlagen der späteren Städteordnung enthalten. Dem Gedankengange dieser Aufsätze schloß sich dann das ostpreußische Provinzialdepartement auf das engste an in seinem Entwurfe einer „Konstitution für sämtliche Städte in Ostpreußen, Westpreußen und Litauen", die, von dem Rate Wilckens verfaßt, am 9. September an Stein eingereicht wurde. Am 4. Oktober kam dieser Entwurf im Generaldepartement zur Beratung und wurde in allen wesentlichen Punkten gebilligt. Nachdem dann bis zum 12. Oktober zwischen dem Generaldepartement und dem ostpreußischen Provinzialdepartement über die einzelnen Differenzpunkte verhandelt war, wurde die Städteordnung am 19. Oktober in der Generalkonferenz beraten, die gleichfalls nur geringfügige Änderungen an dem Entwurfe vornahm, zugleich aber die Ausdehnung der Städteordnung auf sämtliche Provinzen der Monarchie beschloß. Nachdem endlich im ostpreußischen Departement die Redaktion der Städteordnung gemäß den Beschlüssen der Generalkonferenz stattgefunden hatte, sandte Schrötter am 9. November den von Wilckens verfaßten Immediatbericht an Stein, der denselben auch ohne Anstand vollzog. Durch Kabinetsordre vom 19. November 1808 an Schrötter und Stein erhielt der Entwurf die königliche Sanktion.

II. Der wesentlichste Inhalt des Gesetzes ist folgender:

a) Sämtliche Städte zerfallen in große (über 10000 Einwohner), mittlere (3500—10000 Einwohner) und kleine Städte. Jede Stadt, welche über 800 Einwohner hat, wird wieder in Bezirke geteilt. Dem Bezirke steht ein Bezirksvorsteher, der Stadt ein Magistrat vor.

b) Einwohner einer Stadt ist jeder, der im Stadtbezirke seinen Wohnsitz genommen hat. Die Einwohner zerfallen in Bürger und Schutzverwandte.

Jeder unbescholtene Einwohner der Stadt, auch eine unverheiratete Person weiblichen Geschlechts, kann das Bürgerrecht erlangen. Der Inbegriff sämtlicher Bürger macht die Stadtgemeinde aus. Nur die Bürger dürfen in dem Stadtbezirke Grundeigentum besitzen und Gewerbe treiben. Sie sind aber auch zur Tragung der städtischen Lasten und in jedem Notfalle zur Leistung persön= licher Dienste verpflichtet. Jeder Bürger ist verbunden, städtische Ämter, sowie die Besorgung einzelner Aufträge zu übernehmen. Das Bürgerrecht geht verloren durch Veränderung des Wohnsitzes, bei zweijährigem Fernbleiben von der Stadt durch Verjährung, sowie durch rechtskräftige Verurteilung wegen Verbrechen.

Alle anderen Einwohner sind Schutzverwandte. Dieselben sind in allen Polizei= und Gemeindeangelegenheiten, gleich den Bürgern, der Ortspolizeibehörde, sowie dem Magistrate unterworfen und tragen in angemessenem Verhältnisse zu den städtischen Lasten bei.

c) Theoretisch übt auch nach der Städteordnung von 1808 die Bürgerschaft ihre Rechte in der allgemeinen Bürgerversamm= lung aus und nur aus praktischen Gründen ist jetzt eine Reprä= sentation derselben durch Stadtverordnete eingeführt, so daß die Bürgerschaft thatsächlich nur zur Wahl der Stadtverordneten zu= sammentritt.

Die Stadtverordneten, die in kleinen Städten 24—36, in mittleren 36—60, in großen 60—102 Mitglieder zählen, sind aber nicht wie noch nach der Städteordnung des allgemeinen Land= rechts privatrechtliche Vertreter der Bürger, sondern das staats= rechtliche Organ, durch welches der Gesamtwille der Bürger zum Ausdrucke kommt. Sie erhalten daher durch ihre Wahl die un= beschränkte Vollmacht, in allen Angelegenheiten des städtischen Gemeinwesens die Bürgergemeinde zu vertreten, sämtliche Ge= meindeangelegenheiten für sie zu besorgen und in betreff des ge= meinschaftlichen Vermögens, der Rechte und Verbindlichkeiten der Stadt namens derselben verbindende Erklärungen abzugeben. Sie bedürfen dazu weder einer besondern Instruktion oder Vollmacht der Bürgerschaft, noch sind sie verpflichtet, derselben über ihre Beschlüsse Rechenschaft zu geben.

Zur Wahl der Stadtverordneten ist jeder Bürger berechtigt, jedoch sind von der Stimmfähigkeit ausgeschlossen:

1. diejenigen, welche die Ehrenrechte oder das Verfügungs= recht über ihr Vermögen verloren haben,
2. Magistratsmitglieder, während der Dauer ihres Amtes,
3. Bürger weiblichen Geschlechts,

4. unangesessene Bürger, deren jährliches Einkommen in großen Städten weniger als 600 Mark, in den übrigen weniger als 450 Mark beträgt.

Wer stimmfähig ist, kann auch zum Stadtverordneten gewählt werden. Die Wahl geschieht bezirksweise und ist geheim.

d) Die ausführende Behörde ist der Magistrat. Insbesondere hat er die allgemeine Leitung der städtischen Verwaltung, während für die wichtigeren Verwaltungszweige besondere Kommissionen bestehen, welche aus Mitgliedern des Magistrats, der Stadtverordnetenversammlung und aus Bürgern zusammengesetzt sind. Der Magistrat besteht teils aus besoldeten, teils aus unbesoldeten Mitgliedern. Erstere werden auf 12, letztere auf 6 Jahre von der Stadtverordnetenversammlung erwählt.

e) Der Staat führt die Oberaufsicht über die Städte. Er übt dieselbe dadurch aus, daß er die Rechnungen der Städte über die Verwaltung ihres Gemeindewesens einsieht, die Beschwerden der Bürger über das Gemeinwesen entscheidet, neue Statuten bestätigt und zu den Wahlen der Magistratsmitglieder seine Genehmigung erteilt.

Die Städte haben das ihnen hochherzig entgegengebrachte Vertrauen nicht getäuscht. Ein reger Bürgersinn, eine tüchtige Verwaltung, Liebe zum Gemeinwesen und zum Staate erblühte aus der Städteordnung von 1808.

**7. Die weitere Entwickelung der städtischen Verfassung bis zur Begründung der konstitutionellen Monarchie.**

I. Die Neuordnung des preußischen Staates nach dem Friedensschlusse von 1815 machte auch die Ausdehnung der Städteordnung auf die wiedererlangten und neuerworbenen Provinzen zur dringenden Notwendigkeit. Aber die Städteordnung von 1808 war, so segensreich sich ihre Prinzipien für die Entwickelung städtischen Lebens auch bewiesen, doch oft in der Redaktion undeutlich und unjuristisch, im einzelnen entsprachen auch ihre Vorschriften nicht immer den Bedürfnissen des praktischen Lebens. So verbot sich die einfache Übertragung der Städteordnung auf die neuen Provinzen, und schon 1814 regte der Staatskanzler von Hardenberg die Revision der Städteordnung an. Es wurden auch in diesem

und den folgenden Jahren Vorarbeiten im Ministerium des Innern
gemacht, dann blieb die Sache aber liegen und erst 1824 kam diese
Angelegenheit, auf Betreiben der brandenburgischen Provinzial=
stände, wieder in Fluß. Nachdem die einzelnen Provinzialstände
gutachtlich gehört waren, auch die Meinungen im Ministerium in
den nächsten Jahren verschiedentlich geschwankt hatten, entschied
man sich schließlich dahin, für das Gebiet der Städteordnung von
1808 eine Deklaration, für die übrigen Provinzen eine eigene neue
Städteordnung zu erlassen. Am 18. Januar 1831 genehmigte
der König dieses Verfahren, und es fand nun am 17. März 1831
die Publikation der revidierten Städteordnung statt. Jedoch wurde
zugleich bestimmt, daß über die jeweilige Einführung dieses Gesetzes
besondere Verordnungen ergehen würden. In dem nächsten Jahr=
zehnt wurde die Städteordnung dann in Westfalen, Sachsen und
denjenigen Städten Brandenburgs, welche nicht die Städteordnung
von 1808 erhalten hatten, eingeführt, ferner auch vielen Städten
Posens sowie den rheinländischen Städten Wetzlar, Essen und
Mühlheim a. R. verliehen.

Die gesetzgeberischen Arbeiten für die Kodifizierung des preu=
ßischen Städterechts fanden ihren Abschluß in der rheinischen Ge=
meindeordnung vom 23. Juli 1845, welche sich indes den seit der
französischen Zeit in Rheinland bestehenden Zuständen fügte und
daher Stadt und Dorf gemeinsam behandelte.

Schon am 4. Juli 1832 war auch für das Gebiet der Städte=
ordnung von 1808 eine Deklaration erlassen worden, während die
neuvorpommerischen Städte von diesen Reformen unberührt blieben
und sich ihre noch aus schwedischer Zeit stammende Städteverfassung
bis jetzt erhalten haben.

II. Bei dem Erlaß der Städteordnung von 1831 wurde im
wesentlichen nur beabsichtigt, die unbestimmten Sätze der Städte=
ordnung von 1808 schärfer zu präzisieren und Mängel, die sich
in der Praxis gezeigt, abzustellen. Keineswegs sollte mit den
Prinzipien der alten Städteordnung gebrochen werden. Gneisenau
schreibt an Stein über die Beratungen im Staatsrate: „Zu
Euer Excellenz Freude kann ich Ihnen sagen, daß noch keine ein=
zige Stimme sich gegen das Institut überhaupt erklärt oder solches
als ein revolutionäres angesprochen hat, wie manche erwarteten.

Weder in den Sitzungen noch in der Gesellschaft habe ich auch nicht den leisesten Anklang davon vernommen." Und Stein selbst erklärte sich mit dem vorgelegten Entwurfe einer Städteordnung „in Ansehung seiner Haupt= und leitenden Ideen" einverstanden. Freilich war der Stein des Jahres 1829 ein wesentlich anderer als der von 1808, aber jedenfalls ist seine Zustimmung zu dem Gesetze für den guten Glauben der Regierung bezeichnend. Auch gibt die revidierte Städtordnung in der That im allgemeinen die Bestimmungen der älteren von 1808 wieder, die wesentlichsten Abänderungen sind folgende:

1) Nach der älteren Städteordnung besteht der Begriff des Bürgerrechts in der Befugnis, städtische Grundstücke zu besitzen, städtische Gewerbe zu treiben und an den Gemeindewahlen teil zu nehmen. Nach der revidierten Städteordnung ist nur letzteres der Inhalt des Bürgerrechts.

2) Nach der alten Städteordnung sind zwar prinzipiell alle Bürger stimmfähig, jedoch ruht das Stimmrecht derjenigen unan= gesessenen Bürger, welche in großen Städten weniger als 600 Mark, in mittleren und kleinen Städten weniger als 450 Mark jährlich erwerben. Nach der revidierten Städteordnung haben alle Bürger Stimmrecht, doch können nur diejenigen Bürger werden, welche ein Grundeigentum besitzen, dessen geringster Wert je nach der Größe der Stadt auf 600—6000 Mark bestimmt ist oder die ein Gewerbe betreiben, das einen jährlichen Ertrag von 600—3600 Mark ergiebt, oder aber die aus sonstigen Quellen ein reines Einkommen haben, dessen Mindestbetrag je nach den örtlichen Verhältnissen 1200—3600 Mark ist. Übrigens sind die ersten beiden Kategorien, Grundeigentümer und Gewerbetreibende, zur Erlangung des Bürgerrechtes auch verpflichtet.

3) Während nach der alten Städteordnung alle stimmfähigen Bürger auch wählbar sind, ist in der revidierten Städteordnung die Wählbarkeit auf diejenigen beschränkt, welche je nach der Größe der Stadt ein Grundeigentum von wenigstens 3000—36 000 Mark Wert oder aber ein jährliches Einkommen von mindestens 600—3600 Mark haben.

4) Während die ältere Städteordnung nichts über den Aus= gleich einer Meinungsverschiedenheit zwischen Magistrat und Stadt=

verordneten bestimmt, und prinzipiell die letzte Entscheidung von
den Stadtverordneten abhängen läßt, gibt die revidierte Städte=
ordnung an, in welchen Fällen die Zustimmung des Magistrates
notwendig ist und behält für einzelne, besonders wichtige Beschlüsse
die Zustimmung der Regierung vor.

5) Nach der revidierten Städteordnung dürfen Magistrat und
Stadtverordnete gegenseitig ihre Sitzungen durch Deputierte be=
schicken, was nach der Städteordnung von 1808 unstatthaft war.

6) Die revidierte Städteordnung läßt den statutarischen Be=
stimmungen viel mehr Raum, als es die Städteordnung von 1808 that.

Trotzdem somit die revidierte Städteordnung nur in wenigen
Punkten von der alten abweicht, konnte dieselbe niemals die große
Volkstümlichkeit erlangen, welcher sich die Städteordnung von
1808 erfreute. Ungeachtet einzelne Abänderungen wesentliche Ver=
besserungen des alten Gesetzes waren, entschlossen sich nur drei
kleine märkische Städte, die Städteordnung von 1808 mit der
revidierten Städteordnung zu vertauschen, so daß die Geltung der
revidierten Städteordnung wesentlich auf Westfalen, Sachsen und
Posen beschränkt blieb.

### 8. Die Entwickelung des preußischen Städtewesens 1848—1888.

I. Mit dem Jahre 1848 trat Preußen in die Reihe der
konstitutionellen Staaten ein und in der richtigen Erkenntnis, daß
die Gemeinde die Grundlage des Staates bildet, stellte die Ver=
fassung vom 5. Dezember 1848 sowie die vom 31. Januar 1850
gewisse Grundsätze auf, welche für die Gemeindegesetzgebung maß=
gebend sein sollten. [1])

Danach werden die inneren und besonderen Angelegenheiten
der Gemeinde von einer aus gewählten Vertretern bestehenden
Versammlung wahrgenommen, die Ausführung ihrer Beschlüsse
liegt den gleichfalls von den Gemeindemitgliedern gewählten Vor=
stehern ob. [2]) Der Gemeinde steht die selbständige Verwaltung

---

[1]) Verfassung von 1848 Art. 104. Verfassung von 1850 Art. 105.

[2]) Diese Bestimmung der Verfassung von 1848 wurde in der Verfassung
von 1850 dahin abgeändert, daß hinsichtlich der Ausübung des Wahlrechts der
Gemeinde und der Beteiligung des Staats bei der Wahl der Vorsteher der=
selben die Gemeindeordnung das Nähere bestimmen solle.

ihrer Gemeindeangelegenheiten zu, wohin die Verfassung von 1848 auch die Verwaltung der Ortspolizei rechnete, während 1850 hin= sichtlich der Beteiligung der Gemeinde an der Verwaltung der Ortspolizei nur auf die späteren Gesetze verwiesen wurde. Die Beratungen der Gemeindevertretungen sollten öffentlich sein, und jährlich über die Einnahmen und Ausgaben der Gemeinde ein Be= richt bekannt gegeben werden. —

II. Die Ausführung dieser Grundsätze gab die Gemeinde= ordnung vom 11. März 1850. Da ihre meisten Bestimmungen in die späteren Städteordnungen übergegangen sind, so sei hier nur kurz auf die Grundzüge derselben hingewiesen. Die Gemeinde= ordnung hob den Unterschied der Städte und Landgemeinden auf und setzte für alle Gemeinden des preußischen Staates einheitliches Recht. Nur die Einwohnerzahl der Gemeinden, ob über oder unter 1500 Einwohner, war nunmehr für die Verfassung derselben be= stimmend, wobei man sich allerdings von der Erwägung leiten ließ, daß in Gemeinden, die weniger als 1500 Einwohner besäßen, wahrscheinlich ländliche, in Gemeinden mit mehr als 1500 Ein= wohnern wohl städtische Verhältnisse herrschen würden. Die Bürgergemeinde der alten Städteordnung wird aufgehoben und durch die Einwohnergemeinde ersetzt, die Organe derselben sind der Gemeinderat, der nach dem Dreiklassenwahlsysteme erwählt wird, und der Gemeindevorstand, welcher in der Regel kollegialisch ge= bildet ist. Die Aufsicht über die Gemeinde wird durch Kollegien der Selbstverwaltung, den Kreisausschuß, beziehungsweise den Be= zirksrat ausgeübt. —

III. Allein diese Gemeindeordnung, die noch ergänzt wurde durch eine „Kreis=, Bezirks= -und Provinzialordnung" und ein „Gesetz über die Polizeiverwaltung", ist niemals ins Leben ge= treten. Noch ehe die Einführung derselben in den verschiedenen Landesteilen vollendet war, wurde durch königlichen Erlaß vom 19. Juni 1852 die weitere Durchführung derselben vertagt und durch die Gesetze vom 24. Mai 1853 wurde sodann art. 105 der Verfassung vom 31. Januar 1850 sowie auch die Gemeindeordnung aufgehoben und weiterhin bestimmt, daß für die Landgemeinden der östlichen Provinzen, sowie für die Städte von Neuvorpommern ihre seitherigen Verfassungen wieder in Kraft treten, während für

die Städte in den östlichen Provinzen und Westfalen besondere
Städteordnungen, für die westfälischen Landgemeinden eine Land=
gemeindeordnung, für die Rheinprovinz eine Gemeindeordnung er=
lassen werden sollte. Im Verfolg dieser Festsetzung sind dann
folgende Gesetze ergangen:

1) die Städteordnung für die 6 östlichen Provinzen vom
30. Mai 1853.

2) Gesetz, betreffend die Verfassung der Städte in Neuvor=
pommern und Rügen, vom 31. Mai 1853.

3) Städteordnung für die Provinz Westfalen vom 19. März 1856.

4) Städteordnung für die Rheinprovinz vom 15. Mai 1856.

5) Gesetz, betreffend die Landgemeindeverfassungen in den 6
östlichen Provinzen, vom 14. April 1856.

6) Landgemeindeordnung für die Provinz Westfalen vom
19. März 1856.

7) Gesetz, betreffend die Gemeindeverfassung in der Rhein=
provinz, vom 15. Mai 1856.

Auf diesen Gesetzen beruht auch noch heute die Gemeindever=
fassung des preußischen Staates. Zwar wurden seit Beginn der
neuen Aera vielfache Versuche gemacht, diese Bestimmungen zu re=
vidieren, aber nur für die Landgemeinden ist dies teilweise durch
die verschiedenen Kreisordnungen geschehen. Die Versuche, eine
Revision der Städteordnung herbeizuführen, sind bisher gescheitert.
Schon in der Tagung 1859/60 wurde allerdings seitens des Abge=
ordnetenhauses auf den Antrag des Abgeordneten v. Forckenbeck
eine Resolution beschlossen, welche die Regierung aufforderte, eine
neue Städteordnung vorzulegen. In der Tagung 1861 legte die
Regierung auch eine Novelle zur Städteordnung vor, die aber
von der Kommission des Abgeordnetenhauses verworfen wurde,
welche an deren Stelle den Entwurf einer revidierten Städte=
ordnung setzte. Zwar entschied sich dann das Abgeordnetenhaus
dennoch für die Form der Novelle, allein eine Einigung mit
der Regierung kam nicht zu stande. Der Entwurf einer Städte=
ordnung, welcher dann im folgenden Jahre vorgelegt wurde, kam
wegen Auflösung des Abgeordnetenhauses gar nicht mehr zur Be=
ratung im Plenum desselben, und der nunmehr ausbrechende Con=
flikt zwischen Regierung und Volksvertretung machte zunächst alle

Reformpläne unmöglich. Nach dem Kriege von 1866 mußte die Gesetzgebung zunächst die neuerworbenen Landesteile dem Staate einfügen und so erging nur im Jahre 1867 das Gemeindever=faffungsgesetz für Frankfurt a/M. das sich fast in allen Bestim=mungen der Städteordnung von 1853 anschloß und 1869 die Städteordnung für Schleswig=Holstein, sowie einige Abänderungen des Naffauischen Gemeindegesetzes. Die folgenden Jahre füllten die großartigen Reformarbeiten für die Umgestaltung der Kreis= und Provinzialverbände aus und erst im Jahre 1876 trat man der Revision der Städteordnung wieder näher, allein auch jetzt gelangten die gesetzgebenden Faktoren zu keiner Einigung. Seitdem sind nur durch das Zuständigkeitsgesetz vom 1. August 1883 die Städte in das System der neuen Verwaltungsorganisation einge=fügt worden, ohne daß erheblichere materielle Änderungen des Stadtrechtes beabsichtigt wurden. In neuester Zeit sind dann noch einzelne Spezialgesetze ergangen, welche das Besteuerungsrecht der Städte weiter ausgedehnt haben.

## III. Quellen und Litteratur des preußischen Stadtrechts.

### 1. Quellen.

Die Quellen des preußischen Stadtrechts sind entweder Ge=setze und Verordnungen, welche vom Staate erlassen wurden, oder Rechtssätze der städtischen Organe.

I. Zu den ersteren gehören:

1) Die Gesetze, welche sich mit städtischen Angelegenheiten be=fassen, vorzüglich sind hier zu nennen die Städteordnungen mit den sie abändernden Gesetzen. — Großen Einfluß auf das städtische Recht hat auch die Reichsgesetzgebung ausgeübt, namentlich sind hier wichtig die Reichs=Gewerbeordnung, das Gesetz über den Unter=stützungswohnsitz und das Gesetz, betreffend die Krankenversicherung der Arbeiter.

2) Dem Könige und nach positiver gesetzlicher Vorschrift auch vielfach den beteiligten Ministern steht das Recht zu, Ausführungs=verordnungen zu den Gesetzen zu erlassen. Dieselben dürfen dem Wortlaute und Sinne der Gesetze nicht widersprechen, sind aber inner=halb dieser Grenzen, gleich Gesetzen, für die Städte verbindlich.

3) Der Oberpräsident, Regierungspräsident und Landrat
können mit Zustimmung des Provinzialrats, Bezirks= und Kreis=
Ausschusses innerhalb ihres Amtsbezirkes Polizeivorschriften er=
lassen, die, soweit sie den Gesetzen entsprechen, gleichfalls Stadt=
recht bilden.

4) Den Uebergang zu den Rechtssätzen der städtischen Organe
bilden die Polizeiverordnungen der Ortspolizeibehörde, zu deren
Gültigkeit die Zustimmung des Stadtvorstandes erforderlich ist.

II. Die Rechtssätze der städtischen Organe sind entweder
Statuten — diese dürfen dem Gesetze nicht widersprechen und
müssen von dem Bezirks=Ausschusse bestätigt sein — oder es sind
auch Observanzen über solche Verhältnisse, hinsichtlich deren in
den Gesetzen und gültigen Verordnungen nichts bestimmt ist.

## 2. Litteratur.

Die Litteratur des preußischen Stadtrechts ist verhältnismäßig
jung und dürftig. Wohl sind bereits während der Herrschaft der
Städteordnung von 1808 mehrfach Kommentare und Bearbeitungen
dieses Gesetzes erschienen und in neuerer Zeit hat die Zahl der
Schriften, welche sich mit dem Stadtrechte oder einzelnen Teilen
desselben beschäftigen, eine nicht unbedeutende Höhe erreicht, doch
können nur sehr wenige Arbeiten wissenschaftliche Bedeutung be=
anspruchen. Unter den älteren Werken ist besonders hervorzuheben
der von Rönne und Simon bearbeitete Kommentar zu den
Städteordnungen von 1808 und 1831, welcher in systematischer
Ordnung ein sehr reiches und zuverlässiges Material zur Erläu=
terung der Gesetze bietet.

Von den Kommentaren zu den geltenden Städteordnungen
ist der bei weitem beste derjenige von Oertel, der sich ebenso durch
Reichhaltigkeit des gesammelten Materials wie wissenschaftliche Be=
herrschung und juristische Durchdringung des Stoffes auszeichnet.
Neben ihm dürfte der sorgfältig gearbeitete Kommentar von Kotze
erwähnenswert sein. Für die Städteordnungen der westlichen
Provinzen und von Schleswig=Holstein fehlt es bisher völlig an
Kommentaren, die auch nur bescheidenen Ansprüchen genügen.

Mehrfach ist das preußische Stadtrecht auch systematisch dar=
gestellt worden. Von älteren Werken sind bereits Fischers Lehr=

begriff und das Stadt- und Bürgerrecht von Schilling, die beide ein System des zur Zeit ihres Erscheinens geltenden Stadtrechts enthalten, erwähnt worden. Das geltende Recht ist, abgesehen von den kurzen Darstellungen in den Lehrbüchern des preußischen Staatsrechts, in der tüchtigen Arbeit von E. v. Möller, Preußisches Stadtrecht, Breslau 1864, dargestellt worden. Im wesentlichen richtige systematische Anordnung und umfassende Kenntnis des positiven Rechts bilden die Vorzüge dieses Werkes, das freilich ein tieferes Eindringen in das Wesen der Gemeinde und Klarheit über Begriff und Bedeutung der Selbstverwaltung vermissen läßt, wie ja auch erst seit jener Zeit das Verwaltungsrecht sich zur Wissenschaft ausgebildet hat. Durch die rege Thätigkeit der Gesetzgebung in dem inzwischen verflossenen Vierteljahrhundert ist zudem der Inhalt des Buches fast völlig veraltet. Gleiches gilt auch von den wertlosen Zusammenstellungen von Majcher, Die städtische Kommunalverwaltung, 2. Aufl., Potsdam 1860 und Otte, Preußisches Stadtrecht, Berlin 1875. In neuester Zeit hat Steffenhagen ein Handbuch der städtischen Verfassung und Verwaltung in Preußen, 2 Bde., Berlin 1887/88, herausgegeben, das eine brauchbare Zusammenfassung der gesetzlichen und reglementarischen Bestimmungen bietet. Das etwas weitschichtige Werk von Schmitz, die Bürgermeisterei und Amtsverwaltung, endlich, welches die gesamten Aufgaben, die den Gemeindebeamten obliegen, in systematischer Darstellung behandelt, ist bisher nicht zum Abschlusse gediehen, soll aber 1889 vollendet werden. —

Unter den Zeitschriften, welche sich die Pflege des preußisch-deutschen Stadtrechts zur Aufgabe machen, ist keine, welche den wissenschaftlichen Anforderungen völlig entspricht. Am empfehlenswertesten dürfte die Zeitschrift „Die Selbstverwaltung" sein, die sich hauptsächlich an das nicht juristisch vorgebildete Publikum wendet. Außerdem seien das „preußische Verwaltungsblatt" und die „deutsche Gemeindezeitung" genannt. Die in den letzten Jahren auch für die Gemeindeverwaltung wichtig gewordene sociale Gesetzgebung findet in der „Arbeiterversorgung" von Schmitz verständnisvolle Erläuterung.

# Allgemeine Lehren.

## Litteratur.

L. v. Stein, Die Verwaltungslehre. Teil I: die vollziehende Gewalt. 2. A. 3 Bde. Stuttgart 1869. L. v. Stein, Handbuch der Verwaltungslehre, Stuttgart 1869. E. Meier, Das Verwaltungsrecht (v. Holtzendorff, Encyklopädie der Rechtswissenschaft 4. A. Leipzig 1882). Bluntschli und Brater, deutsches Staatswörterbuch Bd. IV und VI (unter: Gemeinde von Brater und unter: Land und Stadtgemeinden von Schäffle). Ersch und Gruber, Allgemeine Encyklopädie der Wissenschaften und Künste (unter Sektion I, 57: Gemeinde von J. Hasemann). R. Gneist, Verwaltung, Justiz, Rechtsweg. Berlin 1869. R. Gneist, Der Rechtsstaat und die Verwaltungsgerichtsbarkeit. Berlin 1872. R. Gneist, Selfgovernment, Kommunalverfassung und Verwaltungsgerichtsbarkeit. 3. A. Berlin 1871. R. Gneist, Die preußische Kreisordnung, Berlin 1870. R. B. D. Morier, Selbstregierung, die deutsche Gemeindeverwaltung 2. A. Leipzig 1876. R. Wegener, Grundzüge einer zeitgemäßen Reorganisation des Gemeindewesens, Berlin 1850. O. Gierke, das deutsche Genossenschaftsrecht Bd. 1—3, Berlin 1869—81. O. Gierke, Die Genossenschaftstheorie und die deutsche Rechtsprechung, Berlin 1887. H. Preuß, Gemeinde, Staat, Reich als Gebietskorporationen, Berlin 1889. v. Bistram, Die rechtliche Natur der Stadt und Landgemeinden, St. Petersburg 1866 (dazu: Kritik von Pözl in krit. Vierteljahrsschr. 1867). G. Rosin. Souveränität, Staat, Gemeinde, Selbstverwaltung. Kritische Begriffsstudien, (Hirth, Annalen des deutschen Reichs 1883.) J. Weiske, Sammlung der neueren teutschen Gemeindegesetze, Leipzig 1848 (mit wertvoller Einleitung).

## 1. Die Bestandteile des deutschen Gemeindebegriffs.

I. Eine Gemeinde im juristischen Sinne wird gebildet:

1. durch eine Mehrheit von Familien, welche
2. auf einem umgrenzten Gebiete nachbarlich ansässig und
3. durch eine Gemeindeverfassung zu einer organisierten Gemeinheit verbunden sind.

II. Jst die Verfassung der Gemeinde eine städtische Verfassung, so ist die Gemeinde eine Stadt.

III. Solche Gemeinden, in denen sich städtisches Leben ent= wickelt hat, können vom Staate als Städte anerkannt werden.

Jn Preußen geschieht dies durch eine königliche Verordnung, welche der Gemeinde das Stadtrecht verleiht.

#### 2. Das Wesen und die juristische Natur der deutschen Gemeinden. [1]

I. Als die Deutschen in die Geschichte eintraten, war ihnen der Begriff der Gemeinde noch nicht aufgegangen und Jahrhunderte hindurch blieb er ihnen auch ferner fremd. Wohl hatten die nach= barlichen Hausstände, die gemeinsam die Äcker bebauten und die ungeteilte Mark nutzten, welche als Wald und Wiese, als See und Bruch ihre Ansiedlung umgab, sich genossenschaftlich aneinander ge= schlossen, und wohl ahnte der deutsche Bauer auch in jenen fernen Jahrhunderten, daß die genossenschaftliche Versammlung, welche Markrecht setzte und den Markfrieden handhabte, noch etwas anderes sei als die Sammlung der einzelnen Genossen, wohl auch empfand er den Zusammenhang, welcher die Mark, das Gebiet seiner An= siedlung, und die Vereinigung der Siedler verknüpfte, aber lange dauerte es, ehe die in diesem trüben Durcheinander schlummernden Rechtsgedanken zur Klarheit erweckt wurden. Dem deutschen Bauer gelang diese befreiende That überhaupt nicht, erst die neueste Zeit hat den Begriff der Gemeinde auch auf das Dorf ausgedehnt; der städtischen Entwickelung blieb es vorbehalten, den deutschen Ge= meindebegriff zu begründen und auszugestalten.

Als die städtische Entwickelung begann, waren Bürger und Stadt nur lokale Bezeichnungen der Bewohner und des Ortes; erst durch die Feststellung eines besonderen erhöhten Friedens für den Grund, auf dem sich die städtische Ansiedlung erhob, durch die Be= gründung städtischer Gerichte, die nur in diesem Bezirke schalteten, und die Verleihung von Privilegien, welche nur auf dieses Gebiet Bezug hatten, wurde die städtische Mark herausgehoben aus dem allgemeinen Rechtszustande des Landes und zu einem rechtlich be= sonders gestalteten Territorium gebildet.

---

[1] Gierke, Genossenschaftsrecht Bd. II §§ 21—31.

In Wechselwirkung stand die Begründung der städtischen Bürger=
schaft. Zuerst gelang es sämtliche Inwohner des städtischen Weich=
bildes, wie verschieden untereinander auch ihre rechtliche Stellung
sein mochte, zu der einen Rechts= und Friedensgenossenschaft der
Bürger zu verbinden, in dieser genossenschaftlich geeinten Bürger=
schaft aber rang sich dann der große Gedanke der Gesamtpersönlichkeit
mehr und mehr zu siegreicher Erkenntnis hindurch. Denn immer
deutlicher empfanden es die Bürger, daß sie in der Bürgerversamm=
lung, in der nach festen Formen beraten und beschlossen wurde, sich
nicht als die Summe der einzelnen Personen darstellten, als eine
Versammlung unverbundener Einzelner, deren Wesen sich mit dem
Hinzutritt und dem Ausscheiden irgend eines Genossen stets änderte,
sondern daß die Bürgerschaft als solche, unabhängig von dem
Schicksale der einzelnen Bürger, dieselbe bleibe und über das indivi=
duelle Leben der Genossen hinaus ein eigenes Leben führe. Je
mehr die Bürgerschaft als befehlende, verbietende und richtende
Macht die Persönlichkeit des Einzelnen bedingte und bestimmte,
während doch anderseits der Bürger es fühlte, daß das Wesen
dieser Macht nur durch und für ihn da sei, um so klarer wurde
die Erkenntnis, daß jeder einzelne Genosse sich mit einem Teile
seiner Persönlichkeit, seines Willens gebunden habe, und daß
aus diesen miteinander verbundenen und in einander verschmelzenden
Willenssphären eine neue Willensmacht, die von der Summe ihrer
Bestandteile spezifisch verschieden ist, entstanden sei. Diese Willens=
macht errang sich durch ihr Dasein und die machtvolle Bethätigung
ihres Willens in der Außenwelt, in der sie Krieg führte und Frieden
schloß, richtete und verwaltete, Befugnisse erwarb und Verbindlich=
keiten einging, die Anerkennung des Rechts und damit die Per=
sönlichkeit; eine Persönlichkeit freilich, die sich dadurch von der Per=
sönlichkeit des einzelnen Menschen unterschied, daß sie zusammen=
geschmolzen war aus vielen einzelnen Willenssplittern. Während
daher bei der Einzelpersönlichkeit nur die Handlungen, durch welche
dieselbe in die Außenwelt wirkt, von dem Rechte beherrscht werden
können, das innere Leben derselben aber von dem Rechte nur
mittelbar beeinflußt ist, wird bei der Gesamtpersönlichkeit, deren
Bestandteile ja Teile von Einzelpersönlichkeiten, also vom Rechte
beherrschter Willenssphären sind, auch das innere Leben rechtlich ge=

ordnet. Bei dem einzelnen Menschen sind die Bildung des Willens und der sich daraus ergebende Entschluß psychologische Vorgänge, die dem Rechte fremd sind; erst die aus dem Entschlusse entspringende That fällt unter das Recht. Anders bei der Gesamtpersönlichkeit, bei welcher vom Rechte beherrschte und nur in den Schranken des Rechts lebende Organe in rechtlich geordneter Weise den Willen der Gesamtpersönlichkeit schaffen, wiederum bestimmte Organe in rechtlich geordneter Weise den Entschluß zur Durchführung dieses Willens fassen und endlich bestimmte Organe in rechtlich geordneter Weise den Entschluß in die That umsetzen.

Die Anschauung der Bürgerschaft als einer Gesamtperson be= durfte aber noch einer Ergänzung, durch welche ausgedrückt wurde, daß die Bürgerschaft als solche in unlöslicher Verbindung mit der Stadtmark stehe. Dieses Rechtssubjekt, das aus der Zusammen= schmelzung der gemeinheitlich organisierten Bürgerschaft mit der ding= lichen Unterlage des Stadtgebietes entstand, trat unter dem Namen und Begriffe der Stadt in das Leben. Seit der zweiten Hälfte des zwölften Jahrhunderts erscheint immer häufiger die Stadt als solche als wollend und handelnd, als befehlendes und verbietendes Rechtssubjekt. Somit stellt sich die deutsche Stadt in ihrer rechtlichen Natur als eine Gesamtpersönlichkeit dar. Wohl ging diese Erkenntnis unter dem Einflusse des Ab= solutismus und des römischen Rechts in den Jahrhunderten nach der Reformation fast verloren; seit der preußischen Städteordnung von 1808 ist aber diese Auffassung wieder mehr und mehr in der Gesetzgebung und dem Rechtsbewußtsein des Volkes zur Geltung gelangt, und sie erscheint auch bereits als die dem heutigen Rechts= zustande am meisten entsprechende.

II. In der Auffassung der Gemeinde als einer Gesamtpersön= lichkeit liegt auch die Anerkennung eines eignen Lebens und eigner Gemeinzwecke beschlossen. Anderseits erscheint es uns bereits im Begriffe der Gemeinde gegeben, daß sie nicht eine unabhängige Kor= poration bildet, sondern eingefügt ist in den Organismus des Staates und staatlichen Zwecken dient. So hält es die heutige deutsche Rechtsanschauung zwar in der Natur der Gemeinde be= gründet, daß sie in autonomer Weise ihr eigenes Leben ausgestalte, die Bestimmung darüber aber, wie weit dieser selbständige Wirkungs=

kreis der Gemeinde sich erstrecken darf, muß dem Staate überlassen
bleiben. Die richtige Grenze zwischen der staatlichen Leitung und
der gemeindlichen Selbständigkeit festzustellen, kann nicht Aufgabe
des Staatsrechts, sondern nur der Gesetzgebungspolitik sein, und
diese Grenze wird sich daher, dem jeweiligen Rechtsbewußtsein gemäß,
auch verschieden gestalten. Nach der heutigen deutschen Rechts=
anschauung erscheint nun die Gemeinde nicht beschränkt auf die Er=
füllung einzelner bestimmter Zwecke, sondern ihr ist die Verwirk=
lichung aller Gemeinzwecke in ihrer Beschränkung auf das Gemeinde=
gebiet und die Gemeindeeinwohner zur Aufgabe gestellt. Wie die
Gemeinde sich somit als ein dem Staate analoges Gebilde darstellt,
so sind ihre Zwecke auch zugleich solche des Staates, und nur im
Zusammenhange wie in Übereinstimmung mit der Staatsentwickelung
darf die Gemeinde suchen die Verwirklichung ihrer Zwecke zu er=
streben. Sollte daher irgendwie der Staatszweck und der Zweck
der Gemeinde in Gegensatz treten, so wird in einem gesunden und
seiner selbst bewußten Staate stets von der Erfüllung des Gemeinde=
zwecks Abstand genommen werden müssen. Durch diese Einheitlichkeit
des Staats = und Gemeindezwecks wird indes in dem deutschen
Rechtsstaate der Gegenwart die Bethätigung eines eignen, auch
dem Staate gegenüber innerhalb der von diesem gezogenen Schranken
selbständigen Gemeindelebens nicht ausgeschlossen. Wir bezeichnen
die Erfüllung staatlicher Zwecke nicht durch den Staat, sondern
durch politische Einheiten, die zwar dem Staate untergeordnet, aber
von eignem Leben erfüllt sind, als Selbstverwaltung und
diese Einheiten selbst, insoweit sie Gesamtpersönlichkeiten sind, als
Selbstverwaltungskörper. Somit ist die deutsche Gemeinde
ein Selbstverwaltungskörper, und es stellt sich nun, in Zusammen=
fassung der bisherigen Erörterungen, die deutsche Gemeinde für das
heutige Rechtsbewußtsein dar:

> als die Vereinigung nachbarlich auf umgrenztem
> Gebiete wohnender Volksgenossen zu einer
> Gesamtpersönlichkeit, welche als Selbstver=
> waltungskörper innerhalb des örtlichen Ver=
> bandes alle Gemeinzwecke erfüllen will.

Endlich muß noch darauf hingewiesen werden, daß die An=
gelegenheiten, welche die Selbstverwaltung der Gemeinden umfaßt,

sich in zwei große Gruppen scheiden. Je nachdem nämlich bei den einzelnen Angelegenheiten der Staats= oder der Gemeindezweck als der zunächst maßgebende erscheint, stellt sich auch die Gemeinde dar als Organ der staatlichen Vollziehungsgewalt oder als selbständige, nur der Aufsicht des Staats unterworfene Einheit.

### 3. Die rechtlichen Eigenschaften der deutschen Gemeinde.

I. Mit der Auffassung der Gemeinde als einer Gesamtperson ist auch die Rechts= und Willensfähigkeit derselben anerkannt, denn als Persönlichkeit wird eben diejenige Willensmacht bezeichnet, welche Subjekt von Rechten sein kann. Es wird sich daher nur noch um die Feststellung des Umfanges der Rechts= und Willensfähigkeit der Gemeinden handeln und es fragt sich weiter, ob und wie weit den Gemeinden auch die Handlungsfähigkeit zuerkannt werden muß. Die noch jetzt in der Jurisprudenz herrschende Anschauung, der die juristischen Personen nur künstliche Behelfe des juristischen Denkens sind, spricht nun zwar allen juristischen Personen die Handlungs= fähigkeit ab, denn wie könnten Wesen, die nur gedacht, aber nicht wirklich vorhanden sind, Handlungen ausüben? Werden dagegen die juristischen Personen als wirklich vorhandene, reale Wesen an= gesehen, so ergibt sich für dieselben auch ebensowohl wie für die natürlichen Personen die Handlungsfähigkeit, nur daß dieselbe bei den juristischen Personen, zu denen ja auch die Gesamtpersönlichkeiten gehören, wiederum r e c h t l i c h begrenzt ist und die Handlungen durch r e c h t l i c h e Organe vollführt werden. Es kann daher die juristische Person nur innerhalb ihrer vom Recht anerkannten Lebenssphäre und nur durch die in ihrer Verfassung bestimmten, zuständigen Organe handeln.

II. Die Rechtsfähigkeit der Gemeinden kann sich in dreifach verschiedener Richtung bezeugen. Einmal steht die Gemeinde in rechtlichen Beziehungen zu ihren Gliedern, dann zu höheren Ein= heiten, in die sie eingefügt ist, und endlich zu anderen selbständig neben ihr existierenden — natürlichen oder juristischen — Personen. Die ersten beiden Kategorieen von Rechtsbeziehungen gehören dem Verfassungs= und Verwaltungsrechte der Gemeinde an, die letzte Gruppe dagegen, in welcher die Gemeinde als Individuum anderen Individuen gegenübertritt, umfaßt ihre privatrechtlichen Beziehungen.

Über die systematische Stellung dieser Rechtssätze mag Zweifel ob=
walten, ich habe sie an den Eingang des Finanzrechts, mit dem sie
ökonomisch die engste Beziehung haben, gestellt.

---

# Die Stadt als Selbstverwaltungskörper.

### Litteratur.

G. Meyer, Lehrbuch des deutschen Staatsrechts 2. A. Leipzig 1885.
G. Meyer, Lehrbuch des deutschen Verwaltungsrechts 2 Teile, Leipzig 1885.
E. Löning, Lehrbuch des deutschen Verwaltungsrechts, Leipzig 1884. E. Meier,
Das Verwaltungsrecht (Holtzendorff, Encyklopädie, Leipzig 1882). K. v. Stengel,
Lehrbuch des deutschen Verwaltungsrechts, Stuttgart 1886. L. v. Rönne,
Das Staatsrecht der preußischen Monarchie 4 Bde. 4. A. Leipzig
1881—84. H. Schulze, Das preußische Staatsrecht auf Grund=
lage des deutschen Staatsrechts 2 Bde. Leipzig 1872—77.
Marzinowski, Die Kommunalverwaltung in den östlichen Provinzen des
preußischen Staats (Hartmann, Zeitschrift für Gesetzgebung und Praxis 1878).
Mascher, Die städtische Kommunalverfassung 2. A. Potsdam 1860. Otte,
Preußisches Stadtrecht, Berlin 1875. E. v. Möller, Preußisches Stadt=
recht, Breslau 1864. J. Schmitz, Die Bürgermeister= und Amts=Ver=
waltung, 1. Band. Berlin 1887. H. Steffenhagen, Handbuch der
städtischen Verfassung und Verwaltung in Preußen 2 Bde. Berlin 1887/88.
A. Böck, Die Städteordnung vom 30. Mai 1853, Berlin 1854. G. Stein=
Marzinowski, Die Städteordnung, Waldenburg i/Schl. 1873 (enthält einen
Kommentar zur Städteordnung von 1853 und für Schleswig=Holstein). Gräff,
Die Städteordnung für die sechs östlichen Provinzen der Monarchie, Breslau
1853. Hübner, Die Städteordnung der sechs östlichen Provinzen der Mon=
archie, Berlin 1854 (enthält die Motive und Kammerverhandlungen). Zander,
Die Städteordnung für die sechs östlichen Provinzen der Monarchie, Berlin
1880. Backoffner, Die Städteordnungen der preußischen Monarchie, Berlin
1880 (Textabdruck sämtlicher in Preußen, mit Ausnahme von Hohenzollern
geltender Städteordnungen). O. Kotze, Die Preußischen Städteordnungen
2. A. Berlin 1883 (enthält die Städteordnungen für die östlichen Provinzen,
Westfalen, Rheinprovinz, Frankfurt a/M. und Schleswig=Holstein). O. Örtel,
Die Städteordnung vom 30. Mai 1853, Liegnitz 1883. v. Bohlen,
Die Städteordnung für die Rheinprovinz vom 15. Mai 1856, Remscheid 1887.
M. v. Brauchitsch, Die neuen Preußischen Verwaltungsgesetze
7. A., herausgegeben von Studt und Braunbehrens 2 Bde.
Berlin 1884 (dazu 2 Ergänzungsbände sowie Ergänzungsband für West=

falen, bearbeitet von Braunbehrens, für die Rheinprovinz bearbeitet von
v. Bitter und für Schleswig-Holstein bearbeitet von Haase). J. Maaßen und
P. Merklinghaus, Die allgemeine kommunale Verwaltung in der Rhein=
provinz, Köln 1887. Brüning, Die preußische Verwaltungsgesetzgebung für
die Provinz Hannover 2 A. Hannover 1888. Entscheidungen des könig=
lichen Oberverwaltungsgerichts, 1877 ff. (bisher 16 Bde.). Jahrbuch
für Entscheidungen des Kammergerichts von Johow und Küntzel 1881 ff. (bisher
7 Bde.). Entscheidungen des Reichsgerichts in Zivilsachen 1880 ff. (bisher 21 Bde.)
und in Strafsachen 1880 ff. (bisher 17 Bde.). Entscheidungen des königlichen Ober=
tribunals 83 Bde. 1837—79. Striethorst, Archiv für Rechtsfälle, die zur
Entscheidung des königlichen Obertribunals gelangt sind, 100 Bde. 1851—79.[1])

# Die städtische Verfassung.

## Erster Abschnitt.
## Die Grundlagen der Stadtverfassung.

### I. Die dingliche Grundlage der Stadtverfassung.
StO. 53. W. u. Rh. § 2. SH. §§ 2, 3. Fr. §§ 1, 4, 5. H. §§ 8—11.[2])
v. Möller § 18. Steffenhagen §§ 13, 14.

I. Der städtische Gemeindebezirk oder Stadtbezirk umfaßt das=
jenige Gebiet, in welchem das Stadtrecht Geltung hat. Derselbe ist

---

[1]) Es seien hier auch die sog. Gesetzesmaterialien, nämlich die Motive und
parlamentarischen Verhandlungen über Gesetzentwürfe, erwähnt. Wie wichtig
dieselben auch für die Auslegung der Gesetze sind, so kann doch nicht genug
vor der heute leider weitverbreiteten Überschätzung derselben gewarnt werden.
Jedes Gesetz muß vor allem aus sich selbst, aus dem Wortlaute und Zusammen=
hange des Gesetzestextes erklärt werden, und den so gewonnenen Ergebnissen
gegenüber kann es auf die in den Gesetzesmaterialien enthaltenen Ansichten
nicht weiter ankommen.

[2]) Ich citiere: StO. 53 = Städteordnung für die sechs östlichen Provinzen
      der Preußischen Monarchie vom 30. Mai 1853.
    StOW. = Städteordnung für Westfalen vom 19. März 1856.
    StORh. = Städteordnung für die Rheinprovinz vom 15. Mai
      1856.
    StOSH. = Gesetz betr. die Verfassung und Verwaltung der
      Städte und Flecken in der Provinz Schleswig-Holstein vom
      14. April 1869.

einerseits Gebiet der Stadt, also eines vom Staate verschiedenen Gemeinwesens, anderseits Teil des Staatsgebiets und staatlicher Verwaltungsbezirk.

II. Im Mittelalter war die Stadtmark dingliche Grundlage der Stadtverfassung. Nur innerhalb dieses auch äußerlich abge= grenzten Gebietes, des Weichbildes, galt Stadtrecht, das übrige der Stadt zugehörige Territorium wurde von der Entwickelung der städtischen Verfassung nicht berührt. Das allgemeine Landrecht be= schränkt die Geltung des Stadtrechts auf die eigentliche Stadt und schließt die Vorstädte in der Regel aus. Nach der Städteordnung von 1808 erstreckt sich das Stadtrecht auch auf die Vorstädte und umfaßt sämtliche Grundstücke in der Stadt und den Vorstädten, die revidierte Städteordnung erläuterte diese Bestimmung dahin, daß auch die städtische Feldmark zum Stadtbezirke gehöre.

III. Die geltenden Städteordnungen lassen diese Bestimmungen unverändert, der Stadtbezirk wird von denjenigen Grundstücken ge= bildet, welche ihm bisher angehört haben.[1]) Derselbe kann auch aus mehreren Ortschaften bestehen.[2])

Streitigkeiten darüber, ob ein Grundstück dem Stadtbezirke angehöre, unterliegen der Entscheidung im Verwaltungsstreitver= fahren.[3]) Sofern es das öffentliche Interesse erheischt, kann aber bis zur rechtskräftigen Entscheidung der Bezirksausschuß die Fest= stellung der streitigen Grenzen vornehmen.[4])

IV. Veränderungen des Stadtbezirks können in der Rhein=

StOFr. = Gemeindeverfassungsgesetz für die Stadt Frank= furt a/M. vom 25. März 1867.

StOH. = Hannöversche revidierte Städteordnung vom 24. Juni 1858.

ALR. = Allgemeines Landrecht für die Preußischen Staaten.

[1]) Nach der Hannöverschen Städteordnung umfaßt das Stadtgebiet in der Regel die Feldmark der Stadt, doch kann nach vorheriger Verhandlung mit den Beteiligten eine andere Grenzbestimmung durch Beschluß des Bezirks= ausschusses erfolgen.

[2]) StO. 53 u. W. §§ 14, 15. Rh. §§ 13, 14. SH. §§ 2, 31, 38. Fr. § 1.

[3]) Zuständig ist der Bezirksausschuß, für Berlin das Oberverwaltungsgericht.

[4]) ZustGes. (= Gesetz über die Zuständigkeit der Verwaltungs= und Ver= waltungsgerichtsbehörden vom 1. August 1883) § 9. In Berlin entscheidet der Oberpräsident, in der Provinz Posen bis auf weiteres die Regierung.

provinz nur mit Genehmigung des Königs und nach Anhörung der Stadtverordnetenversammlung erfolgen. In den übrigen Provinzen können Grundstücke, welche bisher keiner Gemeinde oder keinem selbständigen Gutsbezirke angehört haben, nach Vernehmung der Beteiligten [1]) und nach Anhörung des Kreistags, durch Beschluß des Bezirksausschusses [2]) mit dem Stadtbezirke vereinigt werden. Die Zustimmung der Grundstücksbesitzer und der Stadtgemeinde ist nicht erforderlich.[3]) Dagegen kann die Vereinigung einer Gemeinde oder eines selbständigen Gutsbezirkes mit einer Stadt nur nach Anhörung des Kreistages und unter Zustimmung der beteiligten Gemeinden bezw. des beteiligten Gutsbesitzers durch königliche Verordnung an= geordnet werden. Letztere muß auch erfolgen, wenn es, trotz mangelnder Einwilligung der Beteiligten, im öffentlichen Interesse notwendig erscheint, einzelne Grundstücke von dem Stadtbezirke ab= zutrennen oder aber Grundstücke, welche bisher einem andern Ge= meinde= oder Gutsbezirk angehörten, zum Stadtbezirke hinzuzuschlagen; jedenfalls müssen dann aber sowohl die Beteiligten als auch der Kreistag gehört sein. Sind dagegen sowohl die beteiligten Ge= meinden [4]) als auch die Eigentümer der betreffenden Grundstücke mit der Veränderung einverstanden, so kann dieselbe nach Anhörung des Kreistages durch Beschluß des Bezirksausschusses erfolgen.[5]) In allen Fällen, in denen die Veränderung eines Stadtbezirks beabsichtigt wird, ist das Gutachten des Kreistages den Beteiligten nachrichtlich mitzuteilen. Ist eine Veränderung des Stadtbezirks erfolgt, so ist dies durch das Amtsblatt bekannt zu machen. Ergibt sich infolge einer derartigen Veränderung eine Auseinandersetzung zwischen den beteiligten Gemeinden [6]) als notwendig, so entscheidet

---

[1]) Beteiligt sind die Besitzer der Grundstücke und die Stadt.

[2]) In der Provinz Posen bis auf weiteres durch Beschluß des Ministers des Innern. In Frankfurt a M. ist das Einverständnis der Beteiligten er= forderlich, andernfalls kann die Vereinigung nur durch königliche Verordnung erfolgen.

[3]) Ebenso in Hannover, soweit es sich um Enklaven im Stadtgebiete han= delt, andernfalls ist Zustimmung der Beteiligten erforderlich.

[4]) bezw. die beteiligten Gutsbesitzer.

[5]) Für Posen ist bis auf weiteres der Minister des Innern zuständig.

[6]) oder der Stadt und den beteiligten Gutsbesitzern.

darüber der Beschluß des Bezirksausschusses, [1] vorbehaltlich der Klagen im Verwaltungsstreitverfahren, [2] die den Gemeinden [3] gegeneinander zusteht.

Veränderungen, welche bei Gelegenheit einer Gemeinheitsteilung vorkommen, unterliegen diesen Bestimmungen nicht, vielmehr treten die als Abfindung gegebenen Grundstücke ohne weiteres auch in die kommunalen Verhältnisse derjenigen Ländereien ein, für welche sie gewährt sind. [4]

Über die Veränderung der Grenzen von Stadtkreisen vgl. weiter unten.

## II. Die persönlichen Grundlagen der Stadtverfassung.

### 1. Übersicht der Rechtsentwickelung in Deutschland.

I. Als das städtische Wesen in Deutschland erwuchs, war der Name „Bürger" eine nur lokale Bezeichnung. Wer in einer Burg, einer civitas, wohnte, war civis. Bürger, gleichviel ob er Ministeriale oder Mitglied der altfreien Gemeinde oder auch Höriger des Bischofs war. Seitdem aber die altfreien Gemeindegenossen im Verein mit den städtischen Ministerialen sich selbstthätig an den städtischen Angelegenheiten beteiligten, haftete der Name an diesen beiden Einwohnerklassen, und vornehmlich die Mitglieder der altfreien Gemeinde werden nunmehr als Bürger (burgenses) bezeichnet. Nachdem sich die Stadt dann zu einem öffentlich-rechtlichen Gemeinwesen erhoben hatte, bezeichnete Bürgerschaft und Bürger einerseits alle Einwohner der Stadt, anderseits aber nur diejenigen, welche zu der Teilnahme an der städtischen Regierung berechtigt waren. Dieser engere Kreis, die Vollbürgerschaft, war in ältester Zeit begründet auf den Besitz freien Grundeigentums in der Stadtmark. Mit der wachsenden Bedeutung des beweglichen Besitzes, mit der

---

[1] ZustGes. § 8. In Berlin der Oberpräsident, in Posen bis auf weiteres die Regierung.

[2] Zuständig ist der Bezirksausschuß, für Berlin das Oberverwaltungsgericht.

[3] oder der Stadt und den beteiligten Gutsbesitzern.

[4] Daß bei allen Veränderungen des Stadtbezirks privatrechtliche Verhältnisse Dritter — d. h. aller Personen außer den bei der Veränderung beteiligten Kommunalverbänden — nicht gestört werden dürfen, ist selbstverständlich, aber doch in allen Städteordnungen ausdrücklich hervorgehoben.

Erhebung der Handwerker aus der Hörigkeit zur Freiheit, mit dem
zunehmenden Wohlstande auch der gewerbetreibenden Klassen wurde
aber die Beschränkung des aktiven Anrechts an der Stadtregierung
auf die freien Grundbesitzer zur Ungerechtigkeit, und mit Recht ver=
langten die Handwerker, getragen von dem Bewußtsein, gleich den
Vollbürgern für die Stadt zu kriegen und zu schatzen, auch zur Teil=
nahme an der städtischen Regierung zugelassen zu werden. Ein
kampferfülltes Jahrhundert ging noch darüber hin, dann aber er=
rangen allerorten die zu Zünften vereinigten Handwerker den Sieg
über die Vollbürger, und als das Ergebnis der Zunftkämpfe erstand
eine einheitliche, nicht mehr allein auf Grundbesitz begründete Bürger=
schaft. Aber nach wie vor zerfiel auch diese in die Vollbürger=
schaft und die Schutzgenossen. Nicht um die Abschaffung dieses Unter=
schiedes, nur um die Ausdehnung des Vollbürgerrechts auch auf die
gewerbetreibenden Klassen war der Kampf geführt worden. Wer
unselbständig war, wer nur mit einem Teile seiner Rechtssphäre
dem Kreise der Bürger angehörte, nahm auch fernerhin nur passiv
an dem Rechte der Stadt teil.

In der Bürgerschaft selbst aber wurde immer bewußter der
Grundsatz der Einheit von Recht und Pflicht durchgeführt. Mit
seiner Person und seinem Vermögen diente der Bürger der Stadt,
und anderseits war er berechtigt, teil zu nehmen an der städtischen
Regierung; aber auch dieses Recht war nicht bloße Befugnis, sondern
unlöslich durchwachsen von der entsprechenden Pflicht: Wer berech=
tigt war, mitzuraten und mitzuthaten, der war auch hierzu ver=
pflichtet.

In dem weiteren Fortgange der städtischen Verfassungsentwicke=
lung wurde dieser Grundsatz der Einheit von Recht und Pflicht
dann auch auf die Schutzgenossen ausgedehnt, und wie dieselben teil=
nahmen an der städtischen Friedensgenossenschaft und städtischen
Schutz zu begehren berechtigt waren, so mußten sie auch der Stadt
Zinsen und Kriegsdienste leisten.

Die Entwickelung der deutschen Städte in den drei Jahrhun=
derten von der Reformation bis zur französischen Revolution ließ
dann wohl die Formen bestehen, allein der lebensvolle Inhalt schwand
aus denselben hinweg. Wie sich die Stadt aus einem bürgerlichen
Gemeinwesen zu einer Privilegskorporation umgestaltete, so erschien

jetzt auch der einzelne Bürger als Teilhaber an dieſem Privilegium, und das Bürgerrecht artete zu einer nutzbaren Gerechtigkeit aus. Den Zuſtand des 18. Jahrhunderts gibt das allgemeine Landrecht wieder (vgl. S. 16).

II. Die Städteordnung von 1808 hält an der Unterſcheidung von Bürgern und Schutzverwandten feſt. Nur die Bürger ſind Mitglieder der Stadtgemeinde, die Bürgerſchaft iſt aber nicht mehr begründet auf das Teilnahmerecht an privatrechtlichen Nutzungen, ſondern ſie iſt wieder zu der genoſſenſchaftlich geeinten perſönlichen Grundlage eines politiſchen Gemeinweſens geworden.

III. Die Gemeindeordnung von 1850 führte dann die Ein= wohnergemeinde ein. Nach ihren Beſtimmungen ſind alle Ein= wohner des Stadtbezirkes auch Mitglieder der Stadtgemeinde, zu= gleich löſte ſie aber die genoſſenſchaftlich geeinte Bürgerſchaft auf und ſetzte an deren Stelle eine Summe von Stimmrechten, die von dem Einzelnen, je nachdem die geſetzlichen Vorbedingungen erfüllt ſind, in dieſem Jahre ausgeübt werden dürfen, während ſie ihm in dem folgenden Jahre wiederum nicht zuſtehen. Die Städteordnungen von 1853, 56 und 69 ſind der Gemeindeordnung dann auf dieſem Wege gefolgt und damit hat für Preußen der alte Begriff der deut= ſchen Stadtgemeinde aufgehört zu beſtehen. —

Muß doch die Stadt die perſönliche Grundlage ihrer Ver= faſſung in einer Bürgergenoſſenſchaft finden können, und wie der Staat ſeine Bürger durch Abſtammung oder Aufnahme erhält, ſo müſſen auch dieſelben Bedingungen für die Gemeinde gelten, wobei es dem Staate ja überlaſſen bleibt, Bedingungen aufzuſtellen, bei deren Erfüllung die Aufnahme von der Gemeinde nicht verweigert wer= den darf.

IV. Den richtigen Standpunkt in der Gemeindegeſetzgebung haben die Städteordnungen für Sachſen, Heſſen und Hannover, die kurheſſiſche und naſſauiſche Gemeindeordnung, die bayriſche Gemeinde= ordnung für die Landesteile diesſeits des Rheins und die Gemeinde= ordnung für das Großherzogtum Sachſen=Weimar und für Anhalt eingenommen, während die badiſche Städteordnung ſowie die Gemeinde= ordnung für Oldenburg ſich dem preußiſchen Syſteme anſchließen. [1]

---

[1] Ebenſo jetzt auch das öſterreichiſche Gemeindegeſetz.

## 2. Die Einwohner.

### a. Im allgemeinen.

StO. 53. W. u. Rh. §§ 3 u. 4. Sch. §§ 4, 5. Fr. §§ 6, 7. H. §§ 12, 13, 35, 36.
v. Möller § 19. Steffenhagen §§ 18—20.

I. Alle Einwohner des Stadtbezirks gehören zur Stadtgemeinde. Als Einwohner des Stadtbezirks werden diejenigen natürlichen Personen betrachtet, welche in demselben nach den Bestimmungen der Gesetze ihren Wohnsitz haben.

Eine Ausnahme bilden die servisberechtigten Militärpersonen des aktiven Dienststandes,[1] welche nicht zur Stadtgemeinde gehören, selbst wenn sie in dem Stadtbezirke Grundbesitz haben oder Gewerbe treiben. Dagegen ist die Behauptung, daß auch die Mitglieder des königlichen Hauses und der fürstlichen Familie von Hohenzollern nicht derjenigen Stadtgemeinde angehören, in deren Bezirke sie ihren Wohnsitz haben, in den Gesetzen nicht begründet.[2]

II. Der Wohnsitz wird begründet durch ausdrückliche Erklärung, daß man in dem Stadtbezirke seinen Wohnsitz nehmen wolle, oder aber durch Handlungen, die auf eine solche Absicht schließen lassen. Ob eine derartige Absicht vorliegt, ist je nach dem einzelnen Falle zu beurteilen, wobei weniger die kasuistischen Vorschriften der allgemeinen Gerichtsordnung (Teil 2 Tit. 2 §§ 9—15) maßgebend sein werden, als die nach freiem Ermessen aus der Sachlage gewonnene

---

[1] die Gendarmerie gehört nicht dazu. Vgl. Entscheidung des OVG. vom 28. September 1888 (Preuß. VermBl. 1889 S. 2).

[2] Die Motivierung dieser Behauptung in der Ministerialverfügung vom 30. Mai 1850 lautet dahin, „daß die Mitglieder des königlichen Hauses wegen ihrer Successionsfähigkeit und ihrer sonstigen nahen Beziehungen zur Krone nicht in demjenigen Verhältnisse zu einer örtlichen Korporation stehen könnten, welche bei den Angehörigen einer Gemeinde vorausgesetzt werden muß“. Allein in einem konstitutionellen Staate nimmt nur das Staatsoberhaupt eine besondere Stellung ein. Soweit das Gesetz daher nicht ausdrücklich etwas anderes bestimmt, unterliegen die Mitglieder des königlichen Hauses demselben gleich allen übrigen Unterthanen. Dieselben müssen daher als Gemeindeangehörige angesehen werden, wenn sie dadurch auch schlechter gestellt sind als die 1866 bepossedierten Fürsten und die preußischen Standesherren in den alten Provinzen, die gesetzlich nicht zur Gemeinde gehören. Übrigens sind die königlichen Prinzen wohl stets, als servisberechtigte Militärpersonen des aktiven Dienststandes, nicht Gemeindeangehörige.

Überzeugung, daß der Betreffende den Mittelpunkt seines ökono=
mischen Wirkens in den Stadtbezirk gelegt habe. [1] [2] Einen Wohn=
sitz können nur diejenigen erwerben, welche sich durch Willens=
erklärungen verpflichten können, Kinder und unter Kuratel stehende
Personen können daher keinen Wohnsitz erwerben.

III. Die Niederlassung und Begründung eines Wohnsitzes im
Stadtbezirke muß jedem selbständigen Angehörigen des Deutschen
Reiches gestattet werden, sofern er im stande ist, sich in demselben
eine eigne Wohnung oder ein Unterkommen zu verschaffen. Unselb=
ständige Reichsangehörige müssen zudem die Genehmigung desjenigen
beibringen, unter dessen Gewalt sie stehen.

Nur dann ist die Stadt berechtigt, den neu Anziehenden abzu=
wehren, wenn sie nachweisen kann, daß derselbe nicht hinreichende
Kräfte besitzt, um sich und seinen nicht arbeitsfähigen Angehörigen
den notdürftigen Lebensunterhalt zu verschaffen, und wenn er solchen
auch weder aus eignem Vermögen bestreiten kann, noch von einem
dazu verpflichteten Verwandten erhält.

Die Besorgnis vor künftiger Verarmung berechtigt dagegen
den Stadtvorstand nicht zur Zurückweisung, jedoch kann die Fort=
setzung des Aufenthalts versagt werden, wenn sich nach dem An=
zuge, aber bevor der neu Anziehende an seinem Aufenthaltsorte den
Unterstützungswohnsitz erworben hat, die Notwendigkeit einer öffent=
lichen Unterstützung erweislich macht, und wenn die Stadt dar=
thut, daß die Unterstützung aus anderen Gründen als wegen einer
vorübergehenden Arbeitsunfähigkeit notwendig geworden ist. Jeden=
falls darf die thatsächliche Ausweisung aber nicht früher erfolgen,
als bis der Auszuweisende von der zur Fürsorge für ihn verpflich=
teten Gemeinde aufgenommen oder doch über die Fürsorgepflicht eine
wenigstens einstweilen vollstreckbare Entscheidung getroffen ist.

Die Abweisung bestrafter Personen, welche möglich ist, soweit

---

[1] vgl. O.V.G.E. (= Entscheidungen des Oberverwaltungsgerichts) Bd. 13
Nr. 14 und für die Rheinprovinz Gesetz vom 30. Juni 1884. Nach letzterem
Gesetz ist als Wohnsitz derjenige Ort anzusehen, in welchem jemand eine Woh=
nung unter Umständen inne hat, welche auf die Absicht der dauernden Bei=
behaltung einer solchen schließen lassen.

[2] Es ist möglich, daß jemand einen mehrfachen Wohnsitz hat und daher
Einwohner mehrerer Gemeinden ist.

die Landesgesetze solche Personen polizeilichen Aufenthaltsbeschrän=
kungen unterwerfen, erfolgt nicht durch die Stadt, sondern durch die
Landespolizeibehörde, und stellt sich also als eine staatliche Sicherheits=
maßregel, nicht als Teil des städtischen Verfassungsrechtes dar. [1])
Dagegen ist sowohl die Stadt wie die Landespolizeibehörde be=
rechtigt, Ausländern das Aufenthaltsrecht zu entziehen.

IV. Der Wohnsitz im Stadtbezirke erlischt, sobald ein Ein=
wohner den Stadtbezirk gänzlich verläßt und entweder an einem
andern Orte einen neuen Wohnsitz erwirbt oder im Lande umher=
zieht, ohne irgendwo eine feste Wohnung zu nehmen.

Jeder selbständige Einwohner des Stadtbezirks ist jederzeit zur
Aufgabe des Wohnsitzes berechtigt, unselbständige bedürfen der Ge=
nehmigung desjenigen, unter dessen Gewalt sie stehen.

**b. Von den Rechten und Pflichten der Einwohner.**

I. Alle Einwohner des Stadtbezirkes sind berechtigt zur Mit=
benutzung der öffentlichen Gemeindeanstalten der Stadt [2]) sowie zum
Mitgenusse der Erträge des Stadtvermögens. Insoweit jedoch an
den Gemeindeanstalten auf besonderen Titeln beruhende Privatrechte
haften oder aber besondere Stiftungen mit denselben verbunden sind,
richtet sich die Teilnahmebefugnis nach den Stiftungsbestimmungen
oder dem Inhalte des Privatrechts.

II. Alle Einwohner sind, gemäß dem Grundsatze der Einheit
von Recht und Pflicht, auch verbunden, die städtischen Lasten zu
tragen. Diese Pflicht ist, wie das korrespondierende Recht, prinzipiell
gleich. Die thatsächliche Durchführung derselben ist aber wesentlich
auch durch finanzpolitische und nationalökonomische Erwägungen be=
stimmt worden.

III. Auf Beschwerden und Einsprüche, betreffend

1. das Recht zur Mitbenutzung der öffentlichen Gemeinde=
anstalten, sowie zur Teilnahme an den Nutzungen und Er=
trägen des Gemeindevermögens,

---

[1]) Reichsgesetz über die Freizügigkeit vom 1. November 1867 §§ 1—6.
Vgl. v. Rönne, Preußisches Staatsrecht II § 135.

[2]) Daher darf die Stadt nicht einzelne Einwohner oder Einwohnerklassen
von der Benutzung einer Gemeindeanstalt grundsätzlich ausschließen.

2. die Heranziehung oder die Veranlagung zu den Gemeinde=
laften,
beſchließt der Stadtvorſtand. [1]

Gegen den Beſchluß findet binnen zwei Wochen die Klage im
Verwaltungsſtreitverfahren ſtatt. [2] [3] Die Beſchwerden, die Ein=
ſprüche und die Klage haben jedoch keine aufſchiebende Wirkung.

### 3. Die Bürger.

StO. 53 u. W. §§ 5, 6, 7, 19, 74, 75. Rh. §§ 5, 6, 7, 18, 79, 80.
Fr. §§ 13—17, 19—21, 29. Sch. §§ 6—9, 12—16. H. §§ 19—33, 83, 84, 97[10].

Litteratur: v. Möller § 20. Steffenhagen §§ 23—26. Schmitz
§ 18. P. Koslik, Das Bürgerrecht in den Preußiſchen Provinzen Preußen,
Brandenburg, Pommern, Schleſien, Poſen, Sachſen, Weſtfalen und Rhein=
provinz. Berlin 1888.

#### a. Erwerb des Bürgerrechts.

I. Wie ſchon erwähnt worden iſt, hat die Gemeindeordnung
von 1850 und nach ihrem Vorgange die ſpäteren Städteordnungen
die Bürgergenoſſenſchaft aufgelöſt. Eine gemeinſchaftlich verbundene
Bürgerſchaft gibt es daher nach preußiſchem Rechte nicht mehr, an
deren Stelle iſt vielmehr eine Anzahl Menſchen getreten, welche, ohne
Verbindung untereinander, für ſo lange, als ſie gewiſſe geſetzlich vor=
geſchriebene Bedingungen erfüllen, die unter dem Namen Bürger=
recht zuſammengefaßten Rechte und Pflichten ausüben.

II. Das Bürgerrecht kann nur erworben werden, wenn folgende
Bedingungen erfüllt ſind:

1. der Bewerber muß männlichen Geſchlechts ſein,
2. er muß in den alten Provinzen und in Frankfurt a/M.
preußiſcher Staatsangehöriger, in Schleswig=Holſtein deutſcher
Reichsangehöriger ſein, [4]

---

[1] ZuſtGeſ. § 18.

[2] In Poſen iſt bis auf weiteres gegen den Beſchluß des Stadtvorſtandes
nur die Verwaltungsbeſchwerde bei den Kommunalaufſichtsbehörden gegeben.

[3] Zuſtändig iſt überall der Bezirksausſchuß. Gegen die Entſcheidung
desſelben über die Heranziehung oder Veranlagung zu den Gemeindelaſten iſt
nur das Rechtsmittel der Reviſion zuläſſig. (ZuſtGeſ. § 21.)

[4] Über den Erwerb der Staats= und Reichsangehörigkeit trifft das Reichs=
geſetz vom 1. Juni 1870 Beſtimmungen.

3. er muß in Schleswig-Holstein großjährig sein, in den alten Provinzen und Frankfurt a/M. das vierundzwanzigste Lebensjahr vollendet haben,

4. er muß selbständig sein, d. h. er darf nicht im Hause und Brote anderer stehen[1]) und er darf in seiner Verfügungsfähigkeit nicht beschränkt sein,

5. er muß im Besitze der bürgerlichen Ehrenrechte sein,

6. er muß seit einem Jahre Einwohner des Stadtbezirks sein und zur Stadtgemeinde gehören,

7. er muß seit einem Jahre die ihm obliegenden Gemeindeabgaben bezahlt haben,

8. er darf in den alten Provinzen und Frankfurt a M. seit einem Jahre keine Armenunterstützung aus öffentlichen Mitteln empfangen haben; in Schleswig-Holstein muß er jede nach seinem 18. Lebensjahre empfangene öffentliche Unterstützung zurückgezahlt haben,

9. er muß seit einem Jahre einen gewissen Vermögenszensus erfüllt haben.

Diesem Erfordernisse ist genügt, wenn der Bewerber

a) ein Wohnhaus im Stadtbezirke als Eigentümer, Nießbraucher oder zu erblichem Besitzrechte besitzt. In Schleswig-Holstein muß dasselbe außerdem einen im Ortsstatute näher zu bestimmenden Minimalsteuerwert haben,

b) oder ein stehendes Gewerbe selbständig betreibt.[2])

Über die Art und den Umfang desselben bestimmt in Schleswig-Holstein das Ortsstatut das Nähere, während in den östlichen Provinzen und Westfalen das Gewerbe Haupterwerbsquelle sein und in Städten

---

[1]) Die Städteordnungen von 1853 und 56 besagen, „er muß einen eigenen Hausstand haben", doch ist dies in der Praxis in der im Texte gegebenen ausdehnenden Weise interpretiert worden, vgl. Motive zur Städteordnung für Schleswig-Holstein. — Der Besitz einer eingerichteten Wohnung ist zur Selbständigkeit nicht erforderlich; auch „Chambregarnisten" können selbständig sein. Vgl. OVGE. Bd. 14 Nr. 28. Als selbständig wird überhaupt jeder zu betrachten sein, der den Mittelpunkt eines eigenen wirtschaftlichen Kreises bildet.

[2]) Diese Bestimmung gilt für die Rheinprovinz nicht.

von mehr als 10 000 Einwohnern mit wenigstens zwei Gehilfen betrieben werden muß. [1]) —

Der Gewerbetreibende ist indes nur b e r e c h t i g t, das Bürgerrecht zu erwerben, erst drei Jahre nach begonnenem Gewerbebetriebe kann auch seitens der Gemeindebehörde verlangt werden, daß er die mit dem Bürgerrechte zusammenhängenden Pflichten erfülle, ein Bürgerrechtsgeld darf ihm jedoch in diesem Falle nicht abgefordert werden, [2]) [3])

c) oder in den alten Provinzen zur klassifizierten Einkommensteuer veranlagt ist,

d) oder in den alten Provinzen einen jährlichen Klassensteuerbetrag von mindestens 6 Mark zahlt. — In der Rheinprovinz und Schleswig = Holstein darf ortsstatutarisch das Bürgerrecht von der Veranlagung zur 2. bis 8. Klassensteuerstufe abhängig gemacht werden,

e) oder in Schleswig=Holstein ein jährliches Einkommen bezieht, welches, nach den Grundsätzen der Klassensteuerveranlagung geschätzt, eine bestimmte, im Ortsstatute näher festzusetzende Höhe erreicht, deren Mindestsatz nicht weniger als 600 Mark und nicht über 1500 Mark betragen darf,

f) oder in den früher mahl= und schlachtsteuerpflichtigen Städten der östlichen Provinzen, soweit diese solches bis zu dem Termin, an welchem in der betreffenden

---

[1]) So auch in Frankfurt a/M.

[2]) Die Pflichten, welche der Gewerbetreibende zu übernehmen hat, beschränken sich daher auf die eventuelle Übernahme von Ämtern in der Stadtvertretung oder Stadtverwaltung. — Da das Bürgerrecht in Preußen gesetzliche Folge gewisser erfüllter Bedingungen ist, so wird der Gewerbetreibende 3 Jahre nach begonnenem Gewerbebetriebe ohne weiteres in die Bürgerrolle einzutragen sein, falls bei ihm auch die übrigen Bedingungen zutreffen.

[3]) Daß der Gewerbetreibende, bei dem Hinzutritte irgend eines anderen Verpflichtungsgrundes, auch vor Ablauf von drei Jahren zum Erwerbe des Bürgerrechts und in diesem Falle auch zur Zahlung des Bürgerrechtsgeldes verpflichtet ist, hätte füglich niemals zweifelhaft sein sollen. Vgl. OVGE. Bd. 13 Nr. 11. Minvfg. (= Ministerialverfügung) vom 27. August 1872, BMBl. (= Ministerialblatt für die gesamte innere Verwaltung) 1872 S. 224.

Stadt die Geltung der Mahl= und Schlachtsteuer auf=
hörte, beschlossen haben:

ein jährliches Einkommen hat von wenigstens
600 Mark in Städten von weniger als 10 000 Ein=
wohnern, von wenigstens 750 Mark in Städten
von 10 000—50 000 Einwohnern, von wenigstens
900 Mark in Städten von mehr als 50 000 Ein=
wohnern,

g) oder in der Rheinprovinz von seinen im Stadtbezirke
belegenen Grundstücken einen Hauptgrundsteuerbetrag
entrichtet, dessen geringster Betrag ortsstatutarisch fest=
zusetzen ist, der aber nicht weniger als 6 Mark und
nicht mehr als 30 Mark betragen darf,

h) oder in Frankfurt a/M. ein Jahreseinkommen von
1200 Mark (700 Gulden) hat.

Im einzelnen ist noch folgendes bestimmt:

Steuerzahlungen, Einkommen, Haus= und Grund=
besitz der Ehefrau sowie der in väterlicher Gewalt be=
findlichen Kinder werden dem Ehemanne bezw. dem Vater
angerechnet.

Geht ein Haus durch Vererbung auf einen anderen
über, so kommt dem Erben bei Berechnung der Dauer
des einjährigen Wohnhausbesitzes die Besitzzeit des
Erblassers zu gute. [1]

Von dem Vorhandensein der einjährigen Dauer der
Erfordernisse zum Erwerbe des Bürgerrechts können
in Schleswig = Holstein und Frankfurt a/M. die
städtischen Kollegien jeden dispensieren, in den alten
Provinzen ist eine Dispensation auf Grund überein=
stimmenden Beschlusses des Stadtvorstandes und der
Stadtverordneten nur möglich, falls ein Bürger aus
einer anderen Stadt anzieht, oder wenn der Besitzer
eines, einen besonderen Gutsbezirk bildenden Gutes oder
ein stimmberechtigter Einwohner einer Landgemeinde
seinen Wohnsitz nach der Stadt verlegt.

10. Der Bewerber um das Bürgerrecht muß in denjenigen

---

[1] Diese Bestimmung fehlt in der rheinischen Städteordnung.

Städten, in denen ein Bürgerrechtsgeld eingeführt ist, dieses entrichtet haben. [1]

III. Der Erwerb des Bürgerrechts erfolgt bei Vorhandensein der obigen Bedingungen (1—10) ganz von selbst. Ob der Stadt= vorstand über die Erwerbung des Bürgerrechts eine Urkunde (Bürger= brief) auszustellen hat, bleibt der statutarischen Anordnung über= lassen. [2] Jedenfalls hat die Erteilung des Bürgerbriefes nur eine deklaratorische Bedeutung und der Erwerb des Bürgerrechts hängt nicht von der Erteilung des Bürgerbriefes ab. [3]

Der Verzicht auf das Bürgerrecht, so daß der Verzichtende auch der sich daraus ergebenden Pflichten ledig wird, ist unzulässig.

Die Bürger sind überall in eine Bürgerrolle einzutragen.

### b. Das Aufhören des Bürgerrechts.

I. Verlust des Bürgerrechts.

Das Bürgerrecht geht verloren, sobald eines der zur Erlangung desselben vorgeschriebenen Erfordernisse bei dem bis dahin Berech= tigten nicht mehr zutrifft.

II. Zeitweilige Ausschließung von der Ausübung des Bürger= rechts.

a) Derjenige, dem durch rechtskräftiges Urteil die bürgerlichen Ehrenrechte aberkannt sind, ist während der im Urteile bestimmten Zeit von der Ausübung des Bürgerrechtes ausgeschlossen. [4]

b) Derjenige, welcher in Konkurs verfallen ist, ist während der Dauer des Konkursverfahrens von der Ausübung des Bürger= rechts ausgeschlossen. [5]

---

[1] In Schleswig=Holstein ist die Erhebung einer besonderen Abgabe für den Erwerb des Bürgerrechts oder aus Anlaß dieses Erwerbes unzulässig. Hinsichtlich der Gewerbetreibenden vgl. oben.

Über die Verpflichtung, bei dem Erwerbe von Haus= und Grundeigentum das Bürgerrecht zu gewinnen und das Bürgerrechtsgeld zu zahlen, siehe OVGE. Bd. 15 Nr. 4.

[2] Das Gemeindeverfassungsgesetz für Frankfurt a/M. erwähnt die Möglich= keit der Erteilung eines Bürgerbriefes nicht.

[3] Für die Erteilung des Bürgerbriefs darf in Schleswig=Holstein eine angemessene Ausfertigungsgebühr erhoben werden.

[4] Reichsstrafgesetzbuch §§ 33—36.

[5] Ausführungsgesetz zur Deutschen Konkursordnung vom 6. März 1879. § 52.

c) Derjenige, der, ohne daß ihm gesetzliche Gründe zur Seite stehen, sich weigert, eine unbesoldete Stelle in der Stadtverwaltung oder Stadtvertretung anzunehmen oder die noch nicht drei bezw. in Schleswig-Holstein sechs Jahre hindurch versehene Stelle weiter zu verwalten, sowie derjenige, welcher sich der Verwaltung solcher Stellen t h a t s ä c h l i c h entzieht, kann auf 3—6 Jahre von der Aus= übung des Bürgerrechts ausgeschlossen werden. [1]

Die Ausschließung von der Ausübung des Bürgerrechts hat den dauernden Verlust aller das Bürgerrecht voraussetzenden Stadt= ämter zur Folge.

III. Nur ein Ruhen des Bürgerrechts, so daß mit Fortfall der Bedingungen des Ruhens der frühere Zustand wieder eintritt, findet in folgenden Fällen statt:

a) Bei den zum Beurlaubtenstande gehörigen Bürgern ruht das Bürgerrecht, wenn sie zum Militärdienst einberufen werden, vom Tage ihrer Einberufung bis zum Ablauf des Tages der Wieder= entlassung. [2]

b) Wenn gegen einen Bürger wegen eines Verbrechens die Erhebung der öffentlichen Anklage oder wegen eines Vergehens, das den Verlust der Ehrenrechte nach sich ziehen muß oder kann, die Eröffnung des Hauptverfahrens beschlossen, oder wenn derselbe zur gerichtlichen Haft gebracht ist, so ruht die Ausübung des ihm zu= stehenden Bürgerrechts so lange, bis die gerichtliche Untersuchung be= endet bezw. bis er der Haft entlassen ist. — Während das Bürger= recht ruht, ist der betreffende Bürger von den städtischen Ämtern suspendiert.

c. B e s c h w e r d e n  u n d  E i n s p r ü c h e.

Auf Beschwerden und Einsprüche betreffend den Besitz oder den Verlust des Bürgerrechts sowie der Verpflichtung zum Erwerbe des= selben faßt die Stadtvertretung endgültigen Beschluß, [3] gegen den

---

[1] In Schleswig=Holstein begründet nur die Ablehnung bezw. Weigerung zur ferneren Fortführung einer unbesoldeten Stelle im Rat ' oder der Stadt= verordnetenversammlung die Ausschließung von der Ausübung des Bürgerrechts.

[2] Reichsmilitärgesetz vom 2. Mai 1874 § 38 A u. B.

[3] In Posen der Stadtvorstand, gegen dessen Bescheid Beschwerde an die Regierung freisteht.

nur Klage im Verwaltungsstreitverfahren stattfindet, welche neben und anstatt des direkt Berechtigten auch von dem Stadtvorstande erhoben werden kann. Die Stadtvertretung[1]) kann ihrerseits zur Wahrnehmung ihrer Rechte im Verwaltungsstreitverfahren einen be= sonderen Vertreter bestellen. Die Klage, für die in erster Instanz der Bezirksausschuß zuständig ist, hat keine aufschiebende Wirkung, jedoch dürfen Ersatzwahlen vor ergangener rechtskräftiger Entscheidung nicht vorgenommen werden.

### d. Von den Rechten und Pflichten der Bürger.

Da nach preußischem Rechte keine geschlossene Bürgerschaft existiert, so gibt es eigentlich auch keine Rechte und Pflichten der Bürger, sondern es dürfte nur von den Rechten und Pflichten gesprochen werden, die demjenigen zustehen, welcher gerade die betreffenden Be= dingungen erfüllt hat.

Allein es möge der historische Sprachgebrauch beibehalten werden.

Die Bürger sind berechtigt teilzunehmen an der Bildung des Willens des städtischen Gemeinwesens: sie haben das Recht zur Teil= nahme an den Gemeindewahlen; und sie sind berechtigt teilzunehmen an der Ausführung des Willens des städtischen Gemeinwesens: sie haben das Recht, unbesoldete Ämter und Funktionen in der Ge= meindeverwaltung und Gemeindevertretung zu übernehmen.

Nach der richtigen Auffassung, nach welcher die Bürgerschaft eine Genossenschaft darstellt, ist gemäß dem Grundsatze der Einheit von Recht und Pflicht auch jeder Bürger zur Ausübung seiner Rechte verpflichtet, und die Städteordnung von 1808 führte diese Anschauung auch strenge durch. Aber auch die späteren preußischen Städteordnungen haben sich diesen Grundsatz in weitem Umfange zu eigen gemacht und hier hat auch in Preußen das Prinzip der genossen= schaftlich geeinten Bürgerschaft gesiegt. Danach ist jeder Bürger bei Strafe verpflichtet, einzelne Aufträge in Stadtangelegenheiten aus= zuführen und ein Amt in der Stadtverwaltung oder Stadtvertretung zu übernehmen.

---

[1]) Im Verwaltungsstreitverfahren ist die Stadtvertretung die Beklagte. Vgl. OVGE. Bd. 15 Nr. 4.

### e. Das Bürgerrecht in Hannover.

I. Völlig abweichend von den Grundsätzen der preußischen Städteverfassung ist die Bürgerschaft nach der hannöverschen Städteordnung organisiert. Während nach preußischem Städterecht die Bürgerschaft aufgelöst ist in eine Summe unverbunden nebeneinander bestehender Stimmrechte, ist in Hannover die geschlossene Bürgergenossenschaft als die persönliche Grunblage des städtischen Organismus beibehalten und damit die dem Wesen der deutschen Städte entsprechende Form bewahrt worden. Im einzelnen freilich entsprechen viele Bestimmungen der hannöverschen Städteordnung nicht mehr den Anschauungen, die in der preußisch=deutschen Gesetzgebung der letzten beiden Jahrzehnte herrschen; noch erscheint die Bürgerschaft als ein sozialer Stand, und bei dem Erlasse der Städteordnung bot auch der Erwerb des Bürgerrechts noch ökonomische Vorteile, die inzwischen durch die Gesetzgebung aus dem Zusammenhange mit dem Bürgerrechte gelöst sind, während die entsprechenden Pflichten noch fortbestehen.

Auch heute noch ist indes der Inhalt des Bürgerrechts in Hannover ein anderer wie in den altpreußischen Provinzen, denn das Bürgerrecht umfaßt nach der hannöverschen Städteordnung außer den politischen Rechten und Pflichten, welche oben als der Inhalt des preußischen Bürgerrechts bezeichnet sind, auch das Recht zur Teilnahme an der Nutzung des Bürgervermögens.[1] Im Zusammenhange damit steht die Unterscheidung zwischen stimmfähigen und nicht stimmfähigen Bürgern. Nur die ersteren bilden die Grunblage des politischen Gemeindeorganismus.

II. Erworben wird das Bürgerrecht durch Verleihung auf Gemeindebeschluß oder durch Anstellung im städtischen Dienste.

Berechtigt zum Erwerbe des Bürgerrechts ist jeder Einwohner der Stadt, der von unbescholtenem Wandel ist.

Verpflichtet zum Erwerbe ist jeder Einwohner männlichen oder weiblichen Geschlechts, welcher

a) sich behufs der selbständigen Ausübung einer Kunst oder einer Wissenschaft im Stadtbezirke dauernd niedergelassen hat,

---

[1] Neben oder anstatt des Bürgervermögens kann auch ein Gemeindevermögen vorhanden sein, dessen Nutzung allen Einwohnern zusteht. StdOH. § 37.

b) oder seit mindestens drei Jahren ein Gewerbe im Stadt=
bezirke betreibt.

Das Ortsstatut kann einzelne Klassen von Gewerbe=
treibenden von der Verpflichtung zum Erwerbe des Bürger=
rechts entbinden.

Mehrere Teilnehmer einer Handlung oder eines Gewerbs=
unternehmens müssen, wenn sie in der Stadt wohnen, sämt=
lich Bürger werden. Für gewerbliche Gesellschaften, welchen
juristische Persönlichkeit zusteht, ist der zu bestellende ver=
antwortliche Geschäfts= oder Werkführer zur Gewinnung
des Bürgerrechtes verpflichtet,

c) oder innerhalb des Stadtbezirkes ein Wohnhaus eigen=
tümlich erwirbt.

Durch Ortsstatut kann einerseits die Verpflichtung zum Erwerbe
des Bürgerrechts auf alle Einwohner ausgedehnt werden, welche im
Stadtbezirke Grundstücke erwerben, wenn diese Grundstücke auch nicht
mit Wohnhäusern besetzt sind, anderseits kann auch angeordnet werden,
daß nur die Erwerber von Wohnhäusern, die einen bestimmten Mindest=
wert haben, zur Gewinnung des Bürgerrechts verpflichtet sind. End=
lich kann das Ortsstatut auch die Verpflichtung zum Erwerbe des
Bürgerrechts auf die auswärtigen Besitzer städtischer Wohnhäuser
ausdehnen. Gelangen mehrere zum ungeteilten Besitze eines Wohn=
hauses, so ist nur einer verbunden, das Bürgerrecht zu gewinnen. [1]

Durch Anstellung im Stadtdienste erwerben die Mitglieder des
Rats sowie alle im Stadtdienst dauernd und ohne Vorbehalt der
Kündigung angestellten Beamten von selbst das Bürgerrecht.

Aus der Bürgerschaft scheiden sich wieder als besondere Gruppe
die stimmfähigen Bürger, die Inhaber des politischen Vollbürger=
rechts, aus.

Stimmfähige Bürger können nur Männer sein, die über 25 Jahre
alt sind, sich weder in väterlicher Gewalt noch in Kuratel befinden,
auch nicht in Kost und Lohn eines andern stehen oder in Konkurs be=
fangen sind. Sie dürfen weder zur Zeit Armenunterstützung empfangen
noch auch solche im letzten Jahre erhalten und noch nicht zurückerstattet
haben. Dieselben müssen sich im Besitze der bürgerlichen Ehrenrechte

---

[1] Vgl. dazu OVGE. Bd. 14 Nr. 6 und Bd. 15 Nr. 4.

befinden, und es darf nicht durch Gemeindebeschluß festgestellt sein, daß sie wegen eines nach der öffentlichen Meinung entehrenden Verbrechens oder Vergehens bestraft worden sind oder sich durch unsittliche Handlungen der öffentlichen Achtung verlustig gemacht haben. Bei Erfüllung dieser persönlichen Voraussetzungen ist jeder Bürger stimmfähig, der gewisse im Ortsstatut festzusetzende ökonomische und soziale Bedingungen erfüllt. Subsidiär gelten als solche Bedingungen, daß der Bürger in der Stadt seinen Wohnsitz hat und daselbst entweder als Hauseigentümer Gebäudesteuer oder an sonstigen direkten Staatssteuern 7,50 M. jährlich zahlt.

III. Verloren geht das Bürgerrecht

a) durch Wegzug aus dem Stadtgebiet, insofern nicht der Wegziehende sich das Bürgerrecht vorbehält oder aber in dem Stadtbezirke Besitzer eines Wohnhauses bleibt und ortsstatutarisch auch die auswärtigen Besitzer von Wohnhäusern zum Erwerbe des Bürgerrechts verpflichtet sind,

b) für die nicht zum Gewinne des Bürgerrechts Verpflichteten durch Verzicht, [1])

c) durch Aberkennung mittels Gemeindebeschlusses, wenn der Bürger seinen Wohnsitz im Stadtgebiete bereits vor wenigstens drei Jahren aufgegeben und während der letzten drei Jahre die Zahlung der Anerkennungsgebühr unterlassen hat.

IV. Alle Bürger sind zur Teilnahme an den Nutzungen des Bürgervermögens berechtigt. Jedoch können hinsichtlich des Maßes der Teilnahme zwischen einzelnen Klassen der Bürger Unterschiede bestehen. Anderseits sind alle Bürger zur Leistung von persönlichen Diensten, welche mit der Teilnahme an den bürgerlichen Nutzungen zusammenhängen, verpflichtet, Bürger weiblichen Geschlechts jedoch nur insoweit, als diese Dienste durch Stellvertreter verrichtet werden können.

Die politischen Rechte und Pflichten der Bürger stehen in vollem Maße nur den stimmfähigen Bürgern zu. Der Umfang dieser Rechte und Pflichten ist, wie schon erwähnt, derselbe wie nach den alt-

---

[1]) Sobald die Voraussetzungen, die zum Erwerbe des Bürgerrechts verpflichteten, bei dem Einzelnen wegfallen, ist derselbe gleichfalls zum Verzichte berechtigt.

preußischen Städteordnungen, doch sind die Bürger in Hannover zur
Teilnahme an den Gemeindewahlen nicht nur berechtigt, sondern auch
verpflichtet. Die nicht stimmfähigen Bürger haben an sich keine
politischen Rechte, sie sind aber mit gewissen Ausnahmen gleichfalls
gebunden, städtische Ehrenämter, zu denen sie durch Wahl berufen
werden, zu übernehmen.

Alle Bürger, mit Ausnahme der auf Grund ihres Gewerbe=
betriebs zum Erwerbe des Bürgerrechts Verpflichteten, sind ver=
bunden, für die Gewinnung des Bürgerrechts eine Gebühr, deren
Höhe das Ortsstatut bestimmt, an die Stadtkasse zu entrichten, doch
sind gewisse Befreiungen zugelassen.

Alle männlichen Bürger sind endlich verpflichtet, vor dem Rate
persönlich oder im Falle der Abwesenheit durch einen öffentlich be=
glaubigten schriftlichen Revers den Bürgereid dahin zu leisten, „daß
sie die ihnen nach den Gesetzen und der Stadtverfassung obliegenden
Pflichten als Bürger gewissenhaft erfüllen und den vorgesetzten Be=
hörden, namentlich dem Magistrate Gehorsam leisten wollen". Für
die im Dienste der Stadt Angestellten ist der Bürgereid im Dienst=
eide enthalten.[1] Bürger weiblichen Geschlechts sind von der Ab=
leistung des Bürgereides befreit, sie geloben jedoch vor dem Rate
die treue Erfüllung der ihnen obliegenden Bürgerpflichten.

V. Auf Einsprüche und Beschwerden betreffend den Besitz oder
den Verlust des Bürgerrechts und der Stimmfähigkeit sowie hinsicht=
lich der Verpflichtung zum Erwerbe oder zur Verleihung derselben
faßt die Stadtvertretung Beschluß. Diese entscheidet auch über die
Einsprüche und Beschwerden, welche die Verpflichtung zur Zahlung
des Bürgergewinngeldes und zur Leistung des Bürgereides be=
streiten.

Über das Verfahren und die Rechtsmittel vgl. S. 53 unter c.

#### 4. Die Ehrenbürger.

StO. 53, W. u. Rh. § 6. Sh. § 11. Fr. § 22. H. § 34.
v. Möller § 21. Steffenhagen § 29.

Durch übereinstimmenden Beschluß des Stadtvorstandes und
der Stadtverordneten kann solchen Männern, die sich um Wissen=

---

[1] Königliche Verordnung vom 6. Mai 1867 § 1 Abs. 2.

schaft und Kunst, um das Vaterland oder die Stadt wohlverdient
gemacht haben, das Ehrenbürgerrecht verliehen werden. Dasselbe
gibt die Rechte des Bürgers, begründet aber keine Verpflichtung
zur Übernahme städtischer Lasten.[1]) Ob derjenige, dem das Ehren=
bürgerrecht verliehen werden soll, die sonst zum Erwerbe des Bürger=
rechts erforderlichen Vorbedingungen besitzt, ist gleichgültig.

Das Ehrenbürgerrecht geht nur auf Grund der Aberkennung
der bürgerlichen Ehrenrechte verloren.[2])

### 5. Die Nichtgemeindeangehörigen im Stadtbezirk und die Forensen (Ausmärker).

StO. 53 und W. §§ 3, 4, 8. Rh. §§ 3, 4. Fr. §§ 6, 8, 10. Sh. §§ 4, 23.
H. § 14. Reichsgesetz über die Freizügigkeit vom 1. November 1867 § 8.
Kommunalabgabengesetz vom 27. Juli 1885 § 1.
v. Möller § 22. Steffenhagen § 30.

In dem Wesen der Stadt liegt es, daß sie ihre Herrschaft über
alle innerhalb ihres Gebietes lebenden Personen in gleicher Weise
ausdehnt, daß alle, wenn auch zu verschiedenem Rechte, Angehörige
der Gemeinde sind. In den deutschen Städten ist indes dieser Zu=
stand niemals wirklich geworden. Wie im Mittelalter Geistliche und
Juden, Ausbürger und Pfahlbürger, wie später Exmierte und Schutz=
genossen der Gemeinde gar nicht oder doch nur mit einem Teile ihrer
Rechtssphäre angehörten, so sind auch heute einzelne Personenklassen
im Gemeindegebiete teils dem städtischen Verbande fremd, teils ihm
nur in einzelnen Beziehungen zugehörig.

I. a) Völlig außer jeder Verbindung mit der Stadtgemeinde
stehen die servisberechtigten Militärpersonen des aktiven Dienststandes,
welche im Stadtbezirke ihren Wohnsitz haben.[3]) Dieselben sind
daher weder zur Benutzung der Gemeindeanstalten berechtigt, noch zur
Tragung der Gemeindelasten verpflichtet. Da aber die Militär=
personen thatsächlich viele Gemeindeanstalten in derselben Weise, wie

[1]) In Hannover haben die Ehrenbürger auch den Bürgereid nicht zu leisten.
[2]) Reichsstrafgesetzbuch § 33.
[3]) Bei den im Reichsmilitärgesetz § 38 zu B genannten Personenklassen
ruhen nur die aus der Gemeindeangehörigkeit fließenden Rechte und Pflichten
während ihrer Zugehörigkeit zum Militärverbande; die Gemeindeangehörigkeit
und das Bürgerrecht selbst verbleibt ihnen.

jeder Einwohner, nutzen, so müssen neuerdings die im Offiziersrange stehenden Militärpersonen des Friedensstandes [1]) einen Beitrag zu den Gemeindelasten zahlen. Sie sind dadurch aber ebensowenig wie die Militärärzte, welche bereits seither von dem Einkommen aus ihrer Zivilpraxis zu den Gemeindeabgaben herangezogen wurden, Angehörige der Gemeinde geworden. [2])

b) Diejenigen Personen, welche sich länger als drei Monate im Stadtbezirke aufhalten, ohne daselbst aber ihren Wohnsitz zu haben, sind für die ganze Zeit ihres Aufenthalts zur Teilnahme an den Gemeindelasten verpflichtet, ohne doch Einwohner der Stadt zu sein.

II. Die juristischen Personen — Gesamtpersönlichkeiten und Anstalten — welche im Gemeindebezirke ihren Wohnsitz haben, sind nicht Einwohner der Stadt, indes in gewissem Maße zur Tragung der städtischen Lasten verbunden.

III. Auch über den Gemeindebezirk hinaus greift die Gewalt der Stadt. In ihrem Wesen als einer Gebietskorporation ist es gegeben, daß der gesamte Grund und Boden des Stadtbezirkes ihrer Herrschaft unterworfen ist. Zudem ist die Verbindung der Stadt mit gewerblichem Betriebe so eng, die Lasten, welche dieser der Stadt auferlegt, und die Vorteile, welche er von jener empfängt, sind so sichtbar, daß auch jeder gewerbliche Betrieb innerhalb des städtischen Territoriums der Herrschaft der Stadt unterliegen muß. Daher ist die Besteuerungsgewalt der Stadt auch auf — natürliche und juristische — Personen ausgedehnt, die zwar nicht im Stadtbezirke wohnen, in demselben aber Grundbesitz oder gewerbliche Betriebe haben oder nutzen.

IV. In den östlichen Provinzen und Westfalen gilt die singuläre Bestimmung, daß Forensen und juristische Personen, die seit einem Jahre in der Stadt sowohl an direkten Staatssteuern als an Gemeindesteuern mehr als der dritthöchstbesteuerte Einwohner entrichtet haben, auch auf die Bildung des Gemeindewillens Einfluß

---

[1]) Reichsmilitärgesetz § 38 A.

[2]) Zu den auf den Grundbesitz oder das stehende Gewerbe gelegten Lasten sind auch die im Stadtbezirk wohnenden Militärpersonen des aktiven Dienststandes verpflichtet, wie sie dieselben auch als Forensen — Nr. III — zu tragen haben würden.

haben dürfen, das heißt daß sie zur Teilnahme an den städtischen Wahlen berechtigt sind. [1] [2] [3]

### 6. Gemeindeangehörigkeit und Bürgerrecht in Deutschland.

#### Litteratur.

Zur Vergleichung sind herangezogen: 1. An h a l t: Gemeinde-, Stadt- und Dorfordnung vom 13. April 1882. — 2. B a d e n: Gesetz über die Verfassung und Verwaltung der Gemeinden vom 14. Mai 1870 und Gesetz, besondere Bestimmungen über Verfassung und Verwaltung der Stadtgemeinden betreffend, vom 24. Juni 1874. — 3. B a y e r n: Die Gemeindeordnung für die Landesteile diesseits des Rheins vom 29. April 1869. — 4. H e s s e n: Städteordnung für das Großherzogtum Hessen vom 13. Juni 1874. — 5. K u r h e s s e n: Gemeindeordnung für die Stadt- und Landgemeinden Kurhessens vom 23. Oktober 1834. — 6. N a s s a u: Gemeindegesetz vom 26. Juli 1854. — 7. O l d e n b u r g: Revidierte Gemeindeordnung für das Herzogtum Oldenburg vom 15. April 1873. — 8. S a c h s e n: Revidierte Städteordnung vom 24. April 1873. — 9. S a c h s e n = W e i m a r = E i s e n a c h: Neue Gemeindeordnung vom 24. Juni 1874. — 10. W ü r t t e m b e r g: Verwaltungsedikt vom 1. März 1822 und Gesetz betr. die Gemeindeangehörigkeit vom 16. Juni 1885.

I. In den deutschen Städten des Mittelalters beruhte in der Zugehörigkeit zur Gemeinde nicht nur die politische Geltung des Einzelnen, sie bestimmte auch in umfassender Weise seine soziale Stellung und sein wirtschaftliches Wirken. Nur den Gemeindegenossen, die durch Geburt oder Aufnahme dem städtischen Verbande angehörten, war das Recht des Aufenthalts und der Niederlassung, des Grundbesitzes und Gewerbebetriebs im städtischen Gebiete gesichert, nur sie nahmen teil an den Nutzungen städtischen Gutes, nur sie hatten Anspruch auf städtischen Schutz und später auch auf Fürsorge bei Krankheit und Armut.

Aus der Masse der Genossen schied sich dann wieder der engere Kreis der Vollbürger, welche das politische Leben der Stadt bestimmten.

---

[1] Die Zweckmäßigkeit dieser gesetzlichen Bestimmung für Ortsgemeinden unterliegt sehr erheblichen Bedenken.

[2] Um zur Teilnahme an der Wahl berechtigt zu sein, muß der Forense bezw. die juristische Person von jeder der beiden Steuerarten mehr als der Dritthöchstbesteuerte entrichten. Vgl. auch OVGE. Bd. 14 Nr. 8.

[3] Auch eine nicht im Gemeindebezirk wohnende Militärperson des aktiven Dienststandes ist in diesem Falle zur Teilnahme an den Wahlen berechtigt.

Auch als die Städte eingefügt wurden in die landesherrlichen
Territorien, blieb der Inhalt des städtischen Genossenrechts unver=
ändert. Wie hinter den städtischen Mauern das deutsche Gewerbe
erwachsen, der deutsche Handel erblüht war, so galten jetzt Handel
und Gewerbebetrieb als Privilegien der Städte, und nach wie vor
blieb ihnen die Bestimmung darüber belassen, wen sie innerhalb
ihres Gebietes zur Niederlassung verstatten wollten. Als dann seit
dem Dreißigjährigen Kriege die landesherrliche Gewalt erstarkte und
die wirtschaftliche Wohlfahrt der Unterthanen mehr und mehr die
Pflege sorgsamer Herrscher fand, da traten auch in diesem über=
kommenen Zustande Änderungen ein. Die Beschränkung des Rechts
zum Gewerbebetriebe auf die städtischen Zünfte wurde hier und da
durchbrochen, und die nur zu oft eigenwillig und engherzig geübte
Macht der Städte, der Niederlassung Fremder zu wehren, wurde
eingeengt; prinzipiell war aber bis in dieses Jahrhundert hinein
alles beim alten geblieben.

Erst die wirtschaftliche Umwälzung, welche durch die Erfindung
der Dampfmaschine eingeleitet wurde, zwang zu dem Aufgeben des
alten Systems. In fortschreitender Entwickelung hat diese Bewegung
ihr Ziel in einer Reihe von Gesetzen des Norddeutschen Bundes ge=
funden. Die Freiheit der Niederlassung und Verehelichung an jedem
Orte ist zu einem staatsbürgerlichen Rechte geworden; für den Er=
werb städtischen Grundbesitzes und den Betrieb von Handel und Ge=
werbe ist die Gemeindeangehörigkeit nicht mehr Bedingung, und selbst
das Recht auf Fürsorge seitens der Gemeinde für den Fall der Not
ist nicht mehr von der Mitgliedschaft in derselben abhängig, sondern
in ganz Deutschland und für Deutsche wie Ausländer an jedem
Aufenthaltsorte ein gleichmäßiges. So ist als Inhalt der Rechte,
welche die Gemeindeangehörigkeit bietet, nur das Recht auf Nutzung
städtischen Gutes und der städtischen Anstalten sowie für die Voll=
bürger das Recht, an dem politischen Leben der Gemeinde mitbe=
stimmend teilzunehmen, übrig geblieben. Anderseits waren früher
nur die Gemeindegenossen zum Tragen städtischer Lasten verbunden,
oder es wurden die Nichtgemeindeangehörigen doch in minderem Maße
herangezogen. Auch hier hat die ausgleichende Bewegung bereits
ihr Endziel erreicht, denn nach heutigem Rechte ist jeder, der sich
drei Monate im Gemeindebezirk aufhält, gleich den Gemeindegenossen

zur Teilnahme an den städtischen Lasten verpflichtet. Bei diesem Rechtszustande ist allerdings der alte Begriff der Bürgerschaft dahingeschwunden, und es erheischt von den deutschen Gesetzgebern die Frage nach einer den neuen Verhältnissen entsprechenden und doch den Bedürfnissen der Gemeinde genügenden Organisation der Bürgerschaft ihre Lösung.

Die preußischen Städteordnungen und in ihrem Gefolge die oldenburgische Gemeindeordnung wie die badische Städteordnung haben als Ergebnis des geschilderten Entwickelungsganges die **Auflösung** der Bürgerschaft hingestellt. Da die soziale und wirtschaftliche Bedeutung des Bürgerrechts verloren gegangen ist, und anderseits für alle Einwohner der Gemeinde nunmehr dieselbe Steuerpflicht gilt, so haben sie die Folgerung gezogen, daß auch alle im Gemeindebezirk wohnenden Staatsbürger, sofern sie nur gewisse Bedingungen erfüllen, allein durch die Thatsache ihres Wohnsitzes zur Mitwirkung in dem politischen Leben der Gemeinde berufen sind. Zur Benutzung der Gemeindeanstalten und zur Teilnahme an den Erträgen des Stadtvermögens sind dann des weiteren überhaupt alle Einwohner berechtigt.

In den übrigen deutschen Staaten sowie in Hannover, Kurhessen und Nassau ist die geschlossene Bürgergenossenschaft bewahrt geblieben. Die in Hannover, Kurhessen und Nassau noch geltenden älteren Gemeindegesetze gründen sich indes auf einen Rechtszustand, in dem das Bürgerrecht noch soziale und wirtschaftliche Vorteile bot, sie können daher nur in bedingter Weise zur Vergleichung herangezogen werden. Eine eigentümliche Stellung nimmt endlich die bayrische Gemeindeordnung wegen der abweichenden Regelung der Armenpflege- und Ehegesetzgebung ein.

II. In den geltenden Städteordnungen ist die Gemeindeangehörigkeit verschieden geregelt. Während sie sich in Kurhessen und Nassau auf das Heimatsrecht gründet [1] und daher nur durch Geburt, Aufnahme oder Zuweisung seitens der staatlichen Behörde erworben wird, gibt in den übrigen Rechtsgebieten die Thatsache des Wohnsitzes im Gemeindebezirk bereits Anspruch auf Schutz der Stadt und auf Benutzung der Gemeindeanstalten.

---

[1] Auch in Bayern. Hier umfaßt das Heimatsrecht aber auch das Recht auf Armenunterstützung und zur Verehelichung.

III. Aus den Gemeindeangehörigen erhebt ſich der engere Kreis der Bürgerſchaft. Während in den Einwohnergemeinden als Bürger eben nur diejenigen bezeichnet werden, welche die zur Teilnahme an den ſtädtiſchen Wahlen und der ſtädtiſchen Verwaltung erforderlichen Bedingungen erfüllt haben, ſcheiden ſich in den Städten mit ge= ſchloſſener Bürgergenoſſenſchaft die ſtimmfähigen Bürger von der übrigen Bürgerſchaft. Für dieſe bedeutet das Bürgerrecht nur die dauernde Zugehörigkeit zu der Gemeinde, während die ſtimmfähigen Bürger die Träger des politiſchen Rechtes ſind. Im folgenden ſoll nur von dem politiſchen Bürgerrechte geſprochen werden.

Als Inhalt desſelben erſcheint überall das Recht, ſich an der Wahl der Gemeindevertretung zu beteiligen ſowie Ämter und Funktionen in der ſtädtiſchen Verwaltung zu übernehmen.

In den Gemeindeordnungen von Baden und Oldenburg, welche das Prinzip der Einwohnergemeinde durchführen, ſind die Be= dingungen, bei deren Erfüllung das Bürgerrecht erworben und ver= loren wird oder ruht, im weſentlichen dieſelben wie nach den preußiſchen Städteordnungen. Im einzelnen ſetzen die beiden Ge= meindeordnungen folgendes feſt:

Erworben wird das Bürgerrecht von jedem männlichen Reichs= angehörigen, der ſich im Vollbeſitze der Rechtsfähigkeit und der bürgerlichen Ehrenrechte befindet, ein gewiſſes Alter [1] erreicht hat, ſeit einer längeren Zeit [2] Einwohner der Stadt iſt und während dieſer Zeit zu den Gemeindelaſten beigetragen hat. Die badiſche Städteordnung verlangt außerdem, daß der Erwerber des Bürger= rechts ſeit zwei Jahren keine Armenunterſtützung empfangen hat und ſeit dieſer Zeit in Baden eine direkte ordentliche Staatsſteuer bezahlt. — Der Verluſt des Bürgerrechts tritt ein, wenn der Bürger nicht mehr Reichsangehöriger iſt, ſeinen Wohnſitz in der Stadt auf= gibt, die Selbſtändigkeit verliert oder zum Beitrage zu den Gemeinde= laſten unvermögend geworden iſt. In Baden geht das Bürgerrecht auch durch Empfang einer Armenunterſtützung aus öffentlichen Mitteln und durch Wegfall der Pflicht zur Entrichtung einer direkten ordentlichen Staatsſteuer verloren.

---

[1] In Baden 26, in Oldenburg 24 Jahre.
[2] In Baden 2, in Oldenburg 3 Jahre.

In den Städten mit geschlossener Bürgergenossenschaft wird das stimmfähige Bürgerrecht durch Antritt oder Aufnahme erworben. Durch Antritt erlangen dasselbe bei Nachweis der gesetzlichen Bedingungen in Kurhessen und Nassau die Gemeindeangehörigen, in Württemberg und Hessen die Söhne von Ortsbürgern, und in Bayern diejenigen Personen, welche das Heimatsrecht besitzen oder die als unbescholtene Staatsbürger seit zwei Jahren in der Stadt wohnen, während dieser Zeit eine daselbst angelegte direkte Steuer sowie die sie treffenden Gemeindeabgaben entrichtet und innerhalb der letzten zwei Jahre keine Armenunterstützung nachgesucht oder erhalten haben. In dem Großherzogtum Hessen sowie in Nassau und Kurhessen sind die Bedingungen des Bürgerrechtserwerbs für die Gemeindeangehörigen milder wie für Auswärtige. — In allen übrigen Fällen wird das Bürgerrecht nur durch Aufnahme seitens der Stadt erworben. Überall wird die Staats= oder doch Reichsangehörigkeit,[1] der Wohnsitz oder wenigstens längerer Aufenthalt[2] in dem Gemeindebezirke, ein gewisses Alter und der Besitz der bürgerlichen Ehrenrechte gefordert. Regelmäßig können auch nur Männer das Bürgerrecht gewinnen, allein in Weimar ist der Erwerb desselben auch Weibern nachgelassen, sie sind dann aber weder zur Stadtvertretung noch zu städtischen Ämtern wählbar und können ihr Stimmrecht nur durch bevollmächtigte Männer ausüben. Außer in Anhalt und Weimar gehen die Städteordnungen über das Erfordernis des Besitzes der Ehrenrechte hinaus und verlangen Unbescholtenheit;[3] auch fordern einzelne Städteordnungen,[4] daß der Bewerber in den letzten Jahren keine Armenunterstützung erhalten hat,[5] und öfters wird die wirtschaftliche Selbständigkeit des sich Meldenden zur Bedingung der Aufnahme gemacht.[5] Überall ist auch ein gewisser Vermögensnachweis oder die Entrichtung eines bestimmten Steuerbetrages erforderlich. In den meisten Rechtsgebieten kann für die Erteilung des Bürgerrechts eine Gebühr erhoben werden. In Anhalt sind alle zum Erwerbe des Bürgerrechts Fähigen auch verpflichtet dasselbe zu gewinnen, in Bayern, Kur=

---

[1] In Anhalt.
[2] In Weimar.
[3] So auch in Hannover.
[4] Bayern, Sachsen, Württemberg.
[5] Bayern, Kurhessen, Weimar.

heſſen, Sachſen, Weimar und Württemberg iſt denjenigen zum Er=
werbe des Bürgerrechts Fähigen, die gewiſſe ſtrengere Bedingungen,
wie längeren Wohnſiß in der Gemeinde, Anſäſſigkeit, Zahlung
höherer Steuern, erfüllt haben, ein Anſpruch auf Erteilung des
Bürgerrechts zuerkannt worden, wie ſie anderſeits, außer in Württem=
berg, auch zum Erwerbe desſelben verpflichtet ſind. In eigentüm=
licher Weiſe iſt die Stimmfähigkeit in Heſſen geregelt. Auch hier
nämlich werden die Ortsbürger als die eigentlichen Träger des poli=
tiſchen Rechts angeſehen, daneben iſt aber das Recht zur Teilnahme
an den Wahlen und der ſtädtiſchen Verwaltung allen männlichen
Einwohnern gegeben, welche die deutſche Reichsangehörigkeit beſitzen,
ſeit zwei Jahren ihren Unterſtützungswohnſiß in der Gemeinde haben,
zur Zeit der Wahl wenigſtens 25 Jahre alt ſind und bereits wäh=
rend des der Wahl vorhergehenden Rechnungsjahres in der Stadt=
gemeinde ſteuerpflichtig waren, wenn ſie ſpäteſtens am Schluſſe des
der Wahl vorhergehenden Jahres vor dem Bürgermeiſter die münd=
liche Erklärung abgeben, daß ſie ihr Stimmrecht für das folgende
Jahr in Anſpruch nehmen.

Die Gründe für das Ruhen der Stimmfähigkeit ſind im allge=
meinen dieſelben wie in Preußen, nur daß, dem Charakter der Ge=
noſſenſchaft entſprechend, das Fehlen der wirtſchaftlichen Voraus=
ſetzungen nicht, wie in Preußen, den Verluſt, ſondern nur das Ruhen
der Stimmfähigkeit bedingt. Auch bildet in denjenigen Rechts=
gebieten, in welchen das Bürgerrecht noch mit ökonomiſchen oder
ſonſtigen Vorteilen verbunden iſt, die Aufgabe des Wohnſitzes nur
einen Grund für das Ruhen der Stimmfähigkeit, ohne daß das
Bürgerrecht ſelbſt verloren geht.

Der Verluſt des Bürgerrechts tritt überall infolge der Auf=
gabe der Staatsangehörigkeit ein. Außerdem geht es verloren:

in Anhalt, Sachſen und Weimar durch Aufgabe des Wohnſitzes
im Stadtbezirke, [1]

in Kurheſſen und Naſſau durch Aufnahme in eine andere Ge=
meinde, in Weimar, Sachſen und Württemberg durch Verzicht, [1]
inſoweit nicht eine Verpflichtung zum Beibehalten des Bürger=
rechts vorliegt, und in Anhalt durch rechtskräftige Verurteilung
zur Zuchthausſtrafe.

_____

[1] So auch in Hannover.

## Zweiter Abschnitt.
# Die Organe der städtischen Verfassung.

### I. Die Stadtverordnetenversammlung.

#### Litteratur.

L. Ebert, Der Stadtverordnete im Geltungsbereiche der Städteordnung vom 30. Mai 1853, Berlin 1883.

#### 1. Übersicht der geschichtlichen Entwickelung.

I. Mit der Ausbildung des städtischen Verfassungslebens trat an die Stelle der versammelten Gemeinde ein Ausschuß derselben, welcher die Rechte der Bürgerschaft gegenüber dem Rate wahrzunehmen hatte. Anfangs nur Beauftragter der Bürgerschaft, bildete sich dieser Ausschuß, „der große Rat", namentlich seit den Zunftkämpfen, zu einem öffentlich=rechtlichen Organe der Stadt aus. Der große Rat übte zunächst repräsentative Befugnisse gegenüber dem kleinen Rate, er nahm dann aber auch teil an der Stadtregierung, indem der kleine Rat bei wichtigeren Angelegenheiten mit dem großen Rate zu einer einheitlichen Körperschaft zusammentrat. Mit dem Verfalle des deutschen Städtewesens wurde auch die Thätigkeit des großen Rates von privatrechtlichen Gesichtspunkten aus angesehen. Wieder galt er jetzt nicht als Organ der Stadt, sondern als privatrecht=licher Vertreter der Bürgerschaft, ja nicht einmal die Bürgerschaft wurde durch ihn vertreten, sondern jedes einzelne Mitglied des großen Rates war nur Vertreter derjenigen Zunft oder sonstigen städtischen Korporation, welcher er gerade angehörte.

Im 18. Jahrhundert finden sich zwar in Preußen regelmäßig „Repräsentanten" der Bürgerschaft, aber diese werden so sehr als privatrechtliche Vertreter der Zünfte und gemeinen Bürgerschaft be=trachtet, daß sie in wichtigeren Angelegenheiten sich ausdrückliche Vollmacht von ihren Auftraggebern erteilen lassen müssen, in unwichtigeren Dingen wird eine stillschweigende Vollmachtserteilung vermutet. Und diese Repräsentanten bedürfen zur Gültigkeit ihrer Wahl der Bestätigung des Rates, oder sie werden gar überhaupt von dem letzteren ernannt. Auch steht ihnen weder eine fortdauernde Kontrolle der gesamten städtischen Verwaltung zu, noch ist der Rat

5*

regelmäßig an ihre Zustimmung gebunden, nur für einzelne be=
stimmte Angelegenheiten ist ihre Mitwirkung erforderlich, während
sie anderseits als Unterbeamte des Rates verschiedene Verwaltungs=
geschäfte zu besorgen haben.

Die öffentlich=rechtliche Anschauung gelangte erst wieder durch
die Städteordnung von 1808 zum Siege. Durch die Bestimmungen
der §§ 108—110 wurden die Stadtverordneten wieder zu einem
öffentlich=rechtlichen Organe der Stadt erhoben. Schlicht und
schön heißt es in der Städteordnung: „Die Stadtverordneten be=
„dürfen weder einer besonderen Instruktion oder Vollmacht der
„Bürgerschaft, noch sind sie verpflichtet, derselben über ihre Be=
„schlüsse Rechenschaft zu geben. Das Gesetz und ihre Wahl sind
„ihre Vollmacht, ihre Überzeugung und ihre Ansicht vom gemeinen
„Besten der Stadt ihre Instruktion, ihr Gewissen aber die Behörde,
„der sie deshalb Rechenschaft zu geben haben."

Im Zusammenhange mit dieser Auffassung waren die Stadt=
verordneten nun nicht mehr Vertreter irgend einer Korporation oder
Zunft, sondern sie repräsentierten die gesamte Bürgerschaft. „Sie
„sind im vollsten Sinne Vertreter der gesamten Bürgerschaft, mit=
„hin so wenig Vertreter des einzelnen Bezirks, der sie gewählt hat,
„noch einer Korporation, Zunft u. s. w., zu der sie zufällig ge=
hören." Auch die Zuständigkeit der Stadtverordneten wurde sehr er=
weitert, sie übten nunmehr eine umfassende Kontrolle der gesamten
Verwaltung aus, und zugleich mußte ihre Zustimmung in allen An=
gelegenheiten eingeholt werden, die nicht ausdrücklich dem Stadt=
vorstande allein zugewiesen waren.

II. Nach der richtigen Anschauung der Städteordnung von 1808
übt die Stadtverordnetenversammlung nach innen lediglich repräsen=
tative Befugnisse, während nach außenhin die Stadtpersönlichkeit
erst durch die Zusammenfassung von Stadtvorstand und Stadt=
verordnetenversammlung zur Erscheinung kommt. Diese richtige An=
sicht haben die Städteordnung von 1831 sowie die späteren Städte=
ordnungen für die östlichen Provinzen und für Westfalen auch bei=
behalten, dagegen hat die rheinische Städteordnung von 1856 den
Bürgermeister zugleich zum Vorsitzenden der Stadtverordneten=
versammlung und letztere zur Mitregierung der Stadt berufen und
damit einen Wechselbalg geschaffen, der weder regiert noch repräsen=

tiert, sondern beides nur halb thut. Die Städteordnung für Schleswig-Holstein nähert sich dagegen dem mittelalterlichen Systeme der „großen Räte" und gibt der Stadtverordnetenversammlung zwar das Recht der Mitregierung, erhält aber doch die Selbständigkeit des Stadtvorstandes und der Stadtverordnetenversammlung aufrecht. Allein auch diesem Systeme des „großen Rates" ist das System der Städteordnung von 1853 vorzuziehen. Nur eine völlige Trennung der repräsentativen Körperschaft von dem Stadtvorstande entspricht unseren heutigen Anschauungen, und da die Stadtverordnetenversammlung z u n ä ch st die Kontrolle über die Verwaltung des Stadtvorstandes ausüben soll, entspricht dieses auch dem Wesen der Sache.

### 2. Rechtlicher Charakter der Stadtverordnetenversammlung.

v. Möller § 27. Steffenhagen § 41. Schmitz § 19.

I. Der Wille der Stadt als einer Gesamtpersönlichkeit wird durch das Zusammenwirken der verfassungsmäßigen Organe zum Ausdrucke gebracht. Diese sind der Stadtvorstand und die Stadtverordnetenversammlung.

II. Die Stadtverordnetenversammlung ist dasjenige Organ der Stadt, durch welches der Wille der Bürgerschaft zum Ausdrucke kommt.

Der in gesetzlichen Formen ausgedrückte Wille der Stadtverordnetenversammlung ist der Wille der Bürgerschaft.

### 3. Die Zusammensetzung der Stadtverordnetenversammlung. [1]

StO. 53 u. W. §§ 12, 16. Rh. §§ 11, 15. Sch. § 35. Fr. §§ 23, 24. H. §§ 81, 85.
v. Möller § 29. Steffenhagen § 42. Schmitz § 19.

I. Die Städteordnung von 1808 bestimmte, daß in kleinen Städten 24—36, in mittleren 36—60 und in großen 60—102 geeigenschaftete Mitglieder der Stadtgemeinde die Stadtverordnetenversammlung bilden sollten, jedoch müßten wenigstens $^2/_3$ der Gewählten in der Stadt mit Häusern angesessen sein. [2]

II. Nach der Städteordnung von 1831 wurde die Anzahl der Stadtverordneten für jede Stadt nach Verhältnis ihrer Größe, der Wichtigkeit der Gewerbe und des Umfanges der städtischen Ange-

---

[1] In Hannover heißt die Stadtvertretung: Bürgervorsteherkollegium.
[2] StO. 1808 §§ 70, 85.

legenheiten durch das Ortsstatut festgesetzt, allein mit der Maß=
gabe, daß die Hälfte der Stadtverordneten aus Grundbesitzern be=
stehen mußte. [1]

III. Die Gemeindeordnung von 1850 überließ die Bestimmung
der Anzahl der Gemeindeverordneten dem Gemeinderate, dessen Be=
schluß indes der Zustimmung des Bezirksrates bedurfte, und gab
selbst nur subsidiäre Bestimmungen; doch mußte auch jetzt die Hälfte
der Gemeindeverordneten aus Grundbesitzern bestehen. [2]

IV. Die Bestimmungen der Gemeindeordnung sind im wesent=
lichen in die geltenden Städteordnungen übergegangen. Nach diesen
wird die Zahl der Stadtverordneten durch das Ortsstatut festgesetzt,
wobei die Größe der Stadt und der Umfang der Stadtverwaltung
zu berücksichtigen sein wird. In den östlichen Provinzen und
Schleswig=Holstein muß indessen die Stadtverordnetenversammlung
wenigstens aus 6, in Hannover wenigstens aus 4 Mitgliedern be=
stehen, während für Westfalen, die Rheinprovinz und Frankfurt a/M.
eine solche Bestimmung nicht vorhanden ist. In Schleswig=Holstein
darf die Stadtverordnetenversammlung auch nicht mehr als 30 und
in Hannover nicht über 24 Mitglieder zählen.

Subsidiär erlangen in den alten Provinzen die Bestimmungen
der Städteordnung Geltung. [3] Die Zusammensetzung der Stadt=
verordnetenversammlung ist dann folgende:

| Einwohnerzahl | in den östl. Provinzen | Westfalen | Rheinprovinz |
|---|---|---|---|
| bis zu 2499 Ew. [4] | 12 Stadtverordnete | 12 | 12 |
| 2500 — 5000 [5] | 18 | 18 | 18 |
| 5001— 10000 | 24 | 24 | 18 |
| 10001 — 20000 | 30 | 30 | 24 |
| 20001— 30000 | 36 | 36 | 24 |
| 30001— 50000 | 42 | 42 | In Städten mit |
| 50001— 70000 | 48 | 48 | mehr als 30000 Ein= |
| 70001— 90000 | 54 | 54 | wohnern besteht die |
| 90001—120000 | 60 | Für je weitere | Stadtverordneten= |
|  | Für je weitere | 20000 Einwohner | versammlung |
|  | 50000 Einwohner | treten immer | aus 30 Mitgliedern. |
|  | treten immer 6 Stadt= | 6 Stadtverord= |  |
|  | verordnete hinzu. | nete hinzu. |  |

---

[1] StO. 1831 §§ 46, 49.
[2] Gemeindeordnung (GO.) §§ 10, 14.

Diejenige Einwohnerkategorie, zu der die Stadt bei Einführung der Städteordnung gehörte, bleibt für die Zahl der Stadtverordneten maßgebend. Eine Änderung in der Zahl kann nur durch Gemeinde= beschluß erfolgen. Keineswegs ergibt sich aber mit Veränderung der Einwohnerziffer auch von selbst die Veränderung der Zahl der Stadtverordneten, und es kann nicht für statthaft erachtet werden, daß durch bloßen Verwaltungsakt des Stadtvorstandes die Zahl der Stadtverordneten erhöht oder erniedrigt werde. [1]

Wenigstens die Hälfte der von jeder Abteilung der stimm= berechtigten Bürger gewählten Stadtverordneten müssen Hausbesitzer sein. [2]

---

[3] Auch in Frankfurt a M., wo nach dem Gemeindeverfassungsgesetz die Anzahl der Stadtverordneten auf 54 Mitglieder festgesetzt ist.

[4] In der Rheinprovinz: bis zu 2500 Einwohnern.

[5] In der Rheinprovinz: 2501—5000 Einwohner.

[1] Die Städteordnungen von 1853 und 1856 bestimmen über die Ver= änderung der Zahl der Stadtverordneten nichts, allein daß ein bloßer Ver= waltungsakt des Stadtvorstandes nicht genügt, eine Änderung herbeizuführen, ergibt sich aus folgenden Gründen:

a) Die Bestimmungen der Städteordnung über die Zahl der Stadtver= ordneten sind nur subsidiär; zunächst entscheidet das Ortsstatut. Da nun im letzteren Falle die Zahl nur durch Abänderung des Ortsstatuts geändert werden kann, so erscheint es auch im Falle der Geltung der Städteordnung nicht an= gänglich, daß die Änderung im Verwaltungswege geschehe, sie kann aber durch Gemeindebeschluß geschehen, da die für ortsstatutarische Festsetzungen notwen= dige Bestätigung der Aufsichtsbehörde hier durch die gesetzliche Bestimmung ersetzt wird.

b) Die Zahl der Mitglieder in anderen politischen Körperschaften, die sich gleichfalls nach der Bevölkerungszahl richten, wird nur durch Gesetz geändert. Vgl. Wahlgesetz für den norddeutschen Bund vom 31. Mai 1869 § 5, Reichs= verfassung Art. 20, Preuß. Verf. Art. 69.

Die Kreisordnung vom 13. Dezember 1872 enthält allerdings im § 89 die Bestimmung, daß je die bei der letzten allgemeinen Volkszählung ermittelte Bevölkerungsziffer des Kreises für die Zahl der Kreistagsabgeordneten maß= gebend ist, die Provinzialordnung beantwortet diese Frage in den §§ 10—13.

[2] In Hannover ist es statutarischer Festsetzung überlassen, ob ein Teil und welcher Teil der Stadtverordneten aus der Mitte der hausbesitzenden bezw. der nicht hausbesitzenden Bürger zu wählen sei. In Schleswig=Holstein und Frankfurt a M. muß die Hälfte der Stadtverordnetenversammlung aus Haus= besitzern bestehen.

## 4. Die Wahl der Stadtverordneten.

### a. Wahlfähigkeit.

StD. 53 u. W. §§ 8, 17, 19, 30, 74. Rh. §§ 16, 18, 29, 79. Sh. 10, 16,
37, 38. Fr. §§ 18, 26, 29. H. §§ 31, 85, 89, 92.
v. Möller § 30. Steffenhagen § 43. Schmitz § 19.

I. Nach der Städteordnung von 1808 waren prinzipiell alle
Bürger wahlberechtigt,[1]) jedoch ruhte das Wahlrecht
a) derjenigen, deren Bürgerrecht ruhte,[2])
b) der Ratsmitglieder,
c) der Bürger weiblichen Geschlechts,
d) der unangesessenen Bürger, welche in großen Städten
weniger als 600 M., in mittleren und kleinen Städten
weniger als 450 M. reines Einkommen jährlich hatten,
e) derjenigen Personen, welchen als Strafe das Stimmrecht
entzogen war.

Wählbar war jeder stimmberechtigte Bürger in demjenigen Be=
zirke, dem er angehörte.[3])

II. Nach der Städteordnung von 1831 sind alle Bürger, deren
Bürgerrecht nicht ruht, wahlfähig. Wählbar sind aber nur diejenigen
Bürger, welche in dem Stadtbezirke ein Grundeigentum haben,
dessen geringster Wert in kleinen Städten nicht unter 3000 M., in
größeren nicht über 36 000 M. zu bestimmen ist, oder ein jährliches
Einkommen, dessen geringster Betrag sich auf 600 bis 3600 M. be=
läuft. Wer überhaupt wählbar ist, kann in jedem Bezirke der Stadt
gewählt werden.[4])

III. Nach der Gemeindeordnung von 1850, die im wesentlichen
bereits die Bestimmungen der späteren Städteordnungen enthält, ist

---

[1]) StD. 1808 §§ 74—78.
[2]) StD. 1808 §§ 20 u. 22.
[3]) StD. 1808 § 84. Später wurden die Mitglieder der Aufsichtsbehörden
und die städtischen Beamten von der Wählbarkeit ausgeschlossen.
[4]) StD. 1831 §§ 50 u. 56. Vgl. aber § 59, wonach auch mindervermö=
gende Bürger, die ein völlig unbescholtenes Leben geführt und sich das öffent=
liche Vertrauen erworben haben, durch Gemeindebeschluß für wählbar erklärt
werden können.

jeder Gemeindewähler, dessen Wahlrecht nicht ruht, wahlfähig und
wählbar. [1]

IV. a) Nach den geltenden Städteordnungen sind wahlberechtigt
die Ehrenbürger, die stimmfähigen Bürger und in den östlichen Pro=
vinzen und Westfalen auch die stimmberechtigten Forensen und ju=
ristischen Personen. Die Ausübung des Wahlrechts hängt davon
ab, daß der Wähler in die Bürgerliste eingetragen ist.

b) Wählbar sind die Ehrenbürger [2] und die stimmfähigen
Bürger. In Schleswig=Holstein kann, wenn besondere örtliche
Verhältnisse es erfordern, durch Ortsstatut bestimmt werden, daß
die Wählbarkeit aller oder eines Teiles der Stadtverordneten durch
die Wohnung in einem bestimmten Teile der Stadt bedingt sei.

Ausgenommen hiervon und nicht wählbar sind:

1. diejenigen Beamten und die Mitglieder derjenigen Be=
   hörden, durch welche die Aufsicht des Staates über die
   Städte ausgeübt wird, [3]

2. Geistliche, Kirchendiener und Elementarlehrer, [4]

3. die richterlichen Beamten, zu denen jedoch die Handels=
   richter und die technischen Mitglieder der Gewerbegerichte
   nicht zu zählen sind, [5]

---

[1] GO. § 4.

[2] Die Ehrenbürger sind jedoch, da das Wahlrecht persönlich ausgeübt
werden muß, nur dann wahlberechtigt, wenn sie sich zur Zeit der Wahl in der
Stadt aufhalten, und wählbar nur dann, wenn sie im Stadtbezirke ihren
Wohnsitz haben.

[3] Dies sind: der Minister des Inneren, der Oberpräsident und die ihnen
beigegebenen Räte und Hilfsarbeiter, insoweit dieselben zur Vertretung der
ersteren befugt sind, der Regierungspräsident und die Mitglieder der Regierung.
Ferner sowohl die erwählten wie die ernannten Mitglieder des Bezirksaus=
schusses und des Provinzialrats.

[4] Elementarlehrer sind nach richtiger Ansicht nur die Lehrer an Schulen,
welche zur Erfüllung der allgemeinen Schulpflicht dienen. Vgl. auch OVGE.
Bd. 14 Nr. 11.

[5] Fraglich ist es, ob zu den richterlichen Beamten auch die ernannten
Mitglieder der Gerichtshöfe des öffentlichen Rechts gehören. Da der Gesetzes=
grund für dieselben in erhöhtem Maße zutrifft und sie sehr wohl als richter=
liche Beamte bezeichnet werden können, so wird ihre Unfähigkeit zur Bekleidung
einer Stadtverordnetenstelle anerkannt werden müssen. In dem Gesetzentwurfe
zur Städteordnung von 1876 waren die ernannten Mitglieder der Verwaltungs=
gerichte unter einer besonderen Nummer ausgeschlossen.

4. die Beamten der Staatsanwaltschaft,

5. die Polizeibeamten, [1])

6. die besoldeten Gemeindebeamten und die Mitglieder des Rates. [2]) [3])

Vater und Sohn, sowie Brüder dürfen nicht zugleich Mitglieder der Stadtverordnetenversammlung sein. Sind dergleichen Verwandte zugleich erwählt, so wird nur der ältere zugelassen. Dieselben Verwandten und in den alten Provinzen auch Schwiegervater und Schwiegersohn dürfen auch nicht zugleich dem Stadtvorstande und der Stadtverordnetenversammlung angehören.

Abgesehen von diesen Ausnahmen ist aber jeder Bürger verpflichtet, eine auf ihn fallende Wahl anzunehmen. Eine Ablehnung der Wahl ist nur gestattet, wenn einer der folgenden Gründe vorliegt:

1. anhaltende Krankheit,

2. Geschäfte, die eine häufige oder lange dauernde Abwesenheit mit sich bringen,

3. ein Alter über sechzig Jahre,

4. die früher stattgehabte Verwaltung einer unbesoldeten Stelle in der städtischen Vertretung oder Verwaltung für die nächsten drei, in Schleswig-Holstein die nächsten sechs Jahre,

5. die Verwaltung eines anderen öffentlichen Amtes,

6. ärztliche Praxis,

7. sonstige besondere Verhältnisse, welche nach dem Ermessen der Stadtverordnetenversammlung eine gültige Entschuldigung begründen.

Durch Staatsministerialbeschluß vom 2. März 1851 ist der Grundsatz aufgestellt, daß Staatsbeamte zur Annahme der Wahl

---

[1]) Zu den Polizeibeamten gehören auch die Landräte und Kreissekretäre, sowie die in ihrer Amtswirksamkeit auf bestimmte Zweige der Polizei (Bau-, Berg-, Eisenbahn-, Fischerei- u. s. w. Polizei) beschränkten Beamten. Vgl. OVGE. Bd. 13 Nr. 10 u. Bd. 16 Nr. 11.

[2]) In den rheinischen Städten mit Bürgermeistereiverfassung ist der Beigeordnete wählbar. — Es ist behauptet, daß in der Rheinprovinz alle Gemeindebeamten nicht wählbar sind, allein ohne Grund. Der Sprachgebrauch der Städteordnung läßt die Beschränkung auf die besoldeten Gemeindebeamten zu und diese Beschränkung entspricht dem Wesen der Sache.

[3]) Die Lehrer an städtischen Schulen sind keine Gemeindebeamte.

als Stadtverordnete der Genehmigung der vorgesetzten Dienstbehörde bedürfen. Da die Rechtsanwälte nicht mehr Staatsbeamte sind, ist für diese und nach positiver Gesetzesvorschrift in Schleswig=Holstein auch für die Notare eine Genehmigung zur Annahme nicht erforderlich.

Aktive Militärpersonen bedürfen, soweit sie überhaupt wählbar sind, der Genehmigung der Dienstvorgesetzten. [1])

V. Beschwerden und Einsprüche, welche das Recht zur Bekleidung eines Stadtverordnetenmandats betreffen, sowie über die Berechtigung zur Ablehnung der Wahl entscheidet die Stadtverordnetenversammlung, gegen deren Beschluß binnen zwei Wochen nach Zustellung desselben sowol von demjenigen, der sich in seinen Rechten verletzt glaubt, wie von dem Stadtvorstande bei dem Bezirksausschuß Klage im Verwaltungsstreitverfahren erhoben werden kann. [2])

VI. In Hannover sind die Ehrenbürger und die stimmfähigen Bürger wahlberechtigt, die letzteren auch zur Teilnahme an der Wahl verpflichtet. Die Ausübung des Wahlrechts ist durch die Aufnahme in die Wahlliste bedingt.

Wählbar sind die im Stadtbezirke wohnenden Ehrenbürger und die stimmfähigen Bürger mit Ausnahme der Mitglieder des Rats und der besoldeten Gemeindebeamten. Jeder wählbare Bürger ist auch zur Annahme der ihn treffenden Wahl verpflichtet, jedoch ist Ablehnung der Wahl gestattet:

1. den Staats= und Hofbeamten,
2. den Militärpersonen im Dienste, soweit sie überhaupt Bürger sind,
3. den Geistlichen und sämtlichen Schullehrern,
4. den Ärzten und Apothekern,
5. den Bürgern, die über 60 Jahre alt sind,
6. den Personen, welche durch Gebrechlichkeit oder Krankheit verhindert sind, die Stadtverordnetenstelle zu verwalten,
7. denjenigen Bürgern, welche bereits einmal Stadtverordnete gewesen sind, für die Dauer der nächsten Wahlperiode,
8. denjenigen Bürgern, welche bereits mindestens zwölf Jahre

---

[1]) Reichsmilitärgesetz vom 2. Mai 1874 § 47. — Wählbar sind nur die nicht servisberechtigten aktiven Militärpersonen.

[2]) ZuftGes. §§ 10 1, 3, 11.

nacheinander der Stadtverordnetenversammlung angehört haben.

Übrigens besteht auch für Hannover die Verpflichtung aller Staatsbeamten, vor Annahme der Wahl die Genehmigung der vorgesetzten Dienstbehörde einzuholen.

Hinsichtlich der Beschwerden und Einsprüche vgl. Nr. V.

## b. Wahlabteilungen und Wahlbezirke.

StO. 53 u. W. §§ 13, 14, 15, 21, 22. Rh. §§ 12, 13, 14, 20, 21. SH. §§ 35, 38 a. E., 39. Fr. §§ 25, 28, 31. H. §§ 82 u. 88. v. Möller § 31. Steffenhagen § 45. Schmitz § 19.

I. Die Städteordnung von 1808 ließ die Stadtverordneten in gleichem, direktem und geheimem Wahlverfahren bezirksweise wählen, ebenso auch die Städteordnung von 1831, die aber auch gestattete, daß durch das Ortsstatut festgesetzt werde, daß die Wahl nach Klassen der Bürger geschehe, welche aus der Beschäftigung und Lebensweise derselben hervorgehen. Dieser Richtung folgte die Gemeindeordnung von 1850 und führte, nach dem Vorgange der rheinischen Gemeindeordnung von 1845, das Dreiklassenwahlsystem ein. Der § 11 der Gemeindeordnung von 1850 ist dann fast wörtlich in die Städteordnung von 1853 übergegangen.

II. In den alten Provinzen finden die Wahlen der Stadtverordneten derart statt, daß die Wähler in drei Abteilungen geteilt werden und sodann jede Abteilung ein Drittel der Stadtverordneten wählt. Läßt sich die Zahl der zu Wählenden nicht durch drei teilen, so ist, wenn nur einer übrig bleibt, dieser der zweiten Abteilung zuzuweisen. Bleiben zwei übrig, so wird je einer von der ersten und dritten Abteilung gewählt. [1]

Die Wahlabteilungen werden nach Maßgabe der von den Bürgern zu entrichtenden Steuern gebildet, derart, daß die erste Abteilung aus denjenigen besteht, auf welche die höchsten Beträge bis zum Belaufe eines Drittels des Gesamtbetrages der Steuern aller stimmfähigen Bürger fallen; diejenigen Bürger, welche sodann das zweite Drittel der Gesamtsteuer aller stimmfähigen Bürger aufbringen, bilden die zweite, die übrigen die dritte Abteilung. Berücksichtigt werden bei der Feststellung des Gesamtbetrages der Steuern

---

[1] Dies gilt selbstverständlich nur für die Wahlen bei der erstmaligen Bildung der Stadtverordnetenversammlungen und nach Auflösung derselben.

in den östlichen Provinzen die direkten Gemeinde=, Kreis=, Pro=
vinzial= und Staatssteuern, in Westfalen die direkten Gemeinde= und
Staatssteuern, in der Rheinprovinz nur die direkten Staatssteuern.[1]
Steuern, die für Grundbesitz oder Gewerbebetrieb in einer anderen
Gemeinde entrichtet werden, sowie die Steuern für das im Umher=
ziehen betriebene Gewerbe sind bei der Bildung der Abteilungen
nicht mitzuzählen.[2]

Kein Bürger darf zwei Abteilungen angehören.[3] Fällt ein
Bürger mit seinem Steuerbetrage auch nur teilweise in die I. bezw.
II. Abteilung, so gehört er derselben an. Zahlen mehrere Bürger
denselben Steuerbetrag und können sie doch nicht alle in die höhere
Abteilung aufgenommen werden, weil in dieser sonst das Drittel
des Gesamtsteuerbetrages überschritten würde, so entscheidet die alpha=
betische Ordnung der Namen, ist auch dieses nicht angänglich, das Los.[4]

In der Rheinprovinz gehören die Ehrenbürger stets der I. Ab=
teilung an, ihr Steuerbetrag kommt aber bei der Einteilung der
Abteilungen nicht in Anrechnung; für die anderen Provinzen ist
derartiges nicht bestimmt. Es wird aber auch hier, selbst wenn
keine statutarischen Festsetzungen darüber getroffen sind, diese Be=
stimmung in analoger Weise anzuwenden sein.

III. In Schleswig=Holstein, Frankfurt a. M. und Hannover
findet die Einteilung der Wähler in Abteilungen nicht statt, viel=
mehr gilt dort gleiches und direktes Wahlrecht.

IV. Neben dieser auf dem Zensus beruhenden Gliederung der
Bürgerschaft kann auch eine örtliche Einteilung derselben stattfinden,

---

[1] In der Rheinprovinz wird also das Maß der Beteiligung an der Wahl
der Stadtvertretung lediglich nach einem äußeren staatlichen, nicht städtischen
Merkmal bestimmt.

[2] Bei Feststellung der Abteilungen sind auch die Steuern der stimm=
fähigen Forensen und juristischen Personen zu berücksichtigen.

[3] Zahlt ein Bürger zweidrittel oder mehr der gesamten zur Berechnung
kommenden Steuersumme, so bildet er doch nur die erste Abteilung. Die
zweite Abteilung wird dann durch die nächst ihm höchststeuernden Bürger ge=
bildet, welche zusammen die Hälfte der übriggebliebenen Steuersumme auf=
bringen. Der Rest gehört zur dritten Abteilung.

[4] Soweit in den früher mahl= und schlachtsteuerpflichtigen Städten der
östlichen Provinzen die Einteilung in Abteilungen nicht nach dem Steuerbetrage,
sondern nach Maßgabe des Einkommens der stimmfähigen Bürger bewirkt ist,
behält es dabei sein Bewenden.

und diese kann auch in Schleswig-Holstein und muß in Frankfurt a/M. durchgeführt werden.

1. In den alten Provinzen kann jede Abteilung, falls sie mehr
als 500 Wähler enthält, in Wahlbezirke eingeteilt werden. Besteht
ferner eine Stadtgemeinde aus mehreren Ortschaften, so können mit
Rücksicht hierauf ebenfalls Wahlbezirke gebildet werden. [1]

In beiden Fällen bestimmt der Stadtvorstand die Anzahl und
Grenzen der Wahlbezirke, sowie nach Maßgabe der Zahl der stimmfähigen Bürger die Anzahl der von einem jeden Wahlbezirke zu
wählenden Stadtverordneten. [2] Dagegen ist ein Gemeindebeschluß
erforderlich, um das Prinzip der Wahl nach Wahlbezirken einzuführen. Erscheint eine Veränderung der Wahlbezirke notwendig, so wird
dieselbe vom Stadtvorstande im Verwaltungswege vorgenommen. [3]

In Schleswig-Holstein bestimmt das Ortsstatut, ob Wahlbezirke gebildet werden sollen, und dasselbe muß dann auch die
näheren Festsetzungen über die Abgrenzung der Bezirke und über
die Art der Wahl in denselben treffen, ob in der Weise, daß nur
die Abstimmung in den einzelnen Bezirken vorgenommen wird, jeder
Stadtverordnete aber von der gesamten Bürgerschaft zu wählen
ist — also analog den Reichstagswahlen —, oder so, daß jeder Be-

[1] Es ist nicht gerade notwendig, daß jede Ortschaft einen Wahlbezirk bildet.
Besteht die Stadtgemeinde aus den Ortschaften A, B, C, so kann A den einen,
B und C zusammen den andern Wahlbezirk bilden.

[2] Die Thätigkeit des Stadtvorstandes bei der Verteilung der Stadtverordneten auf die einzelnen Bezirke ist eine nur rechnerische. — Ist die Zahl der
Hausbesitzer, welche zu wählen sind, nicht durch die Zahl der Wahlbezirke teilbar,
so wird die Verteilung auf die einzelnen Wahlbezirke durch das Los bestimmt.

[3] Diese Befugnis ist ohne Grund bestritten worden. Nach § 14 der StO. 53
ist indes der Stadtvorstand offenbar, wie zur Einrichtung, auch zur Änderung
der Wahlbezirke befugt. Dem widerspricht § 21 Abs. 3 nicht, da dieser nur
willkürliche Zuweisungen der Ergänzungs- und Ersatzwahlen an beliebige Wahlbezirke verhindern will. Daß dem Stadtvorstande die Befugnis zusteht, die
Wahlbezirke abzuändern, ergibt sich auch daraus, daß die ganze Bestimmung
fakultativ ist und durch Gemeindebeschluß jederzeit wieder die Einteilung der
Wähler in Wahlbezirke aufgehoben werden kann. Sinkt der Bestand einer
Abteilung unter die Zahl von 500 Wählern, so ist die bezirksweise Wahl überhaupt unzulässig. Wie in diesen Fällen die Ergänzungs- und Ersatzwahlen
von der ganzen Abteilung vorgenommen werden und einzelne Bürger in ihrem
Wahlrechte somit geschmälert werden, so kann dies auch kein Grund gegen die
Änderung der Wahlbezirke sein.

zirk eine bestimmte Anzahl Stadtverordneter selbständig wählt; in letzterem Falle muß das Ortsstatut auch die Zahl der von jedem Bezirke zu wählenden Stadtverordneten festsetzen.

In Frankfurt a/M. gilt das zuletzt geschilderte Verfahren, wobei der Rat die Zahl der von den einzelnen Bezirken zu wählenden Stadtverordneten nach Maßgabe der Zahl der in denselben wohnenden stimmfähigen Bürger festsetzt.[1])

In Hannover gilt es als Regel, daß die Stadt in Wahlbezirke geteilt wird, doch kann das Ortsstatut auch anders bestimmen.

In den alten Provinzen kann der Bezirksausschuß bei Städten, welche mehrere Ortschaften enthalten, festsetzen, wie viel Stadtverordnete jeder der einzelnen Ortschaften durch Wohnsitz angehören müssen. Die Verteilung darf nur nach Maßgabe der Einwohnerzahl geschehen.[2]) In Schleswig-Holstein sind dergleichen Bestimmungen dem Ortsstatut überlassen.

### c. Die Wahlperiode.

StO. 53 u. W. §§ 18, 21, 22, 75. Rh. §§ 17, 20, 21, 80. SH. §§ 35, 36, 38, 41, 47. Fr. §§ 21, 27, 28, 31. H. §§ 86, 87, 88, 89.
v. Möller § 32. . Steffenhagen § 44. Schmitz § 19.

I. Nach der Städteordnung von 1808 wurden die Stadtverordneten auf drei Jahre gewählt. Jährlich schied ein Drittel derselben aus und wurde durch Ergänzungswahlen seitens derjenigen Bezirke, von denen der Ausgeschiedene gewählt war, ersetzt. An diesen Bestimmungen hielt auch die revidierte Städteordnung von 1831 fest.[3])

II. Die Gemeindeordnung von 1850 setzte die Wahlperiode auf 6 Jahre fest und ließ alle zwei Jahre ein Drittel der Mitglieder ausscheiden. Diese Bestimmungen gingen dann sachlich unverändert in die Städteordnung von 1853 über.[4])

III. Nach geltendem Rechte werden die Stadtverordneten auf 6 Jahre gewählt. In den alten Provinzen und Frankfurt a/M. scheidet alle zwei Jahre $1/3$, in Schleswig-Holstein jedes Jahr $1/6$ der Mitglieder

---

[1]) Vgl. S. 78 Anm. 2.
[2]) ZustGes. § 12 Abs. 1. — In Posen wird diese Bestimmung b. a. w. von der Regierung getroffen.
[3]) StO. 1808 § 86, StO. 1831 § 47.
[4]) GD. § 16.

aus der Stadtverordnetenversammlung aus und wird durch neue Wahlen ersetzt.[1] [2] Jedoch sind die ausgeschiedenen Mitglieder wieder wählbar. — Geht ein Stadtverordneter des Bürgerrechts verlustig, oder ist ihm die Ausübung desselben für gewisse Zeit untersagt, oder verliert er die Fähigkeit, zum Stadtverordneten gewählt zu werden, so scheidet er aus der Stadtverordnetenversammlung aus. Ruht das Bürgerrecht eines Stadtverordneten, so ist er während dieser Zeit von der Teilnahme an den Versammlungen und Verhandlungen der Stadtverordneten ausgeschlossen. — Ersatzwahlen für innerhalb der Wahlperiode erledigte Stadtverordnetenstellen anzuordnen, ist nur dann notwendig, wenn die Stadtverordnetenversammlung, der Stadtvorstand oder der Bezirksausschuß[3] dieselben für erforderlich halten. Nur wenn nicht mehr die Hälfte der von den einzelnen Abteilungen gewählten Stadtverordneten Hausbesitzer sind, oder wenn in Schleswig-Holstein und Frankfurt a'M. die Versammlung nicht mehr zur Hälfte aus Hausbesitzern besteht, muß der Stadtvorstand unverzüglich Ersatzwahlen anordnen. Die Ersatzmänner bleiben nur bis zum Ende derjenigen Wahlperiode in Thätigkeit, für welche die Ausgeschiedenen gewählt waren.

Übrigens müssen alle Ergänzungs- und Ersatzwahlen durch diejenigen Abteilungen und Bezirke stattfinden, die bisher von den Ausgeschiedenen vertreten wurden.

IV. In Hannover dauert die Wahlperiode der Stadtverordneten sechs, oder in denjenigen Städten, in welchen die Zahl derselben nicht durch drei teilbar ist, vier Jahre. Alle zwei Jahre tritt ein Drittel, oder dort, wo die Dienstzeit eine vierjährige ist, alljährlich ein Viertel aus, und zwar so lange nach dem Lose, bis das Dienstalter maßgebend sein kann. Die Ausscheidenden sind wieder wählbar. Ver-

---

[1] Ist in Schleswig-Holstein die Zahl der Stadtverordneten nicht durch sechs teilbar, so muß das Ortsstatut über die Ordnung des Ausscheidens das Nähere bestimmen, jedenfalls muß dabei aber im Laufe von sechs Jahren jedes Mitglied der Stadtverordnetenversammlung sich einer Neuwahl unterziehen.

[2] Solange das Alter im Mandat nicht entscheidet — bei Neuverleihung der Städteordnung und nach Auflösung der Stadtverordnetenversammlung —, bestimmt das Los die Reihenfolge des Austritts der einzelnen Mitglieder.

[3] ZustGes. § 12 Abs. 2. — In Berlin bestimmt hierüber der Oberpräsident. LVGes. § 43; in Posen b. a. w. die Regierung.

liert ein Stadtverordneter das stimmfähige Bürgerrecht, so muß er aus der Versammlung austreten, während sein Bürgerrecht ruht, ist er verpflichtet, sich der Ausübung seiner Funktionen zu enthalten. Bei innerhalb der Wahlperiode eintretenden Erledigungsfällen müssen Ersatzwahlen vorgenommen werden, die, wie in den übrigen Landes= teilen, nur bis zum Schlusse der Wahlzeit des Ausgeschiedenen gelten. Haben die Stadtverordnetenwahlen bezirksweise stattgefunden, so sind auch die Ersatzmänner von denjenigen Bezirken zu wählen, durch welche der Ausgetretene gewählt war. In Städten, in denen Be= zirksvorsteher vorhanden sind, finden keine Ersatzwahlen statt, sondern es tritt der dem Dienstalter nach älteste Bezirksvorsteher der Stadt oder, wenn die Stadtverordneten bezirksweise gewählt sind, des Wahlbezirks des Ausgeschiedenen als Ersatzmann in die Stadtver= ordnetenversammlung ein. Haben mehrere der in Betracht kommen= den Bezirksvorsteher das gleiche Dienstalter, so entscheidet das Los.

### d. Das Wahlverfahren.

StO. 53 u. W. §§ 13, 19—28, 74. Rh. §§ 12, 18—27, 79. SH. §§ 16, 40—46. Fr. §§ 29—37. H. §§ 12, 87, 90—94.
v. Möller §§ 33--36. Steffenhagen §§ 46—50. Schmitz § 19.

I. In Städten mit geschlossener Bürgerschaft hat die Bürger= rolle eine selbständige Bedeutung. Nur als Auszug aus derselben erscheinen die Bestandslisten der jeweilig vorhandenen Bürger. Diese selbständige Bedeutung der Bürgerrolle haben denn auch die Städte= ordnungen von 1808 und 1831 festgehalten, und erst die Gemeinde= ordnung von 1850 setzte an deren Stelle Wahllisten, welche nur die derzeit stimmfähigen Bürger nachwiesen. Diesem Vorgange sind dann die späteren Städteordnungen gefolgt, wenn sich auch überall Anklänge an die alten Bürgerrollen finden.

Der Stadtvorstand hat in den alten Provinzen und Frank= furt a/M. ein Verzeichnis der stimmfähigen Bürger, welches die er= forderlichen Eigenschaften derselben nachweisen muß, in Schleswig= Holstein aller vorhandenen Bürger[1]) zu führen. Diese Liste ist in den alten Provinzen nach den Wahlabteilungen und, wo bezirksweise

---

[1]) Auch diejenigen, deren Bürgerrecht ruht oder die von der Ausübung desselben zeitweilig ausgeschlossen sind, müssen in Schleswig=Holstein in die Bürgerrolle aufgenommen werden.

gewählt wird, auch nach den Bezirken zu ordnen, während in Schleswig-
Holstein erst gelegentlich der Wahlen Auszüge aus der Bürgerrolle
vorgenommen und danach Bezirkslisten aufgestellt werden. In Frankfurt a/M. wird die Liste nach Wahlbezirken eingeteilt. — Dies
Bürgerverzeichnis ist alljährlich im Juli zu berichtigen und zwar
findet vom 1. bis 15. Juli die Aufstellung der berichtigten Liste
statt,[1) die dann vom 15. bis 30. Juli in einem oder mehreren
zur öffentlichen Kenntnis gebrachten Lokalen ausgelegt wird. Während
dieser Zeit kann jedes Mitglied der Stadtgemeinde[2) gegen die
Richtigkeit der Liste bei dem Stadtvorstande Einwendungen erheben.
Bis zum 15. August muß dann die Stadtverordnetenversammlung
über diese Einwendungen Beschluß fassen. Erachtet der Stadtvorstand
oder derjenige, welcher die Einwendung erhoben hat, oder aber der
von dem Beschlusse Betroffene denselben für ungerechtfertigt, so steht
diesen innerhalb 2 Wochen nach der Mitteilung des Beschlusses
zwar die Klage im Verwaltungsstreitverfahren zu,[3) dieselbe hat indessen keine aufschiebende Wirkung,[4) vielmehr gilt die Bürgerliste

---

[1) Die zum Zweck der Wahl aufgestellte Liste darf auch in Schleswig-
Holstein nur die stimmfähigen Bürger enthalten.

[2) Auch wenn es selbst nicht wahlberechtigt ist. Vgl. auch OVGE. Bd. 14
Nr. 8.

[3) ZustGes. §§ 10, 11. Über die Voraussetzungen der Klage vgl. OVGE.
Bd. 13 Nr. 9. — In Posen ist b. a. w. zu dem Beschlusse der Stadtverordneten über die Einwendungen gegen die Richtigkeit der Wählerliste die Zustimmung des Stadtvorstandes erforderlich. Die Entscheidung ist dem Rekla-
manten mitzuteilen, dem es freisteht, gegen dieselbe innerhalb zehn Tagen Berufung an die Regierung einzulegen. Letztere muß dann innerhalb vier Wochen
ihre Entscheidung treffen, die bis zur nächstjährigen Berichtigung der Wählerliste endgültig ist. Dasselbe gilt auch für den Fall, daß der Stadtvorstand
und die Stadtverordneten zu keiner Einigung gelangen. Auch hier hat die
Regierung dann innerhalb vier Wochen endgültig zu entscheiden.

[4) OVGE. Bd. 14 Nr. 9. Obwohl der Wortlaut des Gesetzes entgegensteht, trage ich kein Bedenken, mich der Ansicht des erwähnten Erkenntnisses
anzuschließen, da sonst ordnungsmäßige Wahlen überhaupt unmöglich werden.
Denn wenn, was nicht zweifelhaft sein kann, jede Bürgerliste mit der Aufstellung der folgenden ihre Geltung verliert und doch die Ergänzungs- und
Ersatzwahlen erst nach endgültiger Entscheidung über die Richtigkeit der bei
der Wahl zu Grunde zu legenden Bürgerliste stattfinden dürfen, so könnten
solche Wahlen auf Jahre hinaus verhindert werden, da niemals endgültig festgestellte Bürgerlisten vorhanden sind. Ein drastisches Beispiel dafür bietet der

durch den Beschluß der Stadtverordneten, vorbehaltlich der Änderungen, welche etwa später auf Grund der rechtskräftigen Erkenntnisse der Verwaltungsgerichte vorgenommen werden müssen, für festgestellt. Dieselbe enthält daher von diesem Zeitpunkte ab das Verzeichnis sämtlicher in dem betreffenden Jahre stimmfähigen Bürger, und so= lange nicht rechtskräftig anders entschieden ist, sind alle und nur die in die Liste aufgenommenen Einwohner zur Ausübung der Bürger= rechte berufen. Änderungen, die während des Jahres in dem Be= stande der Bürgerschaft eintreten, dürfen in den alten Provinzen und Frankfurt a/M. nur insofern berücksichtigt werden, als auch nach der Feststellung der Liste diejenigen, welche des Bürgerrechts oder der Ausübung desselben verlustig gegangen sind, gestrichen werden können.[1]) Ebenso kann in Schleswig=Holstein nach der jähr= lichen Feststellung der Bürgerrolle der Name eines Einwohners wegen neuer, den Nichtbesitz des Bürgerrechts oder den Verlust der Ausübung desselben darthuender Thatsachen gestrichen werden, anderseits können hier aber auch diejenigen, welche das Bürger= recht erst nach der Feststellung der Bürgerrolle erworben haben, ihre Aufnahme in dieselbe verlangen. Beabsichtigt der Stadt= vorstand in Frankfurt a/M., den alten Provinzen und Schleswig= Holstein die außerterminliche Streichung eines Bürgers in der Rolle, oder lehnt er in Schleswig=Holstein den Antrag auf Eintragung ab, so muß dem Beteiligten[2]) ein mit Gründen versehener Beschluß zugestellt werden. Gegen diesen Beschluß stehen dem Beteiligten die gewöhnlichen Rechtsmittel zu.[3]) Eine öffentliche Auslegung der Liste ist in diesen Fällen nicht erforderlich.

Übrigens können die hier bestimmten Termine in den östlichen

---

Fall des erwähnten Erkenntnisses, bei dem nach der entgegengesetzten Ansicht die bereits im November 1884 fällige Wahl noch nicht einmal im Herbst 1886 hätte stattfinden dürfen.

Daß der Gesetzgeber einen derartigen Zustand hat wollen möglich werden lassen, kann nicht angenommen werden.

[1]) StO. 53 u. W. § 20 a. E. Rh. § 19 a. E. Fr. § 30 a. E.

[2]) d. h. dem Antragsteller bezw. demjenigen, dessen Name gestrichen werden soll.

[3]) Beschwerde bei den Stadtverordneten und danach Klage im Verwaltungs= streitverfahren.

Provinzen, Frankfurt a/M. und Schleswig=Holstein durch Ortsstatut abgeändert werden. [1])

II. Die regelmäßigen Ergänzungswahlen finden, soweit nicht in den östlichen Provinzen, Schleswig=Holstein und Frankfurt a/M. das Ortsstatut anders bestimmt, im November statt. Spätestens 14 Tage vor der Wahl sind die Wähler von dem Stadtvorstande schriftlich oder mittels ortsüblicher Bekanntmachung zur Wahl ein= zuladen. [2]) In der Einladung ist Ort und Zeit der Wahl genau zu bezeichnen. Ebenso muß die Zahl der zu wählenden bezw. der von jeder Abteilung zu wählenden Stadtverordneten bekannt gegeben werden und ob die Wahl bezw. welche Wahlen auf Hausbesitzer zu richten sind. Letzteres wird übrigens in der Städteordnung für Schleswig=Holstein ausdrücklich verlangt. [3]) In den östlichen Pro= vinzen ist bei dem der Wahl zunächst vorhergehenden, wöchentlichen Hauptgottesdienste auf die Wichtigkeit dieser Handlung hinzuweisen, [4]) jedoch ist das Unterbleiben dieser Hinweisung als ein Ungültigkeits= grund für die Wahl nicht zu erachten.

III. Zur Leitung des Wahlgeschäftes ist in den alten Provinzen und Frankfurt a/M. der Wahlvorstand berufen, der in jedem Wahlbezirke bezw. in jeder Wahlabteilung aus dem Bürgermeister oder einem von ihm ernannten Stellvertreter, als Vorsitzenden, und zwei von der Stadtver= ordnetenversammlung gewählten Beisitzern besteht. Für jeden Beisitzer wird von der Stadtverordnetenversammlung ein Stellvertreter gewählt. — In Schleswig=Holstein liegt die Leitung der Wahl in jeder Stadt

---

[1]) Eine Veränderung der Fristen ist nicht gestattet.

[2]) Insoweit nicht ein Gemeindebeschluß darüber Entscheidung trifft, steht dem Stadtvorstande die Bestimmung zu, welche von den beiden zugelassenen Bekanntmachungsarten im einzelnen Falle angewendet werden soll, vgl. OVGE. Bd. 14 Nr. 11. — In Frankfurt a/M. findet die Einladung durch ortsübliche Bekanntmachung statt.

[3]) Die Städteordnungen von 1808 und 1831 überließen die Festsetzung des Wahlmonats gänzlich dem Ortsstatute, erst die Gemeindeordnung von 1850 bestimmte den November dazu.

[4]) Diese Bestimmung stammt aus der Städteordnung von 1808, von der sie in die Städteordnung von 1831 überging. Die Gemeindeordnung von 1850 hatte dieselbe nicht. Einen praktischen Wert hat diese Bestimmung nicht. Selbstverständlich steht es überall frei, in der Predigt auf die Wichtigkeit der Wahl hinzuweisen.

in den Händen einer Wahlkommiſſion, welche durch zwei vom Bürger=
meiſter beſtimmte Mitglieder des Rates, von denen der ältere den
Vorſitz führt und bei Stimmengleichheit entſcheidet, und durch zwei
von der Stadtverordnetenverſammlung gewählte Mitglieder der
letzteren gebildet wird. In gleicher Weiſe iſt je ein Stellvertreter
von dem Rate und der Stadtverordnetenverſammlung zu beſtellen.
Erfolgt die Wahl nach Bezirken, ſo wird die Leitung der Wahlhand=
lung in jedem Bezirke einem als Organ der Wahlkommiſſion
fungierenden Wahlvorſtande übertragen. Die Bildung desſelben
wird durch das Ortsſtatut näher beſtimmt.

Die Protokollführung übernimmt in den alten Provinzen einer
der Beiſitzer, in Schleswig=Holſtein kann die Wahlkommiſſion auch
eine andere geeignete Perſönlichkeit damit betrauen.

Für Schleswig=Holſtein iſt weiter noch angeordnet, daß ſeitens
der Wahlkommiſſion auf Grund der Bürgerrolle und der dagegen
angebrachten und bereits erledigten Einſprüche Verzeichniſſe der
Wahlberechtigten angefertigt und nötigenfalls bezirksweiſe geordnet
werden. Dieſe von den Mitgliedern der Wahlkommiſſion zu unter=
ſchreibenden Wahlliſten werden 14 Tage vor der Wahl zu jeder=
manns Einſicht auf dem Rathauſe ausgelegt und demnächſt dem
Wahlprotokolle beigefügt. Etwaige Erinnerungen gegen die Wahl=
liſten, welche aber nur darin beſtehen können, daß jemand, gegen
den Inhalt der Bürgerrolle oder aber der Entſcheidung eines da=
gegen erhobenen Einſpruchs zuwider, in die Liſten aufgenommen
oder darin übergangen ſei, müſſen ſpäteſtens drei Tage vor dem
Wahltermine bei dem Vorſitzenden der Wahlkommiſſion eingereicht
werden. Dieſer ſtellt die hierüber etwa erforderliche Unterſuchung
an und gibt baldmöglichſt eine Entſcheidung ab, welche dem Ein=
ſprechenden mitgeteilt und, inſofern dadurch eine Abänderung nötig
werden ſollte, den ausgelegten Verzeichniſſen noch vor dem Wahl=
termine in beglaubigter Form einverleibt wird.

Nach der Städteordnung von 1808 war die Bildung des Wahl=
vorſtandes weſentlich in die Hände der Wahlverſammlung gelegt.
Der Rat entſandte zwar für jeden Bezirk einen Kommiſſar, der
den Vorſitz führte, die eigentliche Leitung der Wahl war aber
dem aus der Mitte der Verſammlung gewählten Wahlvorſtande
übertragen. Dieſer Wahlvorſtand wurde von dem Wahlaufſeher

und drei Beiſitzern gebildet, die verpflichtet waren, auf den ordnungs=
mäßigen Gang der Wahl zu achten und die dabei vorkommenden
ſpeziellen Geſchäfte zu beſorgen. Nach der Städteordnung von 1831
leitete ein Wahlvorſtand, beſtehend aus einem Kommiſſar des Rats
und einem Abgeordneten der Stadtverordnetenverſammlung, die
Wahlhandlung, während die Gemeindeordnung die dann ſpäter in
die Städteordnung von 1853 übergegangenen Beſtimmungen enthielt.

IV. Die Wahlhandlung ſelbſt iſt in Frankfurt a/M. und den
alten Provinzen einerſeits und anderſeits in Schleswig=Holſtein eine
verſchiedene. In den alten Provinzen und Frankfurt a/M. kann
ſich dieſelbe über mehrere Tage und an jedem Tage über mehrere
Stunden erſtrecken. Die Reihenfolge der Abteilungen iſt in den
alten Provinzen derart beſtimmt, daß zuerſt die dritte, zuletzt die
erſte Abteilung wählt. Die Wähler ſind nicht gebunden, ihre Kan=
bidaten aus der betreffenden Abteilung zu nehmen und können die
ausſcheidenden Stadtverordneten wiederwählen. Das Wahlrecht
muß perſönlich ausgeübt werden, nur die wahlberechtigten Forenſen
und juriſtiſchen Perſonen können ihr Stimmrecht durch Bevollmäch=
tigte ausüben, die aber ſelbſt ſtimmberechtigte Bürger ſein müſſen.
Iſt die Vollmacht nicht in beglaubigter Form ausgeſtellt, ſo ent=
ſcheidet der Wahlvorſtand endgültig über die Anerkennung derſelben.

In den alten Provinzen muß jeder Wähler dem Wahlvorſtande
mündlich und vernehmlich zu Protokoll erklären, wem er ſeine Stimme
geben will. Er hat ſo viele Perſonen zu bezeichnen, als von der
Abteilung zu wählen ſind. [1]) In Frankfurt a/M. wird das Wahl=
recht durch verdeckte, in eine Wahlurne niederzulegende Stimmzettel
ohne Unterſchrift ausgeübt. Gewählt ſind diejenigen, welche bei der
Abſtimmung die meiſten Stimmen und zugleich abſolute Stimmen=
mehrheit erhalten haben. Haben zwei Kandidaten gleiche Stimmen=
zahl erhalten und iſt nur noch ein Stadtverordneter zu wählen, ſo
entſcheidet unter den beiden das Los. [2]) Wenn ſich bei der erſten

---

[1]) Er iſt berechtigt, auch eine geringere Anzahl von Perſonen zu bezeichnen.
Über die Berechnung der Mehrheit in dieſem Falle vgl. OBGE. Bd. 14 Nr. 10.

[2]) Daß die Stadtverordnetenwahlen öffentlich ſind, iſt nicht beſtimmt, doch
kann der Wahlvorſtand die Anweſenheit nicht an der Wahl beteiligter Perſonen
geſtatten. Vgl. Minvfg. vom 13. November 1883 (VMBl. 1883 Nr. 156) u.
OBGE. Bd. 14 Nr. 11.

Abstimmung nicht für so viele Personen, als zu wählen sind, die ab=
solute Stimmenmehrheit ergibt, so wird zu einer zweiten Wahl ge=
schritten. In diesem Falle stellt der Wahlvorstand die Namen der=
jenigen Personen, welche nächst dem Gewählten die meisten Stimmen
erhalten haben, so weit zusammen, daß die doppelte Zahl der noch
zu wählenden Mitglieder erreicht wird. Nur diese Personen sind
bei der zweiten Wahl wählbar. Zu dieser selbst werden die Wähler
durch eine das Ergebnis der ersten Wahl angebende Bekanntmachung
des Wahlvorstandes sofort oder spätestens innerhalb 8 Tagen ein=
geladen. Zwischen der Einladung und dem Wahltermine müssen
aber wenigstens 14 Tage liegen. [1) — Bei der zweiten Wahl ist
nur relative Stimmenmehrheit erforderlich.

Die Wahlprotokolle sind von dem Wahlvorstande zu unter=
zeichnen und von dem Stadtvorstande aufzubewahren. Das Ergebnis
einer jeden Wahl ist sofort nach der Feststellung von dem Stadt=
vorstande bekannt zu geben. Die gewählten Stadtverordneten muß
der Stadtvorstand von ihrer Wahl in Kenntnis setzen und zugleich
diejenigen, welche in mehreren Abteilungen oder Wahlbezirken ge=
wählt sind, auffordern, sich zu entscheiden, welche Wahl sie an=
nehmen wollen. Wird innerhalb der vom Stadtvorstande festgesetzten
Frist eine Erklärung nicht abgegeben, so muß angenommen werden,
daß der Gewählte überhaupt eine Wahl nicht annehmen will, und
der Stadtvorstand hat alsdann, soweit nicht bekannt ist, daß dem
Gewählten gesetzliche Ablehnungsgründe zur Seite stehen, die An=
gelegenheit der Stadtverordnetenversammlung zu übergeben, andern=
falls aber eine neue Wahl anzuberaumen. [2) Ebenso muß verfahren
werden, falls ein Stadtverordneter die Wahl ablehnt.

In Schleswig=Holstein findet die Wahl in einem fortlaufenden
Wahlakte statt, dessen Ort, Tag und Stunde spätestens 14 Tage
vorher bekannt zu machen ist. In demselben Wahlakte dürfen nicht
mehr als 3 Stadtverordnete gewählt werden; falls mehr zu wählen
sind, so finden mehrere zeitlich getrennte, völlig selbständige Wahl=
handlungen statt. — Das Wahlrecht, das ein gleiches und direktes
ist, muß persönlich ausgeübt werden. Jeder Wähler muß der Wahl=

---

[1) OVGE. Bd. 15 Nr. 5.
[2) ZustGes. § 103.

kommiſſion bezw. dem Wahlvorſtande mündlich zu Protokoll erklären,
wem er ſeine Stimme geben will, und er hat dabei ſo viele ver=
ſchiedene Perſonen zu bezeichnen, als gleichzeitig zu wählen ſind.[1]
Auch hier iſt die Wiederwahl der ausſcheidenden Stadtverordneten
zuläſſig. — Nach dem Schluſſe der Wahlhandlung werden die
Stimmen, welche auf je eine Perſon gefallen ſind, zuſammengezählt
und nach jeder Zuſammenzählung die Zahl in dem Wahlprotokolle
notiert, welches demnächſt von den Mitgliedern der Wahlkommiſſion
bezw. des Wahlvorſtandes zu unterſchreiben iſt. — Iſt die Ab=
ſtimmung für ein und dieſelbe Wahl bezirksweiſe erfolgt, ſo werden
die Ergebniſſe der ſämtlichen Bezirksabſtimmungen demnächſt durch
die Wahlkommiſſion zuſammengeſtellt und protokollariſch beglaubigt. —
Im Gegenſatze zu den alten Provinzen genügt bei den Wahlen in
Schleswig=Holſtein relative Mehrheit für den Kandidaten. Sind
die relativ meiſten Stimmen in gleicher Anzahl auf mehr Perſonen
gefallen, als zu wählen waren, ſo entſcheidet unter dieſen das Los.
Der Rat hat das Ergebnis der Wahlen ſofort in ortsüblicher Weiſe
bekannt zu machen.

V. Innerhalb zweier Wochen nach Bekanntmachung des Wahl=
ergebniſſes kann jeder ſtimmfähige Bürger bei dem Stadtvorſtande
gegen die Gültigkeit irgend einer der geſchehenen[2] Wahlen Ein=
ſpruch erheben. — Die Prüfung der Wahlen geſchieht durch die
Stadtverordnetenverſammlung. Nach Ablauf der Einſpruchsfriſt ſind
ihr deshalb von dem Stadtvorſtande die Wahlakten und etwaigen
Einſprüche zur Entſcheidung zu übermitteln.

Gegen den Beſchluß der Stadtverordnetenverſammlung über die
Gültigkeit bezw. Ungültigkeit einer Wahl ſteht ſowohl dem Ge=
wählten und eventuell dem Einſpruch Erhebenden als dem Stadt=
vorſtande die Klage im Verwaltungsſtreitverfahren zu.[3] Die Er=
hebung der Klage hindert indeſſen nicht, daß derjenige, deſſen Wahl
von der Stadtverordnetenverſammlung für gültig erklärt iſt, bis zur
Rechtskraft des Urteiles an den Verſammlungen und Geſchäften der
Stadtverordnetenverſammlung teilnimmt. Dagegen iſt derjenige,

---

[1] Vgl. S. 86 Anm. 1.
[2] OVGE. Bd. 12 Nr. 1.
[3] OVGE. Bd. 14 Nr. 7, 9.

dessen Wahl von der Stadtverordnetenversammlung für ungültig erklärt wurde, bis zur Rechtskraft des Urteils von der Stadtver= ordnetenversammlung ausgeschlossen; es darf aber vor der rechts= kräftigen Entscheidung eine Ersatzwahl nicht stattfinden.[1] Nach er= folgter endgültiger Ungültigkeitserklärung der Wahl ist sofort zu einer neuen Wahl zu schreiten, die stets von denselben Bezirken bezw. derselben Abteilung erfolgen muß, welche die erste Wahl vornahmen. Eine abermalige Auslegung der Wahllisten ist nicht erforderlich, wenn die Wahl noch auf Grund der bisherigen Bürgerliste statt= finden darf.

VI. Die Einführung der neugewählten Stadtverordneten ge= schieht in den alten Provinzen und Frankfurt a/M. durch ein Mit= glied, in Schleswig=Holstein durch den Vorsitzenden des Stadtvor= standes und zwar hier in gemeinschaftlicher Sitzung der städtischen Kollegien. Die Eingeführten werden durch Handschlag an Eidesstatt verpflichtet.

Als Zeitpunkt des Amtsantrittes der in der regelmäßigen Ersatzwahl neu Gewählten gilt in den alten Provinzen und Frank= furt a/M. der Anfang des nächstfolgenden Jahres, in Schleswig= Holstein ist die desfallsige Bestimmung dem Ortsstatut überlassen. Überall bleibt jeder ausscheidende Stadtverordnete bis zur Einfüh= rung des an seiner Stelle neugewählten Mitgliedes in Thätigkeit.[2]

VII. Nach den Städteordnungen von 1808 und 1831 fand die Wahl der Stadtverordneten in einem fortlaufenden Wahlakte statt. Nach Eröffnung der Wahlversammlung durch den Wahlkommissar konnte jeder Bürger einen Kandidaten vorschlagen und bemerken, was zu seiner Empfehlung diente. Nur wenn nicht Wahlfähige vor= geschlagen wurden, durfte der Wahlkommissar gegen die Kandidatur Einspruch erheben. Die Stimmabgabe war geheim und erfolgte

---

[1] ZustGes. §§ 10 und 11. — In Posen gelten b. a. w. folgende Be= stimmungen: Gegen das stattgehabte Wahlverfahren kann jeder Wahlberechtigte innerhalb zehn Tagen nach Bekanntmachung des Ergebnisses bei der Regierung Einspruch erheben. Über die Erheblichkeit der Einwendung entscheidet dann die Regierung binnen einer Notfrist von 20 Tagen durch motivierte Entschei= dung. Übrigens kann die Regierung binnen dieser Frist auch von Amtswegen die stattgehabten Wahlen kassieren.

[2] Vgl. dazu die zutreffenden Ausführungen OVGE. Bd. 16 Nr. 10.

nach der Städteordnung von 1808 durch Ballotage, nach der von
1831 durch Stimmzettel. Gewählt waren diejenigen, welche Stimmen=
mehrheit für sich hatten. Falls sich jedoch unter den Gewählten
nicht die genügende Anzahl von Ansässigen befand, so traten die=
jenigen Ansässigen, welche die nächsthohe Stimmenzahl erhalten hatten,
an die Stelle der Unansässigen. Nach beiden Städteordnungen
wurden auch Stellvertreter der Stadtverordneten gewählt, und zwar
waren nach der Städteordnung von 1808 diejenigen, welche nach
den Gewählten die nächsthohe Stimmenzahl erhalten hatten, deren
Stellvertreter, während sie nach der Städteordnung von 1831 in
besonderen Wahlgange gewählt wurden. Die Städteordnung von
1808 gab genaue Bestimmungen über Form und Inhalt der Wahl=
protokolle, welche am Schlusse der Wahlverhandlung von dem Wahl=
aufseher verlesen und dann von dem Wahlkommissar, dem Bezirks=
vorsteher, dem Wahlaufseher, den drei Beisitzern und sechs andern
Mitgliedern der Versammlung unterschrieben wurden. Die Wahl=
protokolle wurden nach beiden Städteordnungen sodann durch den
Rat und die Stadtverordnetenversammlung geprüft, und insofern
gegen dieselben nichts zu erinnern war, erteilte der Rat dann den
Wahlen seine Bestätigung.

Über die Einführung der neu Gewählten ist in der Städte=
ordnung von 1808 nichts bestimmt, während nach der Städteordnung
von 1831 dieselbe vom Rate angeordnet wurde.

An die Stelle dieser Bestimmungen setzte die Gemeindeordnung
von 1850 dann die später in die Städteordnungen für die alten
Provinzen übergegangenen Anordnungen.

VIII. In Hannover führt der Rat, dem Prinzipe der ge=
schlossenen Bürgergenossenschaft gemäß, ständig eine Rolle, in welcher
die Einwohner und Bürger der Stadt verzeichnet werden. Aus
dieser Liste wird dann vor jeder Stadtverordnetenwahl ein Auszug
gefertigt, der die stimmfähigen Bürger der Gemeinde nachweist.
Dieser Auszug muß kurz vor der Wahl acht Tage hindurch offen=
gelegt werden. Während dieser Zeit kann jeder Einwohner gegen
die Richtigkeit der Liste bei dem Rate Einspruch erheben, worauf die
Entscheidung in derselben Weise wie in den alten Provinzen erfolgt.[1]

---

[1] OBGE. Bd. 14 Nr. 7.

Nach Ablauf der acht Tage ist die Liste in demselben Umfange wie in den alten Provinzen für festgestellt zu erachten.

Der Zeitpunkt der Stadtverordnetenwahlen muß in jeder Stadt durch das Ortsstatut geregelt sein. Auf Grund der Festsetzungen desselben macht der Rat zu geeigneter Zeit den genauen Wahltermin bekannt und ladet, wenn dies ortsstatutarisch angeordnet ist, die einzelnen stimmfähigen Bürger noch besonders ein.

Die Wahl der einzelnen Stadtverordneten erfolgt unter Leitung eines Wahlvorstandes, der aus einem Mitgliede des Rats als Vorsitzenden und zwei Stadtverordneten oder sonstigen stimmfähigen Bürgern als Beisitzern besteht. Wird bezirksweise gewählt, so muß für jeden Bezirk auch ein Wahlvorstand bestellt sein.

Nur die in die Wahlliste eingetragenen Bürger sind wahlberechtigt. — Die Wahlhandlung besteht in einem einheitlichen Akte, der nicht öffentlich ist. Nach seiner Entschließung gibt jeder Wähler seine Stimme entweder mündlich zu Protokoll des Wahlvorstandes oder durch einen verschlossenen Zettel ab. Bei der Wahl entscheidet relative Stimmenmehrheit, es muß aber derjenige, welcher die meisten Stimmen erhalten hat, zugleich auch mindestens ein Drittel aller abgegebenen Stimmen auf sich vereinigt haben. Sind auf keinen der Kandidaten ein Drittel der abgegebenen Stimmen gefallen, so findet sofort engere Wahl statt. Bei dieser bleiben nur die bereits im ersten Wahlgange Benannten wählbar, und es scheidet jedesmal derjenige, welcher die geringste Stimmenzahl erhalten hat, aus der Reihe der Kandidaten aus. Haben mehrere gleich wenig Stimmen erhalten, so wird der Ausscheidende durch das Los ermittelt. In dieser Weise muß so lange fortgefahren werden, bis sich auf einen der Kandidaten wenigstens ein Drittel der abgegebenen Stimmen vereinigen. Sollten auf mehrere Kandidaten gleichviel Stimmen gefallen sein, die aber bei jedem, wie erwähnt, mindestens ein Drittel sämtlicher Stimmen betragen müssen, so entscheidet das Los darüber, wer gewählt ist.

Beteiligen sich bei dem einzelnen Wahlakte nicht wenigstens ein Drittel der nach der Wahlliste vorhandenen Stimmberechtigten, so ist die Wahl ungültig. Die betreffende Stadtverordnetenstelle bleibt dann unbesetzt, und es darf erst nach Ablauf eines Jahres eine Wiederholung der Wahl stattfinden, wenn nicht der Bezirksausschuß auf Antrag des Rates die frühere Vornahme der Wahl erlaubt.[1] Auf diese Bestimmung muß bei der Bekanntmachung des Wahl= termins bezw. bei der Einladung zur Wahl besonders hingewiesen werden.

Über die Wahlhandlung führt der Wahlvorstand ein Protokoll, das dem Rate vorgelegt wird; dieser übermittelt es der Stadtver= ordnetenversammlung, welche in gleicher Weise wie in den alten Provinzen die Gültigkeit der Wahl prüft, wobei sie aber auch be= sonders darauf achten muß, ob ein Drittel der Stimmberechtigten an der Wahl teilgenommen haben.

Ist die Wahl für gültig befunden, so tritt der Gewählte sofort in die Versammlung ein, wenn er Ersatzmann eines im Laufe der Wahlperiode ausgeschiedenen Mitgliedes ist, andernfalls wird er zu dem im Ortsstatute festgestellten Zeitpunkte des Dienstaustritts der bisherigen Stadtverordneten in die Versammlung einberufen.

Bei der Einführung werden die neugewählten Stadtverordneten vom Rate auf die treue Erfüllung ihrer Pflichten beeidigt. Sodann macht der Rat die Namen der Gewählten öffentlich bekannt.

### 5. Die Versammlungen der Stadtverordneten.

#### a. Die Sitzungen.

StO. 53 u. W. §§ 38, 39, 40, 41, 45. Rh. §§ 37—39, 42. SH. § 54.
Fr. §§ 49—51. H. §§ 101, 105.
v. Möller § 37. Steffenhagen § 52. Schmitz § 19.

I. In den alten Provinzen versammeln sich die Stadtverord= neten zu gesonderten Sitzungen, während sie in Schleswig=Holstein und Hannover in der Regel mit dem Stadtvorstande zu gemein= schaftlichen Sitzungen zusammentreten. Letztere sollen später dar= gestellt werden, hier ist nur von den besonderen Sitzungen der Stadtverordneten die Rede.

II. Die Stadtverordneten versammeln sich, so oft es ihre Ge= schäfte erfordern.[2] Die Zusammenberufung geschieht durch den Vor= steher. Sie muß erfolgen auf das Verlangen einer bestimmten An=

---

[1] Dieser Antrag kann jederzeit gestellt werden.

[2] Die Städteordnung von 1808 verlangte, daß sich die Stadtverordneten wenigstens in jedem Monate einmal versammeln.

zahl von Mitgliedern, die für Schleswig-Holstein auf ein Drittel, für die alten Provinzen und Frankfurt a/M. auf ein Viertel der Mitglieder festgesetzt ist. [1]) In den östlichen Provinzen, Westfalen und Frankfurt a/M. kann auch der Rat die Einberufung der Stadtverordneten verlangen. — Die Art und Weise der Einberufung wird von der Stadtverordnetenversammlung ein für allemal festgesetzt, in Schleswig-Holstein kann auch das Ortsstatut darüber Bestimmungen treffen.

Die Zusammenberufung erfolgt unter Angabe der Gegenstände der Verhandlung. In Schleswig-Holstein ist zugleich die Einladung nebst Vorlagen zur Einsicht für die Stadtverordneten in deren Versammlungszimmer auszulegen. Die Einladung muß drei Tage vor der Versammlung in den Händen der Mitglieder sein. Nur in bringenden Fällen kann von der Beachtung dieser Frist abgesehen werden und ist dann in Schleswig-Holstein auf diesen Notfall in der Einladung besonders hinzuweisen.

In den Städten mit Ratsverfassung muß dem Rate von der Zusammenberufung der Stadtverordneten, gleichzeitig mit letzterer, Anzeige gemacht und die Tagesordnung der Sitzung mitgeteilt werden.

In den alten Provinzen können durch Beschluß der Stadtverordneten auch regelmäßige Sitzungstage festgesetzt werden, jedoch sind auch in diesem Falle die angegebenen Vorschriften über die Art und Weise der Einberufung einzuhalten und ebenfalls auch dem Rate die Tagesordnung jeder Sitzung mitzuteilen.

III. Die Sitzungen dürfen nicht in Schenken oder Wirtshäusern stattfinden; für Schleswig-Holstein ist positiv festgesetzt, daß dieselben in dem ein für allemal bestimmten Amtslokale der Stadtverordneten abgehalten werden.

IV. In Hannover können besondere Sitzungen der Stadtverordneten nach Bedarf angesetzt werden. Sobald indes drei Stadtverordnete die Anberaumung einer Sitzung beantragen, muß der Vorsteher die Mitglieder zusammenberufen. Die Einladung erfolgt durch Umlaufschreiben; dem Bürgermeister muß der Vorsteher von der Anberaumung einer gesonderten Sitzung der Stadtverordneten so zeitig wie möglich Kenntnis geben.

---

[1]) In Schleswig-Holstein muß dieser Antrag schriftlich eingereicht werden, in den übrigen Provinzen ist dies nicht nötig.

Über die Gegenstände, welche in gemeinschaftlicher Sitzung der städtischen Kollegien erörtert werden sollen, können die Stadtverordneten in eine gesonderte Vorbesprechung eintreten.

## b. Geschäftsordnung.

StO. 53 §§ 38, 42—48. W. §§ 38, 42—47. Rh. §§ 36, 40—44, 72. SH. §§ 48, 54—57, 64. Fr. §§ 48, 49, 52—58. H. §§ 100, 103, 106, 109—112. v. Möller § 38. Steffenhagen § 52. Schmitz § 19.

I. Die Sitzungen der Stadtverordneten sind öffentlich; jedoch kann für einzelne Gegenstände durch besonderen Beschluß, welcher in geheimer Sitzung gefaßt wird, die Öffentlichkeit ausgeschlossen werden. In Hannover muß bei der gesonderten Vorbesprechung der Stadtverordneten (vgl. S. 93 Nr. IV) die Öffentlichkeit ausgeschlossen werden, wenn der Rat dies verlangt.

Nach den Städteordnungen von 1808 und 1831 waren die Sitzungen der Stadtverordneten geheim, erst die Kabinetsordre vom 19. April 1844 gestattete wenigstens die Veröffentlichung von Berichten über die Thätigkeit des Stadtvorstandes und der Stadtvertretung, insoweit solche Berichte durch Gemeindebeschluß eingeführt würden. [1] Auf den Antrag des vereinigten Landtages wurde demnächst am 23. Juli 1847 widerruflich gestattet, daß in denjenigen Städten, welche geeignete Sitzungslokale der Stadtverordneten haben, und in denen die Vertretung des Rates in den Versammlungen der Stadtverordneten genügend geregelt sei, durch Gemeindebeschluß die Öffentlichkeit der Stadtverordnetensitzungen eingeführt werden könne. Das Prinzip der Öffentlichkeit der Sitzungen der Stadtverordnetenversammlung wurde dann durch Art. 105 Nr. 4 der Verfassung gesetzlich angeordnet und ging von dort in die Gemeindeordnung von 1850 und die späteren Städteordnungen über.

II. Zur Beschlußfähigkeit der Stadtverordnetenversammlung ist erforderlich, daß sämtliche Stadtverordnete zu der Sitzung eingeladen und mehr als die Hälfte bezw. in Schleswig-Holstein mindestens

---

[1] Nach jetzigem Rechte steht der Stadtverordnetenversammlung unbedenklich die Veröffentlichung ihrer Beschlüsse zu. Die Zustimmung des Stadtvorstandes ist nur insoweit erforderlich, als die Veröffentlichung auf städtische Kosten geschieht, in der Rheinprovinz ist die Zustimmung des Bürgermeisters auch in diesem Falle nicht nötig.

die Hälfte der gesetzlich oder ortsstatutarisch festgesetzten Mitgliederzahl der Versammlung zugegen sei. Eine Ausnahme hiervon findet
in den alten Provinzen und Frankfurt a/M. alsdann statt, wenn
die Stadtverordneten, zum zweiten Male zur Verhandlung über
denselben Gegenstand berufen, dennoch nicht in genügender Anzahl
erschienen sind. In diesem Falle ist nämlich die Stadtverordnetenversammlung ohne Rücksicht auf die Zahl der Erschienenen beschlußfähig; es muß aber bei der zweiten Zusammenberufung hierauf
ausdrücklich hingewiesen worden sein.

III. In den Städten mit Ratsverfassung wählt die Stadtverordnetenversammlung aus ihrer Mitte jährlich einen Vorsteher,[1] [2]
sowie einen Stellvertreter desselben. In derselben Weise findet
auch die Wahl eines Schriftführers und seines Stellvertreters statt.
In Schleswig-Holstein kann das Schriftführeramt auch dem stell-
vertretenden Vorsteher, in den östlichen Provinzen und Westfalen
auch einem von den Stadtverordneten nicht aus ihrer Mitte gewählten Protokollführer übertragen werden. Letzterer muß in diesem
Falle von dem Bürgermeister in öffentlicher Sitzung der Stadtverordneten vereidigt werden. — Die Wahlen erfolgen in den östlichen Provinzen, Frankfurt a/M. und Westfalen nach dem für die
Wahl der Ratsmitglieder vorgeschriebenen Verfahren, für Schleswig-
Holstein und Hannover ist nur angeordnet, daß die Wahl nach absoluter Stimmenmehrheit der Anwesenden erfolge, während nähere
Bestimmungen über dieselbe der Geschäftsordnung überlassen sind.[3]

Ergibt sich ungeachtet zweimaliger Abstimmung Stimmengleichheit, so entscheidet unter den beiden Kandidaten das Los. In
Hannover werden die Namen der Gewählten dem Rate angezeigt,
der sie öffentlich bekannt macht.

---

[1] In Schleswig-Holstein heißt derselbe: Bürgerworthalter, in Hannover:
Wortführer.

[2] In Hannover geschieht die Wahl nur je nach den regelmäßigen Ergänzungswahlen zur Stadtverordnetenversammlung.

[3] In den Städteordnungen für Schleswig-Holstein und Hannover heißt
es: Die Wahlen geschehen jährlich nach Einführung der neugewählten Mitglieder. — Für die alten Provinzen ist über den Zeitpunkt der Wahl nichts
bestimmt, doch ist es wohl eine Anstandspflicht, überall die neu eintretenden
Mitglieder an der Wahl der Beamten der Stadtverordnetenversammlung teilnehmen zu lassen.

Überall sind die abtretenden Vorsteher, Schriftführer und deren Stellvertreter sofort wieder wählbar. — In den rheinischen Städten mit Bürgermeisterverfassung ist stets der Bürgermeister und bei dessen Verhinderung der Beigeordnete stimmberechtigter Vorsteher der Stadtverordnetenversammlung.

IV. Der Vorsteher leitet die Verhandlungen, eröffnet und schließt die Sitzungen und handhabt die Ordnung in den Versammlungen. Er kann jeden Zuhörer aus dem Sitzungszimmer entfernen lassen, welcher öffentliche Zeichen des Beifalls oder des Mißfallens gibt oder Unruhe irgend einer Art verursacht. In Hannover soll in diesem Falle bis zur Entfernung der Zuhörer die Sitzung geschlossen werden.

Der Stadtverordnetenversammlung bleibt es überlassen, eine Geschäftsordnung abzufassen, welche indes in den östlichen Provinzen, Westfalen und Frankfurt a/M. der Zustimmung des Rates bedarf, [1] und darin Zuwiderhandlungen der Mitglieder gegen die zur Aufrechterhaltung der Ordnung gegebenen Vorschriften mit Strafen zu belegen. Diese Strafen können nur in Geldstrafen, die in den alten Provinzen, Frankfurt a/M. und Schleswig-Holstein 15 M. nicht übersteigen dürfen, und außer in Hannover auch bei mehrmals wiederholten Zuwiderhandlungen in der auf eine gewisse Zeit oder für die Dauer der Wahlperiode zu verhängenden Ausschließung aus der Versammlung bestehen.[2] Beschließt die Versammlung von diesen Strafen im einzelnen Falle Gebrauch zu machen, so bedarf dieser Beschluß keiner Bestätigung des Stadtvorstandes oder der Aufsichtsbehörde; allein sowohl der Verurteilte wie der Stadtvorstand kann denselben mit aufschiebender Wirkung im Verwaltungsstreitverfahren anfechten.[3]

V. Überall sind die Stadtverordneten befugt, Ausschüsse aus ihrer Mitte zur Vorbereitung von Beratungsgegenständen einzusetzen.

---

[1] In den rheinländischen Städten ist der Bürgermeister befugt, die Beschlüsse der Stadtverordneten über die Einführung und die einzelnen Bestimmungen der Geschäftsordnung zu beanstanden.

[2] Dem Vorsteher stehen übrigens stets die parlamentarischen Strafen des Ordnungsrufes und der Verweisung zur Sache zu. Die Geschäftsordnung kann bestimmen, ob diese Strafen im Protokoll vermerkt und ev. mit demselben veröffentlicht werden sollen.

[3] ZustGes. § 10.

In Hannover werden die Mitglieder derſelben entweder auf Vor=
ſchlag des Vorſtehers oder durch Abſtimmung ernannt, in den übrigen
Provinzen iſt die Regelung der Geſchäftsordnung überlaſſen. Das=
ſelbe gilt von der Zuſammenſetzung der Deputationen, welche die
Stadtverordnetenverſammlung etwa bei feierlichen Gelegenheiten ab=
ordnet, während in Hannover auch hierüber das Geſetz Beſtimmungen
trifft. Danach iſt der Vorſteher ſtets Mitglied der Deputation, wäh=
rend die übrigen Mitglieder von der Verſammlung gewählt werden.

VI. In den öſtlichen Provinzen ſowie in Weſtfalen, den
rheiniſchen Städten mit Ratsverfaſſung und in Frankfurt a/M. hat
der Rat das Recht, ſich in ſämtlichen Sitzungen der Stadtverord=
neten durch Abgeordnete vertreten zu laſſen,[1] und er muß, ſo oft
er es verlangt, zum Worte verſtattet werden. Anderſeits hat auch
die Stadtverordnetenverſammlung das Recht, zu verlangen, daß Ab=
geordnete des Rates ihren Verhandlungen beiwohnen. — In
Schleswig=Holſtein und Hannover iſt der Rat bei den beſonderen
Sitzungen der Stadtverordneten nicht zugegen, ihm muß aber in
Schleswig=Holſtein ſeitens des Vorſtehers von den Reſultaten der
Verhandlungen, unter Mitteilung einer beglaubigten Abſchrift des
darüber aufgenommenen Protokolls, ſpäteſtens innerhalb 3 Tagen
nach der Zuſammenkunft, Kenntnis gegeben werden.[2]

Der Rechtszuſtand, wie er derzeit in Schleswig=Holſtein und
Hannover beſteht, ſtimmt weſentlich mit den Feſtſetzungen der Städte=
ordnung von 1808 überein, die Städteordnung von 1831 gab da=
gegen dem Rate das Recht, ſich zur Erläuterung ſeiner Vorlagen
in der Stadtverordnetenverſammlung vertreten zu laſſen, wie auch
die Stadtverordneten ihre Beſchlüſſe durch Abgeordnete in den Rats=

---

[1] Unzuläſſig iſt es, daß der Rat auch Gemeindebeamte als ſeine Kom=
miſſarien abordnet.

Macht ſich eine Information der Stadtverordneten direkt durch die Ge=
meindebeamten nötig, wie dies bei techniſchen Fragen der Fall ſein kann, ſo
muß dieſelbe in einer zwangloſen Vorbeſprechung der Stadtverordneten erfolgen.

[2] Zu den Verſammlungen, welche die Stadtverordneten in Hannover zur
Vorberatung der in der gemeinſchaftlichen Sitzung zur Verhandlung kommenden
Angelegenheiten abhalten, iſt der Rat befugt und auf Antrag der Stadtver=
ordneten verpflichtet, ſeine Mitglieder zur Erläuterung ſeiner Vorſchläge ab=
zuordnen. Die Stadtverordneten ſind aber berechtigt, demnächſt ihre Beratung
in Abweſenheit der Ratsmitglieder fortzuſetzen.

sitzungen begründen durften. Durch die Zusammenstellung vom
4. Juli 1832 wurden diese Bestimmungen auch auf die nach der
Städteordnung von 1808 verwalteten Städte ausgedehnt. Die Vor=
schriften der Gemeindeordnung von 1850 sind dieselben, wie die der
späteren Städteordnung für die östlichen Provinzen.

VII. Die Beschlüsse werden nach Stimmenmehrheit gefaßt, bei
Stimmengleichheit entscheidet der Vorsteher. Wer nicht mitstimmt,
wird zwar, wenn die Beschlußfähigkeit der Versammlung in Frage
kommt, als anwesend betrachtet, die Stimmenmehrheit wird aber
lediglich nach der Zahl der Stimmenden festgestellt.

In den alten Provinzen und Frankfurt a/M. sind die gefaßten
Beschlüsse mit Anführung der dabei gegenwärtig gewesenen Mitglieder
in ein besonderes Beschlußbuch einzutragen und von dem Vorsitzenden
nebst wenigstens drei anderen Mitgliedern der Versammlung zu unter=
zeichnen. In Schleswig=Holstein genügt zur Beurkundung das in ein
besonderes Buch eingetragene Protokoll, welches, nach vorgängiger Ver=
lesung und Genehmigung durch die Versammlung, von dem Vor=
steher und dem Protokollführer zu unterzeichnen ist. In den
östlichen Provinzen, Frankfurt a/M. und Westfalen[1]) sind die Be=
schlüsse, in Schleswig=Holstein das Protokoll der Sitzung dem Rate
mitzuteilen. In Schleswig=Holstein gehört zur Gültigkeit der ge=
faßten Beschlüsse ihre ordnungsmäßige Aufnahme in das Protokoll
der Sitzung, in den übrigen Provinzen dagegen ist das Protokoll
nur ein Beweismittel, neben dem auch in anderer Weise sonst gültige
Beschlüsse konstatiert werden können.

VIII. Steht das Privatinteresse eines Stadtverordneten bei
einem Beratungsgegenstande zu dem Interesse der Gemeinde in
Gegensatz, so darf derselbe an der Verhandlung in der Stadtver=
ordnetenversammlung nicht teilnehmen.[2])

Müssen deshalb so viele Stadtverordnete ausgeschlossen werden,
daß eine beschlußfähige Versammlung nicht abgehalten werden kann,

---

[1]) Vgl. auch StO. Rh. § 73.

[2]) Der einzelne Stadtverordnete ist jedenfalls auch bei solchen Angelegen=
heiten voreingenommen, die das Interesse naher Verwandter (Eltern, Kinder,
Ehegatten, Geschwister) berühren. Mit Recht schließt die Städteordnung für
Schleswig=Holstein deshalb auch in diesen Fällen den Stadtverordneten von
der Teilnahme an den Verhandlungen aus, und dies muß auch für die alten
Provinzen als geltend angenommen werden. Die Ministerialverfügungen vom

so hat zunächst der Stadtvorstand für die Wahrung des Gemeinde=
interesses zu sorgen. Ist auch dieser aus demselben Grunde zu
einem Beschlusse nicht befugt, so steht die Wahrung des Gemeinde=
interesses dem Bezirksausschusse zu, der nötigenfalls einen besonderen
Vertreter für die Stadtgemeinde zu bestellen hat. [1]

**6. Von den besonderen Rechtsverhältnissen der einzelnen Stadtverordneten.**

StO. 53 u. W. §§ 35, 64, 74, 75. Rh. §§ 34, 58, 79, 80. SH. §§ 10, 47, 64.
Fr. §§ 17, 21, 45, 71. H. §§ 80, 86, 96, 103.
v. Möller §§ 27, 28. Steffenhagen §§ 41, 52. Schmitz § 19.

I. Seinen Wählern gegenüber erscheint der einzelne Stadt=
verordnete nicht als Bevollmächtigter, der ihre Aufträge zu erfüllen
hätte, sondern als Vertreter der ganzen Stadtgemeinde. Er ist an
keinerlei Instruktionen oder Aufträge seiner Wähler gebunden. Die
gewissenhafte Überzeugung, in seinem Verhalten dem Wohle des
städtischen Gemeinwesens zu dienen, soll die einzige Richtschnur seines
Handelns sein.

II. Jeder Stadtverordnete ist verpflichtet, sobald er seines
Bürgerrechts verlustig geht, oder ihm die Ausübung desselben ab=
erkannt wird, aus der Versammlung auszuscheiden und, während
sein Bürgerrecht ruht, sich aller Amtsverrichtungen zu enthalten. —
Legt der Stadtverordnete sein Amt nicht nieder bezw. enthält er sich
nicht jeder amtlichen Verrichtung, so ist in den alten Provinzen und
Frankfurt a/M. der Stadtverordnetenvorsteher sowie in den östlichen
Provinzen, Westfalen und Frankfurt a/M. auch der Rat befugt, die
Entlassung bezw. die Suspension des Stadtverordneten auszusprechen,
in Schleswig=Holstein hat deswegen ein gemeinschaftlicher Beschluß
des Rats und der Stadtverordnetenversammlung zu ergehen. [2]

---

30. April 1839 und 8. Oktober 1841 sind für die gegensätzliche Ansicht nicht
entscheidend und die Kommissionsberatung der zweiten Kammer widerspricht
unserer Auffassung nicht.

. Dagegen liegt darin allein, daß der einzelne Stadtverordnete zu einer
Einwohnerklasse — z. B. den Grundbesitzern oder Bewohnern eines bestimmten
Stadtteils — gehört, die an dem Beschlusse der Stadtverordneten ein beson=
deres Interesse hat, kein Grund zur Befangenheitserklärung.

[1] ZustGes. § 17 [2]. In Posen hat b. a. w. die Regierung die Befugnisse
des Bezirksausschusses.

[2] Dasselbe wird auch für Hannover gelten müssen.

Während der Zeit seines Amtes ist jeder Stadtverordnete ver=
pflichtet, sich auch thatsächlich an den Versammlungen und Geschäften
der Stadtverordnetenversammlung zu beteiligen. [1]

III. Die Stadtverordneten sind nicht Beamte, sondern Mit=
glieder einer politischen Körperschaft. Sie sind deshalb auch nicht
zur Amtsverschwiegenheit verpflichtet, soweit die Stadtverordneten=
versammlung nicht im einzelnen Falle anderes beschließt. Gegen
Stadtverordnete kann weder ein Disziplinarverfahren stattfinden, [2]
noch können sie von dem Rate oder der Aufsichtsbehörde in Ord=
nungsstrafen genommen werden. [3]

IV. Die Stadtverordneten beziehen weder Gehalt, noch Re=
muneration, sondern erhalten nur bare Auslagen, welche für sie
aus der Ausrichtung von Aufträgen entstehen, vergütet.

V. Die Stadtgemeinde kann an den einzelnen Stadtverordneten
nicht deshalb zivilrechtlichen Regreß nehmen, weil infolge ihrer Be=
schlüsse die Gemeinde Schaden erlitten hat.

VI. Strafrechtlich unterstehen die Stadtverordneten den allge=
meinen Gesetzen, doch steht ihnen hinsichtlich ihrer in der Stadt=
verordnetenversammlung gemachten Äußerungen der Schutz des § 193
des Strafgesetzbuchs zur Seite.

### 7. Die Zuständigkeit der Stadtverordnetenversammlung.

StO. 53 u. W. §§ 10, 35—37, 44, 56, 61. Rh. §§ 9, 34, 35, 41, 53, 56.
Sch. §§ 1, 63, 64, 83, 87. Fr. §§ 2, 45—47, 54, 63, 68. H. §§ 5, 80, 95, 96,
97, 98, 113, 122.

v. Möller § 28. Steffenhagen §§ 52, 53. Schmitz § 19.

I. Nach der Städteordnung von 1808 war die Stadtverord=
netenversammlung wesentlich das beschließende und kontrollierende,
der Rat das vollziehende Organ der Stadt, die Stadtverordneten=
versammlung bildete den Willen der Stadtpersönlichkeit, der Rat
führte ihn aus. Somit war eine Bestätigung der Beschlüsse der
Stadtverordneten seitens des Rates nicht erforderlich, nur wenn die

---

[1] In Hannover soll das unentschuldigte Fernbleiben eines Stadtverordneten
von einer Sitzung mit einer Geldbuße, deren Höhe die Geschäftsordnung be=
stimmt, geahndet werden.

[2] ZustGes. § 20 Abs. 3.

[3] Dagegen können wenigstens gegen den Vorsteher von der Aufsichts=
behörde Exekutivstrafen festgesetzt werden.

Beschlüsse die Zuständigkeit der Stadtverordnetenversammlung über=
schritten, gesetz= oder rechtswidrig waren, so war der Rat verbunden,
die Ausführung derselben zu verweigern. Freilich hatte die Praxis
dem Rate eine weit umfassendere Mitwirkung bei der Beschlußfassung
gewährt, so daß thatsächlich in den meisten Städten die Zustimmung
desselben zu den Beschlüssen der Stadtverordneten für erforderlich
erachtet wurde.

Diese Auffassung führte die Städteordnung von 1831 weiter
aus. Nach ihr bildet der Rat das prinzipale Element der Stadt=
verfassung, der nur in gewissen bestimmten Angelegenheiten, na=
mentlich bei der Feststellung des Etats, der Verwaltung, Melioration,
Verpachtung und Verpfändung von Grundstücken, bei der Anstellung
von Prozessen, bei wichtigeren Verträgen und außerordentlichen Geld=
bewilligungen, an die Zustimmung der Stadtverordnetenversammlung
gebunden ist. Hier spricht im Zweifelsfalle die Vermutung jeden=
falls für die Zuständigkeit des Rates.

Zu den ursprünglichen Bestimmungen der Städteordnung von
1808, ja noch darüber hinaus, kehrte dann die Gemeindeordnung
von 1850 zurück, nach welcher die Funktionen des Gemeinderates
als des nur vertretenden und kontrollierenden, und des Gemeinde=
vorstandes als des nur vollziehenden und verwaltenden Organs
strenge gesondert wurden.

II. In den geltenden Städteordnungen ist die Stellung der
Stadtverordnetenversammlung und des Stadtvorstandes verschieden
geregelt.

a) In den alten Provinzen[1]) gilt überall die Stadtverordneten=
versammlung als das prinzipale Element der Stadtverfassung. Der
Stadtvorstand ist zunächst das vollziehende Organ, und nur in be=
stimmten Fällen hat er auch bei der Beschlußfassung mitzuwirken.

Die Vermutung spricht daher stets dafür, daß der Beschluß der
Stadtverordnetenversammlung erforderlich sei. Doch ist hier zu
unterscheiden: in den Städten mit Ratsverfassung steht dem Stadt=
vorstande eine weitreichende Mitwirkung bei der Beschlußfassung zu,
indem alle Beschlüsse der Stadtverordneten über solche Angelegen=
heiten, welche durch das Gesetz dem Rate zur Ausführung über=
wiesen sind, der Zustimmung des letzteren bedürfen. Es ist also

---

[1]) Ebenso in Frankfurt a. M.

im allgemeinen zu allen Beschlüssen der Stadtverordnetenversamm=
lung, nach denen etwas nicht geschehen soll, die Zustimmung des
Rates nicht erforderlich, dagegen sind der Bestätigung des Rates
bedürftig alle Beschlüsse, nach denen etwas geschehen oder auch
fernerhin nicht mehr geschehen soll. [1])

In den rheinischen Städten mit Bürgermeisterverfassung ist
das Prinzip der Gemeindeordnung von 1850 im wesentlichen bei=
behalten. Danach ist die Stadtverordnetenversammlung das be=
schließende, der Bürgermeister das ausführende Organ. Nur in
wenigen genau bestimmten Fällen kann der Bürgermeister die Be=
schlüsse der Stadtverordneten beanstanden und ev. die Entscheidung
des Bezirksausschusses herbeiführen.

b) In Schleswig=Holstein und Hannover ist der Rat das prin=
zipale Element der Stadtverfassung. Derselbe ist für den ganzen
Umfang der Gemeindeangelegenheiten sowohl beschließendes als aus=
führendes Organ. Allein in weitem Umfange ist der Stadtverord=
netenversammlung eine Mitwirkung bei der Beschlußfassung zuge=
sichert. Aus dieser Stellung der Stadtverordnetenversammlung er=
gibt sich auch die Regel, daß gewöhnlich die Beratschlagung des
Rates und der Stadtverordneten eine gemeinschaftliche sein soll. [2])

III. Überall ist der Stadtverordnetenversammlung zunächst in
weitem Umfange das Recht der Kontrolle über die Verwaltung des
Rates gegeben. In den alten Provinzen erstreckt sich die Kontrolle
der Stadtverordneten über die ganze Verwaltung des Gemeinwesens,
keine Gemeindeangelegenheit ist derselben entzogen; in Schleswig=
Holstein ist die Kontrolle allerdings beschränkt auf diejenigen Ver=
waltungsakte des Rates, welche sich als Befolgung und Ausführung
von Gemeindebeschlüssen darstellen, während der Rat in denjenigen
Angelegenheiten, die das Gesetz oder das Ortsstatut [3]) seiner selb=

---

[1]) Der Rat hat also in den Fällen, in denen seine Zustimmung nicht er=
forderlich ist, auch nicht das Recht, ein Vereinigungsverfahren zu beantragen
und ev. die Entscheidung des Bezirksausschusses anzurufen.

[2]) Überall — auch in Hannover, wenn die Städteordnung auch keine aus=
drückliche Vorschrift enthält — hat die Stadtverordnetenversammlung auch das
Recht der Initiative; sie kann selbständig Anträge stellen und in den Städten
mit Ratsverfassung die Beschlußfassung des Rates über dieselben verlangen.

[3]) Jedoch kann sich in diesem Falle die Stadtverordnetenversammlung das
Kontrollrecht vorbehalten.

ständigen Beschlußfassung überweist, der Kontrolle der Stadtver=
ordnetenversammlung nicht unterliegt; in Hannover endlich unter=
liegt nur die städtische Finanzverwaltung der Kontrolle der Stadt=
verordneten.

Insoweit den Stadtverordneten die Kontrolle zusteht, schließt
dieselbe das Recht ein, den Stadtvorstand auf Mißstände in der
Verwaltung aufmerksam zu machen und die gesamte Verwaltungs=
thätigkeit daraufhin zu überwachen, daß sie in dem Sinne der
Gemeindebeschlüsse und statutarischen Bestimmungen geführt werde.
Wo die Stadtverordnetenversammlung glaubt, daß der Stadtvorstand
Mißgriffe mache, steht ihr auch immer die Befugnis zu, sich über
die Lage der Dinge zu unterrichten und je nach dem Ergebnis der
Untersuchung ihre Beschlüsse zu fassen. Namentlich darf sie sich von
der Verwendung der Gemeindeeinnahmen Überzeugung verschaffen
und die Ausführung ihrer Beschlüsse überwachen. Ihr steht des=
halb überall das Recht zu, von dem Stadtvorstande die Einsicht der
Akten zu verlangen, und in den alten Provinzen und Frankfurt a/M.
auch Untersuchungsausschüsse zu ernennen, in die aber auch der
Bürgermeister befugt ist, selbst einzutreten oder ein Mitglied des
Stadtvorstandes abzuordnen. [1]) [2])

Aus dem Kontrollrecht der Stadtverordneten folgt ihr Recht, an
den Kassenrevisionen teilzunehmen. In den alten Provinzen, Frank=
furt a/M. und Hannover ist der Stadtverordnetenversammlung von
jeder regelmäßigen Revision Kenntnis zu geben, damit sie ein oder
mehrere Mitglieder abordnen könne, diesem Geschäfte beizuwohnen;
zu außerordentlichen Revisionen ist in den östlichen Provinzen, Frank=
furt a/M. und Westfalen der Vorsteher der Stadtverordnetenver=
sammlung oder ein von diesem ein für allemal zu bezeichnendes
Mitglied hinzuzuziehen, während es in der Rheinprovinz dem Be=
lieben des Bürgermeisters überlassen ist, ob er ein Mitglied der Stadt=
verordnetenversammlung hinzuziehen will. — In Schleswig=Holstein

---

[1]) In Hannover ist den Stadtverordneten das Recht der Einsicht in die
Geheimakten nicht gegeben. Dagegen muß für die übrigen Provinzen ange=
nommen werden, daß das Recht der Akteneinsicht unbeschränkt ist.

[2]) Für Hannover ist ausdrücklich bestimmt, daß die Stadtverordneten nicht
befugt sind, ohne Vorwissen des Rates, einzelne Gemeindebeamte zu vernehmen.
Dasselbe wird auch für die übrigen Provinzen gelten müssen.

bezeichnet die Stadtverordnetenversammlung zu Anfang jeden Jahres ein oder mehrere Mitglieder sowie deren Stellvertreter, die dann zu allen Revisionen hinzugezogen werden müssen. Hier und in Hannover sind die erforderlichen näheren Vorschriften über die Kassen= revisionen ortsstatutarisch festzusetzen.

Gewinnt die Stadtverordnetenversammlung die Überzeugung, daß Mitglieder des Stadtvorstandes derartig ihre Pflicht verletzt haben, daß sie regreßpflichtig sind, und erscheint infolgedessen ein Prozeß der Stadt gegen Mitglieder des Stadtvorstandes notwendig, so hat der Regierungspräsident auf Antrag der Stadtverordneten= versammlung einen Rechtsanwalt zur Führung des Prozesses zu bestellen. [1]

IV. Im Zusammenhange mit dem Kontrollrecht der Stadt= verordneten steht die Pflicht des Stadtvorstandes, in jedem Jahre vor der Feststellung des Haushaltungsplans in öffentlicher Sitzung der Stadtverordneten, in Schleswig=Holstein aber in öffentlicher Sitzung der beiden städtischen Kollegien einen vollständigen Bericht über den Stand und die Verwaltung der Gemeindeangelegenheiten zu erstatten. Zugleich wendet sich dieser Bericht aber auch an die gesamte Bürgerschaft, der er darlegen soll, daß die Verwaltung ehrlich, zweckentsprechend und zu gemeinem Besten geführt wird. Daher ist in den alten Provinzen und Frankfurt a/M. bestimmt, daß Tag und Stunde der Berichterstattung wenigstens drei Tage vorher in der Gemeinde bekannt gemacht werden müssen; in Schleswig= Holstein ist der Bericht nach der Sitzung auf ortsübliche Weise zur öffentlichen Kunde zu bringen.

In Hannover besteht eine derartige Einrichtung nicht, doch ist es auch hier durchaus erlaubt, den Rat durch Gemeindebeschluß zur Ablegung und Veröffentlichung eines Verwaltungsberichts zu ver= pflichten.

V. Die Stadtverordnetenversammlung ist ferner überall das=

---

[1] Dies gilt nicht für Hannover. — In der Rheinprovinz ernennt der Regierungspräsident zunächst einen Vertreter der Gemeinde, der dann seiner= seits einen Rechtsanwalt mit der Führung des Prozesses betraut. Schlägt die Stadtverordnetenversammlung ihrerseits einen Anwalt vor, so muß der Ver= treter der Gemeinde diesem die Prozeßführung übertragen. In Schleswig= Holstein findet die Bestellung eines Vertreters der Gemeinde nur dann seitens des Regierungspräsidenten statt, wenn der Rat nicht beschlußfähig ist.

jenige Organ, welches den Willen der Stadtpersönlichkeit bildet oder
doch bilden hilft. Die Stadtverordnetenversammlung ist aber auch
nur berufen, dem Willen der **Stadtpersönlichkeit** Ausdruck
zu geben, und sie darf daher auch nur über deren Angelegenheiten
beschließen. Wie sich nun als Aufgabe der deutschen Stadt die Er=
füllung aller Gemeinzwecke darstellt, welche innerhalb des örtlichen
Verbandes verwirklicht werden können, so gehören grundsätzlich auch
alle Angelegenheiten, welche der Förderung dieser Gemeinzwecke
dienen, dem berechtigten Wirkungskreise der Stadt an, und wenn
von altersher die deutsche Stadt nicht nur allein sich selbst als Zweck
setzt, sondern gerade auch die Förderung der Wohlfart und die Ab=
wehr von Schädigungen ihrer Angehörigen als einen ihrer haupt=
sächlichsten Lebenszwecke betrachtet hat, so gehört auch die Pflege und
Vertretung der Interessen ihrer Einwohner oder doch von Klassen
derselben zu den Angelegenheiten der Stadtpersönlichkeit. Aber auch
hier bildet wieder die Beziehung auf den örtlichen Verband die Be=
grenzung der städtischen Zuständigkeit.

Doch nicht jede Angelegenheit, die geeignet sein würde, dem
städtischen Wirkungskreise anzugehören, ist deshalb auch thatsächlich
durch die Gesetzgebung demselben überlassen worden; soweit nun
andere Rechtssubjekte sich der Erfüllung dieser Aufgaben unterziehen,
kann sie ihre grundsätzliche Zugehörigkeit zu den Zwecken, deren
Verwirklichung nach deutscher Rechtsauffassung der Gemeinde obliegt,
noch nicht zu einer Angelegenheit der Stadtpersönlichkeit machen und
die Zuständigkeit der Stadtverordneten begründen. [1] [2] [3]

---

[1] Das Erkenntnis des Oberverwaltungsgerichts vom 10. März 1886
(OVGE. Bd. 13 Nr. 12) stimmt im wesentlichen mit den Ansichten des Textes
überein, über das Verhältnis der Zuständigkeit der Gemeinde in Angelegen=
heiten, die zwar dem Wesen nach zu ihren Aufgaben gehören, für deren Er=
ledigung aber andere Rechtssubjekte vorhanden sind, hat sich das Oberverwal=
tungsgericht nicht geäußert. Vgl. auch OVGE. Bd. 14 Nr. 12.

[2] Auch die Gewährung von Unterstützungen, ja die gänzliche Übernahme
der Lasten der Verbände, welche derartige Angelegenheiten erledigen, begründet
nicht die Zuständigkeit der Stadt. Sind die Schulen in einer Stadt z. B.
Sozietätsschulen, so bleibt die Zuständigkeit der Sozietät und ihrer Organe in
vollem Umfange bestehen, auch wenn die Stadt die Unterhaltungskosten trägt.

[3] Verschieden davon ist die Frage, ob die Stadt ihre Zuständigkeit auch
auf die Erfüllung dieser Gemeinzwecke, deren Verwirklichung anderen Rechts=

Als Ergebnis kann negativ festgestellt werden: die Stadtver=
ordnetenversammlung darf nicht Beschlüsse über Angelegenheiten
fassen, für deren Erledigung irgend ein anderer öffentlich=rechtlicher
Verband in derselben Weise [1]) zuständig ist.

Ebenso gehören nicht zu den Gemeindeangelegenheiten alle die=
jenigen Fragen, bei deren Entscheidung ausdrücklich oder dem Sinne
des Gesetzes nach die Mitwirkung der Stadtpersönlichkeit ausge=
schlossen ist. So ist die Frage, ob die Einwohner der Stadt ge=
nügend im Reichstage vertreten sind, nicht Gemeindeangelegenheit,
denn die deutsche Verfassung kennt nur Vertreter des ganzen Volkes
und schließt also jede Möglichkeit, daß die Stadtpersönlichkeit als
solche oder die Einwohner derselben als Mitglieder der Stadt an
dieser Frage beteiligt seien, ausdrücklich aus. — Soll eine positive
Grenze für die Zuständigkeit der Stadtverordneten gezogen werden,
so darf man etwa sagen, daß jede Angelegenheit, welche die Stadt
oder deren Einwohner als Mitglieder der Stadt berühren, zu den
Gemeindeangelegenheiten gehört, jede Angelegenheit aber, an welcher
der Einzelne als Mitglied eines anderen öffentlich=rechtlichen Ver=
bandes oder aber als Staatsbürger beteiligt ist, der Zuständigkeit
der Stadtverordnetenversammlung entzogen ist.

Überschreitet nach Ansicht des Regierungspräsidenten oder des
Stadtvorstandes die Stadtverordnetenversammlung ihre Zuständig=
keit, oder verletzt ihr Beschluß ein Gesetz, so ist der Stadtvorstand,
entstehenden Falls auf Anweisung des Regierungspräsidenten, [2]) ver=
pflichtet, den Beschluß zu beanstanden. Der Stadtverordnetenver=
sammlung steht gegen diese Verfügung des Stadtvorstandes die Klage
im Verwaltungsstreitverfahren zu. [3])

subjekten obliegt, ausdehnen darf. Im allgemeinen ist dieselbe zu bejahen;
nur wo ausdrücklich oder dem Sinne des Gesetzes nach ein Verbot vorliegt,
ist die Ausdehnung der Zuständigkeit unstatthaft. Diese Grundsätze gelten
auch für eine etwaige Förderung, welche die Stadt der Erfüllung derartiger
Zwecke angedeihen läßt, ohne sie doch zu Aufgaben der Gemeinde zu machen.
Ob und wieweit die Genehmigung der Aufsichtsbehörde zu diesen Zuständig=
keitserweiterungen erforderlich ist, kann nur im einzelnen Falle entschieden
werden.

[1]) b. h. in Beschränkung auf den örtlichen Verband und die örtlichen In=
teressen.

[2]) In Berlin des Oberpräsidenten.

[3]) ZustGes. § 15. Vgl. auch OVGE. Bd. 14 Nr. 12. — Die Klage ist

Fraglich ist es, ob die Beratung einer Angelegenheit, welche die Zuständigkeit der Stadtverordnetenversammlung überschreitet, durch den Stadtvorstand oder den Regierungspräsidenten verhindert werden kann. So sehr nun auch das Bedürfnis vorliegen mag, auch die Beratung solcher Angelegenheiten zu verhindern, da eben oft der Zweck der Antragstellung nur der ist, die Sache in der Stadtverordnetenversammlung zur Sprache zu bringen, so kann doch eine Einwirkung des Stadtvorstandes oder des Regierungspräsidenten nicht zugegeben werden. Über die Zuständigkeit der Stadtverord=netenversammlung entscheidet zunächst der Vorsteher und in letzter Instanz die Stadtverordnetenversammlung selbst, der Staatsregierung steht nur die Befugnis zu, bei dem Könige die Auflösung einer Stadtverordnetenversammlung zu beantragen, die ihre Zuständigkeit vorsätzlich überschreitet.

VI. Die Stadtverordnetenversammlung darf aber auch über andere als Gemeindeangelegenheiten beraten und beschließen, inso=weit solche durch Gesetze oder in einzelnen Fällen durch Aufträge des Regierungspräsidenten derselben überwiesen sind. [1])

VII. In der Regel darf die Stadtverordnetenversammlung ihre Beschlüsse nicht selbst zur Ausführung bringen. — Jedoch steht ihr jedenfalls das Recht zu, die auf ihre Geschäftsführung bezüglichen Beschlüsse auch selbst auszuführen. Ferner hat sie das Recht, Be=schwerden über den Stadtvorstand bei der Aufsichtsbehörde anzu=bringen und bei Meinungsverschiedenheiten die Entscheidung des Bezirksausschusses anzurufen. Endlich kann die Stadtvertretung auch zur Wahrnehmung ihrer Rechte im Verwaltungsstreitverfahren [2]) einen besonderen Vertreter ernennen. [3])

---

bis auf weiteres in Posen nicht gegeben, vielmehr steht hier der Stadtver=ordnetenversammlung nur Beschwerde an den Oberpräsidenten, und demnächst an den Minister des Innern zu. Auch kann hier die Regierung den Rat zur Beanstandung von Beschlüssen der Stadtverordnetenversammlung anweisen, welche sich zwar innerhalb ihrer Zuständigkeit bewegen, aber das Staatswohl verletzen.

[1]) In Posen bleibt bis auf weiteres die Regierung an Stelle des Re=gierungspräsidenten Aufsichtsbehörde.

[2]) Es sind dies die Fälle der §§ 10 und 15 ZustGes.

[3]) ZustGes. § 21.

### 8. Die Auflösung der Stadtverordnetenversammlung.

StO. 53 § 79. W. § 81. Rh. § 86. Sch. § 65. Fr. § 82.
v. Möller § 39. Steffenhagen § 54. Schmitz § 19.

I. Die Städteordnung von 1808 kannte eine Auflösung der Stadtverordnetenversammlung nicht, dieselbe wurde erst eingeführt durch die Städteordnung von 1831, nach welcher der König sich vorbehielt, eine Stadtverordnetenversammlung, welche fortwährend ihre Pflichten vernachlässigt und in Unordnung und Parteiung verfallen ist, aufzulösen und nach Befinden die Bildung einer neuen Versammlung wieder anzuordnen.[1]

Die Gemeindeordnung von 1850 schlug einen anderen Weg ein, die Rechte des Staates gegen die Gemeinde zu wahren. Nach derselben hat der Minister des Innern stets das Recht, einen Gemeinderat zu suspendieren und dessen Verrichtungen an besondere Kommissarien zu übertragen. Jedoch durfte die Suspension nicht länger als ein Jahr dauern, und die schließliche Bestimmung darüber, ob die Suspension fortdauern oder andere Maßregeln ergriffen werden sollen, erfolgte alsdann durch ein Gesetz, dessen Entwurf den Kammern sofort nach ihrem demnächstigen Zusammentritte vorzulegen war.[2]

II. Die späteren Städteordnungen gingen wieder auf die Bestimmungen der Städteordnung von 1831 zurück. Nach geltendem Recht kann die Auflösung einer Stadtverordnetenversammlung auf Antrag des Staatsministeriums durch königliche Verordnung erfolgen. Es ist sodann sofort eine Neuwahl derselben anzuordnen, die in den alten Provinzen und Frankfurt a/M. binnen sechs, in Schleswig-Holstein binnen drei Monaten vom Tage der Auflösungsverordnung erfolgen muß. Die Funktionen der Stadtvertretung werden bis zum Zusammentritte der neugewählten Stadtverordnetenversammlung in Schleswig-Holstein von dem Rate, im übrigen von dem Bezirksausschusse[3] ausgeübt, der aber selbstverständlich nur insoweit in Thätigkeit treten darf, als dies die laufende Verwaltung erfordert, und namentlich nicht als befugt anzusehen ist, über die

---

[1] StO. 1831 § 83.
[2] GO. 1850 § 143.
[3] ZustGes. § 17³. — In Berlin vom Oberpräsidenten.

Substanz des Stadtvermögens zu verfügen oder der Stadtgemeinde neue Lasten aufzulegen. [1]

Die Auflösung der Stadtverordnetenversammlung muß sofort nach Publikation der Verordnung erfolgen. Eine Auflösung zu einem bestimmten in der Zukunft liegenden Termine erscheint ebenso unstatthaft, als wie die Vornahme von Neuwahlen, während die alte Versammlung noch tagt.

Es muß vielmehr notwendigerweise zwischen den beiden Ver=sammlungen ein Zeitraum liegen, während dessen an Stelle der Stadtverordnetenversammlung andere Behörden fungieren.

In Hannover ist die Auflösung einer Stadtverordnetenversamm=lung nicht gestattet. [2]

## II. Der Stadtvorstand. [3]

### 1. Der rechtliche Charakter des Stadtvorstandes.

v. Möller § 40. Steffenhagen § 55.

Der Stadtvorstand repräsentiert im Vereine mit der Stadt=verordnetenversammlung die Stadtpersönlichkeit und ist zugleich die leitende Vollziehungs= und Verwaltungsbehörde der Stadt. Inner=halb seiner Zuständigkeit gelten seine Beschlüsse und Handlungen als Willensäußerungen und Handlungen der Stadt.

### 2. Die Zusammensetzung des Stadtvorstandes.

#### a. Das Kollegial= und Büreausystem.

StO. 53 § 29. W. §§ 29, 72. Rh. §§ 28, 66—78. Sch. § 28. Fr. § 38. H. § 39.

v. Möller § 41. Steffenhagen § 56. Schmitz § 2.

Der Stadtvorstand bildet in den östlichen Provinzen, Westfalen, Hannover, Schleswig=Holstein und in Frankfurt a/M. in der Regel ein Kollegium, in der Rheinprovinz besteht er dagegen gewöhnlich nur aus dem Bürgermeister, dem eine Anzahl Hilfsarbeiter bei=gegeben sind.

---

[1] In Posen werden die Funktionen der Stadtverordnetenversammlung bis auf weiteres durch besondere Ministerialkommissarien ausgeübt.

[2] Sollte die Auflösung einer Stadtverordnetenversammlung in Hannover notwendig werden, so müßte dies durch Gesetz geschehen.

[3] Hinsichtlich der geschichtlichen Entwickelung des Stadtvorstandes vgl. S. 2 ff.

Der kollegialische Stadtvorstand heißt in Preußen der Magistrat, allein auch auf den rheinischen Stadtvorstand findet dieser Ausdruck Anwendung, und die Städteordnung unterscheidet dann derart, daß sie die Mitglieder des kollegialischen Stadtvorstandes „Mitglieder des Magistrats", die Angehörigen des rheinischen Stadtvorstandes „Magistratspersonen" nennt. [1])

Wo in der Rheinprovinz gemäß §§ 66—78 der rheinischen Städteordnung ein kollegialischer Stadtvorstand eingerichtet wird, finden die bezüglichen Bestimmungen der Städteordnung für West=falen Anwendung, die einzige Abweichung ist unten auf Seite 111 erwähnt. [2]) In denjenigen westfälischen Städten, in denen der Stadtvorstand gemäß § 72 der Städteordnung büreaukratisch ein=gerichtet ist, finden diejenigen Änderungen statt, welche sich aus der Stellung des Bürgermeisters als stimmberechtigten Vorstehers der Stadtverordnetenversammlung ergeben.

### b. Die Ratsverfassung.

StO. 53 u. W. §§ 10, 29, 31, 58, 64. Sch. §§ 1, 28, 61. Rh. § 68.
Fr. §§ 2, 38, 65. H. §§ 39, 40, 43.
v. Möller § 42. Steffenhagen § 56. Schmitz § 2.

I. Die Städteordnung von 1808 knüpfte an die geltenden Zu=stände an und ließ überall den kollegialischen Stadtvorstand fort=

---

[1]) Der künftigen Städteordnung bleibt es vorbehalten, an Stelle des ge=schmacklosen Fremdwortes das gute deutsche Wort „der Rat" wieder in seine Rechte einzusetzen.
Ich verwende folgende Ausdrücke:
  a) Rat = kollegialischer Stadtvorstand.
  b) Schöffen = unbesoldete Ratsmitglieder.
  c) Mitglieder des Stadtvorstandes = die Mitglieder des Rates, sowie der Bürgermeister und die Beigeordneten der rheinischen Städte=ordnung.
  d) Ratsmitglieder = Bürgermeister, Beigeordnete und alle übrigen be=soldeten und unbesoldeten Mitglieder des Rates.
  e) Ratsverwandte = besoldete und unbesoldete Ratsmitglieder mit Aus=nahme des Bürgermeisters und des Beigeordneten.

[2]) In den rheinischen Städten kann der kollegialische Stadtvorstand ein=gerichtet werden, wenn die Stadtverordnetenversammlung nach zweimaliger Be=ratung, wobei zwischen den beiden Beratungen mindestens acht Tage liegen müssen, einen dahin zielenden Beschluß faßt und dieser vom Bezirksausschuß ge=nehmigt wird.

bestehen, doch durfte für jeden Stadtbezirk nur ein Rat vorhanden sein. Im Prinzipe sollten sämtliche Stellen im Rate Ehrenämter sein, deren Verwaltung für die Bürger Recht und Pflicht war. Nur diejenigen Ratsmitglieder erhielten Besoldung, welche ihre Zeit ganz der Verwaltung widmen mußten, die Zahl der unbesoldeten Mitglieder schwankte zwischen vier und fünfzehn Ratsmitgliedern, der Bürgermeister war stets besoldet.

Die Städteordnung von 1831 hielt im allgemeinen an diesen Bestimmungen fest und auch die Gemeindeordnung von 1850 sowie die geltenden Städteordnungen haben nichts wesentliches daran geändert.

II. Der Rat besteht nach den geltenden Städteordnungen stets aus dem Bürgermeister, einem Beigeordneten als dessen Stellvertreter und einer Anzahl von Ratsverwandten.

1. Der Bürgermeister steht an der Spitze des Rates, er ist stets besoldet.

2. Der Beigeordnete ist der Stellvertreter des Bürgermeisters. Er kann Besoldung oder Dienstunkostenentschädigung beziehen. Ist hierüber durch Ortsstatut oder Gemeindebeschluß nichts bestimmt, so ist das Amt als Ehrenamt unentgeltlich zu verwalten.[1]

3. Dem Bürgermeister zur Seite stehen immer eine Anzahl von Ratsverwandten. Ihre Anzahl wird durch das Ortsstatut bestimmt. Ist in diesem darüber nichts festgesetzt, so gelten in den alten Provinzen subsidiär folgende Bestimmungen.

Die Zahl der Schöffen beträgt in Städten:

| Einwohnerzahl | in den östl. Provinzen | Westfalen | Rheinprovinz |
|---|---|---|---|
| bis zu 2500 Einw. | 2 | 2 | 2 |
| 2501— 10000 [2]) | 4 | 4 | 2 |
| 10001— 20000 [3]) | 6 | 6 | 4 |
| 20001— 30000 | 6 | 6 | In Städten von |
| 30001— 60000 | 8 | In Städten von | mehr als |
| 60001—100000 | 10 | mehr als 30 000 Ein= | 20 000 Ein= |
| | Für je weitere | wohnern treten für | wohnern |
| | 50 000 Einwohner | je weitere 20 000 Ein= | 6 |
| | treten 2 Schöffen | wohner 2 Schöffen | |
| | hinzu. | hinzu. | |

[1] In Frankfurt a/M. ist der zweite Bürgermeister stets besoldet.
[2] In der Rheinprovinz von 2501—9999 Einwohnern.
[3] „ „ „ „ 10000—20000 „

Neben den Schöffen darf jede Stadt nach Bedürfnis besoldete Ratsverwandte anstellen.

In Hannover kann das Ortsstatut auch dem Stadtsekretär und den technischen Gemeindebeamten volles oder beschränktes Stimmrecht im Rate beilegen.

### c. Die Bürgermeisterverfassung.

StO. 53 u. W. § 72. Rh. §§ 28, 30. SH. § 94.
v. Möller § 43. Steffenhagen § 56. Schmitz § 2.

Wo der Stadtvorstand aus dem Bürgermeister allein besteht, sind ihm zur Seite zwei bis drei, in der Rheinprovinz auch mehr Beamte gestellt, die nach seinen Anweisungen arbeiten. In den östlichen Provinzen kann diese Verfassung nur in Städten von weniger als 2500 Einwohnern eingeführt werden, in der Rheinprovinz ist sie Regel. Hier sind auch die dem Bürgermeister zur Seite gestellten Beamten gewöhnlich besoldet, in den östlichen Provinzen und in Schleswig-Holstein dagegen stets unbesoldet. Doch können sie in Schleswig-Holstein für dienstliche Ausgaben sowie für die Verrichtungen der Geschäfte des Gemeindekassierers oder Gemeindeschreibers Vergütungen erhalten.

In der Rheinprovinz sind alle diese Beamten Beigeordnete. Die Reihenfolge, in der sie den Bürgermeister vertreten, wird von der Stadtverordnetenversammlung festgesetzt, deren Beschluß aber der Bestätigung seitens des Bezirksausschusses bedarf.

### 3. Die Wahl der Mitglieder des Stadtvorstandes.

#### a. Wahlfähigkeit.

StO. 53 u. W. §§ 30 u. 31. Rh. §§ 29, 30, 70. SH. §§ 29, 31, 38.
Fr. §§ 39—41. H. §§ 40, 49, 50, 53.
v. Möller §§ 44, 45. Steffenhagen § 57. Schmitz § 3.

I. Nach der Städteordnung von 1808 sollten zu Ratsmitgliedern nur geachtete, rechtliche, einsichtsvolle und geschäftskundige Männer gewählt werden, die wenigstens 26 Jahre alt seien. Die besoldeten Ratsmitglieder mußten sich vor Antritt ihres Amtes einer Prüfung bei der Aufsichtsbehörde unterwerfen und in derselben den Besitz genügender Kenntnisse nachweisen. Niemand, der mit einem Ratsmitgliede im dritten Grade oder näher verwandt oder verschwägert war, durfte in den Rat eintreten. Auch mußte jedes Ratsmitglied sofort nach seinem Amtsantritte das Bürgerrecht erwerben, soweit es dasselbe noch nicht besaß.

Die Städteordnung von 1831 hielt an diesen Bestimmungen im allgemeinen fest und verordnete weiter, daß die unbesoldeten Ratsmitglieder die Wahlfähigkeit zum Stadtverordneten besitzen müßten und daß nur Christen zu den Stellen der Oberbürgermeister und Bürgermeister gewählt werden könnten. Die Gemeindeordnung von 1850 enthält im wesentlichen die Bestimmungen der geltenden Städteordnungen.

Sowohl nach den beiden Städteordnungen als nach der Ge= meindeordnung war die Stadtverordnetenversammlung berufen, die Ratsmitglieder zu wählen.

II. a) Wahlberechtigt ist in den alten Provinzen und Frank= furt a/M. die Stadtverordnetenversammlung, in Schleswig=Holstein die Bürgerschaft, in Hannover entweder ein Wahlkollegium, das aus dem Rate und einer gleichen Anzahl Stadtverordneter besteht, oder es sind, wo das Ortsstatut so bestimmt, Rat und Stadtverordnete in getrennten Versammlungen die Wähler.

b) Wahlfähig sind zu den Stellen der unbesoldeten Mitglieder des Stadtvorstandes nur die Bürger und Ehrenbürger, zu den be= soldeten Stellen dagegen jeder Deutsche, der die bürgerlichen Ehren= rechte und die Fähigkeit zur Bekleidung öffentlicher Ämter besitzt.

Nicht wahlfähig sind in den alten Provinzen, Schleswig=Holstein und Frankfurt a/M.:

1. diejenigen Beamten und die Mitglieder derjenigen Behörden, durch welche die Aufsicht des Staates über die Städte ausgeübt wird, [1]

2. die Gemeindebeamten, [2]

3. Geistliche, Kirchendiener und Lehrer an öffentlichen Schulen, [3]

---

[1] Auch die Mitglieder des Bezirksausschusses und des Provinzialrats dürfen nicht dem Stadtvorstande angehören.

[2] Ich bezeichne als Gemeindebeamte sämtliche Beamten der Stadt, die nicht Mitglieder des Stadtvorstandes sind, der Ausdruck: „städtische Beamte" umfaßt dagegen auch die Mitglieder des Stadtvorstandes.

[3] Also nicht nur, wie bei den Stadtverordneten, die Lehrer an Volks= schulen.

4. die richterlichen Beamten, zu denen jedoch die Handelsrichter und die Mitglieder der Gewerbegerichte nicht zu zählen ſind, [1]

5. die Beamten der Staatsanwaltſchaft,

6. die Polizeibeamten,

7. in den Städten mit Ratsverfaſſung dürfen auch die Stadt= verordneten nicht dem Rate angehören.

8. Vater und Sohn, Schwiegervater und Schwiegerſohn, Brüder und Schwäger, ſowie in Schleswig=Holſtein auch offene Handelsgeſell= ſchafter dürfen nicht zu gleicher Zeit dem Stadtvorſtande angehören. — Entſteht die Schwägerſchaft oder in Schleswig=Holſtein auch die Ge= ſchäftsverbindung im Laufe der Wahlperiode, ſo ſcheidet im erſteren Falle dasjenige Mitglied, durch welches das Hindernis herbeigeführt iſt, im letzteren das den Lebensjahren nach ältere Mitglied aus.

Ebenſowenig dürfen, außer in Frankfurt a/M., Vater und Sohn, ſowie Brüder und in den alten Provinzen auch nicht Schwiegervater und Schwiegerſohn zu gleicher Zeit dem Stadt= vorſtande und der Stadtverordnetenverſammlung angehören.

Perſonen, welche Gaſt= und Schankwirtſchaft, ſowie überhaupt diejenigen, welche die gewerbsmäßige Verabreichung zubereiteter Speiſen und Getränke betreiben, dürfen in den alten Provinzen nicht Bürgermeiſter ſein.

In Hannover ſind nur die Stadtverordneten und die Gemeinde= beamten nicht wählbar. Die Bewerber um ein beſoldetes Ratsamt müſſen in jedem Falle die perſönlichen Vorausſetzungen, die zur Stimmfähigkeit eines Bürgers erforderlich ſind, [2] erfüllen und, wenn ſie ſich um die Stelle eines Ratsverwandten bewerben, zum Richteramt oder zum höheren Verwaltungsdienſt befähigt ſein. [3] Beſchränkt iſt die Wählbarkeit auch inſofern, als ein Teil der Schöffen den Handel= oder Gewerbetreibenden angehören oder doch angehört haben muß. Das Ortsſtatut kann indes beſtimmen, daß von dieſer Beſchränkung abzuſehen ſei.

---

[1] Über die ernannten Mitglieder der Gerichte des öffentlichen Rechts vgl. S. 73 Anm. 5.

[2] Dies gilt nicht für den Stadtſekretär und die techniſchen Beamten, welche durch das Ortsſtatut Stimmrecht im Rate erhalten haben.

[3] Die Städteordnung verlangt, daß ſie „rechtskundig" ſeien, was jetzt wol in der im Texte angegebenen Weiſe ausgelegt werden muß.

Personen, welche mit einem Mitgliede des Rats oder mit dem Kämmerer in den beiden ersten Graden verwandt oder verschwägert sind, dürfen nicht in den Rat eintreten. Sind dergleichen Verwandte oder Verschwägerte zugleich gewählt, so ist nur derjenige in den Rat zu berufen, welcher die meisten Stimmen erhalten hat. Bei Stimmengleichheit entscheidet das Los.[1])

c) Abgesehen von denjenigen, welche aus gesetzlichen Gründen nicht wählbar sind, muß überall jeder Bürger eine Wahl zum unbesoldeten Mitgliede des Stadtvorstandes annehmen und das Amt drei bezw. in Hannover und Schleswig-Holstein sechs Jahre hindurch verwalten. Die Ablehnungsgründe sind dieselben wie bei der Wahl zum Stadtverordneten.

### b. Die Amtsperiode.

StO. 53 u. W. § 31. Rh. u. SH. § 30. Fr. §§ 40, 41. H. § 44. Gesetz vom 25. Februar 1856.

v. Möller § 46. Steffenhagen § 58. Schmitz § 3.

I. In Hannover werden alle Ratsmitglieder auf Lebenszeit gewählt. In den alten Provinzen und Schleswig-Holstein kann dies hinsichtlich aller besoldeten Mitglieder des Stadtvorstandes geschehen; in der Regel werden aber hier — und dies ist in Frankfurt a. M. vorgeschrieben — die besoldeten Mitglieder des Stadtvorstandes für 12 Jahre, die unbesoldeten Mitglieder für 6 Jahre gewählt.[2])

Von den Schöffen tritt in den Städten mit Ratsverfassung je ein Teil in bestimmten Zeiträumen aus und wird durch neue Wahlen ersetzt, doch sind die Ausscheidenden stets wieder wählbar.

Nähere Bestimmungen gibt in Schleswig-Holstein das Ortsstatut, in den östlichen Provinzen und Westfalen ist der Zeitraum, in dem je ein Teil auszuscheiden hat, gesetzlich auf drei Jahre und die Anzahl der Ausscheidenden auf die Hälfte der Schöffen festgesetzt.

Über die Vornahme außergewöhnlicher Ersatzwahlen beschließt überall der Bezirksausschuß,[3]) der Rat oder die Stadtverordneten-

---

[1]) Entsteht die Verschwägerung, während beide Personen bereits im Amte sind, so ist die Niederlegung des Amtes nicht erforderlich.

[2]) Die Wahlperiode beginnt mit dem Tage des Amtsantritts.

[3]) ZustGes. § 12². — Bis auf weiteres beschließt in Posen statt des Bezirksausschusses die Regierung. In Berlin steht die Beschlußfassung dem Oberpräsidenten zu.

verſammlung nach freiem Ermeſſen. — Der Erſatzmann bleibt nur bis
zum Ende der Wahlperiode des Ausgeſchiedenen in Thätigkeit. [1]

II. Nach der Städteordnung von 1808 wurden die beſoldeten
Ratsverwandten auf 12 Jahre, Bürgermeiſter, Beigeordnete ſowie
außerdem auch der Kämmerer und die Schöffen auf 6 Jahre gewählt.
Die Schöffen waren berechtigt, am Ende der erſten drei Jahre von
ihrem Amte zurückzutreten.

Jährlich oder, wo die Zahl zu klein war, alle zwei Jahre ſchied
ein Teil der Schöffen aus und wurde durch neue erſetzt.

Nach der Städteordnung von 1831 wurden die Bürgermeiſter
und die übrigen beſoldeten Ratsmitglieder auf 12 Jahre, die Schöffen
auf 6 Jahre gewählt. Wahlen auf Lebenszeit waren zuläſſig, bedurften aber der Zuſtimmung des Rates und der Regierung. Ob
und in welchen Zeiträumen die Schöffen ausſcheiden ſollen, beſtimmte
das Ortsſtatut. — Die Gemeindeordnung von 1850 gab dann die
ſpäter in die Städteordnung von 1853 übergegangenen Beſtimmungen.

### c. Das Wahlverfahren.

StO. 53 u. W. § 32. Rh u. SH. § 31. Fr. §§ 40, 41, 43. H. §§ 53, 54.
v. Möller § 47. Steffenhagen § 59. Schmitz § 3.

I. Nach den Städteordnungen von 1808 und 1831 wurden ſämtliche Mitglieder des Rates von den Stadtverordneten gewählt, nur
zu den Stellen der Oberbürgermeiſter wurden 3 Kandidaten präſen-
tiert, von denen der König einen ernannte. Die Städteordnung
von 1831 gibt noch genauere Beſtimmungen über das Wahlverfahren,
während die Städteordnung von 1808 dieſes der Geſchäftsordnung
der Stadtverordneten überließ. Nach der Städteordnung von 1831
findet Zettelwahl ſtatt, und es entſcheidet die abſolute Mehrheit der
gegenwärtigen Stadtverordneten. Die Gemeindeordnung von 1850
gibt die noch jetzt geltenden Beſtimmungen.

II. Die Wahl erfolgt, wie erwähnt (S. 113), in den alten Provinzen und Frankfurt a/M. durch die Stadtverordnetenverſammlung,
in Schleswig-Holſtein durch die Bürgerſchaft. [2]

---

[1] Die Erſatzwahlen für unbeſoldete Beigeordnete erfolgen in den alten
Provinzen ſtets für ſechs Jahre. (Minvfg. vom 14. Dez. 1859 BMBl. 1860 S. 5.)

[2] In der Regel ſoll die Wahl eines Mitgliedes des Stadtvorſtandes nicht
früher als ein Jahr und nicht ſpäter als ſechs Monate vor Ablauf der Dienſtzeit des zeitigen Amtsinhabers erfolgen. Bei beſoldeten Stellen muß die Höhe

In den alten Provinzen findet für jede zu besetzende Stelle eine besondere Wahl statt. Dieselbe erfolgt durch Stimmzettel. Wird die absolute Stimmenmehrheit bei der ersten Abstimmung nicht erreicht, so werden diejenigen vier Personen, auf welche die meisten Stimmen gefallen sind, auf eine engere Wahl gebracht. Wird auch hierdurch die absolute Stimmenmehrheit nicht erreicht, so findet unter denjenigen zwei Personen, welche bei der zweiten Abstimmung die meisten Stimmen erhalten haben, wiederum eine engere Wahl statt. Bei Stimmengleichheit entscheidet das Los.

In Frankfurt a/M. geschieht die Wahl des Beigeordneten und der Ratsverwandten in derselben Weise. Für das Amt des ersten Bürgermeisters findet keine Wahl statt, sondern es werden in gleichem Verfahren dem Könige drei Kandidaten zur Auswahl präsentiert.

In Schleswig=Holstein tritt zum Zwecke der Wahl zunächst eine Kommission zusammen, die aus sämtlichen vorhandenen Rats=mitgliedern und einer gleichen Anzahl von durch die Stadtverord=netenversammlung zu bestimmenden Mitgliedern der letzteren gebildet wird. Diese erwählt für die erledigte Stelle drei Kandidaten. Die Wahl geschieht mittels Stimmzettel nach absoluter Stimmenmehrheit. Wird eine solche bei der ersten Abstimmung nicht erreicht, so ist mit der Abstimmung über diejenigen Personen, welche die meisten Stimmen gehabt haben, unter jedesmaliger Ausscheidung eines Kandidaten so lange fortzufahren, bis die absolute Stimmenmehrheit erzielt ist. Im Falle der Stimmengleichheit entscheidet das Los. — Die drei Kandidaten werden der Bürgerschaft vorgeschlagen, welche unter ihnen in demselben Verfahren, wie es für die Stadtverord=netenwahlen angeordnet ist, die Wahl zu treffen hat. Sind mehrere Stellen im Rate erledigt, so ist für jede Stelle eine besondere Prä=sentation und Wahl vorzunehmen. Ob mit Rücksicht auf besondere örtliche Verhältnisse einzelne Mitglieder des Rates von einem be=

---

der Besoldung vor der öffentlichen Ausschreibung der Stelle, unter Geneh=migung des Bezirksausschusses, festgestellt sein. Auch empfiehlt es sich, zur Vermeidung von Weiterungen, schon jetzt die Zustimmung des Regierungs=präsidenten zu den übrigen etwa gestellten Wahlbedingungen einzuholen.

Die Ausschreibung der Stelle geschieht am richtigsten durch den Stadt=vorstand. (Minvfg. vom 24. Juli 1865 VMBl. S. 181.)

ſtimmten Wahlbezirke zu wählen ſind, kann Gegenſtand ortsſtatu=
tariſcher Beſtimmung ſein.

In Hannover finden die Wahlen in der Regel durch ein Kolle=
gium ſtatt, das aus ſämtlichen Ratsmitgliedern und einer gleichen
Anzahl Stadtverordneter, welche die Stadtverordnetenverſammlung
erwählt, zuſammengeſetzt iſt. [1]) Das Kollegium muß aus wenigſtens
ſechs Mitgliedern beſtehen. Sollten nur ein oder zwei Rats=
mitglieder vorhanden ſein, ſo ergänzen ſich dieſe durch Zuwahl
eines Stadtverordneten zu drei Mitgliedern, während die Stadt=
verordnetenverſammlung ihrerſeits ebenfalls drei ihrer Mitglieder in
das Kollegium entſendet. — Die Wahl wird durch einen Vorſtand
geleitet, der aus einem vom Rate beſtimmten Mitgliede desſelben
und zwei von dem Kollegium gewählten Beiſitzern beſteht.

Die Wahl findet für jede offene Ratsſtelle einzeln ſtatt. Die
Stimmabgabe geſchieht nach dem Belieben eines jeden Wählers ent=
weder durch mündliche Abſtimmung zu Protokoll des Wahlvorſtandes
oder durch verſchloſſene Stimmzettel. Ergibt ſich für keinen Kandi=
daten abſolute Stimmenmehrheit, ſo findet eine engere Wahl in der
Art ſtatt, daß nur die bei der vorhergehenden Abſtimmung Benannten
ferner wählbar bleiben und von dieſen derjenige ausſcheidet, auf
welchen die geringſte Stimmenzahl gefallen war. Haben mehrere
gleich wenig Stimmen erhalten, ſo wird der Ausſcheidende durch das
Los ermittelt. Vereinigt auch bei dieſem zweiten Wahlgange keiner
der Kandidaten auf ſich die abſolute Stimmenmehrheit, ſo werden
diejenigen beiden, welche die meiſten Stimmen erhalten haben, dem
Regierungspräſidenten zur Auswahl angezeigt.

Ortsſtatutariſch kann feſtgeſetzt werden, daß die Wahl der
Ratsmitglieder von dem Rate und ſämtlichen Stadtverordneten in
getrennten Verſammlungen erfolgen ſoll. Das Wahlverfahren iſt
auch in dieſem Falle das eben geſchilderte. Ergibt ſich hierbei trotz
wiederholter Abſtimmung keine Übereinſtimmung zwiſchen beiden

---

[1]) Die Wahl der Stadtverordneten in das Wahlkollegium findet in der
für die Wahl der Ratsmitglieder vorgeſchriebenen Weiſe — vgl. oben den
Text — ſtatt. Jedes Mitglied des Wahlkollegiums wird beſonders erwählt.
Erhält auch bei dem zweiten Wahlgange kein Kandidat die abſolute Stimmen=
mehrheit, ſo entſcheidet das Los unter denjenigen beiden, welche die meiſten
Stimmen erhalten haben.

Kollegien, so reicht jedes Kollegium dem Regierungspräsidenten den von ihm Gewählten zur Auswahl ein.[1]

### d. Die Bestätigung.

StO. 53 u. W. § 33. Rh. § 32. Sch. §§ 32, 33. Fr. §§ 40, 42. H. §§ 54, 55. Königl. Verordnung vom 8. Mai 1867. v. Möller § 48. Steffenhagen § 60. Schmiß § 3.

I. In den alten Provinzen und Hannover bedürfen sämtliche Mitglieder des Stadtvorstandes, in Schleswig=Holstein der Bürger= meister und die Beigeordneten, in Frankfurt a/M. der zweite Bürger= meister der staatlichen Bestätigung. Diese erteilt

1. der König für die Bürgermeister und Beigeordneten in denjenigen Städten, welche eine seßhafte Bevölkerung von mehr als 10 000 Seelen haben,[2]

2. in allen übrigen Fällen der Regierungspräsident, welcher die Bestätigung jedoch nur unter Zustimmung des Bezirks= ausschusses versagen kann.[3] Schließt sich dieser dem Ver= langen des Regierungspräsidenten, die Bestätigung zu ver= sagen, nicht an, so kann dessen Zustimmung auf Antrag des Regierungspräsidenten durch den Minister des Innern ergänzt werden. Anderseits kann die Bestätigung, auch wenn der Regierungspräsident dieselbe unter Zustimmung des Bezirksausschusses versagt hat, durch den Minister des Innern erteilt werden, wenn der Stadtvorstand oder die Stadtverordnetenversammlung darauf anträgt.[3] [4]

In Frankfurt a/M. wird der erste Bürgermeister vom Könige aus drei von der Stadtverordnetenversammlung vorgeschlagenen Kandidaten ernannt. Erscheint keiner der Kandidaten zur Bekleidung des Amtes geeignet, so erfolgt

---

[1] Die Bestimmung ist zweifelsvoll und unzweckmäßig. In der Praxis findet sie wohl kaum Anwendung.

[2] In der Regel wird die nach der letzten Volkszählung ermittelte Zivil= bevölkerung maßgebend sein.

[3] ZustGes. § 13. — In Posen wird b. a. w. die Bestätigung von der Regierung erteilt, von welcher Beschwerde an den Oberpräsidenten und dem= nächst an den Minister des Innern freisteht. In Berlin wird die Bestätigung von dem Oberpräsidenten ausgesprochen.

[4] Der Kandidat selbst hat kein Beschwerderecht.

die Ernennung des ersten Bürgermeisters nach freiem Er=
messen des Königs.

II. Das Bestätigungsrecht steht dem Könige und der Aufsichts=
behörde ohne irgend eine Beschränkung zu. Zunächst darf die Be=
stätigung wegen formeller Verstöße bei dem Wahlverfahren oder weil
dem Gewählten Bedingungen auferlegt sind, die unzulässig erscheinen,
versagt werden. Vor allem wird sich die Prüfung aber darauf er=
strecken, ob der vorgeschlagene Kandidat in seiner P e r s o n diejenigen
Bedingungen erfüllt, die zu einer ersprießlichen Verwaltung des
Amtes notwendig erscheinen. Um seine wissenschaftliche und geschäft=
liche Vorbildung zu ergründen, ist die Aufsichtsbehörde daher auch
berechtigt, dem Kandidaten die Ablegung einer Prüfung an amtlicher
Stelle anheim zu geben. Dagegen ist sie nicht befugt, den Gewählten
das Amt zunächst probeweise verwalten zu lassen, auch nicht wenn
die Stadtverordnetenversammlung ihre Zustimmung dazu gegeben
hat. [1]) Des weiteren wird es aber nicht nur zulässig sein, sondern
gehört recht eigentlich zu dem Wesen des Bestätigungsrechts, auch
die sittliche und politische Haltung des Kandidaten bei der Prüfung,
ob seine Bestätigung zulässig ist, zu berücksichtigen.

III. Die Bestätigung muß vorbehaltlos und für die gesetz=
liche Amtsdauer erfolgen. Wird sie versagt, so ist eine neue
Wahl vorzunehmen. Wird auch diese nicht bestätigt, oder wird
die Vornahme einer neuen Wahl verweigert, so kann in Hannover
der Minister des Innern, in den östlichen Provinzen, Westfalen,
Frankfurt a/M. und Schleswig=Holstein der Regierungspräsident die
erledigte Stelle einstweilen auf Kosten der Stadt kommissarisch ver=
walten lassen, bis eine zur Bestätigung geeignete Wahl von der
Stadtverordnetenversammlung getroffen ist. In der Rheinprovinz
steht in diesem Falle dem Könige bezw. dem Regierungspräsidenten
das Recht zu, die erledigte Stelle für einen Zeitraum von höchstens
12 Jahren selbst zu besetzen. [2]) [3])

--------

[1]) Anders Minvfg. vom 30. November 1841, BMBl. S. 318.

[2]) An Stelle des Regierungspräsidenten verbleibt in Posen bis auf wei=
teres die Regierung die befugte Behörde; in Berlin ist es der Oberpräsident.

[3]) In den Städteordnungen von 1853 und für Westfalen heißt es: Die
kommissarische Verwaltung der erledigten Stelle findet auch statt, wenn der
nach der ersten Wahl nicht Bestätigte wiedergewählt wird. — Da indes die

IV. Nach den Städteordnungen von 1808 und 1831 stand überall der Regierung das Recht der Bestätigung zu, wie sie auch befugt war, eine kommissarische Verwaltung eintreten zu lassen, wenn durch unangemessene Vorschläge oder durch andere Umstände die Besetzung einer Stelle verzögert wurde. Nach der Gemeinde= ordnung von 1850 stand die Bestätigung in Gemeinden von mehr als 10000 Einwohnern dem Könige, sonst dem Regierungspräsi= denten zu. Die Bestätigung, welcher nur die Bürgermeister und Beigeordneten unterlagen, durfte nur unter Zustimmung des Be= zirksrates versagt werden. Wurde auch die zweite Wahl nicht be= stätigt, so hatte der König bezw. der Regierungspräsident das Recht, die Stelle auf höchstens 6 Jahre selbst zu besetzen.

e. Bestallung und Vereidigung der Gewählten.

StO. 53 u. W. § 34. Rh. § 33. SH. § 34. Fr. § 44. H. § 58.
v. Möller § 49. Steffenhagen § 61. Schmitz § 4.

I. Ist die vorgenommene Wahl bestätigt worden, so wird der Stadtvorstand davon in Kenntnis gesetzt und das Erforderliche wegen der Einführung des bestätigten Beamten verfügt. Der letztere em= pfängt bei der Einführung durch den damit beauftragten Beamten eine die Bestätigung der Wahl bekundende Verfügung des Regierungs= präsidenten. Im Falle der landesherrlich erfolgten Bestätigung wird derselben der betreffende Allerhöchste Erlaß in beglaubigter Abschrift beigefügt.

Der Stadtverordnetenversammlung bleibt es überlassen, ob sie dem bestätigten Beamten noch außerdem eine Bestallung zur förm= licheren Beurkundung der getroffenen Wahl und ihrer wesentlichen Bedingungen erteilen will. Die Bestallung ist in der Ausfertigung in der für die Ausstellung verpflichtender Gemeindeurkunden vor= geschriebenen Weise zu vollziehen, wobei der Stadtverordnetenver= sammlung die Mitunterzeichnung gestattet ist.

Eine Genehmigung oder Bestätigung solcher Bestallungen durch den Regierungspräsidenten findet nicht statt. [1]

Aufsichtsbehörde zur kommissarischen Verwaltung in den bezüglichen Fällen nicht verpflichtet, sondern nur berechtigt ist, so kann sehr wohl gestattet werden, daß der zunächst nicht Bestätigte wiedergewählt wird, falls z. B. die erste Wahl nur wegen formeller Verstöße nicht bestätigt wurde.

[1] Minvfg. vom 28. November 1868 (BMBl. 1869 S. 125).

II. Die Vereidigung [1]) des Gewählten erfolgt in den alten Provinzen und Frankfurt a/M. in öffentlicher Sitzung der Stadt=verordneten, in Schleswig=Holstein in öffentlicher Sitzung beider ftädtifcher Kollegien. [2]) Der Bürgermeifter wird durch einen Kommiffar des Regierungspräfidenten, die übrigen Mitglieder des Stadtvorftandes durch den Bürgermeifter in Eid und Pflicht genommen.

#### 4. Von den Rechten der Mitglieder des Stadtvorftandes.

StO. 53 §§ 29, 34. W. § 29. Rh. u. Sh. § 28. Fr. § 38. H. §§ 39. 40. v. Möller § 42. Steffenhagen §§ 55, 56, 65.

I. Die Mitglieder des Stadtvorftandes find öffentliche Beamte und haben alle Rechte derfelben.

II. a) In den alten Provinzen kann dem erften Bürgermeifter durch königliche Verordnung der Titel eines Oberbürgermeifters verliehen werden, in Schleswig=Holftein führt er ihn kraft Gefetzes, wie dies auch in den alten Provinzen nach den früheren Städte=ordnungen von 1808 und 1831 für die Bürgermeifter der großen Städte der Fall war.

b) Der Beigeordnete führt den Titel des zweiten Bürger=meifters in den Städten Schleswig=Holfteins und denjenigen der alten Provinzen mit Ratsverfaffung kraft Gefetzes, in den rheinifchen Städten mit Bürgermeifterverfaffung bedarf es zu deffen Führung befonderer königlicher Verleihung an den betreffenden Beigeordneten. In Frankfurt a/M. heißt der Beigeordnete ftets zweiter Bürger=meifter, in Hannover hat er den Titel eines Syndikus, wenn er rechtskundig und befoldet ift, fonft heißt er Senator.

c) In den Provinzen mit Ratsverfaffung wird der Titel der Ratsverwandten durch ortsftatutarifche Anordnung beftimmt. Für die öftlichen Provinzen ift dabei feftgefetzt, daß in der Regel der Titel eines Stadtrates nur in Städten von wenigftens 10 000 Ein=

---

[1]) Der Dienfteid ift durch die königliche Verordnung vom 6. Mai 1867 feftgeftellt. In Hannover tritt noch zu der Eidesformel der Zufatz hinzu, daß das Ratsmitglied das ihm anvertraute Amt nach der Stadtverfaffung getreulich verfehen, die vermöge des Dienftes zu feiner Kenntnis gelangenden, Geheim=haltung erfordernden Angelegenheiten niemand, als dem es zu wiffen ge=bührt, offenbaren, auch nach Kräften und ohne alle Nebenrückfichten das Wohl der Stadt befördern wolle.

[2]) So auch in Hannover, wenn hier auch keine ausdrückliche Vorfchrift befteht.

wohnern, der eines Ratsherrn von wenigstens 5000 Einwohnern gebraucht werden solle. [1] — In den östlichen Provinzen kann durch Gemeindebeschluß solchen Mitgliedern des Rates, welche ihr Amt mindestens 9 Jahre in Ehren verwaltet haben, das Prädikat „Stadt-ältester" verliehen werden. In Hannover führen die Ratsverwandten den Titel: Senatoren, in Frankfurt a. M. heißen sie Stadträte.

III. Das Tragen von besonderen Amtsabzeichen wird jetzt nur als eine besondere, in jedem einzelnen Falle vom Könige zu be-willigende Auszeichnung gestattet. Dieselbe wird entweder der Stadt oder dem Amte oder persönlich dem Beamten verliehen. [2]

#### 5. Von den Versammlungen und der Geschäftsordnung des Stadtvorstandes.

StO. 53 § 57. W. § 57. Rh. §§ 28, 53, 75. SH. §§ 49, 64. Fr. § 64. H. § 73. . v. Möller § 51. Steffenhagen § 62. Schmitz § 14.

I. In den Städten mit Bürgermeisterverfassung entscheidet der Bürgermeister nach eigenem Ermessen über alle zu der Zuständigkeit des Stadtvorstandes gehörigen Angelegenheiten. Die Beigeordneten arbeiten nach seinen Anweisungen.

Steht das Privatinteresse des Bürgermeisters mit demjenigen der Stadt in Widerspruch, so tritt der erste Beigeordnete mit gleichen Befugnissen an seine Stelle.

II. Wo ein Rat besteht, werden die zur Zuständigkeit des Stadt-vorstandes gehörigen Angelegenheiten durch Beratung und Beschluß-fassung seitens des Kollegiums erledigt. Zur Beschlußfähigkeit des Kollegiums ist in den östlichen Provinzen, Frankfurt a/M. und Schleswig-Holstein die Anwesenheit von mindestens der Hälfte, in den westlichen Provinzen von mehr als der Hälfte der im Amte befindlichen Ratsmitglieder erforderlich. [3] [4]

Die Versammlungen leitet der Bürgermeister oder als dessen Stellvertreter der Beigeordnete, der letztere nimmt aber auch außer den Fällen der Stellvertretung an den Verhandlungen und Beschlüssen teil.

---

[1] Königliche Verordnung vom 5. Februar 1873.
[2] Königliche Verordnung vom 9. April 1851.
[3] In den östlichen Provinzen ist für Städte von mehr als 100 000 Ein-wohnern nur die Anwesenheit eines Drittels der Ratsmitglieder erforderlich.
[4] In Schleswig-Holstein muß der Rat vom Bürgermeister berufen werden, wenn die Hälfte der Mitglieder es beantragt.

Die Beschlüsse werden nach Stimmenmehrheit gefaßt, bei Stimmengleichheit entscheidet die Stimme des Vorsitzenden. Bei Beratung über solche Gegenstände, welche das Privatinteresse eines Mitgliedes des Rates oder seiner Angehörigen berühren, muß dasselbe sich der Teilnahme an der Abstimmung enthalten, auch sich während der Beratung aus dem Sitzungszimmer entfernen. Sind so viele Mitglieder des Rates bei der betreffenden Angelegenheit persönlich interessiert, daß die Beschlußunfähigkeit desselben eintritt, so entscheidet der Bezirksausschuß an Stelle des Rates. [1] [2]

Die Geschäftsführung des Rates wird im einzelnen durch Gemeindebeschlüsse und in weiterer Ausführung durch Beschlüsse des Rates und Anordnungen des Bürgermeisters zu regeln sein. [3]

**6. Von den gemeinschaftlichen Versammlungen der beiden Stadtkollegien in Schleswig-Holstein und Hannover.**

StO. SH. §§ 50, 51, 52, 56, 57.    H. §§ 73, 101, 102, 104, 106—110.

Im Gegensatze zu den Städteordnungen der alten Provinzen, welche Stadtverordnetenversammlung und Rat als sich gegenüberstehende, streng voneinander geschiedene Körperschaften ansehen, setzen die Städteordnungen für Schleswig-Holstein und Hannover eine gemeinsame Beratung und Beschlußfassung der städtischen Kollegien als Regel fest.

Die Zusammenberufung der beiden Kollegien erfolgt in Schleswig-Holstein durch den Bürgermeister, in Hannover auf Veranlassung des Rates durch den Stadtverordnetenvorsteher; in Schleswig-Holstein muß der Bürgermeister eine Versammlung einberufen, wenn die Stadtverordnetenversammlung solches verlangt.

---

[1] ZustGes. § 17². — In Posen steht diese Befugnis bis auf weiteres der Regierung zu.

[2] In der hannöverschen Städteordnung sind derartige Bestimmungen nicht gegeben, sie werden aber auch dort analog anzuwenden sein.

[3] Über die Geschäftsführung des Rates ist eine sehr ausführliche ministerielle Anweisung ergangen (Ministerialverfügung vom 25. Mai 1835, abgedruckt bei Örtel S. 225, Stein S. 115), für die aber höchstens subsidiäre Geltung in Anspruch genommen werden kann, da sie, bei größtenteils praktischen Bestimmungen, doch viel zu tief in das Recht der Selbstverwaltung der Städte eingreift. Der richtige und in den Gesetzen begründete Weg ist der, daß, gleichwie für die Stadtverordneten eine Geschäftsordnung, so auch für den Rat eine Geschäftsanweisung durch Gemeindebeschluß festgestellt werde.

In diefem Falle hat der Stadtverordnetenvorfteher dem Bürger=
meifter den Wunfch der Stadtverordneten fchriftlich anzuzeigen. In
Hannover können für die gemeinfchaftlichen Verfammlungen ftändige
Sitzungstage eingerichtet fein.

In der Regel find zu einer folchen gemeinfchaftlichen Verfamm=
lung fämtliche Mitglieder beider Kollegien drei Tage vor derfelben, [1])
in der durch das Ortsftatut oder die Gefchäftsordnung näher zu
beftimmenden Weife, [2]) unter fpezieller Bezeichnung der zur Verhand=
lung beftimmten Gegenftände einzuladen. In Schleswig=Holftein
ift zu gleicher Zeit die Einladung nebft den Vorlagen zur Einficht
für die Stadtverordneten in deren Verfammlungszimmer auszulegen.
Wenn Notfälle eine fchleunigere Zufammenberufung erforderlich
machen, fo ift in Schleswig=Holftein hierauf in der Einladung zur
Verfammlung ausdrücklich aufmerkfam zu machen.

Die gemeinfchaftlichen Verfammlungen find öffentliche, falls nicht
für einzelne Gegenftände durch befonderen Befchluß,[3]) der in geheimer
Sitzung gefaßt werden foll, die Öffentlichkeit ausgefchloffen wird.

Den Vorfitz führt in diefen Verfammlungen der Bürgermeifter
oder deffen Stellvertreter. Der Vorfitzende übt die Disziplinar=
gewalt in der Verfammlung aus. Er kann bei den öffentlichen
Sitzungen jeden Zuhörer aus dem Sitzungszimmer entfernen laffen,
der öffentliche Zeichen des Beifalls oder Mißfallens gibt, oder
Störung irgend einer Art verurfacht. Das Protokoll wird von
einem Ratsmitgliede oder in Schleswig=Holftein auch von einer an=
deren hiermit betrauten Perfönlichkeit geführt und in Schleswig=
Holftein in ein befonders dazu beftimmtes Buch eingetragen und
nach vorgängiger Verlefung und Genehmigung durch die Unterfchrift
des Bürgermeifters, des Stadtverordnetenvorftehers, beziehentlich
ihrer Stellvertreter, fowie des Protokollführers beglaubigt.

Was nicht vorfchriftsmäßig zu Protokoll genommen ift, wird
in Schleswig=Holftein als gültig gefaßter Befchluß nicht betrachtet.

Nach jeder Sitzung foll in Schleswig=Holftein von dem auf=
genommenen Protokoll dem Stadtverordnetenvorfteher eine beglaubigte
Abfchrift zugefertigt werden.

[1]) In Hannover ift eine beftimmte Frift gefetzlich nicht angeordnet.
[2]) In Hannover erfolgt die Einladung durch Umlauffchreiben.
[3]) In Hannover genügt der Befchluß auch nur eines der beiden Kollegien.

Durch Gemeindebeschluß kann eine Geschäftsordnung festgestellt
werden, in der in Schleswig-Holstein Zuwiderhandlungen der Mitglieder der Kollegien gegen die zur Aufrechterhaltung der Ordnung
gegebenen Vorschriften mit Strafen belegt werden. Diese Strafen
können in Geldbußen bis zu 15 Mark und, falls der Zuwider-
handelnde ein Stadtverordneter ist, auch in der auf gewisse Zeit
oder für die Dauer der Wahlperiode zu verhängenden Ausschließung
aus der Versammlung bestehen. [1])

Die Versammlung ist beschlußfähig, wenn aus jedem Kolleg
alle Mitglieder vorschriftsmäßig geladen und in Schleswig-Holstein
mindestens, in Hannover mehr als die Hälfte der Mitglieder zugegen sind. Jedoch kann hiervon abgesehen werden, wenn die Mitglieder der Kollegien, zum zweiten Male zur Verhandlung über denselben Gegenstand zusammenberufen, abermals nicht in beschluß-
fähiger Anzahl erschienen sind. Es muß dann aber bei der zweiten
Zusammenberufung auf diese Bestimmung ausdrücklich hingewiesen
werden. In Hannover muß auch außerdem in diesem Falle jeder
Stadtverordnete einzeln durch den Rat geladen werden. Bleiben
hier trotzdem sämtliche Stadtverordnete fort, so gehen sie in der
betreffenden Angelegenheit für diesmal des Rechts zur Mitwirkung
verlustig. Auch auf diese Folge muß aber bei der Ladung ausdrücklich aufmerksam gemacht sein.

In den gemeinsamen Sitzungen verhandeln und beraten die
Mitglieder beider Kollegien gemeinschaftlich. In Hannover kann
jedoch noch, nach der gemeinschaftlichen Beratung, auch eine ab-
gesonderte jedes Kollegiums stattfinden, wenn dies der Vorsitzende
anordnet oder der Stadtverordnetenvorsteher oder aber drei Stadtverordnete es beantragen.

Bei der Abstimmung votiert jedes Kollegium für sich, in Hannover findet die Abstimmung der Kollegien in abgesonderten
Sitzungen statt. Zuerst stimmt die Stadtverordnetenversammlung,
demnächst der Rat ab, bei Stimmengleichheit entscheidet in jedem
Kollegium der Vorsitzende. In Schleswig-Holstein kann das Ortsstatut die Art der Abstimmung auch anders regeln. Die Beschlüsse

---

[1]) Beschwerden über die Verhängung dieser Strafen entscheidet jedes Kollegium hinsichtlich seiner Mitglieder selbständig. Betreffs der Stadtverordneten
vgl. auch S. 96 und 100 Anm. 2.

beider Kollegien werden im Sitzungsprotokoll beurkundet, in Hannover können die Stadtverordneten auch das über ihre Beschlüsse aufgenommene Protokoll dem Rat überreichen.

## 7. Der Bürgermeister.

StO. 53 u. W. §§ 57, 58. Rh. §§ 53 [1], [2], 75. SH. § 61. Fr. §§ 64, 65. H. §§ 74, 75. v. Möller § 52. Steffenhagen § 67. Schmitz § 13.

I. Seit dem breizehnten Jahrhundert treten in den deutschen Städten Vorsteher an die Spitze des Rates, die, anfänglich nur mit engbegrenzten Vollziehungsbefugnissen begabt, sich später mehr und mehr einen eigenen Rechtskreis schaffen, in dem sie selbständig walten. Aus dem Vorsitze im Rat und der Vollziehung der Ratsbeschlüsse entwickelt sich das Recht der Leitung und Beaufsichtigung der gesamten laufenden Verwaltung, bis schließlich der Vorsteher als regierender Bürgermeister in sich die Stadtpersönlichkeit sichtbar darstellt.

Von den neueren Städteordnungen hat zuerst die revidierte Städteordnung von 1831 das Amt des Bürgermeisters genauer umgrenzt, und im wesentlichen sind deren Bestimmungen seither geltend geblieben.

II. a) Der Bürgermeister stellt auch heute in sich die Stadtpersönlichkeit sichtbar dar. Damit ergibt sich die Regel, daß nur die Zustimmung des Bürgermeisters den Willen der städtischen Organe zu dem Willen der Stadt erhebt. Dem Bürgermeister muß also stets ein Veto gegen die Gemeindebeschlüsse zustehen, wie dies auch von den preußischen Städteordnungen, abgesehen von Schleswig-Holstein, [1]) richtig erkannt ist. Überall, wo ein Beschluß eines oder beider städtischen Kollegien nach Ansicht des Bürgermeisters das Staatswohl [2]) oder das Gemeindeinteresse [3]) verletzt, ist er zur Beanstandung dieses Beschlusses berechtigt. Dadurch wird in der Regel der Beschluß der städtischen Organe für die Stadt unwirksam, der bisherige Zustand bleibt bestehen. Nur insoweit die Angelegenheit nicht auf sich beruhen kann, entscheidet der Bezirksausschuß, falls dessen Entscheidung von einem Teile verlangt wird. [4])

---

[1]) Auch nicht in Hannover. Hier ist der Bürgermeister eben nur Leiter des Rats.

[2]) Gilt nicht für Hannover.

[3]) Gilt nicht für Schleswig-Holstein und Hannover.

[4]) ZustGes. § 17 Nr. 1. In Berlin entscheidet der Oberpräsident.

Überschreitet ein Beschluß des Rates, der Stadtverordneten=
versammlung oder beider Kollegien ihre Befugnisse, oder ist er sonst
gesetz= oder rechtswidrig, so ist der Bürgermeister, entstehenden
Falles auf Anweisung der Aufsichtsbehörde, verpflichtet, die Aus=
führung des Beschlusses zu beanstanden. Die Gründe der Be=
anstandung müssen stets angegeben werden, und gegen diese Ver=
fügung des Bürgermeisters steht den Beteiligten die Klage im
Verwaltungsstreitverfahren zu. [1] [2]

b) Der Bürgermeister hat die Leitung und Beaufsichtigung des
ganzen Geschäftsganges bei der städtischen Verwaltung. In allen
Fällen, wo die vorherige Beschlußnahme durch den Rat einen nach=
teiligen Zeitverlust verursachen würde, muß der Bürgermeister die
dem Rate obliegenden Geschäfte vorläufig allein besorgen, jedoch
dem letzteren in der nächsten Sitzung behufs der Bestätigung oder
anderweitigen Beschlußfassung Bericht erstatten.

c) Zur Erhaltung der Disziplin ist der Bürgermeister berech=
tigt, gegen alle Gemeindebeamten Geldbußen bis zu 9 Mark und gegen
Gemeindeunterbeamte auch Arreststrafen bis zu drei Tagen festzusetzen.
Mitgliedern des Rates kann der Bürgermeister nur Ver=
warnungen und Verweise erteilen. [3]

Gegen die Strafverfügungen des Bürgermeisters steht innerhalb
2 Wochen die Beschwerde an den Regierungspräsidenten und gegen
dessen Bescheid innerhalb 2 Wochen Klage beim Oberverwaltungs=
gericht frei. [4]

III. Ist das Amt des Bürgermeisters erledigt oder der Bürger=
meister an der Ausübung seiner Amtsverrichtungen behindert, so
tritt der Beigeordnete in vollem Umfange für ihn ein. Insbesondere
kann auch gegen den Willen des Beigeordneten keine kommissarische
Vertretung der Stelle des Bürgermeisters von dem Regierungs=
präsidenten angeordnet werden. [5]

---

[1] ZustGes. § 15. Zuständig ist der Bezirksausschuß, in Berlin das Ober=
verwaltungsgericht.

[2] B. a. w. hat in Posen der Bürgermeister nach seiner Beanstandungs=
verfügung die Entscheidung der Regierung einzuholen.

[3] Gesetz vom 21. Juli 1852 § 18.

[4] ZustGes. § 20². In Berlin geht die Beschwerde an den Oberpräsidenten.
In Posen findet nur die Verwaltungsbeschwerde statt.

[5] OVGE. Bd. 11 Nr. 5. Auch wenn der Beigeordnete der Verwaltung

## 8. Die Zuständigkeit des Stadtvorstandes.

StO. 53 u. W. §§ 36, 56. Rh. § 53. SH. §§ 53, 58, 60. Fr. §§ 46, 63.
H §§ 71, 72, 74, 97, 98, 107.
v. Möller § 50. Steffenhagen § 66. Schmitz § 15.

I. Die Zuständigkeit des Stadtvorstandes umfaßt das gesamte Gebiet der Vollziehung in den städtischen Angelegenheiten, sowie die in den Gesetzen geordnete Mitwirkung bei der Aufstellung der Normen für die Vollziehung. [1])

Die Zuständigkeit des Stadtvorstandes wird begrenzt

1. durch den Begriff der Gemeindeangelegenheiten, und es gelten hierfür dieselben Grundsätze, wie sie für die Zuständigkeit der Stadtverordneten entwickelt sind,

2. durch das Mitwirkungsrecht der Stadtverordneten, so daß sich eine Scheidung der Angelegenheiten, für welche der Stadtvorstand zuständig ist, ergibt in solche, in denen er selbständig entscheiden darf, und in solche, für die ein Ge= meindebeschluß erforderlich ist. Eine strenge Sonderung läßt sich hier nicht durchführen, vielmehr bleibt es dem Takte der Stadtverordnetenversammlung und des Stadt= vorstandes überlassen, die richtige Grenze zu finden.

Leitend muß dabei sein, daß durch Gemeindebeschluß nur die Normen für die Vollziehung aufgestellt werden, während die Aus= führungsvorschriften und die Anwendung der Normen auf den ge= gebenen Fall dem vollziehenden Organe, dem Stadtvorstande, über= lassen bleiben muß. Anderseits ist jede Materie, die durch Gemeindebeschluß geregelt ist, dadurch dem freien Ermessen des Stadtvorstandes entzogen, und nur durch Gemeindebeschluß kann fernerhin über dieselbe bestimmt werden.

Erscheint somit für die Städte mit Bürgermeisterverfassung die Stadtverordnetenversammlung zuständig, auch über jeden einzelnen

des Bürgermeisteramtes durch eine andere Person zustimmt, ist dieselbe nur auf Grund eines Gemeindebeschlusses statthaft, denn der Beigeordnete ist zur Übernahme der Verwaltung ebenso verpflichtet wie berechtigt.

[1]) In Schleswig=Holstein und Hannover regelt sich die Zuständigkeit etwas anders. Hier umfaßt die Zuständigkeit des Stadtvorstandes das gesamte Ge= biet der Vollziehung sowie, unter der in den Gesetzen geordneten Mitwirkung der Stadtverordnetenversammlung, die Aufstellung der Normen für die Voll= ziehung.

Verwaltungsakt zu beschließen, soweit nicht ausdrücklich ihre Mitwirkung durch Gesetz ausgeschlossen ist, so können dagegen in den
Städten mit Ratsverfassung Zweifel entstehen, ob im einzelnen Falle
der Rat allein zuständig ist oder ein Gemeindebeschluß erforderlich
wird. Können sich die beiden städtischen Kollegien hierüber nicht
einigen, so steht in den alten Provinzen und Frankfurt a/M. jedem
Teile das Recht zu, zur Herbeiführung der Einigung die Einsetzung
einer gemeinschaftlichen Kommission zu beantragen, in Schleswig-
Holstein und Hannover findet gemeinschaftliche Beratung beider
Kollegien statt. Gelangen in Schleswig-Holstein und Hannover die
beiden Kollegien auch bei wiederholter Beratung [1]) zu keinem Beschlusse, oder verläuft in den alten Provinzen und Frankfurt a/M.
die Beratung der Kommission ergebnislos, so bleibt die Angelegenheit in der Regel auf sich beruhen. Nur wenn dieses nicht möglich
ist, so entscheidet auf Anrufen eines Teiles der Bezirksausschuß,
von dem Beschwerde an den Provinzialrat freisteht. [2])

II. In den Städten mit Ratsverfassung hat der Rat im Vereine mit der Stadtverordnetenversammlung den Willen der Stadt
zu bilden, die Normen für die Vollziehung zu schaffen. Beide
Kollegien sind völlig gleichberechtigt, jedes beschließt nach seiner ge-
wissenhaften Ansicht von der Zweckmäßigkeit der vorgeschlagenen
Maßregel. Erst durch übereinstimmenden Beschluß der Mehrheit
in jedem Kollegium kommt ein Gemeindebeschluß zustande.

Überschreitet ein Beschluß der Stadtverordnetenversammlung
ihre Zuständigkeit, oder ist er sonst gesetz- oder rechtswidrig, so ist
der Rat nicht nur berechtigt, sondern auch verpflichtet, dem Beschlusse
seine Zustimmung zu versagen. In diesem Falle, falls der Beschluß
der Stadtverordneten ihre Befugnisse überschreitet, gesetz- oder rechts-

---

[1]) Die zweite Beratung darf in Hannover nicht an demselben Tage wie
die erstmalige stattfinden.

[2]) ZustGes. § 17 [1]. — In Posen entscheidet bis auf weiteres die Regierung.
In Schleswig-Holstein bleibt die Sache stets auf sich beruhen, soweit die Städteordnung nicht ausdrücklich etwas anderes bestimmt. In diesem Falle entscheidet
der Bezirksausschuß. In Hannover kann jedes der beiden Kollegien vor der
Anrufung des Bezirksausschusses die Einsetzung einer gemeinschaftlichen Kommission zur Herbeiführung der Verständigung verlangen. In Berlin entscheidet
der Oberpräsident.

widrig ist, steht auch in den Städten mit Bürgermeisterverfassung dem Stadtvorstande das Recht zu, den Beschluß zu beanstanden. Überall sind die Gründe für die Verweigerung der Zustimmung bezw. für die Beanstandung den Stadtverordneten mitzuteilen.

In den Städten mit Ratsverfassung findet in denjenigen Fällen, in denen es sich um eine verschiedene Ansicht der beiden Kollegien über die Zweckmäßigkeit eines Beschlusses handelt, auf Antrag eines Teiles das unter Nr. 1 beschriebene Vereinigungsverfahren mit eventueller Berufung an den Bezirksausschuß statt.

Ist der Stadtvorstand dem Beschlusse der Stadtverordneten nicht beigetreten, weil dieser ihre Befugnisse überschreitet oder sonst gesetz- oder rechtswidrig ist, so steht den Stadtverordneten sowohl in den Städten mit Ratsverfassung wie in denen mit Bürgermeisterverfassung gegen den Stadtvorstand die Klage im Verwaltungsstreitverfahren zu. [1]) [2])

III. Überall ist der Stadtvorstand allein berufen, den Willen der Stadtpersönlichkeit auszuführen. [3]) Er stellt daher nach außen hin die Stadtpersönlichkeit dar. Seine Erklärungen gelten als von der Stadt abgegeben, die er dadurch berechtigt und verpflichtet. Er führt den Schriftwechsel der Stadt und vollzieht die Gemeindeurkunden. Indes brauchen die Ausfertigungen aller vom Stadt-

---

[1]) ZustGes. § 15. Für die Klage ist der Bezirksausschuß, in Berlin das Oberverwaltungsgericht zuständig. — In Posen entscheidet bis auf weiteres die Regierung, von der Beschwerde an den Oberpräsidenten und demnächst an den Minister des Innern zusteht.

[2]) Als Überschreitung der Befugnisse der Stadtverordnetenversammlung im Sinne des § 15 ZustGes. ist es nicht aufzufassen, wenn unter den beiden städtischen Kollegien verschiedene Anschauungen über die Abgrenzung ihrer gegenseitigen Befugnisse bestehen. ·Diese Streitigkeiten sind in dem Einigungsverfahren zu erledigen. Nur wenn die Stadtverordnetenversammlung in die Exekutive eingreifen, ihre Beschlüsse selbst zur Ausführung bringen will, oder wenn sie über Angelegenheiten, die nicht Gemeindeangelegenheiten sind, berät und beschließt, liegt eine Überschreitung ihrer Zuständigkeit im Sinne des § 15 a. a. O. vor.

[3]) Nur wenn die Stadtverordnetenversammlung ihre Beschlüsse im Verwaltungsstreitverfahren verteidigt, führt auch sie den Willen der Stadtpersönlichkeit aus; insoweit sie als Klägerin im Verwaltungsstreitverfahren auftreten darf, ist sie dies nicht in Ausführung des Willens der Stadtpersönlichkeit, da ein solcher in diesen Fällen noch gar nicht vorhanden ist.

vorstande ausgehenden Schriftstücke nur von dem Bürgermeister
unterzeichnet zu werden; ist aber das Schriftstück eine Gemeinde=
urkunde, so muß es in Hannover von dem gesamten Rate auch
in der Ausfertigung vollzogen werden, und wenn in einer Urkunde
der Stadtgemeinde eine Verpflichtung auferlegt wird, so ist auch in
den Städten der alten Provinzen, welche Ratsverfassung haben, und
in Frankfurt a/M. neben der Unterschrift des Bürgermeisters die eines
zweiten Ratsmitgliedes auf der Ausfertigung erforderlich. In
Schleswig=Holstein muß in diesem Falle auch noch die Unterschrift des
Stadtverordnetenvorstehers und seines Stellvertreters hinzukommen,
während in Hannover nur die Stadtschuldscheine auch von dem Vor=
steher der Stadtverordnetenversammlung vollzogen sein müssen. Ist
zu dem Rechtsgeschäfte, das beurkundet wird, die Genehmigung der
Aufsichtsbehörde erforderlich, so muß in den alten Provinzen und
Frankfurt a/M. die genehmigende Verfügung in beglaubigter Form
der Ausfertigung des Dokuments beigefügt werden; in Schleswig=
Holstein und Hannover genügt es, wenn in der Urkunde der Ge=
nehmigung der Aufsichtsbehörde Erwähnung gethan wird.

　　Der Stadtvorstand ist des weiteren die leitende Verwaltungs=
behörde. Unbeschadet des Rechts der Initiative, welches auch den
Stadtverordneten zukommt, liegt ihm daher die Vorbereitung der
Gemeindebeschlüsse ob. Er hat die Gemeindeanstalten zu errichten
und zu verwalten; er ernennt und beaufsichtigt die städtischen Be=
amten; er ist berechtigt und verpflichtet, den Gang der städtischen
Verwaltung zu ordnen, Verwaltungsinstruktionen zu erlassen, den
Büreaudienst zu organisieren, für die formelle Ordnung der Dienst=
geschäfte zu sorgen und die Urkunden und Akten der Stadt in ge=
eigneter Weise aufzubewahren.

### 9. Der Stadtvorstand und die Stadtvertretung nach deutschem Recht.

a. Zusammensetzung und Wahl der Stadtvertretung.

　　I. Die Zusammensetzung der Stadtverordnetenversammlung ist
eine mannigfaltige. Die scharfe Sonderung, welche nach der preu=
ßischen Städteordnung von 1853 zwischen Stadtvorstand und Stadt=
vertretung besteht, gilt auch in Anhalt, Bayern, Oldenburg, Sachsen,
Weimar, Württemberg und den hessischen Städten mit Ratsverfassung,

während in Kurhessen, Nassau und den hessischen Städten mit Bürgermeisterverfassung Mitglieder des Stadtvorstandes zugleich der Stadtvertretung angehören dürfen; in Baden ist der Stadtvorstand als solcher Bestandteil der Stadtverordnetenversammlung.

Die Feststellung der Zahl der Stadtverordneten ist meist,[1]) wie in Preußen, zunächst der statutarischen Regelung überlassen, vielfach muß ein bestimmtes Verhältnis zu der Mitgliederzahl des Rates eingehalten werden. So soll in Bayern die Stadtverordnetenversammlung dreimal soviel Mitglieder haben, als Schöffen vorhanden sind; in Württemberg muß ihre Mitgliederzahl derjenigen des Rates gleichkommen und in Nassau soll sie sechsmal größer sein. Mehrfach ist auch die Mindestzahl der Stadtverordneten festgesetzt.

In Anhalt, Oldenburg und Sachsen muß ein Teil der Stadtvertretung aus Hausbesitzern bestehen,[2]) in Hessen und Kurhessen die Hälfte der Versammlung den Höchstbesteuerten angehören. Andererseits kann in Sachsen auch bestimmt sein, daß eine gewisse Anzahl Stadtverordneter aus den unangesessenen Bürgern gewählt werden muß. In Oldenburg kann das Ortsstatut die Zusammensetzung der Stadtverordnetenversammlung unter Zugrundelegung bestimmter Berufsklassen regeln, doch muß auch dann die Hälfte der Mitglieder Hausbesitzer sein.

Einzelne Städteordnungen kennen die Einrichtung der Ersatzmänner.

In Kurhessen gilt die eigenartige Bestimmung, daß die Stadtvertretung zur Hälfte aus ständigen, zur Hälfte aus außerordentlichen Mitgliedern, die nur in einzelnen, gesetzlich angeordneten Fällen mitwirken, zusammengesetzt ist. Die außerordentlichen Mitglieder sind zugleich die Ersatzmänner der ständigen Stadtverordneten.

In Oldenburg können besondere Vertretungen für die Stadt und die städtische Feldmark erwählt werden, die dann bei den gemeinsamen Angelegenheiten zu einem Kollegium zusammentreten.[3])

---

[1]) In Anhalt, Bayern, Hessen, Nassau, Sachsen und Weimar.

[2]) In Anhalt und Sachsen die Hälfte; in Oldenburg müssen in der Regel zweidrittel der Versammlung Grundbesitzer sein.

[3]) Verschieden wie die Zusammensetzung ist auch der Name der Stadt

II. Wahlberechtigt und wählbar ſind alle Gemeindebürger, deren Stimmrecht nicht ruht; in einzelnen Fällen wird zur Wählbarkeit ein höheres Alter wie zur Wahlberechtigung verlangt, auch ſind in einigen Städteordnungen die Mitglieder der Aufſichtsbehörden oder alle landesherrlichen Beamten, ſowie ferner die Gemeindebeamten von der Wählbarkeit, zuweilen auch zugleich von der Wahlberech= tigung ausgeſchloſſen.

Die Wahlperiode iſt in Bayern und Heſſen auf neun Jahre, in Anhalt und Baden auf ſechs, [1]) in Kurheſſen auf fünf, in Olden= burg und Weimar auf vier und in Württemberg auf zwei Jahre feſtgeſtellt; in Sachſen beſtimmt das Ortsſtatut, ob die Wahlperiode drei oder ſechs Jahre betragen ſoll. In der Regel werden, wie in Preußen, nach einer feſten Reihenfolge in beſtimmten Zeiträumen teilweiſe Erneuerungswahlen vorgenommen, nur in Kurheſſen findet nach Ablauf der Wahlperiode völlige Neuwahl der Verſammlung ſtatt. In Baden und Württemberg ſind die Ausſcheidenden nicht ſo= fort wieder wählbar.

In Württemberg wird auch der Stadtverordnetenvorſteher von der Bürgerſchaft gewählt, in Naſſau und in allen deutſchen Städten mit Bürgermeiſterverfaſſung iſt der Bürgermeiſter zugleich Vor= ſitzender der Stadtvertretung, während in den Städten mit Rats= verfaſſung die Stadtverordneten ihren Vorſitzenden aus ihrer Mitte erwählen.

III. Das Wahlrecht ſelbſt iſt nach den meiſten Städteordnungen, wie in Schleswig=Holſtein, ein gleiches und direktes, in Baden und Naſſau findet dagegen Klaſſenwahl ſtatt. Das naſſauiſche Ge= meindegeſetz ſchließt ſich dabei dem preußiſchen Syſteme an, nach der badiſchen Städteordnung wird zwar auch eine Einteilung der Bürger= ſchaft nach der Steuerzahlung vorgenommen, die erſte Klaſſe beſteht hier aber aus demjenigen Zwölftel der Bürger, welche die Höchſt= beſteuerten ſind, die zweite Klaſſe wird aus den Mittelbeſteuerten, zu denen die nächſten zwei Zwölftel der Bürgerſchaft gehören, ge=

vertretung. In Anhalt, Baden, Sachſen und Heſſen heißt ſie, wie in Preußen, Stadtverordnetenverſammlung, in Naſſau und Württemberg: Bürgerausſchuß, in Weimar: Gemeinderat, in Kurheſſen: Gemeindeausſchuß, in Bayern: Kolle= gium der Gemeindebevollmächtigten und in Oldenburg: Stadtrat.

[1]) So auch in Preußen.

bildet und die übrigen neun Zwölftel schließen sich zur dritten Klasse zusammen.

In Kurhessen und Sachsen ist das gleiche Wahlrecht die Regel, doch kann in beiden Rechtsgebieten die Klassenwahl statutarisch eingeführt werden; in Kurhessen muß dann die Einteilung der Bürger nach Verschiedenheit des Besitzes, der Beschäftigung oder der Lebensweise erfolgen.

Bezirkswahlen sind meist gestattet, die Wählbarkeit wird dadurch aber nicht auf Bezirkseinwohner beschränkt.

Die Stimmgebung bei der Wahl ist nur in Nassau und Kurhessen öffentlich, sonst überall geheim. Meist genügt, abweichend von der altpreußischen Gesetzgebung, relative Mehrheit für den Gewählten, doch wird mehrfach verlangt, daß sich wenigstens die Hälfte oder auch eine noch größere Anzahl der Wahlberechtigten auch an der Wahl beteiligt habe.

IV. In der Regel sind die Sitzungen der Stadtverordneten öffentlich. Nur in Kurhessen, Anhalt und Württemberg ist die Öffentlichkeit derselben nicht zugelassen, doch finden in Anhalt und Württemberg die gemeinschaftlichen Beratungen der städtischen Kollegien, welche die Regel bilden, in öffentlicher Sitzung statt.

V. Wie in Preußen hat auch in Kurhessen, Anhalt, Sachsen und Hessen die Staatsregierung das Recht, gegebenenfalls die Stadtverordnetenversammlung aufzulösen.

b. Zusammensetzung und Wahl des Stadtvorstandes.

I. In der Regel ist der Stadtvorstand in Deutschland kollegialisch gebildet, nur die Städteordnungen für Anhalt,[1] Weimar und Hessen[2] weichen hiervon ab und haben das büreaumäßige System der Bürgermeisterverfassung angenommen. Prinzipiell sollen überall sämtliche Ämter des Stadtvorstandes Ehrenämter sein, nur für den Bürgermeister muß in der Regel, wie nach preußischem Recht, ein Gehalt ausgeworfen sein. In Bayern gilt diese Bestim-

---

[1] In Anhalt haben die Beigeordneten in dem Gemeinderat, der durch das Zusammentreten von Stadtvorstand und Stadtverordnetenversammlung entsteht, Sitz und Stimme.

[2] In Städten von mehr als 10 000 Einwohnern kann der Stadtvorstand kollegialisch gebildet sein.

mung aber nur für die rechtskundigen und in Kurheſſen nur für
die auf Lebenszeit angeſtellten Bürgermeiſter. Dagegen iſt in Naſſau
die Bürgermeiſterſtelle ſtets ehrenamtlich zu verwalten. Einzelne
Städteordnungen verlangen, daß neben oder auch anſtatt des Bürger=
meiſters ein anderes Mitglied des Stadtvorſtandes beſoldet ſei.
Außer in Kurheſſen und Naſſau iſt überall die Anſtellung beſol=
deter Mitglieder des Stadtvorſtandes geſtattet, ſoweit ſich ein Be=
dürfnis dafür ergibt.

II. Die Amtsdauer der unbeſoldeten Mitglieder des Stadt=
vorſtandes beträgt in der Regel ſechs Jahre, wobei alle zwei Jahre
Erneuerungswahlen für einen Teil ſtattfinden. Abweichend hiervon iſt
in Oldenburg die Wahlperiode auf acht, in Kurheſſen auf fünf Jahre
feſtgeſetzt. Für die Bürgermeiſter und beſoldeten Ratsmitglieder iſt
überall eine längere Amtsdauer wie für die Schöffen vorgeſehen. So
werden ſie in Kurheſſen, Sachſen und Bayern auf Lebenszeit, in
Naſſau und Heſſen auf zwölf und in Baden auf neun Jahre er=
wählt. Mehrfach iſt geſtattet, daß durch Gemeindebeſchluß auch
eine längere Amtsdauer als die geſetzliche eingeführt wird. Auch iſt
nach einzelnen Geſetzen die Amtsdauer der Bürgermeiſter abweichend
von derjenigen der übrigen Mitglieder des Stadtvorſtandes geregelt.

III. Die Wahl wird entweder durch die Stadtverordnetenver=
ſammlung vorgenommen,[1]) oder ſie erfolgt, wie in Schleswig=Hol=
ſtein, durch die Gemeinde,[2]) und zwar in derſelben Weiſe wie bei
den Stadtverordnetenwahlen; überall wird dann aber die Beteili=
gung eines größeren Teils der Stimmberechtigten an der Wahl ver=
langt.[3]) In Baden und Oldenburg werden ſämtliche Ratsmitglieder,
in Sachſen und Kurheſſen der erſte Bürgermeiſter in gemeinſchaft=
licher Sitzung beider Kollegien gewählt, in Naſſau wird der Bürger=
meiſter durch den Stadtvorſtand, zu dem eine dreimal größere An=
zahl von Wahlmännern aus der Gemeinde hinzutritt, erkürt. In
Württemberg endlich ſchlägt die Gemeinde dem Könige oder in den
kleinen Städten der Aufſichtsbehörde drei Kandidaten zur Auswahl
vor, die in derſelben Weiſe wie die übrigen Ratsmitglieder gewählt
worden ſind; es müſſen ſich aber wenigſtens zweidrittel aller Stimm=

---

[1]) So in Anhalt, Bayern, Heſſen, Sachſen und Kurheſſen.
[2]) So in Weimar, Württemberg und Naſſau.
[3]) In Naſſau und Weimar zweidrittel, in Württemberg die Hälfte.

berechtigten an der Wahl beteiligt haben. Hat einer der Vorgeschla=
genen zweidrittel aller abgegebenen Stimmen auf fich vereinigt, fo
muß er vom Könige oder der Auffichtsbehörde ernannt werden.

Wählbar find als befoldete Mitglieder des Stadtvorftandes
alle deutfchen Reichsangehörigen, als unbefoldete Mitglieder nur die
Bürger der Stadt. In Kurheffen muß die Hälfte der Ratsmit=
glieder den Höchftbefteuerten angehören.

IV. Wie in den alten preußifchen Provinzen bedürfen auch
in Anhalt, Heffen und Weimar fämtliche Ratsmitglieder der Be=
ftätigung. In Bayern wird diefe nur für die rechtskundigen Mit=
glieder des Stadtvorftandes, in den übrigen Rechtsgebieten über=
haupt nicht gefordert. Dagegen ift überall, außer in Baden, die
Beftätigung des Bürgermeifters durch die Staatsregierung not=
wendig.

V. Wo die Mitglieder des Stadtvorftandes direkt von der Ge=
meinde gewählt werden, find feine Sitzungen öffentlich.

Vielfach ift ein Zufammentreten des Stadtvorftandes mit der
Stadtvertretung erlaubt oder geboten. So finden in Oldenburg
und Sachfen auf Antrag eines Kollegiums gemeinfchaftliche Ver=
fammlungen ftatt, bei denen die Beratung und in Oldenburg auch
die Abftimmung gemeinfam ift. In Württemberg ift es die Regel,
daß die Stadtverordnetenverfammlung in den Angelegenheiten ihrer
Zuftändigkeit zu den Sitzungen des Rates hinzugezogen wird, die
Abftimmung erfolgt ftets getrennt, und die Stadtverordneten können
fich auch zu abgefonderter Beratung und Abftimmung zurückziehen.
In den heffifchen Städten mit büreaumäßiger Verfaffung ift der
Bürgermeifter zugleich ftimmberechtigter Vorfitzender der Stadtver=
ordnetenverfammlung, und dasfelbe gilt auch für Naffau. Hier und
in Kurheffen kann der Stadtvorftand auch nur einen Ausfchuß der
Stadtverordnetenverfammlung darftellen, doch darf in Kurheffen der
Bürgermeifter der Stadtvertretung nicht angehören. Nach einigen
Städteordnungen endlich treten der Rat und die Stadtverordneten=
verfammlung regelmäßig zu einem einheitlichen Kollegium zufammen,
neben dem die Stadtverordneten allein entweder gar keine, wie in
Baden, oder, wie in Anhalt, [1]) nur kontrollierende Befugniffe haben.

---

[1]) Nur für die gemeinfamen Sitzungen ift der Stadtvorftand in Anhalt

In den sächsischen Städten kann dieselbe Einrichtung, die in Anhalt besteht, ortsstatutarisch eingeführt werden. [1]

### c. Die Zuständigkeit der Stadtvertretung und des Stadtvorstandes.

Die Abgrenzung der Zuständigkeit unter den städtischen Verfassungsorganen ist eine sehr verschiedene. In einzelnen Territorien, nämlich in den nur von einem Bürgermeister verwalteten hessischen Städten und in Weimar, gilt das rheinländische System, wonach die Stadtverordnetenversammlung in allen Gemeindeangelegenheiten das normgebende, der Bürgermeister nur das ausführende Organ ist. Andere Gesetzgebungen haben sich dem Rechtszustande, wie er in den altpreußischen Provinzen herrscht, angeschlossen. So ist in den hessischen Städten mit Ratsverfassung und in Oldenburg zwar der Stadtverordnetenversammlung gleichfalls die prinzipale Stellung in der städtischen Verfassung gegeben, in weitem Umfange wird hier aber die Zustimmung des Rates zu dem Zustandekommen eines Gemeindebeschlusses erfordert. In den übrigen Rechtsgebieten erscheint der Rat, wie in Hannover und Schleswig-Holstein, als das prinzipale Organ. In der Beteiligung der städtischen Vertretung walten dabei große Verschiedenheiten ob. Während ihre Zuständigkeit in Anhalt, Baden, Bayern und Sachsen für alle wichtigeren Angelegenheiten begründet ist, braucht sie in Kurhessen, Nassau und Württemberg nur in wenigen, genau bestimmten Fällen hinzugezogen zu werden.

Überall wirkt die Stadtvertretung bei den wichtigsten Geschäften der städtischen Vermögensverwaltung mit, insbesondere ist die Veräußerung von Grundstücken und die Aufnahme von Darlehen, meistens auch der Erwerb von Grundstücken und die Führung wichtigerer Prozesse an ihre Zustimmung gebunden. In allen Rechtsgebieten nimmt sie auch teil an der Aufstellung städtischer Statuten, und überall muß ihre Zustimmung bei Beschlüssen über die Einführung von Gemeindediensten und die Auferlegung von Gemeindesteuern ein-

---

kollegialisch organisiert, während sonst die Mitglieder desselben nur Gehilfen des Bürgermeisters sind.

[1] Das einheitliche Kollegium heißt in Anhalt: Gemeinderat, in Baden Bürgerausschuß und in Sachsen: Stadtgemeinderat.

geholt werden. Dagegen ist in Nassau bereits für die Aufstellung des Haushaltsplanes die Mitwirkung der Stadtverordneten nicht erforderlich.

Auch bei der hauptsächlichsten Aufgabe der städtischen Vertretung: bei der Ausübung der Aufsicht über die Verwaltung ist ihre Zuständigkeit sehr verschieden geregelt. Ein allgemeines Kontrollrecht der Stadtverordneten, wie in den östlichen Provinzen Preußens, ist nur in Anhalt, Hessen, Oldenburg, Sachsen und Weimar anerkannt, nach den übrigen Städteordnungen ist dies Recht darauf beschränkt, daß die Stadtvertretung die Rechnung über die städtische Verwaltung abnehmen darf.

Daß die Stadtvertretung in denjenigen Städten, in denen sie allgemein zuständig ist, auch das Recht hat, ihrerseits Anträge bei dem Stadtvorstande zu stellen, liegt in der Natur der Sache, aber auch in Anhalt, Bayern, Kurhessen und Sachsen ist den Stadtverordneten dies Recht des ersten Angriffs gegeben, während ihnen diese Befugnis nach den übrigen Gesetzgebungen nicht zusteht. Doch können in Württemberg bei Gelegenheit der Rechnungsprüfung von der Stadtverordnetenversammlung Wünsche und Anträge an den Rat gelangen, und in Baden ist der Stadtvorstand verpflichtet, jeden Antrag, den mindestens eindrittel der Stadtverordneten gestellt haben und dem er nicht von vornherein beitritt, in der gemeinsamen Sitzung der städtischen Kollegien zur Verhandlung zu bringen.

Diejenigen Städteordnungen, welche zu einem Gemeindebeschlusse die Übereinstimmung von Stadtvorstand und Stadtvertretung erfordern, machen damit die Einrichtung eines Einigungsverfahrens notwendig. In Kurhessen gelten jetzt die Bestimmungen des Zuständigkeitsgesetzes vom 1. August 1883. In Bayern und Württemberg bleiben diejenigen Angelegenheiten, über welche eine Einigung nicht zu erzielen ist, ebenso wie in Schleswig-Holstein auf sich beruhen, soweit nicht durch gesetzliche Vorschrift eine Leistung der Stadt erfordert wird. In diesem Falle ist die Aufsichtsbehörde allerdings so befugt wie verpflichtet, die Stadt zu der schuldigen Leistung anzuhalten. In Sachsen ist gesetzlich bestimmt, wann die Aufsichtsbehörde entscheidet, wann die Sache auf sich beruhen bleibt und wann der Beschluß der Stadtvertretung als maßgebend zu erachten iſt. In Anhalt entſcheidet die Aufſichtsbehörde in allen Fällen, in denen der Bürgermeiſter den Beſchluß des Gemeinderats beanſtandet, weil er dem Staatsintereſſe oder dem Gemeinbewohle zuwider ſei, und ebenſo liegt in Oldenburg die Entſcheidung bei der Aufſichtsbehörde, wenn der Rat der Anſicht iſt, daß der Beſchluß der Stadtverordneten das Gemeinwohl gefährde, und ihn deshalb beanſtandet.

Vor der Entſcheidung der Aufſichtsbehörde iſt überall zur Herbeiführung der Einigung eine gemeinſchaftliche Beratung der ſtreitigen Sache durch die beiden ſtädtiſchen Kollegien nachgelaſſen oder ſogar ausdrücklich vorgeſchrieben.

### III. Die ſtädtiſchen Beamten.[1]

#### 1. Im allgemeinen.

Der Wille der Stadt wird gebildet durch den Stadtvorſtand und die Stadtvertretung, die Ausführung des Stadtwillens liegt dem Stadtvorſtande mittels der ſtädtiſchen Beamten ob.

Da der Stadtwille von dem Stadtvorſtande nicht anders ausgeführt werden kann, als durch die ſtädtiſchen Beamten, da die ſtädtiſche Verfaſſung dieſe als die berufenen Organe zur Durchführung des Stadtwillens hingeſtellt und die ſtädtiſchen Ämter als, auch dem Stadtvorſtande gegenüber, ſelbſtändige Inſtitutionen geſchaffen hat, ſind die ſtädtiſchen Ämter weſentlich für den Stadtorganismus, ſind ſie Teile der ſtädtiſchen Verfaſſung.

#### 2. Geſchichtliche Überſicht.

Nachdem ſich die Stadt eigene Perſönlichkeit und Selbſtverwaltung ihrer Angelegenheiten erkämpft hatte, nachdem der Rat Organ und Obrigkeit der Stadt geworden, ergab ſich alsbald die Notwendigkeit, den Stadtvorſtand von den vielen Geſchäften des Tages zu entlaſten und nur die allgemeine Leitung und Aufſicht über das ſtädtiſche Weſen der kollegialiſchen Beſchlußfaſſung vorzubehalten.

---

[1] Ich faſſe unter „ſtädtiſche Beamte“ alle Beamten der Stadt, unter „Gemeindebeamte“ die ſtädtiſchen Beamten mit Ausnahme der Mitglieder des Stadtvorſtandes zuſammen.

Wie so nach obenhin das Bürgermeisteramt als Spitze des Rates wachsende Bedeutung gewann, so schuf das Bedürfnis anderseits Ratsausschüsse, denen die Leitung der einzelnen Verwaltungszweige übertragen wurde. Und um der immer reicheren Fülle der Geschäfte zu genügen, das stets wachsende Gebiet der Verwaltung zu beherrschen, mußten wieder Bürger herangezogen werden, die als Gehilfen der Ratsherren amtliche Funktionen ausübten, ja bald sah man sich genötigt, neben den bürgerlichen Ehrenbeamten auch ständige Beamte anzustellen. Damit ergab sich die Notwendigkeit, die Disziplin, Besoldungen, Amtsverhältnisse, kurz das ganze Beamtenrecht eingehend zu ordnen, und so erscheint auch hier die mittelalterliche Stadt als Vorkämpferin des modernen Staates.

Der erste ständige Beamte war wohl stets der Stadtschreiber, welcher den Schriftwechsel der Stadt besorgte, die städtische Kanzlei leitete und der juristische Beirat des Rates war. An ihn schloß sich dann eine reiche Fülle städtischer Beamter bis herab zu den Stadtmusikanten und dem Stadtnarren. Alle aber — und das war der große Fortschritt gegenüber dem Lehnsstaate —, alle waren nicht Diener des Rates, sondern Beamte der Stadt; ihr dienten sie, ihr hatten sie Treue geschworen, von ihr wurden sie besoldet. So war der privatrechtliche Standpunkt des Lehens überwunden und zum ersten Male in der deutschen Geschichte der Begriff des lediglich öffentlich=rechtlichen Amtes geschaffen.

### 3. Die Ehrenämter.

#### a. Die städtischen Verwaltungsausschüsse.

StO. 53 u. W. § 59. Rh. § 54. SH. §§ 66—70. Fr. § 66. H. §§ 76, 77. v. Möller § 53. Steffenhagen § 85.

I. Wie soeben erwähnt worden ist, kannten schon die Städte des Mittelalters die Einrichtung der Verwaltungsausschüsse. Anfangs nur aus Ratsherren bestehend, wurden in späterer Zeit doch auch andere Bürger, namentlich Mitglieder des großen Rates, zu den Verwaltungsausschüssen hinzugezogen.

Das allgemeine Landrecht erwähnt diese Ausschüsse nicht, dagegen bilden sie einen wesentlichen und eigentümlichen Bestandteil der Städteordnung von 1808, deren hauptsächliche Bestimmungen dann

auch in die späteren Städteordnungen übergegangen sind.[1]) — Nach
der Städteordnung von 1808 hat der Rat nur die allgemeine Leitung
der ganzen Verwaltung und diejenigen speziellen Geschäftszweige
abzumachen, wobei es nicht auf eigene Administration oder fort=
laufende Lokalaufsicht, sondern hauptsächlich auf Gesetzes= und Ver=
fassungskunde ankommt. Dagegen werden alle Angelegenheiten, mit
denen Administration verbunden ist, oder die wenigstens anhaltende
Aufsicht und Kontrolle oder Mitwirkung an Ort und Stelle bedürfen,
durch Verwaltungsausschüsse besorgt, welche aus einzelnen oder wenigen
Ratsmitgliedern, größtenteils aber aus Stadtverordneten und Bürgern
bestehen, die von der Stadtverordnetenversammlung gewählt und vom
Rate bestätigt werden. Den Vorsitz in diesen Ausschüssen führt das
älteste dem Ausschusse angehörige Ratsmitglied. Sämtliche Ausschuß=
ämter sind Ehrenämter, die Amtsdauer beträgt 6 Jahre, wobei es
jedoch freisteht, nach drei Jahren zurückzutreten.[2])

Die Städteordnung von 1831 hielt an den Bestimmungen der
Städteordnung von 1808 im wesentlichen fest und ließ nur dem
Ermessen der einzelnen Gemeinden freieren Spielraum. So ist auch
die Einrichtung von Verwaltungsausschüssen nicht anbefohlen, sondern
der statutarischen Regelung überlassen.[3])

Nach der Gemeindeordnung von 1850 bestimmte lediglich die
Stadtverordnetenversammlung (der Gemeinderat) darüber, ob und zu
welchen Zwecken Verwaltungsausschüsse niedergesetzt werden sollten;
dieselben mußten aus Stadtverordneten, Bürgern (Gemeindewählern)
und Mitgliedern des Stadtvorstandes bestehen. Die ersten beiden
Kategorieen wurden von der Stadtverordnetenversammlung gewählt,
die Mitglieder des Stadtvorstandes von dem Bürgermeister ernannt.[4])

II. Nach den geltenden Städteordnungen können zur dauernden
Verwaltung oder Beaufsichtigung einzelner Geschäftszweige der
städtischen Verwaltung bleibende Ausschüsse niedergesetzt werden.
Dieselben sind dem Stadtvorstande untergeordnete Behörden, ihre
Mitglieder sind öffentliche Beamte.

---

[1]) Die Städteordnungen haben in ihrer Fremdwörtersucht dafür den Aus=
druck: Deputation oder, in Schleswig=Holstein, Kommission. In Hannover heißen
sie: Ausschüsse, in Frankfurt a. M. auch: Ämter.

[2]) StO. 1808 §§ 174—177.

[3]) StO. 1831 § 107.

[4]) GO. 1850 § 56.

Die Zusammensetzung der Ausschüsse wird durch statutarische Bestimmung festgesetzt, doch ist dabei für Schleswig-Holstein als Grundsatz aufgestellt, daß jeder Ausschuß zu seinen Mitgliedern Angehörige des Rats und der Stadtverordnetenversammlung zählen muß, sowie daß thunlichst auch noch andere Bürger als Mitglieder herangezogen werden sollen. In Hannover bestehen die Verwaltungsausschüsse nur aus stimmfähigen Bürgern.[1])

In Ermangelung statutarischer Festsetzungen gelten in den alten Provinzen und Frankfurt a/M. folgende Bestimmungen:

a) In den Städten mit Ratsverfassung können die Ausschüsse entweder nur aus Ratsmitgliedern bestehen oder aus Ratsmitgliedern und Stadtverordneten oder aus Ratsmitgliedern, Stadtverordneten und stimmfähigen Bürgern.

b) In Städten mit Bürgermeisterverfassung bestehen die Ausschüsse entweder nur aus Stadtverordneten oder aus Stadtverordneten und stimmfähigen Bürgern.

Die Bildung derjenigen Ausschüsse, an denen Stadtverordnete teilnehmen, geschieht in den alten Provinzen und Frankfurt a/M. durch Gemeindebeschluß, in Schleswig-Holstein durch statutarische Festsetzung, und ebendasselbe gilt für die Zahl der zu jedem Ausschusse gehörigen Mitglieder aus dem Rate, der Stadtverordnetenversammlung und der Bürgerschaft. In Hannover ist zur Einrichtung der Verwaltungsausschüsse und zur Festsetzung ihrer Verfassung gleichfalls ein Gemeindebeschluß notwendig.

Die Mitglieder des Rates werden in den alten Provinzen vom Bürgermeister,[2]) in Schleswig-Holstein von dem Rate ernannt. Die Wahl der Stadtverordneten geschieht überall durch die Stadtverordnetenversammlung, die der Mitglieder aus der Bürgerschaft in den alten Provinzen und Frankfurt a/M. ebenfalls durch die Stadtverordnetenversammlung, in Schleswig-Holstein aber findet hierüber gemeinschaftliche Beschlußfassung der städtischen Kollegien statt. In

---

[1]) Dies gilt aber nicht für die Zusammensetzung des Verwaltungsausschusses für die Armenpflege, die auf Grund des Gesetzes vom 8. März 1871 geordnet ist. Vgl. übrigens darüber weiter unten.

[2]) Statutarische Bestimmungen, welche die Ernennung der Ratsmitglieder nicht dem Bürgermeister belassen, sind ungültig. Vgl. Minvfg. vom 18. Mai 1875 (VMBl. S. 204).

Hannover geschieht die Wahl der Mitglieder der Verwaltungsaus=
schüsse entweder in derselben Weise wie die Wahl der Ratsmitglieder [1])
oder aber sie werden durch die Bürgerschaft oder die bei dem Wirkungs=
kreise des Ausschusses zunächst Beteiligten erwählt. In den beiden
letzten Fällen bedürfen die Erwählten der Bestätigung durch die
städtischen Kollegien. Welche Wahlart stattfinden soll, ist durch
Gemeindebeschluß zu bestimmen.[2])

Die Mitgliedschaft in den städtischen Verwaltungsausschüssen
ist ein Ehrenamt, zu dem jeder stimmfähige Bürger ebenso wie zur
Annahme des Amtes eines Stadtverordneten verpflichtet ist. Auch
gelten für beide Wahlen dieselben Ablehnungsgründe.

Den Vorsitz in den Ausschüssen führt in den alten Provinzen
und in Frankfurt a/M. der Bürgermeister oder ein von ihm be=
auftragtes Mitglied des Stadtvorstandes, in Schleswig=Holstein soll
das Ortsstatut, in Hannover das Statut des Ausschusses darüber
Bestimmung treffen. In Hannover ist der Rat gehalten, zu allen
Sitzungen der Ausschüsse ein Mitglied abzuordnen, welches auf die
Beobachtung der Verfassung und Erhaltung der Ordnung zu sehen
hat. Dasselbe kann die Ausführung von Beschlüssen des Ausschusses
beanstanden. In der betreffenden Angelegenheit hat dann der Rat
die Entscheidung zu treffen.

Der Wirkungskreis der Verwaltungsausschüsse wird in Schles=
wig=Holstein durch das Ortsstatut, in den alten Provinzen und
Hannover durch Gemeindebeschluß bestimmt.

Die Ausschüsse haben ihre Geschäfte unter Aufsicht und nach
den Anweisungen des Stadtvorstandes zu erledigen. Sind ihnen
Zweige des städtischen Einnahme= und Ausgabewesens zuerteilt, so
sind sie befugt, die betreffenden Vereinnahmungen und Ausgaben
anzuweisen, hingegen auch dafür verantwortlich, daß alle betreffenden
Einnahmen gehörig erhoben und keine Ausgaben geleistet werden,
welche nicht durch einen ordnungsmäßigen Beschluß der städtischen
Kollegien gerechtfertigt sind.

Über die Verwendung der städtischen Geldsummen, welche sie

---

[1]) Vgl. S. 118.

[2]) Diejenigen Mitglieder des Ausschusses für Armenwesen, welche nicht dem
Stadtvorstande angehören, — die Stadtverordneten und stimmfähigen Bürger —
müssen überall durch die Stadtverordnetenversammlung erwählt werden.

gemäß etwaigen Gemeindebeschlüssen ohne besondere Vorfrage in den ihnen anvertrauten Zweigen der Verwaltung verausgaben dürfen, haben sie gehörig Rechnung zu legen, die in Hannover veröffentlicht werden muß.

Beschwerden gegen das Verfahren der Ausschüsse sind bei dem Stadtvorstande, in Schleswig-Holstein bei dem Bürgermeister anzubringen und durch den Stadtvorstand zu erledigen.

Die Verwaltungsausschüsse sind in der Regel nur Hilfsorgane des Stadtvorstandes, doch kann ihnen in allen Provinzen, außer in Hannover, durch Ortsstatut oder Gemeindebeschluß auch die selbständige Verwaltung einzelner Geschäftszweige übertragen werden. In diesem Falle sind sie auch zur Vertretung der Stadt nach außen hin berechtigt.

Überall können auch Ausschüsse zur Vorberatung oder Ausführung einzelner Beschlüsse des Stadtvorstandes oder der städtischen Kollegien eingesetzt werden. In den alten Provinzen, Schleswig-Holstein und Frankfurt a/M. gelten die eben dargelegten Bestimmungen auch für die Bildung dieser Ausschüsse. In Hannover bestimmt der Rat über deren Zusammensetzung; die Ratsmitglieder und stimmfähigen Bürger werden hier vom Rate, die Stadtverordneten von der Stadtverordnetenversammlung erwählt.

## b. Die Bezirksvorsteher.

StO. 53 u. W. § 60. Rh. § 55. SH. § 62. Fr. § 67. H. §§ 42, 88, 94.

Litteratur: v. Möller § 54. Steffenhagen § 93. — G. Liebe, Die kommunale Bedeutung der Kirchspiele in den deutschen Städten, ein Beitrag zur Verfassungsgeschichte des deutschen Mittelalters, Berlin 1885.

I. Dem Gange der deutschen Stadtentwickelung gemäß finden sich in den ersten Zeiten deutschen Städtetums innerhalb der Stadt vielfach höchst selbständige örtliche Genossenschaften, die in ihrem Kreise ein Bild der Stadt bieten und ihre inneren Angelegenheiten in autonomer Weise ordnen. Allein dem zentralisierenden Streben des Rates erlag die Selbständigkeit dieser örtlichen Genossenschaften alsbald, und erst in der Blütezeit des deutschen Städtewesens erscheinen wieder Stadtbezirke, nun aber lediglich als örtliche Verwaltungsabteilungen des Stadtgebietes, ohne daß ihnen irgend eine Bedeutung für die Gliederung des Stadtorganismus zuerkannt wurde.

Dabei iſt es auch im weſentlichen geblieben, wenn auch die Städte=
ordnung von 1808 den Verſuch machte, den Stadtbezirken eine etwas
ſelbſtändigere Stellung zu verleihen. Auch heute noch iſt der Stadt=
bezirk nur ein Verwaltungsbezirk, und doch drängt das Bedürfnis
der großen Städte mehr und mehr dahin, weſentliche Funktionen
der Selbſtverwaltung in die ſtädtiſchen Bezirke zu verlegen. Die
Aufgabe der Geſetzgebung muß es ſein, die Möglichkeit zu gewähren,
die Stadtbezirke zu Selbſtverwaltungskörpern umzuſchaffen und damit
auch den großen Städten die Grundlage jeder wirklichen Selbſt=
verwaltung, die Bekanntſchaft der Genoſſen untereinander zu be=
wahren. Eine Reihe von Verwaltungsgeſchäften wird dann den
Stadtbezirken zur Erledigung überlaſſen werden können und damit
die notwendige Entlaſtung des Rates ſtattfinden, zugleich auch die
Beſchränkung des beſoldeten Beamtentums ſowie die ausgedehntere
Heranziehung der Bürger zu den Verwaltungsgeſchäften durchgeführt
werden können.

II. Nach geltendem Rechte können in Städten von größerem
Umfange oder von zahlreicherer Bevölkerung kleinere Verwaltungs=
bezirke — Ortsbezirke — gebildet werden. In Schleswig=Holſtein
und Hannover beſtimmt das Ortsſtatut die Grundſätze, nach denen
dabei zu verfahren iſt, in den alten Provinzen hat ſich der Stadt=
vorſtand im einzelnen Falle darüber mit den Stadtverordneten in
Einvernehmen zu ſetzen.

An der Spitze eines jeden Ortsbezirkes ſteht ein Bezirksvorſteher
und ein Stellvertreter desſelben.[1]) Sie werden aus der Zahl der
ſtimmfähigen Bürger[2]) des Bezirkes gewählt, und zwar in den alten
Provinzen und Frankfurt a./M. durch die Stadtverordneten, deren
Wahl aber der Beſtätigung des Stadtvorſtandes bedarf, in Schleswig=
Holſtein dagegen ſchlägt der Rat drei wahlberechtigte Bürger des Be=
zirks vor, aus denen die Stadtverordneten mit relativer Mehrheit den
Bezirksvorſteher erwählen. Ergibt ſich hier auch bei zweimaliger Ab=
ſtimmung ſtets Stimmengleichheit, ſo fällt dem Rate die Ernennung
des Bezirksvorſtehers zu. In Hannover findet die Wahl der Bezirks=

---

[1]) In Hannover iſt die Beſtimmung darüber, ob Stellvertreter der Be=
zirksvorſteher vorhanden ſein ſollen, dem Ortsſtatute überlaſſen.

[2]) Nach den Städteordnungen von 1808 und 1831 mußten die Bezirks=
vorſteher Hausbeſitzer ſein.

vorsteher in derselben Weise wie die Stadtverordnetenwahlen statt. Die Gewählten bedürfen keiner Bestätigung durch den Rat.[1]

Das Amt ist ein Ehrenamt; die Dienstzeit beträgt sechs Jahre.[2] Die Ablehnungsgründe sind dieselben wie bei der Wahl zum Stadt= verordneten.

Die Bezirksvorsteher sind öffentliche Beamte. Als Organe des Stadtvorstandes sind sie verpflichtet, seinen Anordnungen Folge zu leisten und ihn namentlich auch in den örtlichen Geschäften des Be= zirks zu unterstützen. In Hannover sind sie, wie bereits Seite 81 erwähnt worden ist, auch Ersatzmänner der Stadtverordneten.

**4. Die besoldeten Gemeindebeamten.**

Zur Durchführung der Verwaltungsaufgaben der Stadt ist überall dem Stadtvorstande eine Anzahl besoldeter Berufsbeamter beigegeben. Die Gemeindebeamten zerfallen in drei Gruppen:

In größeren Städten macht der Umfang der Verwal= tung sachverständige Vorsteher der einzelnen Verwaltungs= zweige notwendig. Dies sind die Gemeindeoberbeamten (Gas= anstaltsdirektor, Baudirektor, Magistratsassessoren u. s. w.)., ferner erfordert jede Stadtverwaltung eine Anzahl Büreaubeamter:

die städtischen Subalternbeamten,

und endlich sind zu mechanischen Diensten und solchen Geschäften, die keine besondere Vorbildung verlangen, die städtischen Unterbeamten bestimmt.[3]

Sämtliche besoldeten Gemeindebeamten sind dem Stadtvorstande untergeben und zur Befolgung seiner Anordnungen verbunden.

**5. Von den städtischen Ämtern und den städtischen Beamten.[4]**
**a. Von dem Wesen des städtischen Amtes.**

Das städtische Amt ist, gleich dem staatlichen, eine Einrich= tung, welche eine menschliche Kraft dauernd innerhalb eines fest=

---

[1] Über die Gültigkeit der Wahlen wird durch Gemeindebeschluß entschieden.

[2] In Hannover ist die Amtsdauer dieselbe (vier oder sechs Jahre) wie die der Stadtverordneten in der betreffenden Stadt.

[3] Die Städteordnungen bezeichnen auch alle drei Gruppen als Gemeinde= unterbeamte im Gegensatze zu den besoldeten Mitgliedern des Stadtvorstandes.

[4] Ein vollständiges Beamtenrecht zu geben, ist hier nicht notwendig, nur die besonderen Verhältnisse der städtischen Beamten sollen dargestellt werden; im übrigen vergleiche man die einschlägigen Abschnitte in den Lehrbüchern des preußischen Staatsrechts von v. Rönne, v. Schulze und Bornhak.

begrenzten Thätigkeitskreises für den Gemeinschaftszweck in Anspruch nimmt. [1])

Die Ämter sind die Organe der Stadt, durch welche diese als Persönlichkeit ihren Willen ausführt.

### b. Von den städtischen Beamten im allgemeinen.

v. Möller § 59.    Steffenhagen § 72.    Schmitz § 5.

I. Ein jedes Amt bedarf zu seiner Wirksamkeit eines menschlichen Trägers. Dieser Inhaber des Amtes heißt Beamter und er vertritt innerhalb des seinem Amte zugewiesenen Thätigkeitskreises die Stadt= gewalt. Was er innerhalb seiner Zuständigkeit thut, ist die Ausübung des Willens der Stadtpersönlichkeit.

II. Die städtischen Beamten sind teils Berufsbeamte, teils Ehrenbeamte.

Beide sind aber in gleicher Weise Organe des Stadtwillens, für beide gilt, daß sie in organischem Verhältnisse zur Stadt stehen, daß sie Diener der Stadt und ihr zu Treue und Gehorsam ver= pflichtet sind.

III. Die Lehre des allgemeinen Landrechts, daß die städtischen Beamten mittelbare Staatsbeamte sind, kann heute als im land= rechtlichen Sinne zu Recht bestehend nicht mehr erachtet werden. Wie die Stadt ihre eigene, nicht vom Staate herstammende Rechts= sphäre besitzt, so sind auch ihre Beamten Organe des selbständigen unabhängigen Stadtwillens, sie sind nur städtische Beamte. Wohl aber kann der Staat den städtischen Beamten in der Ausübung ihres Berufs seinen Schutz verleihen, und wohl kann er fordern, daß auch die städtischen Beamten den Pflichten nachkommen, die er seinen eigenen Beamten auferlegt: der Staat kann den städtischen Beamten (die dem Wesen nach völlig unabhängig von dem Staate bastehen) die Rechte und Pflichten der staatlichen Beamten beilegen. In diesem Sinne sind die städtischen Beamten auch heute noch mittelbare Staats= beamte.

IV. Im allgemeinen überläßt die Gesetzgebung es dem freien Ermessen der Städte, ob und welche Beamte sie außer den Mit=

---

[1]) v. Schulze, Preuß. Staatsrecht 2 A. I S. 238.

gliedern des Stadtvorstandes anzustellen beabsichtigen.¹) Nur muß in jeder Stadt die Ernennung von Waisenräten erfolgen,²) und in allen Städten der westlichen Provinzen, Hannovers und Schleswig-Holsteins sowie in denjenigen Städten der östlichen Provinzen, welche mehr als 10000 Einwohner zählen, muß auch ein Gemeindeeinnehmer bestellt sein.³)⁴) Überall hat ferner die Aufsichtsbehörde das Recht und die Pflicht, zu verlangen, daß so viel Polizeibeamte vorhanden sind, wie zur ordnungsmäßigen Wahrnehmung des Dienstes erforderlich erscheinen.

c. Die Begründung des städtischen Beamten-verhältnisses.

StO. 53 §§ 56⁶, 74. W. §§ 55, 56¹¹, 74. Rh §§ 52, 53⁶, 79. Fr. §§ 17, 18, 63⁶. SH. §§ 10, 60⁵, 75. H. §§ 31, 41, 51, 52, 56, 58, 97, 120. ZustGes. § 14.

Verordnung betr. die allgemeine Regelung der Staatsdienerverhältnisse in den neu erworbenen Landesteilen vom 23. September 1867. Verordnung betr. die Pensionierung und Bestätigung bezw. Ernennung der städtischen Beamten in Hannover vom 8. Mai 1867.

v. Möller §§ 59, 63. Steffenhagen §§ 66, 100. Schmitz §§ 5, 10.

I. Die Begründung des Beamtenverhältnisses erfolgt stets durch Ernennung seitens des Stadtvorstandes, doch ist sein Ermessen in weitem Umfange durch die Mitwirkung der Stadtverordneten und der Aufsichtsbehörde gebunden, und bei einzelnen Beamtenkategorieen ist die Ernennung durch den Stadtvorstand lediglich eine formale Bedingung, da ihm eine Einwirkung auf die Auswahl unter den Kandidaten nicht zusteht. Dies ist vor allem der Fall bei der Ernennung sämtlicher Mitglieder des Stadtvorstandes selbst in den alten Provinzen, sowie überall bei denjenigen Mitgliedern der Verwaltungs-

---

¹) In Hannover soll das Ortsstatut darüber Bestimmungen treffen.

²) Über deren Amtswirksamkeit vgl. unten.

³) In Schleswig-Holstein heißt derselbe Stadtkassierer, in Hannover Kämmerer. In den Städten der östlichen Provinzen, die weniger als 10000 Einwohner zählen, kann das Amt des Gemeindeeinnehmers nach Anhörung der Stadtverordneten und mit Zustimmung des Regierungspräsidenten dem mit der Überwachung des städtischen Finanzwesens betrauten Ratsmitgliede — dem Kämmerer — übertragen werden.

⁴) In Hannover sollen dort, wo es das Bedürfnis erfordert, dem Rate Stadtsekretäre beigeordnet werden, die indes auch in den Rat selbst aufgenommen werden dürfen.

ausſchüſſe, welche allein von den Stadtverordneten gewählt werden.
In Hannover gehören hierher ferner die Bezirksvorſteher, und endlich
beſteht dieſer Rechtszuſtand in den weſtlichen Provinzen auch hin=
ſichtlich des Gemeindeeinnehmers, der hier ohne Mitwirkung des
Stadtvorſtandes durch die Stadtverordnetenverſammlung gewählt wird.

Bei einer zweiten Reihe von Beamten wirkt der Stadtvorſtand
mit den Stadtverordneten in der Art zuſammen, daß der Vorſchlag
zur Beſetzung des ledigen Amtes auf einem übereinſtimmenden Be=
ſchluſſe beider Organe beruht, wonächſt der ſo Präſentierte dann
vom Stadtvorſtande ernannt wird. Dies Verfahren findet in Han=
nover bei der Wahl der Ratsmitglieder und der in gleicher Weiſe
— vgl. Seite 118 — geregelten Wahl der Stadtſekretäre, Kämmerer
und techniſchen Beamten ſtatt. In etwas anderer Art iſt in Schleswig=
Holſtein die Mitwirkung der Stadtverordneten bei der Wahl wichtiger
Gemeindebeamter geordnet. Hier werden nämlich die Gemeinde=
einnehmer und alle ſonſtigen, im Ortsſtatute bezeichneten Beamten
auf Vorſchlag des Rates von der Stadtverordnetenverſammlung in
derſelben Weiſe erwählt, wie dies hinſichtlich der Bezirksvorſteher
bereits auf Seite 146 dargelegt iſt.

Alle übrigen Gemeindebeamten werden von dem Stadtvorſtande
ernannt, nachdem der Stadtverordnetenverſammlung Gelegenheit ge=
geben iſt, ſich über die Perſönlichkeit des Kandidaten zu äußern
Werden von den Stadtverordneten Einwendungen gegen die vom
Stadtvorſtande zur Anſtellung in Ausſicht genommene Perſon er=
hoben, ſo iſt letzterer zur Prüfung dieſer Einwendungen verbunden.
Er bleibt aber berechtigt, trotz der erhobenen und für wahr be=
fundenen Ausſtellungen die Ernennung des Kandidaten zu vollziehen,
falls er nach ſeinem pflichtmäßigen Ermeſſen die Einwendungen nicht
für genügend erheblich erachtet.[1])

Es iſt bereits hervorgehoben, daß das Ernennungsrecht des
Stadtvorſtandes auch durch die Mitwirkung ſtaatlicher Behörden be=
ſchränkt iſt. Das Beſtätigungsrecht des Staates umfaßt überall die
Anſtellung der Bürgermeiſter ſowie in den alten Provinzen und
Hannover auch der übrigen Mitglieder des Stadtvorſtandes, zudem

---

[1]) Anders Entſcheidung des Obertribunals vom 5. März 1858 (Striethorſt,
Archiv Bd. 29 Nr. 39) und Örtel, Städteordnung S. 211.

wird die staatliche Bestätigung überall zur Ernennung der Mitglieder der Schuldeputation und sämtlicher Polizeibeamten erfordert, in der Rheinprovinz ist sie auch für die Bestellung des Gemeindeeinnehmers notwendig.

Über die Gültigkeit der Anstellung derjenigen Gemeindebeamten, die zu ihrem Amte durch die Wahl, sei es der Stadtverordneten allein, sei es von diesen in Übereinstimmung mit dem Stadtvorstande, berufen sind, entscheidet überall auf erhobene Beschwerde der Bezirks=ausschuß. Zur Erhebung der Beschwerde sind nur die Beteiligten — der Stadtvorstand, die Stadtverordneten, der Gewählte und die unterlegenen Mitbewerber —, nicht aber jeder Bürger berechtigt. Die Beschwerde, welche binnen zwei Wochen nach geschehener Wahl an=gestellt sein muß, hat keine aufschiebende Wirkung.[1]

II. Zur Verwaltung eines städtischen Berufsamtes ist niemand verpflichtet, dagegen besteht eine solche Verpflichtung allerdings für die Übernahme von Ehrenämtern in der städtischen Verwaltung: jeder stimmfähige Bürger ist verbunden ein derartiges Amt zu über=nehmen, falls ihm nicht dieselben Gründe, die zur Ablehnung der Wahl zum Stadtverordneten berechtigen, zur Seite stehen.[2] Ebenso=wenig hat jemand ein Recht, ein städtisches Amt zu erlangen. Die berufenen Organe der Stadt dürfen nach freier Überzeugung den ihrer Meinung nach Tüchtigsten zum Amte berufen.

III. Die Bedingungen, von deren Erfüllung die Erlangung eines städtischen Ehrenamtes abhängt, sind gesetzlich geregelt. Danach ist rechtlich nur erforderlich, daß der Kandidat Ehrenbürger oder stimmfähiger Bürger der Stadt ist. Thatsächlich werden freilich bei der Wahl und der Bestätigung noch manche andere Eigenschaften, wie der Besitz einer gewissen Bildung, Geschäftskenntnis u. dgl., er=fordert werden. Zu einem städtischen Berufsamte kann jeder Reichs=angehörige erwählt werden; die gesetzlichen Vorbedingungen für die Ernennung zum besoldeten Mitgliede des Stadtvorstandes sind bereits auf Seite 113 ff. besprochen worden, im übrigen ist in den alten Pro=

[1] Gegen den Beschluß des Bezirksausschusses ist weitere Beschwerde an den Provinzialrat, in Berlin an den Minister des Innern gegeben.
[2] Vgl. S. 74 ff. In Schleswig=Holstein kann das Ortsstatut über die Ablehnungsgründe besondere Bestimmungen geben.

vinzen die Aufstellung von Bedingungen, deren Erfüllung zur Er=
reichung eines Berufsamtes notwendig ist, völlig dem freien Ermessen
der städtischen Organe überlassen, während für Schleswig=Holstein
und Hannover einzelne gesetzliche Bestimmungen gegeben sind. In
Hannover darf zu den Ämtern des Stadtsekretärs, Gemeindeeinnehmers
und der technischen Beamten niemand ernannt werden, der in Kost
und Lohn eines andern steht, in Konkurs befangen ist, öffentliche
Armenunterstützung bezieht oder sie im letzten Jahre erhalten und
noch nicht zurückerstattet hat; desgleichen darf zu diesen Ämtern der=
jenige nicht bestellt werden, der wegen eines nach der öffentlichen
Meinung entehrenden Verbrechens oder Vergehens bestraft ist. [1]
Der Gemeindeeinnehmer darf bei seiner Berufung in das Amt mit
keinem Mitgliede des Rates in den beiden ersten Graden verwandt
oder verschwägert sein. Endlich müssen sowohl in Schleswig=Holstein
wie in Hannover und Frankfurt a/M. alle Unterbeamtenstellen und
diejenigen Subalternämter, für welche sich geeignete Bewerber finden,
mit versorgungsberechtigten Militärinvaliden besetzt werden, nur bei
der Anstellung des Kämmereikassenrendanten und der sonstigen
Kommunalkassenbeamten ist den Städten freie Hand gelassen. [2]

---

[1] Überall gelten selbstverständlich die allgemeinen Voraussetzungen für
Bekleidung jedes öffentlichen Amts: der Besitz der bürgerlichen Ehrenrechte
und der Fähigkeit zur Bekleidung öffentlicher Ämter (StGB. §§ 31, 32, 34, 35).

[2] Königliche Verordnung vom 22. September 1867. Hinsichtlich der Forst=
versorgungsberechtigten vgl. Regulativ vom 1. Februar 1887 (VMBl. S. 24)
§§ 25, 29 ff. und Ministerialerlasse vom 9. April 1880 (VMBl. S. 19) und
1. Februar 1887 (VMBl. S. 47). — Für die Städte der alten Provinzen
kann eine gleiche Verpflichtung nicht anerkannt werden. Die Ausführungs=
verordnungen zu den Städteordnungen von 1853 und 1856, denen die Ver=
waltungspraxis folgt, leiten die fortdauernde Geltung der älteren betreffenden
Bestimmungen daraus her, „daß dieselben einen integrierenden Teil der preu=
ßischen Armeeverfassung bilden;“ das Erkenntnis des Obertribunals vom 23. No=
vember 1866 (Striethorst, Archiv Bd. 66 Nr. 36) behauptet das Fortbestehen
dieser Bestimmungen, ohne irgend welche Gründe dafür anzuführen. Die
Prüfung des Entwickelungsganges der Gesetzgebung führt vielmehr zu dem
entgegengesetzten Ergebnisse. Nachdem nämlich Zweifel darüber entstanden
waren, ob gegenüber den Bestimmungen der Städteordnung von 1808 die
älteren Anordnungen über die Verpflichtung der Städte zur Anstellung zivil=
versorgungsberechtigter Militärinvaliden in Wirksamkeit geblieben seien, erging
der königliche Erlaß vom 29. Mai 1820 zur Erläuterung des § 157 der Städte=

IV. Jeder städtische Beamte kann veranlaßt werden, Kaution zu stellen. In den östlichen Provinzen und Frankfurt a. M. bestimmt der Rat nach Anhörung der Stadtverordneten, in Westfalen und der Rheinprovinz die Stadtverordnetenversammlung diejenigen Beamten, welche kautionspflichtig sind, sowie die Höhe und die Art der Bestellung ihrer Kautionen. In Schleswig-Holstein werden die entsprechenden Festsetzungen durch das Ortsstatut, in Hannover durch Gemeindebeschluß getroffen. Die Höhe und Art der Kautionsbestellung des Gemeindeeinnehmers, der in den westlichen Provinzen, Schleswig-Holstein und Hannover gesetzlich kautionspflichtig ist, muß in der Rheinprovinz durch den Bezirksausschuß bestätigt werden. [1]

V. Das Beamtenverhältnis ist mit Einführung in das Amt begründet. Für Dritte beginnt die Pflicht, den amtlichen Charakter des Eingeführten zu beachten, mit der amtlichen Bekanntmachung der erfolgten Ernennung.

Jeder städtische Beamte hat bei seiner Anstellung den Diensteid zu schwören, falls er denselben nicht bereits vorher geleistet hat. Zu der für alle preußischen Beamten gleichen Formel tritt hier noch ein die Verpflichtung des Schwörenden gegen die Stadt ausdrückender Zusatz, in Hannover werden die Gemeindebeamten außerdem auch auf die vom Rate festgestellte Dienstanweisung vereidigt. [2]

ordnung, welcher die Verpflichtungen der Städte regelte und teilweise neu ordnete. Die demnächst erlassenen Gemeindegesetze, die revidierte Städteordnung (§ 96), die Zusammenstellung vom 4./14. Juli 1832 (zu § 157 StO. von 1808) und die Gemeindeordnung für die Rheinprovinz vom 23. Juli 1845 (§ 78) enthielten sämtlich Bestimmungen über die Verpflichtung der Städte zur Anstellung zivilversorgungsberechtigter Militärinvaliden, so daß zweifellos diese Anordnungen zu einem „integrierenden Teil" der preußischen Gemeindegesetzgebung geworden sind. Da nun die seit der Gemeindeordnung von 1850 ergangenen Gemeindegesetze dieser Verpflichtung der Städte nicht Erwähnung thun, so muß angenommen werden, daß diese Bestimmungen aufgehoben sind, und dem so gewonnenen Ergebnisse gegenüber kann die entgegengesetzte, im Gesetz nicht zum Ausdruck gekommene Ansicht einzelner bei der Beratung dieser Gesetze beteiligter Personen nicht maßgebend sein.

[1] Für die Staatsbeamten ist die Kautionspflicht durch das Gesetz vom 25. März 1873 geregelt, dessen Bestimmungen zweckmäßig in analoger Weise auch auf die städtischen Beamten Anwendung finden.

[2] Über die Vereidigung der Mitglieder des Stadtvorstandes vgl. S. 122. — Die Form des Diensteides ist für alle preußischen Beamten durch die königliche Verordnung vom 6. Mai 1867 festgesetzt.

Ob dem Beamten eine besondere Bestallung übergeben wird, bestimmt das Ortsstatut oder ein bezüglicher Gemeindebeschluß.

### d. Die Dienstzeit.

StO. 53 u. W. §§ 31, 56 °, 60, 74. Rh. §§ 30, 53 °, 55, 70, 79. Fr. §§ 17, 40, 41, 63 °, 67. Sch. §§ 9, 30, 75. H. §§ 44, 45. Ges. v. 25. Febr. 1856. v. Möller § 59. Steffenhagen § 66. Schmitz § 5.

Die städtischen Beamten sind entweder lebenslänglich, auf Kündigung oder für eine bestimmte Zeit bestellt.

Für eine bestimmte Zeit werden zunächst alle diejenigen Beamten angestellt, welche nur vorübergehende Dienstleistungen erfüllen sollen, sodann ist auch in sämtlichen Provinzen außer in Hannover die Dienstzeit der unbesoldeten Mitglieder des Stadtvorstandes und überall diejenige der Ehrenbeamten in der Gemeindeverwaltung auf eine festgesetzte Reihe von Jahren beschränkt.

Die besoldeten Mitglieder des Stadtvorstandes werden in den alten Provinzen und in Hannover lebenslänglich angestellt, und auch in Schleswig-Holstein kann für sie durch Gemeindebeschluß die Ernennung auf Lebenszeit eingeführt werden. Hier wie in den alten Provinzen kann aber auch die Wahl der besoldeten Mitglieder des Stadtvorstandes nur auf zwölf Jahre erfolgen. [1]

Bei den besoldeten Gemeindebeamten in den östlichen Provinzen, Westfalen und Frankfurt a/M. spricht die Vermutung für die Lebenslänglichkeit ihrer Anstellung; in der Rheinprovinz und Hannover muß dagegen im Zweifelsfalle angenommen werden, daß die Gemeindebeamten auf Kündigung bestellt sind, doch kann in der Rheinprovinz der Stadtvorstand alle Gemeindebeamten, die nicht lediglich vorübergehende Dienstleistungen erfüllen sollen, auch auf Lebenszeit anstellen, und in Hannover muß dies hinsichtlich des Stadtsekretärs und des Kämmerers geschehen. In Schleswig-Holstein bestimmt das Ortsstatut diejenigen Beamten, welche auf Lebenszeit ernannt werden, doch müssen dazu jedenfalls alle Beamten gehören, die vom Rate und den Stadtverordneten gemeinsam erwählt werden. [2] In Hannover soll in gleicher Weise im Ortsstatut festgesetzt sein, ob

---

[1] Dies ist thatsächlich die Regel. — In Frankfurt a/M. darf die Wahl nur auf zwölf Jahre erfolgen.

[2] Vgl. S. 150.

und welche unter den technischen Beamten lebenslänglich angestellt
werden. In den östlichen Provinzen, Westfalen und Frankfurt a. M.
darf von der Regel, daß die Gemeindebeamten auf Lebenszeit ernannt sein müssen, nur hinsichtlich der allein zu mechanischen Diensten
bestimmten Unterbeamten abgewichen werden; diese dürfen auch hier
auf Kündigung angestellt werden.

e. **Die Pflichten und Beschränkungen der städtischen
Beamten.**

ALR. II, 10 §§ 68 ff. StO. H. §§ 46, 57, 59, 60.
v. Möller §§ 60, 62, 66. Steffenhagen § 94. Schmitz §§ 10, 11.

I. Die städtischen Beamten haben die Pflichten der mittelbaren
Staatsbeamten.

Im wesentlichen sind im Staats- und im städtischen Dienste
die Verpflichtungen die gleichen. Auch der städtische Beamte ist verpflichtet, den Gesetzen, seiner Dienstanweisung und den Anordnungen
der vorgesetzten Behörden nachzuleben, auch er ist zur Treue gegen
die Stadt und den Staat verbunden. Sorgsamste Erfüllung seiner
Dienstpflichten ist dem städtischen wie dem staatlichen Beamten vorgeschrieben,[1] und beide sollen durch ein achtungswertes Verhalten
in und außer dem Amte die Ehre des Standes und das Ansehen
des Amtes wahren.

Da die Pflichterfüllung des Beamten nicht auf gewisse bestimmte Handlungen beschränkt ist, sondern der Beamte trachten soll,
seinen Berufskreis nach allen Richtungen auszufüllen, so bleibt es
der vorgesetzten Behörde unbenommen, die Dienstgeschäfte des einzelnen Beamten zu vermehren oder auch zu vermindern.

II. Die Berufsbeamten sind verpflichtet, ihre ganze Persönlichkeit dem Amte zu widmen, in der Erfüllung ihrer Amtspflichten
ihre Lebensaufgabe zu finden. Daher dürfen sie auch ohne Erlaubnis der vorgesetzten Behörde[2] weder ein Nebenamt oder auch

[1] ALR. II, 10 § 88.
[2] Die vorgesetzte Behörde ist für die Mitglieder des Stadtvorstandes der
Regierungspräsident, für die Gemeindebeamten der Stadtvorstand. Minvfg.
vom 31. Dezember 1845. — Es ist in dem Aufsichtsrechte des Regierungspräsidenten begründet, darauf zu achten, daß die städtischen Behörden nicht,
unter Hintansetzung der dienstlichen Interessen, leichtfertig die Genehmigung

nur eine mit Vergütigung verbundene Nebenbeschäftigung über=
nehmen, [1]) noch ein Gewerbe betreiben, das nicht mit der Bewirt=
schaftung eines ihnen gehörigen Landgutes verbunden ist. [2]) Auch
zur Übernahme einer Vormundschaft oder Pflegschaft ist die Geneh=
migung der zunächst vorgesetzten Behörde erforderlich.

III. Alle städtischen Beamten sind durch ihr Amt an ihren
Amtssitz gebunden und dürfen ihn ohne Erlaubnis der vorgesetzten
Behörde nicht verlassen. [3]) Danach würden die Mitglieder des Stadt=
vorstandes von dem Regierungspräsidenten Urlaub zu erhalten haben,
durch Verwaltungsanordnung ist diese Befugnis aber überall, außer
in Hannover, dem Bürgermeister übertragen worden, der nur, falls
der Urlaub vier Wochen übersteigt, dem Regierungspräsidenten An=
zeige erstatten muß. [4]) In Hannover ist der Bürgermeister befugt,

---

zur Übernahme von Nebenbeschäftigungen erteilen, — vgl. Minvfg. vom
21. Januar 1882, VMBl. S. 47. — Ein formelles Beanstandungsrecht der=
artiger Anordnungen steht der Aufsichtsbehörde indes nicht zu.

[1]) In Hannover ist für die Mitglieder des Rates, den Stadtsekretär
und den Kämmerer stets außer der Genehmigung der vorgesetzten Behörde auch
ein zustimmender Gemeindebeschluß zur Übernahme irgend eines Erwerbs=
zweiges oder einer Beschäftigung neben dem Amte erforderlich. Hinsichtlich der
Gemeindebeamten soll im Ortsstatut bestimmt sein, inwieweit ihnen gestattet
werden darf, sich einen Nebenerwerb zu verschaffen. Falls das Ortsstatut keine
Bestimmungen trifft, muß die Übernahme einer Nebenbeschäftigung für unzu=
lässig erachtet werden, aber auch bei denjenigen Beamten, denen das Ortsstatut
die Übernahme einer Nebenbeschäftigung gestattet, liegt die Erteilung der Er=
laubnis für den einzelnen Fall im freien Ermessen des Rates.

[2]) Gewerbeordnung vom 17. Januar 1845 § 19, RGewOrdng. § 12,
königl. Verordnung vom 23. September 1867. — Auch für den Betrieb eines
Gewerbes durch die Ehefrau, die in väterlicher Gewalt befindlichen Kinder, die
Dienstboten und andere Mitglieder des Hausstandes des Beamten ist die Ge=
nehmigung der vorgesetzten Behörde notwendig.

[3]) ALR. II, 10 §§ 92, 93. — In Hannover müssen die Mitglieder des
Rates, der Stadtsekretär und der Kämmerer in der Stadt wohnen, falls sie nicht
durch Gemeindebeschluß von dieser Verpflichtung entbunden werden, die übrigen,
und in den andern Provinzen sämtliche städtischen Beamten müssen die Erlaubnis
der vorgesetzten Behörde einholen, wenn sie außerhalb ihres Amtssitzes wohnen
wollen.

[4]) Minvfg. vom 13. Dezember 1867 (Örtel S. 231). — Die Bestimmung
des Regulativs von 1835 § 20ᵃ, daß der Bürgermeister, und nicht der Stadt=
vorstand, den Gemeindebeamten Urlaub zu erteilen habe, findet in dem Auf=
sichtsrechte des Staates keine Begründung und ist daher ungültig.

den Mitgliedern des Rates Urlaub bis zu 14 Tagen zu gewähren, ein längerer Urlaub bedarf der Zustimmung des Rates. Dasselbe ist der Fall, wenn der Bürgermeister sich acht Tage oder länger aus dem Stadtgebiete zu entfernen beabsichtigt; zu jedem Urlaub von mindestens acht Tagen ist zudem für den Bürgermeister wie für dasjenige Ratsmitglied, dem die Verwaltung der Polizei übertragen ist, und den Vorsteher der städtischen Polizeidirektion die Genehmigung des Regierungspräsidenten erforderlich, dem auch Beurlaubungen der übrigen Ratsmitglieder auf mehr als vier Wochen anzuzeigen sind. In allen Fällen, in denen der Urlaub dem Regierungspräsidenten an= gezeigt oder von ihm erbeten wird, soll zugleich berichtet werden, wie die Vertretung des Beurlaubten geordnet ist. Schließlich ist noch bestimmt, daß der Bürgermeister sich nicht ohne Vorwissen seines Stellvertreters über Nacht aus dem Stadtgebiete entfernen darf.

IV. Alle städtischen Beamten sind verpflichtet, über die ver= möge ihres Amtes ihnen bekannt gewordenen Angelegenheiten, deren Geheimhaltung ihrer Natur nach erforderlich oder von den Vor= gesetzten befohlen ist, Verschwiegenheit zu beobachten.

### f. Die Rechtsfolgen der Pflichtverletzungen.

StO. 53 §§ 58, 80. W. §§ 58, 82. Rh. § 87. Fr. §§ 65, 83. SH. §§ 61, 93. H. §§ 61, 62. ALR. II, 10 §§ 68 ff. Disziplinargesetz vom 21. Juli 1852. Verordnung betr. die Ausdehnung preußischer Disziplinargesetze auf die Be= amten in den neu erworbenen Landesteilen vom 23. September 1867. Ver= ordnung über die Festsetzung und den Ersatz der bei Kassen und andern Ver= waltungen vorkommenden Defekte vom 24. Januar 1844. ZustGes. §§ 17⁵, 20. LVGes. § 157². v. Möller §§ 67, 68. Steffenhagen §§ 94—97. Schmitz § 11.

I. Alle Pflichtverletzungen städtischer Beamter unterliegen dis= ziplinarischer Ahndung, einzelne besonders schwere Fälle sind außer= dem mit krimineller Strafe bedroht, und endlich ist der Beamte auch zum Schadensersatze verbunden, insoweit er durch seine Pflicht= verletzung zugleich in die Privatrechte eines Dritten eingegriffen hat.

II. Die Beamten haften für allen Schaden, den sie der Stadt oder einer dritten Person durch Vorsatz, oder auch selbst nur ge= ringes Versehen zugefügt haben.[1]) Vorgesetzte sind für denjenigen

---

[1]) Vgl. auch Entscheidungen des Obertribunals vom 3. Juli 1859 (Striet= horst Bd. 33 Nr. 61) und vom 4. April 1870 (a. a. O. Bd. 77 Nr. 56).

Schaden verantwortlich), welcher durch die untergebenen Beamten
auf ihren Befehl oder infolge ihrer nicht gehörigen Aufsicht verübt
wird, wobei indes auch der ausführende Beamte wegen seines eigenen
Verschuldens haftbar bleibt. Im Gebiete des allgemeinen Land=
rechts soll derjenige Beamte, welcher nur den Befehl seiner dienst=
lichen Vorgesetzten ausgeführt hat, nicht zum Schadensersatze ver=
pflichtet sein, wofern nicht die vollführte Handlung in den Gesetzen
ausdrücklich verboten ist;[1] auch in diesem Falle bleibt aber der=
jenige, welcher die unerlaubte Handlung befohlen hat, in erster Reihe
ersatzpflichtig.[2] — Für den Schadensersatz aus solchen Geschäften,
die nicht einem einzelnen Beamten, sondern einem Kolleg obliegen,
haften sämtliche Mitglieder desselben,[3] die verpflichtet waren, an
der Abstimmung über die betreffende Sache teilzunehmen[4] und nicht
die Gründe ihrer abweichenden Ansicht zu den Akten gebracht haben.[5]

Die Voraussetzungen der Ersatzpflicht des Beamten für den
von ihm zugefügten Schaden werden durch die Bestimmungen des=
jenigen Privatrechts geregelt, welches am Orte der Verübung des
Schadens gilt. Doch soll der Beamte zur Vertretung des von
ihm begangenen Versehens[6] überall nur dann verbunden sein,
wenn der entstandene Schade durch kein anderes gesetzmäßiges
Mittel ausgeglichen werden kann.[7]

Die Klage auf Schadensersatz gegen den schuldigen Beamten
verjährt im Gebiete des gemeinen und französischen Rechts in
30 Jahren, in den landrechtlichen Gebieten dagegen tritt die Ver=
jährung des Klagerechts des beschädigten Dritten bereits in drei
Jahren ein, während für die Klage der Stadt gegen ihren Beamten
die gewöhnliche Verjährungszeit von 30 Jahren läuft.

Besondere Bestimmungen sind für die Feststellung und den
Ersatz vorkommender Defekte[8] gegeben. Danach geschieht die Fest=

---

[1] ALR. I, 6 §§ 45 ff.
[2] ALR. I, 6 § 58.
[3] ALR. II, 10 §§ 127 ff.
[4] ALR. II, 10 §§ 141—143.
[5] a. a. O. § 144.
[6] Nicht aber, wenn der Schaden vorsätzlich zugefügt wird.
[7] ALR. II, 10 § 91.
[8] Ein Defekt ist dann vorhanden, wenn der Istbestand einer Kasse oder

ſtellung des Defekts, der bei einer in ſtädtiſcher Verwaltung befind=
lichen Kaſſe oder einem derartigen Materialienbeſtande vorhanden
iſt, ſowie die Beſtimmung desjenigen, der für den Defekt haftet,
durch den Bezirksausſchuß, welcher über den Betrag des Defekts,
die Perſon des erſatzpflichtigen Beamten und den Grund ſeiner Ver=
pflichtung einen begründeten Beſchluß abzufaſſen hat. Durch den
Beſchluß wird der ſchuldige Beamte entweder zum Erſatze des De=
fekts oder zur Sicherheitsleiſtung angehalten. Im erſteren Falle
ſoll auch zugleich beſtimmt werden, in welcher Weiſe die Vollſtreckung
des Beſchluſſes geſchehen ſoll. Zum Erſatze des Defekts kann jeder
Beamte verurteilt werden, welcher denſelben nach Ermeſſen des
Bezirksausſchuſſes vorſätzlich verübt oder durch grobes Verſehen bei
den ihm zur Verwaltung oder in ſeinen Gewahrſam gegebenen
Geldern oder ſonſtigen Beſtänden herbeigeführt hat. Ergänzungs=
weiſe haften für den Erſatz des Defekts auch diejenigen Beamten,
welche zwar die defektierten Beſtände nicht in Gewahrſam hatten,
aber bei deren Vereinnahmung, Verausgabung oder Verſchluß derart
unmittelbar beteiligt waren, daß der Defekt ohne ihr grobes Ver=
ſchulden nicht hätte entſtehen können; gegen dieſe iſt die Beſchlag=
nahme ihres Vermögens oder Gehalts zur Sicherung des demnächſt
im Rechtswege auszuführenden Anſpruchs geſtattet. Der Beſchluß
des Bezirksausſchuſſes iſt endgültig und vorläufig vollſtreckbar.
Soweit ein Beamter zum Erſatze des Defekts verurteilt wird, ſteht
ihm jedoch innerhalb eines Jahres, vom Tage der Zuſtellung des
Beſchluſſes ab, die Berufung auf richterliches Gehör zu, wobei dann
ſowohl die Erſatzverbindlichkeit ſelbſt wie die Höhe des von dem Be=
zirksausſchuſſe feſtgeſetzten Betrages beſtritten werden kann. Lautet
der Beſchluß des Bezirksausſchuſſes nur dahin, daß der haftbare
Beamte Sicherheit leiſten ſolle, ſo können gegen dieſe Anordnung
dieſelben Rechtsmittel wie gegen einen gerichtlich angelegten Arreſt
geltend gemacht werden. [1]) — Bei Gefahr im Verzuge kann auch
der Stadtvorſtand vorläufige Sicherheitsmaßregeln durch Beſchlag=
nahme des Gehalts oder Vermögens der erſatzpflichtigen Beamten

---

eines Materialienlagers geringer als der rechnungsmäßige Sollbeſtand iſt.
Der Defekt ſetzt nicht notwendigerweiſe eine gerichtlich oder disziplinariſch ſtraf=
bare Verſchuldung des Beamten voraus.

[1]) RCPO. §§ 804 ff.

ergreifen; er muß hiervon aber ungesäumt dem Bezirksausschuß Anzeige machen und dessen Genehmigung nachsuchen.

III. Einzelne Pflichtverletzungen der Beamten erscheinen dem Gesetzgeber so schwer, daß er sie als strafbare Delikte bezeichnet hat — eigentliche Amtsverbrechen [1]) —, in anderen Fällen ist der Thatbestand eines Verbrechens oder Vergehens dann mit schwererer Strafe bedroht, wenn er sich zugleich als die Pflichtverletzung eines Beamten darstellt — uneigentliche Amtsverbrechen —.[2]) Die eingehendere Darstellung der einzelnen Amtsverbrechen erübrigt sich an dieser Stelle.[3])

IV. Gegen unbegründete Zivil= und Strafklagen wegen der in Ausübung oder in Veranlassung der Ausübung ihres Amtes vorgenommenen Handlungen sind die städtischen Beamten dadurch geschützt, daß der Regierungspräsident in solchem Falle den Konflikt erheben kann. Stellt dann das Oberverwaltungsgericht, dem die Entscheidung zusteht, fest, daß der Beamte sich der Überschreitung seiner Amtsbefugnisse oder der Unterlassung einer ihm obliegenden Amtshandlung nicht schuldig gemacht hat, so ist der Rechtsweg gegen den Beamten unzulässig.[4])

V. Die regelmäßige Folge jeder Pflichtverletzung ist die Verhängung einer Disziplinarstrafe. Dieselbe ist, wie die kriminelle Strafe, Ahndung des verübten Delikts, nicht ein Mittel zur Erzwingung der Dienstpflicht, sie unterscheidet sich aber von der kriminellen Strafe durch die Verschiedenheit des Zwecks, denn während diese die Verletzung der staatlichen Rechtsordnung bestraft, will die Disziplinarstrafe die Verletzung der Amts= und Standespflichten ahnden. Daher ist es auch durchaus zulässig, daß nach dem gerichtlichen Verfahren noch eine disziplinarische Untersuchung erfolgt und geeignetenfalls trotz der von den Strafgerichten erkannten Freisprechung doch eine Disziplinarstrafe verhängt wird.

Die Disziplin übt zunächst jeder Vorgesetzte über die ihm untergebenen Beamten aus, gegen welche er Warnungen und Verweise aussprechen kann.

---

[1]) StGB. §§ 331, 332, 334, 336, 338, 339, 343, 345, 346, 353, 357.
[2]) StGB. §§ 339, 340—342, 347—351.
[3]) Vgl. v. Rönne, Preuß. Staatsrecht Bd. 3 S. 477 ff.
[4]) Gesetz vom 13. Februar 1854. EG. zum GVG. § 11.

Der Bürgermeister ist außerdem befugt, sämtlichen Gemeinde=
beamten Geldbußen bis zu 9 M. aufzuerlegen, die unteren Beamten
auch mit Arrest bis zu drei Tagen zu bestrafen; dem Betroffenen
steht binnen zweier Wochen die Beschwerde an den Regierungspräsi=
denten [1]) und gegen dessen Beschluß binnen gleicher Frist die Klage
bei dem Oberverwaltungsgerichte zu. [2]) [3])

Der Regierungspräsident kann gegen alle städtischen Beamten
Ordnungsstrafen festsetzen, insbesondere auch Geldbußen bis zu 90 M.
verhängen, soweit dadurch nicht bei besoldeten Beamten der ein=
monatliche Betrag ihres Diensteinkommens überschritten wird.

Gegen seine Strafverfügungen ist innerhalb zweier Wochen die
Beschwerde an den Oberpräsidenten und gegen dessen Bescheid inner=
halb der gleichen Frist die Klage bei dem Oberverwaltungsgerichte
gegeben. [3]) [4])

Der Oberpräsident kann indes auch unmittelbar Ordnungs=
strafen gegen alle städtischen Beamten in demselben Umfange wie der
Regierungspräsident festsetzen, und endlich kann auch der Minister des
Innern allen städtischen Beamten Warnungen und Verweise erteilen
sowie sie in Geldstrafen nehmen, die bei den besoldeten Beamten sich
bis zum Betrage ihres einmonatlichen Diensteinkommens, bei den
unbesoldeten Beamten bis zu 90 M. erstrecken dürfen.

Insoweit der Rat, der Bürgermeister oder ein Mitglied des
Stadtvorstandes mit der Verwaltung von Polizei= oder Landes=
verwaltungsangelegenheiten beauftragt sind, unterstehen sie der Dis=
ziplinargewalt der in dieser Hinsicht ihnen vorgesetzten Behörden.
Insbesondere hat also auch der Landrat für die kreisangehörigen
Städte in den vorerwähnten Angelegenheiten ein Ordnungsstrafrecht,
dagegen steht den einzelnen Abteilungen oder dem Plenum der Re=

---

[1]) In Berlin an den Oberpräsidenten; in Posen b. a. w. an die Regierung.

[2]) Zuständig ist der Erste Senat (Gesetz vom 8. Mai 1889 betr. das Dis=
ziplinarverfahren bei dem Oberverwaltungsgericht).

[3]) In Posen nimmt b. a. w. die Regierung die Zuständigkeit des Re=
gierungspräsidenten wahr. Gegen ihre Verfügungen ist nur die Verwaltungs=
beschwerde gegeben.

[4]) In Berlin tritt an Stelle des Regierungspräsidenten der Oberpräsident,
gegen dessen Verfügung binnen zweier Wochen Klage bei dem Oberverwaltungs=
gericht eingelegt werden kann. Über den zuständigen Senat vgl. Anm. 2.

gierung keine Disziplinargewalt gegen städtische B
Stelle der Bezirksregierung in allen Disziplinara:
Regierungspräsident getreten ist.

Gegen die Disziplinarverfügungen des Landr(
instanzlichen Verfügungen des Oberpräsidenten ist
tungsbeschwerde gegeben, [1]) die von den Ministern
nungsstrafen sind unanfechtbar.

Erscheint die Pflichtverletzung eines städtischen
daß sein ferneres Verbleiben im Amte zu erh(
Anlaß gibt, so kann bei den vom Könige bestätigt(
Bürgermeistern der Minister des Innern, bei den
Beamten der Regierungspräsident die Einleitung
auf Dienstentlassung verfügen. Der mit der Vorun
in solchem Falle erfolgen muß, [2]) beauftragte Bean
jenigen Behörde, welche die Einleitung der Untersu
ernannt; den Staatsanwalt ernennt stets der Re
Zuständiges Disziplinargericht ist in allen Fäller
schuß, welcher mit Rücksicht auf den Ausfall der
die Einstellung des Verfahrens beschließen kann,
in nicht öffentlicher Sitzung auf Grund mündli(
nach seiner freien, aus dem ganzen Inbegriffe d(
und Beweise geschöpften Überzeugung darüber ent
die Anschuldigung begründet ist. Das Urteil,
Gründen verkündet werden muß, kann auch auf
strafe lauten.

Gegen das Erkenntnis des Bezirksausschusses
Vertreter der Staatsanwaltschaft wie dem Angekla(
offen, welche binnen vier Wochen vom Tage der U:
oder, sofern der Angeklagte bei der Verkündigung
von diesem binnen vier Wochen vom Tage der U:
dem Bezirksausschusse schriftlich oder zu Protokol
muß. Nachdem dann die dem Beschwerdeführer
partei zur Rechtfertigung der Berufung und Einreid
schrift gesetzten Fristen verstrichen sind, die in b(
zehn Tage betragen sollen, aber auf Antrag v

---

[1]) Vgl. auch OVGE. Bd. 16 Nr. 63.
[2]) Vgl. OVGE. Bd. 12 Nr. 72 zu 2 und Bd. 16 Nr.

ausschuß auch angemessen verlängert werden können, werden die
Akten an den Disziplinarsenat des Oberverwaltungsgerichtes ge=
sandt,[1][2]) welcher gleichfalls nach mündlicher Verhandlung auf
Grund der in freier Beweiswürdigung gewonnenen Überzeugung
entscheidet. Handelt es sich um einen von dem Könige bestätigten
oder ernannten Bürgermeister, so bedarf das Urteil des Ober=
verwaltungsgerichtes, sofern es auf Dienstentlassung lautet, der Be=
stätigung durch den König.[3])

### g. Die Rechte der städtischen Beamten.

StO. 53 §§ 29, 31, 34, 56, 60, 64. W. §§ 29, 31, 55, 60, 64. Rh. §§ 9, 28,
30, 52, 55, 58, 68. Fr. §§ 38, 67, 71. Sch. §§ 28, 75, 76, 77. H. §§ 39,
40, 41, 42, 43, 45, 47, 48.
v. Möller §§ 61, 64, 65. Steffenhagen §§ 51, 65, 102—104. Schmitz § 12.

I. Gleich den staatlichen Beamten stehen auch die Beamten der
Stadt in der Ausübung ihrer amtlichen Thätigkeit unter besonderem
strafrechtlichen Schutze,[4]) und sie genießen in ihren persönlichen Ver=
hältnissen dieselben Begünstigungen[5]) wie jene.

[1]) Gesetz vom 8. Mai 1889 betr. das Disziplinarverfahren bei dem Ober=
verwaltungsgericht. —

[2]) Vgl. hierzu auch OVGE. Bd. 12 Nr. 72 zu 3, wo ausgeführt wird,
daß die Berufung des Staatsanwalts im Disziplinarverfahren nicht, wie im
heutigen Strafprozesse, das erstinstanzliche Urteil auch zu Gunsten des Ange=
klagten abänderungsfähig macht und daß dem Disziplinarverfahren die Insti=
tute der Anschlußberufung und der Wiedereinsetzung in den vorigen Stand
unbekannt sind.

[3]) Hat in solchem Falle der Bezirksausschuß zwar die Dienstentlassung
ausgesprochen, haben sich aber der Staatsanwalt und der Angeklagte bei dem
Urteil beruhigt, so ist die Bestätigung des Urteils durch den König weder
erforderlich noch zulässig.

[4]) StGB. §§ 113 ff.

[5]) Diese Begünstigungen bestehen in folgendem:
  a) Die städtischen Beamten werden in geringerem Maße als die übrigen
     Einwohner der Stadt zu den Kommunallasten herangezogen.
  b) Sie sollen durch ihre Einberufung zum Militärdienst und im Falle
     einer Mobilmachung auch durch ihren freiwilligen Eintritt in das
     Heer keinen Nachteil in ihren bürgerlichen Dienstverhältnissen erleiden.
     Es müssen ihnen daher ihre Stelle, ihr persönliches Diensteinkommen
     aus derselben und ihre Anciennität, sowie alle sich daraus ergebenden
     Ansprüche in der Zeit der Einberufung zum Militärdienste gewahrt
     bleiben. Wenn sie Offiziersbesoldung beziehen, so kann ihnen deren

II. Jeder städtische Beamte hat Anspruch auf den mit seinem Amte verbundenen Rang und Titel sowie auf die Amtsabzeichen.

Über das Rangverhältnis der städtischen Beamten zu den staatlichen ist nichts bestimmt, innerhalb der städtischen Beamtenschaft würde die Rangabstufung, sofern ein Bedürfnis dazu vorliegt, durch Gemeindebeschluß oder durch Verordnung des Stadtvorstandes festgesetzt werden können.

Die Titel sind teils gesetzliche, teils werden sie von dem Könige oder auch von der Stadt selbst verliehen.

Der leitende Beamte der Stadt heißt in Frankfurt a/M. erster Bürgermeister, in den übrigen Landesteilen Bürgermeister, in Schleswig-Holstein auch Oberbürgermeister; sein Gehilfe und Stellvertreter führt in den Städten der alten Provinzen mit Ratsverfassung, in Frankfurt a/M. und in Schleswig-Holstein den Titel eines Beigeordneten oder zweiten Bürgermeisters, in den rheinischen Städten mit Bürgermeisterverfassung werden sämtliche Angehörigen des Stadtvorstandes, die dem Bürgermeister zur Seite stehen, „Beigeordnete" genannt, in Hannover endlich ist dem Stellvertreter des Bürgermeisters nur dann eine besondere Benennung gegeben, wenn er ein rechtskundiges Mitglied des Rates ist, in welchem Falle er dann Syndikus heißt. Die Mitglieder des Rates werden in Frankfurt a/M. als Stadträte, in Schleswig-Holstein als Ratsverwandte und in Hannover als Senatoren bezeichnet, in den alten Provinzen gibt es nur für die unbesoldeten Ratsmitglieder den zusammenfassenden Namen der Schöffen. Überall heißen die den einzelnen städtischen Bezirken vorgesetzten Beamten: Bezirksvorsteher; in den alten Provinzen ist fer-

---

reiner Betrag zwar auf die Zivilbesoldung angerechnet werden, jedoch darf dies bei denjenigen Beamten, welche einen eigenen Hausstand mit Frau und Kind haben, beim Verlassen ihres Wohnorts nur dann geschehen, wenn und soweit das reine Zivileinkommen und Militärgehalt zusammen den Betrag von 3600 M. jährlich übersteigen. § 66 Reichsmilitärgesetz vom $\frac{\text{2. Mai 1874}}{\text{6. Mai 1880}}$, vgl. hierzu Staatsministerialbeschluß vom 1. Juni 1888. (BMBl. S. 121.)

c) Von dem Gehalte des städtischen Beamten ist nur ein Drittel desjenigen Betrages, welcher 1500 M. übersteigt, pfändbar, RZPO. § 749 Nr. 8, vgl. auch § 715 Nr. 6 und 7, sowie wegen der erweiterten Pfändbarkeit in Alimentationsprozessen der Ehefrau und der ehelichen Kinder RZPO. § 749 Abf. 4. — Dienstaufwandsgelder gehören nicht zum Gehalt und sind stets unpfändbar. RZPO. § 749 a. E.

ner demjenigen Gemeindebeamten, welcher mit der Führung der Kassengeschäfte beauftragt ist, der Titel eines Gemeindeeinnehmers beigelegt, wofür in Schleswig-Holstein die Bezeichnung als Stadt= kassierer und in Hannover als Kämmerer eintritt. Letzteren Titel führt in den östlichen Provinzen kraft Gesetzes das mit der Aufsicht und Leitung der städtischen Finanzgebarung beauftragte Ratsmit= glied, und endlich ist in Hannover der dem Rate beigeordnete Ver= waltungsbeamte im Gesetze Stadtsekretär genannt.

Der Titel eines Oberbürgermeisters, den der Bürgermeister in Schleswig-Holstein kraft Gesetzes führt, wird in den übrigen Pro= vinzen durch den König verliehen.

Durch Ortsstatut kann in den alten Provinzen und in Schles= wig-Holstein den Mitgliedern des Rates der Titel eines Stadtrats, Ratsherrn oder Ratmannes [1] bezw. Senators [2] beigelegt werden, doch soll der Titel eines Stadtrats nur in Städten von wenigstens 10 000 Einwohnern und der eines Ratsherrn nur bei einer Bevöl= kerungszahl von mindestens 5000 Einwohnern angewandt werden. [3]

Überall ist der Stadt das Recht gegeben, ihren Beamten Titel zu verleihen, die sich jedoch als städtische kennzeichnen und mit den Amtsverrichtungen des betreffenden zusammenhängen müssen (z. B. Stadtbauinspektor, Ratsschreiber, Magistratssekretär u. s. w.).

In den östlichen Provinzen kann Ratsmitgliedern, die mindestens neun Jahre ehrenvoll ihr Amt versehen haben, durch Gemeinde= beschluß der Titel eines Stadtältesten verliehen werden.

Überall hat die Stadt auch das Recht, für die besoldeten Ge= meindebeamten eine Uniform einzuführen, die sich aber gleichfalls als städtische kennzeichnen muß. [4]

An die Mitglieder des Stadtvorstandes und der Verwaltungs= ausschüsse, sowie an die Bezirksvorsteher werden von dem Könige Ketten und Medaillen als Amtsabzeichen verliehen; in besonderen

---

[1] Nicht in Schleswig-Holstein.

[2] Nicht in den alten Provinzen.

[3] Die Ministerialverfügung vom 15. Februar 1873 (BMBl. S. 59) ist zwar nur für das Gebiet der Städteordnung von 1853 ergangen, doch werden ihre Bestimmungen in analoger Weise auch auf die übrigen Provinzen An= wendung finden können.

[4] Hinsichtlich der Polizeibeamten siehe weiter unten.

Fällen geschieht die Verleihung dieser Auszeichnungen an die Stadt und der König bezeichnet dann diejenige Behörde, welche sie namens der Stadt führen soll. [1]

III. a) Alle städtischen Beamten können die Vergütung barer Auslagen verlangen, welche für sie aus der Erfüllung ihrer amt=lichen Verrichtungen entstehen.

b) Auf eine weitere Entschädigung haben die Ehrenbeamten keinen Anspruch, ja sie ist sogar, als dem Wesen des Ehrenamtes widersprechend, für unzulässig zu erachten. Ausnahmsweise kann jedoch in den alten Provinzen dem Beigeordneten, auch wenn er Ehrenbeamter ist, durch einen vom Bezirksausschusse bestätigten Gemeindebeschluß ein fester Entschädigungsbetrag gewährt werden, und dasselbe kann in Schleswig=Holstein und Hannover hinsichtlich sämtlicher unbesoldeten Ratsmitglieder durch statutarische Bestimmung geschehen.

c) Dagegen ist die Stadt verpflichtet, den Berufsbeamten, die ihre ganze Persönlichkeit und Arbeitskraft dem Stadtdienste widmen, auch die Mittel zu ihrem standesgemäßen Unterhalte, eine ange=messene Besoldung, zu gewähren.

Besoldete Beamte der Stadt gibt es schon im Mittelalter. Mit der wachsenden Bedeutung der städtischen Verwaltung machte sich das Bedürfnis nach Berufsbeamten geltend, und bereits im 13. Jahrhundert finden sich solche. Am längsten blieb der ehren=amtliche Charakter des Rates gewahrt, und erst gegen Ende des Mittelalters erhielten die Ratsmitglieder in größeren Umfange Na=turalbezüge zugewiesen. An deren Stelle, oft auch neben dieselben, traten dann, namentlich seit dem Anfange des 16. Jahrhunderts, überall Besoldungen der Ratsherren. Die Städteordnung von 1808 erkennt in weitem Umfange die besoldeten städtischen Beamten an. Sowohl die Gemeindebeamten sind größtenteils besoldet, als auch ein Teil der Mitglieder des Rates. Die Festsetzung des Gehalts blieb den Stadtverordneten überlassen, wobei ihnen die Städteord=nung nur die auskömmliche Ausstattung der besoldeten Stellen im Rate empfiehlt. In der Praxis machte sich aber gerade hier eine

---

[1] Königliche Verordnung vom 9. April 1851 (BMBl. S. 87).

weite Ausdehnung des staatlichen Aufsichtsrechts notwendig, um den städtischen Beamten gegenüber der Engherzigkeit und dem Krämersinne der Stadtverordneten in kleinen Städten ein auskömmliches Diensteinkommen zu verschaffen. So verweigerte die Staatsregierung nicht nur die Bestätigung von Bürgermeistern deshalb, weil sie sich mit einem zu geringen Gehalt einverstanden erklärt hatten, sondern nahm auch prinzipiell für den Rat ein Mitwirkungsrecht bei der Festsetzung der Besoldungen, und damit für sich selbst bei Zwistigkeiten zwischen dem Rate und der Stadtverordnetenversammlung die Entscheidungsgewalt in Anspruch.

Die Städteordnung von 1831 ging auf diesem Wege weiter und bestimmte im § 98: „Der Normaletat aller Besoldungen wird von dem Rate entworfen und von der Stadtverordnetenversammlung vorläufig festgestellt, welche verpflichtet ist, diejenigen Besoldungen zu bewilligen, die zu einer ordentlichen und zweckmäßigen Verwaltung nötig sind, worauf der Etat der Regierung zur Prüfung und Bestätigung einzureichen ist. Diese Prüfung soll auf Verhütung sowohl unzulänglicher als übermäßiger Besoldungen gerichtet sein. Sollten demnächst Gründe eintreten, entweder den Etat bleibend zu ändern oder in einzelnen Fällen davon abzuweichen, so ist der Antrag dazu der Regierung einzureichen."

Die Gemeindeordnung von 1850 und die späteren Städteordnungen lassen dann wieder dem Ermessen der städtischen Organe freieren Spielraum. Insbesondere werden nach der Gemeindeordnung nur seitens der Provinzialversammlung allgemeine Bestimmungen aufgestellt, innerhalb deren Grenzen die Gemeinden freie Entschließungsgewalt haben. Nach geltendem Rechte müssen die Bürgermeister und städtischen Polizeibeamten überall, in Frankfurt a/M. außerdem der zweite Bürgermeister und in Hannover auch sämtliche rechtskundigen Senatoren sowie der Kämmerer und Stadtsekretär besoldet sein. Im übrigen ist es der Entschließung der städtischen Organe anheimgegeben, in welchem Umfange sie besoldete Beamte anstellen wollen.

Wie wünschenswert auch die reichliche Verwendung von Ehrenbeamten in der städtischen Verwaltung erscheint, so ist doch eine angemessene Zahl besoldeter Berufsbeamter in keiner Stadt zu entbehren, und es würde geeignetenfalls Aufgabe des Regierungspräsi-

benten ſein, im Aufſichtswege bie Anſtellung ber zur orbnungs=
mäßigen Führung ber ſtäbtiſchen Verwaltung erforberlichen beſolbe=
ten Beamten zu erwirken.

Die Höhe ber Beſolbungen ſoll in Hannover burch Ortsſtatut,
in ben alten Provinzen, Schleswig=Holſtein unb Frankfurt a/M.
auf Grunb eines Gemeinbebeſchluſſes burch einen Normaletat geregelt
werben. Iſt ein Normaletat nicht aufgeſtellt ober werben Änberungen
besſelben beliebt, ſo muß bas Gehalt ber betreſſenben Stelle immer
v o r ihrer Beſeßung feſtgeſtellt werben. Die Beſtimmung ber Be=
ſolbungen für ben Bürgermeiſter unb bie beſolbeten Mitglieber bes
Stabtvorſtanbes unterliegt ber Genehmigung bes Bezirksausſchuſſes,
welcher befugt unb verpflichtet iſt, zu verlangen, baß bie einer zweck=
mäßigen Verwaltung angemeſſenen Gehälter bewilligt werben. [1]

Eine Einwirkung auf bie Höhe ber Beſolbungen für bie übrigen
ſtäbtiſchen Beamten ſteht bagegen weber bem Bezirksausſchuſſe noch
bem Regierungspräſibenten zu; noch weniger kann bie Stabt ge=
zwungen werben, einen ihrer Beamten im Gehalte zu erhöhen, nur
hinſichtlich ber Polizeibeamten iſt eine ſolche Einwirkung bes Re=
gierungspräſibenten zuläſſig unb, ba anbernfalls bie Beſtätigung
ber vorgeſchlagenen Bewerber verweigert werben kann, auch burch=
führbar. [2]

Im allgemeinen iſt es geſtattet, [3] bie Beamten auch burch An=
weiſung auf Gebühren zu beſolben, boch bürfen in Hannover bie
Gehälter ber Ratsmitglieber, Stabtſekretäre unb bes Kämmerers

---

[1] ZuſtGeſ. § 16. In Berlin erteilt ber Oberpräſibent bie Genehmigung.

[2] Anbers bie Anſicht ber Inſtruktionen vom 20. Juni 1853 Nr. X; 9. Mai
1856 Nr. VIII; 18. Juni 1856 § 11, nach benen bem Regierungspräſibenten
auf Grunb ber §§ 78 unb 81 ber Stäbteorbnung vom 30. Mai 1853 unb ber
entſprechenben Paragraphen in ben anberen Stäbteorbnungen bas Recht zu=
erkannt iſt, für jeben Gemeinbebeamten bie Höhe bes Gehalts zu beſtimmen.
Inbes kann weber § 78 ber Stäbteorbnung (ZuſtGeſ. § 19), ber über bie
Zwangsetatiſierung von Leiſtungen ſpricht, welche ber Stabt g e ſ e ß l i ch obliegen,
auf ben Fall angewanbt werben, baß es ber Aufſichtsbehörbe angemeſſen er=
ſcheint, bas Gehalt eines ſtäbtiſchen Beamten zu erhöhen, noch gibt § 81, ber
ben Miniſter nur zum Erlaß von Ausführungsverorbnungen ermächtigt, bie
Befugnis, neue Rechtsſätze, bie nicht klar unb logiſcherweiſe aus ber Stäbte=
orbnung folgen, feſtzuſetzen.

[3] aber nicht wünſchenswert.

nur in festen Geldbeträgen und Überweisung einer Dienstwohnung bestehen. [1]

IV. Der Beamte kann das ihm zugesicherte Gehalt gegen die Stadt im Rechtswege erstreiten. Herrscht nicht über die Verpflich= tung der Stadt zur Gehaltszahlung, sondern nur über die Höhe des dem Beamten zustehenden Gehaltes Streit, so kann der Re= gierungspräsident im Aufsichtswege die Zahlung des unstrittigen Teils des Gehaltes anordnen. [2]

### h. Versetzung und Suspension.

StO. 53 u. W. § 75. Rh. § 80. Fr. § 21. SH. § 14. ZustGes. § 20. v. Möller § 69. Schmitz § 11.

I. Die Mitglieder des Stadtvorstandes und die städtischen Ehrenbeamten können nicht versetzt werden, dagegen ist der Stadt= vorstand zur Versetzung der besoldeten Gemeindebeamten unbedenk= lich berechtigt. Wird die Versetzung in der Regel auch nur in der Anweisung einer anderen Amtsthätigkeit bestehen, so kann doch auch sehr wohl eine Veränderung des Amtssitzes damit verbunden sein. Auch gegen seinen Willen kann der Beamte im Interesse des Dienstes in ein anderes Amt von gleichem Range und Gehalte versetzt wer= den, wenn er diese Möglichkeit nicht in seinem Anstellungsvertrage ausgeschlossen hat. Die Anhörung der Stadtverordneten zur Ver= setzung städtischer Beamter erscheint nicht erforderlich, soweit sie nicht statutarisch oder durch Gemeindebeschluß vorgeschrieben ist.

II. Eine einstweilige Versetzung des Beamten in den Ruhe= stand (Suspension) findet in folgenden Fällen statt.

a) Kraft Gesetzes, wenn in einem gerichtlichen Strafverfahren die Verhaftung des Beamten beschlossen oder gegen ihn ein noch nicht rechtskräftig gewordenes Urteil erlassen ist, welches auf den Verlust des Amtes lautet oder diesen kraft Gesetzes nach sich zieht. [3]

---

[1] Gratifi'ationen der Stadt an ihre Beamten sind gestattet; für die Be= willigung an solche Beamte, deren Besoldung der Feststellung durch die Auf= sichtsbehörde unterliegt, ist deren Zustimmung erforderlich. Übermäßiger Bewilligung von Gratifikationen, namentlich wenn dadurch eine notwendige Gehaltserhöhung umgangen werden soll, ist im Aufsichtswege entgegenzutreten.

[2] Minvfg. vom 11. November 1847 (BMBl. S. 276).

[3] Disziplinargesetz §§ 48, 49.

b) Kraft Gesetzes, wenn in einem Disziplinarverfahren eine noch nicht rechtskräftig gewordene Entscheidung ergangen ist, welche auf Dienstentlassung lautet.[1]

c) Kraft Gesetzes, wenn und solange als das Bürgerrecht eines Beamten ruht, der ein dasselbe voraussetzendes Amt bekleidet.

d) Nach Ermessen der zur Einleitung der Disziplinaruntersuchung ermächtigten Behörde, sobald gegen den Beamten ein gerichtliches Strafverfahren eingeleitet oder die Einleitung einer Disziplinaruntersuchung verfügt wird, oder wenn der Behörde im Laufe des Verfahrens bis zur rechtskräftigen Entscheidung die Suspension angemessen erscheint.[2]

Ist Gefahr im Verzuge, so ist auch der Stadtvorstand oder der Bürgermeister berechtigt, dem Beamten die Ausübung fernerer Amtsverrichtungen vorläufig zu untersagen, doch muß die Sachlage dann sofort dem Regierungspräsidenten berichtet werden.[3]

Der suspendirte Beamte erhält während der Suspension die Hälfte seines Gehaltes, die andere Hälfte wird zu den Kosten der Untersuchung und Stellvertretung verwendet. Wenn der Beamte demnächst freigesprochen wird, so muß ihm das ganze einbehaltene Diensteinkommen nachgezahlt werden; wenn er mit einer Ordnungsstrafe belegt wird, so dürfen nur die Untersuchungskosten und die Ordnungsstrafe aus dem zurückbehaltenen Diensteinkommen gedeckt werden, während der Rest dem Beamten ausgehändigt werden muß.[4]

### i. Die Beendigung des Beamtenverhältnisses.

StO. 53 u. W. §§ 74, 75. Rh. §§ 79, 80. Fr. §§ 17, 18, 21. SH. §§ 9, 10, 14. H. §§ 43, 44, 61, 70. ZustGes. §§ 10, 20.
v. Möller § 69. Steffenhagen § 107. Schmitz §§ 11, 12.

I. Jeder besoldete städtische Beamte ist befugt, zu jeder Zeit sein Amt niederzulegen, und es darf ihm die Entlassung aus dem Amte nur dann versagt werden, wenn aus ihr ein erheblicher Nachteil für das allgemeine Beste zu besorgen sein würde;[5] in Hannover

---

[1]) Disziplinargesetz §§ 48, 49.
[2]) a. a. O. § 50.
[3]) a. a. O. § 54.
[4]) a. a. O. §§ 51—53.
[5]) ALR. II, 10 § 95.

wird den Ratsmitgliedern ihre Entlassung auf ihr Ansuchen durch den Rat nach Anhörung der Stadtverordneten erteilt. Überall kann jedoch die vorgesetzte Behörde den Abschied so lange verweigern, bis der Beamte sich aller ihm obliegenden Verbindlichkeiten entledigt, vor allem vollständige Rechenschaft gelegt hat und bis für die Neubesetzung des Amtes hat gesorgt werden können.

Die städtischen Ehrenbeamten müssen dagegen ihr Amt in den alten Provinzen und in Frankfurt a/M. wenigstens 3 Jahre, in Schleswig=Holstein und in Hannover wenigstens 6 Jahre verwaltet haben, um zur Niederlegung desselben berechtigt zu sein. Sonst sind sie zum Ausscheiden aus dem Amte nur befugt:

1. wegen anhaltender Krankheit,

2. wegen solcher Geschäfte, die eine häufige oder lange dauernde Abwesenheit mit sich bringen, [1]

3. wegen eines Alters von über 60 Jahren,

4. wegen der Verwaltung eines öffentlichen Amtes sowie wegen ärztlicher Praxis. [2]

Ist keiner dieser Gründe vorhanden und erkennt die Stadt=verordnetenversammlung auch die anderweitig vorgebrachten Ab=lehnungsgründe als stichhaltig nicht an, so ist ein Ausscheiden aus dem Amte unzulässig und kann in den alten Provinzen, Schleswig=Holstein und Frankfurt a/M. von der Stadtverordnetenversammlung mit Strafe belegt werden. [3]

II. Bei dem freiwilligen Rücktritte verzichtet der Berufsbeamte auf alle vermögensrechtlichen Vorteile, dagegen verbleibt ihm sein Amtstitel. Will der Beamte um seine Verabschiedung mit Pension einkommen, so müssen ganz bestimmte Gründe vorliegen, die dieses Gesuch rechtfertigen.

III. Entlassung aus dem Stadtdienste findet in folgenden Fällen statt:

---

[1] Gilt nicht für Hannover.

[2] In Hannover sind auch Apotheker zur Niederlegung des Amtes berechtigt. Übernimmt dort ein städtischer Ehrenbeamter ein Staats= oder Hofamt, oder wird er Geistlicher oder Schullehrer, so ist er zur Niederlegung des Stadtamtes verpflichtet.

[3] In Schleswig=Holstein kann hinsichtlich der Gründe zum Ausscheiden aus einem Gemeindeamte und der Folgen des unbefugten Ausscheidens das Ortsstatut besondere Bestimmungen treffen.

a) wenn der Beamte nur für eine gewisse Zeit angestellt ist, mit Ablauf dieses Zeitraums.

b) wenn der Beamte auf Kündigung angestellt ist, nach erfolgter Kündigung mit Ablauf der Kündigungsfrist.[1]

c) bei Bekleidung eines Amtes, welches das Bürgerrecht oder in Hannover auch das stimmfähige Bürgerrecht voraussetzt, mit dem Verluste desselben.

d) ein besoldeter städtischer Beamter, der nicht widerruflich angestellt ist, kann im Falle seiner Dienstunfähigkeit in dem für die Entfernung aus dem Amte vorgeschriebenen Verfahren gegen seinen Willen in den Ruhestand versetzt werden.[2]

e) Hat sich ein städtischer Beamter eines Dienstvergehens schuldig gemacht, das nicht durch eine Ordnungsstrafe genügend geahndet wird, so kann im Disziplinarverfahren seine Entfernung aus dem Amte stattfinden.

f) Ist gegen einen städtischen Beamten auf eine Freiheitsstrafe von längerer als einjähriger Dauer, auf Todesstrafe, den Verlust der bürgerlichen Ehrenrechte, Unfähigkeit zur Bekleidung öffentlicher Ämter oder auf Stellung unter Polizeiaufsicht erkannt worden, so zieht das rechtskräftige Straferkenntnis den Verlust des bekleideten Amtes von selbst nach sich.[3]

g) In den alten Provinzen können durch übereinstimmenden Beschluß des Stadtvorstandes und der Stadtverordneten die zu den Verwaltungsausschüssen gewählten Bürger und andere von den Stadtverordneten auf bestimmte Zeit gewählte unbesoldete Gemeindebeamte auch vor Ablauf ihrer Wahlperiode von ihrem Amte entfernt werden.

h) In Hannover können Ratsmitglieder nach Ablauf von je zwölf Jahren ihrer Amtszeit auf übereinstimmenden Antrag des

---

[1] Ist ein Beamter zu Unrecht auf Kündigung angestellt, weil er nach den ihm überwiesenen Geschäften kein zu mechanischen Diensten bestimmter Unterbeamter ist, so erwirbt die Stadt aus dieser gesetzwidrigen Bedingungen keinerlei Rechte. So mit Recht OVGE. Bd. 12 Nr. 8.

[2] ZuftGes. § 20.

[3] Disziplinargesetz § 7. — Bei einzelnen Verbrechen und Vergehen wird zwar nicht auf Unfähigkeit zur Bekleidung öffentlicher Ämter, aber auf den Verlust der innegehabten Ämter erkannt, der dann gleichfalls ohne weiteres Verfahren stattfindet.

Rates und der Stadtverordneten von dem Minister des Innern auch gegen ihren Willen in den Ruhestand versetzt werden.

k. **Die Rechtsverhältnisse der städtischen Beamten nach Beendigung ihres Dienstes.**

StO. 53 u. W. § 65. Rh. § 59. Fr. § 72. Sch. § 78. H. §§ 44, 64—69. v. Möller §§ 70, 71. Steffenhagen § 105. Schmitz § 12.

I. Die Rechte und Pflichten der Ehrenbeamten enden mit ihrem Ausscheiden aus dem städtischen Dienste.

II. Die städtischen Berufsbeamten sind dagegen auch nach Beendigung des Beamtenverhältnisses zur Führung des Amtstitels befugt und behalten die begünstigte Stellung hinsichtlich der Kommunalbesteuerung und der Pfändbarkeit ihrer Pensionen.

III. a) Die auf Lebenszeit angestellten Gemeindebeamten sowie die besoldeten Mitglieder des Stadtvorstandes haben Anspruch auf Pension, falls sie dienstunfähig werden, die Mitglieder des Stadtvorstandes auch, wenn sie von der Stadt aus dem Amte entlassen werden oder wenn sie nach Ablauf ihrer Amtszeit auf die Wiederwahl verzichten.

b) Der Anspruch der städtischen Beamten auf Pension wurde zuerst in der Städteordnung von 1808 anerkannt. Denjenigen Ratsmitgliedern, welche auf 12 Jahre gewählt waren, und bei denen nach Ablauf dieses Zeitraums nicht eine Wiederwahl stattfand, gab die Städteordnung nach 12 jähriger Dienstzeit die Hälfte, nach 24 jähriger zwei Drittel ihres Gehaltes als Pension. Außerdem blieb es den Stadtgemeinden überlassen, ja es wurde ihnen empfohlen, bei längerer Dienstzeit noch höhere Pensionen zu gewähren. [1])

Alle übrigen städtischen Beamten, namentlich auch die Bürgermeister hatten keinen Anspruch auf Pension. Erst eine Ministerialverfügung vom 22. Mai 1822 dehnte die Bestimmung des § 159 der Städteordnung auch auf die Gemeindebeamten aus, und in der Kabinetsordre vom 28. Dezember 1837 wurde deren Pensionsberechtigung gesetzlich geordnet. Das Gesetz vom 11. Mai 1839 endlich gewährte auch den Bürgermeistern Anspruch auf Pension, und

---

[1]) StO. 1808 § 159.

so endete eine dreißigjährige Entwickelung mit der Anerkennung des Pensionsanspruches sämtlicher städtischen Berufsbeamten. [1]

Dasselbe Ziel wurde in den Gebieten der revidierten Städte= ordnung schon acht Jahre früher erreicht, da schon der § 99 der Städteordnung von 1831 bestimmte, daß allen besoldeten Ratsmit= gliedern sowie den auf Lebenszeit angestellten Gemeindebeamten ein Anspruch auf Pension zustehe.

Von diesem Standpunkte ging die Gemeindeordnung von 1850 wieder insoweit ab, als sie nur für die Bürgermeister und die übri= gen besoldeten Mitglieder des Gemeindevorstandes einen Pensions= anspruch anerkannte, alle übrigen Beamten der Gemeinde aber lediglich auf den Weg der freien Vereinigung verwies. [2]

c) Das geltende Recht hat dagegen die Ansprüche der städti= schen Beamten auf Pension in umfassender Weise anerkannt.

Maßgebend dafür, ob und wieviel Pension der Beamte zu er= halten hat, sind zunächst die Vereinbarungen, die zwischen der Stadt und ihm darüber getroffen sind. Doch bedürfen solche Abmachungen für die Bürgermeister und die übrigen besoldeten Mitglieder des Stadtvorstandes der Genehmigung des Bezirksausschusses.

Ist eine solche Vereinbarung nicht getroffen, so finden auf die lebenslänglich angestellten städtischen Beamten die Grundsätze des Pensionsgesetzes vom 27. März 1872 [3-5] Anwendung. Danach

---

[1] Nicht pensionsberechtigt blieben auch fernerhin alle auf Kündigung ange= stellten Beamten, sowie die Kämmerer. Letzteren ist sodann durch die Gemeinde= ordnung von 1850 die Pensionsberechtigung verliehen worden.

[2] GO. 1850 § 61.

[3] In Hannover ist über die Zulässigkeit derartiger Vereinbarungen zwar nichts bestimmt, doch erscheint die Gültigkeit eines solchen zwischen der Stadt und dem Beamten geschlossenen Übereinkommens nicht zweifelhaft; die Geneh= migung der Aufsichtsbehörde ist nicht erforderlich.

[4] Auch in Hannover. Anders v. Rönne, Staatsrecht und Brüning, nach denen das hannöversche Gesetz vom 24. Juni 1858 über die Verhältnisse der königlichen Diener bei der Pensionierung der städtischen Beamten noch in An= wendung zu bringen ist. Mit Unrecht, denn das Gesetz will, daß die für die unmittelbaren Beamten gegebenen Bestimmungen auch für die städtischen Be= amten gelten, und diesem im Gesetze unzweideutig zum Ausdrucke gebrachten Grunde entspricht die Geltung des Pensionsgesetzes vom 27. März 1872.

[5] Das Ergänzungsgesetz vom 31. März 1882 findet nicht, wohl aber das Gesetz vom 30. April 1884 auf die städtischen Beamten Anwendung.

werden diese Beamten in der Regel nach zehnjähriger Amtszeit im Dienste der Stadt [1]) pensionsberechtigt; nur wenn die Dienstunfähigkeit die Folge einer Krankheit, Verwundung oder sonstigen Beschädigung ist, welche der Beamte sich bei Ausübung des Dienstes oder aus Veranlassung desselben ohne eigene Verschuldung zugezogen hat, tritt die Pensionsberechtigung auch bereits bei kürzerer Dienstzeit ein.

Die Voraussetzung des Rechts auf Pensionierung ist in allen Fällen die Dienstunfähigkeit des Beamten, welche von dem Stadtvorstande anerkannt sein muß. Bestreitet der Beamte seine Dienstunfähigkeit, so muß die Entscheidung in dem für die Entfernung aus dem Amte vorgesehenen Verfahren [2]) erfolgen; glaubt aber der Beamte, im Gegensatz zu dem Stadtvorstande, nicht mehr dienstfähig zu sein und erhebt er Anspruch auf Pension, so beschließt darüber der Bezirksausschuß, [3]) gegen dessen Bescheid beiden Teilen die Beschreitung des ordentlichen Rechtsweges offensteht. [4])

Die Versetzung in den Ruhestand tritt in der Regel mit dem Ende des Vierteljahres ein, welches auf den Ablauf desjenigen Monats folgt, in welchem dem Beamten die Entscheidung über seine Versetzung in den Ruhestand und die Höhe der ihm zustehenden Pension bekannt gemacht ist; doch kann auch ein anderer Zeitpunkt mit dem Beamten vereinbart werden.

Der Pension wird dasjenige Diensteinkommen zu Grunde gelegt, welches der Beamte zur Zeit seiner Versetzung in den Ruhe-

---

[1]) Vgl. Minvfg. vom 19. März 1872 (VMBl. S. 102). — Die Anrechnung der nicht im Dienste der Stadt verbrachten Amtszeit bei der Pensionierung kann nur im Wege besonderer Vereinbarung erfolgen; doch darf diejenige Zeit, während welcher der bereits in städtischen Diensten stehende Beamte wegen seiner Einberufung in das Heer seinen Dienst nicht wahrnehmen konnte, nur dann in Abzug gebracht werden, wenn er dadurch lediglich seiner drei- oder einjährigen aktiven Dienstpflicht genügte. Vgl. auch Entsch. des Obertribunals vom 6. November 1876 (Striethorst, Archiv Bd. 99 Nr. 17).

[2]) Vgl. S. 162.

[3]) ZustGes. § 20. — In Berlin der Oberpräsident, in Posen b. a. w. die Regierung, deren Entscheidung endgültig ist.

[4]) In Schleswig-Holstein muß die Zivilklage binnen einem Jahre, in den übrigen Provinzen während der gewöhnlichen Klagenverjährungsfrist angestellt sein.

ſtand bezieht. Sie beträgt bei einer Dienſtzeit von weniger als elf
Jahren $^{20}/_{80}$ des Dienſteinkommens und ſteigt mit jedem weiter
zurückgelegten Jahre um $^{1}/_{80}$ bis zu $^{60}/_{80}$ desſelben. Zu dem pen=
ſionsfähigen Dienſteinkommen gehören auch nicht widerruflich be=
willigte perſönliche Gehaltszulagen,[1] feſtſtehende Dienſtvorteile
dagegen nur inſoweit, als ihr Wert auf die Geldbeſoldung in Rech=
nung geſtellt oder zu einem beſtimmten Geldbetrage als anrech=
nungsfähig bezeichnet iſt; Dienſtvorteile, die ihrer Natur nach
ſteigend und fallend ſind, werden nach den in dem Normaletat oder
auch ſonſt getroffenen Feſtſetzungen und in Ermangelung ſolcher
Beſtimmungen nach ihrem durchſchnittlichen Betrage während der
letzten drei Etatsjahre vor dem Etatsjahre, in welchem die Penſion
feſtgeſetzt wird, zur Anrechnung gebracht.

Das mit Nebenämtern oder Nebengeſchäften verbundene Ein=
kommen begründet nur dann einen Anſpruch auf Penſion, wenn
eine etatsmäßige Stelle bleibend verliehen iſt.

Bloß zufällige Dienſteinkünfte kommen überhaupt nicht zur
Berechnung.

Wenn das ſo ermittelte Einkommen insgeſamt mehr als
12 000 M. beträgt, ſo wird von dem überſchießenden Betrage nur
die Hälfte in Anrechnung gebracht.

Entſteht zwiſchen der Stadt und dem Beamten über die Höhe
der Penſionsanſprüche Streit, ſo entſcheidet darüber der Bezirksaus=
ſchuß. Inſoweit deſſen Beſchluß ſich darauf erſtreckt, welcher Teil
des Dienſteinkommens bei Feſtſtellung des Penſionsanſpruchs als
Gehalt anzuſehen ſei, iſt dagegen die Klage im Verwaltungsſtreit=
verfahren, im übrigen die Zivilklage gegeben.[2] Doch iſt der Be=
ſchluß des Bezirksausſchuſſes ſtets vorläufig vollſtreckbar.

Die Penſionen werden monatlich im voraus gezahlt. Das
Recht auf den Bezug der Penſion kann weder abgetreten noch ver=
pfändet werden; hinſichtlich der Beſchlagnahme der Penſion gelten
dieſelben Beſtimmungen wie für die Beſoldungen der Beamten.

---

[1] Vgl. OVGE. Bd. 13 Nr. 20.

[2] ZuſtGeſ. § 20. In Berlin der Oberpräſident, in Poſen b. a. w. die
Regierung; ihr Beſchluß iſt endgültig, inſoweit er feſtſtellt, welcher Teil des
Dienſteinkommens als Gehalt anzuſehen iſt, im übrigen ſteht gegen denſelben
der Rechtsweg offen; vgl. übrigens S. 175 Anm. 4.

Das Recht auf den Bezug der Pension ruht insoweit, als der Pen=
sionierte durch anderweite Anstellung [1] im Reichs=, Staats= oder
Gemeindedienste [2] ein Einkommen [3] oder eine neue Pension erwirbt,
welche mit Hinzurechnung der ersten Pension sein früheres Ein=
kommen übersteigt. In Hannover ruht das Recht auf Pensions=
bezug auch, wenn und solange als der Pensionierte das deutsche
Indigenat verloren hat.

In den alten Provinzen, Schleswig = Holstein und Frank=
furt a M. erhalten die Mitglieder des Stadtvorstandes, welche nicht
auf Lebenszeit angestellt sind, bei eintretender Dienstunfähigkeit, oder
wenn sie nach abgelaufener Wahlperiode aus ihrem Amte scheiden,
als Pension:

ein Viertel des Gehalts nach sechsjähriger Dienstzeit,

die Hälfte des Gehalts nach zwölfjähriger Dienstzeit

und zwei Drittel des Gehalts nach vierundzwanzigjähriger
Dienstzeit.

In Hannover stehen dieselben Pensionsbeträge denjenigen Rats=
mitgliedern zu, welche nach 12= oder 24 jähriger Dienstzeit wider
ihren Willen von dem Minister des Innern in den Ruhestand ver=
setzt werden. [4]

In Schleswig=Holstein werden als pensionsfähiges Dienstein=
kommen der Ratsmitglieder nur die firierten Besoldungsbeträge, ein=
schließlich etwaiger Naturalgenüsse und fester persönlicher Gehalts=
zulagen, nicht aber Entschädigungen für Dienstunkosten, steigende
und fallende Dienstvorteile für besondere Amtsverrichtungen oder
sonstige lediglich zufällige Dienstgenüsse gerechnet, in den übrigen
Rechtsgebieten sind dafür die Bestimmungen der Pensionsgesetze
vom 27. März 1872 und 30. April 1884 maßgebend.

Hinsichtlich der Entscheidung über die Dienstunfähigkeit und
hinsichtlich der Zuständigkeitsverhältnisse bei Streitigkeiten über die
Höhe der Pension und die Art der Pensionszahlung gelten dieselben
Bestimmungen wie für die lebenslänglich angestellten Beamten. [5]

---

[1] in Schleswig=Holstein auch durch bloße Beschäftigung.

[2] nicht aber durch Anstellung im Dienste weiterer Kommunalverbände.

[3] Vgl. Minvfg. vom 9. Juli 1855 (BMBl. S. 135).

[4] Vgl. S. 172.

[5] Die Zuordnung eines Hilfsarbeiters statt der Versetzung in den Ruhe=

Die auf Widerruf oder Kündigung angeſtellten Beamten haben überhaupt keinen Anſpruch auf Penſion.

d) Beſonderer Erörterung bedarf der Fall, daß die Dienſt=unfähigkeit des ſtädtiſchen Beamten die Folge eines im Dienſte er=littenen Betriebsunfalles iſt. Die Fürſorge für den verunglückten Beamten kann dann entweder nach Maßgabe der allgemeinen geſetz=lichen Beſtimmungen oder auf Grund ortsſtatutariſcher Anordnung erfolgen. Im erſteren Falle iſt die Fürſorge für die einzelnen Gruppen der ſtädtiſchen Beamten verſchieden geregelt. Für die mit Penſionsberechtigung angeſtellten Beamten kommen lediglich die unter c dargelegten Grundſätze zur Anwendung; die nicht penſionsberech=tigten Beamten, welche unfallverſicherungspflichtig ſind, erhalten in den geſetzlich zuläſſigen Fällen eine Unfallrente von den Trägern der Verſicherung — den Berufsgenoſſenſchaften oder weiteren Kom=munalverbänden —, während die übrigen nicht penſionsberechtigten Beamten nur eventuell einen privatrechtlichen Anſpruch auf Schadens=erſatz gegen die Stadt haben.

An Stelle dieſes Rechtszuſtandes kann ein Ortsſtatut treten, nach dem die Fürſorge für die im Dienſte durch einen Betriebsunfall verunglückten Beamten von der Stadt übernommen wird.[1]) Der Inhalt des Statuts iſt im allgemeinen dem Ermeſſen der Stadt überlaſſen, nur darf dadurch gegenüber den geſetzlichen Vorſchriften die Rechtslage der Beamten nicht verſchlechtert werden. Soll das Statut aber die Wirkung haben, die ſonſt dem Unfallverſicherungs=zwange unterworfenen ſtädtiſchen Beamten davon zu befreien und weitergehende Anſprüche aller durch einen Betriebsunfall verletzten Beamten oder ihrer Hinterbliebenen an die Stadt auszuſchließen, ſo muß es folgende Beſtimmungen enthalten:[2])

---

ſtand, die früher in Hannover zuläſſig war, erſcheint mit den Grundſätzen der preußiſchen Geſetzgebung nicht vereinbar.

[1]) Das Statut wird ſich zweckmäßigerweiſe auf alle Beamten beziehen, es iſt aber auch möglich, daß es nur einzelne Gruppen, insbeſondere etwa nur die andernfalls dem Unfallverſicherungszwange unterworfenen Beamten umfaßt.

[2]) Reichsgeſetz, betreffend die Fürſorge für Beamte und Perſonen des Soldatenſtandes infolge von Betriebsunfällen vom 15. März 1886 und Preußiſches Geſetz, betreffend die Fürſorge für Beamte infolge von Betriebsunfällen vom 18. Juni 1887.

1. Jeder städtische Beamte, der infolge eines im Dienste er=
littenen Betriebsunfalles dauernd dienstunfähig geworden ist, hat
Anspruch auf Pension, [1]) die mindestens $66^2/_3$ Prozente seines jähr=
lichen Diensteinkommens betragen muß. Die Berechnung des Dienst=
einkommens und die Zahlung der Pension findet nach den unter c
gegebenen Vorschriften statt.

2. Ist der von dem Betriebsunfall betroffene Beamte zwar nicht
d a u e r n d dienstunfähig geworden, aber doch in seiner Erwerbsfähig=
keit beeinträchtigt und wird er später aus dem Dienste entlassen, so
muß ihm im Falle völliger Erwerbsunfähigkeit für die Dauer der=
selben eine Pension von mindestens $66^2/_3$ Prozenten seines jähr=
lichen Diensteinkommens zugebilligt werden; ist er nur teilweise er=
werbsunfähig, so muß er so lange, bis die Erwerbsunfähigkeit be=
hoben ist, von der vorstehend bezeichneten Pension einen Bruchteil
erhalten, welcher sich nach dem Maße der verbliebenen Erwerbs=
fähigkeit richtet.

3. Entstehen noch nach dem Wegfalle des Diensteinkommens
Kosten für das Heilverfahren, so müssen diese dem Verletzten in
jedem Falle ersetzt werden.

4. Erreicht das Diensteinkommen nicht den von dem Regierungs=
präsidenten nach Anhörung des Stadtvorstandes festgesetzten orts=
üblichen Tagelohn gewöhnlicher Tagearbeiter, so ist der letztere Be=
trag bei der Berechnung der Pension zu Grunde zu legen. [2])

5. Stirbt ein städtischer Beamter infolge eines im Dienste
erlittenen Betriebsunfalls, so sollen seinen Hinterbliebenen mindestens
folgende Bezüge gewährt werden:

aa) soweit sie nicht Anspruch auf das Gnadenquartal oder den
Gnadenmonat haben, ein Sterbegeld im Betrage des einmonatlichen
Diensteinkommens des Verstorbenen, mindestens jedoch 30 M.

bb) eine Rente. Diese beträgt
für die Witwe bis zu deren Tode oder Wiederverheiratung
20 Prozent des jährlichen Diensteinkommens des Ver=
storbenen, mindestens jedoch 160 M. und höchstens 1600 M.,

---

[1]) mag er auch sonst nicht pensionsberechtigt sein.
[2]) § 3 Abs. 2 des Gesetzes vom 18. Juni 1887 kann auf städtische Beamte
keine Anwendung finden.

für jedes Kind bis zur Vollendung des achtzehnten
Lebensjahres oder bis zur etwaigen früheren Verheiratung
75 Prozente der Witwenrente oder, sofern die Mutter nicht
lebt, die volle Witwenrente,

für Aszendenten des Verstorbenen, wenn dieser ihr ein=
ziger Ernährer war, für die Zeit bis zu ihrem Tode oder
bis zum Wegfalle der Bedürftigkeit 20 Prozente des
Diensteinkommens des Verstorbenen, jedoch nicht unter
160 M. und nicht mehr als 1600 M.; sind mehrere der=
artige Berechtigte vorhanden, so wird die Rente den Eltern
vor den Großeltern gewährt.

Die gewährten Renten dürfen zusammen 60 Prozente des
Diensteinkommens des Verstorbenen, welches nach den zu c gegebe=
nen Grundsätzen berechnet wird, nicht übersteigen. Ergibt sich ein
höherer Betrag, so haben die Aszendenten nur insoweit einen An=
spruch, als der Höchstbetrag nicht bereits durch die Renten der
Witwe und der Kinder des Beamten erreicht wird. Soweit die
Renten der Witwe und Kinder den zulässigen Höchstbetrag über=
schreiten, werden die einzelnen Renten in gleichem Verhältnisse
gekürzt.

Der Anspruch der Witwe [1]) ist ausgeschlossen, wenn die Ehe
erst nach dem Unfalle eingegangen ist.

6. Der Bezug der Pension beginnt mit dem Wegfall des
Diensteinkommens, der Bezug der Witwen= und Waisenrente mit
dem Ablaufe des Gnadenquartals oder Gnadenmonats oder, soweit
solche nicht gewährt werden, mit dem auf den Todestag des Ver=
unglückten folgenden Tage. [2])

7. Der Anspruch auf Pension, Sterbegeld, Witwen= und
Waisenrente kann in denjenigen Fällen, in welchen der Beamte in=
folge des Betriebsunfalls dauernd dienstunfähig geworden oder ge=
tötet ist, nur dann abgesprochen werden, wenn der Verletzte den
Unfall vorsätzlich oder durch ein Verschulden herbeigeführt hat, wegen
dessen auf Dienstentlassung oder auf Verlust des Titels und Pen=

---

[1]) aber nicht der Anspruch der Kinder, die aus einer nach dem Unfalle
geschlossenen Ehe entsprossen sind.

[2]) Hinsichtlich der einer Krankenkasse angehörigen Beamten vgl. § 4 Abs. 2
des Gesetzes vom 18. Juni 1887.

sionsanspruchs gegen ihn erkannt oder wegen dessen ihm die Fähig=
keit zur Bekleidung eines städtischen Amtes aberkannt ist. — Ist
der Beamte dagegen nicht dauernd dienstunfähig geworden und noch
nach dem Betriebsunfalle im Dienste verblieben, so kann ihm der
durch den Betriebsunfall erworbene Pensionsanspruch ebenso wie die
sonst durch den Ablauf der Dienstzeit erlangte Pensionsberechtigung,
auch im Wege des Disziplinarverfahrens aberkannt werden. In
diesem Falle muß aber auch gegen die auf Kündigung oder Wider=
ruf angestellten Beamten ein förmliches Disziplinarverfahren durch=
geführt werden.

8. Insoweit die Feststellung des auf Grund des Betriebs=
unfalls erworbenen Pensions= (oder Renten=) Rechts nicht von
Amtswegen erfolgt, muß der Anspruch von dem Beamten oder dessen
Hinterbliebenen, bei Vermeidung des Ausschlusses, vor Ablauf von
zwei Jahren [1]) nach dem Eintritte des Unfalls bei dem Stadtvor=
stande angemeldet werden.

9. Hat ein städtischer Beamter oder seine Hinterbliebenen be=
reits auf Grund der allgemeinen Pensionsbestimmungen oder des
Anstellungsvertrages ein Recht auf höhere Bezüge, als er sie nach
den vorstehenden Grundsätzen beanspruchen könnte, so stehen ihm
oder seinen Hinterbliebenen diese höheren Beträge zu.

IV. Ein Recht der Hinterbliebenen eines besoldeten städtischen
Beamten auf Versorgung durch die Stadt ist zur Zeit noch nicht
gesetzlich anerkannt. Vielfach sind indes, auch außer dem zu III d
besprochenen Falle, in den Städten besondere statutarische Einrich=
tungen getroffen, durch welche die Versorgung der Witwen und
Waisen städtischer Beamter sichergestellt ist. Insoweit dies nicht ge=
schehen ist und auch nicht besondere Vereinbarungen zwischen dem
Beamten und der Stadt getroffen sind, stehen den Hinterbliebenen
nur gewisse vorübergehende Gnadenbewilligungen zu. [2]) In den
Städten mit Ratsverfassung erhalten nämlich die Witwe und die
ehelichen Nachkommen eines im Amte gestorbenen Mitgliedes oder
Subaltern= oder Unterbeamten des Rates die Besoldung noch für

---

[1]) Ausnahme hiervon § 6 Abs. 2 a. a. O.
[2]) Königliche Verordnungen vom 27. April 1816, 15. November 1819 und
22. Januar 1826, Pensionsgesetz vom 27. März 1872 § 31.

die auf den Sterbemonat folgenden drei Kalendermonate, die Hinter=
bliebenen der übrigen Beamten in diesen Städten und aller Be=
amten in Städten mit Bürgermeisterverfassung erhalten die Besol=
dung nur noch für den nächsten auf den Sterbemonat folgenden
Kalendermonat. Während dieser Gnadenzeit von drei oder einem
Monate behalten die Hinterbliebenen auch die Benutzung der Privat=
räume in der etwa bisher innegehabten Dienstwohnung.

Die Witwe oder die ehelichen Nachkommen eines pensionierten
städtischen Beamten erhalten die Pension noch für den auf den
Sterbemonat folgenden Kalendermonat gezahlt. Nur wenn ein den
Grundsätzen zu III d entsprechendes Statut ergangen ist und der
Tod des Pensionärs die Folge eines im Dienste erlittenen Betriebs=
unfalls ist, so erhalten die Hinterbliebenen eine fortlaufende Rente,
für deren Höhe die Bestimmungen zu III d 5 maßgebend sind. [1]

Die Gnadenbewilligungen können auch erfolgen, wenn der Ver=
storbene Eltern, Geschwister oder Pflegekinder, deren Ernährer er
gewesen ist, in Bedürftigkeit zurückläßt, oder wenn der Nachlaß
nicht ausreicht, um die Kosten der letzten Krankheit und der Be=
erdigung zu decken. [2]

**6. Das Ehrenamt in der Verwaltung der deutschen Städte.**

I. Alle deutschen Städteordnungen bieten die Möglichkeit, die
Bürger selbstthätig an der Verwaltung der Stadtangelegenheiten
teilnehmen zu lassen. Überall ist auch die Übung persönlichen
Dienstes für die Stadt zu einer Pflicht des Bürgers erklärt und
damit der Selbstverwaltung die feste Grundlage gegeben.

Meist ist diese Verpflichtung ganz allgemein, nur in Kurhessen,
Nassau und Weimar beschränkt sie sich auf die Annahme der Wahl
in den Stadtvorstand und die Stadtvertretung. Abgesehen von
Kurhessen und Nassau [3] ist auch überall die ungerechtfertigte Ab=
lehnung eines städtischen Ehrenamtes mit Strafe belegt. Diese be=
steht in Anhalt und Weimar in zeitweiser Entziehung der bürger=
lichen Stimm= und Wahlrechte, in Bayern und Baden in Geld=

---

[1] Der Berechnung wird das bei der Pensionierung bezogene Diensteinkommen,
nicht die Pension des Todestages zu Grunde gelegt.
[2] Die Gnadenbewilligungen sind unpfändbar, RZPO. § 749⁸.
[3] und Hannover.

strafen, und in Hessen, Oldenburg, Sachsen und Württemberg sind beide Strafarten vereint angedroht. [1)

II. Bereits früher — S. 135 — ist erwähnt worden, daß der Stadtvorstand teilweise oder auch gänzlich aus Bürgern besteht, die als Ehrenbeamte in Erfüllung ihrer Bürgerpflicht das Amt verwalten; aber auch Funktionen von Gemeindebeamten werden nach allen Städteordnungen, außer der nassauischen, durch Bürger als Ehrenbeamte versehen.

III. Meistens ist es gestattet, unter Aufsicht des Stadtvorstandes die Leitung einzelner Verwaltungszweige besonderen Ausschüssen zu übertragen, an denen nur oder doch auch Ehrenbeamte teilnehmen. In der Regel ist zur Errichtung solcher Ausschüsse eine statutarische Bestimmung [2) oder doch ein Gemeindebeschluß [3) notwendig, in Bayern genügt dazu ein Beschluß des Rates. Die näheren Bestimmungen über die Zusammensetzung der Ausschüsse sind überall dem Ortsstatute oder Gemeindebeschlüssen überlassen. Gewöhnlich bestehen sie aus Mitgliedern des Stadtvorstandes, Stadtverordneten und anderen Bürgern, doch sind in Bayern und Kurhessen die Stadtverordneten in denselben nicht vertreten. Die Wahl der Mitglieder der Verwaltungsausschüsse geschieht in Hessen und Sachsen so, daß der Rat die zu ihm gehörigen Mitglieder, die Stadtverordnetenversammlung die übrigen Mitglieder ernennt; [4) in Baden und Bayern werden sämtliche Mitglieder der Verwaltungsausschüsse von dem Stadtvorstande bestellt, in den übrigen Rechtsgebieten findet die Wahl durch Gemeindebeschluß statt. [5) Die Verwaltungsausschüsse sind überall Organe des Stadtvorstandes und zur Befolgung seiner Anordnungen verpflichtet. [6) [7)

[1) So auch in Altpreußen, Schleswig-Holstein und Frankfurt a/M. Hier, wie in Hessen und Oldenburg, besteht die Geldstrafe in höherer Heranziehung zu den Gemeindesteuern.

[2) So in Sachsen, Baden und Württemberg.

[3) So in Anhalt, Kurhessen, Oldenburg und Weimar.

[4) So auch in Altpreußen und Frankfurt a/M.

[5) Also in Weimar durch Beschluß der Stadtverordneten, in Anhalt, Kurhessen, Oldenburg und Württemberg durch übereinstimmenden Beschluß des Stadtvorstandes und der Stadtvertretung.

[6) Den Vorsitz in den Ausschüssen führt meist ein Mitglied des Stadtvorstandes, in Kurhessen, Weimar und Württemberg ist hierüber gesetzlich nichts bestimmt.

[7) In Baden müssen Ausschüsse für Armenwesen, Schulwesen und öffent-

IV. In größeren oder volkreicheren Städten kann nach den
meiſten Städteordnungen das Stadtgebiet in Ortsbezirke eingeteilt
und an die Spitze eines jeden Bezirkes ein ſtimmfähiger Bürger
als Vorſteher geſtellt werden, der in Unterordnung unter den Stadt=
vorſtand die örtliche Verwaltung beſorgt. [1])

Dieſe Einrichtung geſchieht entweder auf Grund eines Orts=
ſtatuts [2]) oder eines Gemeindebeſchluſſes, [3]) in Bayern kann der
Stadtvorſtand hierüber ſelbſtändig Anordnungen treffen. Die Bezirks=
vorſteher werden in Sachſen vom Rate aus drei von den Stadtver=
ordneten vorgeſchlagenen Bürgern erwählt, während umgekehrt in
Oldenburg die Wahl unter den vom Stadtvorſtande Vorgeſchlage=
nen durch die Stadtverordnetenverſammlung erfolgt, [4]) in Anhalt
und Kurheſſen ernennt ſie der Stadtvorſtand im Einverſtändnis
mit den Stadtverordneten, in Bayern werden ſie nur durch den Rat
und in Weimar allein durch die Stadtverordneten beſtellt. [5])

---

# Der Wirkungskreis der Stadtgemeinde.

Das Verfaſſungsrecht hat die Organiſation der Stadtperſön=
lichkeit dargelegt, die nunmehr folgenden Ausführungen ſollen nach=
weiſen, wie ſich die ſo organiſierte Stadt auf den Gebieten des ge=
meinblichen Lebens bethätigt.

Auch hierfür gilt das Wort, daß die Stadt ein Analogon des
Staates iſt. Wie dieſem iſt auch ihr keine Äußerung der menſch=

---

liche Geſundheitspflege, ſowie zur Überwachung des Kaſſen= und Rechnungs=
weſens, in Oldenburg ein Ausſchuß für Armenweſen beſtehen. Letzterer bildet
eine ſelbſtändige, von dem Stadtvorſtand unabhängige Behörde.

[1]) Dieſe Einrichtung kennen die badiſche, heſſiſche, naſſauiſche und württem=
bergiſche Städteordnung nicht.

[2]) So in Oldenburg und Sachſen.

[3]) So in Anhalt, Kurheſſen und Weimar.

[4]) So auch in Schleswig=Holſtein.

[5]) Die Zahl der ſtädtiſchen Ehrenämter iſt damit nicht erſchöpft. Ins=
beſondere werden vielfach Funktionen der Armen= und Waiſenpflege durch
Bürger im Ehrenamte als Armenpfleger und Waiſenräte beſorgt.

lichen Gemeinschaft fremd, und nur die jeweilige Rechtsanschauung bestimmt darüber, wieviel die Stadt in den Bereich ihrer Thätigkeit ziehen darf und was sie dem freien Wirken der Einzelnen überläßt.

Das gesamte Wirken der Stadt sondert sich in zwei große Teile: die Aufstellung von Rechtsnormen und die Durchführung spezieller Anordnungen zur Befriedigung der einzelnen Bedürfnisse des Gemeindelebens. Das eine ist die Gesetzgebung, das andere die Verwaltung.

Im allgemeinen sollen die städtischen Gesetze in der Form ortsstatutarischer Anordnungen ergehen, doch ist es auch möglich, daß die Aufstellung von Rechtsnormen in anderer Weise, sei es durch Gemeindebeschluß oder auch nur durch Verfügungen des Stadtvorstandes, erfolgt; anderseits geschehen einzelne Akte der Verwaltung, so die Veräußerung städtischen Grundeigentums, in den Formen der Gesetzgebung. [1] In der folgenden Darstellung soll nur diejenige Thätigkeit der Stadt als Gesetzgebung bezeichnet werden, welche sich in den Formen des Ortsstatuts mit der Aufstellung von Rechtsnormen befaßt.

Die Durchführung der von der Gesetzgebung aufgestellten Normen und die Abfindung und Befriedigung all jener Ansprüche, welche die einzelnen Verhältnisse des Gemeindelebens erheben, ist Sache der städtischen Verwaltung. Auch diese gliedert sich analog der Verwaltung des Staates und nur dadurch beschränkt, daß sie sich lediglich auf die Angelegenheiten der Stadt bezieht. So fallen denn einige Gebiete der staatlichen Verwaltung hier fort, wie vor allem die Verwaltung der auswärtigen Angelegenheiten, andere, so die Verwaltung des Kriegswesens, sind nur in verkümmerten Resten vorhanden.

In der Folge sollen zuerst die Regeln besprochen werden, denen die städtische Gesetzgebung unterliegt, demnächst wird das Gebiet der Verwaltung zu durchmessen sein. Aber der Wirkungskreis der Stadt wäre damit nicht ausgefüllt. Die Stadt ist nicht souverän, sondern ein lebendiges Glied des Staatsorganismus; mit gutem Fug darf

---

[1] So findet sich auch in dem Stadtrechte der Unterschied von Gesetzen und Rechtsverordnungen sowie von formellen und materiellen Gesetzen.

sie daher auch den staatlichen Aufgaben nutzbar gemacht werden, und es wird deßhalb des weitern auch die Stellung der Stadt als Glied der staatlichen Verwaltung darzulegen sein. Gerade auch die Vollführung staatlicher Aufgaben ist wesentlich für den Begriff der Stadt als eines Körpers der Selbstverwaltung.

## Erster Abschnitt.

# Die städtische Gesetzgebung.

StO. 53 u. W. § 11. Rh. § 10. Sch. §§ 17, 18. Fr. § 3. H. §§ 1—3, 97. Zust.Ges. § 16.

v. Möller §§ 57, 58. Steffenhagen §§ 5, 22.

I. Die städtische Gesetzgebung hat sich zusammen mit der Aus= bildung der Ratsverfassung entwickelt. Im Reiche und in den ein= zelnen Landschaften war seit dem Ende der Karolinger die Gesetz= gebung wenig rege, im wesentlichen wurde die Fortbildung und Ergänzung der volksrechtlichen Normen der Gewohnheit der kleinsten Rechtskreise überlassen. Das weite Gebiet der inneren Verwaltung lag völlig brach.

Hier setzte die Gewalt des Rates ein. Das engere Zusammen= leben der Bürger, der regere Handel und Verkehr führte mit Not= wendigkeit dazu, allgemeine Anordnungen, namentlich auch polizei= lichen Inhalts, zu treffen. Mit dem Abwerfen der bischöflichen Herrschaft wurde diese Gesetzgebungsgewalt zu einem eigenen Rechte der Städte, und überall hat sie sich dann in den folgenden Jahr= hunderten ungemein reich entwickelt. Vornehmlich die städtische Verfassung und das Gebiet der inneren Verwaltung fanden eine reichhaltige, ja oft übermäßig ins einzelne gehende Ausfüllung. Mit der größeren Befestigung der territorialen Gewalt und der wachsen= den Herrschaft der Landeshoheit gewann auch die territoriale Gesetz= gebung, die seit dem fünfzehnten Jahrhundert wieder reger geworden war und bereits in dem folgenden Säkulum in umfassenden Landes= ordnungen Bedeutsames schaffte, einen weitreichenden Einfluß auf das Rechtsleben der Städte.

Doch blieb, wenn auch unter mannigfachen Beschränkungen, immer den Städten die Ausübung einer gesetzgebenden Gewalt über=

lassen, nur ist doch seither der Charakter der städtischen Gesetzgebung ein ganz anderer geworden. Der absolute Staat hat immer wenig Verständnis gehabt für die autonome Rechtsbildung kleinerer Kreise, und die verrotteten Zustände gaben ihm nur zu sehr das Recht, die städtische Gesetzgebungsgewalt an sich zu ziehen. Aber auch in dem Staate der Jetztzeit ist nur geringer Raum für die autonome Rechtsbildung der Gemeinden. Denn je mehr der moderne Staat auf vielen Gebieten der Verwaltung den ihm eingeordneten Korpo= rationen ein freies Selbstbestimmungsrecht zugesteht, um so dring= licher ist es, daß er die Gesetzgebungsgewalt sich allein vorbehält, wenn er nicht wieder den losen Gebilden des Mittelalters gleich werden soll. Daher verbleibt der städtischen Gesetzgebung nur die Ausgestaltung der Verfassung und Verwaltung innerhalb derjenigen Grenzen, welche durch die staatlichen Gesetze umschrieben sind. So kann nur die Erfüllung der allgemeinen Rechtssätze mit individuellem Leben, das sich den örtlichen Bedürfnissen und Besonderheiten an= paßt, Aufgabe der städtischen Statuten sein.

II. Nach dem allgemeinen Landrecht konnten die Städte statu= tarische Anordnungen treffen, durch die sie ihre Organisation und Verwaltung regelten. Dieselben mußten auf Gemeindebeschlüssen beruhen und bedurften der Bestätigung durch die vorgesetzte Landes= polizeibehörde, welche dabei auch das Recht hatte, die Statuten im einzelnen abzuändern. [1])

In der Städteordnung von 1808 wurde angeordnet, daß von den einzelnen Städten innerhalb dreier Monate nach Publikation der Städteordnung ein Statut zur staatlichen Bestätigung eingereicht werden sollte, in dem die bisherige Ortsverfassung und die sonstigen ortsrechtlichen Bestimmungen, soweit sie nicht den Festsetzungen der Städteordnung widersprachen, kodifiziert waren. Abänderungen dieses Statuts konnten nur mit Genehmigung des Staates erfolgen. [2])

Eine viel weitere Geltung hatten die Ortsstatuten nach der revidierten Städteordnung. Nach dieser mußte nämlich jede Stadt ein Statut aufstellen, welches Bestimmungen über alle diejenigen Verhältnisse enthalten sollte, in denen die Städteordnung entweder

---

[1]) ALR. II, 8 §§ 115—118.
[2]) StO. 1808 §§ 49—51.

ausdrücklich auf das Ortsstatut verwies oder doch innerhalb gewisser Grenzen Verschiedenheiten gestattete. Dies Statut bedurfte der Bestätigung durch den Minister des Innern. Mit königlicher Genehmigung konnten in dem Statut auch Bestimmungen getroffen werden, welche von den Festsetzungen der Städteordnung abwichen.[1]

Nach der Gemeindeordnung von 1850 war jede Gemeinde befugt, indes nicht verpflichtet, solche Verhältnisse, über welche die Gemeindeordnung nichts bestimmte oder hinsichtlich deren sie Verschiedenheiten gestattete, statutarisch zu regeln.[2]

III. a) Nach geltendem Rechte darf überall ein Ortsstatut über solche Angelegenheiten erlassen werden, hinsichtlich deren die Reichs- oder Landesgesetze ausdrücklich auf statutarische Regelung hinweisen oder diese doch zulassen. Im übrigen ist die städtische Gesetzgebung beschränkt auf Anordnungen über die Zusammensetzung und den Wirkungskreis der städtischen Organe sowie die gegenseitigen Beziehungen zwischen der Stadt und ihren Angehörigen.[3] Dabei müssen aber drei Rechtsgebiete unterschieden werden. In den östlichen Provinzen und Westfalen ist dem Ortsstatute eine ungemein weite Geltung zuerkannt, denn innerhalb des soeben abgegrenzten Gebietes, auf dem das Ortsstatut überhaupt wirksam werden kann, sind die Städte hier berechtigt, die staatliche Gesetzgebung nicht nur zu ergänzen, sondern auch abzuändern. In diesen Provinzen dürfen statutarische Anordnungen zunächst über solche Angelegenheiten der Städte und über solche Rechte und Pflichten ihrer Mitglieder ergehen, bei denen die Städteordnung Verschiedenheiten gestattet oder doch keine ausdrücklichen Bestimmungen enthält, darüber hinaus können durch das Ortsstatut aber auch Festsetzungen getroffen werden über sonstige eigentümliche Verhältnisse und Einrichtungen der Stadt, ohne daß dabei die Bestimmungen der staatlichen Rechtsnormen[4] beachtet zu werden brauchen.[5] Dieser jedenfalls zu weit ausgedehnte

---

[1] StO. 1831 §§ 2—4.
[2] GD. § 8.
[3] So auch OVGE. Bd. 16 Nr. 9.
[4] wohl aber der Rechtsnormen des Reichs.
[5] Vgl. die Ministerialinstruktionen zur Ausführung der Städteordnungen vom 20. Juni 1853 Nr. VII und vom 9. Mai 1856 Nr. IV. — In diesen Provinzen ist somit die gesamte staatliche Gesetzgebung über die Verfassung

Geltungskreis des Ortsstatuts ist in den Städteordnungen für die Rheinprovinz und Frankfurt a./M. eingeschränkt, da hier das Orts= statut nichts enthalten darf, was dem staatlichen Rechte widerspricht. Eine prinzipiell andere Stellung nimmt endlich das Ortsstatut in Schleswig=Holstein und Hannover ein. Ist es in den alten Provinzen dem Ermessen der Städte überlassen, ob und was sie ortsstatutarisch regeln wollen, so muß hier für jede Stadt ein Statut über all diejenigen Angelegenheiten ergehen, welche die Städteordnung aus= drücklich der statutarischen Regelung überweist. Daneben kann das Ortsstatut auch diejenigen Verhältnisse ordnen, über welche die Städteordnung nichts bestimmt hat oder bei denen sie Verschiedenheiten gestattet. Immer muß das Ortsstatut sich aber innerhalb der ihm durch die staatlichen Gesetze gezogenen Grenzen halten.

Zum Erlasse von Strafbestimmungen, durch welche die Be= folgung der im Statute getroffenen Anordnungen gesichert werden soll, sind die Städte nicht befugt, vielmehr bleibt nur übrig, die Übertretung der statutarischen Bestimmungen durch Polizeiverordnung unter Strafe zu stellen.[1]

b) Überall wird das Ortsstatut durch Gemeindebeschluß fest= gestellt und bedarf der Bestätigung durch den Bezirksausschuß.[2] Dieser darf das Statut nur im ganzen genehmigen oder verwerfen, wenn auch thatsächlich eine Abänderung der einzelnen Bestimmungen dadurch herbeigeführt werden kann, daß er die Stadt auf diejenigen

---

und Verwaltung der Städte nur subsidiär, ein äußerst bedenklicher Zustand, der auch gar nicht beabsichtigt worden ist. Man hat vielmehr gegen das Gesetz nur die eine Bestimmung zulassen wollen, daß die gewerblichen Genossenschaften bei Einteilung der stimmfähigen Bürger und bei Bildung der Wahlversamm= lungen und der städtischen Vertretung berücksichtigt werden dürfen. Allein dieser Beschränkung steht das Wort „insbesondere" im § 11 Abs. 2 StO. 53 und W. entgegen. Praktisch ist allerdings diese ganze Frage von geringer Bedeutung, da die gefährlichen Folgen dieses Rechtszustandes durch verständige Ausübung des Bestätigungsrechts vermieden werden können.

[1] Über die Strafbestimmungen in den Gemeindesteuerordnungen vgl. S. 235.

[2] In Posen b. a. w. durch die Regierung. — In Berlin durch den Ober= präsidenten. Die Bestätigung eines Berliner Statuts durch den Minister des Innern anstatt durch den Oberpräsidenten macht das Statut ungültig. Anders Erkenntnis des Reichsgerichts vom 6. Dezember 1886 (Gruchot, Beiträge Bd. 31). — Über die Bestätigung von Gemeindesteuerordnungen vgl. S. 234.

Punkte hinweist, nach deren Abänderung durch die städtischen Organe die Genehmigung des Statuts erfolgen würde. [1]

c) Über die Publikation der Ortsstatuten sind besondere Bestimmungen nicht erlassen; sie wird in derselben Weise, wie dies bei den übrigen Gemeindebeschlüssen üblich ist, zu erfolgen haben. [2]

d) Die Aufhebung der Ortsstatuten erfolgt in derselben Weise, also durch staatlich bestätigten Gemeindebeschluß, wie ihre Einführung.

IV. Nach allen deutschen Städteordnungen ist der Gemeindeautonomie ein gewisser Spielraum gelassen. Freilich ist das Feld, auf dem die städtische Gesetzgebung sich bewegen darf, in Bayern äußerst begrenzt, da hier nur in wenigen untergeordneten Fällen eine verschiedene, dem Bedürfnisse der einzelnen Gemeinden angepaßte Regelung durch Ortsstatut zugelassen ist, wobei dann auch auf die staatliche Bestätigung des Statuts verzichtet wird.

Eine viel wichtigere Stellung nimmt das Ortsstatut in den übrigen hier berücksichtigten Rechtsgebieten ein, und damit im Einklang verlangen sämmtliche Städteordnungen auch die Bestätigung der Ortsstatuten durch die staatlichen Behörden, vereinzelt sogar durch den Landesherrn. Die Errichtung von Ortsstatuten ist teils notwendig, teils ist sie, wie in den alten Provinzen Preußens, dem Belieben der Städte überlassen. Ihr Inhalt ist überall im wesentlichen derselbe wie nach preußischem Recht, doch dürfen sie, außer in Weimar und Oldenburg, den staatlichen Gesetzen nicht widersprechen.

---

[1] Die Prüfung, ob ein Ortsstatut überhaupt erlassen werden konnte und ob es formell und materiell den staatlichen Rechtsnormen entspricht, steht auch nach erfolgter Bestätigung den ordentlichen und Verwaltungsgerichten zu. So auch OVGE. Bd. 2 Nr. 16. Mit Unrecht versagt das Erkenntnis des Kompetenzgerichtshofs vom 10. Mai 1879 — BMBl. S. 210 — den ordentlichen Gerichten, unter Berufung auf ALR. II, 14 §§ 78, 79, die Prüfung der Rechtsbeständigkeit von Gemeindesteuerordnungen. — Die besondere Stellung des Ortsstatuts in den östlichen Provinzen und Westfalen schließt allerdings die richterliche Prüfung darüber aus, ob dieses den staatlichen Gesetzen über die Verfassung und Verwaltung der Städte entspricht. Insoweit anscheinend abweichend OVGE. Bd. 16 Nr. 9.

[2] Die Minvfg. vom 30. August 1872 (BMBl. S. 225) betont mit Recht, daß gerade für die Ortsstatuten eine wirksame Veröffentlichung, so daß der Inhalt auch thatsächlich zur Kenntnis der Gemeindeangehörigen kommt, erforderlich ist. Vgl. auch Minvfg. vom 29. Juni 1833 (Kampz, Annalen S. 425).

Dagegen ist in Weimar die Abänderung einer Anzahl von weniger wichtigen Bestimmungen der Städteordnung nachgelassen und in Oldenburg die Abweichung von einigen älteren Staatsgesetzen durch ortsstatutarische Festsetzung gestattet.

### Zweiter Abschnitt.

# Die städtische Verwaltung.

Die städtische Verwaltung teilt sich in die drei Gebiete der Rechtspflege, der Finanzverwaltung und der inneren Verwaltung. Die Grundsätze und Ziele sind überall dieselben wie in der staat= lichen Verwaltung, worauf bei der Darstellung der einzelnen Ver= waltungsgebiete näher einzugehen sein wird. Noch fehlt dann die Betrachtung, wie sich die Stadtpersönlichkeit im Privatrechte bethätigt, welche wohl am ungezwungensten vor die Darstellung des städtischen Finanzwesens in das System eingefügt wird.

## I. Die Stadt in ihren privatrechtlichen Beziehungen. [1]

#### Litteratur.

Über die Stellung der juristischen Personen, insbesondere auch der Ge= meinden, handeln die meisten Lehrbücher des Privatrechts, so insbesondere die Lehrbücher der Pandekten von Arndts, Dernburg und Windscheid, die des deutschen Privatrechts von Beseler und Stobbe, sowie die des preußischen Privatrechts von Dernburg, Förster=Eccius und Fischer. Grundlegend für diese ganze Materie ist jetzt Gierke, die Genossenschafts= theorie und die deutsche Rechtsprechung, Berlin 1887. Daneben seien genannt: H. A. Zachariä, über die Haftungsverbindlichkeit des Staats (Ztschr. f. d. ges. Staatswissenschaft Bd. 19). Löning, Die Haftung des Staats aus rechtswidrigen Handlungen seiner Beamten nach deutschem Privat= und Staatsrecht, Dorpat 1879. Rocholl, Haftbarkeit juristischer Personen für außerkontraktliche Beschädigungen Dritter durch Handlungen oder Unterlassungen der Korporationsrepräsentanten, Vorsteher und Beamten (Rechtsfälle aus der Praxis des Reichsgerichts 1881/83). R. Piloty, Die Haftung des Staats für rechtswidrige Handlungen und Unterlassungen der Beamten bei Ausübung

---

[1] vgl. S. 33 ff.

staatlicher Hoheitsrechte (Hirth, Annalen 1888). v. Möller §§ 77, 85, Steffen=
hagen § 21.

## 1. Die Rechtsfähigkeit der Stadt.

Die moderne Rechtsauffassung hat mit Erfolg danach gestrebt,
auf dem Gebiete des Privatrechts die juristischen Personen der
Einzelpersönlichkeit gleichzustellen. So ist heute im wesentlichen der
Umfang der Rechtsfähigkeit bei beiden der gleiche.[1] Freilich fehlen
den juristischen Personen, wie dies in der Natur der Sache be=
gründet ist, die Familienrechte, dagegen sind sie bereits der Rechte
an der eigenen Person sehr wohl fähig. So haben die Städte einen
Namen, sowie Stand und Rang,[2] das Indigenat und einen Wohn=
sitz;[3] sie führen Siegel und Wappen und können für sich eine
Firma sowie gewerbliche und kaufmännische Zeichen eintragen lassen,
wie sie auch fähig sind, Urheber= und Erfinderrechte zu haben.
Zweifellos endlich haben die Städte auch eine Ehre, wenn dieser bis
jetzt auch nur in geringem Maße der strafrechtliche Schutz des
Staates gewährt wird.

Auf dem Gebiete des Vermögensrechts sind die Städte von
altersher in vollem Umfange rechtsfähig, daher können sie Eigentum
und alle dinglichen Rechte[4] haben, in obligatorische Rechtsverhält=
nisse jeder Art eintreten und zu Erben oder Legataren bestellt
werden. Abweichungen von dem für Einzelpersonen geltenden
Rechtszustande sind nur in wenigen Fällen zugelassen:

a) Im Gebiete des gemeinen Rechts ist den Städten die Wieder=
einsetzung in den vorigen Stand gegen die Folgen einer wider sie
abgelaufenen Verjährungsfrist bewilligt. Die Wiedereinsetzung muß
binnen vier Jahren vom Ablauf der Verjährung bei dem zuständigen
Gerichte beantragt werden.[5]

---

[1] ALR. II, 6 §§ 81, 82; II, 8 § 108.

[2] Einzelne Städte haben den Rang einer „Haupt= und Residenzstadt".

[3] RCPO. § 19.

[4] Servituten, die der Stadt zustehen können, sind z. B. Fischereiberechti=
gungen (Fischereigesetz vom 30. Mai 1874 § 6); auch kann die Stadt an einem
Parke oder dgl. eine Servitut des Inhalts haben, daß der Park dem Publikum
zum Besuche offen stehen muß, vgl. RGCE. Bd. 14 Nr. 54.

[5] Dies ist das einzige „jus minorum" der Städte. Im landrechtlichen
Gebiete haben sie bereits seit 1879 keine „Rechte der Minderjährigen".

b) Nach dem allgemeinen Landrecht läuft die Verjährung durch Besitz gegen Städte erst in zwanzig Jahren ab,[1] in den gemein= rechtlichen Gebieten der Provinz Hannover wird sowohl die er= werbende wie die erlöschende Verjährung gegen Städte in dreißig Jahren vollendet.[2]

c) Die Dauer eines nicht anders begrenzten Nießbrauchs ist nach gemeinem Recht auf hundert Jahre, nach rheinischem Recht auf dreißig Jahre festgesetzt.[3] Die Bestimmungen des allgemeinen Land= rechts sind nicht ganz zweifellos.[4] Nach richtiger Ansicht ist hier die Dauer desjenigen Nießbrauchs, welcher einer Stadt durch Ver= fügung unter Lebenden (Vertrag, Schenkung) zusteht, unbeschränkt, und dasselbe gilt für den Fall, wenn ihr durch ein Vermächtnis der Nießbrauch an Hebungen, die zu gewissen Zeiten wiederkehren, zugewendet ist, ein anderweitiger Nießbrauch dagegen, den die Stadt als Legat erhalten hat, endet nach fünfzig Jahren.

## 2. Die Willens- und Handlungsfähigkeit der Stadt.

StO. 53 §§ 35, 50, 56 u. W. §§ 35, 49, 56. Rh. §§ 35, 46, 53. Fr. §§ 45, 60, 63. SH. §§ 60, 63, 71. H. §§ 71, 97. ZustGes. §§ 16, 17⁴. Gesetz vom 11. März 1850 betr. die Verpflichtung der Gemeinden zum Ersatze des bei öffentlichen Aufläufen verursachten Schadens. Gesetz vom 23. Februar 1870 betr. die Genehmigung zu Schenkungen und letztwilligen Verfügungen, sowie zur Übertragung von unbeweglichen Gegenständen an Korporationen und andere juristische Personen.

I. Im Gegensatze zu der römisch=rechtlichen Theorie hat die heutige Gesetzgebung und Praxis die Willensfähigkeit der preußischen Städte wie im öffentlichen Rechte, so auch im Gebiete des Privat= rechts anerkannt.[5] Im Zusammenhange damit ist den Städten auch ein Gemeinbewußtsein zugesprochen. So vermag die Stadt in gutem und bösem Glauben zu sein, von den Thatsachen der Außen= welt durch ihre geordneten Organe Kenntnis zu erlangen und um deßhalb durch diese auch Eide zu leisten. Insbesondere ordnet das

---

[1] ALR. I, 9 § 624.
[2] Authentische Entscheidung streitiger Rechtsfragen vom 29. Oktober 1822.
[3] l. 56 i. f. D. 7. 1; code civil art. 619.
[4] ALR. I, 12 §§ 423, 424; I, 21 § 179.
[5] Vgl. hierüber Gierke, a. a. O. S. 603 ff.

allgemeine Landrecht eingehend die Voraussetzungen für die Redlichkeit einer Stadt bei dem Erwerb von Besitz.[1]

II. a) Im Umfange ihrer Rechtsfähigkeit ist die Stadt auch
handlungsfähig. Bei einzelnen wichtigeren Rechtshandlungen ist
diese Handlungsfähigkeit allerdings insoweit gemindert, als zur rechtlichen Wirksamkeit der städtischen Handlung die Genehmigung des
Staates erforderlich ist. Indes bleibt auch in diesen Fällen die
Handlung der Stadt rechtlich bedeutsam, da sie die unerläßliche
Voraussetzung für die staatliche Zustimmung bildet und der Staat
sich nicht etwa alleinhandelnd an ihre Stelle setzen kann.

b) Innerhalb dieser Grenzen kann die Stadt zunächst Rechtsgeschäfte jeder Art abschließen und sich dabei aller Geschäftsformen
des Individualrechts bedienen. Sie kann insbesondere durch Verträge Rechte erwerben und Verbindlichkeiten eingehen,[2] unbeschränkt
Eigentum und alle dinglichen Rechte an beweglichen und unbeweglichen Sachen erlangen, ihr Recht an beweglichen Sachen, die keinen
besonderen historischen, künstlerischen oder wissenschaftlichen Wert
haben,[3] auch frei veräußern; bei der Veräußerung unbeweglicher
Sachen ist die Stadt an die Genehmigung des Staates gebunden.[4]
In der Rheinprovinz wird diese Genehmigung auch zu Vergleichen
über Berechtigungen der Stadtgemeinde oder über die Substanz des
Gemeindevermögens erfordert.

Des ferneren sind die Städte fähig, auch durch einseitige Akte
Rechte zu erwerben und aufzugeben. Jedoch bedürfen die rheinländischen Städte zu einseitigen Verzichtleistungen und allen Schenkungen, die sie machen, und die Städte Schleswig-Holsteins zu
solchen Schenkungen, welche die Substanz des Stadtvermögens vermindern, die Genehmigung des Bezirksausschusses.[5] Zum Erwerbe

---

[1] ALR. I, 7 §§ 26 ff. Vgl. darüber weiter unten.

[2] Über die Acceptationsfrist vgl. ALR. 1, 5 § 101.

[3] Zur Veräußerung dieser Sachen ist die Genehmigung des Regierungspräsidenten, in Berlin des Oberpräsidenten erforderlich.

[4] Die Genehmigung erteilt der Bezirksausschuß, bei Sachen, die einen
besonderen historischen, künstlerischen oder wissenschaftlichen Wert haben, muß
außerdem die Zustimmung des Regierungspräsidenten eingeholt werden. In
Berlin ist in beiden Fällen der Oberpräsident zuständig.

[5] Über den Widerruf der von Städten gemachten Schenkungen wegen
Übermaßes vgl. ALR. I, 11 § 1102.

einer Schenkung oder letztwilligen Zuwendung, deren Wert 3000 M.
übersteigt, [1]) müssen sämtliche Städte die Genehmigung des Königs
einholen. Im allgemeinen ist es dabei dem freien Beschlusse der
städtischen Organe überlassen, ob sie die angebotene Schenkung an=
nehmen wollen, und erst wenn sie sich dafür entschieden haben, wird die
Nachsuchung der königlichen Genehmigung erforderlich; nur die rhein=
ländischen Städte sind verpflichtet, für alle Schenkungen, die zum
Vorteil der Armen in der Gemeinde oder ihrer Spitäler und gemein=
nützigen Anstalten geschehen sind, die königliche Genehmigung zu
erbitten und, wenn diese erteilt wird, die Schenkung auch anzu=
nehmen. [2]) [3])

c) Die Städte können die ihnen gehörigen Rechte auch aus=
üben. Alle Rechtsausübung stellt sich als Gewahrsam, Besitz, Ge=
brauch oder Verbrauch dar. Besondere Bestimmungen sind im
Gebiete des allgemeinen Landrechts für den Besitz geltend. [4]) Danach
erwirbt die Stadt den Rechtsbesitz an Sachen oder Rechten, wenn
dieser für sie [5]) durch die Mehrheit ihrer Mitglieder oder durch ihre
Beamten redlicherweise ergriffen wird. Ist die Zahl der Gemeinde=
mitglieder, welche redlich, und die derjenigen, welche unredlich besitzen,
gleich, oder überzeugt sich in der Folge die Mehrheit der Mitglieder
von der Unrechtmäßigkeit ihres Besitzes, so wird dieser für unredlich
geachtet. Die weiteren Bestimmungen des allgemeinen Landrechts
über den Einfluß der Redlichkeit oder Unredlichkeit der Repräsentanten
und städtischen Beamten bei dem Besitzerwerbe auf den Charakter
des Besitzes der Gemeinde sind heute nicht mehr anwendbar, da die
Scheidung zwischen den Repräsentanten einerseits und anderseits
den städtischen Vorstehern und Beamten für die Städte nicht mehr
zu Recht besteht, vielmehr ist die neuere Gesetzgebung und Rechts=

---

[1]) Fortlaufende Leistungen werden dabei mit fünf vom Hundert kapi=
talisiert.

[2]) code civil art. 937. Bei Schenkungen von weniger als 3000 M. haben
auch die rheinländischen Städte freie Entschließung über deren Annahme.

[3]) Schenkungen an Städte können nicht wegen Undanks des Stadtvor=
standes oder der zeitigen Einwohner widerrufen werden. ALR. I, 11 §§ 1160,
1161.

[4]) ALR. I, 7 §§ 26 ff.

[5]) Vgl. Entsch. des Reichsgerichts vom 8. Juli 1880 (Gruchot, Beiträge
Bd. 25, 717).

entwickelung dahin gelangt, den Stadtvorstand und auch die übrigen
städtischen Beamten als Organe der Stadt anzuerkennen, welche inner=
halb ihrer Zuständigkeit die Stadtpersönlichkeit selbst repräsentieren,
weshalb denn auch die etwaige Unredlichkeit der städtischen Beamten
für die Stadt schädlich, wie deren Redlichkeit ihr nützlich sein muß.[1]

Gegen die Stadt kann der Besitz eines Rechts, von ihr etwas
zu fordern, nur mit Einwilligung der geordneten Organe erworben
werden. Der Besitz der Befugnis, einer Stadt die fernere Aus=
übung eines von ihr gemeinschaftlich ausgeübten Rechts zu unter=
sagen, wird nur insoweit erlangt, als ein dahin gehendes Verbot
zur Kenntnis der Gemeinde oder doch ihrer zuständigen Organe
gekommen ist und alle Mitglieder der Gemeinde demnächst dem
Verbote Folge geleistet haben. Ebenso wird der Besitz des Rechts,
etwas zu thun, nur dann gegen die Stadt erworben, wenn die
Handlung, durch welche das Recht ausgeübt wurde, der Gemeinde
oder ihren zuständigen Organen bekannt geworden ist und kein Ge=
meindemitglied der Ausübung widersprochen hat.[2]

d) Die Stadt kann endlich auch ihre Rechte selbst verteidigen.
Wie sie im Umfange ihrer Rechtsfähigkeit parteifähig ist, so erscheint
sie auf Grund ihrer Handlungsfähigkeit auch prozeßfähig, sie selbst
tritt als Klägerin und Beklagte auf.[3] Im einzelnen sind nur
wenige positive Bestimmungen über die Stellung der Stadt im
Prozesse gegeben, auch hier ist ihr Rechtszustand im wesentlichen
derselbe wie bei den Einzelpersonen.

Die Vorbedingungen, unter welchen die Stadt in den Prozeß
eintreten darf, gehören dem materiellen Rechte an.[4] Im allgemeinen
kann sie nur auf Grund eines Gemeindebeschlusses einen Prozeß
übernehmen, und die Ansicht, daß der Stadtvorstand bei Prozessen,
die sich ihrem Objekte nach als ein Akt der laufenden Verwaltung
darstellen, zu selbständigem Vorgehen befugt sei, entbehrt der Be=
gründung, wohl aber sind die Städte berechtigt, und bei der sonst
eintretenden Schwerfälligkeit des Verfahrens empfiehlt sich dies, über

---

[1] Die besonderen Bestimmungen über Besitzerwerb bei Gegenständen des
Bürgervermögens vgl. ALR. 1, 7 §§ 35—39.
[2] ALR. 1, 7 §§ 90—95.
[3] AGO. I, 1 § 33.
[4] RZPO. § 50.

gewisse Gruppen von Prozessen dem Stadtvorstande oder auch anderen städtischen Organen Verfügungsgewalt zu gewähren. Wenn dies indes auch nicht geschehen ist, so bleibt der Stadtvorstand nach außenhin doch immer befugt, die Stadt zu vertreten, und für Dritte gelten seine Erklärungen auch dann, wenn sie nicht auf ordnungsmäßigem Gemeindebeschlusse beruhen, als Erklärungen der Stadt, während diese sich nur durch zivilrechtlichen Rückgriff und disziplinarische Bestrafung an den schuldigen Beamten halten kann.

Dagegen sind die rheinländischen Städte durch das Erfordernis staatlicher Genehmigung in ihrer Prozeßfähigkeit derart beschränkt, daß die Handlung des Stadtvorstandes, welche diese Grenzen unbeachtet läßt, auch dem gutgläubigen Dritten gegenüber nichtig ist. Die Genehmigung des Bezirksausschusses ist hier zur Anstellung[1]) von Prozessen erforderlich, die sich auf Berechtigungen der Stadtgemeinde oder die Substanz des Gemeindevermögens beziehen. Nur wenn diese Prozesse gegen den Fiskus gerichtet sind oder sich als Regreßklagen gegen Mitglieder der Staatsbehörden darstellen, sind auch die rheinländischen Städte zu freiem Handeln befugt.

Einzelne Bestimmungen, welche die Zivilprozeßordnung hier und da über die Stellung der Städte im Prozesse gibt, seien hier angereiht. Der Gerichtsstand der Städte ist der Ort, wo die Verwaltung geführt wird.[2]) Zustellungen erfolgen zu Händen des Stadtvorstandes, wobei, wenn dieser kollegialisch organisiert ist, die Zustellung an ein Mitglied genügt.[3]) Eide leistet die Stadt durch das berufene Organ, in der Regel den Stadtvorstand. Ist dieser kollegialisch organisiert und betrifft der Eid die eigene Wahrnehmung nur einiger oder eines Mitgliedes, so wird der Schiedseid nur diesen abgenommen. Bei dem richterlichen Eide ist es dem freien Ermessen des Richters überlassen, ob er den Eid sämtlichen Mitgliedern des prozeßführenden Organs oder nur einigen auferlegen will.[4])

------------

[1]) also nicht zum Eintritt in einen Prozeß als Beklagte.
[2]) RZPO. § 19.
[3]) RZPO. § 157.
[4]) RZPO. §§ 434, 436, 438. Über die Folgen der Eidesweigerung seitens einzelner Mitglieder vgl. § 434.

Eigenartig und abweichend von dem für Einzelpersonen geltenden Rechte ist nach dem allgemeinen Landrecht wie nach rheinischem Rechte die Zwangsvollstreckung gegen Städte geordnet, da hier bedeutsame öffentliche Interessen gewahrt sein wollen. Für die Schulden der Stadt haftet ihr bewegliches und unbewegliches Vermögen, und wegen dinglicher Forderungen oder auch wegen persönlicher Forderungen, die nicht auf Geldzahlung gehen, kann die Zwangsvollstreckung wider sie in derselben Weise wie gegen jedes andere Rechtssubjekt ausgeführt werden. [1] Nur sind überall Gebäude, welche zum Betriebe der öffentlichen Angelegenheiten und zu anderer gemeiner Notdurft bestimmt sind, der Zwangsvollstreckung nicht unterworfen. [2] Persönliche Geldforderungen können gegen die Städte nicht im Wege der Zwangsvollstreckung geltend gemacht werden, vielmehr entscheidet hier der Bezirksausschuß über die Art, wie die Schuld von der Stadt getilgt werden soll, und der Gläubiger muß sich auch ihre allmähliche Abtragung gefallen lassen. [3]

III. Als Folge der Willens- und Handlungsfähigkeit der preußischen Städte muß auch anerkannt werden, daß ihnen das Begehen unerlaubter Handlungen möglich ist. Denn wenn als Wille gerade die Freiheit der Wahl unter verschiedenen Möglichkeiten erscheint, so muß diese Wahl sich nicht nur für zweckwidrige, sondern auch für unerlaubte Maßnahmen entscheiden können; nur daß auch die Möglichkeit des Körperschaftsbeliktes begrenzt wird durch die Lebenssphäre, welche der Stadt vom Rechte gesetzt ist, so daß unerlaubte Handlungen ihrer Organe, die außerhalb dieses Rechtskreises erfolgen, der Stadt nicht oder doch nur als Überschreitung ihrer Zuständigkeit angerechnet werden können. [4]

Eine Bestrafung der Städte für die Begehung unerlaubter

---

[1] ALR. II, 6 § 91; II, 8 § 155.

[2] RZPO. § 757. ALR. II, 8 § 156. Für das rheinische Recht vgl. code civil art. 537. Im Gebiete des gemeinen Rechts sind diese Gebäude als res publicae extra commercium gleichfalls unpfändbar.

[3] EG. zu RZPO. § 15 Nr. 4. ALR. II, 6 §§ 97, 98. AGO. Anhang § 153 zu I, 24 § 45. Für das rheinische Recht vgl. rheinisches Ressortreglement vom 20. Juli 1818 § 25, RGCS. Bd. 3 Nr. 91. Siehe auch Oppenhoff, Die preußischen Gesetze über die Ressortverhältnisse zwischen Gerichten und Verwaltungsbehörden, Berlin 1863, Anm. 279. In Berlin hat der Oberpräsident darüber zu entscheiden.

[4] Vgl. die eindringenden Untersuchungen bei Gierke a. a. O.

Handlungen kennt das preußisch-deutsche Recht nicht,[1] dagegen ist der Stadt von Gesetzgebung und Praxis in weitem Umfange die zivilrechtliche Ersatzverbindlichkeit für unerlaubte Handlungen ihrer Organe auferlegt. Zunächst ist heute allgemein anerkannt, daß die Stadt in Vertragsverhältnissen für die Delikte ihrer Organe haftet, des weiteren wird ihr aber auch, wie dies gleichfalls mehr und mehr angenommen wird, das außerkontraktliche Verschulden der Organe als eigenes zuzurechnen sein. So wird die Stadt denn nicht nur wegen der Unterlassung von Verpflichtungen ersatzverbindlich, die ihr durch spezielles Gesetz oder auch nur durch die allgemeine Rechtspflicht auferlegt sind, sondern das gleiche gilt auch für jede schuldhafte Handlung ihrer Organe, welche die Rechtssphäre Dritter verletzt.[2]

Die weitere Forderung der Genossenschaftstheorie, daß die Korporationen auch für solchen Schaden haften, welchen die rechtswidrige Ausübung oder Unterlassung öffentlich rechtlicher Funktionen verursacht hat, ist bisher nur in geringem Maße verwirklicht, wenn auch das heutige Rechtsbewußtsein mehr und mehr auch hier die Haftung der Stadt für ihre Organe verlangt.

Für fremdes Verschulden haftet die Stadt in demselben Umfange wie jede Einzelperson, sie muß daher für die Handlungen ihrer Vertreter, Beauftragten und Gehilfen in gleicher Weise, wie dies allgemein bestimmt ist, aufkommen.

Endlich legt das neuere Recht in einzelnen Fällen aus Gründen der Zweckmäßigkeit und Billigkeit dem Urheber eines Schadens oder demjenigen, in dessen Herrschaftssphäre der Schaden entstanden ist, die Ersatzverbindlichkeit auch dann auf, wenn ihm kein Verschulden zur Last fällt. Dazu gehören Fälle des Reichshaftpflichtgesetzes, dann kann aber auch hierher die Verpflichtung der Städte in den alten Provinzen, den bei öffentlichen Aufläufen verursachten Schaden zu ersetzen, gerechnet werden. Die Stadt haftet, vorbehaltlich ihres Rechtes auf Rückgriff gegen diejenigen Personen, welche den Schaden

---

[1] Höchstens könnte die Auflösung der Stadtverordnetenversammlung als solche aufgefaßt werden.

[2] Vgl. Entscheidungen des Reichsgerichts vom 9. Mai 1882 (Gruchot, Beiträge Bd. 26 S. 930), vom 1. November 1886 (Reichsanzeiger 1887 Nr. 51) und 10. November 1887 (RGCE. Bd. 19 S. 348):

angerichtet haben, für allen Schaden, der dadurch entsteht, daß in ihrem Bezirke bei einer Zusammenrottung oder einem Zusammen= laufe von Menschen durch offene Gewalt oder durch Anwendung der dagegen getroffenen gesetzlichen Maßregeln Beschädigungen des Eigentums oder Verletzungen von Personen stattfinden. Von dieser Ersatzpflicht ist die Stadt indes entbunden, wenn der Schaden durch eine von außen in die Gemeinde eingedrungene Menschenmenge ver= ursacht wird. Die weiteren Bestimmungen des Gesetzes, wonach diejenige Gemeinde, in deren Gebiete die Ansammlung der ein= brechenden Menge erfolgte, zum Schadensersatze verpflichtet ist, sind heute ohne praktische Bedeutung, da die Gemeinde aus dieser Ver= pflichtung dann entlassen wird, wenn sie erweislich nicht im stande war, den Einbruch zu verhindern, dieser Beweis aber stets geführt werden kann, weil die Gemeinden nach preußischem Rechte keine polizeilichen oder sonstigen Zwangsmittel zur Verfügung haben. [1])

## II. Das Finanzrecht.

Die Litteratur ist wesentlich nationalökonomischen und politischen In= halts. Außer den einschlägigen Abschnitten der Lehrbücher der Finanzwissen= schaft von Roscher, L. v. Stein und Ad. Wagner seien hier folgende Mono= graphieen genannt: v. Reitzenstein, Das kommunale Finanzwesen (Schönbergs Handbuch der politischen Ökonomie 1885. 2. A. Bd. 3). L. Herr= furth, Beiträge zur Finanzstatistik der Gemeinden in Preußen. Die Ein= nahmen und Ausgaben sowie der Vermögens= und Schuldenstand der preu= ßischen Gemeinden mit mehr als 10 000 Einwohnern. Berlin 1878 (Ztschr. des königl. (preuß.) stat. Büreaus, Ergänzungsheft 6). L. Herrfurth, Bei= träge zur Finanzstatistik der Gemeinden in Preußen. Die besonderen Abgaben für Benutzung von Gemeindeanstalten, Gemeindeeinrichtungen und Unterneh= mungen sowie die besonderen Beiträge, die Gebühren und Sporteln in den preußischen Gemeinden mit mehr als 10 000 Einwohnern. Berlin 1878 (a. a. O. Ergänzungsheft 6). L. Herrfurth und E. von den Brinken, Beiträge zur Statistik der Gemeindeabgaben in Preußen. Die Belastung der preußischen Städte und Landgemeinden mit direkten Staatssteuern, Gemeindeabgaben und sonstigen Korporationsabgaben im Jahre 1880/81. Berlin 1882 (a. a. O. Er= gänzungsheft 9). L. Herrfurth und W. v. Tzschoppe, Beiträge zur Finanzstatistik der Gemeinden. Die Einnahmen und Ausgaben der preußischen Städte sowie das Solleinkommen an direkten Staatssteuern in denselben für

---

[1]) Die Einrichtung der Bürgerwehren ist durch Gesetz vom 24. Mai 1853 wieder beseitigt.

das Jahr 1883 84. Berlin 1884 (a. a. O. Ergänzungsheft 16). Philipp Gerstfeldt, Städtefinanzen in Preußen (Schmoller, staats= und sozial= wissenschaftliche Forschungen IV, 1). L. Herrfurth, Die Finanzlage der Städte und Landgemeinden in Preußen (Finanzarchiv Bd. I. 1884).

## 1. Begriff des Finanzrechts.

Wie der Staat bedarf auch die Stadt zur Durchführung der Gemeinzwecke materieller Mittel, nämlich menschlicher Kräfte und sachlicher Güter.

Gegenüber dem mittelalterlichen Staate, der wesentlich die Naturaldienste seiner Unterthanen in Anspruch nahm, hat die Stadt von Anbeginn in umfassender Weise auch das Vermögen ihrer Bürger herangezogen zur Erfüllung der Aufgaben des Gemeinwesens. In dem deutschen Bürgertum ist zuerst der Übergang von der Natural= wirtschaft zur Geldwirtschaft vollzogen worden. Namentlich hat auch zuerst die mittelalterliche Stadt das Recht zur Besteuerung ihrer Bürger geltend gemacht. Denn wenn auch schon früher die Unter= thanen an ihre Herren „Beden" zahlten und durch Zölle geschatzt wurden, so war es doch zuerst die Stadt, welche den direkten und indirekten Abgaben jedes privatrechtliche Moment abstreifte und, lediglich auf Grund ihrer öffentlich = rechtlichen Natur, von ihren Gemeindeangehörigen Steuern einforderte.

Der Entwickelung der Neuzeit entsprechend haben die Geld= abgaben gegenüber den Naturaldiensten immer weiteren Raum ge= wonnen, ja die ökonomische Nützlichkeit hatte die persönlichen Dienste der Bürger nur zu sehr zurückgedrängt; erst die neueste Zeit hat hier Wandel geschaffen, und nunmehr ist man, insoweit höhere politische und ethische Gesichtspunkte es erfordern, wieder zurückgekehrt zu umfassender Inanspruchnahme auch der persönlichen Leistungen der Genossen.

Wie einem jeden Haushalte, so ist auch dem städtischen Finanz= wesen die Aufgabe gestellt, für die Ausgaben die Deckung durch entsprechende Einnahmen zu beschaffen. Die Ausgaben haben aber die Neigung zu steter Erhöhung, und es tritt daher als ergänzende Aufgabe hinzu die Sorge dafür, daß das wirtschaftliche Gleichgewicht zwischen Einnahmen und Ausgaben hergestellt und erhalten werde.

Als Inhalt des städtischen Finanzrechts können wir daher

bezeichnen den Inbegriff der rechtlichen Normen, welche sich auf die
Besorgung der Ausgaben, die Beschaffung der Einnahmen und die
Herstellung des wirtschaftlichen Gleichgewichts zwischen beiden beziehen.

## 2. Die städtischen Ausgaben.

Wie die Stadtgemeinde alle Kulturinteressen ihrer Genossen in
sich schließt und fähig ist, denselben in ihrer Beschränkung auf den
Kreis der Gemeinde gerecht zu werden, so sind auch die städtischen
Ausgaben überaus vielgestaltig und erstrecken sich über alle Gebiete der
Gemeindethätigkeit. Die städtischen Ausgaben zerfallen in ordentliche,
das sind periodisch wiederkehrende, die zur Erfüllung einer dauernden
Gemeindeaufgabe bestimmt sind, und in außerordentliche Ausgaben,
die einem nur vorübergehenden Bedürfnisse genügen sollen. Die
Grenze zwischen beiden ist schwankend und oft wandelt sich eine
außerordentliche Ausgabe in eine regelmäßig wiederkehrende, als Befriedigung eines nun dauernden Bedürfnisses.

## 3. Die städtischen Einnahmen.

Die Deckungsmittel für ihre Ausgaben erhält die Stadt durch
ihre Einnahmen. Diese zerfallen, gleich den Ausgaben, in ordentliche
und außerordentliche Einnahmen. Die ordentlichen Einnahmen haben
wieder einen zweifachen finanzrechtlichen Charakter; entweder beruhen
sie auf privatrechtlichen Titeln oder es sind öffentlich = rechtliche
Einnahmen.

Letztere teilen sich in Regalien, Gebühren, Steuern und steuerliche
Dienste, Interessentenzuschüsse, Beiträge zu Gemeindezwecken und Zuwendungen des Staats oder höherer Kommunalverbände an die Städte.

Die privatwirtschaftlichen Einnahmen erwachsen der Stadt aus
den verschiedenartigsten Erwerbsgeschäften; die Nutzung ihres Grundeigentums, der Betrieb von Handel und Gewerben schafft den Städten
erhebliche Einnahmen. Wie bedeutsam diese nun aber auch für die
städtische Wirtschaft sind und wie wichtig ihre Umgrenzung und
Förderung dem Politiker und Nationalökonomen erscheint, der rechtlichen Betrachtung bieten sie nur geringes Interesse, da hier im
wesentlichen überall die gemeinen Normen des Privatrechtes gelten.

Die außerordentlichen Einnahmen der Städte sind immer privatrechtlicher Natur und bestehen in Schenkungen, Veräußerungen der

Substanz des Stadtvermögens und in der Aufnahme städtischer An=
leihen. Die wirtschaftliche Natur dieser Einnahmequellen ist sehr
verschieden. Nur die Schenkungen vermehren stets das städtische
Vermögen, bei den Substanzveräußerungen kann dies der Fall sein,
wenn der Tauschwert des veräußerten Gegenstandes höher ist, als
es sein Gebrauchswert für die Stadt war; bei der Aufnahme von
Anleihen findet dagegen eine direkte Vermögensvermehrung niemals
statt, indirekt, durch Schaffung neuer Werte, welche mehr Zinsen
tragen, als für die Anleihen gezahlt werden, kann dies freilich in
hohem Maße geschehen.

# A. Ordentliche Einnahmen.

## I. Die privatrechtlichen Einnahmen.

### 1. Begriff und Umfang des Stadtvermögens.

StO. 53 § 49 u. W. § 48. Rh. § 45. SH. §§ 19, 20. Fr. § 59. H. § 114.
v. Möller § 76. Steffenhagen § 109.

Die ordentlichen Einnahmen privatrechtlicher Natur werden aus
den Erträgnissen der privatwirtschaftlichen Unternehmungen gewonnen,
welche die Stadt betreibt.

Den Inbegriff der Sachen, welche die Stadt in Eigentum oder
Besitz hat, zusammen mit den ihr zustehenden Rechten, nennen wir
das Stadtvermögen.

Dasselbe zerfällt in das Kämmereivermögen, dessen
Nutzungen zur Bestreitung der Lasten und Ausgaben der Stadt
bestimmt sind, an dem die Stadt also das Nutzungsrecht hat, und
das Bürgervermögen, dessen Nutzungen die einzelnen Gemeinde=
mitglieder als solche genießen.[1]

Nicht zum Stadtvermögen gehört a) dasjenige Vermögen, das
nur einzelnen Klassen der Gemeindemitglieder zugehört;

b) das Vermögen der im Stadtbezirke bestehenden Korporationen
und Stiftungen.

Das Kämmereivermögen zerfällt wiederum in das Gebrauchs=
vermögen, den Inbegriff derjenigen Sachen, welche in ihrer Be=

---

[1] ALR. II, 8 §§ 138—165.

nutzung nur als Mittel für öffentlich=rechtliche Zwecke dienen, und in das werbende Vermögen. Nur letzteres erscheint als Einnahme= quelle der Stadt und unterliegt wesentlich privatrechtlichen Normen, während ersteres hauptsächlich als Mittel zur Erfüllung der öffentlich= rechtlichen Aufgaben der Stadt zu betrachten ist. Bei seiner engen Verbindung mit den einzelnen Verwaltungszweigen werden daher die Rechtsverhältnisse der Gegenstände des städtischen Gebrauchs= vermögens, insoweit besondere Rechtsnormen für sie gelten, je bei den betreffenden Verwaltungszweigen besprochen werden.

## 2. Geschichtliche Übersicht über die Entstehung und die Schicksale des Stadtvermögens. [1])

Nachdem die deutschen Volksscharen die römischen Gebiete am Rhein und der Donau überflutet hatten und die weltherrschenden Römer von deutschem Boden verdrängt waren, ließen sich deutsche Heerhaufen auch in den Ruinen verlassener Städte nieder. Schon früher ist berichtet worden, wie diese Ansiedelungen in den verfallenen Mauern der Römerstädte politisch gleichartig waren den Hundert= schaften und Gauen, in die sich der erobernde Stamm über das Land hin verteilte. Auch die alten sozialen Verhältnisse galten in den Städten zunächst unverändert fort. So fiel der Boden der Stadt und die umgebenden Ländereien den Ansiedlern als einer Markgenossenschaft zu, oft auch bebauten mehrere Markgenossen= schaften die Felder um die Stadt und die öden Flächen in den nun zu weit gewordenen Mauern. Immer standen dann die Höfe der verschiedenen Genossenschaften enge bei einander, und es ist schon früher gezeigt worden, wie fruchtbar für die städtische Entwickelung die gegenseitige Einwirkung dieser verschiedenen Genossenschaften auf= einander gewesen ist.

Nachdem es den Bischöfen gelungen war, ihre Herrschaft auch über die altfreie Gemeinde auszudehnen, schmolzen vielfach auch die sozialen Genossenschaften mehr und mehr zusammen, und als, mit der Erhebung und Vereinigung der politischen Gemeinden in dem Stadtbezirke zu der einen Stadtgemeinde, an die Spitze dieses neuen Gemeinwesens der Rat trat, nahm dieser auch fast überall die Leitung

---

[1]) Gierke, Genossenschaftsrecht II S. 683 ff.

der wirtschaftlichen Angelegenheiten der Stadt in die Hand. Die alten Markvorsteher wurden zu niederen Beamten herabgedrückt, und die verschiedenen Gebiete der einzelnen Genossenschaften verwuchsen zur einheitlichen Stadtmark.

Stand diese Mark nun auch anfangs zu gesamter Hand im Eigentume der Bürger, so klärte sich doch mit der Ausbildung der Stadt als einer Gesamtpersönlichkeit mehr und mehr die Anschauung dahin ab, daß das Eigentum an der geteilten Mark den einzelnen Bürgern zustehe, nur beschränkt durch öffentliche Rechte der Stadt, an der gemeinen Mark jedoch die Stadt Eigentum habe. Aber wie in der Markgenossenschaft, stand anfangs auch in den deutschen Städten jedem Bürger die Nutzung der ungeteilten Mark nach seinem Bedürfnisse zu. Mit den steigenden Ausgaben der Stadt und der Ungleichheit des Bedürfnisses bei den Einzelnen erwies sich dies alte Verhältnis als Unrecht.

Mehr und mehr nahm jetzt die Stadt die Nutzung der gemeinen Mark für sich selbst in Anspruch. Durch Verpachtung der Ländereien oder eigene Bewirtschaftung derselben suchte sie möglichst großen Vorteil für den Stadtsäckel zu erzielen. Nur insoweit auch jetzt noch ein allgemeines und gleichartiges Bedürfnis vorhanden war, blieb die Nutzung der ungeteilten Mark, der Almende, durch die einzelnen Bürger auch fernerhin bestehen. So geschah es namentlich mit der Lieferung von Brennholz, vielfach blieben auch Weiderechte in Übung. Aber auch diese Rechte der Einzelnutzung an der Almende wurden nach Maß, oft auch nach der Zahl der Teilnehmer begrenzt.

Erst als in den Zunftkämpfen die breite Masse der städtischen Handwerker Aufnahme in das Genossenrecht verlangte, wurde der Rechtszustand schwankend. Jetzt forderten die Neuerer, daß die Nutzungen auch ihnen, den eben erst in die Stadt als Vollgenossen Eingetretenen zu gute kommen sollten, wogegen die Altbürger darauf verweisen durften, daß nur sie, als Mitglieder der alten Markgenossenschaft, Rechte an der gemeinen Mark haben. Meist endete der Kampf zu Gunsten der Stadt, die gemeine Mark verblieb ihr und die Nutzungen wurden durch den Erwerb des Bürgerrechtes erlangt. Oft aber auch schieden sich die bisher Berechtigten von der Stadt und die gemeine Mark wurde nun Eigentum einer privat-

rechtlichen Genossenschaft, die sich innerhalb der Stadt als Real=
gemeinde begründete.

Unter dem Einflusse des römischen Rechts wurden sodann die
beiden Bestandteile des städtischen Vermögens schärfer voneinander
gesondert, und es bildete sich nun die Unterscheidung des Kämmerei=
und des Bürgervermögens aus. Das allgemeine Landrecht [1])
charakterisiert beide derart, daß zum Kämmereivermögen alles gehört,
was zur Bestreitung der gemeinschaftlichen Lasten und Ausgaben
der Stadtgemeinde bestimmt ist; Bürgervermögen aber sei dasjenige
gemeinschaftliche Vermögen, dessen Nutzungen den einzelnen Mit=
gliedern der Bürgergemeinde zukommen.

Das Kämmereivermögen steht nach dem allgemeinen Landrechte
unter der Verwaltung des Magistrats, der dabei der Kontrolle durch
die Repräsentanten unterliegt. Sollen Kämmereigüter veräußert,
in Erbpacht ausgethan, verpfändet oder mit Dienstbarkeiten belegt
werden, oder aber sollen neue Schulden auf die Kämmereigüter
gemacht werden, die aus den Kämmereieinkünften ohne Abbruch der
übrigen nötigen Ausgaben nicht getilgt werden können, so genügt
nicht einmal die Einwilligung der Repräsentanten, vielmehr müssen
diese erst von den durch sie Vertretenen — den einzelnen Klassen
der Bürgerschaft — Instruktionen einholen, die sie bei ihrer Stimm=
abgabe befolgen müssen. Auch ist das Kämmereivermögen einer
weitreichenden Oberaufsicht des Staates unterworfen.

Das Bürgervermögen wird dagegen als gemeinschaftliches Ver=
mögen der Gesamtheit der Bürger betrachtet. Es hat daher auch
der Magistrat an sich kein Recht auf die Verwaltung desselben,
vielmehr steht ihm nur ein Aufsichtsrecht darüber zu, analog dem
staatlichen Aufsichtsrecht über das Kämmereivermögen.

Daß das Bürgervermögen indes in der That gleichfalls zu
dem städtischen Vermögen gehört, ist auch von dem allgemeinen
Landrechte nicht völlig verkannt worden; subsidiär haftet nämlich
auch dieses für die städtischen Schulden. Die Städteordnung von
1808 hat dann auch wieder das Bürgervermögen als städtisches
Vermögen anerkannt. Die Verwaltung des Kämmerei= und Bürger=

---

[1]) ALR. II, 8 §§ 138—165.

vermögens geſchieht .durch den Rat unter der Mitwirkung und
Kontrolle der Stadtverordneten. [1])

Mit der Wiederanerkennung auch des Bürgervermögens als
Beſtandteil des Stadtvermögens kehrte die Geſetzgebung auch wieder
zurück zu den Normen des mittelalterlichen Rechtes, nach dem es in
der Befugnis der Stadt lag, durch Gemeindebeſchluß die bürger=
lichen Nutzungen aufzuheben und die Erträge des ſtädtiſchen Ver=
mögens lediglich zum Vorteile der Stadt zu verwenden. So be=
ſtimmt denn auch § 53 der Städteordnung von 1808, daß durch
Gemeindebeſchluß das Bürgervermögen in Kämmereivermögen ver=
wandelt werden könne. Die Städteordnung von 1831 verlangte
zu dieſem Beſchluſſe die Zuſtimmung der Aufſichtsbehörde, ſtimmte
im übrigen aber völlig mit der Städteordnung von 1808 überein. [2])
Ihre Beſtimmungen ſind ſodann, dem Inhalte nach, in die Gemeinde=
ordnung von 1850 [3]) und in die jetzt geltenden Städteordnungen
übergegangen.

### 3. Die Verwaltung des Stadtvermögens.

StO. 53 §§ 49—51, 56⁵ u. W. §§ 48—50, 56⁵. Rh. §§ 45—47 53⁵. SH.
§§ 19, 20, 60, 71. Fr. §§ 59, 60, 63. H. §§ 97, 116, 117, 119. Zuſt.Geſ. § 16.
Deklaration einiger Vorſchriften des allgemeinen Landrechts und der Gemein=
heitsteilungsordnung vom 7. Juni 1821 betr. das nutzbare Gemeindevermögen
vom 26. Juli 1847.
v. Möller § 77. Steffenhagen §§ 106, 111—113.

Die Art und Weiſe der Nutzung des ſtädtiſchen Vermögens
regeln Gemeindebeſchlüſſe, nach deren Vorſchriften dann der Stadt=
vorſtand die Verwaltung führt, welche auf die Erhaltung, haus=
hälteriſche Benutzung und Verbeſſerung des Vermögens gerichtet
ſein ſoll.

Dabei nehmen die Stadtverordneten in den alten Provinzen,
Schleswig=Holſtein und Frankfurt a/M. auch an den Einzelheiten
der Vermögensverwaltung teil. [4]) Insbeſondere iſt hier auch ein

---

[1]) StO. 1808 §§ 52, 53, 189.
[2]) StO. 1831 §§ 30—32, 123.
[3]) GO. § 44.
[4]) In Hannover ſoll die Stadtverordnetenverſammlung nur die Grund=
ſätze für die Verwaltung des ſtädtiſchen Vermögens feſtſtellen.

Gemeindebeschluß erforderlich zur Verpachtung [1]) oder Vermietung städtischer Vermögensstücke [2]) und zur Ausleihung oder sonstigen nutzbaren Anlage städtischer Kapitalien; [3]) doch wird es sich gerade hier empfehlen, in weitem Umfange dem Stadtvorstande oder städtischen Verwaltungsausschüssen freie Verfügungsgewalt zu gewähren. Des ferneren muß die Zustimmung der Stadtverordneten zu Veränderungen in der Nutzungsart der einzelnen Vermögensobjekte eingeholt werden, [4]) wenn also beispielsweise ein Wald abgetrieben oder ein Acker auf= geforstet werden soll, ebenso wenn der Stadtvorstand beabsichtigt, Güter, welche er bisher in eigener Verwaltung hatte, in Pacht aus= zuthun oder mit städtischen Kapitalien irgendwelche beweglichen oder unbeweglichen Sachen zu erwerben, [5]) und dasselbe gilt auch für den Fall, daß Gegenstände, die bisher zu dem werbenden Ver= mögen gehörten, nunmehr zu Stücken des Gebrauchsvermögens werden, den Zwecken der städtischen Verwaltung dienen sollen. [6])

Jn den westlichen Provinzen muß die Verpachtung städtischer Grundstücke und Gerechtsame in der Regel öffentlich an den Meist= bietenden geschehen, doch kann hiervon mit Zustimmung des Bezirks= ausschusses auch abgesehen werden.

Jn Schleswig=Holstein bedürfen Gemeindebeschlüsse, welche eine außerordentliche Nutzung des Stadtvermögens anordnen und da= durch dessen Substanz angreifen, staatlicher Genehmigung, die von dem Bezirksausschusse erteilt wird.

II. Die Veräußerung von Vermögensstücken geschieht in der Regel auf Grund eines Gemeindebeschlusses. An besondere Vor= bedingungen ist die Veräußerung städtischer Grundstücke und Real= gerechtsame gebunden. Hierzu muß nämlich überall die Genehmigung

---

[1]) Vgl. auch Minvfg. vom 11. Juli 1842 (BMBl. S. 305).

[2]) Auch zur Feststellung der Bedingungen für die Verpachtung und zur Erteilung des Zuschlags ist die Zustimmung der Stadtverordneten nötig.

[3]) Vgl. Minvfg. vom 22. Februar 1860 (BMBl. S. 70).

[4]) Dies erscheint auch für Hannover erforderlich.

[5]) So auch, wenn der Stadtvorstand mit Barkapitalien Geldpapiere kaufen oder bisher in Geldpapieren angelegte Kapitalien auf Hypotheken aus= leihen will.

[6]) Soll also ein der Stadt gehöriges Grundstück als Bauplatz für eine Schule benutzt werden, so ist hierzu die Genehmigung der Stadtverordneten notwendig.

des Bezirksausſchuſſes eingeholt werden,[1]) der in Schleswig=Holſtein,
Hannover und Frankfurt auch befugt iſt, die Formen vorzuſchreiben,
in denen die Veräußerung ſtattfinden ſoll. In den alten Provinzen
muß die Veräußerung in der Regel auf Grund einer Taxe durch
Lizitation erfolgen, doch kann in den weſtlichen Provinzen bei Grund=
ſtücken, die nicht mit Gebäuden beſetzt ſind, von der Aufnahme einer
Taxe abgeſehen und dafür ein beglaubigter Auszug aus dem Grund=
ſteuerkataſter beigebracht werden.   Zur Gültigkeit der Lizitation
gehört überall eine einmalige Bekanntmachung durch die Zeitungen,
die in den öſtlichen Provinzen durch das Amtsblatt und die für die
Bekanntmachungen des Rates ſonſt benutzten öffentlichen Blätter
erfolgen muß; in den weſtlichen Provinzen kann dafür das Amts=
blatt oder auch eine andere im Kreiſe erſcheinende Zeitung gewählt
werden.   Hier muß dagegen die Lizitation auch durch eine öffentlich
ausgehängte Ankündigung und ortsübliche Bekanntmachung[2]) ver=
öffentlicht werden und dieſe Publikationsart kann bei Grundſtücken,
welche nicht mit Gebäuden beſetzt ſind und deren Grundſteuer=
reinertrag 6 M. nicht überſteigt, auch an die Stelle der Bekannt=
machung durch die Zeitungen treten.   Überall muß zwiſchen dem
Tage der Bekanntmachung und dem Lizitationstermine eine Friſt
von ſechs Wochen liegen und der Termin ſelbſt durch ein Mitglied
des Stadtvorſtandes, einen Richter oder Notar abgehalten werden.
Das Ergebnis der Lizitation ſoll ſtets, alſo auch wenn der Stadt=
vorſtand ſeinerſeits daraufhin den Zuſchlag nicht erteilen will, zur
Kenntnis der Stadtverordneten gebracht werden.   Von der Be=
obachtung dieſer Formen kann nur mit Genehmigung des Bezirks=
ausſchuſſes abgeſehen werden, mit deſſen Zuſtimmung aber auch ein
Verkauf aus freier Hand und ein Tauſch von Grundſtücken ſtatt=
finden darf.[3])

---

[1]) In Schleswig=Holſtein iſt die Genehmigung nicht erforderlich zu der im
Wege der öffentlichen Lizitation erfolgenden Wiederveräußerung von Grund=
ſtücken, welche von der Stadt als Schaden leidender Gläubigerin im Konkurſe
oder infolge der Zwangsvollſtreckung wegen rückſtändiger Gemeindeabgaben
erworben ſind.   In Berlin entſcheidet der Oberpräſident.

[2]) In Weſtfalen iſt der Ausruf als ortsübliche Bekanntmachungsart ge=
ſetzlich angeordnet.

[3]) Der Bezirksausſchuß ſoll ſeine Zuſtimmung dazu nur dann geben, wenn
er überzeugt iſt, daß dadurch der Vorteil der Stadt gefördert wird.

Zur Auflassung städtischer Grundstücke genügt die Vorlegung des von dem Bezirksausschusse bestätigten Veräußerungsvertrages, ohne daß der Grundbuchrichter verpflichtet oder auch nur berechtigt ist, seinerseits zu prüfen, ob die von den Städteordnungen vor= geschriebenen Formen bei der Veräußerung beobachtet sind. Geht der Stadt das Eigentum an einem Grundstücke oder Real= rechte ohne oder wider ihren Willen verloren, so ist keine Genehmigung des Bezirksausschusses erforderlich. [1]

III. Erscheint noch die Regulierung der gutsherrlichen und bäuerlichen Verhältnisse in städtischen Gütern erforderlich, so geschieht sie nach den auch sonst geltenden Grundsätzen, doch sind in den Städten der alten Provinzen von mehr als 3500 Einwohnern die= jenigen Räte, [2] welche ein zum Richteramt oder höheren Verwaltungs= dienste befähigtes Mitglied besitzen, befugt, durch dies Mitglied die Regulierung selbständig vornehmen zu lassen. Entstehen hierbei jedoch Streitigkeiten zwischen den Beteiligten, so muß die Angelegenheit an die zuständige Generalkommission abgegeben werden, welche über= dies auch jederzeit berechtigt ist, auf Beschwerde eines Beteiligten von den Verhandlungen Kenntnis zu nehmen und erforderlichenfalls die Sache an sich zu ziehen. [3] Immer muß die Bestätigung der von den Räten abgeschlossenen Rezesse durch die Generalkommission erfolgen.

Findet eine Gemeinheitsteilung statt, an der städtische Grund= stücke teilnehmen, so gelten auch hier die allgemeinen Vorschriften, [4] doch ist der Regierungspräsident verpflichtet, von Amtswegen darauf zu achten, daß sich dabei keine Verkürzung des Gemeindevermögens ergebe. [5] Werden der Stadt zustehende Berechtigungen abgelöst, so fällt die Abfindung selbst, auch wenn die Berechtigung ein Teil des

---

[1] Vgl. S. 198 darüber, inwieweit bei Zwangsvollstreckungen doch staat= liche Genehmigung notwendig ist.

[2] Eine gleiche Befugnis ist den Städten mit Bürgermeisterverfassung nicht gegeben.

[3] Verordnung vom 20. Juni 1817 wegen Organisation der General= kommissionen § 67.

[4] Eine systematische Übersicht dieser Vorschriften bietet das Werk: Das preußische Gemeinheits= und Forstenteilungsverfahren 2 A. Berlin 1885.

[5] Verordnung vom 30. Juni 1834 wegen des Geschäftsbetriebs in den Angelegenheiten der Gemeinheitsteilungen § 11.

Bürgervermögens war, an die Stadt, während die einzelnen Ge=
meindemitglieder in diefem Falle für die Dauer ihres Rechtes die Be=
nußung der Abfindung erhalten.[1]

#### 4. Die Verwaltung des Bürgervermögens insbesondere.

StO. 53 §§ 4, 49, 50, 52, 68 u. W. §§ 4, 48, 49, 51, 68. Rh. §§ 4, 45, 46,
48, 62. Fr. §§ 7, 59, 60, 61, 75. Sh. §§ 5, 20, 21, 71, 84. H. §§ 18, 20,
36, 37, 97. Zuft.Gef. §§ 18, 160.
v. Möller §§ 77, 97. Steffenhagen §§ 109, 124.

I. Für die Stadtgemeinden des heutigen Rechts, welche nicht
mehr auf der gefchloffenen Bürgergenoffenfchaft beruhen, ift der
Beftand des Bürgervermögens nur noch ein feltfamer Überreft ver=
gangener Zeiten, der in das heutige Rechtsfyftem gar wenig hinein=
paßt. Auch fchwindet feine Bedeutung mehr und mehr dahin, da
die umfaffenden Aufgaben der Neuzeit auch die kleineren Städte
in immer wachfender Zahl dazu nötigen, die Erträge des Bürger=
vermögens zur Stadtkaffe zu vereinnahmen.

Das Eigentum des Bürgervermögens hat überall die Stadt,
die Nußungen follen die einzelnen Einwohner auf Grund ihrer
Zugehörigkeit zur Gemeinde erhalten. Grundfäßlich find fomit alle
Einwohner zur anteiligen Nußung berechtigt, aber es ift fehr wohl
möglich, daß die thatfächliche Nußung nur feitens eines engeren
Kreifes ftattfindet oder auch das Maß der gewährten Nußung ungleich
ift. Immer darf dann aber der Eintritt in den Kreis der Be=
rechtigten nur von folchen Bedingungen abhängig fein, die für alle
Einwohner gleichartig find und von jedem an fich erfüllt werden
können, und immer muß auch das Maß der Nußung fich in gleich=
mäßiger und alle Berechtigten umfaffender Weife abftufen oder es
ift die Nußung und der Umfang derfelben von der Höhe der Gegen=
leiftung, des Einkaufsgeldes, abhängig zu machen.

Solche richtige Ordnung der Teilnahmerechte ift aber nur in

[1] Deklaration vom 26. Juli 1847 § 1. Für die Gebiete des rheinifchen
Rechts vgl. Gemeinheitsteilungsordnung vom 19. Mai 1851 § 3; für Schleswig-
Holftein: Gefeß betr. Ablöfung der Servituten u. f. w. vom 17. Auguft 1876
§ 1, II und § 2. Für Frankfurt a/M.: Gemeinheitsteilungsordnung für den
Regierungsbezirk Wiesbaden vom 5. April 1869 § 3. Für Hannover: Lüne=
burgfche Gemeinheitsteilungsordnung vom 25. Juni 1802 § 26 und ebenda in
den Gefeßen vom 30. April 1824 und 26. Juli 1825. Außerdem Osnabrücker
Gemeinheitsteilungsordnung vom 25. Juni 1822 III, 14.

der Städteordnung für Schleswig-Holstein gegeben, während nach den Städteordnungen für die alten Provinzen und Frankfurt a/M. es sehr wohl möglich ist, für die Nutzung des Bürgervermögens neben dem Einwohnerrechte noch die Erfüllung anderer Bedingungen, die nicht jeder Einwohner leisten kann, insbesondere also den Besitz eines Hauses oder Grundstücks im Stadtgebiete, zu verlangen.[1]

Auch in Hannover kann die Teilnahme an den Nutzungen des Bürgervermögens für die einzelnen Klassen der Bürgerschaft ver- schieden geregelt sein. Hier, wo noch die geschlossene Bürgergenossenschaft besteht, sind auch nur die Bürger zur Nutzung befugt, doch kann auch anstatt oder neben dem Bürgervermögen noch städtisches Ver- mögen vorhanden sein, dessen Nutzung allen Einwohnern zu- gänglich ist.[2]

II. Überall kann die Nutzung des Bürgervermögens durch Orts- statut von der Entrichtung eines Einkaufsgeldes abhängig gemacht werden, neben welches oder an dessen Stelle dann auch ein jähr- licher Zins treten kann. Jedoch darf jeder auf sein Teilnahmerecht verzichten, wodurch er auch der Pflicht zur Entrichtung dieser Zahlungen ledig wird.[3]

Weder das Einkaufsgeld noch der Jahreszins sind Gebühren oder gar Steuern, sondern einfach privatrechtliche Entgelte für ge- währte Nutzungen, allein in mancher Hinsicht nähern sie sich doch öffentlich-rechtlichen Abgaben. So muß ihre Höhe und Abstufung im Ortsstatute geregelt sein, und sie darf sich nur nach dem objektiven Maßstabe der Nutzungen richten, während die Beachtung subjektiver Eigenschaften der Nutznießer, insbesondere die Unterscheidung von Forensen und Einheimischen, verboten ist.[4]

Für die Verjährung kommen die Vorschriften des Gesetzes vom 18. Juni 1840 in Anwendung, doch endet die Frist für nicht zur Hebung gestellte Einkaufsgelder erst in zwei Jahren nach Ab- lauf desjenigen Jahres, in welchem die Zahlungsverbindlichkeit ent-

---

[1] Die entgegengesetzte Ansicht, welche in den Motiven zur StOSH. ver- treten wird, findet weder im Wortlaute noch in der Entstehungsgeschichte der Gesetze ihre Begründung.

[2] Insoweit gilt H. § 37 noch.

[3] Gesetz betr. das städtische Einzugs-, Bürgerrechts- und Einkaufsgeld vom 14. Mai 1860 §§ 2, 8, 9.

[4] Minvfg. vom 31. März 1871 (BMBl. S. 108).

standen war. Überall wird das Einkaufsgeld von dem Pflichtigen erforderlichenfalls im Verwaltungszwangsverfahren beigetrieben.

III. Die Aufteilung des Bürgervermögens unter die einzelnen Ge= meindemitglieder im Wege der Gemeinheitsteilung ist in den alten Provinzen, Schleswig=Holstein und Frankfurt a/M. verboten, selbst wenn das Nutzungsrecht noch durch Grundbesitz oder besondere per= sönliche Verhältnisse bedingt ist. Den einzelnen Nutzern steht daher auch kein Provokationsrecht zu. In Hannover kann eine Ver= teilung des Bürgervermögens nur mit Zustimmung des Rates und unter staatlicher Genehmigung erfolgen. [1]

IV. Beschwerden und Einsprüche dagegen, daß jemand unge= rechtfertigterweise von der Teilnahme an den bürgerlichen Nutzungen ausgeschlossen sei oder aber ohne Recht zu denselben verstattet werde, gehen an den Stadtvorstand, dessen Entscheidung mit der Klage im Verwaltungsstreitverfahren angefochten werden kann. Auch Streitig= keiten unter den Nutzungsberechtigten über ihre im öffentlichen Rechte begründeten Berechtigungen und Verpflichtungen unterliegen der Ent= scheidung im Verwaltungsstreitverfahren. Für lediglich privatrecht= liche Verhältnisse ist der ordentliche Rechtsweg auch fernerhin offen. [2]

V. Soll die Art oder das Maß der Nutzungen des Bürger= vermögens verändert werden, so ist dafür ein Gemeindebeschluß er= forderlich, der durch den Bezirksausschuß bestätigt werden muß. [3]

Unter dieser Beschränkung haben die städtischen Organe aber freie Entscheidungsgewalt, und sie können namentlich auch bestimmen, daß die Nutzungen nicht mehr den Einzelnen, sondern der Stadt= kasse zufließen sollen, daß also das Bürgervermögen in Kämmerei=

---

[1] Vgl. S. 211 Anm. 1. Besondere Bestimmungen sind in Hannover für den Fall gegeben, daß die Gemeinheit bisher mit anderen außerhalb der Ge= meinde stehenden physischen oder juristischen Personen zusammen genutzt wurde.

[2] ZustGes. § 160 Abs. 2. — Der Anspruch ist dann aber nur gegen die Unterlage (Wald, Weide u. s. w.) der bürgerlichen Nutzungen gerichtet, wobei es zufällig ist, daß diese Gegenstände grade zu dem Bürgervermögen gehören. Solche Fälle liegen z. B. vor, wenn jemand durch Vertrag oder auf Grund einer ihm zustehenden Servitut auf dem Landstücke, das als Gemeindeweide dient, ein Weiderecht hat. Anders dagegen, wenn er durch Vertrag zur Teil= nahme an dem gemeinen Weiderecht selbst zugelassen ist, wo dann die Zu= ständigkeit der Verwaltungsgerichte eintritt — ALR. II, 14 § 79.

[3] Auf Veränderungen in der Bewirtschaftungsweise bezieht sich diese Be= stimmung nicht, wie die Minfvg. vom 27. Mai 1862 (BMBl. S. 212) richtig ausführt.

vermögen verwandelt werde. [1] [2] Werden gegen diesen Beschluß
Einwendungen erhoben, so kann der Beschwerdeführer im Verwal=
tungsstreitverfahren auf seine Aufhebung klagen. [3]

#### 5. Besondere Rechtsnormen hinsichtlich einzelner Gegenstände des Stadtvermögens.

##### a. Weiden und Weiderechte.

###### v. Möller § 80.

I. In kleineren Städten wird auch heute noch vielfach ein
Teil des städtischen Grundbesitzes als gemeine Weide benutzt. Über
das Maß und die Art der Nutzung bestimmen dann Gemeinde=
beschlüsse, die vom Bezirksausschusse genehmigt sein müssen.
II. Möglich ist es auch, daß die Stadt als Bestandteil des
Bürgervermögens Weiderechte auf fremdem Grunde, sei es in ihrem
Bezirke oder in fremden Gemeinden, besitzt. Das Maß und die
Zahl der Teilnahmerechte ist dann meist durch Observanzen und
Verträge bestimmt, welche auch bei einer etwaigen Gemeinheits=
teilung für die Bestimmung der Nutzungsrechte maßgebend sind.
Ergänzungsweise entscheidet nach allgemeinem Landrecht wie nach
gemeinem Rechte das Durchwinterungsprinzip, [4] für Gemeinheits=
teilungen gelten aber besondere Vorschriften. Danach zerfallen die
Einwohner in drei Klassen mit verschiedenem Nutzungsrechte: [5]

a) Das Weiderecht derjenigen Einwohner, welche Äcker in der
städtischen Feldmark besitzen, gilt als Zubehör ihres Grundbesitzes.
Die Grundsätze, nach denen die Anzahl des Viehes, das jeder von
ihnen auftreiben darf, bestimmt wird, sind im einzelnen in der Ge=
meinheitsteilungsordnung vom 7. Juni 1821 (§§ 35 ff.) festgesetzt.

b) Diejenigen Einwohner, welche zwar Häuser, aber keine
Äcker im Stadtbezirke besitzen, dürfen so viel Vieh auf die Weide
treiben, als erforderlich ist, die notwendigsten Bedürfnisse eines
Haushalts zu befriedigen, der aus Mann, Frau und drei Kindern

---

[1] Vgl. Minvfg. vom 12. Oktober 1856 (BMBl. S. 254) und siehe auch
Minvfg. vom 1. Juni 1879 (BMBl. S. 159).

[2] In Hannover ist die Bestätigung des Bezirksausschusses erforderlich.

[3] Vgl. OBGG. Bd. 8 S. 138 und vielfache Erkenntnisse des Kompetenz=
gerichtshofs, so z. B. Erkenntnis vom 14. November 1874 (BMBl. 1875 S. 4.)
Vgl. auch S. 213 Anm. 2.

[4] ALR. I, 22 §§ 90 ff.

[5] Gemeinheitsteilungsordnung vom 7. Juni 1821 § 41.

besteht. In der Regel soll dies Bedürfnis auf $1\frac{1}{2}$ Kuhweiden an=
genommen werden.

c) Unangesessene Bürger haben an sich kein Weiderecht. Ge=
steht ihnen die bestehende Ortsverfassung ein solches zu, so sind sie,
insofern nicht abweichende ortsstatutarische Bestimmungen vorhanden
sind, den Hausbesitzern gleich zu achten.

Reicht die Gemeindeweide nicht hin, den gesamten Viehstand,
der nach diesen Bestimmungen aufgetrieben werden darf, zu ernähren,
so muß festgestellt werden, wie groß der von jeder Klasse in den letzten
zehn Jahren gehaltene Viehstand durchschnittlich gewesen ist, und
danach werden dann die Teilnahmerechte der einzelnen Klassen ver=
hältnismäßig herabgesetzt.

In den übrigen Provinzen kommen die allgemeinen Bestim=
mungen in Anwendung. [1]

Die Abfindung für solche Weiderechte, die in der Regel in
Land bestehen soll, fällt, wie bereits erwähnt ist, an die Stadt,
welche sie dann entweder durch staatlich bestätigten Gemeindebeschluß [2]
zu Kämmereivermögen erklärt oder ihre Nutzung den bisher zur
Weide Berechtigten überläßt. [3]

### b. Jagd= und Fischereirechte.

Gesetz vom 31. Oktober 1848 betr. die Aufhebung des Jagdrechts auf fremdem
Grund und Boden und die Ausübung der Jagd. Jagdpolizeigesetz vom
7. März 1850. Gesetz vom 1. März 1873 betr. die Aufhebung des Jagdrechts
auf fremdem Grund und Boden in den vormals Kurfürstlich Hessischen und
Großherzoglich Hessischen Landesteilen und in der Provinz Schleswig=Holstein.
(Hannöversches) Gesetz vom 29. Juli 1850 betr. Aufhebung des Jagdrechts auf
fremdem Grund und Boden und Ausübung der Jagd. (Hannöversche) Jagdordnung
vom 11. März 1859. Fischereigesetz für den Preußischen Staat vom 30. Mai 1874.
v. Möller § 82. Steffenhagen § 116.

I. Die Stadt hat, gleich jedem Grundbesitzer, das Recht der
Jagd auf ihren Ländereien, wobei sie aber auch denselben Be=

---

[1] Gemeinheitsteilungsordnung für Rheinland vom 19. Mai 1851 § 7;
für Schleswig=Holstein vom 17. August 1876 § 7; für den Regierungsbezirk
Wiesbaden vom 5. April 1869 § 6. Hannöversches Gesetz vom 8. November 1856
betr. Aufhebung von Weiderechten § 10. Dazu: Abänderungsgesetz vom
vom 8. Juni 1873 § 12. Gesetz vom 13. Juni 1873 betr. die Abstellung der
auf Forsten haftenden Berechtigungen und die Teilung gemeinschaftlicher Forsten
für die Provinz Hannover §§ 6—8.

[2] In Hannover ist die Bestätigung nicht notwendig.

[3] Häufig besitzen die Städte auch noch andere Realrechte, so insbesondere

ſchränkungen wie eine jede Privatperſon unterliegt. Die ſelbſtän=
dige Verfügung über das Jagdrecht ſteht ihr demnach nur für die=
jenigen ihrer Grundſtücke zu, die eine zuſammenhängende [1]) land=
oder forſtwirtſchaftlich benuzte [2]) Fläche von 300 Morgen — 76,5 ha —
bilden, oder welche zwar dieſe Größe nicht erreichen, aber nach dem
Urteile des Landrats [3]) dauernd und vollſtändig eingefriedigt ſind; [4])
desgleichen hat ſie die Verfügung über das Jagdrecht auf Seeen, auf
zur Fiſcherei eingerichteten Teichen und auf ſolchen Inſeln, die ſich
in ihrem alleinigen Beſize befinden. [4])

Die Ausübung der Jagd muß entweder durch einen angeſtellten
Jäger erfolgen, oder ſie wird durch Verpachtung genuzt. In der
Regel ſoll nur e i n Pächter angenommen werden; doch iſt in den
alten Provinzen und Schleswig=Holſtein geſtattet, auch an mehrere,
aber nicht über drei Perſonen zu verpachten, und auch in Hannover
darf dies mit Genehmigung des Landrats [5]) geſchehen, wenn das
Pachtland mindeſtens 3000 hannöverſche Morgen groß iſt. In den
alten Provinzen und Schleswig = Holſtein kann das Jagdterrain
beliebig in Parzellen zerlegt werden und jede einzelne Parzelle, die
aber wenigſtens 300 Morgen umfaſſen und auch ſonſt den Be=
dingungen des ſelbſtändigen Jagdbezirks entſprechen muß, darf auch
für ſich verpachtet werden; in Hannover iſt nur geſtattet, einen
Jagdbezirk, der wenigſtens 3000 Morgen enthält, in drei Teile zu
zerlegen und dieſe auch einzeln, aber nur je an eine Perſon zu
verpachten.

Alle Grundſtücke der Stadt, die den vorgedachten Bedingungen
nicht genügen, werden mit den übrigen Grundſtücken des Gemeinde=
bezirks, in welchem ſie liegen, zu einem gemeinſchaftlichen Jagd=

---

die Gerechtigkeit zur Maſt= und Holznuzung. All dieſe Gerechtſame ſtimmen
mit den gleichartigen Rechten, wie ſie Einzelperſonen beſizen, in ihrer Natur
völlig überein. Hinſichtlich der Abfindung der den hannöverſchen Gemeinden
zuſtehenden Holznuzungen vgl. § 11 Geſ. vom 13. Juni 1873.

[1]) Das Grundſtück kann ſich über mehrere Gemeindebezirke erſtrecken. —
Die Trennung, welche Wege und Gewäſſer bilden, wird als Unterbrechung des
Zuſammenhanges nicht angeſehen.

[2]) Dies iſt für Hannover nicht vorgeſchrieben.

[3]) In Stadtkreiſen entſcheidet die Ortspolizeibehörde.

[4]) Dies gilt nicht in Hannover.

[5]) In den ſelbſtändigen Städten entſcheidet der Regierungspräſident.

bezirke vereinigt, und die Stadt erhält dann nur den nach Ver=
hältniß ihres Grundbesitzes auf sie entfallenden Anteil an dem
Erlöse der Jagdnutzung. [1]

II. Die Stadt kann auch Fischereiberechtigungen besitzen; ins=
besondere sind ihr durch das Fischereigesetz vom 30. Mai 1874 alle
diejenigen Berechtigungen, welche nicht mit einem bestimmten Grund=
besitze verbunden waren und bis dahin von allen ihren Einwohnern
genutzt werden konnten, zum Eigentum und zur Nutzung über=
wiesen worden. [2]

Berechtigungen zur Binnenfischerei [3] dürfen die Städte, ebenso
wie ihre Jagdberechtigungen, nur durch angestellte Fischer oder durch
Verpachtung nutzen. Die Dauer der Pachtverträge soll mindestens
sechs Jahre betragen. Ausnahmen bedürfen der Zustimmung des
Regierungspräsidenten. Dieser muß auch um die Genehmigung zur
Trennung zusammenhängender Fischwasser der Stadt in einzelne
Pachtbezirke angegangen werden, wobei er darauf zu sehen hat, daß
einer unwirtschaftlichen Zerstückelung der Fischerei vorgebeugt wird.
Auch kann er dann bestimmen, daß eine gewisse Zahl der zulässigen
Fanggeräte in jedem Pachtbezirke nicht überschritten werden darf.

Ist die Stadt mit anderen Gemeinden in den ihre Gemarkung
begrenzenden Gewässern gemeinsam berechtigt, so kann sie die Fischerei
nur auf gemeinschaftliche Rechnung mit jenen Gemeinden nutzen.
Läßt sich eine Einigung der beteiligten Gemeinden über die Art der
Nutzung nicht erreichen, so entscheidet der Regierungspräsident.

### c. Waldungen.

StO. 53 § 55 u. W. § 54. Rh. § 51. SH. § 74. Verordnung vom 24. De=
zember 1816, betr. die Verwaltung der den Gemeinden und öffentlichen An=
stalten gehörigen Forsten in den Provinzen Sachsen, Westfalen, Cleve, Berg
und Niederrhein. Gesetz vom 14. August 1876 betr. die Verwaltung der den
Gemeinden und öffentlichen Anstalten gehörigen Holzungen in den Provinzen
Preußen, Brandenburg, Pommern, Posen, Schlesien und Sachsen. ZustGes. § 16.
v. Möller § 81. Steffenhagen § 115.

I. Bei der hohen Wichtigkeit, die der Waldbestand des Landes
für mannigfache Interessen der Landeskultur und Volkswirtschaft

---

[1] Die Jagdgenossenschaft kann die Jagd entweder ruhen lassen oder sie läßt
sie durch einen angestellten Jäger beschießen oder nutzt sie auch durch Verpachtung.
[2] Vgl. OBGE. Bd. 15 Nr. 25.
[3] Im Gegensatze zur Küstenfischerei.

hat, sind die Städte durch die Gesetzgebung bei der Verwaltung und Kultur der ihnen gehörigen Forsten weitgehenden Beschränkungen unterworfen und strengerer Aufsicht des Staates unterstellt, wie bei den übrigen Stücken ihres Vermögens. [1]) [2])

Für die westlichen Provinzen und Sachsen wurde diese Materie bereits durch die Verordnung vom 24. Dezember 1816 geregelt, [3]) welche noch heute für Westfalen und die Rheinprovinz gilt, während für die östlichen Provinzen, mit Einschluß Sachsens, jetzt das Gesetz vom 14. August 1876 [4]) maßgebend ist. In Hannover und Schleswig=Holstein bestehen keine allgemeinen staatlichen Vorschriften über die Verwaltung städtischer Forsten, doch ist auch hier durch ortsstatutarische Bestimmungen und sonstige partikuläre Rechtsnormen Vorsorge ge=troffen gegen eine leichtfertige und der Landeskultur schädliche Wald=wirtschaft der Gemeinden.

Die Benutzung und Bewirtschaftung der Gemeindewaldungen soll sich immer in den Grenzen der Nachhaltigkeit bewegen und in der Regel [5]) auf Grund eines Betriebsplanes geschehen, der vom Regierungspräsidenten festgestellt sein muß und von welchem erhebliche Abweichungen [6]) nur mit dessen Genehmigung vorgenommen werden dürfen. [7]) Der Regierungspräsident ist auch befugt, den Zustand

---

[1]) Die Kosten der staatlichen Aufsicht fallen der Staatskasse zur Last. Vgl. hierzu OVGE. Bd. 17 Nr. 43.

[2]) Überall soll die Genehmigung zur Veräußerung der Gemeindeforsten oder ihre Umwandlung in Ackerland nur erteilt werden, wenn in keiner Weise ein Nachteil für die Gemeinde= und Staatsinteressen und die allgemeine Landes=kultur zu befürchten ist. Minvfg. vom 9. Juli 1856 (VMBl. S. 188).

[3]) Dazu Instruktion des Oberpräsidenten von Westfalen vom 19. Mai 1857 (VMBl. S. 163).

[4]) Dazu Ausführungsinstruktion vom 21. Juli 1877. (VMBl. S. 259).

[5]) Ausgenommen sind kleinere Waldbestände. Vgl. § 3 Gesetz vom 14. Au=gust 1876.

[6]) Als solche gelten Rodungen, die nicht im Betriebsplane vorgesehen sind, und außerordentliche Holzabtriebe. Vgl. § 3 Verordnung vom 24. Dezember 1816, § 4 Gesetz vom 14. August 1876.

[7]) In den östlichen Provinzen soll der Betriebsplan mindestens alle 10 Jahre und außerdem auf Anordnung des Regierungspräsidenten oder nach Antrag der Stadt einer Revision unterzogen werden. Es steht nichts entgegen, diese empfehlenswerte Bestimmung auch in den westlichen Provinzen anzu=wenden.

und die Bewirtschaftung der Gemeindewälder durch die staatlichen
Forstbeamten an Ort und Stelle untersuchen zu lassen[1]) und je
nach dem Ausfalle dieser Untersuchung die Forsten entweder unter
eine noch weitergehende Aufsicht zu stellen oder auch auf Kosten der
lässigen Stadt die ihr obliegenden Verpflichtungen durchzuführen.[2])
In den östlichen Provinzen kann die Stadt gegen alle Verfügungen
des Regierungspräsidenten binnen zweier Wochen Beschwerde an den
Oberpräsidenten einlegen und dessen Bescheid dann in der gleichen
Frist beim Oberverwaltungsgericht mit der Klage anfechten. Die
Klage darf aber nur darauf gestützt werden, daß der angefochtene
Bescheid auf der Nichtanwendung oder unrichtigen Anwendung des
bestehenden Rechts, insbesondere auch der von den Behörden inner=
halb ihrer Zuständigkeit erlassenen Verordnungen beruhe, oder daß
die thatsächlichen Voraussetzungen nicht vorhanden seien, welche den
Regierungspräsidenten zum Erlasse der Verfügung berechtigt haben
würden, oder endlich daß das Zwangsmittel nach Art und Höhe
nicht gerechtfertigt oder nach Lage der Sache zur Erreichung des
angeordneten Zwecks überhaupt nicht erforderlich sei.

Um die Sachlichkeit der laufenden Verwaltung zu sichern, sind
die Städte verpflichtet, für den Schutz und die Bewirtschaftung ihrer
Wälder durch genügend befähigte Beamte Sorge zu tragen, wozu in
den westlichen Provinzen und Sachsen in erster Reihe forstversorgungs=
berechtigte Militärpersonen gewählt werden sollen.[3])

Während all diese Bestimmungen sachlich im wesentlichen in allen
Provinzen gelten, ist den Städten der östlichen Provinzen darüber
hinaus die Verpflichtung auferlegt, auch die Aufforstung unkultivierter
Flächen des Gemeindebezirks, die nur zur Holzzucht geeignet sind,
vorzunehmen, insoweit dies durch ein dringendes Bedürfnis der
Landeskultur erfordert wird. Zur Erfüllung dieser Verpflichtung können
die Städte nötigenfalls durch Beschluß des Bezirksausschusses ange=
halten werden, nachdem dieser zuvor den Stadtvorstand und in kreis=
sässigen Städten auch den Kreisausschuß darüber gehört hat. Gegen

---

[1]) Vgl. auch OVGE. Bd. 16 Nr. 47.

[2]) Vgl. LVG. § 132, dazu die Spezialbestimmung im § 10 des Gesetzes
vom 14. August 1876.

[3]) Dies gilt auch in Hannover und Schleswig=Holstein. Vgl. Königl. Ver=
ordnungen vom 4. Juli und 22. September 1867.

ben Beschluß des Bezirksausschusses ist innerhalb zweier Wochen die Beschwerde an den Provinzialrat statthaft.

Die Kosten der Aufforstung solcher Grundstücke müssen die Städte tragen, doch erhalten sie stets als Beihilfe zu den Kosten der ersten Anlage den zwanzigfachen Betrag der auf diesen Flächen ruhenden Jahresgrundsteuer, und in geeigneten Fällen soll auch eine weitergehende Unterstützung eintreten.

d. Gegenstände von historischem, wissenschaftlichem oder künstlerischem Werte.

StO. 53 § 50 u. W. § 49. Rh. § 46. Fr. § 60. SH. § 71 ZustGes. § 16. v. Möller §§ 78, 79. Steffenhagen § 110.

Unter besondere staatliche Aufsicht sind die Gegenstände von historischem, wissenschaftlichem oder künstlerischem Werte gestellt, die sich im Besitze der Stadt befinden. Im allgemeinen haben die Städte der Erhaltung und Vermehrung solch städtischen Gutes in neuerer Zeit ihre eifrige Fürsorge zugewandt, immerhin erscheint die Anord=nung staatlicher Aufsicht gegenüber dem Unverstand und der Sorg=losigkeit doch so mancher Verwaltung wohl angebracht, und so ist denn auch die Vorschrift, daß zu jeder Veräußerung oder wesent=lichen Veränderung derartiger Sachen die Genehmigung des Re=gierungspräsidenten erforderlich sei, durch das Zuständigkeitsgesetz auf das ganze Staatsgebiet ausgedehnt worden.

Rechtliche Grundsätze über die Anwendung dieser Bestimmungen lassen sich nicht wohl aufstellen. Dürfte den Anordnungen, welche die Bewahrung solcher beweglichen Sachen bezwecken, kaum jemals der Widerspruch einer verständigen städtischen Verwaltung begegnen, so können dagegen bei zu weit getriebener Rücksicht auf die Erhaltung altertümlicher Bauwerke und ähnlicher Dinge unschwer sehr berech=tigte Interessen der Gegenwart geschädigt werden. Hier wird eben eine verständige Berücksichtigung aller Verhältnisse das in jedem Falle Richtige zu finden wissen.

II. Für einzelne Gegenstände sind besondere Vorschriften ge=geben. So sollen Anträge der Städte auf Veränderung oder Nieder=legung städtischer Mauern von dem Regierungspräsidenten stets dem

Minister zur Entscheidung unterbreitet werden. [1] [2] Des ferneren ist schon im allgemeinen Landrechte den Städten zur Aufgabe gemacht, ihr Archiv durch besonders dazu verpflichtete Personen verwahren zu lassen, [3] und die Regierungspräsidenten sind durch den Minister angewiesen, [4] streng darüber zu · wachen, daß nicht etwa wichtige Urkunden und Schriftstücke aus städtischen Archiven verkauft oder auf andere Weise verschleppt werden. In neuester Zeit ist dann auch die Aufmerksamkeit der staatlichen Aufsichtsbehörden auf die vielfach erfolgende Verzettelung der „prähistorischen Altertümer" hingelenkt und angeordnet worden, daß die Regierungspräsidenten die Ausgrabung derartiger Gegenstände, die sich auf städtischen Liegenschaften befinden, erst nach Einholung der ministeriellen Genehmigung gestatten sollen. [5]

## II. Die öffentlich=rechtlichen Einnahmen.

### 1. Die Einkünfte aus den städtischen Regalanstalten.

Regalien sind Einnahmen der Stadt aus privatwirtschaftlichen Unternehmungen, welche sie zwar in privatrechtlicher Form, aber auf Grund einer öffentlich=rechtlichen Anordnung oder Ermächtigung betreibt. Durch den Satz des öffentlichen Rechts, auf dem ihr Bestehen beruht, unterscheiden sie sich von den lediglich privatrechtlichen Erwerbseinkünften, durch die privatrechtliche Form ihrer Ausübung werden sie von den Gebühren gesondert. Eine strenge Trennung von den beiden angrenzenden Gebieten kann indes auch hier nur für die einzelne Zeit vorgenommen werden, im geschichtlichen Werdegange haben sich die Grenzen zwischen Erwerbseinkünften, Regalien, Gebühren und selbst auch den Steuern mannigfach verschoben.

---

[1] Minvfg. vom 21. März 1881 (VMBl. S. 20).

[2] Gegenüber der allgemeinen Bestimmung des Zuständigkeitsgesetzes dürfte die Königl. Verordnung vom 20. Juni 1830 kaum noch irgend welche praktische Bedeutung haben.

[3] Das Archivrecht, das den Städten für diesen Fall bewilligt ist, hat heute allerdings nur noch geringe Bedeutung.

[4] Minvfg. vom 17. Januar 1847 (VMBl. S. 5).

[5] Minvfg. vom 30. Dezember 1886 (VMBl. 1887 S. 8) und 30. Juli 1887 (Zentralblatt f. d. Unterrichtswesen S. 609).

Im Staate dürfen heute vornehmlich die Post= und Eisenbahn=
gefälle hierher gerechnet werden, in den preußischen Städten hat dies
Rechtsinstitut bisher nur geringe Ausbildung gefunden. Haupt=
sächlich gehören dazu die Marktstandsgelder und Schlachthausbeiträge,
ferner darf der Erwerb aus dem städtischen Sparkassen= und Leih=
hausbetriebe hierher gezählt werden, und auf der Grenze zu den Ge=
bühren hin stehen endlich die Schulgelder.[1])

Bei der engen Verbindung aller Regalien mit den einzelnen
Einrichtungen, aus deren Erträgen sie fließen, erscheint es zweck=
mäßig, ihre nähere Besprechung erst im Zusammenhange mit diesen
Verwaltungseinrichtungen vorzunehmen.

## 2. Die Abgaben.

Alle öffentlich=rechtlichen Gebilde, in welche der Einzelne ohne
seinen Willen hineintritt — sei es der Staat, die Gemeinde oder
auch selbst die Kirche —, sie erscheinen ihm gegenüber zunächst als
befehlende Macht, welche Gehorsam heischt und ihn auch erzwingt,
soweit ihre Gewalt reicht. Diejenigen, welche der Gewaltsphäre
solcher Macht unterworfen sind, können als ihre Unterthanen be=
zeichnet werden.

Auflagen oder Abgaben sind dann Einnahmen, welche die Stadt
kraft ihrer Befehlsgewalt den wirtschaftlichen Gütern ihrer Unter=
thanen entnimmt. Wesentlich für den Begriff der Abgabe ist daher
ihre öffentlich=rechtliche Natur, ihre einseitige Feststellung von seiten
der Stadt und ihr Entstammen aus den wirtschaftlichen Gütern der
städtischen Unterthanen; weiteres wird die rechtliche Betrachtung nicht
fordern dürfen, insbesondere ist auch das Verlangen, daß die Ab=
gabe nur dem Einkommen der Unterthanen entnommen werde, wohl

---

[1]) Die Einnahmen aus den zahlreichen privatwirtschaftlichen Unterneh=
mungen, welche die Stadt nicht nur des Gewinns wegen, sondern auch im öffent=
lichen Interesse betreibt — Wasserleitungen, Kanalisationen, auch wohl Gas=
anstalten — müssen so lange als lediglich privatrechtliche Erwerbseinkünfte
gelten, als die Stadt diese Unternehmungen nur auf Grund ihrer privatrecht=
lichen Handlungsfähigkeit, nicht in Folge öffentlich=rechtlicher Satzung betreibt.
Der Übergang aus der einen Kategorie in die andere ist bei den Sparkassen
besonders deutlich gewesen. Bis zum Erlaß des Sparkassenreglements vom
12. Dezember 1838 waren sie Gebilde des Privatrechts, seitdem sind sie städtische
Regalanstalten.

ein volkswirtschaftliches Postulat, aber es gewährt kein Merkmal für den rechtlichen Abgabenbegriff. In den Städten des heutigen Rechts zerfallen die Abgaben in die Kategorieen der Gebühren, Steuern und steuerlichen Dienste sowie der Interessentenzuschüsse.

### 3. Die Gebühren.

#### a. Im allgemeinen.

Preußische Verfassung Art. 102. Sporteltaxordnung vom 25. April 1825 § 17.
v. Möller § 73.

I. Gebühren sind Abgaben, welche derjenige entrichten muß, der eine öffentlich=rechtliche Funktion der Stadt in Thätigkeit setzt. In der Regel wird der Gebührenpflichtige die Stadtfunktion zu seinen Gunsten in Anspruch nehmen, notwendig ist es aber nicht, wie sich dies aus dem wichtigen Falle der Gebührenerhebung bei dem Verwaltungszwangsverfahren auch thatsächlich ergibt.

II. Gebühren dürfen nur erhoben werden auf Grund gesetz=licher Bestimmung oder aber eines Herkommens oder speziellen Rechtstitels, der in den alten Provinzen schon zur Zeit des Erlasses der Sporteltaxordnung vom 25. April 1825, in Schleswig=Holstein, Hannover und Frankfurt a/M. aber bereits vor Einführung der preußischen Verfassung zu Recht bestand. Insoweit die Befugnis zur Gebührenerhebung nicht auf gesetzlichen Bestimmungen beruht, spricht die Vermutung gegen solch Recht, dessen Nachweis daher auch der Stadt obliegt.

III. Die Einziehung der Gebühren erfolgt nötigenfalls im Ver=waltungszwangsverfahren.

### b. Das Bürgerrechtsgeld. [1]

StO. Fr. §§ 16, 75. SH. § 15. H. §§ 28, 33. Gesetz vom 14. Mai 1860 [betr. das städtische Einzugs=, Bürgerrechts= und Einkaufsgeld.
v. Möller § 96. Steffenhagen §§ 27, 124. Koslik, das Bürgerrecht. Berlin 1888.

I. Es mag zweifelhaft sein, ob das Bürgerrechtsgeld nach preußischem Recht als eine Gebühr aufzufassen ist, weil dafür eigent=lich keine besondere Gemeindefunktion thätig wird. In dem Systeme des preußischen Stadtrechts, nach dem die geschlossene Bürgergemeinde aufgelöst ist, erscheint das Bürgerrechtsgeld als eine Anomalie.

---

[1] In Hannover wird dafür die Bezeichnung: Bürgergewinngeld gebraucht.

Seinem Wesen nach ist es aber jedenfalls eine Gebühr, nämlich das Eintrittsgeld, welches bei der Aufnahme in den Bürgerverband entrichtet wird.

Als solches findet sich diese Gebühr bereits in den Städten des Mittelalters; später, als das Städtewesen verfiel, wurde sein Betrag oft bedeutend erhöht, und häufig wurde es dann im Zusammenhange mit der eindringenden privatrechtlichen Auffassung des Bürgerrechts zu einem Einkaufsgelde in den Genuß der bürgerlichen Nutzungen umgestaltet.

Die Städteordnung von 1808 enthielt keine Bestimmungen über das Bürgerrechtsgeld, die Verwaltungspraxis nahm aber die Zulässigkeit der Erhebung dieser Gebühren an, und der Ministerialerlaß vom 25. Juni 1809, der von der Praxis als maßgebend betrachtet wurde, setzte die Höhe der Gebühr für große Städte auf zehn Thaler, für mittlere auf sechs und für kleine Städte auf drei Thaler fest. Nach der revidierten Städteordnung sollten Bürgerrechtsgelder dort, wo sie bisher üblich gewesen seien, forterhoben werden können; es sollte auch gestattet sein, mit Genehmigung des Ministers des Innern die Erhebung eines Bürgerrechtsgeldes neu einzuführen oder die bestehenden Bestimmungen abzuändern. Durch die königliche Verordnung vom 28. Juli 1838, welche sich im wesentlichen dem Erlasse vom 25. Juni 1809 anschloß, wurde diese ganze Materie dann einheitlich für die Monarchie geordnet. Die Gemeindeordnung von 1850 verbot, in Durchführung der von ihr vollzogenen Auflösung der Bürgergenossenschaft, die Erhebung von Bürgerrechtsgeldern, und ebenso hielten die späteren Städteordnungen an diesem Verbote fest, wenn dafür auch in dem Eintritts= und Hausstandsgelde eine dem alten Bürgerrechtsgelde ähnliche Abgabe eingeführt wurde. Dieser Rechtszustand wurde durch das Gesetz vom 14. Mai 1860 abgeändert. Dieses schaffte die Eintritts= und Hausstandsgelder ab, ließ aber dafür wieder die Erhebung von Bürgerrechtsgeldern zu.

II. Die heute gültigen Bestimmungen sind nun folgende:

In Schleswig=Holstein ist die Erhebung eines Bürgerrechtsgeldes verboten.[1]) In den alten Provinzen und Frankfurt a/M. kann dagegen durch Ortsstatut die Entrichtung eines Bürgerrechts=

---

[1]) Vgl. aber S. 52 Anm. 1.

geldes bei Erwerb des Bürgerrechts angeordnet werden, wobei die Gebühr auch in verschiedener Höhe abgestuft sein kann. Gänzlich befreit von der Zahlung sind

a) die unmittelbaren und mittelbaren Staatsbeamten, die Geistlichen und Lehrer, wenn sie gemäß dienstlicher Verpflichtung ihren Wohnsitz in der Stadt nehmen oder wenn sie nach ihrem Ausscheiden aus dem aktiven Dienst ihren Wohnsitz zum ersten Male verlegen.

b) Militärpersonen, die sich zwölf Jahre im aktiven Dienststande befunden haben, bei ihrer ersten Niederlassung nach ihrem Ausscheiden aus dem aktiven Militärverbande.

c) Gewerbetreibende, die aber dann zur Zahlung des Bürgerrechtsgeldes verpflichtet sind, wenn sie aus anderen Gründen — etwa als Hausbesitzer oder Einkommensteuerpflichtige — das Bürgerrecht erhalten. [1] —

In derselben Gemeinde darf das Bürgerrechtsgeld von dem Einzelnen nur einmal erhoben werden. Verliert jemand also sein Bürgerrecht, so ist er bei dem Wiedererwerbe zu keiner Gebührenzahlung verpflichtet.

In Hannover ist der Charakter des Bürgerrechtsgeldes völlig bewahrt geblieben, und hier ist es in der That die Gebühr für die Aufnahme in den Bürgerverband. Die Erhebung desselben muß in allen Städten erfolgen, so daß der städtischen Autonomie nur die Festsetzung seiner Höhe überlassen ist. Diese kann für die einzelnen Klassen der Einwohner verschieden bemessen sein, insbesondere darf die Stadt bestimmen, daß ihre Beamten nur ein ermäßigtes Bürgerrechtsgeld zahlen oder auch ganz davon frei sind. Gesetzlich sind die Zivilstaatsbeamten, die Geistlichen, Lehrer und die übrigen Kirchen- und Schulbeamten von der Entrichtung dieser Gebühr entbunden, wenn sie dauernd angestellt sind, in der Stadt wohnen und die Erteilung des Bürgerrechts freiwillig beantragen. Kann der Einzelne dagegen auf Grund seiner sonstigen Verhältnisse [2] von der Stadt zum Erwerbe des Bürgerrechtes genötigt werden, oder tritt er später in ein solches Verhältnis ein, in dem er das Bürgerrecht gewinnen müßte, so ist er auch zur Zahlung der Aufnahmegebühr verpflichtet.

---

[1] Vgl. auch S. 50 Anm. 3.
[2] Wenn er etwa Hausbesitzer ist.

Umgekehrt brauchen die Gewerbetreibenden kein Bürgerrechtsgeld zu bezahlen, wenn sie von der Stadt zum Erwerbe des Bürgerrechts angehalten werden,[1] sie sind dagegen zu seiner Entrichtung verbunden, falls sie die Erteilung des Bürgerrechtes verlangen.

Aus dem Wesen der genossenschaftlich verbundenen Bürgerschaft folgt es, daß das Bürgerrecht auch bei dem Scheiden aus städtischem Gebiete nicht ohne weiteres verloren geht. Für die Wahrung des Bürgerrechtes hat in Hannover der Abwesende eine jährliche Anerkennungsgebühr zu bezahlen, deren Höhe ortsstatutarisch bestimmt wird. Die Einziehung dieser Gebühr im Verwaltungszwangsverfahren ist unzulässig, dagegen ist die Stadt befugt, wenn die Zahlung der Abgabe drei Jahre hindurch unterlassen ist, dem Säumigen durch Gemeindebeschluß das Bürgerrecht abzuerkennen.

III. Hinsichtlich der Verjährung gelten dieselben Bestimmungen wie für die Steuern,[2] doch läuft in den alten Provinzen und Frankfurt a/M. die Verjährungsfrist für nicht zur Hebung gestellte Bürgerrechtsgelder erst in zwei Jahren zu Ende.

Einsprüche gegen die Verpflichtung zur Zahlung dieser Gebühr überhaupt oder doch in der vom Stadtvorstande geforderten Höhe gehen an die Stadtverordneten. Ihre Entscheidung kann binnen zweier Wochen sowohl von dem Beschwerdeführer wie vom Stadtvorstande im Verwaltungsstreitverfahren angefochten werden, doch hat die Klage keine aufschiebende Wirkung.[3][4][5]

---

[1] Vgl. S. 58.

[2] Vgl. darüber weiter unten.

[3] ZustGes. §§ 10[1], 11. Anders Oertel, Städteordnung und Koslik, die für das Bürgerrechtsgeld der alten Provinzen ZustGes. § 18 anwenden wollen.

[4] Das Verwaltungsstreitverfahren ist auch gegen die Verpflichtung zur Zahlung der schleswig-holsteinschen Ausfertigungsgebühr gegeben.

[5] Bei dieser Gelegenheit sei eine frühere Bemerkung richtig gestellt. Schon auf Seite 82 Anm. 4 ist die Ansicht aufgegeben, daß der letzte Halbsatz des ZustGes. § 11 „jedoch dürfen Ersatzwahlen vor ergangener rechtskräftiger Entscheidung nicht vorgenommen werden" auch auf ZustGes. § 10[1] Anwendung finde. Danach müssen die letzten beiden Zeilen des Abschnitts c auf Seite 54 gestrichen werden. Ich verhehle dabei nicht, daß m. E. der hier angenommenen Ansicht des Oberverwaltungsgerichts der völlig klare Wortlaut des Gesetzes entgegensteht. Die Durchführung würde aber unabsehbare Verwirrung herbeiführen. Dies Ergebnis hat der Gesetzgeber nicht gewollt, und so wird die einschränkende Auslegung seinem wahren Willen wohl am besten gerecht werden.

## 4. Die Steuern.

Litteratur. K. Zeumer, Die deutschen Städtesteuern, insbesondere die städtischen Reichssteuern im 12. und 13. Jahrhundert. Leipzig 1878 (Schmoller, staats- und sozialwissenschaftliche Forschungen I). Braun, Staats- und Gemeindesteuern (Vierteljahrsschrift für Volkswirtschaft und Kulturgeschichte Bd. 14). Faucher, Staats- und Kommunalbudgets (ebenda Bd. 2). Ad. Wagner, Die Kommunalsteuerfrage. Leipzig und Heidelberg 1878. Die Kommunalsteuerfrage. Zehn Gutachten und Berichte veröffentlicht vom Verein für Sozialpolitik. Leipzig 1877 (Schriften des Vereins für Sozialpolitik XII). Rob. Friedberg, Die Besteuerung der Gemeinden. Berlin 1877. Fr. J. Neumann, Die Kommunalsteuerfrage (Schmoller, Jahrbuch für Gesetzgebung u. s. w. N. F. Bd. I 1877). Leon v. Bilinski, Die Gemeindebesteuerung und deren Reform. Leipzig 1878. R. Gneist, Die preußische Finanzreform durch Regulierung der Gemeindesteuern. Berlin 1881. Schmitz, Zur Kommunalsteuerreform contra Gneist. Neuwied u. Leipzig 1881. C. Knoblauch, Gesetzgebung der Königl. Preußischen Städte in Hinsicht der Kommunalsteuerangelegenheiten bis auf die neueste Zeit und Handhabung derselben (Ztschr. f. deutsches Städtewesen 1858). F. G. Schimmelfennig, Die Kommunalabgaben in den Städten und Landgemeinden der Preußischen Staaten. Berlin 1859. G. A. Grotefend, Die Grundsätze des Kommunalsteuerwesens in den östlichen und westlichen Provinzen des Preußischen Staats. Elberfeld und Leipzig 1874. Lindemann, Die auf die Kommunalbesteuerung bezüglichen Gesetze, wie sie in den älteren Provinzen des Preußischen Staates in Geltung sind. Dortmund 1886. G. W. Neumann, Die Preußische Gesetzgebung über die Heranziehung der Staatsdiener zu den Gemeindelasten oder das Gesetz vom 12. Juli 1822 mit sämtlichen Erläuterungen und Ergänzungen. Berlin 1840. Wiedemann, Die Gemeindebesteuerung der Forensen (Selbstverwaltung 1887). L. Herrfurth, Die Heranziehung der Versicherungsgesellschaften zu den Gemeindeabgaben in Preußen. Berlin 1880. L. Herrfurth, Die Kommunalabgabepflicht der Aktiengesellschaften, Kommanditgesellschaften auf Aktien, Berggewerkschaften und eingetragenen Genossenschaften in Preußen nach dem Gesetz vom 27. Juli 1885. Berlin 1886. L. Herrfurth, Das Preußische Kommunalsteuernotgesetz vom 27. Juli 1885 (Finanzarchiv III 1886). L. Herrfurth und F. Röll, Kommunalabgabengesetz. 2. A. Berlin 1888. Karl Freiherr v. Stengel, Inwieweit sind die Gemeinden hinsichtlich der Einführung indirekter Gemeindesteuern durch die Vorschriften des Art. 5 II § 7 des Zollvereinsvertrags vom 8. Juli 1867 beschränkt (Selbstverwaltung 1885). v. Reitzenstein, Über indirekte Verbrauchsabgaben der Gemeinden (Conrads Jahrbücher für Nationalökonomie und Statistik N. F. 8, 9, 18. — 1884 und 1889).

### a. Geschichtliche Übersicht.

I. Die Ausbildung des städtischen Besteuerungsrechts ist mit der Entwickelung der Ratsverfassung Hand in Hand gegangen. Nachdem die Bischöfe ihren Städten ein gewisses Maß der Selbstverwaltung gegeben und es zugelassen hatten, daß sich die Gerichtsbeisitzer des Bischofsgerichts als städtische Verwaltungsbehörde organisierten, mußten sich auch baldigst gemeinsame Bedürfnisse des städtischen Wesens bilden. Vielfach mögen nun die Mitglieder des städtischen Rats von dem Bischof mit dem Einziehen der Grundzinse, hofrechtlichen Abgaben und Beden, die ihm in der Stadt zustanden, betraut worden sein, und leicht konnte sich dann an die Einziehung dieser Gefälle die Erhebung eines weiteren Beitrags für städtische Zwecke anschließen. — Als die Städte in Konflikt mit den Bischöfen gerieten, übten sie bereits alle ein Besteuerungsrecht über ihre Bürger aus, und die Streitfrage zwischen Bischof und Stadt lautete nur dahin, ob die Steuern der Stadt nur mit Erlaubnis oder auch gegen den Willen des Bischofs erhoben werden durften. Der Ausgang war den Städten günstig; in autonomer Weise übten sie seither das Recht aus, von ihren Bürgern Steuern zu fordern.

Im weiteren Verfolge der städtischen Entwickelung wurde immer mehr der Grundsatz ausgebildet, daß alle, die im Frieden der Stadt seien, ihr auch steuern müssen. Mehr und mehr zog die Stadt daher auch die Schutzgenossen, Pfahlbürger und Juden zu den Gemeindeabgaben heran, und überall wurde wenigstens versucht, auch den Geistlichen gegenüber das städtische Besteuerungsrecht geltend zu machen, wenngleich die Durchführung dieses Prinzips meistens nur teilweise gelang.

II. Hat somit die Stadt zuerst die allgemeine Steuerpflicht aller Einsassen durchgeführt, so ist sie es auch gewesen, die überhaupt erst den Begriff der Steuern geschaffen hat. Was bisher als Schatzung von den Unterthanen an die Herrschaft gegeben wurde, beruhte meist auf privatrechtlichen Titeln, oder aber es waren Beden, die, wie schon der Name — Bede = Bitte — bezeugt, von den Unterthanen ohne Verpflichtung aus gutem Willen gegeben wurden, wenn auch thatsächlich die Gewalt der Herrschaft oft die Bitte als Forderung erscheinen ließ, die abzuweisen nicht möglich war. Diesem Zustande

setzte die Stadt das Prinzip entgegen, daß alle Einsassen um des=
willen, weil sie an dem städtischen Frieden teilhaben, auch verpflichtet
seien, für die Notdurft der Stadt zu sorgen. Damit war das privat=
rechtliche Gewand abgestreift und die Abgaben der Städter waren
nunmehr zu Beiträgen geworden, welche aus öffentlich = rechtlichem
Grunde, lediglich weil die Verpflichteten Unterthanen der Stadt
waren, an sie gezahlt wurden.

III. Die älteste städtische Steuer ist wohl das Ungelt, eine
Verbrauchsabgabe, die von verschiedenen Lebensmitteln, namentlich
Mehl und Wein, anfangs vielleicht als Naturalabgabe, später in
Geld abgeleistet wurde.[1]  Daran schlossen sich dann in reicher Fülle
Zölle, Vermögenssteuern und zahlreiche gebührenartige Abgaben.
Wurde anfangs seitens der Stadt noch der Zweck, zu dem die Steuer
erhoben wurde, besonders bezeichnet, wie denn die ersten Steuern
zumeist für die Befestigung der Stadt, „der Städte Bau", auferlegt
wurden, so fiel späterhin auch diese Beschränkung, und es blieb dem
Ermessen der berufenen städtischen Organe überlassen, über die Ver=
wendung der eingekommenen Beträge Anordnungen zu treffen.

IV. Dieser Zustand galt auch in Brandenburg = Preußen bis
in die Zeiten des Großen Kurfürsten fort. Als dann aber der
absolutistische Staat seine Fürsorge auch den Städten zuwandte, die
durch den 30jährigen Krieg, wie durch die eigennützige und ver=
schwenderische Wirtschaft ihrer Räte mit Schulden belastet waren,
da mußte das mittelalterliche Finanzsystem fallen, das sich mehr
und mehr auf direkte Steuern gegründet hatte und bei den um=
fassenden Befreiungen von der Steuerzahlung, welche die Mitglieder
des Rates und dessen Gesippen in Anspruch nahmen, vorzugsweise
die ärmeren Bürger belastete. An seine Stelle trat die Accise, eine
Verbrauchsabgabe, welche eine große Anzahl von Gegenständen des
täglichen Verkehrs mit mäßigen Abgaben belegte. Die Reform des
städtischen Steuerwesens wurde unter Friedrich Wilhelm dem Ersten
und Friedrich dem Großen vollendet, und der so geschaffene Zustand

---

[1] Die Abgaben an den Stadtherrn, insbesondere an den Kaiser, die
Stadtsteuern, wie Zeumer sie nennt, wurden wenigstens anfangs von den
Städten regelmäßig durch direkte Umlagen auf ihre Bürger zusammengebracht,
so daß beide großen Steuerarten — Schatzungen und Verbrauchssteuern —
bereits früh in den Städten ausgebildet wurden.

blieb dann bis zur Städteordnung von 1808 in Geltung. Diese gestattete die Erhebung direkter Kommunalsteuern von den Mitgliedern der Stadtgemeinde, was durch das Abgabengesetz vom 30. Mai 1820 dahin ergänzt wurde, daß die städtischen Steuern auch durch Zu= schläge zur Klassen=, Mahl= und Schlachtsteuer aufgebracht werden durften.[1] Von der Verwaltungspraxis wurden in einzelnen Fällen auch Zuschläge zur Gewerbe= wie zur Grund= und Braumalzsteuer zugelassen.

Der gleiche Zustand galt auch im Gebiete der Städteordnung von 1831, während die Gemeindeordnung von 1850 im wesentlichen die noch jetzt gültigen Bestimmungen einführte.

## b. Allgemeine Erörterungen.

I. Steuern sind Abgaben, welche die Stadt von ihren Unter= thanen erhebt, ohne daß diese eine städtische Funktion in Anspruch genommen haben; der Grund der Steuererhebung ist somit einzig die Pflicht der Unterthanen, die Bedürfnisse des Gemeinwesens zu bestreiten.

Gegenstand der Steuer kann die Hingabe vertretbarer Sachen[2] und die Zahlung von Geld sein.[3] Die neuere Zeit strebt danach, alle Steuern in Geld entrichten zu lassen.

II. Steuerpflichtig sind alle Unterthanen der Stadt, und hierzu zählt die neuere Rechtsentwickelung auch die Träger wirtschaftlicher Machtbereiche, welche sich rechtlich als Verbands= oder juristische Personen, also als Körperschaften oder Anstalten darstellen.

Steuerobjekt ist alles wirtschaftliche Gut im städtischen Macht= kreise. Dies ist einmal der Fall bei der Gesamtheit der wirtschaft= lichen Güter, welche sich in städtischem Gebiete befinden, dann aber kann die Steuergewalt der Stadt auch solch Gut erfassen, das zwar selbst nicht der städtischen Herrschaft unterworfen ist, dessen In= haber aber ihr Unterthan ist. Wieweit nun die Stadt diese Steuer=

---

[1] In denjenigen Städten, in denen die Akzise auch nach 1808 in Geltung geblieben war, wurden bereits seither städtische Zuschläge auf sie gelegt.

[2] Vgl. OVGE. Bd. 10 Nr. 20.

[3] Nahe verwandt mit den Steuern sind die steuerlichen Dienste. Vgl. darüber weiter unten.

gewalt, wie ſie ſich aus ihrem Weſen ergibt, auch bethätigen darf, das beſtimmt das Geſetz des Staates.

III. Die Ausübung der Steuermacht erfolgt in der Regel durch eine Mehrzahl von Steuern, welche den Steuerpflichtigen in verſchiedener Weiſe heranziehen. Es laſſen ſich hierbei drei große Gruppen von Steuern unterſcheiden. Die eine beſteuert den Beſitz wirtſchaftlicher Güter zu einem beſtimmten Zeitpunkte — Vermögens- und Erbſchaftsſteuern —, die andere Gruppe nimmt als Maßſtab die Summe der Früchte, die während eines beſtimmten Zeitraums aus gewiſſen wirtſchaftlichen Gütern gewonnen werden — Ertrags- und Einkommenſteuern —, und endlich liegt eine Steuer auch häufig auf der Ausübung einzelner Handlungen, welche dann wieder der Vollzug einer wirtſchaftlichen[1]) Thätigkeit ſind — Verkehrsſteuern — oder ſich als Gebrauch wirtſchaftlicher Güter darſtellen — Aufwands- und Verbrauchsſteuern —.

IV. Auch die Erhebungsform für die einzelnen Steuern iſt ver- ſchieden. Für das heutige Recht ſind folgende Arten von Wichtigkeit.

a) Direkte Steuern ſind ſolche, welche von demjenigen erhoben werden, der ſie nach der Abſicht des Geſetzgebers auch tragen ſoll; indirekt heißen diejenigen Steuern, welche ein Mittelsmann zahlt, der ſie, wie der Geſetzgeber hofft, wieder auf andere Perſonen ab- wälzen wird.

b) Entweder wird die Steuer in die zuſtändige Kaſſe einge- zahlt oder durch Kauf und Verwendung eines Stempels entrichtet. Indes dürften Stempelſteuern nirgends in preußiſchen Städten vor- kommen.

c) Auch der Unterſchied bei der Einziehung einzelner Ver- brauchsſteuern iſt für den heutigen Zuſtand in den preußiſchen Städten nur von geringer Bedeutung. Dieſe Steuern werden in zwei Arten geteilt, die eigentlichen Verbrauchsſteuern, welche von Objekten erhoben werden, die ſich in ſtädtiſchem Gebiete befinden, und die Zölle — in der Gemeindebeſteuerung auch Thorſteuern oder Oktrois genannt — die bei ſolchen Gegenſtänden zur Anwen- dung kommen, welche von auswärts in die Stadt eingeführt werden.

d) Nur in der kommunalen Beſteuerung beſteht zur Zeit die Erhebungsform der Zuſchläge. Die ſtädtiſchen Abgaben können

---

[1]) Vgl. aber die Luſtbarkeitsſteuer. Näheres darüber weiter unten.

nämlich auch, statt durch besondere Gemeindesteuern, durch Zuschläge zu den staatlichen Steuern aufgebracht werden. In Preußen ge=schieht dies so, daß die staatliche Steuer für die Unterthanen der Stadt um gewisse Prozente erhöht wird.

c. Der Umfang der Steuerpflicht städtischer Unter=
thanen.

StO. 53 W. u. Rh. § 4. Fr. § 7. SH. §§ 22, 27. H. § 114. Freizügig=
keitsgesetz vom 1. November 1867.
v. Möller § 88. Steffenhagen § 31.

I. Die Leistung von Steuern liegt allen ob, die in der Stadt ihren Wohnsitz haben oder sich doch daselbst seit drei Monaten ständig aufhalten.

Zur Zahlung von Realabgaben sind alle Grundbesitzer und Gewerbetreibenden verpflichtet, wenn sie auch in der Stadt weder wohnen noch dort ihren Aufenthalt haben. Auch die juristischen Personen, die in der Stadt Grundbesitz haben oder Gewerbe treiben, müssen die auf sie entfallenden Realabgaben entrichten. Endlich sind Forensen und juristische Personen auch verbunden, an der Ein=kommensteuer in gewissem Umfange teilzunehmen.

II. Im allgemeinen sind Befreiungen von der Steuerpflicht unstatthaft; aus wirtschaftlichen Gründen oder Rücksichten der Billigkeit sind aber einzelne gesetzlich anbefohlen oder doch zugelassen.

In Schleswig=Holstein ist die Verjährung kein Rechtsgrund für den Erwerb der Abgabenfreiheit, in den übrigen Provinzen gelten die allgemeinen Rechtsregeln. [1]

III. Die Steuerpflicht des Einzelnen besteht für alle Abgaben, welche innerhalb der Zeit seiner Unterthänigkeit unter die Gemeinde ver=teilt und fällig werden. [2] Für die Einwohner beginnt die Steuerpflicht mit dem Tage der Begründung ihres Wohnsitzes, und sie hört mit dem Ende des Monats auf, in dem der Stadtvorstand die Anzeige von der Aufgabe des Wohnsitzes erhält. [3] Für diejenigen, welche sich im Stadtbezirke aufhalten, ohne dort ihren Wohnsitz zu haben, fängt die Verpflichtung zur Steuerzahlung mit dem Beginn ihres Aufent=

---

[1] Vgl. S. 193 und 196.

[2] Hinsichtlich der Beamten vgl. Gesetz vom 11. Juli 1822 § 6, königl. Verordnung vom 23. September 1867 § 7. OBGE. Bd. 6 S. 119.

[3] Verjährungsgesetz vom 18. Juni 1840 § 1.

halts an, doch darf die Stadt erst nach Ablauf eines dreimonatlichen Aufenthalts die Steuer von ihnen fordern, so daß diejenigen, welche bereits vorher die Stadt wieder verlassen haben, auch keine Steuer zu zahlen brauchen. Die Steuerpflicht endet mit Ablauf desjenigen Monats, in welchem dem Stadtvorstande angezeigt wird, daß der Aufenthalt nach einem andern Orte verlegt werde. Die Pflicht zur Entrichtung der Realabgaben besteht so lange, als der Verpflichtete das Steuerobjekt inne hat, und ebenso sind die juristischen Personen und Forensen verbunden, die Einkommensteuer so lange zu zahlen, wie sie die Objekte inne haben, aus denen das Einkommen fließt.

d. **Die Grundsätze des städtischen Steuerrechts.**
StO. 53 § 53. W. § 52. Rh. § 49. Fr. § 62. SH. § 72. H. §§ 114, 119. Ministerialanweisungen für die östlichen Provinzen vom 17. Juli 1854 (BMBl. S. 128), für Westfalen vom 31. Juli 1856 (BMBl. S. 198) und für die Rheinprovinz vom 31. Juli 1856 (BMBl. S. 221). Zollvereinigungsvertrag vom 8. Juli 1867 Art. 5. Reichsgesetz vom 27. Mai 1885 betr. die Abände= rung des Zollvereinigungsvertrages vom 8. Juli 1867. ZustGes. § 16 LBG. § 123.

I. Die Auferlegung von Steuern darf nur erfolgen, wenn die Erträge aus dem städtischen Vermögen, sowie die Einnahmen aus den Regalanstalten und Gebühren nicht zureichen. Auch dürfen nur solche Gemeindesteuern eingeführt werden, die weder durch ihre Art noch ihre Höhe den Eingang der Staatssteuern gefährden oder die Freiheit des inneren Verkehrs beeinträchtigen; ebenso sind Gemeinde= steuern unzulässig, die mit der allgemeinen staatlichen Zoll= und Steuergesetzgebung in Widerspruch stehen oder bestehende Staats= verträge verletzen.

II. Die Steuern werden entweder als Zuschläge zu den Staats= und Reichssteuern erhoben, oder es sind besondere Gemeindesteuern. Zuschläge dürfen folgenden Steuern auferlegt werden:

a) der klassifizierten Einkommensteuer und der Klassensteuer,
b) der Steuer vom Betriebe des stehenden Gewerbes,
c) der Grund= und Gebäudesteuer,
d) der Reichsbrausteuer. [1]

Als selbständige Steuern können Vermögens= und Erbschafts=, Einkommen= und Ertragssteuern, sowie Aufwandssteuern und Ver= kehrsabgaben eingeführt werden. Die Einrichtung von Verbrauchs=

[1] Reichsgesetz wegen Erhebung der Brausteuer vom 31. Mai 1872 § 44.

steuern ist dagegen reichsgesetzlich insofern beschränkt, als sie nur von Gegenständen erhoben werden dürfen, die für die örtliche Kon=sumtion bestimmt sind. Dazu werden Brennmaterialien und Markt=viktualien, Bier, Essig, Malz, Cider und Furage gerechnet, wobei aber Essig und Cider, der aus dem Auslande kommt und bereits dem Zoll unterlag, von der Gemeindesteuer freigelassen werden muß. Die Zahlung von Rückvergütungen bei der Ausfuhr solcher be=steuerten Gegenstände aus dem Gemeindebezirke ist gestattet, sie muß aber in derselben Höhe erfolgen, gleichviel ob die Waren nach preu=ßischen Orten oder nach andern deutschen Staaten ausgeführt werden.[1]

Von einigen Städten ist die früher staatliche Schlachtsteuer als besondere Gemeindesteuer beibehalten worden.

III. Die einzelnen direkten Staatssteuern (vgl. II a—c) sollen in gleichem Maße mit Zuschlägen belastet werden. Will die Stadt hiervon abgehen, so ist die Genehmigung des Bezirksaus=schusses[2] erforderlich. Doch ist es in der Rheinprovinz und Schles=wig=Holstein gestattet, daß durch Gemeindebeschluß von Zuschlägen zur Gewerbesteuer ganz Abstand genommen oder doch diese Steuer damit nur in minderem Maße belastet werde.

IV. Zur Wahrung der staatlichen Interessen gegenüber der städtischen Steuergewalt dient ein weitgehendes Bestätigungsrecht.

Bei Zuschlägen zu den direkten Staatssteuern ist in den alten Provinzen, Schleswig=Holstein und Frankfurt a/M. dann staatliche Genehmigung nötig, wenn diese Zuschläge die gesetzlich bestimmte Höhe überschreiten;[3] Beschlüsse, durch die der Brausteuer Zuschläge auferlegt werden sollen, müssen in den östlichen Provinzen, Schles=wig=Holstein, der Rheinprovinz und Frankfurt a/M. immer bestätigt werden.[4] In Hannover ist zu allen Zuschlägen die Genehmigung des Staates erforderlich, und dasselbe gilt für die östlichen Provinzen bei Zuschlägen zur klassifizierten Einkommensteuer. Selbständige Gemeindesteuern bedürfen überall der Erlaubnis des Staates.

Die staatliche Genehmigung wird von dem Bezirksausschusse

[1] Vgl. dazu OVGE. Bd. 16 Nr. 26.
[2] Für Berlin erteilt der Oberpräsident die Genehmigung.
[3] Die Bestätigung muß eingeholt werden, wenn die Zuschläge 50 Prozent der Staatssteuern übersteigen. Wegen der Ausnahme vgl. den Text.
[4] Praktisch ist dies auch in Westfalen erforderlich, da die Erhebung der Steuer nur mit Hilfe der Staatsbehörde erfolgen kann.

erteilt. Will dieser die Einführung selbständiger Gemeindesteuern gestatten, oder erlauben, daß die bestehenden in ihren Grundsätzen verändert werden, so bedarf sein Beschluß der Zustimmung seitens der Minister des Innern und der Finanzen. [1]) [2])

Die Genehmigung des Bezirksausschusses muß in allen Fällen ohne Beschränkungen erteilt werden, insbesondere ist der Bezirks= ausschuß auch nicht befugt, sich den Widerruf seiner Genehmigung vorzubehalten. In der Regel wird die Erlaubnis für ein Steuer= jahr gelten, doch ist der Bezirksausschuß auch befugt, sie für längere Zeit zu gewähren. [3]) [4])

Gegen den Beschluß des Bezirksausschusses kann von dem Stadtvorstande und aus Gründen des öffentlichen Interesses auch von dem Vorsitzenden des Bezirksausschusses der Provinzialrat ange= rufen werden, und auch dessen Beschluß kann wieder sein Vorsitzen= der aus Gründen des öffentlichen Interesses anfechten, worauf die Minister des Innern und der Finanzen endgültig entscheiden.

V. Über die Erhebung der einzelnen Gemeindesteuern sollen in den östlichen Provinzen, Schleswig=Holstein, der Rheinprovinz und Frankfurt a/M. besondere Ortsstatuten ergehen, und es darf dann auch die Übertretung ihrer Vorschriften mit Ordnungsstrafen belegt werden, die sich bis zu 30 M. hin erstrecken können. [5]) Überall ist für diese Strafverordnungen die Genehmigung des Bezirksaus= schusses notwendig. In den östlichen Provinzen sollen sie einen Teil des Ortsstatuts selbst bilden, während sie in Schleswig=Hol= stein und Frankfurt a/M. als besondere Verordnung in den Formen der Ortspolizeiverordnung erlassen werden müssen. Die Verfolgung derartiger Übertretungen geschieht überall durch den Amtsanwalt vor den ordentlichen Gerichten. [6])

---

[1]) Vgl. OVGE. Bd. 16 Nr. 12 und Nr. 28.

[2]) Sollen bestehende besondere Gemeindesteuern nur erhöht werden, ohne daß in ihren Grundsätzen eine Veränderung eintritt, so genügt der genehmigende Beschluß des Bezirksausschusses.

[3]) Die Ansicht der Minvfg. vom 31. Januar 1858 (VMBl. S. 70) ist für die Bezirksausschüsse nicht bindend. Uebrigens würde dadurch das staatliche Aufsichtsrecht in bedenklicher Weise beschränkt.

[4]) Für Berlin tritt in all diesen Fällen der Oberpräsident an die Stelle des Bezirksausschusses. .

[5]) In Frankfurt a/M. 20 Gulden (34 M.).

## e. Die einzelnen Steuern.

### aa. Die Einkommensteuer.

Die Gemeindeeinkommensteuer wird entweder durch Zuschläge zu der staatlichen klassifizierten Einkommensteuer und Klassensteuer erhoben, oder sie besteht als besondere Steuer. In der Regel wenden die Städte jetzt ein gemischtes System an, indem sie zwar formell eine selbständige Einkommensteuer beschließen, hierbei aber festsetzen, daß bei allen, die mit ihrem gesamten Einkommen steuerpflichtig sind, die staatliche Einschätzung auch für die Gemeindesteuer gelten solle, so daß dann nur der Rest der Pflichtigen einer Einschätzung durch die Stadt unterliegt. [1])

#### α. Die Steuerpflichtigen und ihre Heranziehung.

##### 1. Die Einwohner.

StO. 53 §§ 4, 53, W. §§ 4, 52. Rh. §§ 4, 49. Sch. §§ 5, 22, 24, 27, 72. Fr. §§ 7, 11, 62. H. §§ 13, 114. — Gesetz vom 11. Juli 1822, betr. die Heranziehung der Staatsdiener zu den Gemeindelasten § 10. Königliche Verordnung vom 21. Januar 1829, betr. die Befreiung der Witwen-Pensionen von Gemeindelasten. Königliche Verordnung vom 14. Mai 1832 (GS. S. 145). Königliche Verordnung vom 23. September 1867, betr. die Heranziehung der Staatsdiener zu den Kommunalauflagen in den neu erworbenen Landesteilen, § 1. Einkommensteuergesetz vom $\frac{1.\ \text{Mai } 1851}{25.\ \text{Mai } 1873}$ § 9. Reichsbeamtengesetz vom 31. März 1873 § 19. Reichsmilitärgesetz vom 2. Mai 1874 § 48. Gesetz vom 26. März 1883 betr. die Aufhebung der beiden untersten Stufen der Klassensteuer § 4. Kommunalabgabengesetz vom 27. Juli 1885 § 9, 10. v. Möller §§ 88, 89, 98. Steffenhagen §§ 31, 32, 34, 35.

I. Nach heutigem Recht sind alle Einwohner [2]) verpflichtet, der Stadt zu steuern. Diese Pflicht offenbart sich besonders in ihrer Heranziehung zu Personalsteuern, als welche in den preußischen Städten zur Zeit wohl nur Einkommensteuern in Geltung sind.

Von der allgemeinen Steuerpflicht hat das Gesetz einzelne Klassen von Einwohnern ausgenommen, deren Befreiung Gründe der Billigkeit oder auch nur das geschichtliche Herkommen befürworten.

---

⁶) Die vorläufige Strafverfügung durch die Ortspolizeibehörden ist unzulässig. (Gesetz vom 13. April 1883 § 2 Nr. 2.)

¹) Durch Minvfg. vom 5. November 1885 (BMBl. S. 225) ist für solche „qualifizierten Zuschläge" ein Normalregulativ aufgestellt.

²) Vgl. dazu S. 45 sowie OBGE. Bd. 13 Nr. 13, Bd. 15 Nr. 8.

Die Ausdehnung dieser Steuerfreiheiten auf andere Personen oder Einwohnerklassen durch statutarische Anordnung oder Gemeinde= beschluß ist nicht erlaubt. [1]

II. Von der Zahlung der Einkommensteuer sind nun folgende Einwohnergruppen befreit:

a) die Geistlichen [2] hinsichtlich ihres Diensteinkommens und ihrer Pension; [3] doch gilt diese Befreiung in den östlichen Provinzen und Westfalen nur, wenn sie bereits zur Zeit der Verkündigung der Gemeindeordnung vom 11. März 1850 zu Recht bestand, was aber gewöhnlich der Fall gewesen ist.

b) die Lehrer an öffentlichen Elementarschulen [4] in demselben Umfange, wie dies für die Geistlichen dargelegt ist.

c) in den alten Provinzen, Schleswig=Holstein und Hannover sind auch die Kirchendiener hier und da von der Zahlung der Einkommen= steuer entbunden. Insoweit ihnen nämlich diese Freiheit bei Verkündigung der Gemeindeordnung von 1850 und in den neuen Provinzen bei Erlaß der Verordnung vom 23. September 1867 zugestanden hat, ist es dabei auch ferner verblieben. [5] — Befreit sind auch:

d) alle unmittelbaren und mittelbaren Reichs= und preußischen

---

[1] Die Städte der östlichen Provinzen und Westfalens können allerdings durch statutarische Bestimmung solche weiteren Befreiungen einführen. Vgl. darüber S. 188. Im Ergebnisse ist deshalb OBGE. Bd. 12 Nr. 22 richtig. — In Schleswig=Holstein kann durch Gemeindebeschluß bei Erweiterung des Stadt= bezirkes den neu hinzutretenden Gemeindemitgliedern zeitweilige Befreiung oder doch Ermäßigung der städtischen Lasten gewährt werden.

[2] Dazu gehören nur diejenigen evangelischen und katholischen Geistlichen, welche bei einer Kirchengemeinde zum Unterricht in der Religion, zur Be= sorgung des Gottesdienstes und zur Verwaltung der Sakramente bestellt sind (ALR. II, 11 § 59). Hierher wird auch die katholische Domgeistlichkeit ge= rechnet werden können (Minvfgen. vom 6. Dezember 1826 — Annalen S. 1078 — und 6. April 1828 — a. a. O. S. 433 —). Dagegen haben solche Geist= liche, welche nicht bei einer öffentlich=rechtlichen Kirchengemeinde angestellt sind, keinen Anspruch auf die Befreiung von Gemeindeabgaben. Vgl. auch OBGE. Bd. 12 Nr. 22, Minvfgen. vom 9. September 1860 (BMBl. S. 204) und 22. Januar 1864 (BMBl. S. 154).

[3] Vgl. OBGE. Bd. 12 Nr. 23, Bd. 16 Nr. 21, Minvfg. vom 22. Juli 1854 (BMBl. S. 133).

[4] Über den Begriff der öffentlichen Elementarschulen vgl. S. 73 Anm. 4, sowie OBGE. Bd. 12 Nr. 33 und Bd. 17 Nr. 21.

[5] Vgl. ALR. II, 11 §§ 550, 556. Siehe auch OBGE. Bd. 15 Nr. 10.

Beamten, welche auf Wartegeld gesetzt sind, wenn dies nicht mehr als 750 M. jährlich beträgt.

e) alle Empfänger von Pensionen oder laufenden Unter=stützungsbezügen aus der Reichskasse, der Staatskasse oder den Kassen von Kollegien, Korporationen und Gemeinden, welche dem Staate untergeordnet sind. [1])

f) alle Empfänger von Witwen= und Waisengeldern aus den vorbezeichneten Kassen. [2])

g) alle Empfänger von Sterbe= und Gnadenmonaten aus solchen Kassen.

h) In den alten Provinzen sind einzelne Standesherren in den Städten, die innerhalb ihres standesherrlichen Bezirkes liegen, von der Einkommensteuer befreit, und derselbe Vorzug gebührt dem Herzog von Arenberg in sämtlichen hannöverschen Städten. [3])

III. Maßstab und Gegenstand der Steuerforderung ist das gesamte Einkommen [4]) des Pflichtigen, doch bleibt hiervon ausgenommen:

a) das Einkommen, welches dem Pflichtigen aus dem Besitze preußischer Grundstücke zufließt, die außerhalb des Stadtbezirkes belegen sind. [5])

b) das Einkommen, welches er aus Pacht= und Gewerbe=, aus Eisenbahn= und Bergbaubetriebe bezieht, der außerhalb des Gemeindebezirkes in Preußen stattfindet. [6])

c) das Einkommen, welches ihm aus dem Besitz an Grund=stücken und Anlagen zukommt, die zu einem in Preußen, aber außer=halb des Gemeindebezirkes seitens eines Dritten betriebenen Pacht=, Gewerbe=, Eisenbahn= oder Bergbauunternehmen gehören.

---

[1]) ALR. II, 10 § 69.

[2]) Hierzu gehören auch die Zahlungen aus öffentlichen Versorgungsanstalten, die landesherrlich genehmigt sind.

[3]) Vgl. Verordnung vom 30. Mai 1820 § 32 und die mit den einzelnen Standesherren abgeschlossenen Rezesse. Die Gesetze vom 25. Oktober 1878 betr. den Rechtszustand der fürstlichen Häuser Sayn=Wittgenstein=Berleburg und Bentheim=Tecklenburg gewähren dies Privileg nicht. Hinsichtlich des Herzogs von Arenberg vgl. hannöversches Verfassungsgesetz vom 5. September 1848 § 14 und Gesetz vom 27. Juli 1875 § 8 Nr. g.

[4]) Bezüge, denen jede Stetigkeit fehlt, fallen nicht unter den Begriff des steuerpflichtigen Einkommens. Vgl. OBGE. Bd. 14 Nr. 22.

[5]) Vgl. OBGE. Bd. 17 Nr. 32. Anders Herrfurth und Nöll § 1 Anm. 13.

[6]) Vgl. dazu OBGE. Bd. 12 Nr. 18 zu I.

d) in den östlichen Provinzen das Einkommen, welches dem Pflichtigen aus Grundeigentum zufließt, das außerhalb Preußens belegen ist, wenn in der Wohnsitzgemeinde eine besondere Einkommen=steuer [1]) eingeführt ist, oder das Gesamteinkommen den Zuschlägen zur klassifizierten Einkommensteuer unterliegen würde. [2])

e) in Westfalen in jedem Falle das Einkommen, welches der Pflichtige aus Grundeigentum erhält, das außerhalb Preußens be=legen ist.

f) Ist in der Rheinprovinz, Schleswig=Holstein und Frankfurt a/M. derjenige Teil des besteuerten Gesamteinkommens, welcher dem Pflichtigen aus Grundeigentum oder gewerblichen Anlagen zufließt, die außerhalb Preußens belegen sind, bereits in der Belegenheits=gemeinde einer besonderen Steuer unterworfen, so muß die Wohn=sitzgemeinde ihre Anforderung um jene Steuersumme herabsetzen, welche der Pflichtige an die Belegenheitsgemeinde entrichten muß. Doch braucht die abzusetzende Steuersumme nur eine dem frei=zulassenden Einkommensteile entsprechende Quote der Gesamtsteuer zu bilden. [3])

g) In Schleswig=Holstein muß auch das Einkommen aus solchem Grundeigentum außer Berechnung gelassen werden, welches außerhalb Preußens einen besonderen Gutsbezirk bildet, und das=selbe gilt für Einkommen aus gewerblichen Unternehmungen, welche der Vorstand eines solchen Gutsbezirkes in ihm betreibt.

---

[1]) Eine solche sind auch die qualifizierten Zuschläge.

[2]) Also nicht, wenn bereits das Gesamteinkommen nur den Zuschlägen zur Klassensteuer unterworfen ist.

[3]) Soll der dritte Teil des Gesamteinkommens freigelassen werden, so braucht die Steuer auch nur um $1/3$ ermäßigt zu werden, wenn der Pflichtige dann auch nicht die ganze Summe angerechnet erhält, die er in der Belegen=heitsgemeinde zahlen muß. — Wird der Pflichtige z. B. in der Wohnsitz=gemeinde von seinem Gesamteinkommen zu 1000 M. Steuer eingeschätzt und zahlt er in der Belegenheitsgemeinde von $1/3$ seines Gesamteinkommens 400 M. Steuer, so wird die Steuerforderung der Wohnsitzgemeinde doch nur um $1/3$, also auf $666 2/3$ M. ermäßigt. Zahlt er in der Belegenheitsgemeinde nur 300 M. Steuer, d. h. weniger als nach der Besteuerung in der Wohnsitzgemeinde auf diesen Einkommensteil fallen müßte, so wird nur die thatsächlich gezahlte Steuer abgerechnet; er bleibt also der Wohnsitzgemeinde mit 700 M. pflichtig. — Vgl. übrigens auch OVGE. Bd. 17 Nr. 19.

h) Durch die städtischen Steuerordnungen können überall auch noch andere Einkommensteile freigelassen werden. [1]

i) Durch Gemeindebeschluß kann bei Zuschlägen zur Klassen= steuer das Einkommen unter 660 M. ganz freigelassen oder doch nur in minderem Maße herangezogen werden.

IV. Der Grundsatz, dasjenige Einkommen, welches offensichtlich in einer anderen preußischen Gemeinde entsteht, — III, a—c — von der Besteuerung in der Wohnsitzgemeinde freizulassen, erleidet zu Gunsten der Wohnsitzgemeinde eine Beschränkung. Wenn näm= lich das in der Wohnsitzgemeinde steuerpflichtige Einkommen weniger als ein Viertel des Gesamteinkommens beträgt, so ist sie berechtigt, ein volles Viertel des Gesamteinkommens ihrer Besteuerung zu unterwerfen. Die Ausübung dieses Rechts kann nur auf Grund eines besonderen Gemeindebeschlusses [2] geschehen, der wenigstens für die Zeit einer Steuerperiode erlassen werden und alle Pflichtigen gleichmäßig erfassen muß. [3]

V. Bei dem Zuschlagssysteme unterliegen der städtischen Be= steuerung an sich nur diejenigen Pflichtigen, welche zu der Staats= steuer herangezogen sind, es sind also insbesondere alle diejenigen von der Gemeindesteuer befreit, welche ein Einkommen von weniger als 420 M. jährlich haben. Durch Gemeindebeschluß können aber auch diese Einwohner zu der Gemeindeeinkommensteuer herangezogen werden, insoweit sie nicht bereits durch die öffentliche Armenpflege unterstützt werden. [4] [5]

---

[1] Die städtische Besteuerung kann sich auch auf Einkommen von bestimmter Höhe beschränken, also etwa erst bei Einkommen von 900 M. jährlich eine Ge= meindesteuer fordern. Rechtlich ist es auch nicht verboten, Einkommen, das eine gewisse Höhe übersteigt, freizulassen.

[2] Der Erlaß eines Ortsstatuts ist nicht erforderlich. Anders Herrfurth und Noell § 9 Anm. 7.

[3] So auch Herrfurth und Noell § 9 Anm. 7.

[4] Vgl. OVGE. Bd. 2 Nr. 17. — Dagegen können die Gemeinden die aus anderen Gründen von der Staatsklassensteuer befreiten Personen nicht zur Gemeindesteuer heranziehen. Es sind dies alle diejenigen, welche zu den im § 5 zu b, d, f, g und h des Einkommensteuergesetzes vom 1. Mai 1851 genannten Klassen gehören.

[5] Die nach Maßgabe des Gesetzes vom 26. März 1883 von der Zahlung der Staatsklassensteuer Befreiten werden nach wie vor doch zu der Steuer ver= anlagt und nach dieser Veranlagung richten sich dann die Gemeindezuschläge.

VI. Die Veranlagung zur Steuer ist verschieden, je nachdem die Stadt das Zuschlagssystem erwählt hat oder eine besondere Steuer erhebt. Im ersteren Falle gilt auch hier die staatliche Veranlagung für diejenigen Pflichtigen, deren Gesamteinkommen der städtischen Besteuerung unterliegt. Bei einer besonderen Steuer findet dagegen auch eine besondere Veranlagung durch städtische Einschätzungsorgane statt. Nähere Bestimmungen hierüber sind nicht gegeben, doch wird es zweckmäßig sein, besondere Einschätzungsausschüsse niederzusetzen, [1] da andernfalls der Stadtvorstand über Beschwerden gegen seine eigene Einschätzung entscheiden muß. Ebenso empfiehlt es sich, die Einschätzungsgrundsätze der staatlichen Einkommensteuer auch für die Veranlagung zur Gemeindeabgabe für maßgebend zu erachten, vorgeschrieben ist dies aber nicht.

Bei Pflichtigen, welche nur mit einem Teile ihres Einkommens der städtischen Besteuerung unterliegen (III, a—h), muß in allen Fällen, mag die Steuer durch Zuschläge oder in selbständiger Weise erhoben werden, eine eigene Einschätzung durch die Stadt erfolgen. Die Veranlagung derjenigen Pflichtigen, bei denen in den östlichen Provinzen, Westfalen und Schleswig-Holstein außerpreußische Einkommensquellen freigelassen werden müssen (III, d, e, g), geschieht in der Art, daß von dem Gesamteinkommen das aus auswärtigen Quellen fließende Einkommen abgezogen und nur der verbleibende Einkommensrest zur Steuer eingeschätzt wird. Anders mit solchem Einkommen, das außerhalb der Gemeinde, aber in Preußen entsteht (III, a—c). Hier erfolgt überall die Veranlagung in der Weise, daß zunächst das Gesamteinkommen des Pflichtigen zur Gemeindesteuer eingeschätzt wird; dann wird das Verhältnis festgestellt, in welchem der auswärtige Einkommensteil zu dem Gesamteinkommen steht, und nunmehr ist der Steuerbetrag, welcher für das Gesamteinkommen ermittelt ist, dem Verhältnisse des außer Berechnung zu lassenden Einkommenteils zu dem Gesamteinkommen entsprechend herabzusetzen.[2] [3]

---

[1] Minvfg. vom 22. Dezember 1866 (VMBl. 1867 S. 22).

[2] In einer Stadt mit qualifizierten Zuschlägen, die 100% der Staatssteuer als Gemeindeabgabe erhebt, sei das Gesamteinkommen des A 5000 M. Die Steuer beträgt dann — vierte Stufe der Einkommensteuer — 144 M. Das auswärtige Einkommen sei 900 M.; dann ergibt sich zunächst folgende

2. Die besonderen Bestimmungen über die Besteuerung des
Diensteinkommens der Beamten.

StO. 53, W. Rh. § 4 Fr. § 11, SH. § 24. Gesetz vom 11. Juli 1822, betr.
die Heranziehung der Staatsdiener zu den Gemeindelasten. Königliche Ver=
ordnung vom 14. Mai 1832, betr die Anwendung des Gesetzes vom 11. Juli
1822 über die Heranziehung der Staatsdiener zu den Gemeindelasten auf
städtische, landschaftliche und andere nach der Bezeichnung des Landrechts
§ 69 Tit. 10 P. 2 als mittelbare Staatsdiener zu betrachtende Beamte.
Königliche Verordnung vom 23. September 1867, betreffend die Heranziehung
der Staatsdiener zu den Kommunalauflagen in den neu erworbenen Landes=
teilen. Kommunalabgabengesetz vom 27. Juli 1885 § 12.

v. Möller § 89.   Steffenhagen § 34.

In eigenartiger Weise ist die Besteuerung des Diensteinkommens
der Beamten geregelt. Das Streben, die Beamten zu schützen vor
Überlastung gegenüber den anderen Einwohnern der Stadt, deren
Einkommensverhältnisse weniger offen liegen, im Vereine mit der
Anschauung, daß sich das städtische Bürgerrecht zunächst auf Grund=
besitz und den Betrieb von Gewerben gründe, hatten bereits kurz
nach Erlaß der Städteordnung von 1808 dazu geführt, das städtische
Steuerrecht hinsichtlich des Diensteinkommens der unmittelbaren Be=
amten gesetzlich zu beschränken, und diese gesonderte Ordnung für
solches Einkommen ist dann auch gegen alle Angriffe — und wohl
mit Recht — bis zur Gegenwart aufrecht erhalten.

Die königliche Verordnung vom 11. Dezember 1809, die sich
als Deklaration des § 44 der Städteordnung von 1808 bezeichnete,
hatte bestimmt, daß die Gehälter aller aktiven unmittelbaren Staats=
beamten nicht mehr nach Maßgabe der städtischen Bedürfnisse zu den
Lasten ihres Wohnortes heranzuziehen seien, sondern daß fortan jeder
Beamte von seinem Gehalt einen festen und gleichmäßigen Beitrag
entrichten solle, der bei Besoldungen unter 250 Thalern auf ein
Prozent, bei Gehältern von 250 bis 500 Thalern auf ein und ein

Proportion 5000 : 900   1 : x also x   0,18, wenn das Gesamteinkommen
= 1 ist. Nunmehr ist folgende Proportion aufzustellen 1 : 0,18   144 : x,
also x = 25,92 M. Dies ist der von 144 M. abzuziehende Steuerbetrag, der
auf das auswärtige Einkommen entfällt, so daß sich als Gemeindeabgabe, die
entrichtet werden muß, 118,08 M. ergeben.

³) Ueber die Unzuträglichkeiten, die aus dieser Berechnungsweise entstehen,
vgl. Herrfurth und Noell § 10 Anm. 1, 3, 4.

halbes Prozent und bei solchen von 500 Thalern und darüber auf zwei Prozente der Besoldung festgestellt wurde. Das Privateinkommen der Beamten blieb der Gemeindebesteuerung in derselben Weise wie seither unterworfen.

In der Praxis erwies sich aber diese Lösung der Frage vielfach als unbillig und gerade die Beamten bedrückend. So wurde mit dem Gesetze vom 11. Juli 1822 ein anderer Weg eingeschlagen, und die königliche Verordnung vom 14. Mai 1832 dehnte dann die Vorschriften dieses Gesetzes auch auf alle mittelbaren Beamten aus. Durch die königliche Verordnung vom 23. September 1867 wurden dieselben Grundsätze auch für die Beamten in den neu erworbenen Landesteilen maßgebend, wenn auch die Bestimmungen der Verordnung nicht in allen Stücken mit dem richtigen Sinne des Gesetzes vom 11. Juli 1822 übereinstimmen, so daß die völlige Gleichstellung der Beamten in den alten und neuen Provinzen leider nicht durchgeführt ist. Durch das Reichsgesetz vom 31. Mai 1873, betreffend die Rechtsverhältnisse der Reichsbeamten, sind die für die preußischen Beamten geltenden Bestimmungen auch auf die in den einzelnen Rechtsgebieten wohnenden Reichsbeamten ausgedehnt worden.[1] Der heutige Rechtszustand ist nun der folgende:

a) Das Diensteinkommen der Beamten wird bei der Heranziehung zur städtischen Einkommensteuer günstiger behandelt wie anderes persönliches Einkommen. Auf diesen Vorzug können alle unmittelbaren und mittelbaren Staatsbeamten sowie alle Reichsbeamten Anspruch erheben, mögen sie noch im Dienste stehen oder verabschiedet sein. Eine allgemeine Bestimmung darüber, wer als Beamter zu betrachten sei, ist nicht gegeben. So muß denn mehr kasuistisch die Entscheidung für jeden einzelnen Fall aufgesucht werden, wobei die gesamte Stellung, die der Angestellte im Organismus des Staates einnimmt, und die Aufgaben, welche ihm zugewiesen sind, maßgebend sein werden.[2] Unbedenklich wird es wohl sein, alle

---

[1] a. a. O. § 19.

[2] Damit stimmt auch die Praxis des Oberverwaltungsgerichts überein; die Entscheidung wird freilich in diesen Fällen nicht immer frei von der subjektiven Auffassung des Richters sein können, und so lassen sich auch gegen einzelne der bisher veröffentlichten Erkenntnisse nicht unerhebliche Einwen-

16*

diejenigen Personen, denen die Ausübung staatlicher Hoheitsrechte übertragen ist, zu den Beamten zu rechnen, während sich bei solchen Angestellten im staatlichen Dienste, welche nur Interessen der staat= lichen Kulturpflege wahrnehmen, wohl Zweifel erheben können, die dann in der angedeuteten Weise zu lösen sind. Die gleiche Stellung wie die Beamten nehmen auch die nicht servisberechtigten Militärpersonen des aktiven Dienststandes und das Gendarmeriekorps [1]) ein, und dasselbe gilt für die verabschiedeten Offiziere und diejenigen Offiziere, welche mit Pension zur Disposition gestellt sind, solange sie nicht wieder zum aktiven Dienste herangezogen werden. Doch sind die Offiziere, welche bereits vor dem 1. April 1886 mit Pension zur Disposition gestellt sind, zur Zahlung der Gemeindesteuer von ihrem Diensteinkommen nur in dem Maße verpflichtet, in welchem ihre Militärpension erhöht worden ist. [2]) In Schleswig = Holstein und Hannover darf auch das Diensteinkommen der Hofbeamten nur in derselben Weise wie das der Staatsbeamten besteuert werden. [3]) [4])

Nicht zu den Beamten gehören überall die außerordentlichen Gehilfen, die nur vorübergehend im öffentlichen Dienste beschäftigt werden. [5])

b) Der Vorzug, welcher den Beamten hinsichtlich der Besteuerung ihres Diensteinkommens gewährt ist, [6]) wird nach zwei Richtungen

---

bungen erheben. Im allgemeinen wird aber doch den Ergebnissen, zu benen das Oberverwaltungsgericht gekommen ist, nur beigestimmt werden können. Vgl. OVGE. Bd. 13 Nr. 15 und Bd. 17 Nr. 34, sowie im Gegensatze dazu Bd. 13 Nr. 16, Bd. 16 Nr. 19 und Nr. 22. Siehe auch Bd. 12 Nr. 9. Minvfg. vom 22. März 1882 (BMBl. Nr. 68).

[1]) OVGE. Bd. 17 Nr. 26.

[2]) Gesetz vom 29. Juni 1886, betr. die Heranziehung von Militärpersonen zu Abgaben für Gemeindezwecke § 9. Vgl. OVGE. Bd. 16 Nr. 23. Siehe auch Herrfurth, Gemeindeabgabepflicht der Militärpersonen Anm. 13.

[3]) Für die alten Provinzen und Frankfurt a/M. gilt dies nicht, wenn auch eine ältere Ministerialverfügung — damals mit Recht — dem Gesetze eine solche Ausdehnung gegeben hat und die Verwaltungspraxis sich danach auch heute noch vielfach richtet.

[4]) Wird ein Steuerpflichtiger im Laufe der Steuerperiode Beamter, so bleibt seine bisherige Einschätzung zu Recht bestehen. Vgl. OVGE. Bd. 12 Nr. 13.

[5]) Vgl. Minvfg. vom 17. Juli 1840 (BMBl. S. 281).

[6]) Nach den gesetzlichen Vorschriften soll eine Besteuerung des Dienstein=

hin wirksam. Einmal darf dies Einkommen in den alten Provinzen und Frankfurt a/M. nur mit der Hälfte seines Betrages zur Steuer herangezogen werden, wofür in Hannover und Schleswig-Holstein die Bestimmung gegeben ist, daß zwar das gesamte Diensteinkommen eingeschätzt werde, dann aber nur der halbe Steuerbetrag, der darauf entfällt, zu fordern sei. [1]) Und dann ist zugleich überall eine feste Grenze gesetzt, welche die von diesem Einkommen erhobene Steuer der Stadt nicht überschreiten darf. Bei einem Diensteinkommen von weniger als 750 M. ist nämlich nur ein Prozent, und bei einem solchen von weniger als 1500 M. ist nur ein und ein halbes Prozent des gesamten Diensteinkommens als Höchstbetrag der Steuer zugelassen; bei Gehältern von 1500 M. und darüber darf der Steuersatz zwei Prozente des Diensteinkommens nicht übersteigen.

c) Zu dem Diensteinkommen [2]) gehören die festen Besoldungsbeträge und Pensionen, einschließlich etwaiger Naturalgenüsse, insbesondere auch der Dienstwohnungen, sowie die Dienstvorteile jeglicher

---

kommens der Beamten nur stattfinden, wenn auch die übrigen Einwohner mit einer allgemeinen Einkommensteuer belegt sind, und anderseits gilt die bevorzugte Stellung der Beamten nur für die Besteuerung ihres Diensteinkommens. Früher ist daher mit Recht die Anwendbarkeit des Gesetzes vom 11. Juli 1822 auf Zuschläge zur Klassensteuer verneint worden, da die Klassensteuer nicht eine Abgabe vom Einkommen sei. Anders aber seit 1851 und vollends seit der Reform von 1873. Deshalb dehnt auch mit Recht bereits die Minvfg. vom 2. Juni 1856 (VMBl. S. 167) das Gesetz vom 11. Juli 1822 auch auf Zuschläge zur Klassensteuer aus.

[1]) Der bedeutsame Unterschied erklärt sich aus der im Jahre 1867 geltenden Verwaltungspraxis, die nach längerem Schwanken irrigerweise angenommen hatte, daß auch das Gesetz vom 11. Juli 1822 den gleichen Sinn habe. In gleicher Weise, wie es im Texte geschieht, legen das Gesetz vom 11. Juli 1822 aus: Entscheidung des Obertribunals vom 7. März 1872 (Entsch. Bd. 66 S. 239) und OVGE. Bd. 16 Nr. 20. Dieses Erkenntnis nimmt aber auch an, daß die gleiche Berechnungsweise auch in Hannover und Schleswig-Holstein gelte, ohne dafür Gründe anzugeben.

[2]) Es ist nicht unbedingt notwendig, daß das Diensteinkommen des Beamten aus einer öffentlichen Kasse gezahlt wird; entscheidend ist vielmehr nur, ob der Entgelt für den Staatsdienst derartig geregelt ist, daß das Staatsdienerverhältnis sich nach seiner öffentlich-rechtlichen Seite auch auf den Gehaltsbezug des Beamten erstrecken soll und auch thatsächlich erstreckt. So OVGE. Bd. 9 Nr. 7. Vgl. dazu Minvfg. vom 25. April 1876 (VMBl. S. 122).

Art,[1]) deren steuerbarer Betrag nötigenfalls von der dem Beamten vorgesetzten Dienstbehörde in runder Summe endgültig festgesetzt wird. Von dem festgestellten steuerpflichtigen Diensteinkommen darf der Beamte nur solche darauf ruhenden Abzüge in Abrechnung bringen, zu deren Entrichtung er gesetzlich verpflichtet ist.[2])

d) Erheben neben den Städten noch andere kommunale Verbände Steuern vom Einkommen, so darf das Diensteinkommen der Beamten in Schleswig-Holstein und Hannover durch alle diese Steuern zusammen nur in dem bereits zu b dargelegten Höchstbetrage herangezogen werden; nötigenfalls muß daher die zuletzt zur Hebung gestellte Forderung, und wenn es sich um mehrere noch nicht entrichtete Steuerforderungen handelt, so müssen alle nach dem Verhältnis ihrer Höhe ermäßigt werden. Gegenüber den Kreisen ist in allen Provinzen das Recht der Städte das stärkere, so daß zunächst diese ihre Steuern bis zu dem Höchstbetrage einfordern dürfen und nur der etwa freibleibende Teil des zulässigen Prozentsatzes für die Kreisbesteuerung übrig ist.[3])

e) Das Privateinkommen der Beamten unterliegt der Besteuerung in derselben Weise, wie gleichartiges Einkommen jedes anderen Pflichtigen. Bei der Einschätzung wird in den alten Provinzen und Frankfurt a/M. das Privateinkommen mit der Hälfte des Diensteinkommens zusammengerechnet, und der Betrag der Steuer wird dann durch dies einheitliche Einkommen bestimmt, wobei nur zu beachten bleibt, daß die Steuerquote, die auf das Diensteinkommen entfällt, nicht den zulässig höchsten Prozentsatz des gesamten Diensteinkommens überschreite.[4]) In Hannover und Schleswig-Holstein muß dagegen das gesamte Diensteinkommen mit dem Privateinkommen zusammengezählt und von der Summe die Steuer berechnet werden.

---

[1]) Dienstaufwandsentschädigungen sind nicht steuerpflichtig, wohl aber die Wohnungsgeldzuschüsse.

[2]) Vgl. OVGE. Bd. 14 Nr. 23. Über die Pensionsabzüge der Lehrer an städtischen höheren Schulen vgl. weiter unten.

[3]) Kreisordnung vom $\frac{13.\ \text{Dezember } 1872}{19.\ \text{März } 1881}$ § 18 und ebenda in den Kreisordnungen für Hannover, die Rheinprovinz, Schleswig-Holstein und Posen (Gesetz vom 19. Mai 1889 Art. V B. 3.)

[4]) Vgl. OVGE. Bd. 11 Nr. 9 und Entscheidung des Obertribunals von 5. September 1872 (Entsch. Bd. 67 S. 311).

Demnächst wird festgestellt, welcher Teil der Abgabenforderung auf das Diensteinkommen entfällt, und die Hälfte davon zu der Steuer vom Privateinkommen hinzugenommen. Der Betrag, der sich nunmehr ergibt, stellt den wirklich zu entrichtenden Steuersatz dar.[1][2]

### 3. Die Fremden.

Reichsgesetz vom 1. November 1867 über die Freizügigkeit. Kommunalsteuernotgesetz vom 27. Juli 1885 §§ 9, 10.
v. Möller § 88. Steffenhagen § 33.

Die Heranziehung solcher Personen, die keine rechtliche Beziehung zur Stadt haben, zu den Gemeindeabgaben, lediglich auf Grund ihres längeren Aufenthaltes im Gemeindebezirke, ist zuerst durch die Städteordnung von 1853 gestattet worden; die damit angebahnte Entwickelung hat dann bereits in dem Reichsgesetze über die Freizügigkeit ihren Abschluß gefunden. Nunmehr dürfen die Städte in gleichem Umfange, wie ihre Einwohner, auch alle Personen heranziehen, die mindestens drei Monate hindurch im Gemeindebezirke ihren Aufenthalt haben.[3][4] Dabei wird nach verständigem Ermessen zu entscheiden sein, wann der Aufenthalt so beschaffen ist, daß er die Stadt zur Besteuerung berechtigt. Im allgemeinen wird der Fremde während der Zeit von drei Monaten ununterbrochen im städtischen Gebiete sich aufhalten müssen,[5] doch wäre es falsch, seine andauernde körperliche Anwesenheit daselbst zu verlangen. Nur muß doch die Stadt in dieser ganzen Zeit stets als der thatsächliche Mittelpunkt seines Lebens, als sein Standort erscheinen, von dem aus er wohl Reisen und Ausflüge machen kann, den er aber niemals gänzlich aufgegeben haben darf.[6] Hier wird die Ent-

---

[1] Anders OVGE. Bd. 16 Nr. 20.

[2] Hinsichtlich der Besteuerung der Beamten mit Forensaleinkommen vgl. Minvfg. vom 29. Oktober 1887 (VMBl. S. 241) und OVGE. Bd. 16 Nr. 20.

[3] Vgl. Minvfg. vom 27. Mai 1870 (VMBl. S. 190).

[4] Die Steuerpflicht beginnt mit dem Anfange des Aufenthalts. Vgl. darüber S. 233.

[5] Vgl. OVGE. Bd. 12 Nr. 27 und Minvfg. vom 13. November 1883 (VMBl. Nr. 157).

[6] Vgl. OVGE. Bd. 14 Nr. 24 und Bd. 15 Nr. 7. Das Oberverwaltungsgericht charakterisiert den Aufenthalt mit Recht als einen Zustand, ein Verhältnis zu dem Aufenthaltsorte von gewisser Festigkeit, das nicht allein auf der körperlichen Anwesenheit beruht, lediglich durch diese weder begründet wird noch auch durch jede Abwesenheit verloren geht.

scheidung, wie gesagt, je im einzelnen Falle nach Erwägung aller
Umstände getroffen werden müssen.[1] [2]

### 4. Die Militärpersonen und die Exterritorialen.

Bundespräsidialverordnung vom 22. Dezember 1868 betr. die Einführung der
in Preußen geltenden Vorschriften über die Heranziehung der Militärpersonen
zu Kommunalauflagen im ganzen Bundesgebiete.
v. Möller § 89. Steffenhagen § 36.

I. Die servisberechtigten Militärpersonen des aktiven Dienst=
standes, welche in der Stadt wohnen oder dort ihren Aufenthalt
haben, sind im allgemeinen von der städtischen Einkommensteuer be=
freit. Dazu gehören zunächst alle servisberechtigten Militärpersonen
des Friedensstandes; es müssen dann aber auch hierher die zum
Dienst einberufenen servisberechtigten Militärpersonen des Beur=
laubtenstandes gerechnet werden,[3] da sie mit ihrer Einberufung zu
den Fahnen wieder in den aktiven Dienststand eintreten.[4] [5]

---

[1] Über die Begründung des Aufenthalts von Personen, die sich in der
Gewalt eines Dritten befinden, — der Kinder, Blödsinnigen u. s. w. — vgl.
OVGE. Bd. 13 Nr. 13.

[2] Über die Steuerpflicht von Beamten, welche zwar auswärts angestellt
sind, aber infolge dienstlichen Auftrages seit mehr als drei Monaten im Stadt=
bezirke ihren Aufenthalt haben, vgl. OVGE. Bd. 13 Nr. 14.

[3] Ebenso die im Reichsmilitärgesetz vom 2. Mai 1874 im § 38 B zu 2
angeführten Personen.

[4] Die servisberechtigten Militärpersonen sind in Beilage I zum Reichs=
gesetze vom 3. August 1878 betr. die Revision des Servistarifs und die
Klasseneinteilung der Orte aufgeführt.

[5] Der Begriff des aktiven Dienststandes ist ungewiß. Zunächst erklärte
das Gesetz vom 11. Juli 1822, daß alle Besoldungen und Emolumente der
beim stehenden Heere und bei den Landwehrstämmen in Reih und Glied be=
findlichen aktiven Militärpersonen von Gemeindeabgaben befreit seien. Der
§ 38 der revidierten Städteordnung besagte dann, daß die servisberech=
tigten aktiven Militärpersonen von allen Beiträgen zu den Gemeinde=
lasten befreit seien, insofern sie nicht das Bürgerrecht gewonnen haben. Diese
Bestimmung wurde durch die königliche Verordnung vom 29. Mai 1834 auch
für das Gebiet der Städteordnung von 1808 in Geltung gesetzt und ging
später auch in die rheinische Gemeindeordnung von 1845 über. Die Gemeinde=
ordnung von 1850 erwähnte die Stellung der Militärpersonen zur Gemeinde
nicht; ein Antrag, alle Militärpersonen, welche in der Gemeinde ihren dienst=
lichen Aufenthalt haben, ohne dort ein Grundstück zu besitzen oder ein Gewerbe
zu betreiben, von den Gemeindelasten zu befreien, wurde wieder zurückgezogen,

Nur von dem Einkommen, das aus Grundbesitz im Gemeindebezirke fließt, oder aus dem Besitze gewerblicher Anlagen, die in ihm

es wurde aber dabei hervorgehoben, daß die aktiven Militärpersonen lediglich
durch ihren dienstlichen Aufenthalt keinen Wohnsitz in dem Garnisonsorte begründen und daher auch nicht zu den Einwohnern, die allein die Gemeindelasten
zu tragen haben, gehören. Die Städteordnung von 1853 — und nach ihrem
Vorbilde die Städteordnungen für Westfalen und die Rheinprovinz von 1856 —
bestimmte dann, daß alle Einwohner des Stadtbezirkes mit Ausnahme der
servisberechtigten Militärpersonen des aktiven Dienststandes zur Stadtgemeinde
gehören, und erklärte zugleich die zur Stadtgemeinde gehörigen Einwohner für
pflichtig, die städtischen Gemeindelasten zu tragen. Dabei stellte sie ihnen diejenigen gleich, welche sich im Stadtbezirk längere Zeit aufhalten, um dort ihren
Unterhalt zu erwerben.

Was unter aktivem Dienststand zu verstehen sei, ist in den Verhandlungen
nur insoweit erläutert, als auf die Bestimmung der rheinischen Gemeindeordnung, die dasselbe besage, hingewiesen wurde. Nach der damaligen Heeres-
verfassung bestand die preußische Armee aus dem stehenden Heere, welches sich
wieder aus der unter den Fahnen gehaltenen Mannschaft und der Reserve zu-
sammensetzte, und aus der Landwehr ersten und zweiten Aufgebots, die scharf
von dem stehenden Heere gesondert war. Die dauernd besoldeten Offiziere der
Landwehr gehörten zum stehenden Heere, während die Mannschaften der Landwehrstämme Teile der Landwehr waren. So wird die Ausführung des Kriegs-
ministers v. Strotha, daß nur die Militärpersonen des stehenden Heeres und
der Landwehrstämme zu dem aktiven Dienststande gehörten, nur hinsichtlich der
ersten Personenklasse als richtig anerkannt werden können.

Dieser seit 1853 geltende Rechtszustand wurde völlig verändert durch das
Bundesgesetz vom 1. November 1867, welches den Gemeinden das Recht gab,
jeden, der sich drei Monate hindurch im Stadtbezirke aufhalte, zu den Gemeindelasten heranzuziehen. Da auch die servisberechtigten Militärpersonen
des aktiven Dienststandes in der Stadt ihren Aufenthalt haben, so war damit
ihre Heranziehung zu den städtischen Steuern freigegeben. Dies änderte sich
wieder durch die Bundespräsidialverordnung vom 22. Dezember 1868, deren
Gültigkeit anzuerkennen ist. Durch diese wurde die Gemeindeabgabenfreiheit der
servisberechtigten Militärpersonen des aktiven Dienststandes nicht, wie man
glaubte, im Norddeutschen Bunde einheitlich geregelt, sondern für das ganze Gebiet wieder neu eingeführt. Die Verordnung besagt, daß die servisberechtigten
Militärpersonen des aktiven Dienststandes sowohl hinsichtlich ihres dienstlichen
wie sonstigen Einkommens von allen Gemeindeabgaben befreit seien. Die
Organisation des Heeres wurde damals durch das Bundesgesetz vom 9. November 1867 bestimmt. Danach besteht die Kriegsmacht aus dem stehenden
Heere und der Landwehr, die zur Unterstützung des stehenden Heeres dient.
Nur die Landwehrinfanterie wird in besondere Truppenkörper formiert, während
die Kavallerie und die Spezialwaffen in das stehende Heer eingereiht werden

liegen, oder endlich von dem Einkommen, das sie aus dem Betriebe
stehender Gewerbe im Gebiete der Stadt beziehen, müssen auch die
Militärpersonen Gemeindesteuern entrichten; die Militärärzte sind
auch verbunden, das Einkommen aus ihrer Zivilpraxis an die Stadt
zu versteuern.[1] [2]

II. In demselben Umfange wie die Militärpersonen sind
völkerrechtlich die fremden Souveräne, die sich etwa in preußischen
Städten aufhalten, und alle diplomatischen Agenten, die bei dem
deutschen Kaiser oder dem Könige von Preußen beglaubigt sind, von

können. Die Offiziere der Landwehr dürfen im Kriege bei Truppen des stehen=
den Heeres verwandt werden. Mochte es nach diesen Bestimmungen noch
zweifelhaft sein, ob die zu den Fahnen einberufenen Angehörigen der Land=
wehr zu den Militärpersonen des aktiven Dienststandes gehören, so ergibt sich
dies klar aus dem Reichsmilitärgesetz vom 2. Mai 1874 und seinen Ergän=
zungen. Nach § 38 dieses Gesetzes gehören zu dem aktiven Heere die Militär=
personen des Friedensstandes, die aus dem Beurlaubtenstande zum Dienst ein=
berufenen Offiziere, Ärzte, Militärbeamten und Mannschaften sowie die dort
zu B 2 und C genannten Personenklassen. Das aktive Heer wird ausdrücklich
dem Beurlaubtenstande gegenüber gestellt, und so ergibt sich die Folgerung,
daß zu dem aktiven Dienststande alle Militärpersonen des aktiven Heeres zu
rechnen sind, womit auch § 10 des Militärstrafgesetzbuchs übereinstimmen dürfte.
    Dieser Zustand ist für die Interessen der Gemeinden sehr nachteilig, ohne
daß doch — wenigstens in Friedenszeiten — wichtige militärische Anforderungen
erkennbar sind, welche seine Fortdauer verlangen. Dazu kommt, daß die im
Anschluß an eine Ministerialverfügung auch von mir vertretene Ansicht, daß
die Rechte und Pflichten der zum aktiven Dienst einberufenen Personen des
Beurlaubtenstandes nur ruhen — vgl. S. 53 — doch durchaus nicht zweifels=
frei ist. Sollte das Oberverwaltungsgericht annehmen, daß mit dem Eintritte
einer Person des Beurlaubtenstandes in den aktiven Dienststand ihre Zuge=
hörigkeit zur Gemeinde erlischt, so würde auch die Verwaltung der Stadt in
bedauerlicher Weise geschädigt, ihre persönliche Grundlage, die wahlberechtigte
Bürgerschaft, aber völlig aufgelöst werden, da in diesem Falle die Reservisten
und Landwehrleute die verlorene Wahlberechtigung erst nach Ablauf eines
Jahres wieder erhalten würden, wenn sie ihnen nicht von der Stadt aus=
drücklich früher verliehen wird. Eine gesetzliche Regelung, die an Stelle des
aktiven Dienststandes den Begriff des Friedensstandes setzt, ist bringend er=
forderlich.
    [1] Über die mit Pension zur Disposition gestellten oder verabschiedeten
Offiziere vgl. S. 243.
    [2] Wegen des Beitrags zu den Gemeindelasten, den die Offiziere des
Friedensstandes neuerdings zahlen, vgl. weiter unten.

der Gemeindeeinkommensteuer befreit, und diese Befreiung wird auch auf ihr Dienstpersonal, selbst wenn dies Deutsche sind, ausgedehnt. Die Berufskonsuln fremder Mächte, denen im preußischen Staats=gebiete das Erequatur erteilt ist, sind nur dann von der Zahlung der Gemeindeeinkommensteuer entbunden, wenn ihrem Absendestaate solche Befreiung vertragsmäßig zugesichert wurde, wie dies vielfach geschehen ist. Das Dienstpersonal der Konsuln hat keinen Anspruch auf Steuerfreiheit.[1]

### 5. Die Waldbesitzer.

StO. 53 § 4. Steffenhagen § 38.

In den östlichen Provinzen soll das Beitragsverhältnis der Waldbesitzer, mögen es physische oder juristische Personen sein,[2] zu der Einkommensteuer durch Bestimmungen des Provinzialland=tags, welche der königlichen Bestätigung bedürfen, nach ihren be=sonderen Verhältnissen zu der einzelnen Gemeinde geordnet werden. Solange solche Bestimmungen nicht erlassen sind, dürfen die Wald=besitzer nicht in höherem Maße, als es bei der Einführung der Städteordnung von 1853 geschah, zu den Steuern herangezogen werden.[3]

### 6. Die Forensen und die juristischen Personen.[4]

Gesetz vom 27. Juli 1885 betr. die Ergänzung und Abänderung einiger Be=stimmungen über Erhebung der auf das Einkommen gelegten direkten Kommu=

---

[1] Vgl. Bluntschli, Das moderne Völkerrecht der zivilisierten Staaten 3. A. Nördlingen 1878 §§ 138, 145, 222, 267, 268. Siehe auch Einkommensteuer=veranlagungsanweisung vom 4. März 1877 § 5 und Ministerialverfügungen vom 31. Dezember 1851, 19. Juni 1862 und 11. Juni 1875 (bei Meißen, Die Vorschriften über die Klassen= und klassifizierte Einkommensteuer 2. A. Berlin 1887 S. 3, 4).

[2] Ob diese Bestimmung gegenüber dem Kommunalabgabengesetz auch noch für Forensen und juristische Personen fortgilt, ist allerdings nicht unbestritten; es wird aber angenommen werden müssen, da das Kommunalabgabengesetz die Forensen und juristischen Personen nicht einer weitergehenden Besteuerung als die Einwohner unterwerfen will. Auch ist doch der Gesetzesgrund in beiden Gesetzen verschieden. Für den Fiskus gilt die Bestimmung jedenfalls nicht mehr, da das Kommunalabgabengesetz ausdrücklich die fiskalischen Forsten als unter seine Anordnungen fallende Objekte benennt.

[3] Die Summe sämtlicher von dem Waldbesitzer gezahlter Gemeindeab=gaben darf nicht höher als im Jahre 1853 sein, die Verteilung auf die ein=zelnen Steuern kann sich ändern.

[4] Der früher geltende Rechtszustand ist ausführlich bei Herrfurth und

nalabgaben. Gesetz vom 1. Mai 1851 betr. die Einführung einer Klassen= und klassifizierten Einkommensteuer §§ 28, 30. Ministerialinstruktion vom 3. Ja= nuar 1877 betr. die Feststellung des der Klassen= bezw. klassifizierten Ein= kommensteuer unterliegenden Einkommens.
v. Möller §§ 89, 91. Steffenhagen § 37. Herrfurth und Röll, Kommunal= abgabengesetz. Herrfurth, Kommunalabgabepflicht der Aktiengesellschaften.

I. Bereits früher ist darauf hingewiesen, daß der städtischen Steuergewalt dem Wesen nach alles Gut unterworfen ist, das sich im städtischen Gebiete befindet, und es ist dargelegt, wie es der Gesetzgebung des Staates zukommt, der Stadt innerhalb dieses Raumes die Grenzen für die thatsächliche Ausübung der Besteuerung zu weisen. Das heutige Recht hat nun grundsätzlich nach zwei Richtungen hin die Gewalt der Stadt eingeschränkt. Einmal entzieht sich der städtischen Besteuerung all jenes Gut ihrer Angehörigen, das sich sichtbar in anderem Gemeindebezirke befindet, wie dies des näheren bereits auf Seite 238 dargelegt ist, und sodann ist der Stadt niemals erlaubt, alles Gut, das in ihrem Gebiete vorhanden ist, mit Abgaben zu belegen, sondern wenn der Besitzer und Nutzer des Gutes außer der Stadtmark lebt, darf sie wiederum nur Steuern von solchem Gute erheben, das sich sichtbar in ihrem Gebiete be= findet.

Neben die physischen Personen treten in der vielgestaltigen Volkswirtschaft unserer Zeit in reicher Fülle jene wirtschaftlichen Machtbereiche, die sich im Rechte als Einheiten und willensbegabte Subjekte von Befugnissen und Verpflichtungen darstellen und die als juristische Personen zusammengefaßt werden können. Auch sie werden der städtischen Besteuerung unterworfen, und immer mehr hat sich, unter Abwehr unberechtigter individualistischer Bedenken, die in solchem Thun eine unzulässige Doppelbesteuerung zu finden glaubten, die Ansicht durchgerungen, daß jede einheitliche Wirtschaftsmacht auch mit Fug der Besteuerung durch die öffentlichen Verbände unter= worfen ist, ein Grundsatz, dem dann gewichtige Zweckmäßigkeits= gründe fördernd zur Seite stehen. Aber auch hier, und wohl mit Recht, hat die Gesetzgebung Preußens die städtische Steuergewalt

Röll sowie in Örtels Städteordnung und hinsichtlich der juristischen Personen auch bei Herrfurth, Kommunalabgabenpflicht der Aktiengesellschaften, dargelegt. Es wird daher hier genügen, auf diese bekannten Werke zu verweisen.

nur in gleichem Umfange wirksam werden lassen wie bei den Forensen.
Auch die juristischen Personen sind nur insoweit den städtischen Ab=
gaben unterworfen, als sie wirtschaftliches Gut sichtbar im Stadt=
gebiete besitzen.

II. Als solch Gut, das im Gebiete der Stadt sichtbar vor=
handen ist, erscheinen Grundstücke mit den Gebäuden, die auf ihnen
erbaut sind, und gewerbliche Anlagen, diese beiden Gruppen sind
daher den städtischen Steuern in jedem Fall unterworfen.

Wohl zählt das Gesetz über das Kommunalabgabenwesen auch
noch Eisenbahnen und Bergwerke auf, thatsächlich aber doch nur
als Beispiele, die ihrer Eigenart wegen hervorgehoben werden, denn
beide fallen bereits unter die obenerwähnten Kategorieen.

Wird die Steuer der Stadt nach dem Einkommen erhoben, so
unterliegt das Einkommen aus diesen Objekten — Grundstücken und
gewerblichen Anlagen, Bergwerken und Eisenbahnen — der städtischen
Abgabe. In allen Fällen enthält nun aber dies Einkommen wirt=
schaftlich zwei voneinander verschiedene Teile; einmal den Zins von
dem Kapitale, als das sich die Grundstücke und die gewerblichen
Anlagen darstellen, dann aber den Unternehmergewinn, den der Be=
trieb, welcher mit Hilfe dieses Kapitales unternommen wird, dem
nutzenden Inhaber abwirft. Solange der Eigenthümer[1]) und der
Betriebsunternehmer dieselbe Person sind, bleiben diese Bestandteile
in seinem Einkommen ungeschieden beisammen, mit der Trennung
von Eigentum und Betrieb treten auch sie auseinander. Daraus
ergeben sich wichtige Folgerungen für die Besteuerung. Die Stadt
verlangt Abgaben einmal von dem Einkommen aus den Zinserträgen
des sichtbar in ihrem Gebiete werbenden Kapitals, sie besteuert das
Einkommen aus dem Besitze von Grundstücken und solchen An=
lagen, welche die Unterlage für ein Gewerbsunternehmen bilden,
und sie verlangt wiederum Abgaben von dem Unternehmergewinn,
sie besteuert daher auch den Betrieb von Pachtungen und stehen=
den Gewerben, von Eisenbahnen und Bergbau.

III. Nicht jede Gemeinde, in der sich wirtschaftliches Gut

---

[1]) Dem Eigentümer stehen diejenigen Inhaber der Sache gleich, welche
ein dingliches Recht auf ihre Nutzung haben, also die Besitzer und Nutznießer.
In diesem Sinne kann der nutzende Inhaber als der Steuerzahler bezeichnet
werden. Vgl. OVGE. Bd. 17 Nr. 32.

sichtbar befindet, ist berechtigt auch das Einkommen daraus zur Besteuerung für sich zu beanspruchen, vielmehr hat das Gesetz hierzu nur diejenigen Gemeinden ermächtigt, in denen das Ein= kommen nicht nur entsteht, sondern in denen es dem Berechtigten auch zufließt, was besagen will, daß es daselbst in seine Verfügungs= gewalt eintreten muß. [1] Durchgeführt ist dieser Grundsatz für das Einkommen aus Grundvermögen; wird ein Grundstück land= oder forstwirtschaftlich benutzt, so ist die Produktionsstätte auch zugleich die Betriebsstätte, denn durch die Aberntung fällt der Ertrag der Verfügung des Berechtigten zu. [2] Ist der Besitzer des Grundstücks in diesem Falle nicht zugleich der Betriebsunternehmer, so steuert auch er in der Belegenheitsgemeinde. [3] Anders mit dem gewerb= lichen Einkommen. [4] Hier ist die eben aufgestellte Regel zwar das Ziel, dem die Gesetzgebung zustrebt, ohne es aber bisher erreicht zu haben. Das Gesetz knüpft vielmehr das Steuerrecht hier an äußer= liche Merkmale an, bei deren Vorkommen gewöhnlich [5] die Forde= rungen der Regel erfüllt sind. So ergeben sich folgende Fälle:

a) Das Einkommen aus Eisenbahnunternehmungen wird nur in denjenigen Gemeinden besteuert, in denen der Sitz der Verwaltung des Unternehmens, eine Station, eine für sich bestehende Betriebs=

---

[1] Entsteht das Einkommen in einer anderen Gemeinde, und kommt es dort auch in die Verfügung des Berechtigten, so hat auch nur diese Gemeinde das Recht der Besteuerung. Daher ist das Einkommen aus außerpreußischen Zweigniederlassungen, Betriebsstätten u. s. w. in Preußen nicht steuerpflichtig. Vgl. Herrfurth, Kommunalabgabepflicht S. 108 ff. Im Gegensatz dazu wird das gesamte Einkommen am Sitze des Unternehmens versteuert, wenn der Geschäftsbetrieb nur mit Hilfe unselbständiger Agenten ausgeführt wird. Vgl. OVGE. Bd. 15 Nr. 13 und Herrfurth und Nöll § 2 Anm. 1 b. Über den Voraus, den die Sitzgemeinde in gewissen Fällen vom Gesamteinkommen erhält, vgl. weiter unten.

[2] So auch Herrfurth und Nöll § 2 Anm. 1. OVGE. Bd. 15 Nr. 26.

[3] Das Einkommen aus dem Besitz von Gebäuden ist Einkommen aus Grundvermögen. Pachtungen werden bei Gebäuden kaum vorkommen.

[4] Dazu gehört auch das Einkommen aus dem Besitz und Betriebe von Bergwerken. So auch Herrfurth, Kommunalabgabepflicht S. 42. Auch das Einkommen aus Pachtungen steht unter denselben Regeln.

[5] Aber nicht immer. So wird in einer Werk= und Betriebsstätte zwar immer Einkommen entstehen, aber oft nicht dem Berechtigten dort bereits zu= kommen. Vgl. auch Herrfurth a. a. O. S. 47.

stätte, eine für sich bestehende Werkstätte oder eine sonstige gewerb=
liche Anlage sich befindet. [1]

b) Das Einkommen aus dem Betrieb eines Gewerbs=,[2] Berg=
bau= oder Pachtunternehmens[3] wird nur in denjenigen Gemeinden
besteuert, in denen der Sitz des Unternehmens ist, oder eine Zweig=
niederlassung, eine Betriebsstätte, eine Werkstätte, eine Verkaufs=
stätte oder endlich eine Agentur liegt, welche ermächtigt ist, Rechts=
geschäfte im Namen und für Rechnung des Inhabers selbständig
abzuschließen.

c) Ganz abweichend von der Regel ist dann in einem dritten
Falle das Steuerrecht geordnet. Wenn nämlich ein Gewerbs=,
Eisenbahn= oder Bergbauunternehmen von einem Dritten betrieben
wird, während der Eigentümer für die Überlassung der Grundstücke
und Anlagen, welche die Unterlage des Unternehmens bilden, ein
Einkommen bezieht, so wird dies Einkommen in denselben Gemein=
den und nur in diesen besteuert, in denen der Unternehmer hinsichtlich
des Betriebes abgabenpflichtig ist. [4]

[1] Die Gemeinden, in denen die freie Strecke der Eisenbahn liegt, sind
daher nicht abgabenberechtigt.

[2] Ist der Grundbesitz ein Mittel zum Gewerbebetriebe, so erscheint auch
das Einkommen daraus als gewerbliches Einkommen. Vgl. auch Herrfurth und
Nöll § 1 Anm. 14. Herrfurth, Abgabepflicht S. 52.

[3] Der Pachtbetrieb ist gesetzlich zu einer selbständigen Einkommensquelle
erklärt. Daher ist der Pachtbetrieb an sich steuerpflichtig, wobei es gleichgültig
bleibt, was sein Objekt ist. Vgl. auch OVGE. Bd. 16 Nr. 13.

[4] Die Bedeutung des § 2 des Kommunalabgabengesetzes ist ungewiß.
Ich vermag mich keiner der im Erkenntnisse des Oberverwaltungsgerichts vom
18. Januar 1888 — OVGE. Bd. 16 Nr. 29 — dargelegten Ansichten anzu=
schließen. M. E. besagt der § in seinen ersten drei Absätzen folgendes, wobei
ich, im Gegensatze zu beiden in dem erwähnten Erkenntnisse zum Worte ge=
kommen Ansichten, von dem Begriffe des Unternehmens (§ 2 Abs. 1)
ausgehen:

a) Ist Eigentümer und Betriebsunternehmer eines Gewerbs= oder Berg=
bauunternehmens dieselbe Person, so wird das Einkommen aus dem Unter=
nehmen in denjenigen Gemeinden versteuert, in denen sich der Sitz, eine
Zweigniederlassung, eine Betriebs=, Werk= oder Verkaufsstätte oder eine selb=
ständige Agentur befindet.

Ist Eigentümer und Betriebsunternehmer eines Eisenbahnunternehmens
dieselbe Person, so wird das Einkommen aus dem Unternehmen in denjenigen
Gemeinden besteuert, in denen sich der Sitz der Verwaltung, eine für sich be=

IV. Im einzelnen wird nun kasuistisch gewissermaßen ein Kommentar zu den Bestimmungen des Kommunalabgabengesetzes

stehende Betriebs= oder Werkstätte oder eine sonstige gewerbliche Anlage befindet.

b) Ist Eigentümer und Betriebsunternehmer eines Gewerbs=, Bergbau= oder Eisenbahnunternehmens nicht dieselbe Person, so versteuert der Betriebs= unternehmer das Einkommen aus dem Betriebe in den zu a genannten Orten. Bei dem Eigentümer des Unternehmens ist zu unterscheiden. Hat das Unter= nehmen eine Sachunterlage — Grundstücke und Anlagen —, die dem Betriebs= unternehmer zur Verfügung gestellt ist, so versteuert der Eigentümer das Ein= kommen aus dem Besitze des Unternehmens — der von ihm zur wirtschaft= lichen Einheit zusammengefaßten Grundstücke und Anlagen — in denselben Orten, wie der Betriebsunternehmer. Ich trete hier also der Ansicht bei, welche die Minderheit in dem obenerwähnten vom Oberverwaltungsgerichte entschiedenen Falle verteidigte. Hat das Unternehmen gar keine Sachunterlage, wie dies vorkommen kann, so erscheint das Einkommen aus seinem Besitz als Einkommen aus Kapitalvermögen und unterliegt den dafür geltenden Regeln, es wird also am Wohnsitz= oder Aufenthaltsorte versteuert.

Der Begriff des Unternehmens ist wesentlich thatsächlicher Natur, aber doch im einzelnen Falle mit genügender Sicherheit festzustellen, es darf wohl jede Zusammenfassung wirtschaftlichen Gutes mit wirtschaftlicher Thätigkeit zu einer dauernden wirtschaftlichen Einheit als Unternehmen bezeichnet werden, wobei dann nur zu beachten bleibt, daß dieselbe Person mehrere Unterneh= mungen betreiben und besitzen kann.

c) Sind Grundstücke verpachtet, so steuert der Pächter in den zu a ge= nannten Orten, der Eigentümer steuert in der Belegenheitsgemeinde.

d) Erstreckt sich ein Gewerbe=, Pacht=, Eisenbahn= oder Bergbaubetrieb über mehrere Gemeinden, so ist er nur in den zu a bezeichneten Gemeinden steuerpflichtig.

Hat der Eigentümer oder Betriebsunternehmer einzelne, an sich kein Ge= werbs=, Bergbau= oder Eisenbahnunternehmen bildende Grundstücke und An= lagen erpachtet oder sonstwie gegen Entgelt die Befugnis erlangt, sie für sein Unternehmen zu benutzen, so versteuert der Betriebsunternehmer das Ein= kommen aus diesen Grundstücken und Anlagen in den zu a erwähnten Orten, der Eigentümer des Unternehmens in den zu b genannten Gemeinden, der Eigentümer der Grundstücke und Anlagen aber entweder in der Belegenheits= gemeinde, wenn das Einkommen aus dem Besitze sich als Einkommen aus Grundvermögen darstellt, oder in der Wohnsitz= bezw. Aufenthaltsgemeinde, wenn es, was vorkommen kann, Einkommen aus Kapitalvermögen ist, oder endlich in denjenigen Gemeinden, in denen er sonst gemäß Nr. a pflichtig ist, wenn das Einkommen als gewerbliches Einkommen erscheint. In dem Falle, der im Erkenntnisse des Oberverwaltungsgerichtes erwähnt ist, würde daher der Haus= eigentümer, welcher eine Wohnung an eine auswärtige Aktiengesellschaft zur

gegeben werden müssen, um den Bedürfnissen der Praxis Genüge zu thun.

a) Als Sitz eines Unternehmens erscheint sein geschäftlicher Mittelpunkt, der Ort, von dem aus das Unternehmen geleitet wird.

b) Eine Zweigniederlassung des Unternehmens ist dann vorhanden, wenn neben dem Sitze des Unternehmens noch von einem anderen Orte aus ein selbständiger Geschäftsbetrieb unterhalten wird. Es kommt hier indes wesentlich auf die thatsächliche Gestaltung der Verhältnisse im einzelnen Falle an, da einerseits der Betrieb der Zweigniederlassung sich naturgemäß den Anordnungen der Geschäftsleitung am Sitze des Unternehmens unterordnen muß, anderseits aber doch für den Begriff eine größere Selbständigkeit erforderlich ist, wie für

c) die Agentur, welche ermächtigt ist, Rechtsgeschäfte im Namen und für Rechnung des Inhabers [1] selbständig abzuschließen. [2] [3]

d) Als Betriebsstätte darf vielleicht jeder Ort bezeichnet werden, an dem mit dem Willen des Betriebsunternehmers dauernd Handlungen vollzogen werden, die zum Betriebe gehören. Überwiegend müssen hier aber thatsächliche Erwägungen in jedem einzelnen Falle die Entscheidung geben. [4] [5] [6]

---

Errichtung einer unselbständigen Agentur darin vermietet, nach wie vor in der Belegenheitsgemeinde steuern, während die Aktiengesellschaft für ihr etwaiges Einkommen aus der Wohnung in den zu a genannten Orten pflichtig ist.

[1] mag dies eine physische oder juristische Person sein.

[2] Zu den Befugnissen der Agentur muß der thatsächliche Abschluß des Vertrages, nicht nur seine formelle Vollziehung gehören. Vgl. Herrfurth und Nöll § 2 Anm. 3 und 3a.

[3] Ist die Agentur nur für einzelne Zweige des von ihr vertretenen Unternehmens zum selbständigen Abschlusse von Rechtsgeschäften befugt, für andere aber nicht, so ist der Unternehmer auch nur für jene Teile seines Geschäfts steuerpflichtig. Vgl. a. a. O. § 2 Anm. 3b.

[4] Im wesentlichen übereinstimmend a. a. O. § 2 Anm. 2a und Herrfurth, Kommunalabgabepflicht S. 47. Siehe auch OBGE. Bd. 17 Nr. 33 und Bd. 18 Nr. 20.

[5] Eine Betriebsstätte setzt immer voraus, daß Handlungen dort vollzogen werden, nicht aber daselbst nur die Wirkungen von Handlungen zur Erscheinung kommen. Daher sind Röhrenleitungen, durch welche Wasser, Gas, komprimierte Luft u. s. w. mittels an der Betriebsstätte vorgenommener Handlungen fortbewegt wird, keine Betriebsstätte, ebensowenig Leitungen für die Fortführung von Elektrizität. Wohl aber der Bahnkörper von Pferde- und Dampfstraßen-

e) Als Werkstätte gilt jeder Ort, an dem irgendwelche rohen oder bereits bearbeiteten Stoffe in gewerbsmäßiger Weise durch menschliche Arbeit [1]) verändert werden. [2])

f) Eine Verkaufsstätte ist an demjenigen Orte vorhanden, wo der Betriebsunternehmer oder von ihm abhängige Personen mit seinem Willen wie auf seinen Namen [3]) und seine Rechnung [4]) gewerbsmäßig die Gegenstände seines Betriebes gegen Entgelt der Verfügungsgewalt dritter Personen überläßt. [5])

g) Eine Station ist ein Haltepunkt der Eisenbahn, an dem durch die Annahme von Personen oder Gütern Transportgeschäfte abgeschlossen werden. [6])

V. So ergibt sich nun in Zusammenstellung der gesetzlichen Bestimmungen folgendes:

A. der Einkommensbesteuerung unterliegen in bestimmten Fällen:

a) physische Personen, obgleich sie weder einen Wohnsitz im Stadtbezirke haben, noch durch ihren Aufenthalt daselbst steuerpflichtig sind,

---

bahnen. Vgl. dazu die nicht abweichenden Ausführungen in OVGE. Bd. 17 Nr. 33.

[6]) Ein besonderes Lokal, das als Betriebsstätte dient, braucht nicht vorhanden zu sein. Vgl. OVGE. Bd. 14 Nr. 18 und auch Bd. 17 Nr. 33.

[1]) Dabei dürfen sehr wohl Maschinen mitwirken.

[2]) Eine Werkstätte ist daher auch vorhanden, wenn nur Reparaturen ausgeführt werden, und auch, wenn Gegenstände nur vernichtet werden, kann eine Werkstätte dort bestehen.

[3]) Verkauft der Betriebsunternehmer die Gegenstände seines Betriebes an einem Orte durch einen Kommissionär, so hat er daselbst keine Verkaufsstätte. Vgl. HGB. Art. 360.

[4]) Dem Betriebsunternehmer muß Gewinn und Verlust des Verkaufs zufallen, doch steht eine Beteiligung des wirklich Verkaufenden daran durch Tantieme und dgl. nicht entgegen.

[5]) Die thatsächliche Übergabe der Ware ist nicht erforderlich. Dort wo das Geschäft so abgeschlossen wurde, daß nunmehr der Käufer über das gekaufte Objekt zu verfügen befugt ist, liegt die Verkaufsstätte. Ebensowenig ist die Zahlung des Kaufpreises erforderlich. Auch hier ist nur nötig, daß der Verkäufer die Befugnis erhält, über den Entgelt zu verfügen. Vgl. hierzu die übereinstimmenden Ausführungen in OVGE. Bd. 16 Nr. 16.

[6]) Vgl. OVGE. Bd. 18 Nr. 11 — Eine bloße Auslieferungsstätte ist keine Station, sie kann eine selbständige Betriebsstätte sein. Vgl. Herrfurth und Nöll § 2 Anm. 5 b.

b) gewiſſe Verbandsperſonen, und zwar:
1. Aktiengeſellſchaften,
2. Kommanditgeſellſchaften auf Aktien,
3. Berggewerkſchaften älteren und neueren Rechts, [1])
4. die Gemeinden und weiteren Kommunalverbände,
5. die außerpreußiſchen Staaten in Deutſchland und dem Auslande, [2])
6. die Reichsbank, [3])
7. die im Gebiete des allgemeinen Landrechts und des franzöſiſchen Rechts beſtehenden preußiſchen Geſellſchaften, deren juriſtiſche Perſönlichkeit vom Staate ausdrücklich anerkannt iſt, [4—6])
8. In den preußiſchen Gebieten des gemeinen Rechts ſind alle ſozialen Einheiten, die nach ihrer Organiſation als ſelbſtändige Träger ſozialer Willensmacht erſcheinen, — die Körperſchaften und Anſtalten, — auch der ſtädtiſchen Steuergewalt unterworfen, [7])

---

[1]) Vgl. a. a. O. § 1 Anm. 4.

[2]) Vgl. a. a. O. § 1 Anm. 11. Siehe auch OVGG. Bd. 18 Nr. 11.

[3]) Vgl. Bankgeſetz vom 14. März 1875 § 12. Herrfurth und Nöll § 1 Anm. 9. Herrfurth, Kommunalabgabepflicht S. 132 ff.

[4]) ALR. II, 6 §§ 25, 81. — Vgl. Bauerband, Inſtitutionen des franzöſiſchen Civilrechts, Bonn 1873 § 16. — Es iſt nicht notwendig, daß gerade der Ausdruck „juriſtiſche Perſönlichkeit" in der Anerkennungserklärung gebraucht wird; der Staat kann auch durch Hervorhebung der einzelnen Rechte, welche die Geſellſchaft erhält, bekunden, daß er ſie als ſelbſtändiges Rechtsſubjekt anerkennen will. Vgl. über dies alles Gierke, Genoſſenſchaftstheorie und Rechtsſprechung; aber auch ſchon Dernburg, Preußiſches Privatrecht 4 A. §§ 49 ff. iſt derſelben Anſicht.

[5]) Zu den juriſtiſchen Perſonen gehören auch: gelehrte Schulen und Gymnaſien — ALR. II, 12 § 54 —, Univerſitäten — ALR. II, 12 § 67 —, Knappſchaftsvereine — Berggeſetz § 165 —, Fiſchereigenoſſenſchaften — Fiſchereigeſetz vom 30. Mai 1874 § 9 —, Waldgenoſſenſchaften — Geſetz vom 6. Juli 1875 § 42 —, Deichgenoſſenſchaften — Geſetz vom 28. Januar 1848 § 15 — und öffentliche Waſſergenoſſenſchaften — Geſetz vom 1. April 1879 §§ 10, 45, 56—58 —. Vgl. aber entgegengeſetzte Anſichten bei Herrfurth und Nöll § 1 Anm. 5.

[6]) Vgl. auch Geſetz vom 22. Mai 1888 betr. die Verleihung von Korporationsrechten an Niederlaſſungen geiſtlicher Orden und ordensähnlicher Kongregationen der katholiſchen Kirche.

[7]) Vgl. Gierke a. a. O. S. 30 ff.

9. die außerpreußischen juristischen Personen, welche in Preußen zu dem Besitze von Grundstücken und dem Betriebe von Gewerben zugelassen sind, [1)]

10. die Verbände, deren eigene Persönlichkeit durch die Reichsgesetzgebung anerkannt ist. [2)] [3)] Vornehmlich sind dies die Innungen und Innungsverbände, die Krankenkassen und Berufsgenossenschaften, die Versicherungsanstalten der Invaliditäts- und Altersversicherung, die eingeschriebenen Hilfskassen und die Kolonialgesellschaften.

11. Die eingetragenen Genossenschaften, [4)] welche an sich in allen Fällen den städtischen Abgaben unterliegen würden, sind durch positiven Rechtssatz nur dann der Einkommenbesteuerung unterworfen, wenn ihr Geschäftsbetrieb über den Kreis ihrer Mitglieder hinausgeht. [5)]

---

[1)] Gesetz vom 22. Juni 1861 betr. die Abänderung einiger Bestimmungen der Allgemeinen Gewerbeordnung vom 17. Januar 1845 Art. 1 § 18. Gesetz vom 4. Mai 1846 über die Erwerbung von Grundeigentum für Korporationen und andere juristische Personen des Auslandes. Königliche Verordnung vom 14. Februar 1882 betr. die Erteilung der staatlichen Genehmigung zum Erwerb preußischer Grundstücke durch außerhalb Preußens domizilierende deutsche juristische Personen. Reichsgewerbeordnung § 12.

[2)] Die Reichsgesetzgebung vermeidet es, den Ausdruck „juristische Person" zu gebrauchen. Sie zählt vielmehr die Rechte auf, welche den einzelnen Verbänden bei einer gewissen Organisation zuerkannt werden. Je nach dieser Organisation muß dann entschieden werden, ob es sich um ein eigenes Rechtssubjekt, eine Körperschaft oder Anstalt, handelt, oder ob nur eine gesellschaftliche Gemeinschaft, sei dies nun eine Sozietät oder eine Vereinigung zur gesamten Hand, wie die offene Handelsgesellschaft, besteht.

[3)] Die Ansicht, die anscheinend Herrfurth und Nöll und auch das Oberverwaltungsgericht vertreten, daß nur die landrechtlichen juristischen Personen im § 1 des Kommunalabgabengesetzes gemeint seien, ist schon um deshalb abzuweisen, weil das Gebiet dieses Gesetzes über den Herrschaftsbereich des allgemeinen Landrechts hinausgeht.

[4)] Eingetragene Genossenschaften sind die Erwerbs- und Wirtschaftsgenossenschaften (Reichsgesetz vom 1. Mai 1889 § 1 vgl. § 17) und die freien Wassergenossenschaften (Gesetz vom 1. April 1879 § 10, 12, 13).

[5)] Vgl. OVGE. Bd. 18 Nr. 10. — Siehe auch darüber die zutreffenden Ausführungen bei Herrfurth und Nöll § 1 Anm. 6 und bei Herrfurth, Abgabepflicht S. 22. Das Hinausgehen des Geschäftsbetriebes über den Kreis der Mitglieder muß nach dem Inkrafttreten des Kommunalabgabengesetzes geschehen sein. So OVGE. Bd. 15 Nr. 16. Ist der Geschäftsbetrieb ohne Verschulden der Genossenschaft über den Kreis

B. Maßstab und Gegenstand der Steuer ist nun das Ein=
kommen aus folgenden Quellen:

a) das Einkommen aus dem Besitze von Grundstücken im Ge=
meindebezirke, wobei dem Besitze jedes dingliche Recht gleich=
steht, das zur Nutzung des Grundstücks und zum Erwerb
eines Einkommens daraus befugt macht,[1][2]

b) das Einkommen aus dem Betrieb eines stehenden Gewerbes[3—7]
in denjenigen Gemeinden, in denen das Unternehmen seinen
Sitz, eine Zweigniederlassung, eine Betriebs=, Werk= oder
Verkaufsstätte oder aber eine selbständige Agentur hat,

c) das Einkommen aus dem Besitze der Grundstücke und Anlagen,
welche die Sachunterlage eines gewerblichen Unternehmens
bilden, wenn der Betrieb des Unternehmens in den Händen

ihrer Mitglieder ausgedehnt, so ist dadurch keine Steuerpflicht begründet. So
auch OVGG. Bd. 14 Nr. 25. Anders Herrfurth und Nöll § 1 Anm. 6a.

[1] So OVGG. Bd. 17 Nr. 32. Anders Herrfurth und Nöll § 1 Anm. 13.
Siehe aber Anm. 23.

[2] Die Kuxen des älteren Rechts gehören nicht zum Grundvermögen, wie
dies OVGG. Bd. 18 Nr. 3 überzeugend nachweist.

[3] Über den Begriff eines stehenden Gewerbes vgl. OVGG. Bd. 14 Nr. 18
und 19, Bd. 16 Nr. 13 und 14. Der Betrieb einer öffentlichen Sparkasse ist
kein Gewerbe. Der Betrieb eines Wasserwerks, das einer Gemeinde gehört,
kann sich als Gewerbebetrieb darstellen. Vgl. Minvfg. vom 2. Januar 1884
(VMBl. S. 112), OVGG. Bd. 10 Nr. 8.

[4] Bei der offenen Handelsgesellschaft sind die einzelnen Gesellschafter, nicht
aber die Gesellschaft als solche, die kein selbständiges Rechtssubjekt ist, der
Abgabe unterworfen. — So mit Recht OVGG. Bd. 15 Nr. 27, Herrfurth und
Nöll § 1 Anm. 32. — Dasselbe gilt für Verkaufs= oder Einkaufssyndikate.
Vgl. OVGG. Bd. 16 Nr. 16.

[5] Kommanditisten einer einfachen Kommanditgesellschaft sind steuerpflichtig,
nicht aber Kommanditisten einer Kommanditgesellschaft auf Aktien. Vgl. OVGG.
Bd. 15 Nr. 11. — Ein stiller Gesellschafter ist kein Gewerbetreibender und da=
her nicht steuerpflichtig. Vgl. OVGG. Bd. 12 Nr. 17. Herrfurth, Kommunal=
abgabepflicht S. 131. Siehe aber Herrfurth und Nöll § 1 Anm. 33.

[6] Eine Erwerbsgesellschaft, die sich in Liquidation befindet, betreibt in
der Regel kein Gewerbe. Vgl. OVGG. Bd. 14 Nr. 19.

[7] Rechtsanwälte betreiben kein Gewerbe — so auch OVGG. Bd. 15
Nr. 17, abweichend Herrfurth und Nöll § 1 Anm. 34b — wohl aber Ärzte
und Privatlehrer. Ob berufsmäßiges Schriftstellern ein Gewerbebetrieb ist,
erscheint zweifelhaft.

eines Dritten liegt, in denjenigen Gemeinden, in denen dieser
für den Betrieb abgabenpflichtig ist,

d) das Einkommen aus dem Betriebe von Pachtungen, [1]

e) das Einkommen aus dem Besitz eines Bergwerksunternehmens,
während sich der Betrieb in den Händen eines anderen befindet, in denjenigen Gemeinden, in denen sich für den Betrieb
die zu b) angegebenen Vorbedingungen finden, [2]

f) das Einkommen juristischer Personen aus dem Betriebe von
Bergbau in denjenigen Gemeinden, in denen die zu b) angegebenen Vorbedingungen sich finden, [3]

g) das Einkommen der Forensen aus dem Betriebe von Bergbau
außerhalb einer Gewerkschaft in denjenigen Gemeinden, in
denen die zu b) angegebenen Vorbedingungen sich finden,

h) das Einkommen aus dem Betriebe eines Eisenbahnunternehmens
in denjenigen Gemeinden, in denen sich der Sitz der Verwaltung, eine Station, [4] oder eine für sich bestehende Betriebs-
oder Werkstätte oder eine sonstige gewerbliche Anlage [5] befindet,

i) das Einkommen aus dem Besitz eines Eisenbahnunternehmens, [6]
dessen Betrieb in den Händen eines anderen liegt, in denjenigen Gemeinden, in denen sich für den Betrieb die zu h)
angegebenen Vorbedingungen finden.

VI. Der Steuerpflicht ist nur das Einkommen der Verbandspersonen und der Forensen unterworfen, und auch dieses nur

---

[1] Vgl. Herrfurth und Nöll § 1 Anm. 15. OBGE. Bd. 15 Nr. 26.

[2] Vgl. OBGE. Bd. 16 Nr. 29, dazu aber S. 255 Anm. 4. Nach den
dort entwickelten Grundsätzen hätte die Entscheidung entgegengesetzt lauten
müssen. — Das Bergwerkseigentum allein begründet übrigens keine Steuerpflicht; dazu muß vielmehr ein Bergwerksunternehmen bestehen. Vgl. Entsch.
des Oberverwaltungsgerichts vom 22. März 1889 (Pr. Verwbl. 1889 S. 619).

[3] Vgl. hierzu Herrfurth, Kommunalabgabepflicht S. 34, 42. Herrfurth
und Nöll § 2 Anm. 2.

[4] Vgl. a. a. O. § 2 Anm. 5c.

[5] Vgl. a. a. O. § 2 Anm. 5. Danach gehören hierher z. B. Gasthöfe,
Speicher, Magazine, welche zwar als Zubehör des Eisenbahnbetriebes behandelt
und für Rechnung des betreffenden Eisenbahnunternehmens verwaltet, aber
doch den eigentlichen Eisenbahnanlagen nicht zugezählt werden.

[6] Diejenigen Eisenbahnaktiengesellschaften, welche ihr Unternehmen dem
Staate gegen eine unmittelbar an die Aktionäre zu zahlende Rente übertragen
haben, gelten nicht als Besitzer von Eisenbahnen.

insofern, als es aus bestimmten Quellen, aus Grundvermögen oder aus Gewerbebetrieb, hervorgeht.

Wir bezeichnen als Vermögen den Bestand von wirtschaftlichen Gütern zu einem gewissen Zeitpunkte, über den jemand frei von rechtlichen Verpflichtungen zur Befriedigung seiner Bedürfnisse verfügen kann. Eingänge oder auch Einnahmen sind diejenigen wirtschaftlichen Güter, welche während eines gewissen Zeitraums in die rechtliche Ver=fügungsgewalt einer Person eintreten. Ausgänge oder auch Aus=gaben sind diejenigen wirtschaftlichen Güter, welche während eines gewissen Zeitraums aus der rechtlichen Verfügungsgewalt einer Person austreten. Die Gesamtheit der Eingänge während eines gewissen Zeitraums ist das Bruttoeinkommen einer Person in dieser Zeit (z. B. in einem Jahre). Derjenige Teil des Bruttoeinkommens, über den jemand frei von rechtlichen Verpflichtungen zur Befriedigung seiner Bedürfnisse verfügen kann, heißt Reineinkommen oder besser Einkommen schlechthin. [1] [2]

Alle wirtschaftliche Thätigkeit hat den Zweck, den Menschen Genüsse zu verschaffen, oder, mit anderen Worten, das Ziel jeder Produktion ist die Ermöglichung der Konsumtion wirtschaftlicher Güter. So ist auch das Einkommen vernünftigerweise nie zwecklos. Sind bei dem einzelnen Menschen diese Zwecke nicht rechtlich be=stimmt, so entspricht ihre rechtliche Festsetzung doch dem Wesen der Verbandspersonen, die ja nur innerhalb des Rechts leben. Die Er=füllung des Zweckes ist die Befriedigung der Bedürfnisse, zu der das Einkommen gerade erworben wird. Daher gehört die Zweck=bestimmung eines Einkommens niemals zu den rechtlichen Ver=pflichtungen, welche das Reineinkommen gegenüber dem Bruttoein=kommen schmälern. [3]

---

[1] Damit stimmt auch die Definition des Oberverwaltungsgerichts überein. Sie lautet: Reineinkommen ist dasjenige Einkommen, welches nach Abzug aller zur Erzielung der Einnahmen und Erfüllung rechtlicher Verpflichtungen er=forderlichen Ausgaben übrig bleibt. Herrfurth und Nöll § 3 Anm. 2. OVGE. Bd. 11 Nr. 11.

[2] Gratifikationen sind Ausgaben, die nicht auf rechtlicher Verpflichtung beruhen, sie sind daher vom Einkommen nicht abzusetzen. Vgl. OVGE. Bd. 13 Nr. 17. Anders OVGE. Bd. 17 Nr. 3 und Herrfurth, Kommunalabgaben=pflicht S. 67.

[3] Vgl. OVGE. Bd. 11 Nr. 11 und Bd. 18 Nr. 5. Siehe auch Bd. 12 Nr. 18 zu II.

Das Einkommen ist seinem Begriffe nach einheitlich; jede Person hat nur ein Einkommen. Daher ist das Einkommen, das der Forensalbesteuerung unterliegt, auch nur als eine Quote des Gesamteinkommens des Pflichtigen zu behandeln. Hieraus ergeben sich wichtige Folgerungen für die Besteuerung, denn nunmehr darf die Forensalgemeinde nicht außer acht lassen, daß das Einkommen, welches sie zu besteuern befugt ist, nicht abgesondert und für sich besteht, sondern eben nur einen Teil des Gesamteinkommens des Pflichtigen bildet. Für die Schätzung dieses Gesamteinkommens sind die Festsetzungen der staatlichen Veranlagung maßgebend. [1] [2] So darf denn die Schätzung des Forensaleinkommens auch niemals diese Grenze überschreiten, innerhalb derselben ist allerdings die Forensalgemeinde befugt, in selbständiger Weise die Höhe des ihrem Steuerrecht unterworfenen Einkommens festzustellen. [3] Wichtiger noch ist das zweite Ergebnis, das aus der Stellung des Forensaleinkommens als einer Quote des gesamten Einkommens folgt. Denn es darf nun auch nicht der Abzug der Ausgaben von dem Bruttoertrage derjenigen Objekte, die dem Steuerrechte der Forensalgemeinde unterliegen, nur auf solche Ausgaben beschränkt bleiben, welche gerade den Reinertrag dieser Objekte schmälern, sondern darüber hinaus muß auch von all denjenigen rechtlichen Verpflichtungen, die das gesamte Bruttoeinkommen des Steuerzahlers belasten, ohne doch zu einer bestimmten Ertragsquelle in Beziehung zu stehen, der Teil in Abrechnung gebracht werden, welcher dem Verhältnisse des gesamten

------

[1] Maßgebend ist aber nur die Steuerstufe, zu der die staatlichen Organe den Pflichtigen veranlagt haben. Ueber den Höchstbetrag des Einkommens, das in diese Stufe eingeschätzt wird, darf daher die Forensalgemeinde in ihrer Schätzung nicht hinausgehen. Ist das Forensaleinkommen zugleich das Gesamteinkommen, so ist die staatliche Veranlagung ohne weiteres auch für die Stadt gültig; aber auch hier ist diese berechtigt, den höchsten Betrag, den das Einkommen nach der staatlichen Schätzung gemäß der betreffenden Steuerstufe haben könnte, ihrer Veranlagung zu Grunde zu legen.

[2] Unterliegt der Forense nicht mit seinem Gesamteinkommen der staatlichen Einschätzung, so ist die Forensalgemeinde in ihrer Schätzung an die Ergebnisse der staatlichen Veranlagung nicht gebunden. Dies trifft in den Fällen der §§ 17 und 18 des Einkommensteuergesetzes vom 1. Mai 1851 zu.

[3] Vgl. OVGE. Bd. 16 Nr. 30.

Bruttoeinkommens entjpricht zu dem Bruttoeinkommen der Objekte,
die in der Forenjalgemeinde bejteuert werden. [1] [2]

Für die Verbandsperjonen ift dagegen der Begriff des Gejamt=
einkommens von der Gejetzgebung abgewiejen. Hier erjcheint viel=
mehr jede wirtjchaftliche Unternehmung der Verbandsperjon als
jelbftändige Einkommensquelle, die abgejondert und für jich ein
Einkommen ergibt, das der Bejteuerung unterliegt. Die Ein=
kommensbejteuerung diejer Pflichtigen ift daher thatjächlich eine
Bejteuerung der Reinerträge ihrer einzelnen Unternehmungen. [3]

VII. Die Ermittelung des fteuerpflichtigen Einkommens joll in
allen Fällen nach denjelben Grundjätzen erfolgen, die für die Ein=
jchätzung zur ftaatlichen Einkommenfteuer maßgebend find. Diejfe
Grundjätze find in den §§ 28 und 30 des Einkommenfteuergejetzes
vom 1. Mai 1851 niedergelegt und haben demnächft in der An=
weijung vom 3. Januar 1877 [4] ihre weitere Ausbildung er=

[1] Dies hat auch das Oberverwaltungsgericht angenommen. Vgl. Herrfurth
und Röll § 3 Anm. 16.

[2] Ob zu den Ausgaben, welche den Ertrag des einzelnen Objektes jchmälern,
nur diejenigen gerechnet werden dürfen, die mit der Einkommensquelle in
einem inneren urjächlichen Zujammenhange ftehen, oder auch diejenigen, welche
nur äußerlich damit in Verbindung gejetzt find, ift zweifelhaft. Ich möchte
mich für das letztere entjcheiden. Anders Herrfurth und Röll § 3 Anm. 16
unter Hinweis auf § 27 der Minifterialanweijung vom 3. Januar 1877. Diejfe
Beftimmung kann aber nicht angewendet werden, da fie vorausjetzt, daß nur
ein Teil des Gejamteinkommens fteuerpflichtig ift, und dabei von dem Begriffe
des Gejamteinkommens völlig abfieht. Gerade von dem Gejamteinkommen ift
aber bei Schätzung des Forenjaleinkommens auszugehen.

[3] Dies ergibt fich jchon daraus, daß eine Einjchätzung des Gejamtein=
kommens der Verbandsperjonen nirgends vorgejehen ift. Eine verhältnis=
mäßige Verteilung der Schulden auf die. einzelnen Einkommensquellen ift daher
in all den Fällen nicht möglich, in denen neben Einkommen aus Grundver=
mögen und Gewerbebetrieb noch jolches aus Kapitalnutzungen, die aber in
ihrer Höhe völlig unbekannt bleiben, vorhanden ift. Es muß daher angenommen
werden, daß jede Einkommensquelle für fich der Steuer unterliegt. So auch
OVGG. Bd. 15 Nr. 12. Vgl. die abweichende Meinung bei Herrfurth u. Röll
§. 1 Anm. 24. Siehe auch Minvfg. vom 7. Oktober 1869 (VMBl. S. 267).

[4] VMBl. S. 44. Auch abgedruckt bei Meitzen, Die Vorjchriften über die
Klaffen= und klaffifizierte Einkommenfteuer in Preußen. 2. A. Berlin 1887,
jowie in: Gejetze über die Klaffen=Steuer und klaffifizierte Einkommen=Steuer
nebft der Veranlagungs=Inftruktion des Finanzminifters vom 3. Febr. 1877.
(Berlin, Siemenroth u. Worms).

fahren.[1]) Danach wird das Einkommen aus Grundvermögen und das gewerbliche Einkommen gesondert und zum Teil in verschiedener Weise ermittelt. [2])

A. Das Einkommen aus Grundvermögen umfaßt die Erträge sämtlicher Liegenschaften, die dem Steuerpflichtigen eigentümlich gehören oder aus denen ihm infolge von Berechtigungen irgendwelcher Art ein Einkommen zufließt. Im einzelnen sind dann folgende Grundsätze aufgestellt:

a) Von Gebäuden und Liegenschaften, die verpachtet oder ver= mietet sind, ist als Einkommen zu berechnen

1. der Pacht= oder Mietszins, der für das Steuerjahr, für welches die Veranlagung erfolgt, von dem Pächter oder Mieter zu zahlen ist. Ist der Zins zur Zeit der Veranlagung bereits festgestellt, so wird dieser zu Grunde gelegt, andernfalls findet Schätzung statt. [3])

2. der Geldwert der etwaigen Natural= oder sonstigen Nebenleistungen des Pächters oder Mieters, welche dem Verpächter oder Vermieter zugesichert sind.

3. der Geldwert der dem Verpächter oder Vermieter etwa vorbehaltenen Nutzungen.

———　———

[1]) Die Anweisung hat aber, wie jede Ausführungsverordnung, nur insoweit Gültigkeit, als sie dem Gesetze entspricht. Wo sie davon abweicht, gilt sie ebensowenig für die staatliche, wie für die kommunale Besteuerung. Daß aber das Kommunalabgabengesetz hinsichtlich dieser Anweisung, wie bei königlichen Ver= ordnungen, den städtischen Behörden und den Verwaltungsgerichten jedes Prüfungs= recht habe entziehen wollen, kann mangels deutlicher Äußerungen des Gesetz= gebers nicht angenommen werden. Die Bedeutung des Ausdrucks „Grundsätze" gegenüber der früher gebrauchten Wendung „gesetzliche Vorschriften" liegt darin, daß die Anordnungen der Anweisung, durch die das Gesetz ergänzt und weiter gebildet wird — die Bestimmungen praeter legem — nunmehr für die Städte maßgebend sind. Vgl. auch OVGE. Bd. 14 Nr. 20. Dagegen aber Herrfurth u. Nöll § 3 Anm. 3a.

[2]) Liegen in derselben Gemeinde verschiedene Einkommensquellen, so wird bei Forensen und juristischen Personen zunächst der Reinertrag jeder einzelnen Einkommensquelle ermittelt; bei Forensen werden diese Reinerträge aber dann gemäß den vorher entwickelten Grundsätzen zu dem einheitlichen Forensalein= kommen vereinigt, bei den juristischen Personen ist jeder Reinertrag für sich Objekt der Besteuerung.

[3]) Vgl. Herrfurth u. Nöll § 3 Anm. 15 c.

Von dieſem Bruttoeinkommen ſind die dem Ver=
pächter oder Vermieter verbliebenen Laſten abzuziehen.
Als ſolche können insbeſondere in Betracht kommen

1. die auf den verpachteten oder vermieteten Grundſtücken
und Gebäuden für den Staat und die Stadt haftenden
Jahresbeträge der Grund= und Gebäudeſteuer.

2. die durchſchnittlich jährlich notwendigen Unterhaltungs=
koſten der Gebäude und ſonſtigen baulichen Anlagen,
bei deren Feſtſtellung hauptſächlich die bauliche Be=
ſchaffenheit der Gebäude und ſonſtigen Anlagen berück=
ſichtigt werden ſoll. [1]

3. die Immobiliarfeuerverſicherungsbeiträge.

4. etwa ſonſt auf den Grundſtücken haftende beſtändige
Laſten. [2] [3]

Der Geldwert der anzurechnenden Leiſtungen und
vorbehaltenen Nutzungen iſt ebenſo wie der nicht bereits
feſtſtehende Geldwert der abzurechnenden Laſten nach
Durchſchnittsſätzen zu veranſchlagen.

b) Bei der Berechnung des Einkommens aus nichtverpachteten
Beſitzungen iſt der im Durchſchnitt der drei Jahre, welche
dem Steuerjahre unmittelbar vorhergehen, erzielte Rein=
ertrag zu Grunde zu legen. Bei ſeiner Ermittelung
gelten als Einnahmen des dreijährigen Zeitraums

1. der in dieſer Zeit erzielte Erlös für alle — gegen
Barzahlung oder auf Kredit — veräußerten Erzeug=
niſſe aus allen Wirtſchaftszweigen.

2. der Geldwert der aus allen Wirtſchaftszweigen ſtam=
menden Erzeugniſſe, die während der drei Jahre von
dem Beſitzer oder den zu ſeinem Hausɦalte gehörigen
Perſonen ſowie von den nicht zum Wirtſchaftsbetriebe

---

[1] Vgl. OVGE. Bd. 17 Nr. 31.

[2] Dazu gehören Grundzinsgefälle, Deichlaſten u. ſ. w., aber auch Zinſen
für Hypotheken und Grundſchulden, nicht aber Amortiſationsbeträge.

[3] Hat der Pächter die Zahlung einer Laſt — etwa der Grundſteuer —
übernommen, ſo iſt, je nachdem ſie dem Pächter als Nebenleiſtung angerechnet
iſt oder nicht, über ihre Abzugsfähigkeit zu entſcheiden. Etwas anderes will
wohl auch der vorletzte Abſatz im § 3 der Anweiſung nicht beſagen.

gehaltenen Hausgenossen zu ihrem Unterhalte verbraucht oder sonst zu ihrem Nutzen oder ihrer Annehmlichkeit verwendet sind. Die Berechnung des Geldwertes soll dabei nach den Preisen zur Zeit des Verbrauchs oder der Verwendung stattfinden. [1])

3. der Geldwert der am Schlusse des Zeitraums vor- rätig gebliebenen Erzeugnisse nach den zeitigen Preisen.

Von diesem Bruttoeinkommen kommen nun die zur Unterhaltung und zum Betriebe der Wirtschaft [2]) er- forderlich gewesenen Ausgaben und Verwendungen der drei Jahre in Abzug:

1. die Ausgaben und Verwendungen für Unterhaltung der Wirtschaftsgebäude, der für den Wirtschaftsbetrieb vorhandenen baulichen Anlagen, der Tagelöhnerwoh- nungen sowie des lebenden und toten Wirtschaftsinven- tars.

2. die Ausgaben für die Versicherung der Wirtschafts- gebäude gegen Feuersgefahr, ingleichen, soweit solche stattfindet, für die Versicherung des lebenden oder toten Wirtschaftsinventars und der Ernte. [3])

3. für Heizung und Beleuchtung der Wirtschaftsräume. [4])

4. für Lohn, desgleichen für Beköstigung und Deputate an das zum Wirtschaftsbetriebe gehaltene Personal nach den Preisen zur Zeit der Verwendung. [5]) Da- gegen dürfen die Deputate und die Beköstigung,

---

[1]) Hierher muß auch das auf die Beköstigung u. s. w. des zur Bedienung gehaltenen Gesindes, ferner das zur Unterhaltung von Luxuspferden u. dgl. Verwendete gerechnet werden.

[2]) nicht aber des Hauswesens.

[3]) Die Feuerversicherung ist also immer abzurechnen; es muß daher er- forderlichenfalls Selbstversicherung angenommen werden. Das ist bei Unglücks- fällen durch Brände zu berücksichtigen.

[4]) nicht aber für Verbrauch in der Haushaltung des Besitzers.

[5]) Die Unterhaltung solcher Arbeitskräfte, die dem Besitzer ohnehin obliegt, kommt nicht in Abrechnung, insoweit nicht durch ihre Beschäftigung besondere Mehrkosten oder Gewinnausfälle herbeigeführt sind. Bei juristischen Personen müssen diese Aufwendungen außerdem zu dem Ertrage der besteuerten Ein- kommensquelle in innerer Beziehung stehen. Vgl. OBGE. Bd. 12 Nr. 14.

die aus den Wirtschaftserzeugnissen genommen sind,
nicht abgerechnet werden. [1] [2])

5. die Ausgaben für zugekaufte Düngemittel, Samen und
Pflanzen, sowie für gekaufte Futtermittel, welche für
Wirtschaftsvieh verwendet sind.

6. die auf den bewirtschafteten Liegenschaften für den Staat
und die Gemeinde haftenden Grundsteuern und der Geld=
wert der etwa sonst auf ihnen ruhenden beständigen
Lasten.

7. die während der drei Jahre fälligen Schuldzinsen, inso=
weit die Schuld mit den Grundstücken in Verbindung
gebracht ist. [3])

8. der Geldwert der Wirtschaftserzeugnisse, die am An=
fange des Zeitraums der drei Jahre vorhanden waren,
nach den damaligen Preisen berechnet.

Nicht in Betracht kommen bei den Abzügen Verwen=
dungen jeder Art zur Melioration der Besitzung, auch
wenn sie aus dem Ertrage entnommen sind, ebenso
dürfen nicht Ausgaben für Verbesserung und Vermeh=
rung der Wirtschaftsgebäude, der Anlagen sowie des
Inventars abgerechnet werden. Endlich sind auch die
Leistungen des Besitzers und seiner Angehörigen und
Dienstleute sowie des Wirtschaftsgespannes nicht in Aus=
gabe zu stellen. [4])

Sind zur Feststellung der einzelnen Einnahmen und
Ausgaben nicht genügende Unterlagen vorhanden, so
ist das Einschätzungsorgan der Stadt auf ihre an=

---

[1]) weil sie bei den Einnahmen nicht mitgerechnet sind, da dort nur der
Erlös für veräußerte Erzeugnisse und der Verbrauch der dort zu 2 genannten
Personen in Anrechnung kam.

[2]) Für die nur oder doch vorzugsweise im Haushalte beschäftigten Personen
darf nichts abgezogen werden, denn die Unterhaltung des Haushalts ist einer
der Zwecke, wofür Einkommen erworben wird.

[3]) Vgl. S. 265 Anm. 2.

[4]) Die Leistungen des Besitzers und seiner Angehörigen um deshalb nicht,
weil ihre Arbeitskraft nicht in Einnahme gestellt ist; die Leistungen der Dienst=
leute deshalb nicht, weil ihre Unterhaltung zu 4, und die des Wirtschaftsge=
spannes nicht, weil seine Unterhaltung zu 1 und 5 in Ausgabe gestellt ist.

nähernde Schätzung angewiesen, wofür die Instruktion auf verschiedene Hilfsmittel verweist. [1]

Unglücksfälle, die den Pflichtigen innerhalb des Zeitraums der drei Jahre getroffen haben, sind nur insoweit zu berücksichtigen, als sie auf die Höhe des nach dem Durchschnitt der drei Jahre zu ermittelnden Einkommens überhaupt von Einfluß sind. Dabei kommen die Ausgaben, die zur Fortführung der Wirtschaft mit Rücksicht auf die entstandenen Beschädigungen gemacht werden müssen, mit in Anrechnung; [2] von den Kosten zur Herstellung der beschädigten Gebäude und Anlagen kommen dagegen nur die Zinsen der Summe in Abrechnung, welche der Pflichtige aus seinem eigenen Vermögen verausgabt hat oder die er als Schuld aufnahm. [3]

Das Einkommen von Zubehörungen der Besitzungen und von Gerechtsamen gegen fremde Grundstücke ist besonders zu ermitteln und anzurechnen. [4]

c) Das Einkommen aus ländlichen Fabrikationszweigen, zu denen Branntweinbrennereien, Brauereien, Stärke- und Krautfabriken, Mühlen, Ziegeleien, auch Stein-, Schiefer-, Kalk- und Kreidebrüche, Torfstiche sowie Gruben- und Hüttenwerke gehören können, [5] ist nach dem durchschnittlichen Reinertrage der letzten drei Jahre zur Berechnung zu ziehen.

---

[1] Vgl. §§ 5, 6 der Anweisung.

[2] Wenn also z. B. ein Stallgebäude durch Überschwemmung vernichtet wird und der Besitzer genötigt ist, sein Wirtschaftsvieh in einen fremden Stall gegen Entschädigung einzustellen, so kommen die von ihm so aufgewendeten Gelder in Abzug.

[3] also mit Ausnahme von verwendeten Entschädigungsgeldern.

[4] Auf Waldungen findet die Gemeindeeinkommensteuer, wie auf S. 251 dargelegt, nur beschränkte Anwendung. Übrigens dürften die Grundsätze des § 7 der Anweisung auch kaum dem Gesetze entsprechen.

[5] All diese Unternehmungen können aber auch ohne Verbindung mit einem landwirtschaftlichen Hauptbetriebe vorkommen; dann fällt das Einkommen aus ihnen meist unter die Regeln des gewerblichen Einkommens; die Steinbrüche, Torfstiche u. dgl. werden allerdings wohl immer Einkommen aus Grundvermögen ergeben.

d) Für nichtvermietete, sondern von dem Eigentümer selbst und den zu seinem Haushalte gehörigen Personen bewohnte oder sonst benutzte Gebäude ist das Einkommen nach den ortsüblichen Mietspreisen zu ermitteln. Kann der zeitige Mietspreis des Gebäudes nicht durch Vergleichung mit ähnlichen, gleichem Zwecke dienenden, vermieteten Gebäuden an demselben oder in benachbarten Orten festgestellt werden, so muß er nach verständigem Ermessen geschätzt werden, wobei der Umfang und die Beschaffenheit des Hofraums und des Hausgartens zu berücksichtigen sein wird. Bei der Schätzung des Mietspreises sind solche Gebäude oder Ge-bäudeteile, die von dem Besitzer ausschließlich zu seinem Landwirtschafts- oder Gewerbebetriebe benutzt werden, nicht mit anzurechnen. Haben die Räumlichkeiten eines Wohn-gebäudes mit Rücksicht auf teilweise Mitbenutzung zu Zwecken des Landwirtschafts- oder Gewerbebetriebes eine Ausdehnung erhalten, die das Wohnungsbedürfnis des Besitzers und seiner Angehörigen übersteigt, so darf bei denjenigen Räumen, die der Mitbenutzung zu solchem Be-triebe unterliegen, ein verhältnismäßiger Abzug gemacht werden.

Von dem so ermittelten Mietspreise kommen dann insbesondere in Abzug:

1. die Kosten für die Instandhaltung und Reparatur des Gebäudes, welche je nach seiner baulichen Beschaffen-heit mit einem durchschnittlichen Jahresbetrage zu ver-anschlagen sind. [1] [2]
2. die Feuerversicherungsbeiträge für das Gebäude.
3. die auf dem Gebäude ruhenden Staats- und Gemeinde-steuern.

---

[1] Die Unterhaltungs- (und Versicherungs-) Kosten für Gebäude und Räume, die lediglich zu landwirtschaftlichen oder gewerblichen Zwecken dienen, kommen bei der Ermittelung dieser Einkommensart nicht in Anrechnung, sondern werden bei der Feststellung des Einkommens aus selbstbewirtschafteten Grundstücken oder aus Gewerbebetrieb berücksichtigt.

[2] Vgl. S. 267 Anm. 1.

    4. der Geldwert der etwa sonst auf dem Gebäude haften-
den beständigen Lasten.

    5. die Zinsen von Schulden, die zu dem Gebäude in Be-
ziehung gesetzt sind. [1]

    Sind Gebäude und nutzbare Liegenschaften zum Teil ver-
mietet oder verpachtet und zum Teil von dem Besitzer selbst
benutzt, so ist die Schätzung des Einkommens von jedem Teile
nach den für diese Art des Einkommens gegebenen Regeln
zu bewirken.

B. Das gewerbliche Einkommen scheidet sich in steuerlicher Beziehung in das Einkommen aus dem Betriebe von Privateisenbahnen und in das Einkommen aus dem Betriebe von
Pachtungen, Bergbau, sowie Handel und stehenden Gewerben
im engeren Sinne. Das Einkommen aus dem Betriebe von
Privateisenbahnen wird nach besonderen Regeln festgestellt, für
die übrigen Arten gelten im wesentlichen die gleichen Grundsätze.

    Der Steuer unterliegt in allen Fällen der Gewinn aus
dem Betriebe des Gewerbes, verschieden ist nur die Art seiner
Feststellung. Immer muß daher auch die Thätigkeit, die das
Einkommen hervorgebracht hat, eine gewerbliche sein, eine Feststellung, die im einzelnen Falle sehr wohl Zweifel veranlassen kann. Im allgemeinen wird bei solchen Verbandspersonen, die sich den Betrieb eines Gewerbes zum Zwecke
gesetzt haben, jede Thätigkeit als im Gewerbebetriebe geschehen
erachtet werden, sofern nicht das Gegenteil klar erhellt; bei
den anderen Verbandspersonen mit weiteren Zwecken und bei
den physischen Personen muß jeder einzelne wirtschaftliche Vor-
gang, der Einkommen erzeugt, daraufhin geprüft werden, ob
er als ein Akt des Gewerbebetriebes erscheint.

    Der Betrieb eines gewerblichen Unternehmens wird sich
nur in seltenen Fällen allein als Äußerung menschlicher Arbeit
darstellen, gewöhnlich wird er auf Grund oder doch mit Hilfe
einer Sachunterlage, seien dies Grundstücke oder Kapitalien,

---

[1] Vgl. 265 Anm. 2.

vor sich gehen. Dann sind die Grundstücke und Kapitalien
organische Bestandteile des Gewerbebetriebes und das Ein=
kommen daraus erscheint als gewerbliches Einkommen.[1])
a) Das Bruttoeinkommen[2]) des Gewerbebetriebes im engeren
Sinne, d. h. also von Handel und stehenden Gewerben, ist
der gesamte Ertrag, der aus dem Betriebe gezogen wird.
Dazu gehören auch

1. die ausstehenden Forderungen des Betriebes und ihre
Zinserträge.[3])
2. der Geldwert aller Erzeugnisse, Warenvorräte u. s. w.,
die für den gesamten Unterhalt des Steuerpflichtigen,
seiner Angehörigen und seines Haushaltes in irgend
einer Weise aus dem Gewerbe verwendet sind.
3. die auf das Anlage= und Betriebskapital entfallende
Verzinsung.[4])

Als das steuerpflichtige Reineinkommen stellt sich,
wie schon erwähnt, der Gewinn aus dem Gewerbebetriebe
dar. Dies Reineinkommen ergibt sich nach folgenden
Abzügen vom Bruttoeinkommen:

1. nach Abzug der Aufwendungen, die zur Erzielung des
Ertrages erforderlich gewesen sind,
2. gemäß ausdrücklicher gesetzlicher Anordnung nach Abzug
der üblichen[5]) Absetzung für jährliche Abnutzung von
Gebäuden und Utensilien.

Dagegen dürfen, wie dies auch dem früher darge=
legten Begriffe des Einkommens entspricht, alle solche
Aufwendungen nicht abgezogen werden, die sich auf die
Bestreitung des Haushalts des Steuerpflichtigen beziehen,

---

[1]) Vgl. OVGE. Bd. 18 Nr. 15.
[2]) Vgl. Herrfurth, Kommunalabgabepflicht S. 62 ff.
[3]) Zweifelhafte Ausstände sind nach ihrem wahrscheinlichen Werte an=
zusetzen.
[4]) Vgl. OVGE. Bd. 12 Nr. 18 zu 1. Hinsichtlich der Zinsen des Reserve=
fonds vgl. OVGE. Bd. 15 Nr. 14.
[5]) üblich, d. h. den Gewohnheiten des betr. Gewerbes entsprechend.

ober die in einer Kapitalanlage zur Erweiterung des Geschäfts oder zu Verbesserungen aller Art bestehen.

Bei dem vielgestaltigen Gebaren des Großgewerbes hat die Frage, was denn nach diesen Grundsätzen als zulässige Absetzung zu betrachten und was zu dem steuer= pflichtigen Einkommen zu rechnen sei, zu einer reichen Kasuistik Anlaß gegeben, deren Ergebnisse, um den Be= dürfnissen der Praxis zu genügen, hier mitgeteilt seien. [1]) Danach sind von dem Bruttoeinkommen des Gewerbe= betriebes abzusetzen die folgenden Ausgaben und Auf= wendungen:

1. die Gewerbesteuer an Staat und Gemeinde und ebenso auch die Grund= und Gebäudesteuern für die Grund= stücke und Gebäude, die ausschließlich oder vorzugsweise zum Geschäftsbetriebe benutzt sind.

2. die Ausgaben für Herstellung, Unterhaltung und Ver= sicherung der Gebäude, Utensilien und Vorräte, soweit solche von dem Steuerpflichtigen zu bestreiten sind.

3. die Ausgaben für Löhnung und Beköstigung an das Betriebspersonal, soweit solche gewährt wird. [2])

4. die notwendigen Kosten der Unterhaltung der Zugtiere und der etwa sonst für den Betrieb erforderlichen Tiere. [3])

5. die Zinsen der auf dem Betriebe ruhenden Schulden. [4])

6. die für jährliche Abnutzung an Gebäuden, Maschinen und sonstigen Gerätschaften des Betriebes üblichen Ab= setzungen, [5]) die erforderlichenfalls nach sachkundiger Be=

---

[1]) Ich folge hier vornehmlich, zum Teil wörtlich der Zusammenstellung bei Herrfurth u. Nöll § 3 Anm. 13, 14.

[2]) Ausgaben, die in irgend einer Weise für den Steuerpflichtigen selbst und dessen Haushaltung geleistet sind, dürfen überhaupt nicht, Löhne und Be= köstigung für seine Familienmitglieder aber nur insoweit abgerechnet werden, als diese bereits im Alter selbständiger Erwerbsfähigkeit stehen und von dem Steuerpflichtigen gegen bestimmten Lohn für das Geschäft angenommen sind.

[3]) Insoweit Gespanne für die Annehmlichkeit des Steuerpflichtigen und seiner Angehörigen gehalten oder benutzt werden, dürfen ihre Unterhaltungs= kosten nicht abgerechnet werden.

[4]) Vgl. S. 265 Anm. 2.

[5]) Die Absetzung soll nur den Minderwerth ausgleichen, den die Abnutzung

urteilung zu bemessen sind. Gehören diese Gegenstände dem Gewerbetreibenden nicht, so wird die von ihm an den Eigentümer schuldige Vergütung für ihren Gebrauch und ihre Abnutzung in Anrechnung gebracht.

Unter eine dieser Kategorieen fallen auch die folgen=den Aufwendungen, wie sie bei den Erwerbsgesellschaften vorkommen. Auch diese sind daher von dem Bruttoein=kommen abzusetzen:

Verwendungen aus dem Reservefonds,

Verwendungen aus dem Delkrederefonds,

Rücklagen in den Erneuerungsfonds, [1])

die statutengemäß an die Mitglieder des Aufsichtsrats gezahlte Tantieme, [2])

die Gratifikationen und Remunerationen an das Be=triebspersonal, [3])

bei Versicherungsgesellschaften: die Schäden und Prä=mienreserven, [4])

bei Versicherungsaktiengesellschaften: die Dividenden, welche an die mit Anspruch auf Anteil am Ge=winne Versicherten gezahlt werden. [5])

Dagegen hat die Praxis festgestellt, daß von dem Bruttoeinkommen nicht abgerechnet werden dürfen: [6])

---

während des Jahres verursacht hat. Sie muß sich daher je nach dem wahren Werte am Anfang des Jahres richten, und es muß dabei festgestellt werden, um wie viel geringer am Ende des Jahres der Wert ist, wobei die Preisver=hältnisse am Jahresanfang zu Grunde zu legen sind.

[1]) Vgl. OVGE. Bd. 15 Nr. 15. — Ausgaben aus dem Erneuerungsfonds sind bei der Berechnung des Einkommens völlig außer acht zu lassen, weder dem Einkommen zuzurechnen noch von ihm abzusetzen. Etwa aufkommende Zinsen des Fonds gehören zum steuerpflichtigen Einkommen, wenn nicht der Zinszuwachs bereits bei der Höhe der Einlagen in den Fonds berücksichtigt ist. Übrigens sind nur solche Einlagen in den Fonds, die in ihrer Höhe der üblichen Absetzung entsprechen, von dem Bruttoeinkommen abzusetzen.

[2]) OVGE. Bd. 15 Nr. 15.

[3]) OVGE. Bd. 17 Nr. 7, vgl. aber S. 263 Anm. 2.

[4]) Der Uebergang in das Schätzungsjahr gehört zu dem abgabepflichtigen Einkommen, nur der Bestand am Ende Jahres ist absetzbar.

[5]) OVGE. Bd. 18 Nr. 9.

[6]) Bei der Feststellung des Bruttoeinkommens und der Beurtheilung der

1. Einlagen in den Reservefonds, [1])
2. Einlagen in den Delkrederefonds,
3. alle zur Amortisation der Schulden und des Grund= kapitals verwendeten Beträge,
4. alle zur Tilgung einer in den Vorjahren hervorgetretenen Unterbilanz verwendeten Beträge,
5. alle zu Verbesserungen und Geschäftserweiterungen ver= wendeten Beträge,
6. ein bei Ausgabe neuer Aktien erzielter Agiogewinn,
7. der Gewinn an Agio auf Effekten und Valuten, soweit sie im Betriebe werden, [2])
8. der Gewinn an Zinsen von Kapitalbeständen, soweit das Kapital zum Gewerbebetriebe gehört, [2])
9. Einkommensteuern an Staat und Gemeinde,
10. Rücklagen zur Begleichung des Unterschiedes zwischen dem Erwerbspreise einer gewinnbringenden Anlage und derjenigen geringeren Summe, für die der Unternehmer die Anlage nach einem gewissen Zeitraum abzutreten ver= pflichtet ist, [3])
11. Rücklagen zur Deckung künftiger im Laufe des Steuer= jahres zu erwartender Kursverluste an Effekten, [4])
12. die Zinsen der Guthaben der Mitglieder einer Erwerbs= und Wirtschaftsgenossenschaft.

     Kapitalverluste sind in der Regel nur insoweit ab= zurechnen, als sie eine Verminderung des jährlichen Ein= kommens zur Folge haben; nur wenn es sich um das umlaufende Betriebskapital des Gewerbebetriebes handelt, werden sie in ihrem vollen Betrage von dem Jahres= einkommen abgesetzt. [5])

---

zulässigen Abzüge sind die Bilanzen und Gewinn= und Verlustrechnungen der Steuerpflichtigen nicht maßgebend. Vgl. auch OVGE. Bd. 14 Nr. 20.

[1]) OVGE. Bd. 13 Nr. 18.

[2]) Sind die Kapitalbestände, Effekten und Valuten nicht Bestandteile des Gewerbebetriebes, so ist der Gewinn Einkommen aus Kapitalvermögen. Vgl. darüber S. 273.

[3]) OVGE. Bd. 13 Nr. 17.

[4]) OVGE. Bd. 16 Nr. 15.

[5]) OVGE. Bd. 14 Nr. 20.

Die Berechnung der Höhe des in dem Steuerjahre abgabepflichtigen Einkommens erfolgt dadurch, daß zunächst das Reineinkommen oder der Verlust eines jeden der drei Jahre, die dem Steuerjahre unmittelbar vorhergehen, ermittelt wird, wobei die eben dargestellten Grundsätze zur Anwendung kommen, und daß dann die sich für die einzelnen Jahre ergebenden Aktiv= oder Passivsummen zusammengezählt werden. Der dritte Teil der so festgestellten Summe gilt als das abgabenpflichtige Einkommen des Steuerjahres. [1) [2) Hat der Gewerbebetrieb noch nicht drei Jahre hindurch gedauert, so wird in derselben Weise das Einkommen festgestellt, das der Betrieb seither erbracht hat, und daraus wird dann die Summe berechnet, welche verhältnismäßig auf ein Jahr entfällt. Diese gilt als das abgabenpflichtige Einkommen des Steuerjahres. [3) [4) Besteht der Gewerbebetrieb zwar schon drei Jahre hindurch, sind aber in dieser Zeit bei ihm wesentliche Veränderungen eingetreten, so kann der

---

[1) Grundsätzlich nicht ganz richtig, aber bequemer und zu denselben Ergebnissen führend ist eine andere Berechnungsart. Danach wird der dreijährige Zeitraum als Einheit betrachtet und nach den dargelegten Grundsätzen das steuerpflichtige Einkommen aus dieser ganzen Zeit festgestellt. Der dritte Teil davon gilt als abgabepflichtiges Einkommen des Steuerjahres.

[2) Bringt in den maßgebenden drei Jahren das Jahr a 1000 M. Gewinn, b 4000 M. Gewinn und c 2000 M. Verlust, so ist das gesamte Reineinkommen $1000+4000-2000 = 3000$ M. Der Durchschnitt davon ist 1000 M., was als abgabenpflichtiges Einkommen des Steuerjahres gilt. Hat das Jahr c einen Verlust von 6000 M. gebracht, so ist das Gesamteinkommen $1000+4000-6000 = 1000$ M. Verlust; es ist in diesem Falle also überhaupt kein abgabenpflichtiges Einkommen für das Steuerjahr vorhanden.

[3) Es kommt nicht sowohl auf das Bestehen des Unternehmens als vielmehr darauf an, wie lange es von dem Pflichtigen betrieben wird. Vgl. auch Minvfg. vom 15. April 1875 (VMBl. S. 123).

[4) Besteht der Gewerbebetrieb z. B. 1½ Jahre und hat sich als steuerpflichtiges Einkommen dieser Zeit der Betrag von 3000 M. ergeben, so ist nun die Proportion $3000 : x = 1,5 : 1$ aufzustellen, wodurch sich $x = 2000$ als steuerpflichtiges Einkommen des nächsten Jahres ergibt. Betreibt der Pflichtige das Gewerbe z. B. erst 3 Monate und ergibt sich als steuerpflichtiges Einkommen dieser Zeit 1000 M., so heißt die Proportion $1000 : x = 0,25 : 1$, wo-

dreijährige Durchschnitt nicht als maßgebend angesehen werden, vielmehr ist dann das Einkommen nach den Verhältnissen des einzelnen Falles derart zu schätzen, daß man möglichst das richtige Einkommen, das der Pflichtige wahrscheinlich im Steuerjahr haben wird, zu treffen sucht. [1] Andere Abweichungen von der Regel, daß nach dem Durchschnitte des dreijährigen Zeitraums, der dem Steuerjahr unmittelbar vorangeht, das abgabenpflichtige Einkommen zu ermitteln sei, sind nicht gestattet. [2] [3]

b) Das Einkommen aus Pachtungen ist in gleicher Weise, wie dies für das Einkommen aus Handel und Gewerbe gezeigt ist, nach dem Durchschnitte der letzten drei Jahre zu berechnen, sofern die Pachtung schon so lange gedauert hat. Andernfalls wird der Berechnung der Jahresdurchschnitt der kürzeren Zeitdauer zu Grunde gelegt. Bei der Feststellung des abgabenpflichtigen Einkommens sind die Grundsätze zu beachten, die für die Veranlagung des Einkommens aus selbstbewirtschaftetem Grundbesitze gegeben sind. Dabei muß jedoch in Rücksicht genommen werden, daß Ausgaben, die regelmäßig von dem Eigentümer als solchem bestritten werden, von dem Einkommen des Pächters nicht in Abzug gebracht werden können, insoweit dieser nicht durch Vertrag ausdrücklich die Leistung bestimmter Ausgaben für den Ver-

---

durch sich x = 4000 M. als abgabenpflichtiges Einkommen des Steuerjahres herausstellt.

[1] Vgl. OVGE. Bd. 12 Nr. 16 und dazu Bd. 17 Nr. 20. Siehe auch Bd. 14 Nr. 19.

[2] Das Oberverwaltungsgericht nimmt allerdings an, daß bei Übereinstimmung der Parteien darüber, daß der gesetzlich vorgeschriebene Zeitraum aus sachlichen Gründen der Berechnung nicht zu Grunde gelegt werden solle, es zulässig sei, auch von einem anderen dreijährigen Zeitraum, z. B. den drei letzten Geschäftsjahren auszugehen. Vgl. dagegen die überzeugenden Ausführungen bei Herrfurth, Kommunalabgabepflicht S. 56 ff.

[3] Es sei ausdrücklich hervorgehoben, daß jede Schätzung völlig selbständig vor sich geht und an die Feststellung des Reineinkommens eines der maßgebenden drei Jahre bei einer früheren Schätzung nicht gebunden ist. So auch OVGE. Bd. 14 Nr. 20.

pächter übernommen hat, was indes in jedem Falle des besonderen Nachweises bedürfen würde.

Dagegen sind von dem Einkommen des Pächters in Abzug zu bringen:

1. der bedungene jährliche Pachtzins sowie der durchschnittliche Geldwert der etwa neben dem Zinse dem Verpächter zugesicherten oder für ihn übernommenen Naturallieferungen oder sonstigen Leistungen. Ausgenommen sind jedoch solche Leistungen, die der Pächter ohne besondere Ausgaben durch Arbeit seiner Leute und seiner Wirtschaftsgespanne bestreitet.

2. Gehört dem Pächter das Inventar seiner Pachtung, so ist er befugt, die übliche Absetzung für dessen jährliche Abnutzung zu beanspruchen.

Ist mit der Pachtung zugleich Wohnung für den Pächter verbunden, so ist deren Mietspreis, ebenso wie bei dem Eigentümer, dem Einkommen des Pächters hinzuzurechnen, jedoch ohne Abzug derjenigen Ausgaben, die dem Eigentümer zu bestreiten obliegen und welche der Pächter für ihn nicht ausdrücklich mit übernommen hat.

c) Auch das Einkommen aus dem Bergbaubetriebe [1] unterliegt den gleichen Regeln wie die übrigen Arten des gewerblichen Einkommens. [2] Nur darf außer der üblichen Absetzung für die jährliche Abnutzung der Gebäude und der Gerätschaften auch noch die Abschreibung von dem Werte des Bergwerks, die der jährlichen Minderung der Substanz entspricht, von dem Bruttoeinkommen abgerechnet werden. [3]

[1] Als Bergbaubetrieb ist nur der Betrieb einer solchen Unternehmung anzusehen, welche die Hebung der im Boden ruhenden Mineralschätze bezweckt. Nicht also der Betrieb einer Unternehmung, welche die weitere Verarbeitung der geförderten Erze u. s. w. bezweckt; auch nicht, wenn diese Unternehmung in Verbindung mit einem Bergbauunternehmen steht und für dessen Rechnung betrieben wird. So Herrfurth u. Nöll § 3 Anm. 17.

[2] Die Absetzung der Bergwerksabgabe, die als zulässig zu erachten ist, entspricht ganz den allgemeinen Regeln.

[3] Vgl. dazu die treffende Kritik bei Herrfurth, Kommunalabgabepflicht S. 73 ff. — Den Ausführungen des Oberverwaltungsgerichts in dem

d) In eigenartiger Weise wird dagegen das abgabepflichtige
Reineinkommen der in Preußen betriebenen Privateisen=
bahnunternehmungen festgestellt. Ist eine inländische[1])
Aktiengesellschaft die Eigentümerin des Unternehmens, so
gilt der in jedem Jahre nach Vorschrift des Gesetzes vom
30. Mai 1853 behufs Erhebung der Eisenbahnabgabe für
das Unternehmen ermittelte Überschuß abzüglich der Eisen=
bahnabgabe als das steuerpflichtige Einkommen des nächsten
Jahres. Hat ein auswärtiger Staat, eine ausländische
Aktiengesellschaft, irgend eine sonstige inländische oder aus=
ländische Korporation,[2]) eine physische Person oder eine
Personengesamtheit[3]) das Eigentum des Eisenbahnunter=
nehmens, so ist der nach dem Gesetze vom 16. März 1867
behufs Erhebung der Eisenbahnabgabe in jedem Jahre er=
mittelte Überschuß abzüglich dieser Abgabe und der Beträge,
die zur Verzinsung und planmäßigen Tilgung der etwa
gemachten Anleihen erforderlich sind, als das steuerpflichtige
Einkommen des nächsten Jahres zu betrachten. Für jedes
Unternehmen wird der so ermittelte abgabenpflichtige Be=
trag alljährlich von dem zuständigen Eisenbahnkommissariate
durch Beschluß festgestellt. Gegen diesen Beschluß ist so=
wohl den Gemeinden wie den Pflichtigen nur die Ver=
waltungsbeschwerde an den Minister der öffentlichen Arbeiten
gegeben.[4]) Die festgestellten Beträge sind demnächst durch
den Staatsanzeiger und die Amtsblätter der jeweilig in=
teressierten Regierungspräsidenten zu veröffentlichen.

VIII. Von dem Grundsatze, daß die Gemeinde das Be=
steuerungsrecht über alles Einkommen üben darf, das in ihr entsteht

---

Erkenntnisse vom 19. Dezember 1888 — OVGE. Bd. 17 Nr. 18 — kann nur
beigestimmt werden, die Durchführung der dort aufgestellten Erfordernisse
dürfte aber nicht oft gelingen, so daß die Bestimmung wohl ziemlich unpraktisch
bleiben wird.

[1]) b. h. preußische.

[2]) Kommanditgesellschaft auf Aktien, Berggewerkschaft u. s. w.

[3]) offene Handelsgesellschaft, Kommanditgesellschaft, Verein ohne juristische
Persönlichkeit.

[4]) Es wird sich empfehlen, den Beteiligten zur Beschwerdeerhebung eine
Notfrist zu stellen, was durchaus zulässig ist.

und dem Pflichtigen zukommt, hat das Gesetz eine Ausnahme zu
Gunsten der Wohnsitz= und Aufenthaltsgemeinden gemacht. Wenn
nämlich das Einkommen, das in diesen Gemeinden abgabenpflichtig
ist, nicht ein Viertel des Gesamteinkommens beträgt, so können sie
von den Forensalgemeinden die Ergänzung des in ihnen abgaben=
pflichtigen Einkommens bis zu der Viertelsquote verlangen, so daß
dann den Forensalgemeinden nur drei Viertel des Gesamteinkommens
für ihre Besteuerung belassen bleiben.[1]

### 7. Der Fiskus.

Kommunalabgabengesetz vom 27. Juli 1885 §§ 1, 2, 5, 6. Steffenhagen § 37.

I. Die Einkommensbesteuerung des preußischen Fiskus[2] ist
in besonderer Weise geordnet. Abgabenpflichtig ist sein Einkommen
aus den von ihm betriebenen[3] Gewerbs=, Eisenbahn= und Bergbau=
unternehmungen, sowie das Einkommen aus Domänen[4][5] und
Forsten.

Begründet ist die Abgabepflicht hinsichtlich der einzelnen Ein=
kommensquellen in folgenden Gemeinden:

a) Der Gewerbe= und Bergbaubetrieb ist dort steuerpflichtig,
wo sich der Sitz, eine Zweigniederlassung, eine Betriebsstätte, eine
Werkstätte, eine Verkaufsstätte des Unternehmens oder eine solche
Agentur von ihm befindet, die ermächtigt ist, für Rechnung und im
Namen des Fiskus Rechtsgeschäfte selbständig abzuschließen.[6]

b) Der Eisenbahnbetrieb ist dort steuerpflichtig, wo sich der
Sitz einer Eisenbahndirektion oder eines Eisenbahnbetriebsamts be=

---

[1] Vgl. übrigens S. 290.

[2] Der Reichsfiskus unterliegt nicht der Besteuerungsgewalt der preußischen
Städte. Vgl. Herrfurth u. Nöll § 1 Anm. 8.

[3] Der bloße Besitz dieser Unternehmungen wird bei dem Fiskus nicht besteuert.
Vgl. auch OVGE. Bd. 18 Nr. 19.

[4] Domänen sind die zu dem besonderen Staatseigentum gehörigen Grund=
stücke, welche die Spezialbestimmung haben, zur Tilgung und Verzinsung der
Staatsschulden zu dienen, und daher unter besonderer Verwaltung stehen. Vgl.
v. Roenne, Staatsrecht 4. A. Bd. 4 S. 753. Siehe auch OVGE. Bd. 16
Nr. 24 zu I.

[5] Andere dem Staate gehörige Grundstücke unterliegen der Gemeinde=
einkommensteuer nicht; auch nicht, wenn sie keinen öffentlichen Zwecken dienen.
Vgl. OVGE. Bd. 16 Nr. 24 zu II.

[6] Vgl. über die einzelnen Steuermerkmale S. 257.

findet, oder wo eine Station, eine für sich bestehende Betriebsstätte, eine für sich bestehende Werkstätte oder eine sonstige gewerbliche Anlage, die zu dem Eisenbahnunternehmen gehört, vorhanden ist. [1]

c) Die Domänen und Forsten werden in der Belegenheitsgemeinde besteuert.

II. Die Einheitlichkeit des fiskalischen Einkommens ist nur für das Einkommen aus dem Eisenbahnbetriebe gewahrt. So werden denn die gesamten staatlichen und für Rechnung des Staats verwalteten Eisenbahnen als eine abgabenpflichtige Unternehmung angesehen. Bei den Gewerbe= und Bergbaubetrieben setzt dagegen die zuständige obere Verwaltungsbehörde fest, was als selbständige Unternehmung des Fiskus betrachtet werden solle. Kraft gesetzlicher Fiktion erscheint jede solche selbständige Unternehmung auch als selbständige Person, die für sich der Abgabenpflicht unterliegt. Bei den Domänen und Forsten gilt jedes selbständig bewirtschaftete einzelne Grundstück und jede Mehrheit von Grundstücken, die einheitlich bewirtschaftet wird, als selbständige abgabenpflichtige Person.

III. Die Ermittelung des steuerpflichtigen Einkommens erfolgt bei den gewerblichen und Bergbauunternehmungen nach den allgemeinen Regeln. [2]

Für das Einkommen aus dem Eisenbahnbetrieb und aus Domänen und Forsten sind dagegen besondere Bestimmungen gegeben. Bei den Eisenbahnunternehmungen gilt als Einkommen der rechnungsmäßige Überschuß der Einnahmen über die Ausgaben, den die gesamten staatlichen und für Rechnung des Staates verwalteten Eisenbahnen im letzten Jahre ergeben haben. Dabei wird unter die Ausgaben auch eine 3½ prozentige Verzinsung des Anlage= [3] oder Erwerbskapitals der einzelnen Eisenbahnen gerechnet, das nach der amtlichen Statistik der im Betriebe befindlichen Eisenbahnen festgestellt wird. Das Einkommen, das sich danach herausstellt, wird in jedem Jahre durch den Minister der öffentlichen Arbeiten endgültig festgestellt und gilt dann als das abgabenpflichtige Einkommen des nächsten Steuerjahrs der berechtigten Gemeinden. Der Beschluß des

---

[1] Vgl. über die einzelnen Steuermerkmale S. 258. — Vgl. dazu auch OVGE. Bd. 18 Nr. 19.

[2] Vgl. S. 272 ff.

[3] Über den Begriff des Anlagekapitals vgl. Herrfurth u. Röll § 5 Anm. 5.

Ministers wird durch den Staatsanzeiger und die Regierungsamts=
blätter veröffentlicht.

Das Einkommen der Domänen und Forsten wird zunächst für
jede einzelne Provinz festgestellt. Als solch Einkommen gilt nun der
etatsmäßige Überschuß der Einnahmen über die Ausgaben, der, als
in der Provinz aus den Domänen und Forsten erzielt, im Staats=
haushaltsetat angenommen ist. Dabei sind aber bei den Ausgaben
auch die auf den Domänen und Forsten ruhenden Verbindlichkeiten
und Verwaltungskosten zu berücksichtigen. [1]) Für die einzelne Liegen=
schaft wird dann das Einkommen nach dem Verhältnis berechnet, in
dem ihr Grundsteuerreinertrag zu demjenigen der gesamten Domänen
und Forsten in der Provinz sich befindet. Das Verhältnis, in dem
sich das abgabenpflichtige Einkommen des fiskalischen Domänen= und
Forstbesitzes in einer Provinz zu dem Grundsteuerreinertrage dieses
Besitzes befindet, wird alljährlich für das laufende Steuerjahr der
Gemeinden [2]) durch den Minister für Landwirtschaft, Domänen und
Forsten endgültig festgestellt und in dem Staatsanzeiger wie in den
einzelnen Regierungsamtsblättern bekannt gemacht. [3])

### 3. Die Verteilung des abgabepflichtigen Einkommens unter mehrere gleichmäßig berechtigte Gemeinden.

Kommunalabgabengesetz vom 27. Juli 1885 §§ 7, 9, 11.
Steffenhagen § 37. Herrfurth, Kommunalabgabepflicht §§ 8, 9.

I. Die Entwickelung der wirtschaftlichen Verhältnisse, wie sie
sich infolge der sozialen und politischen Umwälzungen des letzten
Jahrhunderts gestaltet haben, hat auch die Erscheinung gezeigt, daß
das wirtschaftliche Wirken ebenderselben Person vielfach an ver=
schiedenen Orten zugleich ausgeübt wird. Wohl fand sich diese be=

---

[1]) Vgl. darüber a. a. O. § 6 Anm. 7 und 8.
[2]) Vgl. Minvfg. vom 16. Februar 1889 (VMBl. S. 37).
[3]) Die Berechnung des abgabepflichtigen Einkommens der einzelnen Liegen=
schaft findet in folgender Weise statt. Wenn der Minister das Verhältniß des
Grundsteuerreinertrages des gesamten in der Provinz belegenen Domänen=
besitzes zu dem abgabenpflichtigen Überschusse, z. B. auf 100:120 festgestellt
hat und wenn der Grundsteuerreinertrag der Liegenschaft A = 50 M. ist, so
ergibt sich folgende Proportion 100:120 = 50:x, also x (d. i. das abgaben=
pflichtige Einkommen der Liegenschaft A) = 60 M.

deutsame Thatsache auch schon früher, zu derartige
sie verlangen durfte auch von der Gesetzgebung
werden, ist diese Erscheinung aber doch erst in b
zügigkeit und der Gewerbefreiheit gelangt, in dem
Dampfes und der Elektrizität, der Periode des ꝛ
Handels und der Kreditwirtschaft. So findet sich ꞁ
Mensch zu gleicher Zeit an verschiedenen Plätze
Standort für sein Wirken und Streben genommen
daß neben solch dauernden Verhältnissen, die sich ꞃ
sitz bezeichnen lassen, die vorübergehenden Beziehu
halts zu andern Orten bestehen. Daneben erstreꞁ
der Grundbesitz in derselben Hand über verschiedene
häufiger sind Gewerbe und Handel weit hin ü
Städte und Dörfer des Landes verzweigt, ja sie
ihren Niederlassungen und Agenturen über die Grꞁ
lichen Staates hinaus. Diese Verhältnisse erheische
Beziehung ihre Regelung durch die Gesetzgebung.
des gemeindlichen Steuerrechts ist sie im Kommꞁ
gelungen. Wenn dies Gesetz auch mehr äußerliche
Verteilung der Abgabepflicht aufstellt, so daß wohl ꞁ
Unbilligkeiten entstehen mögen, im allgemeinen ꞁ
wesentlicher, daß überhaupt feste Vorschriften bestꞁ
weilig das Gerechte getroffen werde. So bezeichn
beste Kenner des preußischen Kommunalabgabenꞁ
die Ordnung dieser so schwierigen und zweifelhaftеꞁ
einen der wesentlichsten Vorzüge des Gesetzes vom
    II. a) Über die Art der Verteilung [1]) des vоꞁ
pflichtigen Einkommens der Verbandspersonen auꞅ
dem Betriebe von Pachtungen hat das Gesetz keiꞁ
zu geben brauchen, da hier stets die Belegenheitsgemꞁ
Im übrigen verweist das Gesetz die Gemeinden u

---

[1]) Voraussetzung jeder Verteilung ist es, daß ein einhꞁ
besteht, das sich über mehrere Gemeinden ausdehnt. Ꝥ
nehmen dasselbe, sondern nur der Unternehmer dieselbe Ꝥ
jedes Unternehmen völlig selbständig die Einschätzung in
meinen statt. Vgl. dazu OVGE. Bd. 16 Nr. 30.

in erster Reihe auf freiwillige Einigung.[1]) Ist diese nicht zu er=
langen, so treten aushilfsweise die gesetzlichen Vorschriften in Kraft.
Danach ist die Verteilung verschiedenartig geregelt, je nachdem es
sich um Einkommen handelt, das durch den Betrieb von Versicherungs=,
Bank= und Kreditgeschäften gewonnen ist, oder das aus anderen
Unternehmungen stammt. Im ersteren Falle erhält die Gemeinde,
in der die Leitung des Gesamtbetriebes stattfindet, den zehnten Teil
des ganzen abgabepflichtigen Einkommens für ihre Besteuerung vorab
überwiesen,[2]) der Rest wird unter alle Gemeinden,[3]) in denen sich
die Voraussetzungen der Abgabepflicht vorfinden,[4]) nach Verhältnis
der Bruttoeinnahme, die in jeder von ihnen erzielt ist,[5]) verteilt.[6]) [7])
In allen übrigen Fällen ist das Verhältnis der in den einzelnen
Gemeinden[8]) erwachsenen[9]) Ausgaben an Gehältern und Löhnen,

[1]) Die Einigung bezieht sich nur auf die Art der Verteilung, nicht etwa
auf die Höhe des abgabepflichtigen Einkommens. Vgl. Herrfurth und Nöll
§ 7 Anm. 4.

[2]) Ob diese Gemeinde in Preußen oder außerhalb des Staates liegt und
ob sie die Abgabenberechtigung thatsächlich ausübt, ist gleichgültig.

[3]) Die bereits mit dem zehnten Teil des Einkommens begabte Gemeinde
wird auch bei dieser Verteilung berücksichtigt.

[4]) Vgl. Anm. 2.

[5]) d. h. in der Gemeinde der Verfügungsgewalt des Berechtigten zuge=
kommen ist. Anscheinend anders Herrfurth und Nöll § 7 Anm. 5a. Vgl. dazu
auch OVGE. Bd. 18 Nr. 13.

[6]) Vgl. OVGE. Bd. 15 Nr. 14 sowie Herrfurth und Nöll § 7 Anm. 7.

[7]) Die Berechnung ist folgende: das steuerpflichtige Einkommen betrage
1000 M. und sei in dem Sitze A, den preußischen Zweigniederlassungen B und
C und der auswärtigen Zweigniederlassung L erzielt, und zwar derart, daß
in A die Hälfte, in B und C je $\frac{1}{8}$ und in L $\frac{1}{4}$ der Bruttoeinnahme erzielt ist.
Dann erhält A zunächst 10% des abgabepflichtigen Einkommens überwiesen;
von dem Rest mit 900 M. nimmt A die Hälfte (450 M.), B und C je $\frac{1}{8}$
je 112,50 M. und L $\frac{1}{4}$ = 225 M. für sich in Anspruch, so daß in Preußen
von dem abgabepflichtigen Einkommen von 1000 M. nur 775 M. der Besteue=
rung unterliegen.

[8]) Über die Feststellung und Verteilung des steuerpflichtigen Einkommens
in dem Falle, wenn sich der Betrieb über den Bezirk einer oder mehrerer
preußischen Gemeinden hinaus zugleich örtlich auf selbständige Gutsbezirke oder
kommunalfreie Grundstücke erstreckt vgl. die überzeugenden Ausführungen in
OVGE. Bd. 18 Nr. 12.

[9]) Maßgebend ist der Ort, an dem die Handlungen vollführt sind, für
welche die Löhne gezahlt werden, nicht aber der Ort der Zahlung.

einschließlich der Tantiemen des Verwaltungs= und Betriebspersonals, für die Verteilung des Einkommens maßgebend. Bei Eisenbahn= unternehmungen wird jedoch nicht der volle Betrag dieser Ausgaben der Berechnung zu Grunde gelegt, sondern es kommen die Gehälter, Tantiemen und Löhne des Personals, das in den abgabenberechtigten Gemeinden in der allgemeinen Verwaltung des Unternehmens be= schäftigt ist, nur zur halben Höhe in Ansatz; die Gehälter, Tan= tiemen und Löhne des übrigen in den abgabeberechtigten Gemeinden beschäftigten Personals, das also dem Fahrdienst oder der Werk= stättenverwaltung angehört, werden zu zwei Dritteln ihres Betrages berücksichtigt.

Zur Ermittelung der Bruttoeinnahmen der Versicherungs=, Bank= und Kreditgeschäfte und in den übrigen Fällen der Ausgaben an Gehältern, Tantiemen und Löhnen sind die Abgabenpflichtigen gehalten, den berechtigten Gemeinden jährlich einen Verteilungsplan einzureichen, der diese maßgebenden Summen für die einzelnen Ge= meinden angibt. [1] Nach dessen Einsicht [2] erfolgt ihre Feststellung durch die Gemeinden nach dem Durchschnittsbetrage der letzten drei Jahre vor dem Steuerjahre. [3]

Falls sich nicht ein einheitliches Gewerbs=, Bergbau= oder Eisenbahnunternehmen in gesonderten Betriebsstätten [4] über mehrere Gemeinden erstreckt, sondern wenn eine einzelne Betriebsstätte, [4] innerhalb deren Ausgaben an Gehältern und Löhnen erwachsen, sich über den Bezirk verschiedener Gemeinden ausdehnt, so hat das

---

[1] Reicht der Pflichtige keinen Verteilungsplan ein, so ist die berechtigte Gemeinde befugt, nach ihrer Schätzung die Verteilung vorzunehmen, wobei dann dem Pflichtigen der Einspruch dagegen überlassen bleibt. So auch OVGE. Bd. 14 Nr. 21.

[2] Der eingereichte Plan soll der Schätzung der berechtigten Gemeinde nur zum Anhalt dienen, ohne daß sie an ihn gebunden ist. Führt die von den Gemeinden je für sich vorgenommene Verteilung an den einzelnen Orten zur Überlastung des Pflichtigen, so kann er sich dagegen nur im Wege des Einspruchs gegen die Veranlagung jeder einzelnen Gemeinde schützen, die zu viel Steuern von ihm fordert.

[3] Vgl. S. 278 Anm. 2.

[4] Werkstätten, Verkaufsstätten, selbständigen Agenturen, Zweignieder= lassungen; Stationen, für sich bestehende Werkstätten, sonstige gewerbliche An= lagen.

Gesetz darauf verzichtet, einen bestimmten Maßstab für die Verteilung des aus solcher Betriebsstätte fließenden Einkommens auf die
berechtigten Gemeinden aufzustellen. Hier empfiehlt sich daher die
freiwillige Einigung der Beteiligten. Ist diese nicht zu erreichen, so
wird die Verteilung durch Beschluß des Bezirksausschusses und,
wenn Berlin unter den beteiligten Gemeinden ist, durch Beschluß
des Oberpräsidenten vorgenommen. Dabei soll der Beschluß grundsätzlich nach Maßgabe der örtlichen Verhältnisse unter Berücksichtigung des Flächenverhältnisses und der den beteiligten Gemeinden
durch das Vorhandensein der Betriebsstätten erwachsenen Kommunal-
lasten ergehen. Die Gemeinden und die Abgabepflichtigen sind befugt, den Beschluß binnen zwei Wochen nach seiner Zustellung
durch Beschwerde an den Provinzialrat [1]) anzufechten. [2])

b) Für die Verteilung des fiskalischen Einkommens aus
Grundbesitz, Gewerbe- und Bergbaubetrieb gelten die eben dargelegten Regeln. Dagegen bestehen einige abweichende Bestimmungen
zur Zeit noch für die Verteilung des Einkommens der staatlichen
und der für Rechnung des Staates verwalteten Eisenbahnen. Von
diesem gesamten abgabenpflichtigen Einkommen erhalten nämlich
die Gemeinden, welche bereits vor dem 1. April 1880 abgabenberechtigt waren und dies Recht auch thatsächlich ausgeübt haben, [3]) bis
zum 1. April 1891 die Hälfte und demnächst bis zum 1. April 1896
ein Drittel als ein Voraus überwiesen, das sie unter sich nach dem
Verhältnisse teilen, in dem sie die Reinerträge dieser Eisenbahnen
im Durchschnitte der dem 1. April 1880 vorangegangenen drei
Steuerjahre zu ihren Gemeindeabgaben herangezogen haben; [4]) der
Rest des abgabenpflichtigen Einkommens wird nach den allgemeinen
Grundsätzen, wie sie eben unter a) vorgetragen sind, auf sämtliche
steuerberechtigten Gemeinden verteilt. Nach dem 1. April 1896
finden für das ganze Einkommen lediglich diese allgemeinen Regeln
Anwendung.

c) Besitzt oder betreibt eine physische Person ein Gewerbs-,

---

[1]) Gegen den Oberpräsidenten zu Potsdam geht die Beschwerde an den
Minister des Innern.
[2]) Vgl. übrigens OVGE. Bd. 15 Nr. 18, Bd. 16 Nr. 17.
[3]) Vgl. OVGE. Bd. 16 Nr. 18 zu I.
[4]) Vgl. OVGE. Bd. 16 Nr. 18 zu II.

Bergbau= oder Eisenbahnunternehmen in ihren Wohnsitz= oder
Aufenthaltsgemeinden und in Forensalgemeinden, so sind über die
Verteilung solchen Einkommens gesetzliche Bestimmungen nicht ge=
geben, doch steht der analogen Ausdehnung der eben entwickelten
Regeln auch auf diesen Fall nichts entgegen. Liegt das Gewerbs=,
Bergbau= oder Eisenbahnunternehmen dagegen nur in den Forensal=
gemeinden, so finden die für die Verbandspersonen gegebenen Be=
stimmungen auch hier Anwendung. Einkommen aus Grundbesitz
und dem Betriebe von Pachtungen ist immer in der Belegenheits=
gemeinde pflichtig.

III. In anderer Weise ist die Verteilung des abgabepflich=
tigen Einkommens physischer Personen geordnet, die einen mehrfachen
Wohnsitz oder neben fortdauerndem Wohnsitz an anderem Ort ihren
Aufenthalt haben, Möglichkeiten, die noch dadurch vermehrt werden,
daß diese Personen außerdem auch in Forensalgemeinden steuer=
pflichtig sein können. Das Gesetz geht nun davon aus, daß in
allen Fällen jenes Einkommen, das der Forensalbesteuerung unter=
liegt, [1] der Besteuerung der Ursprungsgemeinde belassen bleibt, mag
sie nun Forensalgemeinde oder Wohnsitz= oder auch Aufenthaltsge=
meinde sein. Im übrigen sind die einzelnen Fälle etwas ab=
weichend von einander geregelt; sie mögen in schematischer Weise
dargestellt werden. Die Verteilung ist die folgende:

a) wenn der Pflichtige einen mehrfachen Wohnsitz hat:

    1. Das Ursprungseinkommen [2] verbleibt jeder Gemeinde für
       ihre Besteuerung.

    2. Von dem Reste des Einkommens erhalten diejenigen Ge=
       meinden, in denen sich weder der Abgabenpflichtige noch
       seine Familie im Vorjahre [3] mindestens drei Monate hin=
       durch aufgehalten haben, überhaupt nichts zugewiesen.

---

[1] Vgl. S. 238 III a—c.

[2] Ich bezeichne das der Forensalbesteuerung unterliegende Einkommen,
wenn es sich in Wohnsitz= und Aufenthaltsgemeinden vorfindet, kurz als Ur=
sprungseinkommen.

[3] d. h. in dem Kalenderjahre, das dem laufenden Jahre vorangeht. Die
Annahme, daß damit das vorhergehende Steuerjahr gemeint sei, ist um deshalb
abzuweisen, weil dies in den einzelnen Gemeinden verschieden ist.

3. Die übrigen Wohnsitzgemeinden teilen diesen Rest gleich=
mäßig unter sich.

4. Beträgt jedoch das Einkommen, welches nach Nr. 3 zur
Verteilung kommt, weniger als ein Viertel des Gesamtein=
kommens, so müssen diejenigen Gemeinden, die zugleich
Ursprungsgemeinden sind, die verteilbare Quote aus dem
Ursprungseinkommen bis zu einem Viertel des Gesamtein=
kommens ergänzen. Dieses Viertel wird dann gemäß Nr. 3
verteilt. [1] [2]

---

[1] Die Bedeutung des § 11 und des letzten Satzes im § 9 des Kommunal=
abgabengesetzes ist ungewiß. Hinsichtlich des § 9 schließe ich mich der Ansicht
des Oberverwaltungsgerichts — OVGG. Bd. 15 Nr. 8 — an. Anders Herrfurth
u. Nöll § 9 Anm. 9. Dagegen weiche ich sowohl von der in dem erwähnten
Erkenntnisse dargelegten Ansicht des Oberverwaltungsgerichts ab, wie von der
davon wieder verschiedenen Auslegung, die Herrfurth u. Nöll — a. a. O. § 11
Anm. 8 und 8a — dem Abs. 2 des § 11 geben. M. E. besagt § 11 folgendes:
Nachdem im Abs. 1 bestimmt ist, daß das Ursprungseinkommen der Ursprungs=
gemeinde verbleibe, das übrige Einkommen unter die mehreren Wohnsitzge=
meinden gleichmäßig verteilt werde, heißt es im Abs. 2 weiter: Wenn jedoch
in den Gemeinden, in welchen der Abgabepflichtige seinen Wohnsitz hat — also
in allen Wohnsitzgemeinden — das in ihnen — also in allen — steuerpflichtige
Einkommen weniger als ein Viertel des Gesammteinkommens beträgt, so findet
die Vorschrift im § 9 entsprechende Anwendung. Nun ist aber das Einkommen
in allen Wohnsitzgemeinden zusammen im Falle des § 11 Abs. 1 eben das Ge=
samteinkommen. Abs. 2 kann sich daher nur auf das Einkommen beziehen,
das immer in allen Wohnsitzgemeinden steuerpflichtig ist, d. h. auf das zur
gleichmäßigen Verteilung unter diese Gemeinden zur Verfügung stehende Ein=
kommen. Beträgt dieses weniger als ein Viertel des Gesamteinkommens, so
soll die Ergänzung bis zu dieser Höhe aus dem Ursprungseinkommen erfolgen.

[2] Die Berechnung ist folgende: Es habe A $\frac{3}{4}$ des Gesamteinkommens,
B $\frac{1}{4}$ des Gesamteinkommens; beide Quoten seien Ursprungseinkommen. Zur
gleichmäßigen Verteilung steht nichts; es soll aber immer wenigstens ein Viertel
verteilt werden, daher gibt A $\frac{3}{4} \cdot \frac{1}{3} = \frac{3}{16}$ und B $\frac{1}{4} \cdot \frac{1}{4} = \frac{1}{16}$ ab, und es erhält
A zu den ihm verbleibenden $\frac{3}{4} - \frac{3}{16} = \frac{9}{16}$ noch $\frac{2}{16}$, so daß A zusammen $\frac{11}{16}$
hat, und B erhält zu dem $\frac{1}{4} - \frac{1}{16} = \frac{3}{16}$ noch $\frac{2}{16}$, sodaß B $\frac{5}{16}$ des Gesamt=
einkommens besteuern darf. Hat A $\frac{3}{4}$, B $\frac{1}{4}$ und C nichts, und ist das ganze
Einkommen Ursprungseinkommen, so ist die Teilung folgende: A gibt ab
$\frac{3}{4} \cdot \frac{1}{4} = \frac{3}{16}$, B $\frac{1}{4} \cdot \frac{1}{4} = \frac{1}{16}$, es erhalten, da 3 Gemeinden teilnehmen, A $\frac{1}{4} \cdot \frac{1}{3} = \frac{1}{12}$
also hat A zusammen $\frac{3}{4} - \frac{3}{16} + \frac{1}{12}$ zu seiner Besteuerung, b. h. $\frac{31}{48}$ des Ge=
samteinkommens, B erhält $\frac{1}{4} \cdot \frac{1}{3}$, es hatte $\frac{1}{4} - \frac{1}{16}$, so daß nunmehr B $\frac{1}{4} - \frac{1}{16}$

b) Hat der Abgabenpflichtige neben seinem Wohnsitze während des Steuerjahres mindestens drei Monate hindurch an anderem Orte seinen Aufenthalt, so wird folgendermaßen geteilt:

1. Das Ursprungseinkommen verbleibt der Besteuerung der Ursprungsgemeinde.

2. Von dem Reste des Einkommens erhalten diejenigen Wohnsitzgemeinden nichts, in denen sich im Vorjahre weder der Abgabenpflichtige noch seine Familie mindestens drei Monate hindurch aufgehalten haben.

3. Die übrigen Wohnsitzgemeinden und die Aufenthalts= gemeinden [1]) verteilen den Rest des Einkommens unter sich gleichmäßig, wobei die Aufenthaltsgemeinden aber nur für die Dauer des Aufenthalts steuerberechtigt sind. [2]) [3]

4. Wenn die zu verteilende Quote, welche auf die steuer= berechtigten Wohnsitzgemeinden und diejenigen Aufent= haltsgemeinden, die auch im Vorjahre Aufenthalts= gemeinden waren, entfällt, weniger als ein Viertel des Gesamteinkommens beträgt, so müssen sie die Ursprungs=

---

$+\frac{1}{12}=\frac{3}{48}$ des Gesamteinkommens zur Besteuerung hat, während C $\frac{1}{4} \cdot \frac{1}{3} = \frac{1}{4}$ zur Besteuerung erhält. Hat endlich A $\frac{1}{9} = \frac{20}{180}$, B $\frac{1}{5} = \frac{36}{180}$ und C $\frac{1}{2}$ $= \frac{90}{180}$ des Gesammteinkommens als Ursprungseinkommen und stehen $\frac{34}{18}$ zur gleichmäßigen Verteilung, so muß diese Quote, von allen drei Ge= meinden verhältnismäßig, zu einem Viertel des Gesamteinkommens aufgefüllt werden, die noch fehlenden $\frac{11}{180}$ sind daher nach dem Verhältnis $\frac{1}{9} : \frac{1}{5} : \frac{1}{2}$ aufzubringen, dies ergibt die Gleichung $\frac{1}{9} x + \frac{1}{5} x + \frac{1}{2} x = \frac{11}{180}$ oder $\frac{146}{180} x = \frac{11}{180}$ also $x = \frac{11}{146}$. Danach hat A einzuwerfen $\frac{1}{9} \cdot \frac{11}{146} = \frac{110}{13140}$, B $\frac{1}{5} \cdot \frac{11}{146} = \frac{198}{13140}$, C $\frac{1}{2} \cdot \frac{11}{146} = \frac{495}{13140}$. Beträgt das Gesamt= einkommen z. B. 10000 M., so haben A, B und C noch $\frac{11}{180} \cdot 10000 = 611,11$ M. einzuwerfen. Es hat dann also A $\frac{1}{9} \cdot \frac{11}{146} \cdot 10000 = 83,71$ M., B $\frac{1}{5} \cdot \frac{11}{146} \cdot 10000 = 150,69$ M. und C $\frac{1}{2} \cdot \frac{11}{146} \cdot 10000 = 376,71$ M. zuzuschießen, um die zur gleichmäßigen Verteilung bereitstehende Quote auf ein Viertel des Gesamt= einkommens zu erhöhen. Dies Viertel wird dann gleichmäßig, im vorliegende Falle also mit 833,33 M., auf alle Gemeinden verteilt.

[1]) Ist die Wohnsitzgemeinde, die ihr Steuerrecht nach Nr. 2 verloren hat, zugleich Aufenthaltsgemeinde, so ist sie als solche für die Zeit des Aufenthalt abgabenberechtigt.

[2]) Vgl. Herrfurth u. Nöll § 11 Anm. 3.

[3]) Vgl. dazu Herrfurth u. Nöll § 11 Anm. 7.

gemeinden aus dem Ursprungseinkommen bis zu einem Viertel ergänzen. [1])

c) Wenn mehrfacher Wohnsitz oder Wohnsitz und steuerberech=
tigter Aufenthalt neben einer oder mehreren Forensalgemein=
den für die Besteuerung in Frage kommt, so erfolgt die
Teilung in der Art, daß

1. das Forensaleinkommen jeder Forensalgemeinde zur Be=
steuerung verbleibt,

2. das übrige Einkommen wird nach den zu a oder b an=
gegebenen Grundsätzen besteuert.

3. Beträgt das Einkommen zu 2 weniger als ein Viertel
des Gesamteinkommens, so muß die Forensalgemeinde —
mehrere verhältnismäßig — das steuerpflichtige Einkom=
men der Wohnsitz= und Aufenthaltsgemeinden bis zu
einem Viertel des Gesamteinkommens erhöhen. Dies
Viertel wird dann unter sämtliche Wohnsitz= und Aufent=
haltsgemeinden gleichmäßig verteilt. [2])

d) Hat der Steuerpflichtige keinen Wohnsitz, aber sich im Laufe
des Steuerjahres an mehreren Orten, von denen in einigen
Ursprungseinkommen vorhanden ist, länger als drei Monate
hindurch aufgehalten, so besteuert jede Aufenthaltsgemeinde
das Ursprungseinkommen während des ganzen Steuerjahres,
das übrige Einkommen während des Aufenthalts. Beträgt
die zu besteuernde Quote in einer der Aufenthaltsgemeinden
weniger als ein Viertel des Gesamteinkommens, so sind die
Ursprungsgemeinden, die ja nunmehr Forensalgemeinden
sind, verbunden, auf Verlangen diese Quote bis zu einem
Viertel zu ergänzen. [3])

e) Hat der Steuerpflichtige im Laufe des Jahres in ver=
schiedenen Gemeinden einen Aufenthalt von mehr als drei

---

[1]) Vgl. OVGE. Bd. 18 Nr. 14.

[2]) In diese gleichmäßige Verteilung muß auch das gesamte Ursprungsein=
kommen in diesem Falle hineingezogen werden. Es wird auch angenommen
werden müssen, daß in diesem Falle alle Aufenthaltsgemeinden an der Ver=
teilung teilnehmen.

[3]) Vgl. S. 240.

Monaten genommen und besteht daneben eine Forensal=
gemeinde, so ist jede Aufenthaltsgemeinde berechtigt, das
Einkommen, welches nicht Forensaleinkommen ist, während
des Aufenthalts zu besteuern. Beträgt dies Einkommen
nicht ein Viertel des Gesamteinkommens, so kann die Aufent=
haltsgemeinde von der Forensalgemeinde die Ergänzung bis
zu dieser Höhe verlangen.[1]

### γ) Die Erhebung der Einkommensteuer.

#### Zugänge und Abgänge.

Einkommensteuergesetz vom 1. Mai 1851 §§ 7, 16, 20, 35. Gesetz vom 18. Juni
1840 über die Verjährungsfristen bei öffentlichen Abgaben § 1.

I. Über die Erhebung der Einkommensteuer sind keine allge=
meinen Vorschriften gegeben; da sich die Gemeindesteuer indes meistens
an die staatliche Steuer anlehnt, so gelten die für diese maßgebenden
Bestimmungen in der Regel auch in den Städten. Danach fällt
jedes Einkommen in eine der vom Gesetze aufgestellten Steuerklassen,
die immer innerhalb ihres Mindest= und Höchstbetrages einen ge=
wissen Raum lassen, der sich schließlich bis zu dem Unterschiede von
60 000 M. erweitert. Für jede Klasse besteht ein fester Steuer=
satz.[2] Meist haben die Städte nicht nur die Steuerklassen, sondern
auch die Steuersätze insofern übernommen, als ihre Steuer jeweilig
einen Bruchteil oder ein Vielfaches dieses Satzes beträgt.[3]

II. Ob bei selbständigen städtischen Steuern die Veranlagungs=
organe Rücksicht darauf nehmen dürfen, daß die Leistungsfähigkeit
des einzelnen Pflichtigen durch wirtschaftliche Verhältnisse erheblich
gemindert und ob sie ihn dann um deshalb zu niedrigerer Steuer, als
nach seinem Einkommen erforderlich ist, heranzuziehen befugt sind,
das bestimmt sich nach der Steuerordnung der Stadt. Bei den

---

[1]) Vgl. S. 240.

[2]) Wegen des Tarifs vgl. §§ 7 und 20 des Einkommensteuergesetzes.

[3]) Ob das Verhältnis des Steuersatzes zu dem Einkommen in allen Steuer=
klassen dasselbe bleibt oder ob die Steuer größeres Einkommen mit einem
höheren Prozentsatze wie geringes Einkommen belastet, das hängt von den
Bestimmungen des Ortsstatuts ab. Im allgemeinen ist der zweite Fall — die
progressive Einkommensteuer — selten; in Hannover ist diese Gestaltung der
Steuer verboten. (Verfassungsgesetz vom 5. September 1848 § 13).

einfachen und qualifizierten Zuschlägen ist die Stadt dagegen auch in diesem Falle an die Steuerstufe gebunden, die staatlicherseits dem Pflichtigen bekannt gegeben ist, sie muß also die dort verfügte Herabsetzung in der Steuerstufe wegen verminderter Leistungsfähigkeit auch ihrerseits anerkennen.[1]

III. Nicht von jedem, der abgabenpflichtiges Einkommen in der Stadt bezieht, wird auch die Steuer erhoben, vielmehr findet bei solchen Gemeindeeinkommensteuern, die sich der staatlichen Steuer anschließen, die Hebung nach Haushaltungen[2] statt, wobei das besondere Einkommen der Familienmitglieder dem Haushaltungsvorstande zugerechnet wird.[3]

IV. Die Termine, in denen die Steuer an die Stadt abgeführt werden muß, werden in den Steuerordnungen bestimmt. In der Regel befolgt man auch hier die Anordnungen für die staatliche Steuer, so daß die Erhebung monatlich stattfindet.

V. Ab= und Zugänge am Einkommen während des Steuerjahres haben auf die einmal festgesetzte Steuer keinen Einfluß.[4] Nur wenn das Einkommen gänzlich verloren geht, endet auch die Steuerpflicht mit Ablauf desjenigen Monats, in welchem dem Stadtvorstande davon Anzeige gemacht ist.[5]

### bb. Die Grund= und Gebäudesteuer.

StO. 53 §§ 4, 53. W. §§ 4, 52. Rh. §§ 4, 49. SH. §§ 22—27, 72. Fr. §§ 7, 8, 10, 12, 62. H. § 13. Gesetz vom 21. Mai 1861 betr. die anderweite Regelung der Grundsteuer. Gesetz vom 21. Mai 1861 betr. die Einführung einer allgemeinen Gebäudesteuer. Bundespräsidialverordnung vom $\frac{22.\ \text{Dezember } 1868}{23.\ \text{September } 1867}$ § 1. Gesetz vom 28. März 1882 betr. den weiteren Erwerb von Privateisenbahnen für den Staat § 10. Gesetz vom 13. Mai 1882 betr. den Erwerb

---

[1] Dies trifft allerdings für solches Einkommen, das in der Wohnsitzgemeinde nur zum Teil der Besteuerung unterliegt, (Kommunalabgabengesetz §§ 9, 10) nicht zu. Vgl. dazu Herrfurth u. Röll § 10 Anm. 1.

[2] Zur Haushaltung gehört der Hausherr oder, wenn Frauen selbständig eine Wirtschaft führen, die Hausfrau mit ihren Angehörigen, denen sie Wohnung und Unterhalt geben.

[3] Vgl. aber dazu OVGE. Bd. 14 Nr. 17.

[4] Doch können die Steuerordnungen der Städte darüber anders bestimmen.

[5] Vgl. OVGE. Bd. 12 Nr. 13 zu II.

des Berlin-Anhaltischen Eisenbahnunternehmens für den Staat. Gesetz vom 24. Januar 1884 betr. den weiteren Erwerb von Privateisenbahnen für den Staat. Gesetz vom 17. Mai 1884 betr. den weiteren Erwerb von Eisenbahnen für den Staat. Gesetz vom 23. Februar 1885 betr. den weiteren Erwerb von Privateisenbahnen durch den Staat. Gesetz vom 23. Februar 1885 betr. den Erwerb des Halle-Sorau-Gubener Eisenbahnunternehmens für den Staat. Königliche Verordnung vom 8. Juni 1834 betr. die Heranziehung derjenigen Grundstücke zu Kommunalsteuern, welchen wegen ihrer Bestimmung zu öffentlichen oder gemeinnützigen Zwecken die Befreiung von Staatssteuern zusteht. Gesetz vom 24. Februar 1850 betr. die Aufhebung der Grundsteuerbefreiungen. (Hannöversches) Verfassungsgesetz vom 5. September 1848 § 14. Reichsgesetz vom 25. Mai 1873 über die Rechtsverhältnisse der zum dienstlichen Gebrauche einer Reichsverwaltung bestimmten Gegenstände § 1.　　.
v. Möller § 89. Steffenhagen §§ 38, 39, 121.

I. Der Besteuerung des Einkommens ist in Staat und Gemeinde geschichtlich vorangegangen die Besteuerung der Erträge aus den einzelnen nutzbaren Objekten. Nicht so natürlich wie die Einkommensteuer empfiehlt diese Abgabe sich doch durch das sichere Erfassen der Steuerpflichtigen, die leichtere Schätzung des Steuerobjektes und ihre sich im wesentlichen gleichmäßig bleibenden Ergebnisse. So sind die Ertragssteuern auch heute noch von hervorragender Bedeutung.

Bei jeder Steuer sind Personen die Pflichtigen, bei den Ertragssteuern sind es diejenigen, denen die Erträge zukommen.[1]) Gegenstand der Steuer ist im allgemeinen der Ertrag des einzelnen nutzbaren Objektes, wobei als Quellen der Erträge erscheinen Grundstücke und Gebäude, dann der Betrieb von Gewerben, die Kapitalien und endlich die menschliche Arbeitskraft. Die Erträge all dieser Quellen sind auch in den einzelnen Staaten thatsächlich mit Steuern belegt,[2]) in Preußen ist aber das Ertragssteuersystem in

---

[1]) Häufig werden die Ertragssteuern als dingliche Abgaben bezeichnet. Dies bedeutet aber keine Abweichung von dem im Texte ausgesprochenen Grundsatze, sondern besagt nur, daß die Ertragsquelle für die fällig gewordenen Abgabenbeträge in der Art verhaftet bleibt, daß ein privatrechtliches Veräußerungsgeschäft dem Steuerberechtigten nunmehr die in der Ertragsquelle liegende Sicherheit für die rückständige Steuer nicht mehr entziehen kann; der Steuerberechtigte ist befugt, sich sowohl an die Person wie an die Ertragsquelle zu halten. In Theorie und Praxis werden indes häufig auch andere Auffassungen vertreten.

[2]) So bestehen Grund- und Gebäudesteuern für die Erträge des Grund-

Staat und Gemeinde nur unvollkommen entwickelt; allein die Erträge des Grundvermögens und Gewerbebetriebes unterliegen der Steuer, während nicht nur der Ertrag menschlicher Arbeit, sondern auch die Renten werbender Kapitalien in Staat und Gemeinde bisher von Abgaben frei sind.

Die Grund= und Gebäudesteuer wie die Gewerbesteuer des preußischen Staates nehmen nun aber zu ihrem Maßstabe nicht den wirklichen Ertrag des besteuerten Objektes, sondern sie richten sich nach mehr äußerlichen Merkmalen, insbesondere nach dem durch= schnittlichen Ertrage eines längeren Zeitraums, die Grundsteuer ist auf die einzelnen Liegenschaften sogar in festen, unveränderlichen Beträgen gelegt. So sind diese Abgaben für die gemeindliche Be= steuerung nur wenig geeignet, trotzdem hat auch hier das System der Zuschläge nicht geringe Verbreitung gefunden, wenn sich da= neben auch häufig selbständige gemeindliche Realsteuern finden; viel= fach haben die Städte auch von der Einführung solcher Steuern überhaupt abgesehen.

II. Nach geltendem Recht sind zur Entrichtung der Grund= und Gebäudesteuer alle physischen und Verbandspersonen [1]—[4] ver= pflichtet, die im Stadtbezirke ein Grundstück oder ein Gebäude im Eigentum oder Besitz haben. Nur in Hannover brauchen außer den physischen Personen nur diejenigen Verbandspersonen zu steuern, deren hauptsächliche Zweckbestimmung der Betrieb eines Gewerbes ist und deren verantwortlicher Geschäftsführer das Bürgerrecht er= worben hat. [5]

Gegenstand der Steuer soll immer der Ertrag des Grundver=

---

vermögens, Gewerbesteuern, Kapitalrentensteuern und Lohn= sowie Besoldungs= steuern für die Erträge aus Gewerbebetrieb, für die Nutzungen von Kapitalien und für den Ertrag der menschlichen Arbeitskraft.

[1] Über die Verbandspersonen, welche der Gemeindesteuer unterliegen, vgl. S. 258 ff. Dort ist auch auf die abweichenden Ansichten hingewiesen.

[2] Eingetragene Genossenschaften, die Grundstücke besitzen, sind auch zur Entrichtung der Steuer verpflichtet. Anders OVGE. Bd. 14 Nr. 26.

[3] Auch die servisberechtigten Militärpersonen des aktiven Dienststandes haben diese Steuer zu tragen.

[4] Wegen der verstaatlichten Privateisenbahngesellschaften vgl. OVGE. Bd. 15 Nr. 19.

[5] Vgl. S. 56.

mögens sein; oft knüpft die Steuer aber auch, wie schon erwähnt, an mehr äußerliche Merkmale an und macht diese zu ihrem Maß= stabe. So ist es bei der staatlichen Grund= und Gebäudesteuer; die Grundsteuer wird hier nach dem mittleren nachhaltigen Rein= ertrage der einzelnen Liegenschaften bemessen, ohne daß dabei die Eigentumsverhältnisse und der wirtschaftliche Zusammenhang mit anderen Grundstücken berücksichtigt wird, der Gebäudesteuer liegt der jährliche Nutzungswert des Gebäudes ohne Abzug der Unterhaltungs= kosten zu Grunde. Schließt sich die Gemeindesteuer dem staatlichen Steuersysteme an, so gelten dessen Grundsätze regelmäßig auch für diejenigen Fälle, in denen die Gemeindeorgane zu selbständiger Ein= schätzung berufen sind; von ihrer eingehenden Darstellung kann indes hier abgesehen werden, da solche Fälle nur selten vorkommen, es genüge die Verweisung auf die staatlichen Gesetze.[1]) Besteht eine besondere Gemeindegrund= oder Gebäudesteuer, so richtet sich die Einschätzung und Veranlagung zunächst nach den Vorschriften des Ortsstatuts, allgemeine Bestimmungen sind nicht gegeben.

Mag nun aber die Steuer nach dem Zuschlagssysteme oder in selbständiger Weise erhoben werden, immer müssen gewisse Klassen von Grundstücken und Gebäuden von der Abgabe verschont bleiben. Es sind dies folgende:

a) In den alten Provinzen sind die Grundstücke und Gebäude, die dem Reiche, dem Staate, den Provinzen, Kreisen, Gemeinden, Kirchenkorporationen und anderen öffentlichen Verbänden gehören und die zugleich in den östlichen Provinzen und Westfalen bereits bei Erlaß der königlichen Verordnung vom 8. Juni 1834 und in der Rheinprovinz schon bei dem Ergehen der Städteordnung[2]) vom 15. Mai 1856 zu einem öffentlichen Dienst oder Gebrauch bestimmt worden sind,[3]) von der städtischen Grund= und Gebäudesteuer be=

---

[1]) Vgl. dazu auch Gesetz vom 8. Februar 1867 betr. die definitive Unter= verteilung und Erhebung der Grundsteuer sowie die dem Grundsteuergesetz vom 21. Mai 1861 beigegebene Anweisung für das Verfahren bei Ermittelung des Reinertrages der Liegenschaften.

[2]) Die königliche Verordnung vom 8. Juni 1834 hat in der Rheinprovinz erst durch die Städteordnung von 1856 Geltung erhalten.

[3]) Zu diesen Grundstücken und Gebäuden gehören jedenfalls die folgenden: a) Gassen, Plätze, Brücken, Land= und Heerstraßen, die Schienenwege der Eisen=

freit, wenn sie zu dem eben erwähnten Zeitpunkte davon frei waren.[1]) Waren die Grundstücke und Gebäude bei Erlaß der königlichen Ver= ordnung vom 8. Juni 1834 [2]) von der Gemeindeabgabe nicht be= freit, so unterliegen sie auch für die Folge den Steuern, zu denen sie bisher pflichtig waren.

Sind diese Grundstücke und Gebäude erst nach dem Erlaß der königlichen Verordnung vom 8. Juni 1834 [2]) von öffentlichen Korporationen erworben oder doch erst nach dieser Zeit zu einem öffentlichen Dienst oder Gebrauche bestimmt, [3]) so ist die Regelung verschieden. Ist das Grundstück unbebaut, so wird es von der Grundsteuer frei, ist es dagegen mit Gebäuden besetzt, so muß die davon seither entrichtete Steuer auch ferner gezahlt werden. [4]) Wird

bahnen, Fahr= und Fußwege, Leinpfade, Ströme, Flüsse, Bäche, Brunnen, schiffbare Kanäle, Häfen, Werfte, Ablagen, Festungswerke, Exerzierplätze, Kirch= höfe, Begräbnisplätze, Spaziergänge, Luft= und botanische Gärten. b) Lediglich zur Bepflanzung öffentlicher Plätze, Straßen und Anlagen bestimmte Baum= schulen und die zur Uferbefestigung öffentlicher Ströme oder Flüsse sowie des Meeres dienenden Anpflanzungen, ferner auch die Deichanlagen öffentlicher Deichverbände. c) Die zum Gebrauche öffentlicher Behörden oder zu Dienst= wohnungen für Beamte bestimmten Gebäude als: Militär=, Regierungs=, Justiz=, Polizei=, Steuer= und Postverwaltungsgebäude; Kreis= und Gemeindehäuser. Desgleichen auch die dazu gehörigen, mit den Gebäuden in derselben Befrie= bigung belegenen Hofräume und Gärten. d) Kirchen, Kapellen und andere dem öffentlichen Gottesdienste gewidmete Gebäude nebst den in derselben Be= friedigung belegenen Höfen und Gärten. e) Die Diensthäuser der mit geist= lichen Funktionen bekleideten Personen der verschiedenen Religionsgesellschaften; ebenso auch die Diensthäuser der Lehrer an höheren Schulen und der Semi= narien. f) Bibliotheken, Museen, Universitäts= und alle anderen zum Unterricht bestimmten Gebäude. g) Armen=, Waisen= und Krankenhäuser; Besserungs=, Aufbewahrungs= und Gefängnisanstalten. Ebenso die mit den zu e—g ge= nannten Gebäuden in derselben Befriedigung belegenen Hofräume und Gärten.

[1]) Vgl. OVBGE. Bd. 11 Nr. 8 und Minvfg. vom 24. Oktober 1855 (VMBl. S. 198). — Die Grundstücke und Gebäude müssen übrigens dem öffentlichen Dienste oder Gebrauche unmittelbar dienen. Vgl. auch Friedrichs, Die Kreisabgaben. Berlin u. Leipzig 1882. S. 98 ff.

[2]) In der Rheinprovinz ist der Erlaß der Städteordnung vom 15. Mai 1856 maßgebend.

[3]) Vgl. OVBGE. Bd. 11 Nr. 8.

[4]) Nicht auch die bisherigen Beträge, die sich vielmehr wie bei den übrigen Pflichtigen ändern. Anders die herrschende Praxis.

später die Steuer aufgehoben oder fällt das Objekt der Steuer hin=
weg, so wird das Grundstück abgabenfrei. [1]

Hört die Bestimmung des Grundstücks oder des Gebäudes zu
einem öffentlichen Dienste oder Gebrauche auf, so erhalten die all=
gemeinen Regeln wieder ihre Geltung.

In gleichem Umfange wie die Grundstücke des Staats und der
übrigen öffentlichen Korporationen sind alle Brücken, Kunststraßen,
Schienenwege der Eisenbahnen und schiffbaren Kanäle, die mit Ge=
nehmigung des Staates von Privatpersonen oder Aktiengesellschaften
zum öffentlichen Gebrauch angelegt sind, von der Gemeindegrund=
steuer befreit.

b) In Hannover, Schleswig=Holstein und Frankfurt a/M.
sind alle zu einem öffentlichen Dienst oder Gebrauche bestimmten
Grundstücke und Gebäude, in Frankfurt a/M. auch die ertragsun=
fähigen Grundstücke von der Steuer befreit. [2] Waren jedoch diese
Grundstücke und Gebäude in Hannover bereits vor dem Ver=
fassungsgesetze vom 5. September 1848 dem öffentlichen Dienst oder
Gebrauche gewidmet und unterlagen sie damals trotzdem der Ge=
meindebesteuerung, so sind sie ihr auch unterworfen geblieben.
Wenn in Hannover in Gebäuden, die an sich auf Steuerfreiheit
Anspruch haben, Wohnungen sind, so wird die Steuer nach dem
Verhältnis entrichtet, in dem die Wohnräume zu dem ganzen Ge=
bäude stehen.

---

[1] Daher fällt die Verpflichtung zur Steuerzahlung fort, wenn das Gebäude,
von dem die Steuer entrichtet wird, untergeht. Vgl. dazu OVGE. Bd. 16
Nr. 25. — Ebenso hört die Verpflichtung zur Steuerzahlung auf, wenn an
Stelle einer Zwecksteuer eine allgemeine Steuer eingeführt wird, da diese eben
nicht mehr dieselbe Steuer ist. Vgl. auch OVGE. Bd. 15 Nr. 20. Die Ver=
pflichtung besteht dagegen fort, wenn nur die Erhebungsform der Steuer ge=
ändert wird. Anders OVGE. Bd. 16 Nr. 25. Wird der Maßstab, nach dem
die Steuer veranlagt wird, geändert, so wird dadurch eine andere Steuer ein=
geführt, und es tritt nunmehr Abgabenfreiheit ein. War z. B. ein Gebäude
früher nach der Anzahl der Rauchfänge besteuert und es wird dann eine Be=
steuerung nach dem Nutzungswert der Gebäude eingeführt, so wird das Gebäude
steuerfrei.

[2] Voraussetzung für die Befreiung von der Gemeindesteuer ist hier, daß
diese Grundstücke und Gebäude zu der Staatssteuer nicht herangezogen werden.
Vgl. OVGE. Bd. 4 Nr. 16.

c) Außer in Hannover sind die Dienstgrundstücke [1]) der Geist=
lichen und Volksschullehrer überall von der Gemeindesteuer befreit,
die Dienstgrundstücke der Kirchendiener sind es allgemein in den
östlichen Provinzen, Westfalen, Frankfurt a/M. und Schleswig=
Holstein, dagegen in der Rheinprovinz nur so weit, als ihre Be=
freiung bereits bei Verkündung der Gemeindeordnung vom 11. März
1850 zu Recht bestand.

d) In den östlichen Provinzen soll der Provinziallandtag mit
Genehmigung des Königs Bestimmungen darüber treffen, inwieweit
auch Waldungen zu der Steuer herangezogen werden dürfen. Bis
zum Ergehen dieser Verordnung verbleibt es bei dem Zustande, der
bei Verkündung der Städteordnung von 1853 galt. In den west=
lichen Provinzen sind die Staatswaldungen, die bei Erlaß der
Städteordnungen von 1856 von den nach dem Grundsteuerfuße
verteilten Gemeindelasten befreit waren, auch fernerhin von der
Entrichtung der Gemeindegrundsteuer entbunden.

e) Überall sind die königlichen Schlösser und Gärten von der
Steuer frei, in Hannover genießen auch die Standesherren die
gleiche Befreiung für ihre Schlösser und Gärten, die innerhalb der
Standesherrschaft liegen, falls dieser Vorzug bereits bei Verkün=
dung des Verfassungsgesetzes vom 5. September 1848 zu Recht
bestand.

f) In Schleswig=Holstein kann durch Ortsstatut, in den
übrigen Gebieten auch durch Gemeindebeschluß für neu errichtete
Gebäude zeitweilige Abgabenfreiheit gewährt werden. [2]) Wenn in
Schleswig=Holstein eine Erweiterung des Stadtbezirkes erfolgt, kann
den neu hinzugeschlagenen Grundstücken zeitweilige Befreiung oder
Ermäßigung der Grundsteuer zugestanden werden.

---

[1]) Vgl. Entscheidung des Obertribunals vom 12. März 1863, Entsch. Bd. 49
S. 249, und siehe auch Minvfg. vom 4. Juli 1871 (BMBl. S. 246). Zu den
Dienstgrundstücken gehören auch die auf ihnen errichteten Gebäude, insbesondere
auch die Diensthäuser. Wo in der Rheinprovinz die Dienstgrundstücke der
Kirchendiener nicht überhaupt befreit sind, gilt für deren Diensthäuser doch die
Befreiung nach Maßgabe der königlichen Verordnung vom 8. Juni 1834. —
Ueber den Begriff der Geistlichen vgl. ALR. II, 11 § 59.

[2]) Diese Befreiung muß dann aber allen Gebäuden und Grundstücken,
die unter die Bestimmungen des Ortsstatuts oder Gemeindebeschlusses fallen,
gleichmäßig gewährt werden.

III. Andere Befreiungen können von den Städten nicht einge=
führt werden. Die Steuerfreiheiten, welche bei Einführung der Städte=
ordnungen in Geltung waren, sind in Hannover und Frank=
furt a M. aufgehoben, in den alten Provinzen und Schleswig=Hol=
stein sind sie gleichfalls erloschen, falls sie nicht binnen Jahresfrist
nach Einführung der Städteordnung ¹) bei dem Stadtvorstande an=
gemeldet wurden oder in Schleswig=Holstein in dem Ortsstatut, das
bei Einführung der Städteordnung vom 14. April 1869 galt, bereits
festgestellt waren. Die übrigen Befreiungen bestehen fort, können
aber von den Städten zum zwanzigfachen Betrage ihres Jahres=
wertes abgelöst werden.

### cc. Die Gewerbesteuer.

StO. 53 §§ 4, 53. W. §§ 4, 52. Rh. §§ 4, 49. SH §§ 22, 23, 25, 27, 72. Fr.
§§ 7, 8, 10, 62. H. §§ 12, 13, 25. Bundespräsidialverordnung vom $\frac{22.\ \text{Dezember } 1868}{23.\ \text{September } 1867}$.
§ 1. Gesetz vom 30. Mai 1820 wegen Entrichtung der Gewerbesteuer. Gesetz
vom 19. Juli 1861 betr. einige Abänderungen des Gesetzes wegen Entrichtung
der Gewerbesteuer. Gesetz vom 20. März 1872 betr. einige Abänderungen der
Gesetze wegen Entrichtung der Gewerbesteuer. Gesetz vom 5. Juni 1874 betr.
einige Abänderungen der Vorschriften über die Besteuerung der Gewerbe der
Bäcker, Fleischer, Brauer, der Agenten der Versicherungsgesellschaften, der Klein=
händler und des Gewerbebetriebes im Umherziehen.
v. Möller § 89. Steffenhagen §§ 37, 121.

Städtische Gewerbesteuern finden sich nicht häufig. Wo sie
vorkommen, sind sie entweder ganz selbständige Gemeindesteuern
oder sie schließen sich der staatlichen Gewerbesteuer an, sei es nur
in den Einschätzungsgrundsätzen oder auch in der Abgrenzung der
steuerpflichtigen Gewerbe. Immer darf aber nur das stehende Ge=
werbe, das im Gemeindebezirke betrieben wird, mit der Steuer be=
legt werden; Zuschläge zu der staatlichen Hausiergewerbesteuer ²) sind
ebenso unstatthaft wie besondere Gemeindeabgaben ³) vom Gewerbe=

---

¹) In den Städten, wo die Gemeindeordnung vom 11. März 1850 ein=
geführt war, muß die Anmeldung binnen Jahresfrist nach deren Einführung
geschehen sein.
²) Auch in Hannover.
³) Dies ist zwar in den Städteordnungen nicht ausdrücklich gesagt. das
Verbot entspricht aber der Anschauung des Gesetzes und ist ständig festgehaltener
Grundsatz der Verwaltungspraxis.

betrieb im Umherziehen. Unter dieser Beschränkung können nun
aber alle, die in der Stadt ein Gewerbe betreiben, zur Steuer heran=
gezogen werden. In gleichem Maße unterliegen ihr die Einwohner
und die Fremden, die Forensen und Verbandspersonen,[1][2] sowie
auch die servisberechtigten Militärs des aktiven Dienststandes.

Für den Fortbestand und die Ablösung dinglicher Befreiungen
von der Gewerbesteuer gelten die soeben für die Grundsteuer ent=
wickelten Regeln.

### dd. Die Aufwandssteuern.

**Lustbarkeits=, Hunde= und Mietssteuer.**

StD. 53 § 53. W. § 52. Rh. § 49. SH. § 72. Fr. § 62. H. § 114. ALR. II,
19 § 27 Gesetz vom 8. März 1871 betr. die Ausführung des Bundesgesetzes
über den Unterstützungswohnsitz § 74 a. E. Freizügigkeitsgesetz vom 1. No=
vember 1867 § 8. Bundespräsidialverordnung vom $\frac{22.\ \text{Dezember } 1868}{23.\ \text{September } 1867}$ § 1.
Königliche Verordnung vom 29. April 1829 wegen Einführung einer Hunde=
steuer. Reichsgesetz vom 31. Mai 1881 betr. die Besteuerung der Dienst=
wohnungen der Reichsbeamten.
v. Möller § 101, 103. Steffenhagen §§ 124.

I. Als städtische Aufwandssteuern läßt sich eine Gruppe von
Abgaben zusammenfassen, deren gemeinsames Merkmal es ist, daß
sie zum Maßstabe ihrer Besteuerung den Aufwand machen, den der
Pflichtige offenbart. Im übrigen ist sowohl ihre rechtliche wie ihre
wirtschaftliche Natur verschieden. Rechtlich besteuern sie einmal den
Besitz und Gebrauch eines wirtschaftlichen Gutes — so die Steuern
auf das Innehaben einer Wohnung, das Halten von Prunkwagen
(Equipagen), Luxuspferden und Luxushunden —, dann aber liegt
die Abgabe auch auf der Ausübung einzelner Handlungen, durch
die das Treiben von Aufwand offenbart wird, wie dies bei der
Lustbarkeitssteuer der Fall ist. Damit vereinigen sich gewerbe= und
sittenpolizeiliche Rücksichten, die vielfach bei der Feststellung dieser
Abgaben in Betracht kommen und namentlich zur besonderen Be=
steuerung der sogenannten Jahrmarktsgewerbe geführt haben. Wirt=
schaftlich ist der Charakter der Steuer verschieden je nach ihrem
Objekte. In der Regel sind es Gegenstände des Luxus und des

---

[1] Vgl. dazu aber OVGE. Bd. 14 Nr. 26.
[2] Wegen der verstaatlichten Privateisenbahnen vgl. die bei Besprechung
der Grundsteuer angeführten Gesetze.

Lebensgenusses, die mit der Abgabe belegt werden; wenn sich die Steuer aber an Objekte knüpft, die ein notwendiges Bedürfnis des Pflichtigen befriedigen, wie sich dies bei der Mietssteuer zeigt, so nähert sie sich den Kopfsteuern oder auch den Abgaben vom Ein= kommen.[1]

In den preußischen Städten finden sich heute von Aufwands= steuern: Lustbarkeits= und Luxusabgaben, Hunde= und Mietssteuern. Sie alle sind selbständige Gemeindesteuern.

II. Pflichtig sind in jedem Falle nur die Einwohner und die Fremden, die sich drei Monate hindurch im Stadtbezirk aufhalten. Dagegen dürfen weder die servisberechtigten Militärs des aktiven Dienststandes noch die Forensen und Verbandspersonen zu diesen Steuern herangezogen werden, die herrschende Meinung ist allerdings eine andere. In der Praxis wird angenommen, daß diesen Steuern jeder unterworfen sei, der im Stadtgebiete das bestimmte Objekt inne hat oder die Handlung begeht, an welche die Abgabe geknüpft ist; man übersieht dabei, daß das gemeindliche Steuerrecht, ungleich dem Rechte des Staates, auf gewisse Personenklassen beschränkt ist.

III. Die Lustbarkeitssteuer kann auf die Veranstaltung aller[2] Lustbarkeiten im städtischen Gebiete gelegt werden; gewöhnlich trifft sie aber nur die öffentlichen Lustbarkeiten, zu denen überall auch der Betrieb der Jahrmarktsgewerbe gerechnet wird.[3] Der Tarif, nach dem die Steuer erhoben wird, ist in den einzelnen Städten und auch bei den einzelnen Objekten der Abgabe verschieden.[4]

---

[1] Erscheint die Aufwandssteuer als mittelbare Einkommensteuer, was ja im einzelnen Falle zu prüfen und nach den Anordnungen der Steuerordnung zu entscheiden ist, so treten in Hannover und Schleswig=Holstein die Begünsti= gungen der Beamten bei der Einkommenbesteuerung — vgl. S. 242 ff. — auch für diese Steuer in Kraft. Das Einschätzungsverfahren ist dann mit Ge= nehmigung des Bezirksausschusses so zu regeln, daß auch bei dieser Abgabe das Diensteinkommen des Beamten nur halb so hoch wie anderes gleich hohes persönliches Einkommen der Steuerpflichtigen veranlagt wird.

[2] Vgl. OVGE. Bd. 12 Nr. 24.

[3] Die Besteuerung der Jahrmarktsgewerbe stellt sich zwar als Gewerbe= steuer dar und trifft meist das Hausiergewerbe, sie ist aber um deshalb weder reichs= noch landesgesetzlich verboten.

[4] Ein Normalregulativ ist durch die Minvfg. vom 23. Februar 1889 (BMBl. S. 38) aufgestellt. Siehe dazu Minvfg. vom 27. Februar 1890 (BMBl. S. 43.) Vgl. auch Minvfgn. vom 5. Mai 1868 (a. a. O. S. 210), 14. Ja=

IV. Die Luxusabgabe besteuert den Gebrauch einzelner Gegen=
stände des Nutzvermögens, die nicht notwendige menschliche Bedürf=
nisse befriedigen. In früheren Zeiten war häufiger von Staat und
Gemeinde auf das Halten von Bedienten, von Prunkwagen, Luxus=
pferden und auch wohl noch anderen Gegenständen des Luxus eine
Abgabe gelegt. Gegenwärtig sind diese Steuern, vielleicht zu sehr,
in Verfall geraten; von erheblicherer Bedeutung ist nur noch die
Hundesteuer. Ihre Einführung wurde den Städten der alten Pro=
vinzen durch die königliche Verordnung vom 29. April 1829 ge=
stattet, nachdem bereits vorher in verschiedenen Regierungsbezirken
die Erhebung der Steuer nachgelassen war. Auch in Schleswig=
Holstein und Frankfurt a/M. bestand bei der Einverleibung dieser
Gebiete in den preußischen Staat eine gemeindliche Hundesteuer, die
auf besonderen Gesetzen beruhte. All diese Einzelbestimmungen sind
aber nunmehr durch die allgemeine Ermächtigung der Städteord=
nungen, wonach die Städte selbständige Gemeindesteuern jeder Art
einführen dürfen, außer Kraft gesetzt, und heute beruht daher die
Abgabe, welche auf das Halten von Hunden gelegt ist, lediglich auf
den allgemeinen Bestimmungen über das städtische Steuerrecht.
Diese Ansicht wird von der geltenden Praxis nicht geteilt. Allein
der Rechtssatz, daß Spezialgesetze nicht durch spätere allgemeine
Gesetze aufgehoben werden, kann gegenüber Kodifikationen nicht
geltend gemacht werden,[1] die weitere Ausführung aber, daß die
älteren Verordnungen um deshalb fortbestehen, weil sie im Gewande
der Steuer sicherheitspolizeiliche Zwecke verfolgen, ist abzuweisen,
da vielfach mit der Einrichtung von Steuern noch andere Zwecke
verfolgt werden, als gerade nur die Beschaffung von Einnahmen,[2]
ohne daß dadurch der rechtliche Charakter der Steuer eben als einer
Steuer verändert wird.[3]

---

nuar 1869 (a. a. O. S. 31), 30. März 1879 (a. a. O. S. 149) und 14. April
1885 (a. a. O. S. 80).

[1] Vgl. hierzu die Ausführungen bei OVGE. Bd. 16 Nr. 27 S. 190.

[2] Es sei beispielsweise an die Schutzzölle erinnert.

[3] Da nun einmal die Praxis und anscheinend auch das Oberverwaltungs=
gericht anderer Ansicht ist, seien hier kurz die Grundsätze der königlichen Ver=
ordnung vom 29. April 1829 dargestellt. Danach darf in den Städten auf
das Halten von Hunden eine Steuer gelegt werden, die indes den Betrag von

V. In einigen größeren Städten wird das Innehaben und
der Gebrauch einer Wohnung besteuert. Es kann dies in verschie=
dener Weise geschehen, entweder nach der Größe der Wohnung oder

9 M. jährlich nicht übersteigen darf. Der Steuer unterliegen, mit Ausnahme
der Exterritorialen, alle Eigentümer von Hunden, die im Stadtbezirke vor=
handen sind. Befreit von der Steuer sind nur: a) die Eigentümer solcher
Hunde, die noch an der Mutter saugen, b) die Eigentümer von Hunden, die
zur Bewachung oder zum Gewerbebetriebe dienen und hier unentbehrlich sind. *)
Die Einführung der Steuer geschieht durch Ortsstatut, das der Zustimmung
der Minister des Innern und der Finanzen bedarf und mindestens acht Wochen
vor seinem Inkrafttreten verkündet sein muß. Das Statut setzt auch, innerhalb
der gestatteten Grenze, die Höhe der Steuer fest und soll die Fälle im einzelnen
bestimmen, in denen ein Anspruch auf Steuerfreiheit besteht. Wenn darüber,
ob ein Hund steuerfrei ist, Streit entsteht, so entscheidet der Stadtvorstand,
gegen dessen Beschluß die Klage im Verwaltungsstreitverfahren gegeben ist.**)
Die Entrichtung der Steuer geschieht in halbjährlichen Vorausbezahlungen,
deren Termine im Ortsstatut festzusetzen sind. Wer sich innerhalb des halben
Jahres einen Hund anschafft, hat die volle Steuer des laufenden Termins zu
zahlen; die von den servisberechtigten Militärpersonen des aktiven Dienststandes
gezahlte Steuer fließt nicht in die Gemeindekasse, sondern wird an den Kom=
mandanten des Ortes ausgeantwortet und für militärische Zwecke verwandt.
Die Bestimmungen über die Form der Erhebung und Kontrolle der Steuer
sind im Ortsstatute zu regeln. Sucht sich jemand durch Verheimlichung seines
Hundes der Entrichtung der Steuer zu entziehen, so verfällt er in eine Geld=
strafe, die dem dreifachen Betrage der hinterzogenen Steuer entspricht. Im
Falle des Unvermögens tritt verhältnismäßige Haftstrafe, sowie Einziehung des
verheimlichten Hundes ein, der dann der polizeilichen Verfügung überlassen
bleibt. Die Geldstrafen fallen in die Ortsarmenkasse.***)†)

Für Schleswig=Holstein wird das Patent vom 20. März 1807 und das
Kanzleipatent vom 24. Mai 1834, wonach jeder Hundebesitzer jährlich bei der
Polizeibehörde eine Marke lösen und dafür einen dänischen Reichsbankthaler
(2,25 M.) zahlen soll, als noch gültig betrachtet. In Frankfurt a/M. richtet
sich die Verwaltungspraxis nach dem Gesetz vom 9. Juli 1839, das eine Steuer
von 9 M. für jeden Hund einführt.

---

*) Nicht steuerfrei sind die Hunde, welche bei einer Beschäftigung, die zum Vergnügen
betrieben wird — z. B. bei der Jagd — unentbehrlich sind. Solche Beschäftigungen können aber
auch im einzelnen Falle das Gewerbe des Pflichtigen sein, dann kommen die allgemeinen Regeln
zur Anwendung.

**) Vgl. OVGE. Bd. 16 Nr. 27.

***) Die Bestrafung von Militärpersonen erfolgt auf Antrag des Gemeindevorstandes durch
die Militärvorgesetzten.

†) Ein Normalregulativ ist durch die Ministerialverfügung vom 10. Dezember 1889 (VMBl.
S. 224) aufgestellt. Siehe dazu Minvfg. vom 27. Februar 1890 (VMBl. S. 43.)

auch nach der Zahl der Wohnräume, in der Regel wird als Maß=
stab der Mietswert der Wohnung angenommen. Ist dies der Fall,
so darf für Dienstwohnungen der Reichsbeamten der Mietswert,
von welchem die Steuer erhoben wird, höchstens zu fünfzehn Pro=
zenten des baren Gehalts dieser Beamten bemessen werden, wobei
Beträge, die der Beamte zur Bestreitung von Repräsentationskosten
und als Dienstaufwandsentschädigung erhält, dem Gehalte nicht zu=
zurechnen sind.

### ee. Die Verbrauchssteuern.[1)]
#### Die Biersteuer und die Schlachtsteuer.

I. Die Verbrauchssteuern haben heute nur geringe Wichtigkeit
für den Haushalt der preußischen Städte, auch ist die Lage der Ge=
setzgebung derart, daß die Erhebung von Verbrauchssteuern, die in
der Regel zu den indirekten Steuern gehören, äußerst schwierig ist.
Denn auch für diese Abgaben hat die Stadt nur ein festbegrenztes
Steuerrecht. Danach kann sie nur folgende Klassen zur Zahlung
dieser Steuer verpflichten:

a) ihre Einwohner,[2)]
b) die Fremden, die auf Grund dreimonatlichen Aufenthalts
   im Gemeindebezirke zu den Gemeindelasten beitragen müssen,
c) die im Stadtbezirke befindlichen servisberechtigten Militär=
   personen des aktiven Dienststandes.[3)]

Dagegen darf von allen Forensen und ebenso von den in der
Stadt befindlichen Verbandspersonen die Entrichtung von Verbrauchs=
steuern nicht verlangt werden.

II. Das Objekt der Verbrauchssteuern dürfen nur Gegenstände
sein, die zur örtlichen Konsumtion bestimmt sind, nämlich Bier,
Essig, Malz, Cider, Brennmaterialien, Marktviktualien[4)] und
Furage. Gemeindeabgaben auf Branntwein zu legen ist nicht ge=

---

[1)] Vgl. S. 233 ff.

[2)] Wegen der Beamten vgl. Gesetz vom 11. Juli 1822 § 12 und königliche
Verordnung vom 23. September 1867 § 11.

[3)] Vgl. Bundespräsidialverordnung vom $\frac{22.\ \text{Dezember } 1868}{23.\ \text{September } 1867}$ § 11.

[4)] Dazu gehört auch Wildbret. Der königliche Erlaß vom 24. April 1848
wegen Einführung einer Wildbretsteuer in den solche verlangenden mahl= und
schlachtsteuerpflichtigen Städten ist jetzt bedeutungslos geworden.

stattet, doch dürfen die Abgaben, welche bei Erlaß des Zollvereins=
vertrages vom 8. Juli 1867 bestanden, forterhoben werden,[1]) wobei
aber ihr Betrag derart festgesetzt sein muß, daß er zusammen mit
der Reichssteuer nicht über 219 M.[2]) für 1 hl Branntwein bei
einer Alkoholstärke von 50 Prozenten nach Tralles hinausgeht.[3])

III. In den letzten Jahren haben mehrere Städte, regelmäßig
unter Außerachtlassung der Schranken, die ihrem Steuerrechte gezogen
sind, eine Biersteuer von dem in die Gemeinde eingeführten Bier
und eine Malzsteuer von dem in der Gemeinde zur Bierbereitung
verwendeten Malze erhoben. Die Biersteuer darf höchstens 0,65 M.
für das Hektoliter Bier betragen, für die Braumalzsteuer, die in
der Regel als Zuschlag zur Reichsbrausteuer erhoben wird, besteht
zwar keine gesetzliche Beschränkung ihrer Höhe, doch hat die Ver=
waltungspraxis es im allgemeinen abgelehnt Zuschläge zu genehmigen,
die über fünfzig Prozente der Reichssteuer hinausgehen.[4])[5])

IV. Ganz abweichend von den bisher entwickelten Grund=
sätzen sind die Vorschriften über die Erhebung der Schlachtsteuer.
Das Gesetz vom 25. Mai 1873, das die Aufhebung der staatlichen
Schlachtsteuer anordnete, ermächtigte die bisher schlachtsteuerpflichtigen
Gemeinden zugleich, auf Grund eines Ortsstatuts diese Steuer als
Gemeindeabgabe fortzuerheben. Von dieser Erlaubnis haben einige
Städte auch Gebrauch gemacht. Der Gemeindebeschluß, der dem
Ortsstatute zu Grunde liegt, muß von drei zu drei Jahren erneuert
werden. Beschließen die Gemeindeorgane die Aufhebung der Steuer,
so fällt sie am Schlusse der drei Jahre ohne weiteres fort,[6]) andern=

---

[1]) Vgl. OVGE. Bd. 17 Nr. 25.

[2]) 30 M. von der Ohm zu 120 Quart preußisch.

[3]) Die Branntweinsteuer wird jetzt als Verbrauchsabgabe von reinem
Alkohol erhoben, die Messung der Alkoholstärke findet durch Gewichtsalkoholo=
meter statt. Vgl. Reichsgesetz vom 24. Juni 1887 § 1 und Ausführungs=
verordnung dazu vom 19. Juli 1888 A 1.

[4]) Vgl. OVGE. Bd. 16 Nr. 26.

[5]) Es sei darauf hingewiesen, daß die Reichsbrausteuer nicht nur auf Malz,
das allein der Gemeindebesteuerung unterworfen ist, sondern auch auf andere
zur Bierbereitung geeignete Stoffe gelegt ist.

[6]) Hier liegt also eine Abweichung von dem allgemeinen Grundsatze vor,
daß Gesetze nur in derselben Weise, wie sie zu stande gekommen sind, auf=
gehoben werden können.

falls liegt die Entscheidung bei den Ministern des Innern und der Finanzen. Ihr jedesmaliger Beschluß ist mit den für ihn maß= gebenden Gründen dem Landtage bei seinem nächsten Zusammentritte vorzulegen.

Für die Gemeindeschlachtsteuer gelten nun die Vorschriften fort, welche die frühere Staatssteuer regelten, insbesondere ist der Kreis der Pflichtigen derselbe geblieben.[1]) Eine Erhöhung der Abgabe über den Betrag hinaus, den sie in jeder einzelnen Stadt, einschließ= lich des Gemeindezuschlages, am 1. Januar 1875 ausmachte, ist nicht gestattet. Dagegen können Ermäßigungen der Steuersätze,[2]) Befreiungen gewisser Gegenstände von der Schlachtsteuer und andere den Schlachtsteuerverkehr erleichternde oder die Zuständigkeit der städtischen Behörden betreffende Änderungen der Vorschriften, die für die staatliche Schlachtsteuer bestanden, durch die städtischen Steuer= ordnungen eingeführt werden. Die Steuerordnung bedarf, wie dies jetzt für alle besonderen Gemeindesteuern gilt, der Zustimmung der Minister des Innern und der Finanzen.

Umfaßt der bei der Stadt bestehende Schlachtsteuerbezirk noch andere Ortschaften oder Teile von anderen Ortschaften, so muß diesen Ortschaften nach Verhältnis ihres Beitrags zu dem Ertrage der Schlachtsteuer ein entsprechender Anteil gewährt werden, dessen

---

[1]) Ausgenommen von der Beitragspflicht sind auf Grund reichsgesetzlicher Vorschrift die Fremden, die sich nicht mindestens 3 Monate hindurch in der Stadt aufhalten, und die Militärspeiseeinrichtungen in dem Umfange, wie ihnen vor Erlaß der Städteordnungen diese Befreiung zustand. Demgemäß muß da, wo eigene Speisungsanstalten für das Militär bestehen, die Schlachtsteuer für das darin verbrauchte Fleisch, soweit es genau nachgewiesen und kontrolliert werden kann, dem Militär zurückvergütet werden, mögen diese Speiseanstalten in Kasernen, in Speisevereinen, welche von einzelnen Truppenteilen unter Aufsicht und Kontrolle der Militärvorgesetzten errichtet sind, in Lazaretten, in Kadetten= häusern oder bei Militärstraffektionen bestehen. Ebenso ist die Schlachtsteuer für das von den Truppen unter anderen Verhältnissen z. B. in Lagern oder Kantonnements verbrauchte Fleisch zurückzuvergüten, soweit es genau nach= gewiesen und kontrolliert werden kann (wörtlich nach v. Möller § 23). Vgl. dazu RGCE. Bd. 24 Nr. 1. — Der Anspruch der Militärverwaltung auf Erstattung der gezahlten Steuer kann an Dritte abgetreten werden. Siehe Erk. des Kompe= tenzgerichtshofs vom 13. November 1880 (VMBl. 1881 S. 6).

[2]) Eine spätere Wiedererhöhung der ermäßigten Steuersätze ist aus= geschlossen.

Höhe zunächst der Vereinbarung der Beteiligten unterliegt, im
Streitfalle aber von den Ministern des Innern und der Finanzen
aorbehaltlich des Rechtsweges festgestellt wird.[1])

### ff. Die Verkehrssteuern.

Verkehrssteuern bestehen nur selten in den preußischen Städten;
wo sie sich finden, unterliegen sie den allgemeinen Bestimmungen.
Von der Lustbarkeitssteuer ist bereits gesprochen worden, ein Beispiel
einer Abgabe vom Besitzwechsel ist das Währschaftsgeld in Frank=
furt a/M.[2]) Die sogenannten Kommunikationsabgaben,[3]) die hin
und wieder noch vorkommen, haben meist den Charakter von Gebühren
oder von Regalien.

### f. Die Veranlagung der Steuerpflichtigen und die Verteilung der Steuersummen.

StD. 53 u. W. § 56⁹. Rh. § 53⁹. Sch. § 60¹. Fr. § 63⁹. H. § 97⁹. Ge=
setze betr. die Verteilung der öffentlichen Lasten bei Grundstücksteilungen und
die Gründung neuer Ansiedelungen vom 25. August 1876 in den Provinzen
Preußen, Brandenburg, Pommern, Posen, Schlesien, Sachsen (und Westfalen);
vom 4. Juli 1887 in der Provinz Hannover; vom 13. Juni 1888 in der Pro=
vinz Schleswig=Holstein. Zust.Ges. § 18.
v. Möller § 110. Steffenhagen § 66.

I. Die Ermittelung der Steuerpflichtigen, ihre Einschätzung
gemäß den gesetzlichen Regeln, die Auferlegung des schuldigen
Steuerbetrages und die Bekanntmachung der zu entrichtenden Summe
an den Einzelnen ist die Aufgabe des Stadtvorstandes,[4]) der sich
dabei innerhalb der Grenzen der Gesetze und Gemeindebeschlüsse zu
halten hat.[5])

II. Besondere Bestimmungen gelten für die Verteilung von

---

[1]) Jede der beteiligten Gemeinden ist berechtigt, jederzeit eine Neuordnung
der Verteilung zu verlangen.

[2]) Vgl. Verordnung vom 15. August 1867 betr. die Verwaltung des
Stempelwesens und den Urkundenstempel in der ehemals freien Stadt Frank=
furt a/M. § 5.

[3]) z. B. Chaussee=, Brücken=, Fährgelder.

[4]) oder eines Verwaltungsausschusses.

[5]) Die Veranlagung muß im allgemeinen nach dem zu der Zeit, da sie
vorgenommen wird, geltenden Recht erfolgen. Vgl. OVGE. Bd. 12 Nr. 19.

Abgaben und Leistungen,[1] die auf Grundstücken haften oder doch mit Rücksicht auf Grundbesitz zu entrichten sind, wenn die belasteten Grundstücke zerteilt werden. In den östlichen Provinzen, Schleswig-Holstein und Hannover wird dann die Verteilung durch den Stadtvorstand nach Maßgabe der Grund- und Gebäudesteuer bewirkt.[2] Falls dieser Maßstab nicht anwendbar ist, oder von dem Verhältnisse des Ertrags- oder Nutzungswertes der einzelnen Teilstücke erheblich abweicht, so ist dieser Wert der Verteilung zu Grunde zu legen. Bei seiner Ermittelung sollen die für die Grund- und Gebäudesteuer bestehenden Vorschriften zum Anhalte dienen.

Der Verteilungsbeschluß wird in urkundlicher Form festgesetzt und den Interessenten bekannt gemacht. Innerhalb zweier Wochen nach der Zustellung steht dann dagegen die Klage im Verwaltungsstreitverfahren offen.[3] Entstehen Streitigkeiten über das Vorhandensein, den Umfang oder die rechtliche Natur der zu verteilenden Abgabe, so ist das Verfahren verschieden, je nachdem der Stadtvorstand dieser Abgabe den Charakter einer Gemeindelast zuerkennt oder annimmt, daß ihre rechtliche Natur eine andere sei. Im ersten Falle ist gegen die Entscheidung des Stadtvorstandes die Klage im Verwaltungsstreitverfahren gegeben, für die der Bezirksausschuß zuständig ist,[4] bei der anderen Möglichkeit kann der Beschwerdeführer

---

[1] Es wird bereits an dieser Stelle das Verteilungsverfahren nicht nur hinsichtlich der Steuern, sondern bei allen aus dem Gemeindeverbande entspringenden Lasten besprochen.

[2] Erfolgt eine Grundstücksteilung im Stadtbezirke, bei der sich eine Verteilung von Abgaben erforderlich macht, so soll der Kataster-Kontrolleur dem Stadtvorstande, in den kreissässigen Städten der östlichen Provinzen aber dem Landrate einen Auszug aus den Grundsteuerfortschreibungsprotokollen nebst den erforderlichen Angaben hinsichtlich der Gebäudesteuer übersenden. Der Stadtvorstand oder der Landrat gibt dann erforderlichenfalls dem Schulvorstande, dem evangelischen Gemeindekirchenrat und dem katholischen Kirchenvorstande Abschrift der Schriftstücke und benutzt sie selbst für seine weiteren Maßnahmen.

[3] Zuständig ist in Hannover und den Stadtkreisen Schleswig-Holsteins und der östlichen Provinzen der Bezirksausschuß, in den übrigen Städten Schleswig-Holsteins und der östlichen Provinzen der Kreisausschuß.

[4] Der Bezirksausschuß kann sich natürlich auch für unzuständig erklären, weil es sich nicht um Gemeindelasten handle. Bei der Rechtskraft dieses Urteils

seine Ansprüche gegen den Beschluß des Stadtvorstandes im Zivil=
prozesse geltend machen, doch ist dann in Hannover, sowie in den
Stadtkreisen Schleswig=Holsteins und der östlichen Provinzen der
Bezirksausschuß, in den übrigen Städten Schleswig=Holsteins und
der östlichen Provinzen der Kreisausschuß befugt, bis zum Austrag
der Sache in endgültiger Weise eine vorläufig vollstreckbare Ent=
scheidung zu treffen.

Ist die Verteilung der Abgaben und Leistungen auf die einzelnen
Trennstücke endgültig [1]) erfolgt, so ist jeder Grundstücksteil auch
nur noch für die gerade ihm auferlegten Lasten haftbar.

Die endgültig getroffenen Festsetzungen über die Lastenverteilung
können im Verwaltungszwangsverfahren vollstreckt werden.

Einer Verteilung der Abgaben und Leistungen bedarf es jedoch
in den folgenden Fällen nicht:

wenn sie auf Gebäuden, Bauplätzen, Hofstellen oder Gärten
    innerhalb der Stadt oder ihrer Vorstädte ruhen,

wenn sie von dem Besitzer eines jeden Grundstücks ohne Rück=
    sicht auf dessen Beschaffenheit oder Größe getragen werden
    müssen,

wenn sie nach Verhältnis der Staatssteuern aufzubringen sind,

wenn endlich im Falle der Vertauschung von Grundstücksteilen
    deren Eigentümer unter Zustimmung des Stadtvorstandes in
    die wechselseitige Lastenübertragung auf die Tauschstücke willigen.

So wird denn nur selten in den Städten Anlaß vorhanden
sein, von dem eben geschilderten Teilungsverfahren Gebrauch zu
machen.

### g. Die Einziehung der Steuern.

**Vorzugsrechte im Konkurs und bei der Subhastation.**

StO. 53 und W. §§ 56⁹, 68. Rh. §§ 53⁹, 62. Fr. §§ 63⁹, 75. Sch. §§ 60³, 84
H. § 18. Königliche Verordnung vom 6. November 1837 betr. die Bestimmungen
wegen der Beiträge der Städte, für welche indirekte Kommunalabgaben durch
die landesherrlichen Steuerbehörden erhoben werden, zu den Kosten dieser

---

ist dann der ordentliche Rechtsweg zu beschreiten und entstehendenfalls der
negative Kompetenzkonflikt in der regelmäßigen Weise auszutragen.

[1]) Vgl. dazu OVGE. Bd. 12 Nr. 36 und 74.

Steuererhebung § 1. Königliche Verordnung vom 7. September 1879 betr. das Verwaltungszwangsverfahren wegen Beitreibung von Geldbeträgen.[1]) v. Möller § 85. Steffenhagen § 129.

I. Die Vermögens-, Einkommen- und Ertragssteuern sowie die Mietssteuer werden auf Grund von Hebelisten eingezogen, die zuvor öffentlich ausgelegt sind[2]) und die in den westlichen Provinzen demnächst ausdrücklich für vollstreckbar erklärt werden müssen.[3]) Vielfach erfolgt auch neben der Auslegung der Hebeliste eine besondere Benachrichtigung jedes Steuerpflichtigen über den von ihm geschuldeten Betrag, in den östlichen Provinzen, Schleswig-Holstein und Frankfurt a/M. kann diese Bekanntmachungsart auch geradezu an die Stelle der Hebelisten treten.[4])

Nach Schluß der Heberollen ist der einzelne Pflichtige gehalten, seinen Steuerbetrag innerhalb der im Ortsstatute festgesetzten Frist und zu den dort bestimmten Terminen in die Kämmereikasse einzuzahlen. Vielfach wird die Steuer auch durch städtische Erhebungsbeamte von dem Pflichtigen abgeholt.

II. Die Einziehung der Verbrauchssteuern sowie der Aufwands- und Verkehrsabgaben geschieht meist auf Grund öffentlich bekannt gemachter Tarife, nach denen der Steuerbetrag, der im einzelnen Fall zu entrichten ist, von den Erhebungsbeamten berechnet wird.

III. Die Einziehung der Steuern geschieht überall durch den Gemeindeeinnehmer, der von städtischen Erhebungsbeamten unterstützt wird; doch kann die Einziehung der städtischen Verbrauchssteuern auch durch die staatlichen Steuerbehörden erfolgen, wofür dann von der Stadt fünf Prozent des Bruttoertrages als Vergütung an den Staat auszuzahlen sind.

---

[1]) Dazu ist die Ausführungsanweisung vom 15. September 1879 ergangen. Vgl. auch Minvfg. vom 15. August 1885.

[2]) In der Rheinprovinz und Westfalen müssen die Hebelisten 14 Tage hindurch ausgelegt sein; für die übrigen Gebiete ist nichts bestimmt.

[3]) Die Vollstreckbarkeitserklärung erteilt in der Rheinprovinz der Stadtvorstand, in Westfalen der Bürgermeister.

[4]) Meist werden aber die Hebelisten aus wichtigen praktischen Gründen beibehalten, da sonst die Einspruchsfrist bei jedem einzelnen Pflichtigen je nach der Zustellung des Steuerzettels an ihn verschieden sein würde.

**IV.** Werden die fälligen Steuern [1]) nicht zu bestimmter Zeit entrichtet, so werden sie im Verwaltungszwangsverfahren vom Pflichtigen beigetrieben. Zuständig für die Anordnung und Leitung des Zwangsverfahrens ist der Stadtvorstand,[2]) die Beitreibung selbst erfolgt durch eidlich verpflichtete Vollziehungsbeamte, die sich bei ihren Amtsverrichtungen in Dienstkleidung befinden oder doch durch ein Dienstschild [3]) kenntlich sein müssen. Sie werden zur Vornahme der Zwangsvollstreckung durch den schriftlichen Auftrag [4]) des Stadtvorstandes ermächtigt, bei seiner Ausführung sind sie befugt, die Wohnung und die Behältnisse des Schuldners zu durchsuchen und sich dazu die verschlossenen Hausthüren, Zimmerthüren und Behältnisse öffnen zu lassen. Wenn ihnen in ihrer amtlichen Thätigkeit Widerstand geleistet wird, so dürfen sie Gewalt anwenden und können zu diesem Zwecke auch die Unterstützung der polizeilichen Vollzugsorgane nachsuchen.[5]) Bei der Zwangsvollstreckung selbst erlassen die Beamten ihre Aufforderungen und die sonstigen Mitteilungen, die zu den Vollstreckungshandlungen gehören, mündlich an die Beteiligten und rücken sie dann vollständig in das Protokoll ein, das über jede Vollstreckungshandlung aufgenommen werden muß.[6]) Das Protokoll muß außerdem Ort und Zeit seiner Auf

---

[1]) Auch die meisten anderen Abgaben, insbesondere die Gebühren werden im Verwaltungszwangsverfahren beigetrieben. Vgl. auch S. 223. Wegen des Einkaufsgeldes vgl. S. 213.

[2]) Wenn eine Stadt zur Einziehung der staatlichen Steuern selbständige Beamte angestellt hat, so gelten diese als Vollstreckungsbehörde.

[3]) Das Dienstschild soll in der Mitte den preußischen Adler enthalten und auf der linken Brustseite getragen werden.

[4]) Das Schriftstück ist dem Beteiligten auf Verlangen vorzulegen.

[5]) Wird bei einer Vollstreckungshandlung Widerstand geleistet, oder ist bei einer in der Wohnung des Schuldners erfolgenden Vollstreckungshandlung weder der Schuldner selbst noch eine zu seiner Familie gehörige oder in dieser Familie dienende erwachsene Person gegenwärtig, so hat der Beamte zwei großjährige Männer oder einen Polizeibeamten oder auch einen Gemeindebeamten als Zeugen hinzuzuziehen.

[6]) Können die Aufforderungen und Mitteilungen des Vollstreckungsbeamten nicht mündlich geschehen, so soll der Stadtvorstand Abschrift des Protokolls demjenigen, an welchen die Aufforderung oder Mitteilung zu richten ist, zugehen lassen.

nahme enthalten, den Gegenstand der Vollstreckungshandlung unter kurzer Angabe der wesentlichen Vorgänge, die Namen der Personen, mit denen verhandelt ist, die Unterschrift dieser Personen und den Vermerk, daß die Unterzeichnung nach vorgängiger Verlesung oder Vorlegung zur Durchsicht und nach vorgängiger Genehmigung er= folgt sei, oder aber den Grund, weshalb einem dieser Erfordernisse nicht hat genügt werden können, sowie endlich die Unterschrift des Vollziehungsbeamten.[1]) Unmittelbar nach der Pfändung ist das Protokoll von dem Beamten an den Stadtvorstand einzureichen, der seinen Inhalt sorgfältig prüfen und demnächst etwa erforderliche Berichtigungen des Verfahrens veranlassen soll. Geldbeträge, die der Beamte bei den einzelnen Vollstreckungshandlungen in Empfang genommen hat, muß er in ein Rechnungsbuch eintragen und nach Erledigung der Pfändungsbefehle und Versteigerungsaufträge, unter Vorlegung des Buches, an den Stadtvorstand abliefern.[2])

Gewöhnlich soll der Zwangsvollstreckung eine Mahnung des Schuldners mit dreitägiger Zahlungsfrist vorangehen.[3]) [4]) Wird innerhalb dieser Zeit die rückständige Abgabe nicht gezahlt, so tritt nunmehr die Zwangsvollstreckung ein,[5]) [6]) die sich zunächst gegen das bewegliche Vermögen des Schuldners richtet.[7]) Als Regel gilt dabei, daß die Zwangsvollstreckung nicht weiter ausgedehnt werden darf, als zur Deckung der beizutreibenden Geldbeträge und der auf= gelaufenen Kosten erforderlich ist. Innerhalb dieser Grenzen wird

---

[1]) Vergl. hierzu noch Art. 41 der Ausführungs=Anweisung.

[2]) Vgl. dazu Art. 71 der Ausführungs=Anweisung.

[3]) Über die Fälle, in denen die Mahnung unterbleiben darf, vgl. Art. 10 der Ausführungs=Anweisung und Minvfg. vom 15. März 1888 (VMBl. S. 90).

[4]) Das Verfahren ist in Art. 12—15 der Ausführungs=Anweisung geregelt.

[5]) Über den Fortgang einer Zwangsvollstreckung, die zur Zeit des Todes des Schuldners bereits begonnen hatte, vgl. königl. Verordnung vom 7. Sep= tember 1879 § 22.

[6]) Ueber die Zwangsvollstreckung gegen Militärpersonen des aktiven Heeres und der aktiven Marine vgl. a. a. O. § 7.

[7]) In der Regel soll der Stadtvorstand ein Restverzeichniß führen, in das alle Rückstände unmittelbar nach ihrem Verfall eingetragen werden. Auf Grund dieses Verzeichnisses ergehen dann die Mahnungen und später die Befehle zur Zwangsvollstreckung. Vgl. dazu auch Art. 11 u. 17 der Ausführungs=An= weisung.

aber die Ausführung der Zwangsvollstreckung durch Zweckmäßig=
keitsgründe bestimmt. So ist denn regelmäßig diejenige Art der
Zwangsvollstreckung zu wählen, welche voraussichtlich am sichersten
und leichtesten zur Deckung der beizutreibenden Summe führen wird,
daneben soll dann allerdings auch darauf Rücksicht genommen werden,
daß dem Schuldner möglichst wenig Nachteile und möglichst geringe
Gebühren und Kosten verursacht werden.[1]

Das Verfahren ist den Bestimmungen der Zivilprozeßordnung
nachgebildet. Danach wird die Zwangsvollstreckung durch
Pfändung bewirkt.[2] Im einzelnen gilt folgendes. Körperliche
Sachen, die sich im Gewahrsam des Schuldners oder eines zur
Herausgabe bereiten Dritten befinden, nimmt der Vollziehungs=
beamte in Besitz, oder wenn er sie in dem bisherigen Gewahrsam
beläßt, so macht er doch die Pfändung durch Anlegung von Siegeln
oder auf sonstige Weise ersichtlich.[3] [4] Bei Geldforderungen des
Schuldners an einen Dritten wird dem Schuldner vom Stadtvor=
stande befohlen, sich jeder Verfügung über die Forderung zu ent=
halten, und dem Drittschuldner verboten, an den Schuldner zu

---

[1] Zur Nachtzeit sowie an Sonntagen und allgemeinen Feiertagen darf
eine Vollstreckungshandlung nur mit Erlaubnis der Ortspolizeibehörde vor=
genommen werden. Die Verfügung, durch welche die Erlaubnis erteilt wird,
ist bei der Zwangsvollstreckung vorzuzeigen. Die Nachtzeit umfaßt in den
Monaten vom 1. April bis 30. September die Stunden von 9 Uhr abends bis
4 Uhr morgens, und vom 1. Oktober bis 31. März die Stunden von 9 Uhr
abends bis 6 Uhr morgens. Vgl. auch Art. 20 der Ausführungs=Anweisung.

[2] Hinsichtlich des Verfahrens bei den Zustellungen vgl. königl. Verordnung
§§ 8—18 u. Ausführungs=Anweisung Art. 18 u. 19.

[3] Hinsichtlich der Anschlußpfändungen vgl. königl. Verordnung §§ 40, 41.

[4] Vgl. dazu Ausführungs=Anweisung Art. 31—36 u. 40. — Hinsichtlich
der Pfändung der noch nicht vom Boden getrennten Früchte vgl. königl. Ver=
ordnung § 30, Ausführungs=Anweisung Art. 38—40. Hinsichtlich der Pfän=
dung von Vieh vgl. Ausführungs=Anweisung Art. 37, 39, 40. Wird bares
Geld gepfändet, so hat der Vollziehungsbeamte dem Schuldner sofort eine
Abschrift des Pfändungsprotokolls, welche diesem als Beweis der Zahlung
dient, zu behändigen.

[5] Der Schuldner ist stets von der geschehenen Pfändung in Kenntnis
zu setzen.

[6] Nicht pfändbar sind die in der RZPO. § 715 aufgeführten Sachen.
Vgl. dazu Ausführungs=Anweisung Art. 29, 30.

zahlen; mit der Zustellung dieser Verfügung an den Drittschuldner gilt die Pfändung hier als bewirkt.[1—4] Forderungen aus Wechseln und anderen indossablen Papieren werden dadurch gepfändet, daß der Beamte diese Papiere in Besitz nimmt. Bei der Pfändung von Ansprüchen des Schuldners gegen Dritte auf Herausgabe oder Leistung körperlicher Sachen ordnet der Stadtvorstand an, daß der Schuldner sich der Verfügung darüber enthalten soll, und befiehlt dem Drittschuldner die Herausgabe oder Leistung der Sache. Handelt es sich um eine bewegliche Sache, so ist sie dann dem vom Stadtvorstande bezeichneten Vollziehungsbeamten auszuliefern, unbewegliche Sachen sind an den Sequester herauszugeben, welchen das Amtsgericht der belegenen Sache auf Antrag des Stadtvorstandes bestellt hat. In ähnlicher Weise erfolgt endlich auch die Zwangsvollstreckung in andere nutzbare Rechte des beweglichen Vermögens.[5]

Die Verwertung der gepfändeten körperlichen Sachen geschieht in der Regel durch Versteigerung seitens des Vollziehungsbeamten in der Gemeinde, in der die Pfändung erfolgt ist; der Stadtvorstand kann aber aus besonderen Gründen der Zweckmäßigkeit oder auf Antrag des Schuldners anordnen, daß die gepfändete Sache in anderer Weise oder an anderem Orte oder durch eine andere Person veräußert werde.[6—8] Vor dem Beginn der Versteigerung sollen

---

[1] Von der Zustellung ist der Schuldner in Kenntniß zu setzen.

[2] Vgl. dazu königl. Verordnung § 46 und Ausführungs-Anweisung Art. 63—65. Wegen vorläufiger Sicherungsmaßregeln vgl. königl. Verordnung § 47 und Ausführungs-Anweisung Art. 67.

[3] Nicht pfändbar sind die im § 51 der königl. Verordnung aufgeführten Forderungen des Pflichtigen.

[4] Wegen der Anschlußpfändung vgl. königl. Verordnung § 52.

[5] Vgl. dazu königl. Verordnung § 53.

[6] Vgl. dazu königl. Verordnung § 39, Ausführungs-Anweisung Art. 46.

[7] Die Versteigerung darf ohne Zustimmung des Schuldners nicht vor Ablauf einer Woche geschehen, sofern nicht Gefahr ist, daß die gepfändete Sache bis dahin in ihrem Werte beträchtlich vermindert wird oder wenn nicht die Kosten einer längeren Aufbewahrung unverhältnißmäßig groß sind. Zeit und Ort der Versteigerung sind unter allgemeiner Bezeichnung der zu versteigernden Sachen öffentlich bekannt zu machen. Vgl. Ausführungs-Anweisung Art. 49, 51, 52.

[8] Wegen der Gold- und Silbersachen vgl. königl. Verordnung § 35, Aus-

ben Kauflustigen die allgemeinen gesetzlichen Bedingungen sowie die
besonderen Bedingungen, die etwa im Versteigerungsauftrage fest=
gestellt sind, mitgeteilt werden.  Bei der Ausbietung einer jeden
Sache ist die in dem Pfändungsprotokoll enthaltene Wertschätzung
sowie bei der Ausbietung von Kostbarkeiten die durch Sachver=
ständige erfolgte Wertschätzung bekannt zu machen, auch soll bei der
Ausbietung von Gold= und Silbersachen erklärt werden, daß der
Zuschlag nicht unter dem angegebenen Metallwert erfolgt.  Die
gepfändeten Sachen sind nach Möglichkeit einzeln, zusammengehörige
Stücke jedoch zugleich auszusetzen, sofern nicht die Ausbietung im
einzelnen einen höheren Erlös erwarten läßt.  Bei der Bestimmung
der Reihenfolge ist besonders auf den Wunsch des Schuldners Rück=
sicht zu nehmen.  Quantitäten sind in ortsüblicher Weise nach Maß
oder Gewicht auszubieten.  Der Zuschlag an den Meistbietenden
erfolgt nach dreimaligem Aufruf, die Ablieferung einer zugeschlagenen
Sache darf nur gegen bare Zahlung geschehen.[1]  Reicht der Erlös
der Versteigerung zur Deckung der Schuld nicht aus, so kann
der Schuldner die weitere Pfändung dadurch abwenden, daß er vor
dem Schlusse der Versteigerung noch eine hinreichende Zahl nicht
gepfändeter Sachen hinzustellt, andernfalls wird sofort zur noch=
maligen Pfändung geschritten, sofern nicht die gänzliche Unpfänd=
barkeit des Schuldners ohnehin bereits feststeht.  Reicht der Erlös
aus zur Befriedigung der Stadt und zur Deckung der Kosten der
Zwangsvollstreckung, so wird mit der Versteigerung aufgehört und
die noch übrigen Sachen werden dann frei gegeben.  Ein etwaiger
Überschuß, der dem Schuldner noch nicht im Versteigerungstermine
ausgehändigt wurde, soll an ihn binnen einer Woche gezahlt werden.
Über den Hergang der Versteigerung ist ein Protokoll aufzunehmen,
von dem der Schuldner Abschrift verlangen kann, wie ihm auch frei=
steht, sich die Verwendung des Erlöses nachweisen zu lassen.[2]

Geldforderungen werden der Stadt zur Einziehung überwiesen.[3]

---

führungs=Anweisung Art. 47.  Wegen der Veräußerung von Wertpapieren
vgl. königl. Verordnung §§ 36, 38.  Hinsichtlich der noch nicht vom Boden
getrennten Früchte vgl. königl. Verordnung § 37.

[1] Vgl. im übrigen RZPO. § 718.
[2] Vgl. Ausführungs=Anweisung Art. 61, 62.
[3] Vgl. königl. Verordnung §§ 44, 45.

Ist bei anderen Vermögensrechten die Veräußerung des Rechts selbst möglich, so kann sie angeordnet werden, während besondere Verfügungen nötig sind, insbesondere eine Zwangsverwaltung eingerichtet werden soll, wenn nur die Ausübung des Rechts veräußerlich ist.[1]

Die Pfändung unterbleibt, wenn sich nicht erwarten läßt, daß die Verwertung der zu pfändenden Gegenstände einen Überschuß über die Kosten der Zwangsvollstreckung ergeben wird.[2][3] Sonst kann sich der Schuldner gegen die Pfändung nur dadurch schützen, daß er entweder eine Fristbewilligung des Stadtvorstandes vorzeigt oder die vollständige Berichtigung des beizutreibenden Geldbetrages durch Quittung oder durch Vorlegung eines Postscheins nachweist, aus dem sich die Einzahlung des geschuldeten Betrages an die Kämmereikasse ergibt.[4][5]

Der Vollziehungsbeamte ist zur Empfangnahme von Geldbeträgen, welche die Pfändung abwenden sollen, nur nach Maßgabe des ihm erteilten schriftlichen Auftrags ermächtigt.[6] Die Gebühren des Vollziehungsbeamten sowie die Kosten der Mahnung und Zwangsvollstreckung berechnen sich nach dem gesetzlichen Tarif und fallen dem Schuldner zur Last. Sie werden zugleich mit den rückständigen Abgaben beigetrieben und von dem Erlöse vorweg in Abzug gebracht.[7][8]

[1] Vgl. königl. Verordnung § 53.
[2] Vgl. Ausführungs-Anweisung Art. 43.
[3] Wegen des Offenbarungseides, dessen Leistung von dem Schuldner verlangt werden kann, vgl. königl. Verordnung § 27, Ausführungs-Anweisung Art. 24.
[4] Die Vorzeigung eines Postscheins über die Absendung eines Geldbriefes soll nach Art. 26 der Ausführungs-Anweisung zum Abwenden der Pfändung nicht genügen.
[5] Werden Teilzahlungen nachgewiesen, so ist die Pfändung entsprechend zu beschränken.
[6] Eine solche Ermächtigung soll in der Regel für die Gebühren und Kosten der Zwangsvollstreckung uneingeschränkt, im übrigen nur für Beträge bis zu 20 M. einschließlich erteilt werden.
[7] Der Tarif ist der königl. Verordnung vom 7. September 1879 angehängt. Von seinem Abdrucke wird hier abgesehen.
[8] Mit dem Vollziehungsbeamten soll über die ihm zukommenden Gebühren mindestens am Ende eines jeden Monats abgerechnet werden.

Ist die Beitreibung der rückständigen Abgaben durch Pfändung nicht möglich, so richtet sich die Zwangsvollstreckung gegen das un= bewegliche Vermögen des Schuldners. Die Durchführung des Ver= fahrens erfolgt im Wege der gerichtlichen Zwangsvollstreckung, wo= bei der Stadtvorstand als betreibender Gläubiger auftritt.[1])

Wegen vermeintlicher Mängel des Zwangsverfahrens, sie mögen die Form der Anordnung oder der Ausführung oder auch die Frage betreffen, ob die gepfändeten Sachen des Schuldners überhaupt zu den pfändbaren gehören, ist dem Schuldner nicht der Rechtsweg, sondern nur die Beschwerde bei dem Stadtvorstand und gegen dessen Bescheid bei dem Regierungs=Präsidenten gegeben.[2])

V. Fällt ein Steuerpflichtiger in Konkurs, so wird die Stadt hinsichtlich der rückständigen Gemeindeabgaben Konkursgläubigerin; die im letzten Jahre vor Eröffnung des Konkursverfahrens oder durch dessen Eröffnung fällig gewordenen Gemeindeabgaben werden an zweiter Stelle berücksichtigt, die übrigen etwa noch rückständigen Abgaben gelten als Konkursforderungen ohne Vorrecht.[3]) Sind steuerpflichtige Sachen des Gemeinschuldners von der Stadt zur Deckung von Gemeindeabgaben beschlagnahmt oder zurückbehalten, so hat die Stadt an diesen Sachen ein Absonderungsrecht.[4]) Gelangt ein Grundstück oder Gebäude zur Subhastation, so werden die auf ihm haftenden fälligen Gemeindeabgaben aus dem Kaufgelde an fünfter Stelle berichtigt.[5]) [6])

### h. Nachforderung und Verjährung, Erlaß und Niederschlagung.

StO. Sch. § 84.  Fr. § 79, Gesetz vom 18. Juni 1840 über die Verjährungs= fristen der öffentlichen Abgaben. Gesetz vom 12. April 1882 betreffend die Verjährungsfristen der öffentlichen Abgaben in den Provinzen Schleswig=Hol=

---

[1]) Vgl. königl. Verordnung § 53.

[2]) Über die Rechte des Intervenienten vgl. königl. Verordnung § 26, Ausführungs=Anweisung Art. 22, 23.

[3]) Vgl. Konkursordnung § 54 Nr. 2 und 6.

[4]) Vgl. Konkursordnung § 41 Nr. 1 und dazu Ausführungsgesetz vom 6. März 1879 § 6.

[5]) Gesetz vom 13. Juli 1883 betreffend Zwangsvollstreckung in das unbe= wegliche Vermögen § 28.

[6]) Vgl. auch OVGE. Bd. 17 Nr. 24.

stein, Hannover und Hessen-Nassau. (Gesetz vom 12. Juli 1876 betreffend die Veranlagung und Erhebung der direkten Staatssteuern nach dem Etatsjahre § 1. Gesetz vom 29. Juni 1876 betreffend die Verlegung des Etatsjahres und die Feststellung des Staatshaushalts-Etats für das Vierteljahr vom 1. Januar bis 31. März 1877 § 1. v. Möller § 85. Steffenhagen § 127.

I. a) Bei der Vermögens-, Einkommen- und Gewerbesteuer, der Luxusabgabe sowie der Hunde- und Mietssteuer sind Nachforderungen nur bei gänzlichem Übergehen des Pflichtigen möglich, und auch dann nur, wenn die Nachforderung während des Steuerjahres [1]) geltend gemacht wird. Bei der Grund- und Gebäudesteuer können Nachforderungen binnen dieser Frist auch wegen irrtümlicherweise zu gering angesetzter Beträge erhoben werden. [2])

b) Bei den Verbrauchs- und Verkehrssteuern, der Lustbarkeitsabgabe sowie bei allen Gebühren unterliegt das, was zu wenig oder gar nicht erhoben worden ist, nur noch innerhalb eines Jahres, vom Tage des Eintritts der Zahlungsverpflichtung an gerechnet, der Nachforderung seitens der Stadt. [3])

II. Zur Hebung gestellte Abgaben, die im Rückstande geblieben oder auch kreditiert sind, verjähren in vier Jahren von dem Ablauf des Steuerjahres an gerechnet, in welches ihr Zahlungstermin fällt. Unterbrochen wird die Verjährung durch jede an den Steuerpflichtigen erlassene Zahlungsaufforderung, sowie durch Verfügung der Zwangsvollstreckung oder durch bewilligte Stundung der Abgabe. Nach Ablauf des Steuerjahres, in welchem die letzte Aufforderung zugestellt, die Zwangsvollstreckung verfügt oder die bewilligte Frist abgelaufen ist, beginnt eine neue vierjährige Verjährungsfrist.

---

[1]) Sei dies das Kalenderjahr oder ein davon abweichendes Etatsjahr. Vgl. OVGE. Bd. 16 Nr. 30 und Minvfg. vom 16. Februar 1889 (VMBl. S. 37).

[2]) Das Gesetz vom 18. Juni 1840 faßt den Unterschied der direkten und indirekten Steuern anders auf, als es auf S. 231 geschehen ist. Vgl. darüber OVGE. Bd. 17 Nr. 27.

[3]) Nach der Entscheidung des Reichsgerichts vom 30. Juni 1884 (Zentralbl. der Abgabengesetzgebung 1887 S. 117) gilt die Beschränkung der Nachforderung auf die einjährige Frist nur, insofern der Steuerpflichtige die ihm obliegenden Verpflichtungen — insbesondere die Anmeldung der steuerpflichtigen Gegenstände — erfüllt hat, und die Erhebung der Steuern trotzdem unterblieben ist. Dem dürfte zuzustimmen sein. Vgl. auch § 10 des Gesetzes vom 18. Juni 1840.

Ist die Verjährungsfrist abgelaufen, so wird der Steuerpflichtige dadurch von jedem ferneren Anspruche der Stadt auf diese einzelne Abgabenforderung befreit.

III. Kann eine Steuerforderung nicht beigetrieben werden, so ist sie vom Stadtvorstande niederzuschlagen. Soll aber sonst aus Billigkeitsgründen eine Steuerforderung dem Pflichtigen erlassen werden, so ist dazu ein Gemeindebeschluß notwendig, wenn nicht dem Stadtvorstand eine entsprechende allgemeine Ermächtigung er= teilt ist, was sich empfehlen dürfte.

### i. Der Einspruch und die Überbürdungsklage.[1]

Gesetz vom 18. Juni 1840 §§ 1—4, 14. Gesetz vom 12. April 1882. Zust.Ges. §§ 18, 21, 160.
Steffenhagen § 127.

I. Glaubt ein Steuerpflichtiger zu der von ihm verlangten Steuerleistung überhaupt nicht oder doch nicht in dem geforderten Maße verbunden zu sein, so ist er befugt, gegen seine Veranlagung und Heranziehung zu der Abgabe bei dem Stadtvorstande Einspruch zu erheben.[2]

Handelt es sich um die Veranlagung zur Vermögens=, Einkommen= und Gewerbesteuer, zur Luxusabgabe oder zur Hunde= und Miets= steuer, so muß der Einspruch von dem Pflichtigen innerhalb dreier Monate von dem Tage der Bekanntmachung der Heberolle oder der Mitteilung des Steuerbetrages an ihn erhoben werden.[3][4]

Wird die Abgabe im Laufe des Steuerjahres verlangt, oder tritt im Laufe des Steuerjahres ein Ereignis ein, das nach Ansicht

---

[1] Vgl. hierzu auch R. Friedrichs, die Kreisabgaben im Geltungsbereiche der Kreis=Ordnung vom 13. Dezember 1872. Berlin und Leipzig 1882.

[2] Vgl. dazu OVGE. Bd. 12 Nr. 19.

[3] Findet weder eine periodische Veranlagung noch eine Anfertigung von Heberollen statt, so ist der Einspruch innerhalb der ersten drei Monate des Steuerjahres anzubringen.

[4] Bei Auslegung von Heberollen beginnt die Frist mit dem letzten Tage der Auslegung. Für die Berechnung der Fristen gelten die Vorschriften der RZPO. Vgl. OVGE. Bd. 17 Nr. 30. Dort ist auch nachgewiesen, daß diese Fristen keine Verjährungs= sondern Ausschlußfristen sind. Das Innehalten der Einspruchsfrist durch die Beteiligten ist von Amts wegen zu beachten. OVGE. Bd. 14 Nr. 32.

des Pflichtigen seine Steuerpflicht ändert oder auch gänzlich aufhebt,[1]) so muß der Einspruch[2]) innerhalb dreier Monate nach erfolgter Be= nachrichtigung von dem Betrage der verlangten Abgabe oder binnen derselben Frist nach Eintritt jenes Ereignisses angebracht werden.

Gegen die Höhe der abgeforderten Beträge[3]) der Verbrauchs= und Verkehrssteuer, der Lustbarkeitsabgabe und der Gebühren kann von dem Pflichtigen binnen einem Jahre nach erfolgter Versteuerung Einspruch bei dem Stadtvorstand erhoben werden.

Der Einspruch geht in allen Fällen nicht nur dahin, daß die geforderte Leistung nicht so, wie geschehen, abverlangt werde, sondern auch, daß die während der Einspruchsfrist und bis zur Erledigung des Verfahrens bereits gezahlten Beträge wieder zurückerstattet werden. Anderseits sei noch ausdrücklich hervorgehoben, daß der Einspruch immer nur die Verpflichtung zur Leistung der einzelnen Steuer= forderung bestreitet, niemals aber damit die Freiheit von der Steuer= pflicht überhaupt oder von der Verpflichtung, die eine oder die andere Abgabe zu entrichten, beansprucht werden kann.[4])

Wird der Anspruch für begründet erachtet, so hat der Stadt= vorstand den Steuerbetrag entsprechend zu ermäßigen oder ihn auch ganz abzusetzen. Wenn dagegen der Anspruch zurückgewiesen oder ihm doch nur teilweise Folge gegeben wird, so steht dem Ein= sprechenden die Befugnis zu, den Bescheid des Stadtvorstandes inner= halb zweier Wochen nach seiner Zustellung mit der Klage beim Bezirksausschuß anzufechten.[5]) [6])

Vorbedingung der Klage ist daher, daß ein Einspruch erhoben und diesem nicht stattgegeben ist, weshalb die Klage auch nicht mehr oder etwas anderes verlangen darf, als im Einspruch gefordert

---

[1]) Inwieweit die Veränderung der Verhältnisse im Laufe des Steuerjahres auf die Steuerpflicht Einfluß hat, richtet sich nach dem örtlichen Recht. Vgl. übrigens S. 293. Siehe auch OVGE. Bd. 12 Nr. 12 und Bd. 15 Nr. 22.

[2]) Das Gesetz spricht von Beschwerden und Einsprüchen, ohne daran sonst einen Unterschied zu knüpfen.

[3]) Der Einspruch kann natürlich auch dahin gehen, daß der Beschwerde= führer überhaupt nichts zu zahlen habe.

[4]) Vgl. OVGE. Bd. 14 Nr. 32.

[5]) Über die Bedeutung des § 160 des Zuständigkeits=Gesetzes vgl. die zu= treffenden Ausführungen in OVGE. Bd. 17 Nr. 28.

[6]) Die Klage ist gegen den Stadtvorstand zu richten.

wurde.[1]) Die Entscheidung muß dann den Abgabenbetrag, zu dessen Entrichtung der Pflichtige verbunden ist, so genau bezeichnen, daß er unmittelbar oder doch mittels einer einfachen rechnerischen Operation aus dem Urteil entnommen werden kann.[2]) Gegen das Erkenntnis des Bezirksausschusses kann innerhalb zweier Wochen nach der Zustellung das Rechtsmittel der Revision an das Oberverwaltungsgericht eingelegt werden.

Weder der Einspruch noch die Klage haben eine aufschiebende Wirkung, so daß die geforderte Steuerleistung zunächst von dem Beschwerdeführer erfüllt werden muß.[3]) [4])

Der Einspruch ist unzulässig, wenn die Steuerforderung sich lediglich als Zuschlag zu den Staatssteuern darstellt und der Einspruch sich gegen den zu Grunde liegenden Satz der Staatssteuern richtet, obgleich die staatliche Veranlagung selbst von dem Steuerpflichtigen nicht bemängelt ist, trotzdem er dazu berechtigt war, oder auch, wenn die Bemängelung der staatlichen Steuerforderung endgültig zurückgewiesen ist.[5])

---

[1]) OVGE. Bd. 12 Nr. 16. Vgl. auch OVGE. Bd. 12 Nr. 10.

[2]) OVGE. Bd. 12 Nr. 12 u. 13.

[3]) Daher fallen die Kosten einer inzwischen notwendig gewordenen Zwangsbeitreibung immer dem Beschwerdeführer zur Last, ebenso hat er keinen Anspruch auf Verzugszinsen. Vgl. OVGE. Bd. 6 S. 135, Bd. 8 S. 22.

[4]) In prozessualischer Hinsicht vgl. noch OVGE. Bd. 16 Nr. 15 über die Regelung der Beweislast; ferner OVGE. Bd. 15 Nr. 9 über das Institut der Beiladung, sowie namentlich auch OVGE. Bd. 12 Nr. 27, wo ausgeführt wird, daß eine Änderung der Grundlage der Abgabenforderung seitens des Hebungsberechtigten im Laufe des Streitverfahrens unzulässig ist.

[5]) Dagegen sind Einsprüche gegen die Gemeindesteuerzuschläge erlaubt, die sich darauf gründen, daß der Hauptsatz der Staatssteuern als zu hoch gegriffen durch Reklamation oder ein anderes entsprechendes Rechtsmittel bemängelt sei, und welche damit die Herabsetzung der Gemeindesteuer von dem Erfolg des Rechtsmittels gegen die Veranlagung der Staatssteuer abhängig machen. Vgl. OVGE. Bd. 12 Nr. 10. Ebenso sind Einsprüche gestattet, die sich gegen den der Gemeindesteuer zu Grunde liegenden Steuersatz richten, wenn dieser Abgabensatz nicht dem Betrage der staatlichen Steuer gleichkommt, der an den Pflichtigen bekannt gemacht ist. Dies ist der Fall, wenn für die staatliche Steuer und die Gemeindesteuer das Objekt nicht dasselbe ist, wenn z. B. der Gemeindesteuer nur ein Teil des Einkommens unterliegt, das zur Staatssteuer veranlagt ist, oder wenn die prinzipale Einschätzung nur eine fingierte gewesen ist. In beiden Fällen hat der Pflichtige nicht die Möglichkeit gehabt,

**5. Die steuerlichen Dienste.**

StO. 1853 u. W. §§ 4, 54, 68. Rh. §§ 4, 50, 62. Sch. §§ 22—24, 73, 84. H. §§ 15, 18. Gesetz vom 23. September 1867 betreffend die Heranziehung der Staatsdiener zu den Kommunalauflagen in den neu erworbenen Landesteilen § 10. v. Möller § 104; Steffenhagen § 130. Vgl. auch über die Dienste der Beamten und Geistlichen Dove in der Zeitschr. für Kirchenrecht Bd. 20 S. 135.

I. Von alters her besteht die Verpflichtung der Gemeindemitglieder der Stadt persönliche Dienste zu leisten. Sie hat sich im Laufe der Zeit geteilt in die beiden streng voneinander zu sondernden Pflichten, deren eine von den Bürgern die Leistung persönlicher Dienste verlangt zur Erfüllung öffentlich-rechtlicher Aufgaben der Stadt, während die andere die Kräfte der Gemeindeabgabenpflichtigen in Anspruch nimmt, um sie zur Befriedigung wirtschaftlicher Bedürfnisse der Stadt zu verwenden. Nur diese letzte Kategorie erscheint rechtlich[1]) als eine Art der Abgaben an die Stadt, nur sie wird an dieser Stelle besprochen.

II. Die gesetzlichen Bestimmungen über die Pflicht der städtischen Unterthanen zur Leistung der steuerlichen Dienste sind seit dem Allgemeinen Landrecht im wesentlichen dieselben geblieben,[2]) nur daß die Verpflichtung seit dem Untergange der geschlossenen Bürgergemeinde über den Kreis der städtischen Bürger hinaus auf alle Gemeindeabgabenpflichtigen[3]) ausgedehnt ist. Nach geltendem Recht können in den alten Provinzen und Schleswig-Holstein alle Gemeindeabgabenpflichtigen, in Hannover nur alle Einwohner zur Leistung von Hand- und Spanndiensten behufs Ausführung von Gemeindearbeiten herangezogen werden. In Hannover soll die Stadt diese Pflicht nur in dringenden Fällen erfordern, und die Ausgestaltung im einzelnen ist dort dem Ortsstatut überlassen. In den übrigen

---

den der Gemeindeabgabe zu Grunde liegenden Steuersatz zu bemängeln, ihm muß daher erst der Einspruch gegen die Gemeindesteuer hierzu Gelegenheit bieten. Vgl. auch OVGG. Bd. 16 Nr. 5 u. Minvfg. vom 4. Dezember 1884 (VMBl. 1885 S. 10).

[1]) Wirtschaftlich erscheint auch die andere Kategorie der Dienste als Abgabe an die Gemeinde, wie dies bereits auf S. 201 angedeutet ist.

[2]) ALR. II, 8 §§ 33—36. StO. 1808 §§ 28—31. StO. 1831 §§ 35, 38, 39, 44. GO. 1850 § 49.

[3]) Dies gilt aber auch für Hannover, doch vgl. S. 325 Anm. 3.

21*

Provinzen wird die Leistung durch Gemeindebeschluß oder auf Grund eines Ortsstatuts angeordnet.[1]) Behufs der Verteilung werden hier dann die Dienste in Geld abgeschätzt und auf die Pflichtigen nach dem Maßstab der Gemeindesteuern, die sie entrichten, umgelegt. Werden in der Stadt keine Gemeindesteuern erhoben, so bilden die direkten Staatssteuern den Maßstab. Soll von dieser Regel, daß die Dienste in Gemäßheit der Gemeindesteuern zu verteilen sind, abgewichen werden, so ist dazu die Genehmigung des Bezirksaus= schusses[2]) erforderlich. Die Dienste können in der Regel durch taugliche Stellvertreter abgeleistet werden, oder es kann dafür auch der abgeschätzte Geldbetrag an die Kämmereikasse eingezahlt werden. In Schleswig=Holstein können jedoch die städtischen Organe immer beschließen, daß die Dienste entweder überhaupt persönlich abzuleisten sind, oder daß doch ihre Ablösung durch Geld unzulässig ist, und auch in den alten Provinzen kann in Notfällen dasselbe angeordnet werden.

Wird der Aufforderung, die Dienste zu leisten oder den Geld= gegenwert zu zahlen, nicht nachgekommen, so sind die Städte in den alten Provinzen und Schleswig = Holstein befugt, den abgeschätzten Geldbetrag, in Hannover aber die Kosten, welche durch die ver= säumte Dienstleistung entstanden sind, im Verwaltungszwangsver= fahren einzuziehen. Glaubt ein Pflichtiger durch die ihm aufer= legten Dienste überbürdet zu sein, so ist ihm dagegen innerhalb der gewöhnlichen Verjährungsfrist[3]) der Einspruch bei dem Stadtvor= stand gegeben, gegen dessen Bescheid er binnen zwei Wochen die Klage im Verwaltungsstreitverfahren hat. Die Verjährung der rückständigen Geldbeträge für versäumte Dienste vollendet sich gleich= falls in der gewöhnlichen Frist.

Befreit von der Ableistung der Dienste sind überall
    a) die Geistlichen und die Elementarlehrer, in den östlichen
        Provinzen und Westfalen auch alle übrigen Lehrer an
        öffentlichen Schulen, soweit die Dienste nicht auf ihnen ge=
        hörigen Grundstücken lasten;

---

[1]) Vgl. Minvfg. vom 1. November 1887 (BMBl. S. 263).
[2]) In Berlin des Ober=Präsidenten.
[3]) OVGE. Bd. 5 Nr. 16.

b) die Kirchendiener, insoweit ihnen solche Befreiung in den alten Provinzen bei der Verkündigung der Gemeinde= ordnung vom 11. März 1850, in Hannover und Schles= wig=Holstein aber am 30. September 1867 rechtsgültig zustand;

c) die Beamten,[1]) insoweit sie nicht im Stadtbezirke Besitzer von Grundstücken sind oder dort ein stehendes Gewerbe be= treiben, wo sie dann zur Leistung der mit diesem Grund= besitz oder Gewerbebetrieb verbundenen Dienste in Person oder durch Stellvertreter verpflichtet sind;

d) endlich dürfen die vorschriftsmäßig zu haltenden Postillone nicht zu Spanndiensten herangezogen werden, wie auch die Posthalter hinsichtlich der vorschriftsmäßig zu haltenden Postpferde davon befreit sind.[2])

Das Gemeindeverfassungsgesetz für Frankfurt a. M. kennt eine Pflicht zur Leistung von Gemeindediensten überhaupt nicht.[3])

### 6. Die Interessentenzuschüsse.

Interessentenzuschüsse sind Abgaben, welche die Stadt von den= jenigen ihrer Unterthanen erhebt, bei denen sie auf Grund von ihr festgestellter objektiver Merkmale ein besonderes Interesse an der Ausübung einer Gemeindefunktion oder an dem Bestehen einer Gemeindeanstalt voraussetzt. Von den Steuern unterscheiden sich die Interessentenzuschüsse dadurch, daß sie nach dem Willen der Stadt eine Gegenleistung für ihre Leistung sein sollen, von den Gebühren sind sie insofern gesondert, als sie nicht für eine individuell be= stimmte Thätigkeit der städtischen Organe entrichtet werden, viel= mehr alle, bei denen sich die festgesetzten objektiven Merkmale finden, zu ihrer Zahlung verpflichtet sind, wobei es dann gleichgültig bleibt,

---

[1]) Vgl. S. 242.

[2]) Reichsgesetz vom 28. Oktober 1871 über das Postwesen des Deutschen Reichs § 22.

[3]) Für Hannover gilt noch die Bestimmung, daß zu Diensten, welche den Besitz des Bürgerrechtes voraussetzen oder mit der Berechtigung zu den Ge= meindenutzungen zusammenhängen, auch nur die Bürger oder die Berechtigten herangezogen werden können.

ob der einzelne an dem Vollzug der Gemeindefunktion oder dem Bestehen der Gemeindeanstalt auch wirklich ein Interesse hat.[1])

Die Städteordnungen haben diese Abgabenart nicht weiter ge= regelt, doch sind sie ihr auch in keiner Weise entgegen, die Praxis hat sie überwiegend als zu Recht bestehend erachtet, wenn die In= teressentenzuschüsse dabei auch vielfach irrtümlicherweise unter die Steuern oder die Gebühren eingeordnet sind.[2])

Gesetzlich sind nur die Straßenherstellungskosten geregelt,[3]) dagegen kommen solche Abgaben zahlreich auf Grund ortsstatutarischer Satzung vor. Insbesondere sind auch vielfach in der Form von Interessentenzuschüssen die Entgelte für die Benutzung der städtischen Regalanstalten zu öffentlich=rechtlichen Abgaben erhoben.[4]) So findet sich namentlich, daß durch Ortsstatut der Entgelt für Benutzung städtischer Wasserleitungen und Kanalisationsanlagen, auch wohl städtischer Abfuhranstalten zu einem Interessentenzuschusse erklärt ist; der Inhaber jeder Wohnung oder der Hauseigentümer ist dann der Pflichtige, welcher diese öffentlich=rechtliche Abgabe entrichten muß. Aber auch für andere Zwecke[5]) sind bereits hier und da solche Ab= gaben angeordnet, und für die Zukunft dürfte gerade diese Art öffentlich = rechtlicher Einnahmen noch einer großen Entwickelung entgegengehen.[6])

### 7. Beiträge zu Gemeindezwecken.

Als Beiträge zu Gemeindezwecken lassen sich einige öffentlich= rechtliche Einnahmen der Stadt zusammenfassen, denen es gemeinsam

---

[1]) Z. B. es werden alle Hausbesitzer oder alle Straßenanlieger oder auch alle Bewohner eines bestimmten Stadtteils für pflichtig erklärt.

[2]) Vgl. OVGE. Bd. 16 Nr. 9 und Minvfg. vom 5. November 1888 (VMBl. S. 213); siehe auch Erk. des Reichsgerichts vom 24. März 1881 (Gruchot Beiträge Bd. 26 S. 715).

[3]) Gesetz vom 2. Juli 1875, betreffend die Anlegung und Veränderung von Straßen und Plätzen in Städten und ländlichen Ortschaften.

[4]) Vgl. S. 222 Anm. 1.

[5]) Vgl. auch zur Kasuistik Erk. des Kompetenzgerichtshofs vom 7. No= vember 1857 (VMBl. 1858 S. 72), vom 14. Oktober 1865 (JMBl. S. 262), vom 11. November 1876 (VMBl. S. 276), vom 10. Mai 1879 (VMBl. S. 210), vom 8. Oktober 1887 (VMBl. S. 261).

[6]) Hinsichtlich der Einspruchsfrist wird bei den Interessentenzuschüssen wohl immer § 2 des Gesetzes vom 18. Juni 1840 in Anwendung kommen.

ist, daß sie gezahlt werden nicht auf Grund der Gemeindezugehörig=
keit, sondern in Verfolg staatlichen Gesetzes, weil den Pflichtigen
Vorteile des Gemeindeverbandes zu gute kommen. Hierher können
die Offiziersbeiträge (Abgabe der Militärpersonen zu Gemeinde=
zwecken), die Wanderlagersteuer und die Wegeunterhaltungsbeiträge
der Fabrik= und Bergwerksunternehmer gerechnet werden.

a. Die Abgabe der Militärpersonen zu Gemeinde=
zwecken (Offiziersbeiträge).

Reichsgesetz vom 28. März 1886 betreffend die Heranziehung von Militär=
persouen zu den Gemeindeabgaben. Gesetz vom 29. Juni 1886 betreffend die
Heranziehung von Militärpersonen zu Abgaben für Gemeindezwecke.
Steffenhagen § 36; L. Herrfurth, Gemeindeabgabenpflicht der Militärpersonen,
Berlin 1887; L. Herrfurth und G. Schanz, Die Heranziehung der Militär=
personen zu den Gemeindeabgaben in den deutschen Staaten (Schanz, Finanz=
archiv V 1888); Bruening, Die Heranziehung der Beamten und Offiziere zu
Gemeindesteuern (Schmoller, Jahrb. für Gesetzgebung und Verwaltung VII 1883).

I. Die Steuerfreiheit großer Teile des außerdienstlichen Ein=
kommens der Offiziere des Friedensstandes ist längere Jahre hin=
durch im Parlament und der Presse lebhaft bekämpft worden.
Durch die Gesetze vom 28. März und 29. Juni 1886 ist diese
Materie nunmehr, im wesentlichen doch zur Zufriedenheit aller Be=
teiligten, neu geordnet. Danach zerfällt das außerdienstliche Ein=
kommen der im Offiziersrang stehenden Militärpersonen des Frie=
densstandes in zwei Teile, deren jeder verschiedenartiger Be=
steuerung unterliegt. Für jene Einkommensteile, die bereits seither
der Gemeindeeinkommensteuer unterworfen waren, ist der bisherige
Zustand in fortdauernder Geltung geblieben.[1]) Von dem übrigen
außerdienstlichen Einkommen, das früher von allen Beiträgen zu
den Gemeindelasten verschont blieb, wird jetzt die Abgabe zu Ge=
meindezwecken entrichtet.

II. Pflichtig sind alle Militärpersonen des Friedensstandes, die
im Offiziersrang stehen, in der Gemeinde ihren Wohnsitz haben[2])

---

[1]) Vgl. S. 248.

[2]) Ist bei mehrfachem Wohnsitz der eine zugleich der Garnisonort des
Pflichtigen, so ist die Abgabe nur hier zu entrichten. Erstreckt sich eine Garni=
son über mehrere Gemeindebezirke und hat der Pflichtige in mehreren dieser

und für das Steuerjahr oder Teile davon der Heranziehung zur staatlichen Klassen= oder Einkommensteuer unterliegen.[1]

Gegenstand der Abgabe ist das außerdienstliche selbständige Ein= kommen des Offiziers,[2] insoweit dieses nicht bereits der Gemeinde= einkommensteuer unterliegt,[3] mit Hinzurechnung des etwaigen gleich= falls nicht der Gemeindeeinkommensteuer unterworfenen besonderen Einkommens der zu seinem Haushalte gehörigen Familienmitglieder. Weitere Vergünstigungen genießen die Offiziere, die bereits vor dem 1. April 1887 in den Ehestand getreten sind.[2] Befinden sich diese nämlich bei der Veranlagung noch in einer Charge, in der sie bei dem Nachsuchen der Heiratserlaubnis ein bestimmtes außerdienstliches Einkommen nachweisen müßten, so wird von dem Einkommen, das an sich der Abgabe für Gemeindezwecke unterworfen ist, noch der= jenige Teil in Abzug gebracht, der für diese Charge nach den zur Zeit der Eheschließung gültigen Anordnungen als vorschriftsmäßiges Einkommen des sogenannten Heiratsgutes bestimmt war.

Die Abgabenpflicht fängt mit dem Ersten desjenigen Monats an, welcher auf den Monat folgt, in dem der Pflichtige zum Offizier ernannt ist oder als solcher in die Gemeinde seinen Wohnsitz ver= legt hat. Ist der Pflichtige aber zu dieser Zeit noch nicht zur staat= lichen Klassen = oder Einkommensteuer herangezogen, so beginnt die Abgabenpflicht erst mit dem Zeitpunkt der Heranziehung zu diesen Steuern. Die Abgabenpflicht endet mit Ablauf des Monats, in dem der Abgabenpflichtige seinen Wohnsitz in dem Bezirk der berechtigten Gemeinde aufgibt, in dem er versetzt wird, stirbt oder aus dem aktiven Dienste ausscheidet. Die Abgabenpflicht ruht

a) während der Zugehörigkeit zur Besatzung eines zum aus=
wärtigen Dienste bestimmten Schiffes oder Fahrzeuges der

---

Gemeinden einen Wohnsitz, so muß die Abgabe an jede Gemeinde entrichtet werden.

[1] Wird die Veranlagung zur Staatssteuer aufgehoben, so bewirkt dies auch das Aufhören der Pflicht zur Entrichtung der Offiziersbeiträge.

[2] Beziehungsweise Sanitätsoffiziers, oberen Militärbeamten, Ingenieurs des Soldatenstandes.

[3] Auch solches Einkommen, das zwar an sich der Gemeindeeinkommen= steuer unterliegt, aber auf Grund besonderer Bestimmung freizulassen ist, wie z. B. Einkommen aus Grundstücken, die in anderen Gemeinden gelegen sind, bleibt auch fernerhin frei.

Kaiserlichen Marine, und zwar vom Ersten desjenigen
Monats ab, welcher auf den Monat folgt, in welchem die
heimischen Gewässer verlassen werden, bis zum Ablauf des
Monats, in welchem die Rückkehr dahin erfolgt;[1])

b) während der Zugehörigkeit zu einem in der Kriegsformation
befindlichen Teile des Heeres oder der Marine vom Ersten
desjenigen Monats ab, der auf den Monat folgt, in
welchem die Zugehörigkeit begonnen hat, bis zum Ablauf
des Monats, in welchem sie endet.

Die Ermittelung des abgabepflichtigen Einkommens erfolgt in der
Art, daß der Vorsitzende der Einkommensteuer=Einschätzungskommission
von dem Gesamteinkommen des Pflichtigen, wie es für das Steuer=
jahr seiner Veranlagung zur staatlichen Klassen= und Einkommen=
steuer zu Grunde gelegt ist, das Diensteinkommen und die ander=
weitigen Einkommensteile, welche bereits der Gemeindeeinkommensteuer
unterliegen, in Abzug bringt und den verbleibenden Rest als das
der Abgabe zu Gemeindezwecken unterworfene Einkommen feststellt.[2])

Der Tarif und die Steuersätze, nach denen die Abgabe erhoben
wird, sind die gleichen wie für die staatliche Klassen= und Ein=
kommensteuer, so daß also die Abgabe in allen preußischen Gemeinden
dieselbe Höhe hat und überall ebensoviel beträgt, als für gleich hohes
Einkommen bei der staatlichen Veranlagung erfordert wird. Dabei
ist indes eine untere Grenze für das abgabepflichtige Einkommen nicht
gezogen, vielmehr muß auch von dem geringsten außerdienstlichen
Einkommen, das seiner Qualität nach der Abgabe zu Gemeinde=
zwecken unterworfen ist, ein Beitrag in Höhe eines Jahressatzes von
drei Mark entrichtet werden.[3])

Die Feststellung des schuldigen Steuersatzes und die Einordnung
des der Abgabe unterliegenden Einkommens in die dafür geltende
Steuerstufe geschieht durch den Vorsitzenden der Einkommensteuer=

---

[1]) Vgl. dazu Anweisung des Chefs der Admiralität vom 14. März 1887
(Herrfurth, Die Gemeindeabgabepflicht S. 53).

[2]) Vgl. dazu Ausführungs=Anweisung vom 2. Februar 1887 Nr. 10 (Herr=
furth a. a. O. S. 38), siehe auch daselbst Nr. 11.

[3]) Es ist daher immerhin möglich, daß das Einkommen der Abgabe gleich=
kommt; sollte das Einkommen weniger als drei Mark betragen, so wird die
Abgabe nur in Höhe des Einkommens gefordert werden dürfen.

Einschätzungskommission, der dem Pflichtigen sodann die Steuerstufe und den Abgabenbetrag, den er für das Steuerjahr zu entrichten hat, mittels einer verschlossenen Zuschrift bekannt geben soll. Die Benachrichtigung der berechtigten Gemeinde erfolgt durch Mitteilung einer Liste, welche die Personen der Abgabepflichtigen und den von ihnen zu entrichtenden Abgabenbetrag nachweist.

Gegen die Feststellung des Vorsitzenden der Einkommensteuer-Einschätzungskommission kann der Abgabenpflichtige wie die Gemeinde Beschwerde[1]) erheben, die indes allgemeinen Grundsätzen des preußischen Rechtes gemäß keine aufschiebende Wirkung hat. Sie muß innerhalb zweier Monate vom Empfange der Zuschrift bei der Bezirksregierung,[2-4]) Abteilung für direkte Steuern, Domänen und Forsten, eingelegt sein, deren Entscheidung endgültig ist.

Die einzelnen fälligen Abgabenbeträge sind von dem Pflichtigen im voraus und zwar in den Raten, die in der Stadt für die Entrichtung der Staatssteuern vorgeschrieben sind, abzuführen; doch steht es ihm auch frei, die Abgabe für einen längeren Zeitraum bis zum ganzen Jahresbetrage durch eine einmalige Zahlung zu berichtigen.[5])

Ab- und Zugänge am Einkommen während des Jahres, für welches die Veranlagung erfolgt ist, ändern an der einmal veranlagten Abgabe nichts. Nur wenn nachgewiesen werden kann, daß durch den Verlust einzelner Einnahmequellen das veranschlagte abgabepflichtige Einkommen um mehr als den vierten Teil vermindert worden ist, darf eine verhältnismäßige Ermäßigung der veranlagten Abgabe gefordert werden. Über den Antrag beschließt der Vor-

---

[1]) Eine Änderung in der Staatssteuerveranlagung während des Steuerjahres hat auf die Veranlagung zur Abgabe für Gemeindezwecke an sich keinen Einfluß. Vgl. auch S. 293.

[2]) In Berlin bei der Direktion für die Verwaltung der direkten Steuern.

[3]) Die Ansicht der Ausführungs-Anweisung, daß die Beschwerde immer schriftlich anzubringen sei, ist nicht zu billigen.

[4]) Die Beschwerde muß innerhalb der Frist bei der Regierung eingehen. Anders die Ausführungs-Anweisung, welche die Anbringung bei dem Vorsitzenden der Einkommensteuer-Einschätzungskommission für genügend erklärt.

[5]) Durch solche Vorauszahlung wird die Pflicht der Gemeinde zur Erstattung eines ihr nicht gebührenden Abgabenbetrages nicht berührt.

sitzende der Einkommensteuer-Einschätzungskomission, gegen dessen
Bescheid den Beteiligten innerhalb zweier Monate nach seiner Zustellung die Beschwerde an die Bezirksregierung gegeben ist.

## b. Die Wanderlagersteuer.

Gesetz vom 27. Februar 1880 betreffend die Besteuerung des Wanderlagerbetriebes.

Steffenhagen § 127.

Die zu der I., II. und III. Gewerbesteuerabteilung gehörigen
Städte beziehen die Einnahmen aus der Wanderlagersteuer.[1) 2)]
Der Steuer unterliegt jeder, der außerhalb seines Wohnortes und
ohne Begründung einer gewerblichen Niederlassung die Waren eines
Wanderlagers von einer festen Verkaufsstätte aus selbst feilbietet
oder auch das Geschäft durch Vermittelung eines in der Gemeinde
einheimischen Verkäufers betreiben läßt. Das Veranstalten einer
Auktion von Waren eines Wanderlagers wird dem Feilbieten gleich
geachtet.[3) 4)] Werden die Waren des Wanderlagers an einem Orte
in mehreren Verkaufsräumen feilgeboten, so ist für jeden einzelnen
Raum die Steuer besonders zu entrichten. Die Steuer muß bei
Wanderlagern mindestens für eine Woche entrichtet werden, sie beträgt für jede Woche in den Städten der I. Gewerbesteuerabteilung
50 M., der II. und III. Gewerbesteuerabteilung 40 M.; für die
Wanderauktionen wird dieselbe Steuer für jeden Tag erhoben.
Wer ein abgabenpflichtiges Geschäft beginnen oder nach Ablauf
der Zeit, für welche die Steuer entrichtet ist, fortsetzen oder auch

---

[1]) Vgl. über den Charakter dieser Steuer OVGE. Bd. 14 Nr. 27.

[2]) Wird die Steuer durch Staatsbeamte erhoben, so sind von der an die
Stadt zu überweisenden Isteinnahme drei Prozente als Erhebungskosten für
die Staatskasse vorweg in Abzug zu bringen.

[3]) Durch die Erfüllung der gesetzlichen Förmlichkeiten der Begründung
des Wohnsitzes oder einer gewerblichen Niederlassung wird der Inhaber eines
Wanderlagers von der Entrichtung der Steuer nicht befreit, wenn die be-
gleitenden Umstände erkennen lassen, daß die Förmlichkeiten behufs Verdeckung
des Wanderlagerbetriebes erfüllt sind.

[4]) Der Markt-, Meß- und Saisonverkehr, das Feilbieten von Lebensmitteln
aller Art und das Feilbieten von Gegenständen des Wochenmarktverkehrs vom
Schiffe aus ist von der Wanderlagersteuer frei. Der Finanzminister kann auch
außerdem für gewisse Gewerbsarten oder in einzelnen Fällen Steuerfreiheit
gewähren.

wiederbeginnen will, muß davon dem Stadtvorstande [1]) unter An=
gabe der Verkaufsstelle und der Dauer des Betriebes Anzeige
machen und sodann noch vor Eröffnung des Betriebes den in der
Anmeldungsbescheinigung bestimmten Steuerbetrag an die daselbst
bezeichnete Empfangsstelle zahlen. [2]) [3])

Das Beschwerdeverfahren regelt sich nach den für die Staats=
steuer vom stehenden Gewerbe geltenden Vorschriften, [4]) die einzelnen
fälligen Beträge, die zur Hebung gestellt, aber im Rückstande ver=
blieben sind, verjähren in vier Jahren.

### c. Wegeunterhaltungsbeiträge der Fabrik= und Bergwerksunternehmer.

Gesetz vom 26. Februar 1877 betreffend eine Abänderung des hannöverschen
Gesetzes über Gemeindewege und Landstraßen vom 28. Juli 1851; Gesetz be=
treffend die Heranziehung der Fabriken u. s. w. mit Präzipualleistungen für
den Wegebau in der Provinz Sachsen vom 28. Mai 1887, in der Provinz
Westfalen vom 14. Mai 1888, in der Provinz Schlesien vom 16. April 1889;
Zuständigkeitsgesetz § 64.

Wenn die öffentlichen Wege des Stadtbezirks infolge des Be=
triebes von Fabriken, Bergwerken, Steinbrüchen, Ziegeleien und
ähnlichen Unternehmungen dauernd erheblich abgenutzt werden, so
können die Unternehmer dieser Betriebe in den Provinzen Hannover,
Sachsen, Westfalen und Schlesien von den Städten mit besonderen
Beiträgen zur Unterhaltung der Wege herangezogen werden.

Der Stadt muß dann die Unterhaltungslast der Wege obliegen,
auch darf die Mehrbelastung, welche ihr durch den Betrieb dieser
Unternehmungen erwächst, nicht bereits durch Erheben von Chaussee=

---

[1]) In Berlin der Direktion für die Verwaltung der direkten Steuern.

[2]) Werden die Waren des Wanderlagers in mehreren Verkaufsräumen
feilgeboten, so ist für jede Verkaufsstelle die gleiche Pflicht zu erfüllen.

[3]) Über das Strafverfahren vgl. §§ 8 und 10.

[4]) Es muß also binnen drei Monaten von dem Tage, an welchem die
Anmeldungsbescheinigung mit der Angabe des Steuerbetrages erteilt wurde,
die Reklamation bei der Bezirksregierung, in Berlin bei der Direktion für die
Verwaltung der direkten Steuern erhoben und dann gegen den Bescheid binnen
sechs Wochen der Rekurs an den Finanzminister eingelegt werden. Übrigens
gilt § 3 des Gesetzes vom 18. Juni 1840 für diese Steuer.

geld gedeckt sein.[1]) In Sachsen, Schlesien und Westfalen können übrigens diese Unterhaltungsbeiträge auch erhoben werden, wenn der öffentliche Weg infolge der Anlage einer solchen Unternehmung nur vorübergehend in erheblichem Maße abgenutzt wird.

Den Maßstab der Beitragspflicht bildet die Vermehrung der Unterhaltungslast, deren Ursache die Anlage oder der Betrieb der Unternehmung ist. Die Höhe des Beitrags, die Art, in der er geleistet werden soll, und geeignetenfalls auch die Zeit, für die er zu zahlen ist, soll zunächst zwischen der Stadt und dem Unternehmer vereinbart werden. Ist eine gütliche Einigung nicht möglich, so kann die Stadt im Verwaltungsstreitverfahren den Unternehmer auf Zahlung eines bestimmten Beitrags für eine bestimmte Zeit[2]) beklagen. Insofern ein Stadtkreis, eine Stadt von mehr als 10 000 Einwohnern oder in Hannover auch sonst eine selbständige Stadt die Klägerin ist, entscheidet der Bezirksausschuß, im übrigen aber der Kreisausschuß. Die Rechtsmittel sind die gewöhnlichen.[3])

Die juristische Natur dieser Beiträge ist nun verschieden, je nach der Person des Verpflichteten. Zu ihrer Entrichtung sind aber alle Unternehmer von Fabriken und ähnlichen Unternehmungen verbunden, welche die städtische Wegunterhaltungslast infolge ihres Betriebes[4]) vermehren.[5]) Sind diese Unternehmer Gemeindeangehörige, so erscheinen die Beiträge als Interessentenzuschüsse; aber die Stadt ist auch berechtigt, Unternehmer, die nicht zur Gemeinde gehören, zu diesen Beiträgen heranzuziehen und bei diesen stellen sie sich dann als eine Abgabe zu Gemeindezwecken dar.[6])

---

[1]) In Sachsen sind die Stadtkreise zur Erhebung dieser Unterhaltungsbeiträge nicht befugt.

[2]) Daß diese Zeit mit dem Steuerjahre zusammenfällt, ist nicht gerade erforderlich.

[3]) LVGes. §§ 82, 83, 93.

[4]) Oder in Westfalen, Sachsen und Schlesien auch infolge der Anlage der Unternehmung.

[5]) Vgl. noch OVGG. Bd. 14 Nr. 50.

[6]) Auch wenn die Unternehmung nicht im Geltungsgebiete des ermächtigenden Gesetzes liegt, ist die Stadt zur Heranziehung des Unternehmers befugt, da die Thatsache der erheblichen Abnutzung des Weges an sich die Abgabenpflicht begründet.

## S. Die Zuwendungen des Staates und der höheren Kommunalverbände an die Stadt.

I. Die Aufgaben der inneren Verwaltung können im modernen Staate vielfach nur erfüllt werden durch ein inniges Zusammenarbeiten des Staates wie der höheren Kommunalverbände mit den Gemeinden. Zahlreiche und wichtige Aufgaben sind ihrem Wesen nach ihnen allen gemeinsam, bei anderen wird doch zweckmäßig zu ihrer Durchführung die mitwirkende Thätigkeit der Gemeinden in Anspruch genommen. So hat denn mit Recht die preußisch-deutsche Gesetzgebung der letzten Jahrzehnte hier überall die Städte zu umfassender Mitarbeit herangezogen und es dadurch verhindert, daß sie in ihrem gemeinblichen Leben verkümmern und zu unwesentlichen Gliedern des staatlichen Organismus herabsinken. Anderseits haben aber auch diese immer wachsenden Aufgaben, welche den Städten zur Lösung gestellt wurden, ein schnelles und oft auch drückendes Anschwellen der städtischen Ausgaben herbeigeführt; damit hat sich eine Anteilnahme des Staates und der höheren Kommunalverbände an den Lasten, die den Städten auferlegt wurden, mehr und mehr notwendig gemacht.

Solche Zuwendungen von Geldmitteln an die Städte erscheinen in zwiefacher Form: einmal werden der Stadt gewisse Summen zu beliebiger Verwendung gegeben, oder sie erhält diese Gelder mit der Auflage, sie bestimmten Zwecken zu gute kommen zu lassen. Man kann beide Arten als „allgemeine Zuwendungen" und „Zuwendungen zu besonderen Zwecken" unterscheiden.[1]) Hier möge nun eine kurze Übersicht dieser Zuwendungen gegeben werden, für einzelne davon wird sich später noch Gelegenheit zu näherer Erörterung bieten.

II. Die Zuwendungen des Staates sondern sich in zwei Gruppen, deren eine allerdings finanziell von geringem Gewicht ist. Durch eine Reihe von Einzelgesetzen werden nämlich gerichtlich oder auch polizeilich zuerkannte Geldstrafen den Städten überwiesen, teils in der Form einer allgemeinen Zuwendung, wie dies namentlich für die Gelder festgesetzt ist, die aus polizeilichen Strafverfügungen herfließen, teils mit der Pflicht, sie bestimmten Zwecken dienstbar zu

---

[1]) v. Reißenstein unterscheidet in derselben Weise Dotationen und Subventionen.

machen.[1]) Bedeutsamer ist die andere Kategorie staatlicher Zu=
wendungen, durch welche die Volksschullasten der Städte in um=
fassender Weise erleichtert werden. Einmal hat nämlich der Staat
einen Teil der Pensionen der Volksschullehrer auf seine Mittel
übernommen, und dann gewährt er neuerdings auch erhebliche Bei=
träge zu dem Diensteinkommen der Volksschullehrer. In Westpreußen
und Posen treten dazu noch staatliche Zuschüsse zu den Unterhaltungs=
kosten der Gemeinde=Fortbildungsschulen. Daneben erfolgen noch
weitere staatliche Zuwendungen an die Städte, die nicht gesetzlich

---

[1]) Hauptsächlich fallen folgende Geldstrafen in die Gemeindekasse:
α) Als allgemeine Zuwendungen. a) Die auf Grund des Gesetzes vom
23. April 1883, betreffend den Erlaß polizeilicher Strafverfügungen wegen
Übertretungen, auferlegten Geldstrafen. Vgl. auch Feld= und Forstpolizeigesetz
vom 1. April 1880 § 96 und dazu Feldpolizeiordnung vom 1. November 1847
§ 47; b) Die auf Grund des Gesetzes vom 20. Juni 1887 wegen Übertretung
der Vorschriften, die dort über den Verkehr auf den von dem Staate unter=
haltenen Kunststraßen gegeben sind, von den Gerichten erkannten Geldstrafen
fallen zur Hälfte der Stadt zu. Vgl. dazu das Wegegesetz für Hannover vom
22. Februar 1879 § 11 und für Schleswig=Holstein vom 15. Juni 1885 § 35.
β) Als Zuwendungen zu besonderen Zwecken.
a) Die auf Grund der Reichsgesetze vom 14. Mai 1879, vom 25. Juni
1887, vom 5. Juli 1887 und vom 12. Juli 1887 erkannten Geldstrafen fallen
der Stadt, in der die Strafthat begangen ist, dann zu, wenn sie eine öffent=
liche Anstalt zur technischen Untersuchung von Nahrungs= und Genußmitteln
unterhält. b) Die auf Grund des § 7 des Gesetzes vom 26. Februar 1870
über die Schonzeiten des Wildes erkannten Geldstrafen erhält die Stadt zu
Zwecken der Armenpflege. Vgl. auch Minvfg. vom 19. November 1889 (BMBl.
S. 218). c) Die auf Grund des Gesetzes vom 24. April 1854, betreffend die
Verletzungen der Dienstpflichten des Gesindes und der ländlichen Arbeiter
erkannten Geldstrafen erhält die Stadt zu Zwecken der Armenpflege. Ein=
ziehungen, die auf Grund des § 17 des Gesetzes vom 15. April 1878, be=
treffend den Forstdiebstahl, erfolgen, fallen an die Stadt zu Zwecken der Armen=
pflege. Vgl. auch a. a. O. §§ 34, 35. d) Das auf Grund des § 16 des
Preßgesetzes vom 7. Mai 1874 konfiszierte Geld fällt an die Stadt zu Zwecken
der Armenpflege. e) Der Wert des von Pfandleihern bei der Versteigerung
verfallener Pfänder erzielten Überschusses fällt nach § 15 des Gesetzes vom
17. März 1881 an die Stadt zu Zwecken der Armenpflege. f) Erhalten Arbeiter
zuwider den Bestimmungen der Gewerbeordnung nicht ihre Löhnung in barer
Reichswährung, so können die Erträge solcher verbotenen Geschäfte nach §§ 116
und 118 der Reichsgewerbeordnung an die Stadt zu Zwecken der Armenpflege
fallen. Vgl. auch ALR. I, 6 § 35; I, 14 § 445.

geregelt sind, sondern von dem Minister oder den sonst zuständigen Staatsbehörden je nach Bedürfnis aus den etatsmäßig dafür zur Verfügung stehenden Fonds bewilligt werden, um die Durchführung einzelner Gemeindeaufgaben zu erleichtern oder auch erst zu ermöglichen.

III. Den Provinzen ist die gesetzliche Pflicht, die Gemeinden in ihrer Thätigkeit zu unterstützen, nicht auferlegt, doch sind sie gesetzlich ermächtigt, den Wegebau in den Städten durch Zuwendungen zu fördern, was auch überall in reichem Maße geschehen ist.[1] [2]

IV. Die Zuwendungen der Kreise an die ihnen angehörigen Städte sind meist Folge freien Entschlusses der Kreisorgane und dienen dann regelmäßig der Erfüllung bestimmter Gemeindezwecke. Gesetzlich geordnet sind nur die Zuwendungen aus den Erträgen der landwirtschaftlichen Zölle,[3] die an die Kreise überwiesen sind. Wenn der einzelne Kreis diese Summen nicht zur Erfüllung solcher Aufgaben verwendet, für die von dem Kreise die Mittel durch Zuschläge zu den Staatssteuern aufgebracht werden, so ist der Kreistag befugt, unter Zustimmung des Regierungspräsidenten daraus einzelne kreisangehörige Städte zur Erleichterung ihrer Schul- und Armenlasten[4] zu unterstützen. Kommt ein solcher Kreistagsbeschluß nicht zu stande, so müssen die überwiesenen und nicht verwendeten Summen unter alle Städte, Landgemeinden und Gutsbezirke des Kreises verteilt werden, und zwar zu $2/3$ nach dem Maßstabe der in den einzelnen Kommunalbezirken aufkommenden oder fingierten Grund- und Gebäudesteuer, soweit diese nach den Grundsätzen der Kreisordnung vom 13. Dezember 1872 durch Zuschläge für die Kreissteuern herangezogen werden kann, zu $1/3$ aber nach der in der jedesmaligen letzten Volkszählung ermittelten ortsanwesenden Zivilbevölkerung des Kommunalbezirks. Die Unterverteilung erfolgt

---

[1] Vgl. Dotationsgesetz vom 8. Juli 1875 § 4.

[2] Wegen der Unterstützungen der Landarmenverbände an bedürftige Ortsarmenverbände vgl. Gesetz vom 8. März 1871, betreffend die Ausführung des Bundesgesetzes über den Unterstützungswohnsitz § 36; Zust.Ges. § 42, siehe auch OVGE. Bd. 13 Nr. 1.

[3] Gesetz vom 14. Mai 1885, betreffend die Überweisung von Beträgen, welche aus landwirtschaftlichen Zöllen eingehen, an die Kommunalverbände.

[4] Dies aber nur, insoweit nicht die Landarmenverbände zur Beihilfe verpflichtet sind.

durch den Kreisausschuß und wird in dem Kreisblatte veröffentlicht. Gegen ihre Richtigkeit haben die Städte binnen zwei Wochen von dem Tage ab, wo das betreffende Kreisblatt ausgegeben ist, das Recht der Beschwerde an den Regierungspräsidenten. Die auf die einzelne Stadt entfallenden Beträge muß sie zu Zwecken verwenden, für deren Erfüllung sonst die Mittel durch direkte Gemeindesteuern aufgebracht werden.

V. Wegen der Zuwendungen an die Stadtkreise vergleiche weiter unten.

# B. Außerordentliche Einnahmen.
## Die städtischen Anleihen.

StO. 53 § 50³. W. § 49³. Rh. § 46³. Fr. 60³. Sch. § 71³. H. §§ 97³, 117, 119³.
v. Möller § 108. Steffenhagen § 114.

Außerordentliche Einnahmen fließen der Stadt zu durch Veräußerung von Vermögensstücken, durch Schenkungen und durch Aufnahme von Anleihen. Die Rechtssätze, unter denen die Veräußerung städtischen Gutes und die Schenkungen stehen, sind bereits früher erörtert worden;[1] hier erübrigt noch eine Besprechung des Rechtes, das für die städtischen Anleihen gilt.

Wie schon an anderer Stelle dargethan ist, sind die Städte befugt, Schuldverbindlichkeiten zu übernehmen, doch bedürfen sie der Genehmigung des Bezirksausschusses[2] zur Aufnahme solcher Anleihen, durch welche der bereits vorhandene Schuldenbestand der Stadt vergrößert wird; in Hannover muß auch die Abtragung der Schulden stets nach einem regelmäßigen Plane erfolgen.[3–6]

---

[1] Vgl. S. 194, 202.

[2] In Berlin des Oberpräsidenten.

[3] Zu Lombardbarlehen auf frei veräußerliche Vermögensstücke der Stadt ist keine Genehmigung nötig.

[4] Zur Konvertierung von Anleihen ist die Genehmigung des Bezirksausschusses nur dann erforderlich, wenn die Tilgungszeit dadurch hinausgeschoben wird. Vgl. Minvfg. vom 18. März 1888 (VMBl. S. 101).

[5] Zur Aufnahme von Schulden, die in derselben Etatsperiode wieder zurückgezahlt werden, ist die Genehmigung des Bezirksausschusses nicht erforderlich.

[6] Über die Ausfertigung der Schuldurkunden vgl. S. 132.

Besondere Bestimmungen gelten, wenn die Stadt Verbindlich=
keiten durch Ausgabe von Schuldscheinen als Inhaberpapieren ein=
geht, der gewöhnliche Weg für die Begebung städtischer Anleihen.
Die Ausgabe von Papieren, in denen die Zahlung einer bestimmten
Geldsumme an jeden Inhaber versprochen wird, darf nur auf Grund
eines königlichen Privilegs erfolgen, das seine rechtlichen Wirkungen
bestimmen muß. [1]) Das Privileg ist durch das Regierungsamtsblatt
zur allgemeinen Kenntnis zu bringen. [2]) Über die Art der Anträge
auf Erteilung des Privilegs und über die Form der dann ausge=
gebenen Anleihescheine haben die Minister allgemeine Bestimmungen
erlassen. [3])

#### 4. Die Verwaltung des städtischen Finanzwesens.

##### a. Der Etat.

StO. 53 u. W. §§ 66, 67. Rh. §§ 60, 61. Fr. §§ 73, 74. SH. §§ 22, 80, 81,
85. H. §§ 71, 96, 97[5], [8], 118. Zust.Ges. § 19. Gesetz vom 29. Juni 1876 be=
treffend die Verlegung des Etatsjahres und die Feststellung des Staatshaus=
halts=Etats für das Vierteljahr vom 1. Januar bis 31. März 1877.
Litteratur: v. Möller § 109. Steffenhagen § 117. R. Zelle, das Budgetrecht
der Stadtverordneten. Berlin 1876.

I. Gleichwie im Staat hat der Etat auch in dem Finanzwesen
der Stadt eine zweifache Bedeutung. Wirtschaftlich soll er den
städtischen Organen eine Übersicht geben über die Einnahmen und
Ausgaben, welche die Stadt in einem bestimmten Zeitraume wahr=
scheinlich erwarten darf, rechtlich werden durch ihn für diese Zeit
der städtischen Verwaltung die Grenzen ihrer Thätigkeit gezogen
und deren Ziele gewiesen. So erscheint der Etat als das Programm,
welches die städtische Verwaltung in der Zeit seiner Geltung durch=
zuführen gedenkt, und vornehmlich durch die mitwirkende Thätigkeit

---

[1]) Vgl. Gesetz vom 17. Juni 1833 wegen Ausstellung von Papieren, welche
eine Zahlungsverpflichtung an jeden Inhaber enthalten. Verordnung vom
17. September 1867, betr. die Einführung des Gesetzes wegen Ausstellung von
apieren, welche eine Zahlungsverpflichtung an jeden Inhaber enthalten, vom
7. Juni 1833 in die durch die Gesetze vom 20. September, und 24. Dezember
1866 der preußischen Monarchie einverleibten Landesteile.

[2]) Gesetz vom 10. April 1872 § 1 Nr. 9. Eine Anzeige des verkündeter
Erlasses ist in die Gesetzsammlung aufzunehmen.

[3]) Vgl. Minvfg. vom 1. November 1879 (BMBl. 1880 S. 11) und vom
21. Februar 1880 (a. a. O. S. 79).

bei seiner Feststellung beeinflußt die Stadtverordnetenversammlung in bedeutsamer Weise die gesamte Verwaltung.

II. Die Aufstellung wirtschaftlicher Voranschläge über die Verwendung der eingehenden Mittel für eine gewisse Zeit erscheint als Bedürfnis jeder umfangreicheren Finanzwirtschaft, sie war auch bereits den preußischen Städten des 18. Jahrhunderts nicht unbekannt; zu rechtlicher Bedeutung hat doch erst die Städteordnung von 1808 den Etat erhoben, indem sie verordnet, daß alle Etats und Etatsüberschreitungen den Stadtverordneten zum Gutachten vorgelegt und deren Erinnerungen, soweit Gesetze oder höhere Vorschriften nicht entgegenstehen, vom Rate beachtet werden sollen. [1] Weiter auf diesem Wege geht dann die revidierte Städteordnung, nach welcher vor Anfang eines jeden Jahres ein Haushaltetat aufzustellen ist, über dessen Einrichtung eine besondere Anweisung ergehen sollte. [2] Die Gemeindeordnung von 1850 enthielt bereits fast wörtlich die in die späteren Städteordnungen übergegangenen Vorschriften, nur daß, der Grundanschauung der Gemeindeordnung gemäß, den Gemeindevertretern die maßgebende Entscheidung zufiel, während nach den geltenden Gesetzen der berechtigte Einfluß des Stadtvorstandes gewahrt worden ist. [3]

III. Der Etat wird heute überall von dem Stadtvorstande entworfen und dann durch Gemeindebeschluß festgestellt. Der Entwurf hat die mutmaßlichen Einnahmen nach den Grundsätzen der Wahrscheinlichkeitslehre zu veranschlagen, bei den Ausgaben müssen die Interessen der städtischen Verwaltung und der Fortentwickelung des Gemeinwesens in Einklang gebracht werden mit den vorhandenen Mitteln und der Leistungsfähigkeit der Gemeindeangehörigen; dabei wird auch zu erwägen sein, welche Ausgaben etwa am zweckentsprechendsten ihre Deckung durch Anleihen finden. So erscheint die Etatsaufstellung als eine der wichtigsten Aufgaben des Stadtvorstandes, allein sie ist nur von politischen Erwägungen bestimmt, für die rechtliche Betrachtung bietet sie zu Erörterungen keinen Anlaß. [4]

---

[1] StO. 1808 §§ 183, 184.

[2] StO. 1831 § 124. Die Anweisung ist indes nicht erlassen.

[3] Die rheinische Städteordnung hat die Grundsätze der Gemeindeordnung beibehalten.

[4] Auch über die Form des Etats sind keine gesetzlichen Vorschriften er-

Nach Abschluß der Vorarbeiten soll der Entwurf den Stadt=
verordneten überreicht, in den alten Provinzen, Schleswig=Holstein
und Frankfurt a/M. auch zugleich öffentlich ausgelegt werden; [1)]
Zeit und Ort der Auslegung sind von dem Stadtvorstande in der
Gemeinde öffentlich bekannt zu machen. [2)] Die Vorlage des Ent=
wurfs muß den Stadtverordneten überall vor Beginn der Periode
zugehen, für die der Etat gelten soll, im übrigen ist der späteste
Termin, bis zu dem dies geschehen muß, in den einzelnen Städte=
ordnungen verschieden bestimmt. [3)] Der vorgelegte Entwurf soll ein
getreues Bild der Finanzverwaltung in der Etatsperiode geben, so=
weit sich darüber schon zur Zeit der Vorlage etwas bestimmen läßt.
Es sind daher einerseits alle Ausgaben in den Etat aufzunehmen,
die sich vorhersehen lassen, und auf der andern Seite müssen auch
alle mutmaßlichen Einnahmen in ihn eingestellt werden, wie denn
auch für die Deckung eines Fehlbetrages bereits jetzt Vorsorge
getroffen werden soll. Für die Beratung und Beschlußfassung des
Entwurfs durch die Stadtverordneten gelten die allgemeinen Regeln,
welche über deren Zuständigkeit bereits früher entwickelt sind. Da=
nach können die Stadtverordneten keine Ausgaben verweigern, die
der Gemeinde auf Grund einer Rechtspflicht obliegen; über die
Aufnahme anderer Ausgaben in den Etat, über die Veranschlagung

---

gangen. Am richtigsten dürfte auch für die Städte ein Bruttoetat sein. Be=
treibt die Stadt größere gewerbliche Unternehmungen oder hat sie umfang=
reicheren Grundbesitz, so empfiehlt sich die Aufstellung besonderer Nebenetats,
deren Ergebnisse aber im Hauptetat auch erscheinen müssen.

[1)] Der Entwurf soll in den alten Provinzen und Frankfurt a/M. 8
Tage, in Schleswig=Holstein 14 Tage hindurch ausgelegt werden.

[2)] Jedem Gemeindeangehörigen steht es frei, Bemerkungen über den Inhalt
des Entwurfs sowohl bei dem Stadtvorstande wie bei den Stadtverordneten
schriftlich einzureichen.

[3)] Wenn das Etatsjahr, wie es wohl überall der Fall ist, am 1. April
beginnt, so soll der Entwurf in den östlichen Provinzen und Frankfurt a/M.
bis zum Januar, in Westfalen bis zum Dezember und in der Rheinprovinz
bis zum Februar vorgelegt werden; hat das Etatsjahr einen anderen Anfang,
so ist in den östlichen Provinzen und Frankfurt a/M. der Oktober, in West=
falen der September, und in der Rheinprovinz der November der späteste
Termin. In Hannover soll der Etatsentwurf den Stadtverordneten im letzten
Vierteljahre, in Schleswig=Holstein spätestens im ersten Monat des letzten
Vierteljahres vor Beginn des Etatsjahres vorgelegt werden.

der Einnahmen und über die Heranziehung der einzelnen Einnahme=
quellen müssen sie sich in den Städten mit Ratsverfassung mit dem
Rate einigen. Können die beiden Kollegien nicht zu übereinstimmenden
Beschlüssen kommen, so gilt der Entwurf des Rates als abgelehnt
und es bleibt dann nur das Einigungsverfahren, sowie nötigenfalls
die Entscheidung des Bezirksausschusses übrig.

Die Geltungsdauer des festgestellten Etats ist in der Regel ein
Jahr, doch kann die Etatsperiode auch bis zu drei Jahren erstreckt
werden. Wohl überall läuft das Etatsjahr vom 1. April bis zum
31. März, rechtlich ist es den Städten indes nicht verwehrt, ein
anderes Rechnungsjahr zu wählen, nur in Schleswig=Holstein soll
das Etatsjahr entweder mit dem Kalenderjahre zusammenfallen oder
die Zeit vom 1. April bis zum 31. März umfassen.

Der festgestellte Etat bildet die Norm für die städtische Ver=
waltung.[1] Der Stadtvorstand ist verpflichtet, in dem Etatsjahre
die Zwecke zu erreichen zu suchen, welche mit den einzelnen Posten
der Ausgabeseite erfüllt werden sollen, und er ist ermächtigt, dafür
die im Etat ausgeworfenen Geldsummen zu verwenden. Ander=
seits ist der Stadtvorstand verpflichtet, diejenigen und allein die=
jenigen Einnahmequellen, welche ihm durch den Etat eröffnet sind,
zu gebrauchen, und er ist, soweit dies der Natur der Sache nach
möglich ist, dazu auch wieder ermächtigt,[2] insbesondere erhält der
Stadtvorstand durch den Etat die Befugnis, die städtischen Steuern
in der dort angegebenen Höhe auf die Gemeindeangehörigen zu ver=
teilen und von ihnen einzuziehen.[3]

IV. Bei der leichten Möglichkeit, die Stadtverordneten zu=
sammenzurufen, werden Etatsüberschreitungen nur selten notwendig
werden, vielmehr ist in der Regel ein Gemeindebeschluß herbeizu=
führen, wenn Ausgaben außerhalb des Etats geleistet werden sollen.

---

[1] In Schleswig=Holstein soll der wesentliche Inhalt des festgestellten Etats
auf ortsübliche Weise durch den Druck veröffentlicht werden.

[2] Eine solche Ermächtigung kann ja ganz inhaltlos sein, z. B. wenn eine
gewisse Summe als Einnahme aus Gebühren eingesetzt ist, thatsächlich aber
überhaupt keine Gebühren einkommen.

[3] Dabei wird es darauf ankommen, ob der Etat die Steuern als Quoti=
täts= oder als Repartitionssteuern behandelt.

Kommen dennoch Etatsüberschreitungen [1]) vor, so muß der Stadt=
vorstand ihre Notwendigkeit den Stadtverordneten nachweisen und
bleibt bis zu deren Zustimmung der Stadt für diese Ausgaben ver=
antwortlich. In Hannover soll dem Stadtvorstande für unvor=
hergesehene Ausgaben ein Reservekredit bewilligt werden, eine Ein=
richtung, die sich auch für die übrigen Landesteile empfehlen dürfte.

Auch neue Einnahmen dürfen der Stadt in der Regel nur auf
Grund eines Gemeindebeschlusses eröffnet werden, immerhin läßt sich
dieser Grundsatz nicht ausnahmelos durchführen, wie denn der Stadt
im Laufe des Etatsjahres durch gesetzgeberische Maßnahmen des
Staates neue Einnahmen zugewendet werden können.

Der Etat scheidet aus dem Fortgange der städtischen Wirtschaft
künstlich einen gewissen Zeitraum, ohne daß sich doch auch die Wirt=
schaft selbst in derartige streng voneinander gesonderte Perioden zer=
trennen läßt; es macht sich daher auch in dem städtischen Finanz=
wesen eine Restverwaltung notwendig, welche solche Ausgaben, die
nach ihrem Entstehen in das verflossene Etatsjahr hineinfallen, auch
darauf verrechnet. Die näheren Bestimmungen hat das Ortsstatut
oder ein Gemeindebeschluß zu geben. [2]) [3])

V. Der festgestellte Etat ist sofort dem Regierungspräsidenten [4])
in Abschrift zu überreichen; in Hannover sollen ihm auch später be=
schlossene Abweichungen von dem Etat mitgeteilt werden, für die
übrigen Provinzen ist keine derartige Bestimmung erlassen, um so
mehr wird hier die Aufsichtsbehörde darauf halten müssen, daß der
Etat die mutmaßlichen Einnahmen und Ausgaben in möglichster
Vollständigkeit enthalte.

Wenn die Stadt [5]) es unterläßt oder es verweigert, eine ihr

---

[1]) Über den Begriff der Etatsüberschreitung vgl. Gesetz vom 27. März 1872
betr. die Einrichtung und die Befugnisse der Ober=Rechnungskammer § 19.

[2]) Eine Vorschußverwaltung ist unzulässig.

[3]) Über den Begriff der Restausgaben vgl. den Beschluß des Staats=
ministeriums vom 7. April 1888 (JMBl. S. 137).

[4]) In Berlin dem Oberpräsidenten.

[5]) Die Stadt, nicht nur eins der städtischen Organe muß die Übernahme
der Leistung verweigern. Lehnt ein städtisches Organ die Übernahme ab,
während das andere dafür stimmt, so findet das Einigungsverfahren und
nötigenfalls die beschließende Mitwirkung des Bezirksausschusses statt.

durch Rechtspflicht obliegende, von der zuständigen Behörde innerhalb der Grenzen ihrer Zuständigkeit festgestellte Leistung auf den Haus=haltsetat zu übernehmen oder außerordentlich zu genehmigen, so ver=fügt der Regierungspräsident [1]) unter Anführung der Gründe die Eintragung in den Etat oder die Feststellung der außerordentlichen Ausgabe. Gegen seine Verfügung steht der Stadt innerhalb zweier Wochen nach der Zustellung die Klage bei dem Oberverwaltungs=gerichte zu.

## b. Die Kassenverwaltung.

StO. 53 u. W. § 56[4]. Rh. § 53[1]. Fr. § 63[4]. Sch. §§ 60[4], 83. H. §§ 121, 122. v. Möller § 111. Steffenhagen § 66.

I. Die städtische Kassenverwaltung wird von dem Stadtvor=stand geführt. Dieser weist die Stadtkasse an, von wem und wie=viel sie vereinnahmen soll, an wen und in welcher Höhe sie Aus=gaben zu leisten hat. Für die Rechtmäßigkeit dieser Einnahmen und Ausgaben ist der Stadtvorstand verantwortlich, die Beamten der Stadtkasse befolgen lediglich seine Befehle.

Weiter liegt dem Stadtvorstande ob, darüber zu wachen, daß sich die städtischen Kassen und das Hebungswesen fortwährend in der vorgeschriebenen Ordnung befinden. Er soll deshalb von Zeit zu Zeit Kassenuntersuchungen vornehmen, in Hannover und Schles=wig=Holstein muß mindestens einmal im Jahre eine unerwartete Revision der Kassen stattfinden. [2]) In diesen Provinzen sollen die näheren Vorschriften über das Hebungs= und Kassenwesen, in Han=nover auch über die regelmäßigen Kassenuntersuchungen in einer be=sonderen vom Bezirksausschusse bestätigten Kassenordnung zusammen=gestellt sein.

II. Die spezielle Verwaltung des Kassen= und Rechnungs=wesens ist in Frankfurt a./M. und in den Städten der alten Provinzen und Schleswig=Holsteins mit Ratsverfassung Sache des Kämmerers, in Hannover liegt sie dem Bürgermeister ob. Überall ist den leitenden Beamten zur Besorgung der Geschäfte, die sich auf die Vereinnahme der zur Stadtkasse fließenden Gelder und auf die

---

[1]) In Berlin der Oberpräsident.
[2]) Über die Teilnahme der Stadtverordneten an den Kassenuntersuchungen vgl. S. 103.

Buchführung beziehen, der Gemeindeeinnehmer [1] [2] beigegeben, dem je nach dem Umfange der Kassenverwaltung noch Buchhalter, Kassierer, Kassenboten und anderes Hilfspersonal zur Seite stehen [3] In den rheinischen Städten mit Bürgermeisterverfassung hat der Gemeindeeinnehmer die gesamte Kassenverwaltung unmittelbar unter dem Bürgermeister zu leiten.

### c. Das Lagerbuch.

StO. 53 u. W. § 71. Rh. § 65. Fr. § 78. SH. § 19. H. § 115.
v. Möller § 84. Steffenhagen § 119.

In den alten Provinzen, Hannover und Frankfurt a./M. soll der Stadtvorstand über alle Teile des Stadtvermögens ein Verzeichnis — ein Lagerbuch — führen, in Schleswig-Holstein brauchen darin nur die unbeweglichen Vermögensstücke eingetragen zu werden. Das Lagerbuch ist unter Hervorheben der während der letzten Periode in dem städtischen Vermögensbestande eingetretenen Veränderungen der Stadtverordnetenversammlung jedesmal bei der Rechnungsablage, in Schleswig-Holstein auch bei der Einbringung des Etatsentwurfs zur Kenntnisnahme und Erklärung vorzulegen, in Hannover ist den Stadtverordneten nur das Recht gewahrt, jederzeit das Buch einzusehen. [4]

---

[1] In Schleswig-Holstein heißt er Stadtkassierer, in Hannover Kämmerer. Vgl. übrigens S. 165.

[2] Die StO. Fr. kennt das Amt des Gemeindeeinnehmers nicht.

[3] Der Kämmerer und der Gemeindeeinnehmer haben hinsichtlich der städtischen Kassenangelegenheiten alle Rechte und Pflichten eines Verwalters fremder Güter. Vgl. ALR. II, 8 §§ 141—144.

[4] In das Lagerbuch gehört nicht die Anführung jedes einzelnen Tintenfasses und Lineals und ebensowenig ist von dem werbenden Vermögen jede Kohlenschaufel der städtischen Gasanstalt dort einzutragen. Solche Dinge finden ihren Platz in den Inventarienverzeichnissen, wie sie jede ordnungsliebende Verwaltung führt. In das Lagerbuch dagegen gehören nur die wichtigeren Vermögensstücke der Stadt, zu denen allerdings mit Recht auch alle Gegenstände gezählt werden, die einen besonderen wissenschaftlichen, historischen oder Kunstwert haben — vgl. dazu Minvfg. vom 5. November 1854 (BMBl. 1855 S. 2). — Im übrigen wird zweckmäßig durch Gemeindebeschluß eine Wertgrenze festgestellt werden, von der ab die Vermögensstücke im Lagerbuch einzeln nachzuweisen sind. Diese untere Grenze wird natürlich je nach der Größe der Verwaltung verschieden sein.

## d. Die Rechnungslegung.

StO. 53 u. W. §§ 69, 70. Rh. §§ 63, 64. Fr. §§ 76, 77. Sch. §§ 85, 86. H. §§ 123, 124.

v. Möller § 112. Steffenhagen § 118.

I. Die Fristen und Ziele, bis zu denen die Einreichung und Revision der Jahresrechnung über die städtischen Einnahmen und Ausgaben geschehen muß, soll überall das Ortsstatut bestimmen, ergänzungsweise sind in den alten Provinzen und Frankfurt a M. gesetzliche Termine festgesetzt; jedenfalls muß die Rechnung binnen Jahresfrist nach Ablauf des Rechnungsjahres gelegt und festgestellt sein. Die Rechnung wird von der Stadtkasse[1]) bis zu der jeweilig bestimmten Zeit[2]) an den Stadtvorstand zur Revision eingereicht, der sie in den alten Provinzen, Hannover und Frankfurt a M. zunächst vorprüft und dann mit seinen Erinnerungen und Bemerkungen den Stadtverordneten vorlegt. Nachdem auch diese ihre Revision beendet haben und die gezogenen und aufrecht erhaltenen Erinnerungen von den verantwortlichen Kassenbeamten für begründet erachtet sind, wird die Rechnung durch Gemeindebeschluß festgestellt, wobei Uneinigkeiten zwischen den städtischen Kollegien im gewöhnlichen Verfahren zum Austrage gebracht werden. Der Termin, bis zu dem die Feststellung in der Regel bewirkt sein soll, ist ortsstatutarisch festzusetzen.[3]) In den alten Provinzen und Frankfurt a. M. soll der Stadtvorstand Abschrift des Feststellungsbeschlusses sofort dem Regierungspräsidenten[4]) einreichen, in den westlichen

---

[1]) In den alten Provinzen reicht der Gemeindeeinnehmer als der zunächst verantwortliche Beamte die Rechnung ein. In Hannover soll ein besonderer Rechnungsführer bestellt werden, der für die Richtigkeit der Rechnungen einstehen muß.

[2]) Soweit nichts ortsstatutarisch bestimmt ist, bei Etatsjahren in den östlichen Provinzen, Westfalen und Frankfurt a M. bis zum 1. August, in der Rheinprovinz bis zum 1. September.

[3]) Ergänzungsweise gilt bei dem Etatsjahr 1. April—31. März als Termin: in den Städten der östlichen Provinzen und in Frankfurt a M. der 1. Januar, in den Städten der westlichen Provinzen der 1. Dezember; ist das Kalenderjahr zugleich das Etatsjahr, so gilt in den Städten der östlichen Provinzen und in Frankfurt a/M. als Termin der 1. Oktober, in den westlichen Provinzen der 1. September.

[4]) In Berlin an den Oberpräsidenten.

Provinzen soll außerdem auch die festgestellte Rechnung 14 Tage hindurch zur Einsicht der Gemeindeangehörigen öffentlich ausgelegt werden. In Hannover hat der Rat 14 Tage nach Eingang der Rechnung einen dem Haushaltsplane entsprechenden Auszug daraus öffentlich bekannt zu machen und ihn auch dem Regierungspräsidenten einzureichen, welcher aber auch die Einsicht der vollständigen Rechnung verlangen kann.

Etwas anders ist das Verfahren in Schleswig-Holstein. Hier wird die Rechnung durch einen von den beiden städtischen Kollegien gewählten Revisionsausschuß, dessen Zusammensetzung im Ortsstatut näher bestimmt sein soll, vorgeprüft, die von ihm gezogenen Aus= stellungen werden dem Stadtkassierer und nötigenfalls auch den beteiligten städtischen Verwaltungsausschüssen zur Beantwortung mitgeteilt, die Antworten sind spätens binnen vier Wochen nach der Zustellung der Anfrage bei dem Bürgermeister einzureichen, der dann die revidierte Rechnung mit den Erinnerungen und Gegenerklärungen den Stadtkollegien vorlegt.

Nachdem auch diese die Rechnung geprüft haben, wird sie durch Gemeindebeschluß festgestellt. Abschrift dieses Beschlusses soll dem Regierungspräsidenten sofort eingereicht werden.

II. Sind die bei der Feststellung der Rechnung noch übrigen Erinnerungen demnächst erledigt, so hat überall der verantwortliche Kassenbeamte ein Recht darauf, daß ihm durch Gemeindebeschluß Entlastung erteilt werde,[1] in Hannover kann er bereits bei der Fest= stellung der Rechnung von dem Stadtvorstande eine entsprechende Bescheinigung verlangen, in die erforderlichenfalls hinsichtlich der noch nicht erledigten Erinnerungen ein Vorbehalt aufzunehmen ist.

Die Revision der Rechnung seitens des Stadtvorstandes und der Stadtverordneten darf sich nicht darauf beschränken, festzustellen, daß die Rechnung kalkulatorisch richtig und mit den Belegen über= einstimmend ist, sondern sie muß, wenn sie wirklich fruchtbringend sein soll, darüber hinaus die Gesetzmäßigkeit, Ordnung und Sorg= samkeit der gesamten Verwaltung durchprüfen. Dann wird aber auch

---

[1] Häufig wird der Feststellungs= und Entlastungsbeschluß zusammenfallen; sie sind aber begrifflich und doch auch oft thatsächlich voneinander zu sondern.

die Abnahme der Gemeinderechnung zu einer der bedeutsamsten Kontrollen des städtischen Wesens.

## III. Die städtische Gerichtsbarkeit.
### 1. Geschichtliche Übersicht.

I. Die Gerichtsbarkeit der Städte im Mittelalter ist zwiefacher Wurzel entsprossen. Sie gründet sich auf den Übergang des öffentlichen Volksgerichts auf die Stadt wie auf die selbständige Entwickelung einer genossenschaftlichen Rechtsprechung durch die städtischen Organe. Durch Kauf, Pfandschaft und andere privatrechtliche Erwerbshandlungen gelangten die Städte vielfach in den Besitz des öffentlichen Gerichtes, das über ihre Bürger in ihren Mauern gehalten wurde, sie erhielten dadurch die Gerichtshoheit in dem Umfange der Zuständigkeit, welche das von ihnen erworbene Gericht besaß. Dies öffentliche Gericht war aber nur ein Organ zur Durchführung des Volksrechts, wie es sich seit den Zeiten der Karolinger in den einzelnen Stämmen und den kleineren Volkskreisen gewohnheitsmäßig herausgebildet hatte. Entstanden in einem wesentlich ackerbauenden Volke, enthielt es auch nur die den wirtschaftlichen Bedürfnissen des Bauern entsprechenden Vorschriften im Straf- und Zivilrechte, die mannigfachen Bedürfnisse, welche sich im städtischen Leben entwickelten, die Anforderungen, die Handel und Verkehr an das Recht stellten, fanden hier keine Befriedigung. Es ist die genossenschaftliche Gerichtsbarkeit gewesen, wie sie der Rat in den Städten ausübte, welche auch den neuen Gestaltungen den Rechtsschutz gab. Auf Grund seiner Polizeigewalt schuf sich der Rat eine Gerichtsbarkeit, die, gestärkt und vielleicht begründet durch die Friedenseinigungen [1]) der Bürger, das Strafrecht und daran anschließend auch das Zivilrecht und die freiwillige Gerichtsbarkeit fortbildete und den städtischen Verhältnissen anpaßte. Mit der zunehmenden Macht der Städte und mit der Entwickelung ihrer Verfassung vollzog

---

[1]) Um die Friedensbrüche zu verhüten oder doch zu bestrafen, welche in den städtischen Verhältnissen unleidlich und gemeingefährlich waren, die aber das Volksrecht nicht ahndete, schlossen die Bürger schon früh Einungen, welche solche Handlungen der Strafgewalt des Rates unterwarfen.

sich dann eine Verschmelzung beider Arten der Gerichtsbarkeit zu der einheitlichen städtischen Rechtspflege. Über den städtischen Gerichten blieb in dem Umfange des alten Volksrechts die höhere Zuständigkeit des Landesherrn und des Kaisers erhalten, doch gelang es den Städten auch oft, jede äußere Einmischung in ihre Rechtspflege zurückzuweisen, vielfach wurde den Bürgern auch durch örtlichen Rechtssatz verboten, ihre Rechtshändel über die Stadt hinaus an den Kaiser oder den Landesherrn zu ziehen.

Mit dem Verfall der mittelalterlichen Gerichtsorganisation, dem Emporkommen des gelehrten Beamtentums und der damit eng verbundenen Aufnahme der fremden Rechte in Deutschland änderte sich auch die Stellung des städtischen Gerichtes. Wohl blieben die Gerichte Behörden der Stadt und erkannten in ihrem Namen, sie wurden nun aber hineingefügt in den Instanzenzug der sich übereinander aufbauenden Gerichte, so daß jedenfalls als letzte Instanz das Reichskammergericht oder der Reichshofrat zur Entscheidung berufen war.

Die Entwickelung der brandenburgischen Städte weicht kaum von dem allgemeinen Gange ab. Fast alle kamen früher oder später in den Besitz des markgräflichen Vogtgerichts, das dann als städtische Behörde waltete. Im Laufe der letzten beiden Jahrhunderte des Mittelalters wurde auch nicht selten der Rat zu einem Gerichte zweiter Instanz, an den die Berufung gegen das Stadtgericht ging, öfters war durch das Stadtrecht das Angehen auswärtiger Oberer verboten, auch wohl den Städten solch Recht, daß sie die letzte Instanz haben sollen, durch Privilegien gewährt. Immer blieb indes dem Fürsten auch in den Städten eine Gerichtsbarkeit gewissen Umfanges gewahrt. Mit dem Einbürgern des römischen Rechts in der Mark und dem Erstarken der Landeshoheit unter den ersten Hohenzollern wurde auch der Einfluß der fürstlichen Gewalt auf die städtische Rechtspflege wieder stärker. Die Stadtgerichte wurden auch hier zu Instanzgerichten umgebildet und während das Recht der ersten Instanz sich nunmehr nach der Anschauung der Zeit als Befugnis einer jeden Stadt darstellte und ihnen vielfach in den ständischen Landtagsabschieden verbürgt wurde, blieb dem Kurfürsten die Gerichtsbarkeit in der Berufungsinstanz, welche er seit 1516 durch das Kammergericht ausübte. Als dann seit dem großen Kurfürsten der absolute Staat sich in Brandenburg = Preußen heraus= bildete, verblieb zwar die Gerichtsbarkeit erster Instanz den Städten, wie aber der Rat selbst als staatliche Behörde aufgefaßt wurde, so erschien doch auch das Stadtgericht jetzt thatsächlich als Organ des Staates zur Übung der Rechtspflege. Infolge der Neuordnung des städtischen Wesens durch die Städteordnung von 1808 wurden dann die städtischen Gerichte auch rechtlich vom Staate übernommen [1]).

Die heutige Anschauung über die Ziele des Staates betrachtet die Rechtspflege als eine seiner wesentlichen Aufgaben, die von ihm selbst durch seine eignen Behörden auszuüben ist. [2]) So findet sich heute für eine städtische Rechtspflege nur wenig Raum. Bewahrt ge= blieben ist aber den Städten durch alle Wechselfälle ihrer Geschicke hindurch die genossenschaftliche Strafgewalt über ihre Angehörigen, und mit dieser Auffassung der Gemeinden als genossenschaftlicher Verbände hängt es dann auch zusammen, daß in neuerer Zeit mehr= fach die städtischen Organe mit der Schlichtung von Streitigkeiten unter den Gemeindeangehörigen im Schiedsverfahren betraut sind. Wo städtische Behörden sonst für Zwecke der Rechtspflege thätig werden, sind sie nicht Gemeindeorgane, sondern Organe des Staates. Diese Fälle werden daher an anderer Stelle besprochen werden.

### 2. Die städtische Strafgerichtsbarkeit.

StO. 53 u. W. § 74. Rh. § 79. Fr. § 18. SH. § 10. H. § 33. Zust.Ges. §§ 10, 11. Gesetz vom 8. März 1871 betr. die Ausführung des Bundesgesetzes über den Unterstützungswohnsitz §§ 4, 5. Schiedsmannsordnung vom 29. Mär 1879 §§ 8, 10. v. Möller § 20. Steffenhagen § 24. Schmitz § 18.

I. In der preußischen Gesetzgebung ist die Pflicht der Bürger, städtische Ämter zu übernehmen, bereits seit einem Jahrhundert an= erkannten Rechts. Schon das allgemeine Landrecht erklärt jeden Bürger für schuldig, Stadtämter zu übernehmen, denen vorzustehen er fähig ist, [3]) ohne daß indessen das Gesetz denjenigen, der sich dieser Pflicht entschlägt, mit Strafe bedroht. Die sittliche Energie,

---

[1]) Vgl. Meier, Reform S. 312 Anm. 66.
[2]) Preuß. Verfassungsurkunde vom 31. Januar 1850 Art. 86, 87. Ge= richtsverfassungsgesetz vom 27. Januar 1877 § 15.
[3]) ALR. II, 8 §§ 29—32.

welche die Städteordnung von 1808 durchweht, zeigt sich auch in dem Ernste, mit dem sie die Erfüllung dieser Bürgerpflicht durch=zusetzen strebt. Nicht nur daß sie den seitherigen Rechtszustand beibehielt, auch die Teilnahme an den städtischen Wahlen wurde zu einer Bürgerpflicht erklärt, und der Anschauung, daß es sich hier um Erfüllung öffentlicher Pflichten handle, gab das Gesetz dadurch deutlichsten Ausdruck, daß es öffentliche Strafen gegen den Lässigen und Ungehorsamen zuließ. Den Prinzipien der Städteordnung von 1808 ist die kommunale Gesetzgebung Preußens seither treu ge=blieben,[1] nur daß die geltenden Gemeindegesetze leider es aufge=geben haben, auch die Teilnahme an den Wahlen zu einer erzwing=baren Rechtspflicht zu erklären. Die Strafarten, welche die verschiedenen Gesetze anwenden, teilen sich in zwei Klassen; während die revidierte Städteordnung[2] und ihr folgend die Gemeindeordnung von 1850[3] nur Ehrenstrafen kennen, fügen die geltenden Gemeinde=gesetze, nach dem Vorgange der Städteordnung von 1808,[4] auch vermögensrechtliche Nachteile hinzu.

II. Nach heutigem Recht haben die Städte der alten Provinzen und Schleswig = Holsteins sowie Frankfurt a/M. eine umfassende Strafgewalt gegen solche Bürger, die sich der Thätigkeit in der Stadtverwaltung oder Stadtvertretung ungerechtfertigterweise ent=ziehen. Während die gesetzlichen Normen für die alten Provinzen und Frankfurt a/M. dieselben sind, gelten in Schleswig=Holstein allerdings gesetzlich gleiche Bestimmungen nur hinsichtlich der Stellen im Rat und der Stadtverordnetenversammlung, doch kann das Ortsstatut diese Anordnungen auch auf die übrigen Stellen der städtischen Verwaltung ausdehnen.[5]

Weigert sich nun ein Bürger, eine unbesoldete Stelle in der

---

[1] Allein die rheinische Gemeindeordnung vom 23. Juli 1845 hatte eine derartige Bestimmung nicht aufgenommen, dies wurde erst nachgeholt durch das Ergänzungsgesetz vom 15. Mai 1856 art. 27.

[2] StO. 1831 §§ 68, 128—132.

[3] GO. 1850 § 137.

[4] StO. 1808 §§ 83, 191—204.

[5] Für diese Stellen (Bezirksvorsteher, Mitglieder der Verwaltungsaus=schüsse u. s. w.) kann das Ortsstatut auch besondere Bestimmungen hinsichtlich der Ablehnungsgründe und der bei unbegründeter Weigerung verwirkten Strafen geben. Hat das Ortsstatut überhaupt keine Anordnungen getroffen, so ist in Schleswig=Holstein die Pflicht zur Übernahme dieser Ämter nicht erzwingbar.

städtischen Verwaltung oder Vertretung zu übernehmen, oder legt er sein Amt vor Ablauf der Dienstzeit nieder, oder entzieht er sich endlich der thatsächlichen Verwaltung der Stelle, so wird er straffällig, wenn ihm nicht bestimmte Gründe zur Seite stehen, die ihm ein Recht zu seiner Weigerung geben. Als solche Schuldausschließungs= gründe hat das Gesetz zunächst gewisse Verhältnisse bezeichnet, bei deren Vorhandensein die städtischen Organe die Weigerung für be= rechtigt ansehen müssen.

Es sind dies die folgenden:

1. anhaltende Krankheit;

2. Geschäfte, die eine häufige oder lang andauernde Ab= wesenheit mit sich bringen;

3. ein Alter von mehr als 60 Jahren;[1])

4. in den alten Provinzen die früher stattgehabte Ver= waltung der betreffenden oder einer anderen unbesol= deten Stelle für die nächsten drei Jahre; in Frank= furt a. M. muß die Verwaltung drei, in Schleswig= Holstein sechs Jahre gedauert haben, um für die nächst= folgende gleichlange Zeit ein Befreiungsgrund zu sein. Von der Pflicht zur Übernahme unbesoldeter Stellen in der Armenverwaltung befreit nur die während der ge= setzlich vorgeschriebenen Zeit wahrgenommene Verwaltung einer unbesoldeten Stelle in der Gemeindearmenverwal= tung für die gleichlange darauffolgende Zeit, und ebenso entbindet von der Pflicht, ein Schiedsmannsamt zu übernehmen, nur die Verwaltung des Schiedsmanns= amtes während der vorausgegangenen drei Jahre;

5. die Verwaltung eines anderen öffentlichen Amtes, das aber, um von dem Schiedsmannsamt zu befreien, ein unmittelbares Staatsamt sein muß;

6. abgesehen von dem Schiedsmannsamt und den Stellen in der Gemeindearmenverwaltung auch ärztliche Praxis.

Außer diesen absoluten Entschuldigungsgründen kann die Stadt= verordnetenversammlung aber auch anderweitige Gründe, die nach billigem Ermessen die Ablehnung rechtfertigen, anerkennen.

---

[1]) Nach der StOFr. sowie für die Stellen in der Armenverwaltung und für das Amt des Schiedsmanns genügt ein Alter von 60 Jahren.

Die Gründe, welche zu einer Ablehnung befugt machen, ge=
währen auch das Recht, von dem Amte vor beendeter Dienstzeit
zurückzutreten. Die Entscheidung steht auch hier der Stadtverordneten=
versammlung zu. [1]

III. Liegen gültige Entschuldigungsgründe nicht vor, so muß
Bestrafung eintreten. [2] Die Strafen bestehen in Ehrenstrafen und
vermögensrechtlichen Nachteilen. Es kann dem Ungehorsamen die
Ausübung der Bürgerrechte für drei bis zu sechs Jahren entzogen
werden, und die Stadt kann ihn während einer Zeit von mindestens
drei bis zu sechs Jahren zu den direkten Gemeindeabgaben um
$1/8$ bis $1/4$ höher, als es nach der allgemeinen Regel geschehen würde,
heranziehen. Auf die Strafe erkennt die Stadtverordnetenversamm=
lung, die je nach der Schwere des Falles beide Strafarten oder
eine von ihnen anwenden wird und innerhalb des für die Straf=
zumessung gelassenen Raumes das Strafmaß zu wählen hat. [3]
Gegen ihren Beschluß steht dem davon Betroffenen wie auch dem
Stadtvorstande binnen zwei Wochen nach seiner Zustellung die
Klage bei dem Bezirksausschusse zu. [4]

### 3. Das Schiedsmannsamt und das Gewerbeschiedsgericht.

Schiedsmannsordnung vom 29. März 1879. Reichsgewerbeordnung § 120a.
Litteratur: v. Möller § 122. Steffenhagen § 91. Schmitz § 75. Florschütz,
Die Schiedsmannsordnung vom 29. März 1879, 11. Auflage, Berlin 1889.

I. Die Einrichtung der Schiedsmänner stammt aus dem Jahre
1827. Auf Antrag der preußischen Provinzialstände ordnete die
königliche Verordnung vom 13. Dezember 1826 an, daß mit der
Bestellung von Schiedsmännern behufs gütlicher Schlichtung vor=
kommender Rechtsstreitigkeiten in der Provinz Preußen ein Versuch
gemacht werden solle. In Ausführung dieses königlichen Befehls

---

[1] Die Schlußworte des § 8 der Schiedsmannsordnung sind für die Städte
durch ZustGes. § 10 aufgehoben, da das Schiedsmannsamt hier ein Gemeinde=
amt und die Pflicht zu seiner Übernahme bereits durch die Städteordnung
begründet, in der Schiedsmannsordnung nur näher bestimmt ist.

[2] Vgl. über die Voraussetzungen der Bestrafung OVGE. Bd. 12 Nr. 2.

[3] Vgl. OVGE. Bd. 13 Nr. 25.

[4] In Hannover beschränkt sich die Strafgewalt der Stadt auf die Stellen
der Gemeindearmenverwaltung und das Schiedsmannsamt. Sonst ist die Stadt
hier nur befugt, Bürgern, die nicht in der Stadt ihren Wohnsitz haben, wegen
der drei Jahre hindurch unterlassenen Zahlung der Anerkennungsgebühr, das
Bürgerrecht abzuerkennen. Vgl. S. 226.

erging bann die Ministerialverordnung vom 7. September 1827, welche die Organisation und Wirksamkeit der Schiedsmänner begründete. Bis zum Jahre 1872 waren nach und nach überall Schiedsmänner bestellt, infolge der Neuregelung der Gerichtsverfassung und der Prozeßgesetze ist dann das Institut durch das Gesetz vom 29. März 1879[1]) für das ganze Staatsgebiet in einheitlicher Weise neu geordnet worden.

II. Schiedsmänner müssen in jeder Stadt bestellt werden. Ihre Zahl hängt von den Beschlüssen des Stadtvorstandes ab, der auch die Amtsbezirke der Einzelnen abgrenzt. Für jeden Schiedsmann wird ein Stellvertreter ernannt, in geeigneten Fällen kann auch die wechselseitige Vertretung bestimmter Schiedsmänner angeordnet werden.[2])[3]) Die Wahl der Schiedsmänner erfolgt durch die Stadtverordnetenversammlung.

Zu dem Amte sollen nicht berufen werden:

1. wer das dreißigste Lebensjahr nicht vollendet hat.

2. wer nicht in dem Schiedsmannsbezirke wohnt, für welchen die Berufung erfolgt;

3. wer infolge strafgerichtlicher Verurteilung die Befähigung zur Bekleidung öffentlicher Ämter verloren hat;

4. wer infolge gerichtlicher Anordnung in der Verfügung über sein Vermögen beschränkt ist.

Staatsbeamte und besoldete Beamte der Kommunal- oder Kirchenverwaltung bedürfen zur Übernahme des Amtes der Genehmigung ihrer zunächst vorgesetzten Behörde.

Die Gewählten sind verpflichtet, das Amt zu übernehmen und die gesetzliche Zeit hindurch zu verwalten. Wer sich dessen ohne genügenden Grund weigert, macht sich straffällig.[4])

Die Schiedsmänner, welche von den Stadtverordneten berufen

---

[1]) Zu der Schiedsmannsordnung ist die Ausführungsanweisung vom 29. März 1879 — abgedruckt bei Florschütz 10 A. S. 47 — ergangen.

[2]) Auf die Stellvertreter des Schiedsmanns finden die für ihn geltenden Vorschriften entsprechende Anwendung.

[3]) Bei vorübergehender Behinderung oder bei gleichzeitiger Erledigung des Amtes des Schiedsmanns und seines Stellvertreters ist die Aufsichtsbehörde ermächtigt, die einstweilige Wahrnehmung der Geschäfte einem benachbarten Schiedsmann oder Stellvertreter zu übertragen.

[4]) Vgl. darüber S. 351.

sind, bedürfen der Bestätigung durch das Präsidium des Land=
gerichts, in dessen Bezirk sie ihren Wohnsitz haben, demnächst werden
sie bei dem Amtsgericht ihres Wohnsitzes auf die Erfüllung ihrer
Obliegenheiten eidlich verpflichtet;[1][2] im Falle der Wiederwahl ge=
nügt die Verweisung auf den bereits früher geleisteten Eid. Die
Amtszeit beträgt drei Jahre. Der seitherige Schiedsmann bleibt aber
bis zum Amtsantritte des Neugewählten in Thätigkeit. Wenn
Umstände eintreten oder bekannt werden, bei deren Vorhandensein
die Berufung zum Schiedsmanne nicht erfolgen soll, oder wenn sonst
erhebliche Gründe vorliegen, so kann ein Schiedsmann vor Ablauf
seiner Dienstzeit durch den ersten Zivilsenat des Oberlandesgerichts,
in dessen Bezirk er seinen Wohnsitz hat, seines Amtes enthoben
werden.[3]

Wenn die Schiedsmänner auch von der Stadt bestellt werden,
so unterstehen sie doch in ihrer Thätigkeit nicht dem Stadtvorstande,
vielmehr wird die Aufsicht über sie von dem Präsidenten des Land=
gerichts, in höherer Instanz von dem Oberlandesgerichtspräsidenten
und dem Justizminister geübt. In dem Rechte der Aufsicht liegt
die Befugnis, die ordnungswidrige Ausführung eines Schiedsmanns=
geschäftes zu rügen. Beschwerden, welche den Geschäftsbetrieb oder
Verzögerungen betreffen, werden im Aufsichtswege erledigt.[4]

Die Schiedsmänner haben bei der Ausübung ihres Amtes die
Rechte der Beamten, sie verwalten das Amt als ein Ehrenamt, die
entstehenden sächlichen Kosten fallen der Stadt zur Last.

Aufgabe der Schiedsmänner ist die Sühneverhandlung bei
streitigen Rechtsangelegenheiten. Es können dies bürgerliche Rechts=
streitigkeiten über vermögensrechtliche Ansprüche sein, oder es kann
sich auch um die Sühne solcher Beleidigungen und Körperverletzungen
handeln, zu deren Strafverfolgung ein Antrag des Verletzten er=
forderlich ist.[5] Im allgemeinen ist das Anrufen des Schiedsmanns

---

[1] Über die Formel des Eides vgl. Schiedsmannsordnung § 5.

[2] Von der erfolgten Vereidigung soll dem Stadtvorstande behufs Aus=
antwortung des Dienstsiegels und Protokollbuchs an den Schiedsmann Mit=
teilung gemacht werden.

[3] Vor der Entscheidung ist der Schiedsmann mit seinen Ausführungen
zu hören.

[4] Über die Geschäftsrevisionen vgl. Ausführungsanweisung § 4.

[5] RStGB. §§ 185—196, 223, 230, 232.

dem freien Willen der Parteien überlaſſen, nur bei Beleidigungen, die im Wege der Privatklage verfolgt werden, iſt zur Klaganſtellung der Nachweis erforderlich, daß vorher die Sühneverhandlung erfolglos geweſen iſt;[1]) hier muß daher von dem Beleidigten zunächſt der Schiedsmann angegangen werden.[2]) Zuſtändig iſt in erſter Reihe der Schiedsmann, in deſſen Bezirk der Gegner des Antragſtellers ſeinen Wohnſitz hat, doch können ſich die Parteien ausdrücklich oder ſtillſchweigend auch auf einen andern Schiedsmann einigen,[3]) nur für die Sühneverhandlung vor Erhebung der Privatklage wegen Beleidigungen iſt der Schiedsmann des Beſchuldigten ausſchließlich zuſtändig.

Kraft Geſetzes iſt der Schiedsmann von der Ausübung ſeines Amtes ausgeſchloſſen in folgenden Fällen:

1. in Sachen, in denen er ſelbſt Partei iſt oder in An= ſehung welcher er zu einer Partei in dem Verhältnis eines Mitberechtigten, Mitverpflichteten oder Regreß= pflichtigen ſteht;

2. in Sachen ſeiner Ehefrau, auch wenn die Ehe nicht mehr beſteht;

3. in Sachen einer Perſon, mit welcher er in gerader Linie verwandt, verſchwägert oder durch Adoption verbunden, in der Seitenlinie bis zum dritten Grade verwandt oder bis zum zweiten Grade verſchwägert iſt, auch wenn die Ehe, durch welche die Schwägerſchaft begründet iſt, nicht mehr beſteht;

4. in Sachen, in welchen er als Prozeßbevollmächtigter oder Beiſtand einer Partei beſtellt oder als geſetzlicher Vertreter einer Partei aufzutreten berechtigt iſt oder ge= weſen iſt.

Ablehnen ſoll er jede amtliche Verrichtung;

1. wenn er der Sprache der Parteien nicht mächtig iſt;

2. wenn zur Gültigkeit der Willenserklärung der Parteien

---

[1]) RStPO. § 420.

[2]) Dies iſt im Falle des § 196 RStGB. unnötig.

[3]) Außerhalb ſeines Amtsbezirks darf der Schiedsmann aber nur im Falle der Stellvertretung Amtshandlungen vornehmen.

dem Gegenstande nach die gerichtliche oder notarielle
Form ausschließlich gefordert wird;

3. wenn die Parteien dem Schiedsmann nicht bekannt sind
   und auch nicht nachweisen können, daß sie diejenigen
   sind, wofür sie sich ausgeben;

4. wenn Bedenken gegen die Geschäfts= oder Verfügungs=
   fähigkeit der Parteien oder gegen die Legitimation ihrer
   gesetzlichen Vertreter bestehen;

5. wenn eine Partei blind oder taubstumm ist;

6. wenn eine Partei taub oder stumm ist und mit ihr eine
   schriftliche Verständigung nicht erfolgen kann. [1]

Und er kann dies thun:

1. wenn seine Zuständigkeit lediglich auf der Vereinbarung
   der Parteien beruht;

2. wenn ihm die streitige Angelegenheit zu weitläufig oder
   zu schwierig erscheint. [2] [3]

In allen übrigen Fällen muß er den Parteien seine Dienste
gewähren.

Der Antrag auf Sühneverhandlung kann bei dem Schieds=
manne schriftlich eingereicht oder mündlich zu Protokoll gegeben
werden. Der Antrag muß den Namen, Stand und Wohnort der
Parteien, eine allgemeine Angabe des Gegenstandes der Verhandlung
und die Unterschrift des Antragstellers enthalten. [4] Bei der Ver=
handlung vor dem Schiedsmann ist eine Vertretung der Parteien
durch Bevollmächtigte unzulässig, Gemeinden und Korporationen
dürfen sich jedoch durch Bevollmächtigte aus ihrer Mitte vertreten
lassen. Beistände der Parteien, mit Ausnahme der Beistände von
Personen, welche des Lesens oder Schreibens nicht mächtig sind,
können vom Schiedsmann in jeder Lage der Verhandlung zurück=
gewiesen werden. Die Verhandlung selbst vor dem Schiedsmann
ist eine mündliche. Der Schiedsmann hat Sorge zu tragen, daß
sie ohne Unterbrechung zu Ende geführt werde; erforderlichenfalls
soll er den Termin zur Fortsetzung der Verhandlung sofort bestimmen.

---

[1] Vgl. dazu Schiedsmannsordnung § 36.
[2] Beschwerde gegen die Ablehnung findet nicht statt.
[3] Vgl. auch a. a. O. § 36.
[4] Vgl. dazu a. a. O. §§ 21, 37 Abs. 1.

Im Einverftändnis mit den Parteien kann der Schiedsmann Zeugen
und Sachverftändige, die freiwillig vor ihm erfchienen find, abhören,
zur Beeidigung eines Zeugen oder Sachverftändigen und zur Ab=
nahme eines Parteieides ift er nicht befugt. Kommt ein Vergleich
zuftande, fo ift er zu Protokoll feftzuftellen; einigen fich die
Parteien nicht, fo foll der Schiedsmann darüber einen kurzen Ver=
merk aufnehmen. [1] Die Parteien oder deren Rechtsnachfolger er=
halten auf Verlangen Abfchrift oder Ausfertigung des Protokolls. [2]
Aus den vor einem Schiedsmann gefchloffenen Vergleichen findet
die gerichtliche Zwangsvollftreckung ftatt, die Vorfchriften der Reichs=
zivilprozeßordnung über die Zwangsvollftreckung aus notariellen Ur=
kunden kommen dabei zur entfprechenden Anwendung. [3] Die von dem
Schiedsmann aufgenommenen Protokolle werden der Zeitfolge nach
in ein ausfchließlich dazu beftimmtes Buch eingefchrieben und mit
einer fortlaufenden Nummer verfehen; vollgefchriebene Protokoll=
bücher find an das Amtsgericht, in deffen Bezirk der Schiedsmann
wohnt, zur Aufbewahrung abzugeben.

Will oder kann eine Partei in dem anberaumten Termine vor
dem zuftändigen Schiedsmanne nicht erfcheinen, fo muß fie dem
Schiedsmanne davon fpäteftens an dem dem Terminstage vorher=
gehenden Tage Anzeige machen. Ift eine folche Anzeige nicht er=
ftattet, fo kann der Schiedsmann gegen die im Termin ausgebliebene
Partei eine Geldftrafe von fünfzig Pfennigen bis zu einer Mark
feftfetzen. Befchwerden gegen die Feftfetzung werden im Auffichts=
wege erledigt. Die feftgefetzten Strafen fließen zur Kämmereikaffe.

Erfcheint zu dem Sühnetermin, der vor Erhebung der Privat=
klage wegen Beleidigung notwendig ift, der Antragfteller felbft nicht,
fo findet eine Sühneverhandlung nicht ftatt, erfcheint der Befchuldigte
nicht, fo wird angenommen, daß er fich auf die Sühneverhandlung
nicht einlaffen wolle. Eine Befcheinigung über die Erfolglofigkeit
des Sühneverfuchs kann nur erteilt werden, wenn der Antragfteller

---

[1] Über die Erforderniffe des Protokolls und das Verfahren vgl. a. a. O.
§§ 25—27.

[2] Über die Protokollausfertigungen vgl. a. a. O. §§ 30, 31.

[3] In den Fällen der §§ 664, 665 der Reichszivilprozeßordnung ift die
vollftreckbare Ausfertigung nur auf Anordnung des Amtsgerichts zu erteilen,
in deffen Bezirke der Schiedsmann feinen Wohnfitz hat.

im Termin erschienen ist. Die Bescheinigung muß mit der Unter=
schrift und dem Amtssiegel des Schiedsmanns versehen sein. Sie
soll die Angabe der Zeit der Beleidigung und der Anbringung des
Antrags, sowie des Orts und der Zeit der Ausstellung enthalten.
Über die Verhandlung und die Ausstellung der Bescheinigung hat
der Schiedsmann im Protokollbuche einen Vermerk aufzunehmen.

Die Verfügungen, Verhandlungen und Ausfertigungen des
Schiedsmannes sind kosten= und stempelfrei. [1] Schreibgebühren und
bare Auslagen fallen der Partei zur Last, die sie veranlaßt hat, [2]
erforderlichenfalls werden sie im Verwaltungszwangsverfahren bei=
getrieben.

III. Streitigkeiten der selbständigen Gewerbetreibenden mit
ihren Arbeitern, die sich auf den Antritt, die Fortsetzung oder Auf=
hebung des Arbeitsverhältnisses, auf die gegenseitigen Leistungen
daraus, auf die Erteilung oder den Inhalt der Arbeitsbücher oder
Zeugnisse beziehen, unterliegen der Entscheidung des Stadtvorstandes,
dessen Schiedsspruch vorläufig vollstreckbar ist, im übrigen aber
binnen 10 Tagen durch Berufung auf den ordentlichen Rechtsweg
angefochten werden kann. Durch Ortsstatut kann an Stelle des
Stadtvorstandes ein Schiedsgericht eingeführt werden, das aus dem
Stadtvorstande oder einem von ihm beauftragten Mitgliede und aus
einer gleichen Anzahl von Arbeitgebern und Arbeitern gebildet wird.
Übrigens ist eine völlige Neuordnung dieser Materie zur Zeit
Gegenstand gesetzgeberischer Beratung. [3]—[7])

---

[1]) Über die Ausnahmen vgl. a. a. O. § 40.

[2]) Der Schiedsmann kann seine Thätigkeit von ihrer vorherigen Entrichtung
abhängig machen.

[3]) Über die Zuständigkeit vgl. RGCE. Bd. 13 S. 341.

[4]) Die Abnahme von Eiden durch den Stadtvorstand oder das Gemeinde=
schiedsgericht ist unzulässig. Vgl. auch Minvfg. vom 19. November 1881 —
BMBl. S. 279 —. Ebensowenig dürfen die Entscheidungen durch polizeilichen
Zwang oder im Verwaltungszwangsverfahren vollstreckt werden, vielmehr findet
die Zwangsvollstreckung nach den Vorschriften der Zivilprozeßordnung statt
Vgl. OBGG. Bd. 1 Nr. 49.

[5]) Der Rechtsweg gegen die Entscheidungen kann nicht ausgeschlossen
werden.

[6]) Die sämtlichen Gemeindebehörden haben sich Rechtshilfe zu leisten.
Vgl. Minvfg. vom 28. Februar 1874 (BMBl. S. 78).

[7]) Vgl. auch § 53 des Krankenversicherungsgesetzes vom 15. Juni 1883.

## IV. Die innere Verwaltung.

### 1. Allgemeine Erörterungen.

I. Die Begriffe der Verwaltung, der inneren Verwaltung ins=
besondere und der Polizei haben alle eine doppelte Bedeutung, die
scharf voneinander zu sondern ist.

Formell läßt sich als Verwaltung jede Thätigkeit der öffent=
lichen Gewalt — des Staats oder der Gemeinde — bezeichnen, die
nicht in den Formen des Gesetzes geschieht, materiell erscheint als
Verwaltung jedes Thun des Gemeinwesens, das sich die Durch=
führung der gesetzlichen Normen und darüber hinaus die Abfindung
und Befriedigung all jener Ansprüche, welche die einzelnen Ver=
hältnisse des öffentlichen Lebens erheben, zum Zwecke setzt.

In diesem materiellen Verwaltungsbegriff grenzt sich die innere
Verwaltung als besonderes Gebiet ab. Wir fassen diejenige Thätigkeit
des Gemeinwesens als innere Verwaltung auf, welche die Wohl=
fahrt der Unterthanen auf der Grundlage und in den Schranken
der geltenden Rechtsordnung zu fördern erstrebt. Formell wird
aber nur der Teil dieser Thätigkeit unter dem Namen der inneren
Verwaltung begriffen, der nicht von gerichtlichen Behörden oder den
Behörden der inneren Verwaltung als ihren Hilfsorganen ausge=
führt wird.

Die innere Verwaltung ist entweder Polizei oder öffentliche
Pflege. Als Polizei erscheint alles Thun des Staats oder der
Stadt für das Gemeinwohl mittels der zwingenden und gebietenden
Autorität, während die Thätigkeit des Gemeinwesens dort, wo sie
nur anregend und unterstützend wirkt, öffentliche Pflege genannt
wird. Die Auffassung der Polizei als der öffentlich-rechtlichen Zwangsge=
walt bietet indes wieder nur einen formellen Begriff, der seiner Aus=
füllung durch den Inhalt des geltenden Rechtes bedarf. Nach
preußischem Recht[a]) erscheint danach im materiellen Sinne als Polizei
die Thätigkeit des Gemeinwesens als der zwingenden und befehlenden
Gewalt, welche die Herstellung der nötigen Anstalten zur Erhaltung
der öffentlichen Ruhe, Sicherheit und Ordnung und zur Abwendung
der dem Publikum oder einzelnen Mitgliedern desselben bevorstehen=

---

[a]) ALR. II, 17 § 10.

ben Gefahr bezweckt. Darüber hinaus sind der Polizei durch be=
sondere Normen weitere Befugnisse zuerteilt. Die Polizei zerfällt
wiederum in die Landespolizei und in die Ortspolizei. Als Landes=
polizei wird diejenige polizeiliche Thätigkeit bezeichnet werden können,
welche zunächst dem Staatsinteresse genügen will, während die Orts=
polizei in erster Reihe berufen ist, die Durchführung im Interesse
der örtlichen Gemeinschaft liegender Anordnungen zu bewirken.
Daß die Landespolizei Sache des Staates ist, erscheint zweifellos,
dagegen sollte nach deutscher Rechtsauffassung der Gegenwart die
Ausübung der Ortspolizei den als Selbstverwaltungskörpern orga=
nisierten örtlichen Gemeinschaften überlassen bleiben, zumal sich die
polizeiliche und pflegende Thätigkeit auf weiten Gebieten der Ver=
waltung kaum voneinander sondern läßt. Diese Anschauung ist
indes in Preußen nicht durchgedrungen, vielmehr gilt hier auch die
Ortspolizei als staatliche Angelegenheit; es werden daher die Rechts=
grundsätze der städtischen Polizei erst an anderer Stelle des Systems
zu besprechen sein.

II. Da nach deutscher Rechtsauffassung die Stadt allen Kultur=
interessen dienstbar sein soll, deren Förderung in der Begrenzung auf
den Stadtbezirk und die städtische Gemeinde sich als möglich erweist,
so erfüllt die städtische innere Verwaltung ein weites und bei den
Tendenzen der heutigen Gesetzgebungspolitik auch ein noch stets an=
wachsendes Gebiet. Die Thätigkeit der Stadt läßt sich in fünf große
Gruppen zerlegen, die freilich nicht scharf voneinander geschieden
sind, sondern zahlreiche Übergänge aufweisen. Zunächst widmet die
Stadt ihre Fürsorge der Erhaltung und Besserung des physischen
Daseins ihrer Angehörigen, sie sorgt des weiteren für die geistige
und sittliche Entwickelung derselben, und sie nimmt sich all derer an,
die ihres Schutzes und ihrer Hilfe bedürfen. Als eine der wichtigsten
und umfassendsten Aufgaben der städtischen Verwaltung erscheint
dann die Sorge um die wirtschaftliche Förderung der städtischen
Einwohner, und endlich lassen sich die Wohlfahrtseinrichtungen, welche
die Stadt zu Gunsten der wirtschaftlich schwächeren Klassen ein=
richtet, zu einer besonderen Gruppe zusammenfassen.

**2. Die Sorge für die Erhaltung und Besserung des physischen Daseins der Gemeindeangehörigen.**

### Allgemeine Übersicht.

#### Das öffentliche Schlachthaus. — Das Impfgeschäft.

Reichsgewerbeordnung § 23. Gesetz vom 18. März 1868 und 9. März 1881 betr. die Errichtung öffentlicher, ausschließlich zu benutzender Schlachthäuser. Reichsimpfgesetz vom 8. April 1874, Gesetz vom 12. April 1875 betr. die Ausführung des Reichsimpfgesetzes. Zust.Ges. § 131.

I. Schon von altersher gehört die Sorge für das Heilwesen und mehr noch die Anordnung hygieinischer Maßnahmen zu den Aufgaben der städtischen Verwaltung. Bereits gegen das Ende des 13. Jahrhunderts finden sich die ersten Spuren, daß der Rat auch der Gesundheitspflege der städtischen Einwohner sein Augenmerk zuwandte, das 14. und 15. Jahrhundert bieten dann reichliche Belege. Seitens der Städte werden Ärzte und Hebammen angestellt, sie errichten Krankenhäuser, Apotheken und öffentliche Bäder, eine Fülle von polizeilichen Anordnungen sucht gesundheitsschädlichen Einflüssen entgegenzutreten, insbesondere wird eifrig für die Reinlichkeit der städtischen Straßen gesorgt.

In neuerer Zeit und besonders in den letzten beiden Jahrzehnten ist dieses Gebiet städtischer Verwaltung wieder höchst bedeutsam geworden, die Fortschritte der hygieinischen Wissenschaft und die sich mehrende Erkenntnis von der Wichtigkeit ihrer Ergebnisse für das Gemeinwohl haben namentlich in den größeren Städten zahlreiche Anstalten und Einrichtungen entstehen lassen, welche die Hebung und Festigung des Gesundheitszustandes der Einwohner bezwecken. Krankenhäuser und städtische Armenärzte finden sich wohl überall, auch Kirchhöfe[1]) sind von den Städten nicht selten angelegt, darüber hinaus erstreckt sich die Fürsorge der Stadt auch oft auf die Anlage von Wasserleitungen, Abfuhranstalten[2]) und

---

[1]) Zur Anlage städtischer Kirchhöfe ist die Genehmigung des Regierungspräsidenten nötig. Vgl. Minvfg. vom 27. April 1886 (BMBl. S. 92) und für Hannover vom 23. März 1886 (BMBl. S. 57). Hinsichtlich der Benutzung städtischer Kirchhöfe siehe ALR. II, 11 § 190. Über das Eigentum an den bestehenden Kirchhöfen in den französisch-rechtlichen Teilen der Rheinprovinz vgl. RGCE. Bd. 14 Nr. 80.

[2]) Diese Anstalten besorgen entweder die Abfuhr des Gemülls oder der

Kanalisationswerken; Spielplätze, Schmuckgärten und Promenaden sind beschafft worden, öffentliche Anstalten zur technischen Untersuchung von Nahrungs= und Genußmitteln [1]) sowie zur Desinfektion von Gegenständen, die Krankheitsträger sein können, wurden errichtet, Markthallen und Schlachthäuser, öffentliche Bäder, Bedürfnisanstalten und Leichenhäuser erbaut; neben den seit langem bestehenden Siechen=häusern sind einzelne Städte jetzt auch bereits mit der Eröffnung von Erholungsstätten für arme Genesende vorgegangen. Auch die Bestimmungen über die Straßenanlagen und Baufluchten dienen zugleich gesundheitlichen Zwecken. Im weitesten Umfange liegt dann die Sorge für den Gesundheitszustand der städtischen Einwohner in den Händen der Ortspolizei, die durch Baupolizeiordnungen und die Bestimmungen der Sanitäts= und Nahrungsmittelpolizei ihrer Aufgabe gerecht wird. Darüber wird einzelnes Nähere später berichtet.

II. Hier bleiben wesentlich nur die gesetzlichen Bestimmungen darzustellen, die über die Anlage und den Betrieb städtischer Schlachthäuser gegeben sind. Hat eine Stadt ein öffentliches Schlacht=haus errichtet, so kann durch Ortsstatut [2]) für den ganzen Gemeinde=bezirk oder Teile davon der Schlachtzwang allein oder in Verbindung mit der notwendigen Viehbeschau eingeführt werden. [3]) Es darf dann innerhalb des Bannkreises, für den das Schlachthaus errichtet ist das Schlachten aller oder einzelner Gattungen von Vieh nur ausschließlich in dem öffentlichen Schlachthaus geschehen, [4]) und es

---

menschlichen Auswurfstoffe, oder sie umfassen auch beides. Vgl. dazu Minvfg. vom 4. November 1887 — BMBl. S. 246.

[1]) Gesetz vom 14. Mai 1879 betr. den Verkehr mit Nahrungsmitteln, Genuß=mitteln und Gebrauchsgegenständen § 17.

[2]) Gegen den ablehnenden Beschluß des Bezirksausschusses steht der Stadt die Beschwerde an den Minister für Handel und Gewerbe zu.

[3]) Es ist auch möglich, daß die Stadt das öffentliche Schlachthaus nicht selbst errichtet, sondern dies einem Unternehmer überläßt. Für die Erfüllung der gesetzlichen Anordnungen bleibt auch in diesem Falle die Stadt selbst ver=antwortlich, das gegenseitige Verhältnis zwischen ihr und dem Unternehmer soll ein Vertrag regeln, welcher der Bestätigung des Bezirksausschusses unterliegt.

[4]) In dem Gemeindebeschlusse kann bestimmt werden, daß das Verbot der ferneren Benutzung anderer als der in einem öffentlichen Schlachthause befind=lichen Schlachtstätten auf die im Besitz und in der Verwaltung von Innungen oder sonstigen Korporationen befindlichen gemeinschaftlichen Schlachthäuser so=wie auf das nicht gewerbsmäßig betriebene Schlachten keine Anwendung finde.

kann weiter angeordnet werden, daß außer dem Schlachten selbst
auch die damit unmittelbar zusammenhängenden Verrichtungen [1])
allein im Schlachthause vorgenommen werden dürfen; diese Verrichtungen müssen dann aber im Ortsstatute bestimmt bezeichnet
sein. Zugleich kann auch, wie bereits bemerkt ist, die notwendige
Viehbeschau eingeführt werden, so daß alles in das Schlachthaus
kommende Schlachtvieh vor wie nach dem Schlachten einer sachverständigen Untersuchung unterworfen wird. Neben diesen Maßregeln
können in dem Ortsstatute noch eine Reihe anderer Anordnungen
erlassen werden, welche die Einwohner vor dem Genusse kranken
Fleisches schützen sollen. [2])

Die Stadt ist verpflichtet, das Schlachthaus den örtlichen Bedürfnissen entsprechend einzurichten und zu erhalten, auch seine Be-

[1]) z. B. das Abhäuten und Zerlegen des Viehs.

[2]) Diese Einrichtungen, die nur in Verbindung mit dem Schlachtzwange
und der notwendigen Viehbeschau getroffen werden können, und bei denen es
den Städten überlassen bleibt, ob sie alle oder nur einen Teil davon einführen
wollen, wobei sie die einzelnen Anordnungen auch gegenüber den gesetzlichen
Bestimmungen in ihrem Umfange einschränken dürfen, sind nun folgende:

a) es darf alles nicht im öffentlichen Schlachthause ausgeschlachtete frische
   Fleisch in dem Gemeindebezirke nicht eher feilgeboten werden, bis es
   einer Untersuchung durch Sachverständige gegen eine zur Gemeindekasse
   fließende Gebühr unterzogen ist;

b) in Gastwirtschaften und Speisewirtschaften darf frisches Fleisch, das
   von auswärts bezogen ist, nicht eher zum Genusse zubereitet werden,
   bis es einer Untersuchung durch Sachverständige gegen eine zur Gemeindekasse fließende Gebühr unterzogen ist;

c) sowohl in öffentlichen Märkten als in den Privatverkaufsstätten muß
   das nicht im öffentlichen Schlachthaus ausgeschlachtete frische Fleisch von
   dem dort ausgeschlachteten Fleische gesondert feilgeboten werden.

d) in öffentlichen, im Eigentum und in der Verwaltung der Gemeinde
   stehenden Fleischverkaufshallen darf frisches Fleisch von Schlachtvieh nur
   dann feilgeboten werden, wenn es im öffentlichen Schlachthause ausge-
   schlachtet ist.

e) Personen, die in dem Gemeindebezirke das Schlächtergewerbe oder den
   Handel mit frischem Fleisch als stehendes Gewerbe betreiben, dürfen
   innerhalb des Gemeindebezirks das Fleisch von Schlachtvieh nicht feilbieten, das sie nicht in dem öffentlichen Schlachthause, sondern an einer
   anderen, innerhalb eines durch den Gemeindebeschluß festzusetzenden Um-
   kreises gelegenen Schlachtstätte geschlachtet haben oder haben schlachten
   lassen.

nutzung jedem zu gestatten, der die allgemein vorgeschriebenen Bedingungen erfüllt.[1]) Für die Benutzung der Anstalt[2]) und die Untersuchung des Schlachtviehs wie des auswärts ausgeschlachteten und im Gemeindebezirke feilgebotenen frischen Fleisches[3]) ist die Stadt befugt, ein Entgelt zu erheben. Die Untersuchungsgebühren dürfen aber die Kosten der Untersuchung nicht übersteigen und auch das Entgelt für Benutzung des Schlachthauses darf nicht höher sein, als zur Deckung der Betriebsunkosten und zum Verzinsen wie zum Abstoße des Anlagekapitals und der etwa gezahlten Entschädigungssummen erforderlich ist.[4]) Der Gebührentarif muß mindestens für ein Jahr gelten; er wird gleich den Ordnungen für die Untersuchung des Viehs und des ausgeschlachteten Fleisches durch Ortsstatut festgestellt und demnächst zur öffentlichen Kenntnis gebracht.

Nach Bekanntmachung des Ortsstatutes über Errichtung des öffentlichen Schlachthauses dürfen neue Privatschlachtanstalten nicht mehr eröffnet werden, das Verbot, die bestehenden Anstalten fernerhin zu benutzen, tritt sechs Monate nach Veröffentlichung des Ortsstatutes in Kraft, sofern nicht im Statut eine längere Frist vorgesehen ist. Will die Stadt die Anstalt wieder eingehen lassen, so muß sie zu diesem Beschlusse die Zustimmung des Bezirksausschusses einholen, der Termin der Aufhebung bedarf außerdem der Genehmigung des Regierungspräsidenten.

Die Eigentümer und Nutzungsberechtigten von Privatschlachtanstalten, welche bei der Eröffnung des städtischen Schlachthauses bereits vorhanden waren, haben gegen die Stadt einen Anspruch auf Ersatz für den erweislichen, wirklichen Schaden, welchen sie dadurch erleiden, daß ihre zum Schlachtbetriebe dienenden Gebäude und Einrichtungen nunmehr ihrer Bestimmung entzogen werden.[5])

---

[1]) Die Stadt kann einzelne Schlachtverrichtungen, z. B. das Töten der Tiere, durch besondere Angestellte vornehmen lassen, wenn sachliche Gründe dafür sprechen. Vgl. Minvfg. vom 10. Februar 1887 (BMBl. S. 67).

[2]) Daß die öffentlichen Schlachthäuser Regalanstalten sind, ist bereits auf S. 222 erwähnt.

[3]) Vgl. S. 363 Anm. 2 zu b.

[4]) Dabei soll ein höherer Zinsfuß als fünf Prozent und ein höherer Tilgungsbetrag als ein Prozent jährlich außer den ersparten Zinsen nicht berechnet werden.

[5]) Bei Berechnung des Schadens ist namentlich zu berücksichtigen, daß der

Der Schadensersatzanspruch muß binnen sechs Monaten[1][2] bei dem Bezirksausschuß angemeldet sein, der ihn in kommissarischer Verhandlung prüfen läßt und dann durch Beschluß darüber entscheidet.[3] Innerhalb vier Wochen vom Tage der Zustellung ab kann gegen den Beschluß der ordentliche Rechtsweg beschritten werden.

III. Den Stadtkreisen liegt auch die Durchführung des Impfzwanges ob. Sie haben die Impfbezirke zu bilden und die Impfärzte anzustellen, die dadurch entstehenden Kosten fallen ihnen zur Last,[4] anderseits beziehen sie auch einzelne dabei aufkommende Gebühren. Die kreissässigen Städte sind nur verpflichtet, für das Impfgeschäft einen geeigneten Raum zur Verfügung zu stellen und dem Impfarzt die erforderliche Schreibhilfe zu gewähren.[5]

### 3. Die Sorge für die geistige und sittliche Entwickelung der Gemeindeangehörigen.

I. Im Mittelalter war die Kirche allein die Pflegerin geistiger Interessen, mit dem Aufblühen der Städte wurde auch dieses Gebiet der Verwaltungsthätigkeit in den Kreis der städtischen Aufgaben hineingezogen. Noch geben die mächtigen Dome und stolzen Rathäuser, manch künstliches Gerät und ziervolles Schmuckstück Kunde von dem lebensfrohen und kunstliebenden Geschlecht, das damals die deutschen Städte bewohnte. Städtische Büchereien und Kunst-

---

Ertrag, welcher von den Grundstücken und Einrichtungen bei anderweiter Benutzung erzielt werden kann, von dem bisherigen Ertrage in Abzug zu bringen ist. Eine Entschädigung für Nachteile, welche aus Erschwerungen oder Störungen des Geschäftsbetriebes hergeleitet werden möchten, findet nicht statt.

[1] oder innerhalb der im Statute bestimmten längeren Frist.

[2] Vgl. RGCE. Bd. 15 S. 261.

[3] Der Kommissar hat zwei Beisitzer zuzuziehen, der eine der Beisitzer ist von dem Entschädigungsberechtigten, der andere von der Gemeinde zu wählen. Erfolgt die Wahl nicht binnen einer vom Kommissar zu bestimmenden, mindestens zehntägigen Frist, so ernennt dieser die Beisitzer.

[4] Dazu gehören die Remuneration der Impfärzte, die Kosten der erforderlichen Büreauarbeiten sowie die Kosten der nötigen Listen, Scheine und Zeugnisse.

[5] Wegen der Teilnahme der Stadt an den Maßnahmen zur Bekämpfung der Viehseuchen vgl. Reichsgesetz vom 23. Juni 1880 §§ 53—56, 62² und preußisches Ausführungsgesetz vom 12. März 1881 §§ 11, 13.

kammern führen wohl ihren Ursprung bis in jene Tage zurück. Mannigfaches, das zur Übung geistiger Bildung wie zur sittlichen Förderung und zu ehrbarer Fröhlichkeit diente, läßt sich hier an= schließen. Selbst den städtischen Bärenzwinger und den Stadtnarren kann man da aufzählen. An solche Übung der Altvordern hat die neuere Zeit rühmlichst angeknüpft. Den darstellenden Künsten bieten die Städte heute reiche und würdige Aufgaben zum Schmuck der Stadt und Erhebung der Bürger, Bibliotheken und Museen sollen die geistigen Interessen der Einwohner fördern, verschiedenste Be= strebungen, welche der allgemeinen und sachlichen Bildung der Bürger dienen, sind teils zu Gegenständen städtischer Verwaltung geworden oder häufiger finden sie wenigstens bei den Städten kräftige Unterstützung.

II. Das Wichtigste bleibt doch das Schulwesen. Auch dies hat seinen Ausgang von der Kirche genommen, aber bereits seit dem 13. Jahrhundert finden sich städtische Schulen. Bedeutenden Auf= schwung gewann dann das städtische Schulwesen durch die Refor= mation, vielerorts wurden Gymnasien gegründet, Volksschulen wurden in zahlreichen Städten neu eingerichtet oder doch neu geordnet. Die weitere Entwickelung knüpft in Preußen an Friedrich Wilhelm I. und Friedrich den Großen an, das Schulwesen war nunmehr aber ganz zu einem Gegenstande staatlicher Verwaltung geworden, die Darstellung seiner Geschichte seit jener Zeit gehört daher nicht mehr hierher.

III. Der heutige Rechtszustand des städtischen Schulwesens ist wenig befriedigend. Für die östlichen Provinzen und Westfalen auf die dürftigen Bestimmungen des allgemeinen Landrechts begründet, ist die Weiterbildung seither wesentlich durch die nicht immer gleichen Zielen zustrebende Verwaltungspraxis erfolgt, die in der Verfassung niedergelegten Grundsätze sind zur Zeit noch suspendiert.

Nach heutigem preußischen Rechte, wie es auch in Hannover, Schleswig=Holstein und der Rheinprovinz gilt, sind nun sowohl die Volksschule wie die öffentlichen höheren Lehranstalten Einrichtungen des Staates, deren Thätigkeit allein durch die Anordnungen staat= licher Behörden, besonders auch des Stadtschulausschusses, bestimmt und geregelt wird. Den Gemeinden liegt vielfach die Unterhaltung der Schulen ob, häufig ist ihnen auch die Berufung der Lehrer unter staatlicher Bestätigung zugestanden, auf das innere Leben der Schule haben sie aber keinen Einfluß. Muß aber, wie es doch nicht anders sein kann, der Unterricht und seine Gestalt als das Wesentliche der Schule betrachtet werden, so erscheint das städtische Schulwesen so lange nicht als Gegenstand städtischer Verwaltung, als die Städte an der Leitung und Aufsicht des Unterrichts keinen gesetzlich anerkannten Anteil haben. Es wird daher das städtische Schulwesen erst an späterer Stelle des Systems zu besprechen sein.

**4. Die Sorge für die wirtschaftliche Entwicklung der Gemeindeangehörigen.**

### a. Land= und Forstwirtschaft; Jagd und Fischerei.

Feldpolizeiordnung vom 1. November 1847 §§ 21, 22, 39, 40. Gesetz vom 12. März 1881 betr. die Ausführung des Reichsgesetzes über die Abwehr und Unterdrückung von Viehseuchen §§ 14—16, 25—27. Gesetz vom 14. August 1876 betr. die Verwaltung der den Gemeinden und öffentlichen Anstalten gehörigen Holzungen in den Provinzen Preußen, Brandenburg, Pommern, Posen, Schlesien und Sachsen §§ 8, 9. Gesetz vom 31. Oktober 1848 betr. die Aufhebung des Jagdrechts auf fremdem Grund und Boden und die Ausübung der Jagd. (hannöversche) Jagdordnung vom 11. März 1859 § 12. Fischereigesetz vom 30. Mai 1874 § 41.

I. Die Pflege und der Schutz landwirtschaftlicher Interessen nimmt in der städtischen Verwaltung nur eine untergeordnete Stelle ein; nur in den kleinsten, dorfähnlichen Städten widmet sich ein bedeutenderer Teil der Einwohner dem Landbau, und damit erhält dann auch dort die städtische landwirtschaftliche Verwaltung breiteren Raum. Im allgemeinen sind hier doch nur wenige einzelne Bestimmungen zusammenzutragen.

II. In den Städten der östlichen Provinzen und Westfalens, in welchen noch eine Gemeindeweide besteht, soll durch Gemeindebeschluß bestimmt werden, ob die einzelnen Vieharten abgesondert oder gemischt zu hüten sind, ebenso auch wieviel gemeinschaftliche Hirten bestellt werden sollen.[1] Für die Ansetzung tüchtiger Hirten hat dann der Stadtvorstand zu sorgen.

---

[1] Haben nicht alle Gemeindeeinwohner, sondern nur die Mitglieder der Hütungsgenossenschaft Anteil an der Gemeindeweide, so sollen deren Beschlüsse der Bestätigung des Rates unterliegen.

Durch Ortsstatut[1]) können diese Städte, über das gemeine Recht hinaus, anordnen, daß alle Tauben, die zur Zeit der Saat oder Ernte im Freien, besonders auf den Äckern der Gemeindemark, betroffen werden, Gegenstand des Tierfanges sind.

Bei der Bekämpfung von Viehseuchen haben die Städte mitzuwirken. Sie sollen:

die zur wirksamen Durchführung der angeordneten Schutzmaßregeln in ihrem Bezirke zu verwendende Wachtmannschaft auf ihre Kosten stellen;

ferner auf ihre Kosten die Hilfsmannschaften und Transportmittel beschaffen, die zur Ausführung der angeordneten Tötung kranker oder verdächtiger Tiere oder zur unschädlichen Beseitigung der Kadaver oder einzelner Teile davon oder zu der angeordneten Impfung gefährdeter Tiere erforderlich sind;

des weiteren die Kosten der Einrichtungen tragen, welche zur wirksamen Durchführung der Orts- und Feldmarksperre in ihrem Bezirke vorgeschrieben werden;

endlich einen geeigneten Raum ohne Vergütung überweisen und mit den nötigen Schutzmitteln versehen, in dem die unschädliche Beseitigung verendeter oder getöteter Tiere oder von Teilen der Tiere, von Streu, Dünger und anderen Abfällen vorgenommen werden kann, wenn dem Besitzer solcher Tiere ein geeigneter Ort dazu fehlt.[2])

Berlin muß auch die Entschädigung für die mit dem Rotz oder der Lungenseuche behafteten Tiere zahlen, welche auf polizeiliche Anordnung getötet oder nach dieser Anordnung an der Seuche gefallen sind. Die Entschädigungsbeträge werden durch eine Umlage auf die Besitzer von Pferden oder Rindvieh aufgebracht.

Über die mitwirkende Thätigkeit der Städte bei dem Erlaß landwirtschaftlicher Polizeiverordnungen vgl. weiter unten.

III. Bereits früher ist erwähnt worden, daß die Städte in

---

[1]) In den Stadtkreisen durch Gemeindebeschluß. Vgl. Zust.Ges. vom 26. Juli 1876 § 84.

[2]) Über eine weitere nur ergänzende Pflicht der Stadt zum Tragen von Kosten vgl. Gesetz vom 12. März 1881 § 27.

ben östlichen Provinzen zu Aufforstungen im Interesse der Landes=
kultur angehalten werden können.[1])

In Festungen beteiligt sich der Stadtvorstand durch einen Ab=
geordneten an der Abgrenzung der Jagdbezirke, innerhalb deren
Bereich die Jagd mit Feuergewehren nicht ausgeübt werden darf.

In Hannover kann durch Gemeindebeschluß die Jagd auf den
Grundstücken der Feldmark, welche der Stadt, den Bürgern oder den
städtischen Einwohnern gehören, den Bürgern allein vorbehalten
werden.

Schließlich üben alle Städte über die Binnenfischerei in ihren
Grenzen, soweit sie in nicht genossenschaftlichen Revieren betrieben
wird, neben den staatlichen Polizeibeamten noch eine eigene Auf=
sicht aus.

## b. Gewerbe und Handel; Maß und Gewicht.

Reichsgewerbeordnung vom 1. Juli 1883 § 14, 15, 33, 34, 36, 64, 65, 68,
142 Gesetz vom 26. November 1869 betr. die Eichungsbehörden. Gesetz vom
26. April 1872 betr. die Erhebung von Marktstandsgeld.
v. Möller § 102, 128—130. Steffenhagen § 92, 124.

I. Handel und Gewerbe haben dem städtischen Leben die Rich=
tung gewiesen, durch Handel und Gewerbe entrangen die Städte sich
der Enge des dörflichen Wesens, gelangten sie zu Reichtum, Freiheit
und Macht. Wohl war im Anfange das städtische Bürgerrecht noch
auf Grundbesitz gegründet, in der Folge wurde aber mehr und
mehr Handel und Gewerbe bestimmend wie für die städtische Poli=
tik nach außen, so im Innern für die politischen Rechte der Gemeinde=
angehörigen. Am Schlusse der alten Zeit definiert denn auch das
allgemeine Landrecht die Städte als Orte, die hauptsächlich zum
Aufenthalt solcher Einwohner des Staates bestimmt sind, welche sich
mit der Verarbeitung und Verfeinerung der Naturerzeugnisse und
mit dem Handel beschäftigen.[2]) Das letzte Jahrhundert hat den
Gewerben die Freiheit gegeben, sich auch über das platte Land hin
auszudehnen, daneben hat die Auflösung der ständischen Ordnung
und die Freizügigkeit den rechtlichen Charakter der Städte sehr ver=
ändert. Die Regelung des gewerblichen Thuns wie des Handels=

---

[1]) Vgl. S. 219.
[2]) ALR. II, 8 § 86.

betriebes hat nunmehr der Staat in seine Hände genommen, so daß hier von der früheren reichen Zuständigkeit der Städte nur geringe Reste übrig geblieben sind.

Ihnen ist noch das Recht belassen, Feldmesser, Auktionatoren, Personen, welche den Feingehalt edler Metalle oder die Beschaffen=heit, Menge oder richtige Verpackung von Waren irgend einer Art feststellen, Güterbestätiger, Schaffner, Wäger, Messer, Bracker, Schauer, Stauer und andere solche Vertrauenspersonen öffentlich zu bestellen und zu vereidigen.[1]) Auch kann die Stadt Eichungsämter als Gemeindeanstalten errichten. Es ist dazu die Genehmigung des Ministers für Handel und Gewerbe erforderlich, die aber Städten, welche die nötigen Räumlichkeiten und Einrichtungen beschaffen, so=wie eine zum Eichmeister geeignete Persönlichkeit nachweisen, nicht versagt werden darf. Das Eichungsamt besteht mindestens aus einem Vorsteher, dem die allgemeine Leitung der Geschäfte obliegt, und einem Sachverständigen als Eichmeister.[2]) Die Ämter haben das Geschäft der Eichung und Stempelung der Maße und Gewichte zu besorgen, doch können dem einzelnen Amt durch die Staatsbehörde gewisse Zweige des Eichungsgeschäftes, die eine · besondere Sach=kunde und Geschicklichkeit erfordern, entzogen werden. Die Aufsicht über den Geschäftsbetrieb der Eichungsämter wird außer durch den Stadtvorstand auch von den staatlichen Eichungsinspektoren geführt, welche die Ämter durch Vermittelung des Stadtvorstandes in tech=nischen Angelegenheiten mit Anweisung versehen dürfen.[3]) [4])

II. Auf gewerblichem Gebiete beschränkt sich die Thätigkeit der

---

[1]) Die Bestimmungen der Gesetze, welche den Handlungen dieser Gewerbe=treibenden eine besondere Glaubwürdigkeit beilegen oder an ihre Handlungen besondere rechtliche Wirkungen knüpfen, sind, außer auf die von dem Staate bestellten Personen, nur auf die von den verfassungsmäßig dazu befugten Kommunen oder Korporationen Angestellten zu beziehen.

[2]) Zu Eichmeistern können nur solche Personen bestellt werden, deren tech=nische Befähigung von dem vorgesetzten Eichungsinspektor nach vorgängiger Prüfung anerkannt und bescheinigt ist.

[3]) Die Kosten des Eichungsamtes hat die Stadt zu tragen, wie ihr auch die aufkommenden Gebühren zukommen.

[4]) In den Städten, in denen die Eichungsinspektoren ihren Sitz haben, sollen die Eichungsämter Staatsanstalten sein. Die Errichtung eines Gemeinde=eichungsamtes ist diesen Städten nicht gestattet.

Städte heute weſentlich auf die Wahrnehmung der Gemeindeintereſſen gegenüber der Staatsverwaltung, worüber ſpäter noch näher ge= ſprochen wird. Hier ſei nur erwähnt, daß durch Ortsſtatut alle Städte die Erlaubnis zum Betriebe des Pfandleihgewerbes und die Städte mit mehr als 15 000 Einwohnern[1]) auch die Erlaubnis zum Betriebe der Gaſtwirtſchaft ſowie zum Ausſchank von Wein, Bier und anderen geiſtigen Getränken von dem Nachweiſe eines vorhan= denen Bedürfniſſes abhängig machen können.[2])

Auch muß jeder Gewerbetreibende dem Stadtvorſtande den Beginn ſeines Betriebes anzeigen, den Empfang der Anzeige ſoll der Stadtvorſtand binnen drei Tagen beſtätigen.

III. Eng mit dem Stadtrecht verbunden iſt das Meß= und Marktrecht, an ihm vornehmlich hat ſich die obrigkeitliche Gewalt des Rates emporgerankt. Die erſtarkende Staatsgewalt zog auch hier die Verfügung an ſich, jetzt liegen die Beſchlüſſe über Zahl, Zeit, Dauer und Orte der Märkte in den Händen ſtaatlicher Be= hörden, deren Beſchlüſſe nur teils von den ſtädtiſchen Organen an= geregt werden, teils deren Zuſtimmung bedürfen.

Der ſtädtiſchen Verwaltung liegt es ob, nachdem das Einver= ſtändnis der Polizei dafür gewonnen iſt, die Plätze und die übrigen Räumlichkeiten[3]) für den Marktverkehr bereit zu ſtellen und einzu= richten. Dabei muß der Beſuch des Marktes ſowie der Kauf und Verkauf daſelbſt einem jeden mit gleichen Befugniſſen freigeſtellt ſein, und niemals darf der Marktverkehr mit andern als ſolchen Abgaben belaſtet werden, welche eine Vergütung für den überlaſſenen Raum und den Gebrauch von Buden und Gerät= ſchaften bilden; auch iſt es verboten, bezüglich der Zahlung der

---

[1]) Für die Städte mit weniger als 15 000 Einwohnern kann dieſe Be= ſtimmung unmittelbar von der Staatsregierung erlaſſen werden.

[2]) Überall kann außerdem durch ſtaatliche Anordnung die Erlaubnis zum Ausſchank von Branntwein und zum Kleinhandel mit Branntwein oder Spiritus von dem Nachweiſe des vorhandenen Bedürfniſſes abhängig gemacht werden. Von beiden Ermächtigungen der Gewerbeordnung hat die Minvfg. vom 14. Sep= tember 1879 (BMBl. S. 254) Gebrauch gemacht.

[3]) In neuerer Zeit verlegen die größeren Städte vielfach die Märkte in beſondere Gebäude (Markthallen). Vgl. über den öffentlichen Marktverkehr in dieſen Gebäuden OVGE. Bd. 15 Nr. 51.

Abgaben zwischen Einheimischen und Fremden einen Unterschied zu machen.

Findet der Marktverkehr auf öffentlichen Straßen oder Plätzen statt, so gilt für die Einführung und Erhebung dieses Standgeldes das Gesetz vom 26. April 1872.[1]) Danach kann die Stadt für den Gebrauch der öffentlichen Plätze und Straßen zum Feilbieten von Waren auf Messen und Märkten ein Entgelt[2]) verlangen, dies Marktstandsgeld darf nur im Wege des Ortsstatuts eingeführt oder, wo es bereits besteht, erhöht werden; aus Gründen des öffent- lichen Wohls kann der Bezirksausschuß aber, nach bloßer Anhörung der Stadt, die bestehenden Marktstandsgelder den gesetzlichen Vor- schriften gemäß ermäßigen und anderweit ordnen.[3]) Die Höhe des Marktstandsgeldes ist nur nach der Größe des vom Feilbietenden zum Marktstande gebrauchten Raums und nach der Dauer des Feilbietens zu bestimmen. Sie darf den Satz von 0,20 Mk. für das Quadratmeter und den Tag des Feilbietens nicht übersteigen.[4])[5])

---

[1]) Dazu ist die Ausführungsanweisung vom 10. Juni 1872 (BMBl. S. 185) ergangen.

[2]) Das Marktstandsgeld ist weder eine Gebühr noch ein Regal oder ein Interessentenzuschuß, sondern ein privatrechtliches Entgelt für die Benutzung der städtischen Straßen, das allerdings aus Gründen des öffentlichen Wohls geordnet und den öffentlich=rechtlichen Abgaben angenähert ist. Es ist am meisten dem Einkaufsgelde vergleichbar.

[3]) Beruht das Hebungsrecht auf besonderem Rechtstitel und widerspricht der Berechtigte, so bleibt die Ermäßigung oder anderweite Regulierung dem Minister für Handel und Gewerbe zusammen mit dem Finanzminister vorbe- halten. In diesem Falle hat der Staat dem Berechtigten für seinen Ausfall Entschädigung zu gewähren, sofern das Recht nicht dem Fiskus oder der Stadt selbst zusteht.

[4]) Wie diese Vorschrift auf Gegenstände, die weder auf Tischen noch in Buden, Kisten, Fässern, Körben, Haufen u. s. w. feilgeboten werden, anzu- wenden, und in welcher Weise das Marktstandsgeld für Gegenstände, die bei geringem Werthe einen großen Raum einnehmen, verhältnismäßig geringer festzusetzen ist, kann in den Tarifen mit Genehmigung des Bezirksausschusses besonders bestimmt werden. In gleicher Weise ist darüber Bestimmung zu treffen, wie der festgesetzte Satz auf Bruchteile des Quadratmeters angewendet werden soll.

[5]) Bevorzugungen, welche bei Entrichtung von Marktstandsgeldern statt- finden, können aufgehoben werden, sofern sie nicht auf besonderem Rechtstitel beruhen.

Unter den Marktstandsgeldern ist die Miete für Buden, Zelte, Tische, Unterlagen, Stangen oder sonstige Vorrichtungen, welche den Verkäufern zum Gebrauche überlassen sind, nicht inbegriffen, es steht aber auch jedem frei, ob er sich dieser oder seiner eigenen Vorrichtungen bedienen will. Die Tarife zur Erhebung von Marktstandsgeld müssen während der Meß- und Marktzeit zu jedermanns Einsicht auf den zum Feilhalten bestimmten Straßen und Plätzen aufgestellt sein, und es dürfen außer den darin festgesetzten Entgelten keine anderen erhoben werden. Die Abforderung des Marktstandsgeldes darf übrigens nicht etwa bereits beim Eingange der Waren in die Stadt, sondern nur auf der Verkaufsstätte selbst geschehen.[1]

Steht das Recht zur Erhebung von Marktstandsgeld nicht der Stadt, sondern einem Dritten zu, so kann es nur unter Beistimmung der Stadt und Genehmigung des Bezirksausschusses eingeführt oder erhöht werden, sonst gelten auch in diesem Falle die eben dargelegten Vorschriften.

### c. Das Bauwesen.
ALR. I, 8 § 35—59.
v. Möller § 120.

I. Die Vorschriften über das Bauwesen in der Stadt sind regelmäßig polizeilicher Natur, nur eine Einzelheit bleibt hier zu besprechen. Ist ein Gebäude, das an die Straße oder einen öffentlichen Platz anstößt, verfallen, oder durch Feuer oder anderes Unglück zerstört,[2] so kann die Polizeibehörde den Eigentümer zur Wiederherstellung des Gebäudes anhalten. Kann oder will dieser die Kosten des notwendigen Baues nicht herbeischaffen, so ist die Polizeibehörde befugt, das Gebäude zum öffentlichen Verkauf auszubieten. Findet sich kein Käufer, der die Wiederherstellung des Gebäudes übernehmen will, und weigern sich dessen auch alle Realgläubiger, so wird das Gebäude der Stadt übereignet, wodurch alle bisher darauf haftenden

---

[1] Siehe die Strafbestimmung in § 6 des Gesetzes vom 26. April 1872.

[2] Die für einen solchen Unglücksfall ausgesetzten Feuerversicherungsgelder und andere dergleichen Vergütungen kommen alsdann nicht dem Eigentümer oder dessen Konkursmasse, sondern dem Übernehmer des Bauplatzes zu statten.

Realrechte untergehen. Die Stadt kann es dann jedem unter der Bedingung der Wiederherstellung zum freien Eigentum überlassen, doch behalten die Gläubiger und der Eigentümer doch noch das Recht, ihrerseits den Bau und damit das Eigentum des Gebäudes zu übernehmen, solange die Stadt es dem Dritten noch nicht ab=gelassen hat. In diesem Falle müssen die Gläubiger und der Eigen=tümer aber genügende Sicherheit dafür stellen, daß sie ihr Anerbieten auch erfüllen werden.[1]

Kann das Gebäude auch durch die Veranstaltungen der Stadt nicht wiederhergestellt werden, so ist die Polizeibehörde befugt, es bei andauernder Gefahr für das Publikum abbrechen und die Materi=alien an den Meistbietenden verkaufen zu lassen. Der Erlös daraus fällt an die Stadt, die bisher die notwendigen Unterhaltungskosten hat hergeben müssen.[2][3]

II. Nach ihrer historischen Entwicklung finden hier die Feuer=wehr und das Nachtwachwesen ihre Stätte. Zweifellos Teile der Ortspolizei, sind sie doch fast überall Gegenstand der inneren Ver=waltung der Städte geblieben, ohne daß ein Rechtsgrund für solche Ordnung erkennbar ist. Mehrfach ist sogar durch Ortsstatut die Teilnahme an der Feuerwehr zu einer allgemeinen Bürgerpflicht er=klärt worden.

### d. Die öffentlichen Wege im Stadtbezirk.

#### Die städtischen Straßen.

ALR. II, 15 §§ 1—37. Verordnung vom 16. Juni 1838 betr. die Kommuni=kationsabgaben §§ 9—12. Regulativ vom 17. November 1841 wegen Unter=haltung der durch die Staatswaldungen in der Provinz Westfalen und der Rheinprovinz führenden öffentlichen Wege mit Ausschluß der ausgebauten Staats= und Bezirksstraßen. Gesetz vom 21. Juni 1875 betr. die anderweitige Regelung der Verpflichtung zur Leistung von Hand= und Spanndiensten für die Unter=haltung der Land= und Heerstraßen in der Provinz Posen. Gesetz vom 11. Juni 1874 über die Enteignung von Grundeigentum. Gesetz vom 2. Juli 1875 betr. die Anlegung und Veränderung von Straßen und Plätzen in Städten und

---

[1] Unter übrigens gleichen Umständen hat der Eigentümer vor dem Gläubiger den Vorzug.

[2] Vgl. dazu OVGE. Bd. 10 Nr. 46, Bd. 13 Nr. 54.

[3] Vgl. noch wegen der Unterhaltung der Zäune und Wellerwände ALR. I, 8 §§ 149, 162 ff.; OVGE. Bd. 8 Nr. 52.

ländlichen Ortſchaften. (Hannöverſches) Geſetz vom 20. Juni 1851 über den
Chauſſeebau. (Hannöverſches) Geſetz vom 28. Juli 1851 über Gemeindewege und
Landſtraßen. (Schleswigholſteinſche) Wegeverordnung vom 1. März 1842. (Schles-
wigholſteinſches) Patent vom 27. Dezember 1865 betr. verſchiedene Abänderungen
der Vorſchriften der Wegeverordnung über die Inſtandſetzung und Unterhaltung
der Nebenlandſtraßen und die Beaufſichtigung der Nebenwege. Geſetz vom
26. Februar 1879 betr. die Abänderung der Wegegeſetzgebung für die Provinz
Schleswig-Holſtein und die Herbeiführung eines Ausgleichs in der Wegebau-
pflicht zwiſchen den Herzogtümern Schleswig und Holſtein. Kreisordnung für
die Provinz Hannover vom 6. Mai 1884 §§ 2, 111 ff. Kreisordnung für die
Provinz Schleswig-Holſtein vom 26. Mai 1888 §§ 150, 151. Zuſt.Geſ. §§ 55—60,
146. Litteratur: v. Möller §§ 83, 120. [R. Friedrichs, das Geſetz betr. die Anlegung und Veränderung von Straßen und Plätzen in Städten und ländlichen
Ortſchaften vom 2. Juli 1875. 2. Aufl. Berlin 1889.

I. Die Unterſcheidung des allgemeinen Landrechts, welches die
Landſtraßen als die großen Verkehrsadern dem Staate zur Unterhaltung überwies und für die übrigen Wege das örtliche und provin-
zielle, mannigfach verſchiedene Recht fortgelten ließ, entſpricht nicht
mehr den heutigen Verkehrsverhältniſſen, welche ja durch die Ausdehnung des Eiſenbahnnetzes völlig umgewandelt ſind. Eine allgemeine Wegeordnung iſt indes noch nicht ergangen und nur Hannover
und Schleswig-Holſtein beſitzen neuere umfaſſende Geſetze, für die
übrigen Provinzen beſtehen noch die vielfach veralteten Beſtimmungen
der Provinzialgeſetze fort, die bis in das vorige Jahrhundert zurück-
reichen. Dabei kann über die Unterhaltungspflicht der Wege nur
der überkommene Zuſtand, nicht ihre oft ſehr abweichende zeitige
Beſtimmung entſcheiden. Im allgemeinen laſſen ſich überall drei
Klaſſen von Wegen erkennen; die bedeutendſten, für den Verkehr
einer größeren Landſchaft notwendigen Wege — die früheren Landſtraßen — ſind heute der Verwaltung der Provinzialverbände zugewieſen,[1]—[3]) eine andere Gruppe von Wegen, die kleinere land-

[1]) Vgl. dazu hinſichtlich der Wegeſtrecken, welche die Provinzen an die
Städte zur eigenen Verwaltung geben müſſen, Geſetz vom 16. Juni 1838
§§ 9—12, Dotationsgeſetz vom 8. Juli 1875 § 18. Siehe auch OVGE. Bd. 8
Nr. 1. Hinſichtlich Berlins vgl. Dotationsgeſetz §§ 18—20.

[2]) Hinſichtlich des Verhältniſſes der Wegeunterhaltungspflicht der Provinzen
und Kreiſe zu den ſtädtiſchen Straßen vgl. hann. Geſetz vom 20. Juni 1851
§§ 3, 4. Siehe auch OVGE. Bd. 14 Nr. 46.

[3]) Hinſichtlich der von den Städten in Poſen bei der Anlage und Wieder-

schaftliche Teile erschließen und mit den Verkehrsmittelpunkten, wie
den Städten und Eisenbahnstationen, verbinden sollen, werden häufig
von den Kreisen verwaltet und unterhalten,[1]) die Wege endlich,
welche nachbarliche Gemeinden miteinander verknüpfen und auf denen
sich der Verkehr innerhalb das Gemeindebezirkes bewegt, sind überall
wohl thatsächlich, meist auch gesetzlich,[2]) von den Städten anzulegen
und zu unterhalten. Dabei muß indes gegenwärtig bleiben, daß
die historische Entwickelung die Grenzen zwischen den einzelnen Wege=
gruppen mannigfach verschoben hat, es wird deshalb, wie bereits
hervorgehoben ist, in jedem einzelnen Falle zu prüfen sein, wem
der Unterhalt des Weges nach den thatsächlichen Verhältnissen ob=
liegt.[3]—[5]) In Hannover und Schleswig=Holstein sollen die zu
den einzelnen Klassen gehörigen Wege in besondere Kataster ver=
zeichnet werden; die Anlage und Unterhaltung der Gemeindewege
lastet hier gesetzlich auf den Städten, die anderseits auch über die
Anlage, Verlegung und Einziehung der Gemeindewege selbständig
beschließen.[6])

---

herstellung von Landstraßen zu leistenden Hand= und Spanndienste vgl. Gesetz
vom 21. Juni 1875.

[1]) Vgl. für die Stadtkreise in Hannover Gesetz vom 28. Juli 1851 §§ 30 ff.

[2]) So allgemein in Hannover und Schleswig=Holstein. Hinsichtlich Schlesiens
vgl. OVGE. Bd. 14 Nr. 49.

[3]) Die Dreiteilung findet sich auch in Hannover und Schleswig=Holstein.
In Hannover werden Landeschausseen, Landstraßen und Gemeindewege, in
Schleswig=Holstein Hauptlandstraßen, Nebenlandstraßen und Nebenwege unter=
schieden.

[4]) Vgl. dazu auch OVGE. Bd. 15 Nr. 38 u. 39.

[5]) Verschieden von der Wegeunterhaltungspflicht ist die Reinigungspflicht
der Wege im Gemeindebezirk, soweit sich die Reinigung nicht auf das übliche,
zum Schutze des Weges erforderliche Maß beschränkt. Wird darüber hinaus
eine Reinigung der Gemeindewege notwendig, so erscheint die Pflicht in ihrem
ganzen Umfange als polizeiliche Last und fällt daher der Stadt zu. Vgl. OVGE.
Bd. 1 Nr. 37, Bd. 14 Nr. 68, Bd. 17 Nr. 41. Wegen des Schneeschorens auf
Landstraßen vgl. königl. Verordnung vom 8. März 1832 über die Verpflichtung
zur Wegräumung des Schnees von den Kunststraßen, sowie für Schleswig=
Holstein die Verordnung vom 7. Juni 1871 und das Gesetz vom 15. Juni 1885
§ 28. Vgl. auch OVGE. Bd. 11 Nr. 29, Bd. 14 Nr. 47. Wegen der Be=
leuchtung der Wege vgl. OVGE. Bd. 5 Nr. 6.

[6]) In Schleswig=Holstein bedürfen diese Beschlüsse der Bestätigung des Kreis=

Die Kosten der Wegeanlage und Wegunterhaltung gehören zu den allgemeinen Gemeindelasten,[1] über die besonderen Beiträge der Fabrik- und Bergwerksunternehmer ist bereits früher gesprochen worden.[2]

Die Regelung des Verkehrs auf den Gemeindewegen ist im allgemeinen nicht Sache der Stadt, sondern der mit der Wegepolizei betrauten Staatsbehörden; doch kann die Stadt die Thätigkeit der Polizei in einzelnen Fällen durch Anträge veranlassen oder doch durch ihre Meinungsäußerung, welche nach gesetzlicher Vorschrift eingeholt werden muß, beeinflussen.[3]

II. Eine besondere Stellung unter den öffentlichen Wegen im Stadtbezirk nehmen die Straßen ein. Der Begriff der Straße ist wesentlich ein thatsächlicher, die Umstände des einzelnen Falles entscheiden. Es lassen sich alle die Wege als Straßen bezeichnen, die dem Verkehr innerhalb der Ortschaft oder einzelner ihrer Teile gewidmet sind, thatsächlich ist die Straße auch meist für den Anbau bestimmt.

Die älteren Straßen sind gewöhnlich ohne ausdrückliche öffentlich-rechtliche Anordnung im Laufe der geschichtlichen Entwickelung entstanden, seit dem Gesetze vom 2. Juli 1875 soll die Anlage einer Straße regelmäßig in besonderem, geordnetem Verfahren geschehen, die einzelnen Bestimmungen sind auch für die älteren Straßen von

---

ausschusses, bei Stadtkreisen des Bezirksausschusses. Wegen Hannover vgl. Zust.Ges. § 60.

[1] Über den Umfang der Wegebaulast vgl. OVGE. Bd. 13 Nr. 42. Danach umfaßt sie die Pflicht, dem Bedürfnisse des Verkehrs entsprechend, den Weg wie auch die für ihn erforderlichen Entwässerungsanstalten, Durchlässe, Brücken und Fähren über Gewässer, soweit sie nicht schiffbar sind, Baumpflanzungen, Schutzgeländer und Wegweiser anzulegen, zu unterhalten und, wo es nötig ist, zu verbreitern und zu verlegen, auch Gegenstände, die den Verkehr hemmen, zu beseitigen.

[2] Vgl. S. 332.

[3] Vgl. Gesetz vom 20. Juni 1887 betr. die Abänderung der Verordnung vom 17. März 1839, betr. den Verkehr auf den Kunststraßen, und der Kabinetsordre vom 12. April 1840 betr. die Modifikation des § 1 der Verordnung vom 17. März 1839 wegen des Verkehrs auf den Kunststraßen §§ 3, 6. Für Hannover vgl. Gesetz vom 22. Februar 1879 betr. die Radfelgenbeschläge der Fuhrwerke in der Provinz Hannover § 7.

Bedeutung. Danach ist nun Straße derjenige Raum, welcher dem öffentlichen Verkehr innerhalb der Stadt dient und der durch die Straßenfluchtlinien begrenzt wird.[1][2] Die Bestandteile der Straßenfläche sind verschieden, je nach den örtlichen Verhältnissen; regelmäßig soll sie in den Fahrdamm und den Bürgersteig zerfallen, häufig findet sich aber auch noch eine weitere Gliederung.[3]

Die Rechtsverhältnisse der Straßen ergeben sich aus ihrer Widmung für den öffentlichen Verkehr; insoweit dessen Anforderungen dem nicht entgegen sind, bleiben die Rechte des Eigentümers an dem Straßengrunde nach wie vor bestehen.[4]—[6] Besondere Bestimmungen gelten für die Bürgersteige. Liegt ihre Unterhaltung den angrenzenden Hauseigentümern ob, was sich nach dem örtlichen Rechte bestimmt,[7][8] so haben diese das Recht, den Bürgersteig so weit zu benutzen, als sie ihn unterhalten müssen, doch dürfen sie dabei den öffentlichen Verkehr nicht behindern, noch die Straße verengen oder verunstalten.[9][10]

Die städtischen Straßen sollen in der Regel an einer oder an beiden Seiten mit Gebäuden besetzt werden, die Straßenfluchtlinien sind dann auch zugleich die Baufluchtlinien, sie bezeichnen die Grenze, bis zu der die Gebäude vorrücken dürfen, oder auch wohl die Linie,

---

[1] Über Privatstraßen vgl. Friedrichs § 1 Anm. 4.

[2] Über das Verhältnis der Stadt als der Straßenbaupflichtigen zu dem Chausseebaupflichtigen vgl. OBGE. Bd. 14 Nr. 46.

[3] in Reitwege, Promenaden u. s. w.

[4] Eigentümer ist gewöhnlich aber nicht notwendigerweise die Stadt.

[5] Vgl. OBGE. Bd. 10 Nr. 27.

[6] Vgl. übrigens über den Anspruch der angrenzenden Eigentümer auf ungehinderte Benutzung der Straße RGEE. Bd. 7 Nr. 63 und Entscheidung des Reichsgerichts vom 30. November 1887 (JMBl. 1888 S. 150.)

[7] Vgl. die im Gegensatze zu der ständigen Praxis des Obertribunals ergangene Entscheidung des Oberverwaltungsgerichts in OBGE. Bd. 10 Nr. 28, damit übereinstimmend Minvfg. vom 2. Mai 1885 (BMBl. S. 103). Siehe auch OBGE. Bd. 6 Nr. 33.

[8] Vgl. über die Interessentenzuschüsse zu den Anlage- und Unterhaltungskosten der Bürgersteige Minvfg. vom 5. November 1888 (BMBl. S. 213).

[9] ALR. I, 8 §§ 78, 81.

[10] Über Entschädigungsansprüche der anstoßenden Hauseigentümer wegen Höherlegung des Bürgersteigs vgl. Entscheidung des Reichsgerichts vom 26. Februar 1887 (Gruchot, Beiträge Bd. 31 S. 929).

auf der sie sich halten müssen.[1]) Vielfach fallen indes die Straßen=
und Baufluchtlinien auseinander, die Baufluchtlinie liegt dann hinter
der Straßengrenze, wenn sie auch in der Regel nicht um mehr als
3 m zurückweichen soll. Das Land zwischen den beiden Grenzen,
die sogenannten Vorgärten, bleibt im Eigentume des Anliegers,
seine Verfügung darüber kann aber aus polizeilichen Rücksichten viel=
fach beschränkt werden.[2])

III. Die Anlage neuer städtischer Straßen kann zwar seit dem
Erlasse des Gesetzes vom 2. Juli 1875 nur durch den Stadtvorstand
erfolgen, sie muß aber geschehen, wenn polizeiliche Rücksichten dies
verlangen. Hat sich daher auf einem Wege im Stadtbezirk ein straßen=
mäßiger Verkehr entwickelt, so kann die Stadt von der Polizei=
behörde zur Einrichtung des Weges nach den Bedürfnissen des Ver=
kehrs gezwungen werden. Um nun die Stadt vor dem Eintritte
solcher Möglichkeit zu bewahren und sie damit vor oft sehr erheb=
lichen finanziellen Lasten zu schützen, ist den Städten das Recht bei=
gelegt, durch Ortsstatut[3]) anzuordnen, daß an Straßen[4]) und
Straßenteilen,[5]) deren Anlage zwar begonnen hat,[6]) die aber noch

---

[1]) Dazu müßte eine Polizeiverordnung erlassen werden, das Gesetz selbst
bestimmt darüber nichts.

[2]) Vgl. Friedrichs § 1 Anm. 9. Siehe auch OVGE. Bd. 18 Nr. 56 Nr. I
und II. Die letzte Entscheidung dürfte in ihren Anforderungen an die Vor=
gartenbesitzer zu weit gehen.

[3]) In Berlin ist dies Ortsstatut ausnahmsweise nicht vom Oberpräsidenten,
sondern vom Minister des Innern zu bestätigen.

[4]) Wie der Wortlaut des Gesetzes ergibt, muß eine Straße bereits vor=
handen sein, um das Bauverbot an ihr auszusprechen. Das Oberverwaltungs=
gericht und ihm folgend Friedrichs § 12 Anm. 5 gehen darüber hinaus und
wollen das Bauverbot auch anwenden, wenn eine Straße überhaupt noch nicht
besteht und nur die Aussicht vorhanden ist, daß bei dem Gestatten des Baus
die Stadt hier künftig eine Straße wird schaffen müssen.

[5]) Der Begriff des Straßenteils ist ein rein thatsächlicher. Im allgemeinen
wird jeder sich äußerlich als besonderer Abschnitt der Straße darstellende Teil
derselben als Straßenteil bezeichnet werden können. So gewöhnlich der zwischen
zwei Querstraßen liegende Teil, aber auch der Teil der Straße, welcher be=
trächtlich enger als die anderen Abschnitte des Straßenzuges ist, unter Um=
ständen auch derjenige Teil, welcher augenscheinlich einen anderen Charakter
wie die übrige Straße hat. Ebenso kann nach den thatsächlichen Verhältnissen
eine Straßenseite oder Abschnitte davon als Straßenteil aufgefaßt werden.
Vgl. auch Friedrichs § 12 Anm. 6 und RGCE. Bd. 23 Nr. 62.

nicht, den baupolizeilichen Bestimmungen des Ortes gemäß,[1] für den öffentlichen Verkehr und den Anbau fertig gestellt sind,[2] keine Wohngebäude[3] errichtet werden dürfen, die nach dieser Straße einen Ausgang haben.[4] Eine Entschädigung für diese Beschränkung der Baufreiheit wird nicht gewährt. Innerhalb dieser Grenzen[5] soll das Ortsstatut die näheren Bestimmungen treffen; nach erfolgter Bestätigung ist es in ortsüblicher Art kundzumachen.

Das ortsstatutarische Bauverbot kann nicht auf solche Wege im Stadtbezirk ausgedehnt werden, deren Umwandlung in städtische Straßen von der Verwaltung noch gar nicht beabsichtigt wird, ebensowenig darf die Stadt den weiteren Anbau an Straßen hindern, die bereits dem Verkehr freigegeben sind, wenn sich auch seither nur wenige Anbauten an ihnen fanden.[6]

IV. Ergiebt sich das Bedürfnis zur Anlage neuer Straßen

---

[0] Begonnen hat die Anlage einer Straße mit der ersten Erklärung der zur Anlage berufenen Organe — der Stadt und der Polizeibehörde —, sie herrichten zu wollen.

[1] Die polizeilichen Bestimmungen müssen für den Bauunternehmer verpflichtend sein, sonst ist keine besondere Form dafür vorgeschrieben. Ihr Bestehen ist Vorbedingung des Statuts. Vgl. OVGE. Bd. 8 Nr. 57, Bd. 3 Nr. 57.

[2] Vgl. OVGE. Bd. 10 Nr. 45.

[3] Das Gebäude muß in irgend einem Teile zum Wohnen bestimmt sein und an der projektierten Straße liegen. Ob dies der Fall ist, muß nach den thatsächlichen Verhältnissen beurteilt werden. Auch die Umwandlung eines bestehenden Gebäudes in ein Wohngebäude und der Wiederaufbau eines durch ein Naturereignis zerstörten Wohngebäudes fällt unter das Verbot. Vgl. Friedrichs § 12 Anm. 7. OVGE. Bd. 18 Nr. 58. Siehe auch OVGE. Bd. 9 Nr. 46.

[4] Vgl. Friedrichs § 12 Anm. 7.

[5] Ausnahmen von dem allgemeinen Bauverbot können in dem Ortsstatute zugelassen werden.

[6] Über den Begriff dieser „historischen Straßen" vgl. OVGE. Bd. 3 Nr. 60, Bd. 9 Nr. 47, Bd. 18 Nr. 57. Siehe auch OVGE. Bd. 5 Nr. 51, Bd. 15 Nr. 21. Die „historische" Straße muß mindestens bei Erlaß des Ortsstatuts als nach den damaligen polizeilichen Anforderungen fertige Straße bestanden haben, oder wenn solche polizeiliche Bestimmungen nicht ergangen waren, so muß der Weg doch damals thatsächlich bereits von der Stadt für den öffentlichen Verkehr freigegeben gewesen sein. Eine spätere Besserung der Straße macht sie nicht zu einer neuen Straßenanlage.

und Plätze oder zur Veränderung der bestehenden, so ist es Auf=
gabe des Stadtvorstandes, entsprechende Fürsorge zu treffen. Er
soll dann neue Straßen= und Baufluchtlinien festsetzen und dadurch,
dem öffentlichen Bedürfnis gemäß, die vorhandenen Straßen ver=
mehren oder erweitern. Geschieht dieses nicht, während doch die
polizeilich zu schützenden Interessen[1] ein Vorgehen erfordern, so ist
die Ortspolizei befugt, ihrerseits die Festsetzung von Fluchtlinien in
Antrag zu bringen. Ist die Anregung von dem Stadtvorstande
ausgegangen, so muß dieser sich für seine Anträge das Einverständnis
der Stadtverordneten und die Zustimmung der Ortspolizeibehörde
sichern.[2] Treten die Stadtverordneten dem Antrage des Stadtvor=
standes nicht bei, so bleibt die Angelegenheit auf sich beruhen;[3]
verweigert die Ortspolizeibehörde ihre Zustimmung,[4] was nur ge=
schehen darf, wenn sie glaubt, daß andernfalls die von ihr wahrzu=
nehmenden polizeilichen Interessen geschädigt werden, so beschließt
auf Anrufen des Stadtvorstandes der Kreisausschuß, bei Stadt=
kreisen und Städten mit mehr als 10 000 Einwohnern der Bezirks=
ausschuß[5] über die Rechtmäßigkeit der Weigerung.[6]

---

[1] Es sind dies folgende: Förderung des Verkehrs, der Feuersicherheit und
der öffentlichen Gesundheit sowie Abwehr der Verunstaltung von Straßen und
Plätzen.

[2] Bis zum Abschlusse der Verhandlungen kann jeder Beteiligte seine An=
träge und Zustimmungserklärungen zurückziehen.

[3] Dies ergibt sich auch aus Zust.Ges. § 17. In den Städten mit Rats=
verfassung handelt es sich hier um Gemeindebeschlüsse, die in nichts von den
übrigen abweichen, in den Städten mit Bürgermeisterverfassung aber hat der
Bürgermeister auf diesem Gebiete nicht nur ein Beanstandungsrecht, sondern
ist mit der Stadtverordnetenversammlung gleichberechtigt. Die Hervorhebung
des Gesetzes, daß der Stadtvorstand die Anregung geben soll, besagt nichts,
was von dem allgemeinen Rechtszustand abweicht, da hierdurch ein Antrag der
Stadtverordneten an den Stadtvorstand, er möge die Anlage oder Erweiterung
einer Straße in Angriff nehmen, nicht verboten ist.

[4] Die Zustimmung der Ortspolizeibehörde muß immer ausdrücklich erklärt
werden und öffentlich bekannt gemacht sein. Dies gilt auch, wenn der Stadt=
vorstand mit der Verwaltung der Polizei betraut ist. Anders Friedrichs § 1
Anm. 6.

[5] Gegen den erstinstanzlichen Beschluß des Kreisausschusses geht die Be=
schwerde an den Bezirksausschuß, gegen den erstinstanzlichen Beschluß des
Bezirksausschusses an den Provinzialrat.

[6] In Berlin entscheidet der Minister der öffentlichen Arbeiten.

Wird der Antrag auf Festsetzung der Fluchtlinien von der Ortspolizeibehörde gestellt, so beschließt der Kreis= oder Bezirksaus=schuß[1]) bei dem ablehnenden Verhalten der Stadt darüber, ob ein Bedürfnis zur Anlage oder Veränderung von Straßen in der That, wie dies die Ortspolizeibehörde behauptet, vorhanden ist.

Die Festsetzung von Fluchtlinien kann für einzelne Straßen und Straßenteile oder, nach dem voraussichtlichen Bedürfnisse der näheren Zukunft, durch Aufstellung von Bebauungsplänen für größere Grundflächen erfolgen. Handelt es sich infolge von umfassenden Zerstörungen durch Brand oder andere Ereignisse um die Wieder=bebauung ganzer Ortsteile, so ist die Gemeinde verpflichtet, schleunigst darüber zu beschließen, ob und inwiefern für den betreffenden Orts=teil ein neuer Bebauungsplan aufgestellt werden soll. Eintretenden=falls ist dann die unverzügliche Festsetzung des neuen Plans zu bewirken.

Jede Festsetzung von Fluchtlinien muß eine genaue Bezeich=nung der davon betroffenen Grundstücke und Grundstücksteile und eine Bestimmung der Höhenlage sowie der beabsichtigten Entwässerung der Straßen und Plätze enthalten. Dabei ist auch auf Förderung des Verkehrs, der Feuersicherheit und der öffentlichen Gesundheit Bedacht zu nehmen sowie darauf zu halten, daß keine Verunstaltung der Straßen und Plätze eintritt. Es soll deshalb für die Her=stellung einer genügenden Breite der Straßen und einer guten Ver=bindung der neuen Bauanlagen mit den bereits bestehenden Sorge getragen werden. Betrifft der Plan der beabsichtigten Festsetzungen eine Festung oder fallen darein öffentliche Flüsse, Chausseen, Eisen=bahnen oder Bahnhöfe, so hat die Ortspolizeibehörde dafür zu sorgen, daß den beteiligten Behörden rechtzeitig zur Wahrung ihrer Inter=essen Gelegenheit gegeben wird.[2])

Sind bei der Festsetzung von Fluchtlinien mehrere Ortschaften beteiligt, so soll eine Verhandlung darüber unter den Gemeinde=

---

[1]) über die Fälle, in denen jeder zur Entscheidung berufen ist, siehe oben.

[2]) Die unterlassene Anhörung bewirkt keine Nichtigkeit des Verfahrens. So auch Friedrichs § 6 Anm. 2. Vgl. auch die zutreffenden Ausführungen bei Friedrichs § 6 Anm. 3 gegen die Minvfg. vom 15. Dezember 1882 (BMBl. 1883 S. 13).

vorständen stattfinden; über die Punkte, hinsichtlich deren keine
Einigung zu erzielen ist, beschließt dann der Kreisausschuß.[1])

Haben sich die Stadt und die Ortspolizeibehörde über die Auf=
stellung oder Veränderung von Straßen= und Baufluchtplänen ge=
einigt,[2]) so wird der aufgestellte Plan von dem Stadtvorstande zu
jedermanns Einsicht offengelegt. Die Art der Auslegung soll auf
ortsübliche Weise bekannt gemacht und dabei bemerkt werden, daß
Einwendungen gegen den Plan innerhalb einer bestimmt zu be=
zeichnenden Ausschlußfrist von mindestens vier Wochen bei dem
Stadtvorstande angebracht werden können. Von der Auslegung
des Plans kann nur abgesehen werden, wenn es sich um Fest=
setzungen handelt, die lediglich einzelne Grundstücke angehen, ein
Interesse irgendwelcher Dritter dabei aber weder ersichtlich noch
auch zu vermuten ist. In diesem Falle genügt eine Mitteilung an
die Grundeigentümer mit der Auflage, binnen der ihnen bekannt
gegebenen Frist, die aber mindestens vier Wochen betragen muß,
ihre Einwendungen anzubringen. Haben die etwaigen Verhand=
lungen mit den Beschwerdeführern nicht zur Zurücknahme der Ein=
wendungen geführt, so beschließt der Kreis= oder Bezirksausschuß
darüber.[3]) Erweisen sich die Beschwerden ganz oder teilweise be=
gründet, so ist die Beschlußbehörde befugt, die entsprechende Änderung
des Planes anzuordnen.[4])

Sind keine Einwendungen gegen den Plan erhoben oder ist
über die Beschwerden endgültig beschlossen, so stellt der Stadtvor=
stand den Plan förmlich fest, legt ihn zu jedermanns Einsicht öffent=

---

[1]) Ist ein Stadtkreis oder eine Stadt mit mehr als 10 000 Einwohnern
beteiligt, so beschließt der Bezirksausschuß, ist Berlin beteiligt, der Minister
der öffentlichen Arbeiten.

[2]) Für Berlin, Potsdam und Charlottenburg ist noch königliche Genehmi=
gung notwendig.

[3]) Wann jeder in Wirksamkeit tritt, siehe oben. Wegen Berlin vgl. S. 381
Anm. 6.

[4]) Über die dadurch entstehenden Schwierigkeiten, die das Gesetz nicht be=
seitigt, vgl. Friedrichs § 8 Anm. 2. — Jedenfalls werden die offensichtlich von
dem Beschlusse betroffenen, bisher aber an dem Verfahren nicht beteiligten
Personen nunmehr vor dem Ergehen des Beschlusses zu hören sein. Auch wird
den bisher zu dem Verfahren nicht zugezogenen Personen, welche nachweisen,
daß der Beschluß ihre Interessen verletzt, das Recht der Beschwerde gegeben werden
müssen.

lich aus und macht ortsüblich bekannt, wie dies geschehen soll. Damit ist dann das Verfahren beendet.[1] [2]

In gleicher Weise erfolgt die Veränderung und Aufhebung bestehender Fluchtlinien, mögen sie vor oder nach dem Gesetze vom 2. Juli 1875 festgestellt sein.[3]

Mit dem Tage der Offenlegung des förmlich festgestellten Fluchtlinienplans erhält die Stadt das Recht, die Grundflächen, welche gemäß den Straßenfluchtlinien für Plätze und Straßen bestimmt sind, den Eigentümern zu entziehen. Gleichzeitig treten die durch den Plan angeordneten Beschränkungen der betroffenen Grundeigentümer in ihrer Verfügungsfreiheit in Kraft. Diese dürfen nunmehr über die Baufluchtlinie hinaus weder Neubauten aufführen, noch auch etwa vorhandene, außerhalb der Fluchtlinien befindliche Baulichkeiten um- oder ausbauen.[4] Da die Stadt durch die Fluchtlinienfestsetzung nicht zum alsbaldigen Ausführen des Planes genötigt ist, so kann diese Beschränkung des Grundeigentümers eine langandauernde sein und zur Härte werden, bleibt er doch während dieser Zeit in der Benutzung seines Eigentums sehr behindert, obwohl er weder die Vorteile der ja noch nicht bestehenden Straße genießt, noch auch sonst eine Entschädigung bezieht. Die Verwaltungspraxis hat sich daher, wenn auch ohne gesetzliche Grundlage, doch gezwungen gesehen, einen vermittelnden Weg zu wählen. Die Polizeibehörde soll mit Zustimmung der Stadt Bauten auch über solche

---

[1] Über die Zulässigkeit, einzelne selbständige Teile des Fluchtlinienplans auszusondern und für sich festzustellen, vgl. OVGE. Bd. 8 Nr. 54 und Friedrichs § 8 Anm. 3.

[2] Vgl. auch noch die Ausführungsanweisung vom 28. Mai 1876 (BMBl. S. 171).

[3] Ob ein aus der Zeit vor dem Gesetze vom 2. Juli 1875 herrührender Bebauungsplan veröffentlicht ist, wirkt auf die Entschädigungspflicht ein. Vgl. dazu Friedrichs § 10 Anm. 2 und die dort angeführten höchstrichterlichen Entscheidungen.

[4] Neubau ist jede neu angelegte bauliche Anlage (auch Mauern, Zäune u. s. w.). Umbau ist die Umgestaltung der vorhandenen Baulichkeit, so daß sie sich nun als etwas anderes darstellt, wie sie vorher gewesen ist. Ausbau ist der Inbegriff der Maßregeln, welche die innere Ausgestaltung des Bauwerks betreffen; hier muß ohne Veränderung des Wesens der Baulichkeit doch etwas Neues hinzugekommen sein.

Fluchtlinien hinaus gewähren dürfen.[1]) Anderseits würde der Zweck des Gesetzes nur zu häufig vereitelt werden, wenn das Bauen über die Fluchtlinie hinaus bis zur förmlichen Feststellung des Planes völlig freigegeben wäre; es ist denn auch allgemein aner= kannt, daß bereits während des Festsetzungsverfahrens eben dieselben Beschränkungen des Grundeigentümers bestehen und gegen ihn geltend gemacht werden können, nur daß er hier für die Beschränkung seines Grundeigentums immer Entschädigung fordern kann.[2])

Ist das Festsetzungsverfahren zu Ende geführt und der Plan förmlich festgestellt, so bleibt die Stadt nur in wenigen bestimmten Fällen verpflichtet, die Grundeigentümer zu entschädigen, denen durch die Fluchtlinien Eigentum entzogen oder beschränkt wird. Es sind dies folgende Fälle:

a) für Entziehung des Grundeigentums, wenn die zu Straßen und Plätzen bestimmten Grundflächen auf Ver= langen der Stadt für den öffentlichen Verkehr abgetreten werden;

b) für Entziehung des Eigentums an den zu Straßen und Plätzen bestimmten Grundflächen, wenn die Straßen= oder Baufluchtlinie vorhandene[3]) Gebäude trifft und das Grund= stück[4]) bis zur neuen Fluchtlinie freigelegt wird. Außer= dem für die Beschränkung des Grundeigentums, wenn die Straßen= und Baufluchtlinie nicht zusammenfällt und daher das zwischen diesen beiden Grenzen liegende Landstück, welches seither bebaut war, zwar im Eigentum des An= liegers verbleibt, aber fernerhin nicht bebaut werden darf;

c) für Entziehung des Eigentums der zu Straßen und Plätzen bestimmten Grundflächen, wenn die Straßenfluchtlinie einer neu anzulegenden Straße ein unbebautes, aber zur Be=

---

[1]) Minvfg. vom 15. Februar 1887 (BMBl. S. 70). Vgl. dazu die zu= treffenden Ausführungen bei Friedrichs § 11 Anm. 3.

[2]) Vgl. OVGE. Bd. 8 Nr. 54, Bd. 14 Nr. 66 und RGGE. Bd. 21 Nr. 41. Gegen das letzte Erkenntnis siehe aber die zutreffenden Ausführungen bei Friedrichs § 13 Anm. 3, wo auch die frühere Rechtsprechung angeführt ist.

[3]) Vgl. RGGE. Bd. 21 Nr. 41.

[4]) Als Grundstück wird jeder im Zusammenhange stehende Grundbesitz desselben Eigentümers bezeichnet.

bauung geeignetes Grundstück trifft, welches zur Zeit der
Feststellung dieser Fluchtlinie an einer bereits bestehenden
und für den öffentlichen Verkehr und den Anbau fertig
gestellten anderen Straße belegen ist, und der Eigentümer
dann auf dem ihm verbleibenden Restgrundstücke, unter
Innehalten der Fluchtlinie der neuen Straße, einen Bau
aufführt. Ist das Grundstück ganz zur Straße bestimmt,
oder verbleibt nur eine nicht bebauungsfähige Restfläche,
so gilt auch hier lediglich die zu a vorgetragene Bestim=
mung.[1][2]

Werden Teile von Gebäuden enteignet, so kann der Eigentümer
stets die Übernahme des ganzen Gebäudes verlangen,[3] und das=
selbe gilt auch von unbebauten Grundstücken, wenn der Rest nach
den baupolizeilichen Vorschriften der Stadt nicht mehr zur Bebauung
geeignet ist.

Die Feststellung der Entschädigungen und die Vollziehung der
Enteignung geschieht nach Maßgabe des Enteignungsgesetzes vom
11. Juni 1874.[4] Streitigkeiten darüber, ob der Entschädigungs=
anspruch fällig ist, gehören zur gerichtlichen Entscheidung.

V. Bereits früher[5] ist darauf hingewiesen, daß die Städte
nach preußischem Rechte befugt sind, die einzelnen Interessenten=
klassen ihrer Unterthanen zu den Kosten der Beschaffung und Unter=
haltung von Gemeindeanstalten mit besonderen Beiträgen heranzu=
ziehen. Diese Abgaben sind als Interessentenzuschüsse bezeichnet
worden. Auf dem hier in Betracht kommenden Gebiete städtischer
Verwaltung ist die Abgabe wenigstens in einzelnen Beziehungen
gesetzlich geregelt, der Kreis der Pflichtigen, der Umfang der Pflicht
und die Bemessungsgrundlage sind durch Gesetz festgestellt, so daß

---

[1] So in Übereinstimmung mit Friedrichs § 13 Anm. 10, wo auch die
abweichenden Ansichten in Litteratur und Rechtsprechung zusammengestellt sind.

[2] In den Fällen b und c ist der Enteignungsantrag, trotz mangelnden
Interesses, von der Stadt zu stellen. Vgl. Friedrichs § 13 Anm. 5.

[3] Enteignungsgesetz vom 11. Juni 1874 § 9.

[4] §§ 7—13, 24 ff. Vgl. auch Entscheidung des Reichsgerichts vom 22. Sep=
tember 1886 (Gruchot Bd. 31 S. 113) und 12. November 1887 (a. a. O.
Bd. 32 S. 717) sowie RGCE. Bd. 17 S. 163.

[5] Vgl. S. 325.

städtische Vorschriften hieran teils überhaupt nichts, teils nur in beschränkender Weise ändern können.

Die Einführung des Interessentenzuschusses erfolgt durch Orts= statut.[1])[2]) Nach zweifacher Richtung kann darin eine Abgabenpflicht begründet werden:[3])

a) Wird im Stadtbezirk eine neue Straße[5]) angelegt, so sind alle angrenzenden Eigentümer, die nach dem Tage, an welchem die Anlage der Straße beginnt, an ihr ein Ge= bäude[5]) errichten, verpflichtet, zu den Kosten der Herstellung und in gewissem Umfange auch zu den Kosten der Unter= haltung Beiträge an die Stadt zu leisten.

b) Bestehen zur Zeit des Erlasses des Ortsstatuts im Stadt= bezirk fertiggestellte, bis dahin aber noch unbebaute[6]) Straßen oder Straßenteile,[7]) so sind die angrenzenden Eigentümer, welche an der Straße oder dem Straßenteil ein Gebäude errichten, verpflichtet, der Stadt die ihr erwachsenen Kosten für die Herstellung und in gewissem Umfange auch für die Unterhaltung der Straße oder des Straßenteils zu ersetzen.

Der Kreis der Abgabenpflichtigen ist in beiden Fällen derselbe.

---

[1]) Das Statut wird für Berlin vom Minister des Innern bestätigt.

[2]) Das Statut soll innerhalb der vom Gesetze umschriebenen Grenzen dessen Vorschriften näher ausführen und ergänzen.

[3]) Das Gesetz kennt noch eine andere Art der Überwälzung von Straßen= herstellungs= und Unterhaltungskosten auf die Interessenten. Die Stadt kann ihnen die Herstellung und Unterhaltung der Straße in dem im Texte an= gegebenen Umfange unmittelbar aufgeben; rechtlich handelt es sich dann um steuerliche Dienste. Da diese Art indes wohl nirgends in den Städten praktisch geworden ist, sehe ich von weiteren Ausführungen darüber ab.

[4]) Völlig gleich ist der im Gesetze besonders hervorgehobene Fall, daß eine bestehende Straße verlängert wird. Die hinzugekommene Strecke der Straße ist dann eine neue Straße.

[5]) Die Pflicht ist nicht auf die Errichtung von Wohngebäuden beschränkt. Vgl. Minvfg. vom 9. März 1887 (BMBl. S. 82) und 6. Juni 1888 (BMBl. S. 125).

[6]) Unbebaut ist die Straße oder der Straßenteil bereits nicht mehr, wenn auch nur ein Gebäude an ihm errichtet ist. Vgl. auch Entscheidung des Reichs= gerichts vom 5. Mai 1886 (Gruchot, Beiträge Bd. 30 S. 1037).

[7]) Vgl. OVGE. Bd. 15 Nr. 21, RGCE. Bd. 23 Nr. 60. Siehe auch Friedrichs § 15 Anm. 2.

Pflichtig sind alle an die Straße angrenzenden Eigentümer, die nach dem maßgebenden Tage an der Straße ein Gebäude zu errichten beginnen.[1][2] Maßgebend ist aber im ersten Falle der Tag, an dem der vorläufig festgestellte Fluchtlinienplan öffentlich ausgelegt wurde, im zweiten Falle entscheidet der Tag, an dem das Ortsstatut seine Geltung erlangte, doch tritt dieses zeitliche Moment hier völlig zurück, da zu jenem Zeitpunkte an dem Straßenteile überhaupt noch nicht gebaut sein darf, wenn diese gesetzlichen Bestimmungen auf ihn angewendet werden sollen.

Die Abgabepflicht entsteht dann, wenn der Eigentümer die Errichtung eines Gebäudes an der Straße beginnt.[3] Ihr Inhalt kann verschieden sein, entweder handelt es sich um eine einmalige Zahlung,[4] oder der Inhalt der Pflicht spaltet sich in die Verbindlichkeit zur Zahlung des Beitrages zu den Herstellungskosten und die weitere Pflicht, für eine gewisse Zeit periodische Beiträge zu den Unterhaltungskosten der Straße zu leisten. Fällig wird der Beitrag des Eigentümers zu den Straßenherstellungskosten an dem Tage, an dem für die Stadt die rechtliche Verpflichtung aus der Straßenanlage in ihrem ganzen Umfange[5] festgestellt ist;[6] errichtet der Anlieger erst später ein Gebäude an der Straße, so tritt die Fälligkeit seines Beitrags sogleich mit dem Entstehen seiner Abgabepflicht ein.

Der Abgabepflicht der Anlieger werden die Kosten der gesamten Straßenanlage zu Grunde gelegt, dazu können dann hinzutreten

---

[1] Daß das Grundstück, auf dem das Gebäude errichtet wird, bisher unbebaut war, ist nicht erforderlich. OVGE. Bd. 13 Nr. 19. Vgl. Friederichs § 15 Anm. 7 d.

[2] Über den Fall, daß nicht der Eigentümer, sondern auf seinem Grundstücke ein Dritter ein Gebäude errichtet, vgl. Friedrichs § 15 Anm. 7 f.

[3] OVGE. Bd. 12 Nr. 20.

[4] Damit ist die Befugnis der Stadt, Abschlagszahlungen zu fordern, nicht aber das Recht, solche anzunehmen, verneint. Vgl. Friedrichs § 15 Anm. 9 c. Anders Minvfg. vom 6. Juni 1888 (VMBl. S. 125).

[5] es müssen also auch etwaige Prozesse rechtskräftig entschieden sein. Vgl. übrigens OVGE. Bd. 17 Nr. 22.

[6] Vorher darf die Stadt sich nicht etwa Sicherheit für die Leistung der Abgabe bestellen lassen. Vgl. Friedrichs § 15 Anm. 10 e. Siehe OVGE. Bd. 15 Nr. 21.

die Kosten für die Unterhaltung der Anlagen während des im Orts=
statute bestimmten Zeitraums, der sich aber höchstens über die ersten
fünf Jahre nach der Fertigstellung der Straße erstrecken darf. Die
Kosten der Herstellung umfassen die Aufwendungen für den Grund=
erwerb [1] [2] und die Freilegung [3] sowie für die erste Einrichtung
der Straße, [4] [5] wozu insbesondere die Entwässerung und die Be=
leuchtungsvorrichtung gehört. Von der Hälfte dieser Gesamtkosten
hat der einzelne Pflichtige denjenigen Teil oder, wenn das Ortsstatut
dieses anordnet, auch nur eine Quote davon zu tragen, der sich aus
dem Verhältnis ergibt, in dem sich die Länge seiner die Straße
berührenden Grundstücksgrenze [6] zu der gesamten Länge der an
seinem Grundstücke vorbeiführenden Straßenfluchtlinie befindet. Ist
die Straße breiter als 26 m, so wird der Berechnung nicht die
Hälfte der Gesamtkosten, sondern nur die Hälfte der Quote zu
Grunde gelegt, die sich aus dem Verhältnis der wirklichen Straßen=
breite zu 26 m ergiebt. [7]—[9] Der übrigbleibende Kostenrest fällt
dann der Stadt zur Last.

---

[1] Vgl. dazu Friedrichs § 15 Anm. 8 und die dort angeführte Recht=
sprechung.

[2] Durch Ortsstatut kann festgesetzt werden, daß auch der Wert der von
einem angrenzenden Eigentümer unentgeltlich hergegebenen Straßenflächen
nach dem Durchschnittspreise der entgeltlich überlassenen Flächen den Grund=
erwerbskosten beigerechnet, dann aber von dem Gesamtkostenbeitrage jenes
Eigentümers wieder abgesetzt werde. OVGE. Bd. 13 Nr. 19.

[3] nicht aber die für Beschränkung des Grundeigentums nach § 13 Abs. 2
des Gesetzes vom 2. Juli 1875 gezahlten Summen.

[4] Zu den Kosten der ersten Einrichtung dürfen nicht solche Aufwendungen
gerechnet werden, die für den Weg von der Stadt zu einer Zeit gemacht
worden sind, als er noch nicht S t r a ß e war. Vgl. Friedrichs § 15 Anm. 8 b.
OVGE. Bd. 17 Nr. 23.

[5] Vgl. OVGE. Bd. 15 Nr. 21.

[6] Vgl. OVGE. Bd. 13 Nr. 19.

[7] Beispiel: Die Straßenanlage koste 60 000 M., das Grundstück des
A liege auf der nördlichen Seite und berühre die Straße auf 20 m, das des
B auf der südlichen Seite und berühre die Straße auf 10 m. Die Länge
der nördlichen Straßenfluchtlinie betrage 300 m, die der südlichen 250 m.
Dann hat A zu zahlen $\frac{60\,000}{2} : x = 300 : 20 = 2000$ M. und B. $\frac{60\,000}{2} : x = 250 :$
$10 = 1250$ M.

[8] Beispiel: Die Straße sei 30 m breit, die Kosten mögen 40 000 M. be=

Vielfach ist behauptet worden, daß der Anliegerbeitrag die Natur einer dinglichen Abgabe habe.[1] Ohne Grund, da solche dauernde Verbindung der Abgabenpflicht mit einem bestimmten Vermögensobjekte im Gesetz ihren Ausdruck gefunden haben müßte, was nicht geschehen ist. Wenn also der Pflichtige sein Grundstück nach dem Tage der Fälligkeit der Abgabenforderung veräußert, so haftet er, nicht aber sein Nachfolger im Eigentum für die Entrichtung des Beitrags. Anders dagegen, wenn ein Wechsel im Eigentum des Grundstückes eintritt zwischen der Zeit des Entstehens der Abgabepflicht und der Fälligkeit der Abgabenforderung. Hier ist, allgemeinen Grundsätzen des Steuerrechtes gemäß, die Abgabe von dem zu entrichten, der zur Zeit der Fälligkeit des Beitrages Eigentümer des Grundstückes ist.

Verlangt die Stadt von dem Pflichtigen die fällige Abgabe, so muß sie auf sein Verlangen die Rechtmäßigkeit ihrer Forderung nachweisen.[2] Die Rechtsmittel gegen den von der Stadt erhobenen Anspruch[3] sind dieselben wie gegen abverlangte Steuerbeträge, der Einspruch muß binnen einem Jahre vom Tage der Zahlung eingelegt werden, Nachforderungen kann die Stadt nur innerhalb eines Jahres seit der Fälligkeit der Abgabe geltend machen.[4]

VI. Auch das Verhältnis zwischen der Stadt und dem Unternehmer einer neuen Straße oder der Verlängerung einer bestehenden hat durch das Gesetz vom 2. Juli 1875 einen öffentlich-rechtlichen Charakter erhalten. Durch Ortsstatut kann festgesetzt werden, daß der Unternehmer in gleichem Umfange wie sonst die anliegenden Grundstückseigentümer zur Herstellung und Unterhaltung der Straße oder zum Ersatze der von der Stadt dafür aufgewendeten Kosten verbunden sei. Abweichend ist nur, daß die Pflicht des Unter-

tragen, dann wird die der Berechnung zu Grunde zu legende Quote nach der Proportion $40\,000 : x = 30 : 26 = 34\,667$ M. berechnet.

[9] Vgl. über abweichende Ansichten Friedrichs § 15 Anm. 5.

[1] Ueber den Begriff der Dinglichkeit vgl. S. 294 Anm. 1. Siehe übrigens Friedrichs § 15 Anm. 10 c, OVGE. Bd. 17 Nr. 24.

[2] Vgl. Friedrichs § 15 Anm. 10 b.

[3] oder der gewährten Stundung.

[4] Vgl. Friedrichs § 15 Anm. 10 d. Anders Minvfg. vom 6. Juni 1888 (VMBl. S. 125).

nehmers nicht auf die Kosten für eine Straßenbreite von 26 m be=
schränkt ist.[1])

### 5. Die Sorge für die Hilfsbedürftigen im Gemeindebezirk.

#### a. Armenpflege.

Reichsgesetz vom 6. Juni 1870 über den Unterstützungswohnsitz. Gesetz vom
8. März 1871 betr. die Ausführung des Reichsgesetzes über den Unterstützungs=
wohnsitz. ZustGes. §§ 39—44.
Lit.: v. Möller § 125. Steffenhagen § 87. Entscheidungen des Bundesamtes
für das Heimatwesen; bisher 21 Bde. Wohlers, das Reichsgesetz über den
Unterstützungswohnsitz vom 6. Juni 1870. 4 A. Berlin 1887. Arnoldt, die
Freizügigkeit und der Unterstützungswohnsitz. Berlin 1872. Rocholl, System
des deutschen Armenpflegerechts. Vgl. auch Münsterberg, die deutsche Armen=
gesetzgebung und das Material zu ihrer Reform. (Schmoller, staats= und sozial=
wissenschaftliche Forschungen.) Leipzig 1886.

I. Die Sorge um die Kranken und Armen erscheint bei allen
zivilisierten Völkern zunächst als religiöse Pflicht, die Kirche und ihre
Organe üben die Armenpflege. So auch im deutschen Mittelalter.
Daneben wurde es dann Aufgabe der zahlreichen genossenschaftlichen
Verbände damaliger Zeit, den notleidenden Genossen zu unterstützen.
Erst mit dem Aufkommen der Städte löste sich das Armenwesen in
umfassender Weise von der Kirche. Neue Prinzipien kamen nun
auf. Denn die mittelalterliche Kirche war zu einem überspannten
Individualismus gelangt, der zu sozialen Mißständen führte. Über
dem Almosengeben vergaß sie des Almosenempfängers, die Hingabe
des Almosens erschien an sich als religiöses Verdienst, ohne daß die
Bedürftigkeit und Würdigkeit des Empfängers geprüft wurde. Als
die sozialen Verhältnisse verwickelter wurden, förderten solche An=
schauungen nur zu sehr das Unwesen der Bettler und Vagabunden,
zumal die Städte litten darunter. Sie zuerst machten sich deshalb
von der kirchlichen Ansicht los. Neben die Armenpflege wurde auch
die Armenpolizei gestellt. Der Verfall der kirchlichen Organisationen
am Ende des Mittelalters und demnächst die Reformation begünstigten
den Übergang des Armenwesens auf die Stadt, in deren Verwaltung
es nunmehr ein wichtiges Gebiet wurde.

---

[1]) Hinsichtlich der mannigfachen Schwierigkeiten, die sich aus dem vom
Gesetze höchst unklar gelassenen Verhältnisse zwischen dem Unternehmer und
der Stadt ergeben, muß auf Friedrichs § 15 Anm. 4 und 11 verwiesen werden.

Seit dem Schlusse des Mittelalters griff auch die staatliche Verwaltung und Gesetzgebung hier und da ein. Namentlich als nach dem 30 jährigen Kriege die Bettler und Landfahrer zu unheimlichen Scharen anwuchsen, die den armseligen Bauern und den durch die elenden Zeitläufte ohnehin niedergedrückten Bürgersmann brandschatzten und quälten, wandte sich die staatliche Gesetzgebung in strengen Bettelmandaten dawider. Im ganzen wenig erfolgreich, erst das achtzehnte Jahrhundert brachte hier Besserung. In seinem Verlaufe wurde die Armenverwaltung vieler Städte neu geordnet, man unterschied nun schärfer zwischen Arbeitsscheuen und Landstreichern und anderseits den hilfsbedürftigen Armen; die geschlossene Armenpflege kam damals auf, bei der offenen wurden schon öfters die noch heute maßgebenden Grundsätze beachtet.

Das allgemeine Landrecht legte den Städten die Fürsorge auf für ihre verarmten Mitglieder und alle Einwohner, die bis zu ihrer Verarmung die Gemeindelasten mitgetragen hatten. War kein anderer Verband zur Armenpflege verpflichtet, so übernahm die Stadt die Sorge für den Verarmten. Gegen arbeitsscheue Personen sollte mit Strafen oder Arbeitszwang vorgegangen werden, Arbeitslose aber Arbeit zugewiesen erhalten. Auf neue, wesentlich noch heute bestehende Grundlagen wurde das Armenwesen dann durch das preußische Gesetz vom 31. Dezember 1842 gestellt, während die Entwickelung im größten Teile des übrigen Deutschland einen abweichenden Gang nahm. Für das heutige Recht ist das auf dem preußischen Gesetze vom 31. Dezember 1842 aufgebaute Reichsgesetz vom 6. Juni 1870 maßgebend.

II. Die Fürsorge für jeden, der im Stadtbezirk hilfsbedürftig wird, ist Sache der Stadt als des Ortsarmenverbandes. Die Fürsorge umfaßt die Pflicht, dem Armen Obdach, den unentbehrlichen Lebensunterhalt,[1] die erforderliche Pflege in Krankheiten und im Falle seines Ablebens auch ein angemessenes Begräbnis zu gewähren.[2] Die Unterstützungspflicht der Stadt ist entweder end-

---

[1] Dazu gehört auch Kleidung, Heizung, überhaupt alles, was nach den sozialen Anschauungen des Ortes zum menschlichen Dasein unentbehrlich ist.

[2] Die Unterstützung kann auch mittels Unterbringung in einem Armen- oder Krankenhause sowie durch Anweisung der den Kräften des Hilfsbedürftigen

gültig oder nur eine vorläufige. Endgültig iſt ſie all denen gegen=
über, die im Gemeindebezirk ihren Unterſtützungswohnſitz haben,
in den übrigen Fällen darf die Stadt die verauslagten Koſten von
den eigentlich Verpflichteten zurückfordern. Dies iſt entweder die
Gemeinde, wo der Arme ſeinen Unterſtützungswohnſitz hat, oder der
weitere Kommunalverband,[1]) dem als Landarmenverband die Er=
ſtattungspflicht bei allen Armen obliegt, welche in ſeinem Gebiete
hilfsbedürftig werden, ohne irgendwo einen Unterſtützungswohnſitz zu
haben.[2-4]) Anderſeits iſt auch die Stadt verpflichtet, für ihre
Armen, die außerhalb hilfsbedürftig werden, einzutreten und dem
Armenverband, der ſich der vorläufigen Fürſorge unterzog, ſeine
Aufwendungen zu erſtatten. Die Höhe der Koſten, welche die
Stadt zu fordern oder zu erſtatten hat, richtet ſich nach den An=

entſprechenden Arbeiten außerhalb oder innerhalb eines ſolchen Hauſes ge=
währt werden.

[1]) Auch die Städte Berlin, Breslau und Königsberg ſind Landarmen=
verbände.

[2]) In einem Falle hat die Stadt die endgültige Fürſorgepflicht auch dann,
wenn der Arme im Gemeindebezirk keinen Unterſtützungswohnſitz hat. Werden
nämlich Perſonen, die in der Stadt im Geſindedienſt ſtehen oder ſich dort als
Geſellen, Gewerbegehilfen oder Lehrlinge in einem Dienſtverhältnis befinden,
daſelbſt infolge von Krankheit hilfsbedürftig, ſo darf die Stadt nur die Auf=
wendungen von der Unterſtützungswohnſitzgemeinde erſtattet verlangen, die
nach den erſten 6 Wochen der Fürſorge erwachſen ſind.

[3]) Über das Recht der Stadt, die alimentationspflichtigen Verwandten zur
Unterſtützung des Hilfsbedürftigen anzuhalten, vgl. Geſetz vom 8. März 1871
§ 65. Zuſtändig iſt auf Antrag der Stadt der Kreis= oder Stadtausſchuß des
Kreiſes, in dem der in Anſpruch genommene Angehörige des Hilfsbedürftigen
ſeinen Wohnſitz hat. Gegen die Entſcheidung kann der ordentliche Rechtsweg
beſchritten werden. Vgl. OVGE. Bd. 18 Nr. 24.

[4]) Über den Rückgriff der Stadt auf privatrechtlich Verpflichtete vgl.
Reichsgeſetz vom 6. Juni 1870 §§ 61, 62. Hinſichtlich des Verhältniſſes zu
den Krankenkaſſen Reichsgeſetz vom 15. Juni 1883 §§ 57, 58, zu den Berufs=
genoſſenſchaften Unfallverſicherungsgeſetz vom 8. Juli 1884 § 8 und Reichs=
geſetz vom 5. Mai 1886 § 11, zu den Kaſſen der Invaliditäts= und Alters=
verſicherung Reichsgeſetz vom 22. Juni 1889 § 35. Über die Zuſtändigkeit
vgl. königl. Verordnungen vom 12. September 1885 und 26. Juli 1886.
Siehe auch Erkenntnis des Bundesamts für das Heimatweſen vom 21. Mai
1887 (RCentrBl. S. 180), OVGE. Bd. 12 Nr. 52, Bd. 14 Nr. 62, Bd. 15
Nr. 57, Bd. 16 Nr. 52, Bd. 18 Nr. 53.

forderungen, die an dem Orte der stattgehabten Unterstützung für das Maß einer der Absicht des Gesetzes entsprechenden Fürsorge gelten.[1]) Für häufiger vorkommende Aufwendungen ist von dem Minister des Innern ein Tarif aufgestellt, dessen Sätze nicht über=schritten werden dürfen.[2])

III. Der Unterstützungswohnsitz wird durch Aufenthalt, Heirat und Abstammung erworben.

a) Männer und unverheiratete Weiber erwerben ihn durch zweijährigen ununterbrochenen[3]) Aufenthalt im Gemeinde=bezirk nach zurückgelegtem 24. Lebensjahre.

Die Frist läuft von dem Tage,[4]) an welchem der Aufenthalt begonnen ist.[5]) Wird der Aufenthalt unter Umständen angefangen, durch welche die Annahme der freien Selbstbestimmung bei der Wahl des Aufenthaltsortes aus=geschlossen wird, so beginnt der Lauf der Frist erst mit dem Tage, an dem diese Umstände aufgehört haben.[6]) Treten solche Umstände erst nach dem Anfange des Aufenthalts ein, so ruht der Lauf der zweijährigen Frist während ihrer Dauer, ebenso auch während der Zeit der von einem Armen=verbande[7]) gegebenen Unterstützung. Die Frist wird in ihrem Ablaufe unterbrochen durch den Antrag der Stadt an den zur Unterstützung des Armen noch endgültig verpflichteten

---

[1]) Dabei dürfen die allgemeinen Verwaltungskosten der Armenanstalten sowie besondere Gebühren für die Hilfeleistung festremunerierter Armenärzte nicht in Ansatz gebracht werden.

[2]) Der Tarif vom 2. Juli 1876 ist bei Brauchitsch, Verwaltungsgesetze Bd. III abgedruckt.

[3]) Als Unterbrechung des Aufenthalts wird eine freiwillige Entfernung nicht angesehen, wenn aus den Umständen, unter denen sie erfolgt, die Absicht erhellt, den Aufenthalt beizubehalten.

[4]) Eine Spezialbestimmung für Gesinde u. dgl. siehe Reichsgesetz vom 6. Juni 1870 § 11.

[5]) Durch den Eintritt in eine Kranken=, Bewahr= oder Heilanstalt wird der Aufenthalt nicht begonnen, wohl aber fortgesetzt.

[6]) Wegen der Geistlichen, Lehrer, Beamten und Berufssoldaten vgl. Reichsgesetz vom 6. Juni 1870 § 26.

[7]) Es ist nicht nötig, daß dies die Stadt ist, in der sich der Hilfsbedürftige aufhält.

Armenverband, daß er seine Verpflichtung zu dessen Über=
nahme[1]) anerkenne. Doch gilt die Unterbrechung als nicht
erfolgt, wenn der Antrag nicht innerhalb zweier Monate
weiter verfolgt wird, oder wenn er erfolglos geblieben ist.

b) Weiber teilen von der Zeit der Heirat an den Unter=
stützungswohnsitz ihres Ehemanns,[2]) den sie auch nach der
durch den Tod oder rechtskräftiges Scheidungsurteil gelösten
Ehe beibehalten, bis sie ihn gemäß den allgemeinen Grund=
sätzen verlieren.[3])

c) Eheliche und den ehelichen gleichstehende Kinder teilen den
Unterstützungswohnsitz ihres Vaters so lange, als sie sich
nicht nach zurückgelegtem 24. Lebensjahre während zweier
Jahre ununterbrochen an anderen Orten aufgehalten haben.
Überlebt die Mutter den Vater, so teilen sie nach Auflösung
der Ehe durch den Tod den Unterstützungswohnsitz der
Mutter.[4]) Bei der Scheidung der Ehe teilen sie den
Unterstützungswohnsitz der Mutter, wenn dieser ihre Er=
ziehung zusteht. Uneheliche Kinder teilen den Unterstützungs=
wohnsitz der Mutter.

Verloren geht der Unterstützungswohnsitz:

a) für Weiber sofort mit dem Zeitpunkte der Eheschließung,
wenn sie sich mit einem Manne verheiraten, der seinen
Unterstützungswohnsitz nicht in der Stadt hat,

b) für alle durch zweijährige ununterbrochene Abwesenheit von
der Stadt nach zurückgelegtem 24. Lebensjahre, mag der
Abwesende inzwischen einen neuen Unterstützungswohnsitz
erworben haben oder nicht.

Für den Beginn, die Unterbrechung und das Ruhen
der Abwesenheitsfrist gelten die gleichen Bestimmungen wie
für den Aufenthalt.

---

[1]) Vgl. § 5 des Freizügigkeitsgesetzes vom 1. November 1867.

[2]) Siehe dazu die Spezialbestimmung für die „selbständigen" Ehefrauen
in § 17 des Reichsgesetzes vom 6. Juni 1870.

[3]) d. h. durch zweijährigen Aufenthalt an anderem Orte, wenn sie bereits
24 Jahre alt sind, oder durch Wiederverheiratung an anderem Orte.

[4]) Siehe dazu die Spezialbestimmung in § 19 Abs. 2 des Reichsgesetzes
vom 6. Juni 1870.

IV. Die Verwaltung der Armenpflege führt der Stadtvorstand,[1] sie kann aber auch auf Grund eines Gemeindebeschlusses einem besonderen Verwaltungsausschuß übertragen werden, für den die allgemeinen Bestimmungen über Verwaltungsausschüsse gelten,[2] doch können überall auch nichtstimmberechtigte Einwohner in ihn als Mitglieder hineinberufen werden.[3] Vielfach ist die Armenverwaltung auch noch weiter dezentralisiert. Man hat kleinere Stadtbezirke gebildet, über welche Armenpfleger für die laufende Verwaltung und Aufsicht bestellt sind. Mehrere benachbarte Armenpfleger werden dann zu einer Abordnung vereinigt, welche in gewissem Umfange selbständig beschließen darf, so daß dem Armenverwaltungsausschuß nur die Oberleitung und die Entscheidung wichtigerer Angelegenheiten vorbehalten bleibt.

Die Unterstützungen werden in Geld, Naturalleistungen. oder auch durch Zuweis von Lohnarbeiten und Aufnahme in eine Armenanstalt gewährt. Beschwerden von Armen über verweigerte oder unzulängliche Unterstützung entscheidet endgültig der Kreisausschuß, bei Städten von mehr als 10 000 Einwohnern und bei Stadtkreisen der Bezirksausschuß.

Die Stadt kann endlich verlangen, daß fremde Arme, die dauernd hilfsbedürftig sind, von dem zu ihrer Unterstützung endgültig verpflichteten Armenverbande in eigene Fürsorge übernommen werden, wie dieser Armenverband anderseits auch die Überführung solcher Armer von der Stadt beanspruchen kann.

V. Streitigkeiten zwischen der Stadt und einem anderen Armenverband über die öffentliche Unterstützung eines Hilfsbedürftigen werden im Verwaltungsstreitverfahren entschieden. Zuständig ist der Bezirksausschuß, von dem die Berufung an das Bundesamt für das Heimatwesen geht.[4]

---

[1] Die Armenpolizei hat die Ortspolizeibehörde.

[2] Vgl. S. 141 und 350.

[3] Ortspfarrer oder ihre Stellvertreter, deren Pfarrbezirk über die Grenzen der politischen Gemeinde ihres Wohnortes sich erstreckt, sind hinsichtlich des in der auswärtigen Gemeinde belegenen Kirchspielteiles den dortigen Ortseinwohnern gleich zu achten.

[4] Über die Möglichkeit, anstatt dieses Verfahrens eine schiedsrichterliche Entscheidung des Kreis- oder Stadtausschusses herbeizuführen oder einen Sühneversuch anzustellen, vgl. Gesetz vom 8. März 1871 §§ 60 ff.

## b. Der Schutz der Unmündigen.

Vormundſchaftsordnung vom 5. Juli 1875 §§ 52—54. Geſetz vom 13. März
1878 betr. die Unterbringung verwahrloſter Kinder §§ 3, 7, 9, 12. Reichs=
gewerbeordnung vom 1. Juli 1883 §§ 108, 129, 137.
Steffenhagen § 90.

I. Im Weſen der deutſchen Gemeinde, die ihre Angehörigen von
altersher auch zu ſittlicher und ſozialer Gemeinſchaft verbunden
hat, iſt es begründet, daß ſie den Schutz der unmündigen Gemeinde=
mitglieder übernimmt, ihre Entwickelung beaufſichtigt und fördert,
die Gemeinde iſt recht eigentlich zur Vormundſchaft über die Waiſen
und verlaſſenen Kinder berufen. Der Gang der Geſetzgebung hat
zu anderen Zielen geführt, der Staat hat nicht nur die Ordnung,
ſondern auch die Leitung des Vormundſchaftsweſens zu ſeiner
eigenen Aufgabe gemacht; doch ſind dabei auch den Gemeinden und
ihren Organen wichtige Thätigkeiten zugewieſen.

II. In jeder Stadt ſollen Waiſenräte als ſtädtiſche Organe
dem Vormundſchaftsrichter zur Seite ſtehen. Ob dafür beſondere
Ehrenämter geſchaffen oder andere Ehrenbeamte, wie die Bezirks=
und Armenvorſteher, auch noch mit dieſen Geſchäften betraut
werden ſollen, ob Einzelbeamte für die Stadt oder verſchiedene
Bezirke vorhanden ſind oder das Amt in kollegialiſcher Weiſe von
Abordnungen verwaltet wird, das zu beſtimmen bleibt der Stadt
überlaſſen.

Die Waiſenräte ſollen von jeder einzuleitenden Vormundſchaft
Kenntnis erhalten. Sie haben dann dem Vormundſchaftsrichter die
Perſonen zu bezeichnen, welche ihnen für jeden einzelnen Fall als
Vormund oder Gegenvormund geeignet erſcheinen. Die ernannten
Vormünder ſind ihnen von dem Gerichte namhaft zu machen. Die
Waiſenräte ſollen über das perſönliche Wohl und die Erziehung
der Mündel und der in Zwangserziehung genommenen Kinder die
Aufſicht führen, insbeſondere ſind ſie verpflichtet, Mängel oder
Pflichtwidrigkeiten, die ſie bei der körperlichen oder ſittlichen Er=
ziehung der Kinder wahrnehmen, anzuzeigen, auf Erfordern haben
ſie auch über die Perſon des Mündels oder Zwangszöglings Aus=
kunft zu geben. Über jeden Wechſel des Aufenthaltsortes der ſeiner
Obhut unterſtellten Kinder muß er vom Vormunde, und bei den Zwangs=

zöglingen von dem Provinzialverband, Nachricht erhalten. Er soll da=
von dann die nunmehr zuständige Behörde in Kenntnis setzen.[1]) Soll
ein Kind wegen sittlicher Verwahrlosung in Zwangserziehung genommen
werden, so ist der Waisenrat davon vor dem Beschlusse des Vor=
mundschaftsgerichtes zu benachrichtigen. Er ist dann berechtigt,
über den Gegenstand der Verhandlungen im Termine oder vorher
seine Erklärungen abzugeben, und er kann auch über den ergangenen
Beschluß Beschwerde führen.

III. Auch einige Thätigkeiten des Stadtvorstandes sind füglich
hierher zu rechnen. Er ist befugt, bei jugendlichen Arbeitern und
bei Kindern, welche in Fabriken beschäftigt werden, die zur Aus=
stellung des Arbeitsbuches oder der Arbeitskarte notwendige Zu=
stimmung des Vaters zu ergänzen, wenn diese nicht zu beschaffen
ist. Die Ausstellung des Arbeitsbuches für einen jugendlichen
Arbeiter kann er an Stelle des Vaters auch dann bewilligen, wenn
dieser sie ohne genügenden Grund und zum Nachteil des Arbeiters
zu erteilen verweigert. Lehrzeugnisse sind vom Stadtvorstande
kostenfrei zu beglaubigen. Endlich ist er bei der Unterbringung
verwahrloster Kinder in Zwangserziehung von dem Vormundschafts=
richter gleichfalls zu hören.[2])

**6. Wohlfahrtseinrichtungen für die wirtschaftlich schwächeren Klassen der
Einwohner.**

### a. Die städtische Leihanstalt.[3]

Gesetz vom 17. März 1881 betr. das Pfandleihgewerbe.
v. Möller § 127.

I. Die Städte dürfen mit Genehmigung des Regierungspräsi=
denten öffentliche Pfandleihanstalten errichten, deren Verwaltungs=

---

[1]) Darüber, daß die Vorsteher städtischer Waisenhäuser über ihre Pfleg=
linge die Vormundschaft führen, vgl. Vormundschaftsordnung §§ 13, 62. Über
das Erbrecht der Waisenhäuser an dem Nachlaß ihrer Pfleglinge vgl. ALR.
II, 19 §§ 50 ff.

[2]) Die Kosten der Einlieferung, der ersten Ausstattung und der Rückreise
des Zwangszöglings fallen der Stadt zur Last, Berlin trägt auch die übrigen
Kosten des Unterhalts und der Erziehung.

[3]) Vgl. Minvfg. vom 16. Juli 1881 (VMBl. S. 169) und vom 23. Ok=
tober 1881 (VMBl. S. 247).

ordnung gleichfalls von dem Regierungspräfidenten beftätigt werden
muß.[1]) Die Beftätigung und die Genehmigung kann aber nur ver=
fagt werden, wenn der Bezirksausfchuß dem zuftimmt.[2]) Die Ver=
waltungsordnungen müffen fich den Grundfätzen des Gefetzes vom
17. März 1881 anpaffen. Danach darf die Anftalt für die von
ihr gegen Pfand gewährten Darlehen nicht mehr an Zinfen ausbe=
bingen oder fich zahlen laffen, als zwei Pfennige für jeden Monat
und jede Mark, wenn der Darlehnsbetrag 30 Mark nicht über=
fteigt, und einen Pfennig bei höheren Beträgen; doch kann fie ver=
langen, daß an Zinfen mindeftens der Betrag für zwei Monate entrichtet
werden muß.[3]) Das Vorausnehmen der Zinfen ift verboten, auch darf
weder für das Darlehn noch für die Aufbewahrung und Erhaltung
des Pfandes eine weitere Vergütung verlangt oder angenommen
werden. An den übergebenen Gegenftänden erwirbt die Anftalt
erft dadurch ein Pfandrecht, daß fie das Gefchäft in ein Pfandbuch
einträgt, in das alle folche Gefchäfte nach ihrer Zeitfolge aufzu=
nehmen find.[4]) Dem Verpfänder muß ein Pfandfchein gegeben
werden, welcher eine wörtliche Abfchrift der auf das Gefchäft bezüg=
lichen Eintragung im Pfandbuch[5]) enthalten und unterfchriftlich
vollzogen fein muß. Jeder Inhaber des Pfandfcheins ift der An=
ftalt gegenüber zur Ausübung der Rechte des Verpfänders befugt,
ohne die Übertragung diefer Rechte nachweifen zu müffen. Das auf
das Pfand gegebene Darlehen wird früheftens fechs Monate nach
feiner Hingabe fällig. Während der Verpfänder das Pfand jeder=
zeit bis zum Abfchluffe des Verkaufs einlöfen kann, darf die
Anftalt es erft vier Wochen nach feiner Fälligkeit veräußern, um
fich für ihre Forderungen an Kapital und Zinfen daraus zu be=
friedigen.[6])

---

[1]) In Berlin ift der Oberpräfident zuftändig.
[2]) Dies ift in Berlin nicht erforderlich.
[3]) Nähere Beftimmungen fiehe in § 2 des Gefetzes.
[4]) Die Erforderniffe, denen die Eintragung genügen muß, fiehe in § 5
des Gefetzes.
[5]) Weicht der Inhalt des Pfandfcheins von dem Inhalt des Pfandbuchs
ab, fo gilt die der Anftalt nachteiligere Feftftellung.
[6]) Auch für die Koften des Verkaufs haftet das Pfand.

Der Verkauf muß durch einen vereidigten Gemeindebeamten [1]) in öffentlicher Versteigerung geschehen, nachdem er wenigstens zwei und höchstens vier Wochen vorher bekannt gemacht ist. Der Über= schuß des Erlöses über die Forderung der Anstalt ist unverzüglich an den Verpfänder zu zahlen oder, wenn dieser den Überschuß binnen 14 Tagen nicht abhebt, für ihn bei der Ortsarmenkasse zu hinterlegen. Beträge, die binnen Jahresfrist nicht in Anspruch genommen werden, gehen dann in das Eigentum der Stadt über und sind zu Zwecken der Armenpflege zu verwenden.

Die Stadt haftet für alle Verbindlichkeiten der von ihr er= richteten Anstalt, die bei der Verwaltung sich ergebenden Überschüsse sollen der Armenpflege zu gute kommen.

II. Pfandleihanstalten, welche bereits bei Erlaß des Gesetzes vom 17. März 1881 bestanden, behielten vorläufig ihre Verfassung; doch kann der Minister des Innern auch für sie die neuen Be= stimmungen in Kraft treten lassen und ihre Ordnungen demgemäß ändern.

### b. Die städtische Sparkasse.

Reglement vom 12. Dezember 1838, die Einrichtung des Sparkassenwesens be= treffend. Königliche Verordnung vom 25. Juli 1841 betr. die Belegung der Sparkassenbestände. ZustGes. §§ 52, 53.

I. Die städtischen Sparkassen sind Gemeindeanstalten, welche durch Annahme kleiner Geldbeträge, für die sie Verzinsung gewähren, den Spartrieb der Gemeindeeinwohner fördern sollen. Sie können auf Grund eines Gemeindebeschlusses unter Genehmigung des Ober= präsidenten errichtet werden, ebenso bedarf das Statut, welches die Verwaltung und Einrichtung der Sparkasse regelt, der Bestätigung des Oberpräsidenten.[2]) Will dieser die Errichtung der Sparkasse oder den Entwurf des Statuts nicht genehmigen, so muß er dazu die Zustimmung des Provinzialrates einholen. Die Statuten können auf demselben Wege, wie sie eingeführt sind, auch abgeändert werden, es ist aber auch möglich, daß sie zur Abstellung von Mißständen von dem Oberpräsidenten mit Zustimmung des Provinzialrates ein=

---

[1]) oder durch einen Gerichtsvollzieher oder einen öffentlich bestellten Auktionator.

[2]) Siehe das Musterstatut vom 30. Oktober 1873 (BMBl. S. 295).

seitig geändert oder ergänzt werden. Die Genehmigung zur Er=
richtung der Sparkasse soll keinerGemeinde versagt werden,[1]) welche
deshalb zweckmäßige Vorschläge thut und nach ihrer Lage und dem
geordneten Zustande ihres Haushalts den Einlegern Sicherheit zu
leisten im stande ist. Bei Prüfung der Vorschläge ist darauf zu
sehen, daß die Einlagen gehörig sichergestellt werden, daß der
Gemeindehaushalt dadurch nicht in Gefahr der Zerstörung und Zer=
rüttung komme, und daß die Einrichtung selbst hauptsächlich auf das
Bedürfnis der ärmeren Klasse, der Gelegenheit zur Anlage kleiner
Ersparnisse gegeben werden soll, berechnet und dem Anlaß zur Aus=
artung der Anstalt vorgebeugt werde.

Die städtischen Sparkassen sind keine selbständigen juristischen
Personen, sondern es sind Anstalten der Stadt zur Erfüllung
städtischer Verwaltungsaufgaben. Aber ihr Vermögen hat gegen=
über dem sonstigen Kämmereivermögen eine gewisse Selbständigkeit,
wie es anderseits der Erfüllung bestimmter Zwecke dient. Solche
selbständigen Vermögensinbegriffe eines Rechtssubjekts, denen ein
bestimmter Zweck gesetzt ist, werden als Sondervermögen be=
zeichnet. Die Sparkasse soll daher zunächst aus ihrem eigenen Ver=
mögen ihre Verbindlichkeiten bestreiten, und nur wenn dieses nicht
zureicht, muß die Stadt mit ihren übrigen Mitteln eintreten. Die
Vorschriften des Reglements vom 12. Dezember 1838 führen den
Begriff des Sondervermögens sehr strenge durch. Nicht nur daß
die Bestände der Sparkasse von den anderen städtischen Kassen ge=
trennt gehalten werden müssen, die Stadt darf auch nur mit Ge=
nehmigung des Regierungspräsidenten Gelder der Sparkasse für
ihre Zwecke verwenden, und es muß dann die Verzinsung und
Tilgung der aus der Sparkasse entnommenen Gelder vollständig
gesichert sein.[2])

Überschüsse der Sparkasse sollen dazu dienen, ein Rücklagever=
mögen zu bilden. Hat dieses die genügende Höhe erreicht, so kann
ein Teil des Überschusses fortan von der Stadt mit Genehmigung

---

[1]) Die Versagung der Genehmigung darf nur mit Genehmigung des Be=
zirksausschusses erfolgen.

[2]) Das Reglement spricht von Darlehen, obwohl es die Einheit der gebenden
und empfangenden Person nicht verkennt. Von einem Rechtsgeschäft kann daher
nicht wohl die Rede sein, es handelt sich lediglich um Kassenübertragungen.

des Regierungspräsidenten zu anderen öffentlichen Zwecken verwandt werden.[1] [2]

II. Das Statut soll insbesondere das Rechtsverhältniß zu den Einzahlern ordnen, die Verwaltung der Sparkasse regeln und Bestimmungen geben über die Beamten der Kasse, ihre Anstellung und die von ihnen zu leistenden Kautionen, sowie über die Tage und Stunden, an denen die Ein= und Auszahlungen stattfinden.[3] Sind in Folge einer öffentlich bekannt gemachten Änderung des Statuts die Einleger aufgefordert, ihre Einlagen nach Ablauf der Kündigungszeit zurückzunehmen, falls sie sich die neu aufgestellten Bedingungen nicht gefallen lassen wollen, so soll in Rücksicht derjenigen, die sich nicht melden, angenommen werden, daß sie mit ihren Einlagen bei der Sparkasse unter den neuen Bedingungen zu verbleiben wünschen.

Über den geringsten und höchsten Betrag, der als Einlage angenommen wird,[4] [5] und über die geringsten Beträge, welche verzinst werden, hat das Statut gleichfalls Bestimmung zu treffen. Nach dem Zwecke der Kasse wird hier überall die untere Grenze möglichst weit zu ziehen sein, während zu hohe Einlagen dem Wesen der Sparkasse widersprechen und sie zum Schaden der Allgemeinheit nur zu sehr den Bankgeschäften annähern. Auch muß festgesetzt werden, welche Beträge sofort und welche nur nach vorgängiger Kündigung abgehoben werden können. Dabei wird darauf zu sehen sein, daß kleinere Einlagen, die wahrscheinlich zur Beseitigung augenblicklichen Notstandes zurückgezogen werden, sofort bar ausgezahlt

---

[1] Die Genehmigung kann nur mit Zustimmung des Bezirksausschusses versagt werden.

[1] Gewöhnlich werden statt der jedesmaligen Einholung der Genehmigung des Regierungspräsidenten allgemeine Vorschriften über die Höhe des Rücklagevermögens und die Verwendung der Überschüsse in den Verwaltungsordnungen gegeben werden. Der Mindestbetrag des Rücklagevermögens soll gleich zehn Prozenten der Passivmasse sein. Minvfg. vom 16. November 1877 (BMBl. 1878 S. 5.)

[2] Über Zweigstellen öffentlicher Sparkassen vgl. Minvfgen vom 26. November 1885 (BMBl. 1886 S. 1) und 22. Juni 1886 (a. a. O. S. 182).

[3] Vgl. dazu § 12 des Reglements und ZustGes. § 52.

[4] Die Einführung des Checkverkehrs bei den Sparkassen ist nicht gestattet. Minvfg. v. 5. Februar 1886 (BMBl. S. 19).

[5] Vgl. Minvfg. vom 21. Mai 1889 (BMBl. S. 128).

werden, dagegen bei größeren Einlagen, welche schon als kleine Kapitale gelten können, eine nach Verhältnis der Summe längere oder kürzere Kündigungsfrist vorbehalten bleibt.

Der Zinssatz, welcher den Einlegern gewährt wird, soll so be= stimmt sein, daß er nicht nur durch die Zinsen von den Kapitalien der Sparkasse vollständig gedeckt wird, sondern daß auch ein Überschuß bleibt, um die Kosten der Verwaltung und den Zinsverlust an den zu sofortigen Auszahlungen bereiten Geldern zu decken und nach und nach ein Rücklagevermögen zu bilden, aus dem etwaige Kapital= oder Zinsverluste übertragen werden können.

Den Einlegern wird über ihre bei der Sparkasse niedergelegten Gelder ein Sparkassenbuch als Quittung gegeben, das auf den Namen des Einlegers lautet; das Statut kann aber bestimmen, daß der im Sparkassenbuch bezeugte Betrag jedem Inhaber des Buches ohne weitere Legitimation ausgezahlt wird und die Stadt nach Ein= lösung des Buches dem Einzahler und dessen Rechtsnachfolgern keine weitere Gewähr leiste, sofern nicht vor der Auszahlung ein Protest dagegen eingelegt ist.[1] Ist ein Sparkassenbuch seit 30 Jahren an der Kasse nicht vorgelegt worden, so soll von dieser Zeit ab jede weitere Verzinsung des Guthabens aufhören.

III. Die Sparkassenbestände dürfen in jeder völlig sicheren Art angelegt werden,[2] insbesondere können damit inländische Staats= papiere und Pfandbriefe angekauft oder sie als Hypotheken und Grund= schulden ausgethan werden.[3] Weiter ist es auch gestattet, Darlehen gegen bloße Schuldscheine unter Bestellung von Bürgschaften zu be= geben,[4] bei der Gewährung von Darlehen, die zur allmählichen Tilgung kommen, an preußische öffentliche Verbände kann von der Forderung einer besonderen Sicherheit überhaupt abgesehen werden.[5] Endlich

---

[1] Über die Einrichtung der Sparkassenbücher vgl. Reglement vom 12. De= zember 1838 Nr. 13, 14. Über ihr Aufgebot vgl. Nr. 15.

[2] Vgl. Vormundschaftsordnung vom 5. Juli 1875 § 38.

[3] Doch muß die Belastung bei städtischen Grundstücken innerhalb der ersten Hälfte ihres durch gerichtliche Taxe festgestellten Wertes bleiben und bei ländlichen Grundstücken darf sie nicht über den 22½ fachen Betrag des Grund= steuerreinertrages hinausgehen. Vgl. Minvfg. vom 1. Oktober 1872 (VMBl. S. 252) und Minvfg. vom 2. Mai 1890 (VMBl. S. 78).

[4] Königl. Verordnung vom 25. Februar 1857 (VMBl. S. 71).

[5] Minvfg. vom 2. April 1884 (VMBl. S. 113).

können die Sparkassenbestände mit Zustimmung des Oberpräsidenten auch zum Einlösen der städtischen Schuldverschreibungen und zur Ausstattung der städtischen Leihanstalt verwandt werden.[1])

IV. Die Aufsicht über die Sparkasse führt der Regierungs=präsident, in höherer Instanz der Oberpräsident, welche beide ver=pflichtet sind, diesen Anstalten ihre besondere fortwährende Aufmerk=samkeit zuzuwenden, sich von der Zweckmäßigkeit und Ordnung des Betriebes zu überzeugen, außerordentliche Kassenprüfungen vorzu=nehmen und anzuordnen, auch, wo sie Unordnungen und Mißbräuche bemerken, mit Ernst auf deren Abstellung zu bringen.

Jährlich sind von der Sparkasse an den Oberpräsidenten Nach=weisungen über den Geschäftsbetrieb und die dabei erzielten Ergeb=nisse einzureichen, und diese Betriebsnachweisung auch durch das amtliche Anzeigenblatt oder, wenn ein solches am Orte nicht erscheint, durch das Amtsblatt öffentlich bekannt zu machen.

### c. Die Gemeindekranken= und Unfallversicherung.

#### Die städtischen Invaliden= und Alterskassen.

Reichsgesetz vom 15. Juni 1883 betr. die Krankenversicherung der Arbeiter. Reichsgesetz vom 28. Mai 1885 betr. die Ausdehnung der Unfall= und Kranken=versicherung. Reichsgesetz vom 5. Mai 1886 betr. die Unfall= und Kranken=versicherung der in land= und forstwirtschaftlichen Betrieben beschäftigten Per=sonen. Reichsgesetz vom 22. Juni 1889 betr. die Invaliditäts= und Alters=versicherung. Königl. Verordnungen vom 12. September 1885, vom 26. Juli 1886 und vom 23. März 1888 betr. die Zuständigkeit der Verwaltungsgerichte und den Instanzenzug für Streitigkeiten, welche nach reichsgesetzlicher Vor=schrift im Verwaltungsstreitverfahren zu entscheiden sind. Anweisung vom 26. November 1883 zur Ausführung des Gesetzes vom 15. Juni 1883 betr. die Krankenversicherung der Arbeiter. [2])

I. Seit dem letzten Jahrzehnt ist es eifriges Bemühen der deutschen Gesetzgebung, die Not zu heben, in welche die hand=

---

[1]) Bevor der Oberpräsident zu dieser Verwendung seine Erlaubnis gibt, soll er prüfen, ob das städtische Schuldenwesen gehörig geordnet und die Ver=zinsung und Tilgung gesichert ist, ferner ob die Einrichtung der Leihanstalt gesetz= und zweckmäßig ist, auch soll er diese Angelegenheit immer im Auge behalten und dafür sorgen, daß nicht durch unordentliche Verwaltung die Sicher=heit der Einlagen gefährdet werde.

[2]) Veröffentlicht durch die Regierungsamtsblätter. Auch abgedruckt bei Schmitz, Ausführungs=Verordnungen zum KVG. (Berlin, Siemenroth und Worms).

arbeitenden Klassen erfahrungsgemäß versetzt werden, wenn sich bei ihnen Krankheit und bei ihrer Beschäftigung erlittene Unfälle, In= validität und hohes Alter in ihren wirtschaftlichen Folgen bemerk= bar machen.

Die Reihe wichtiger Reichsgesetze, die mit dem Krankenver= sicherungsgesetze beginnen und in dem Gesetz über die Invaliditäts= und Altersversicherung ihren vorläufigen Abschluß gefunden haben, suchen diese Folgezustände dadurch zu verhüten, daß sie die wirt= schaftlich schwachen Klassen gegen die ihnen daraus drohende Not zur Versicherung zwingen. Träger dieser Versicherung sind die Verbände der Berufs= und Arbeitsgenossen, aber auch selbständige Versicherungsanstalten. Die Mitwirkung der Städte tritt hier ver= hältnismäßig zurück, immerhin sind ihnen auch auf diesem Gebiete wichtige Thätigkeiten zugewiesen. Namentlich die Gestaltung der Krankenversicherung können sie durch Ortsstatute beeinflussen, mit der Gemeindekrankenversicherung wird dann die Stadt den übrigen Trägern der Zwangsversicherung beigesellt.

II. Die notwendige Krankenversicherung soll den Handarbeitern bei Krankheit oder im Falle einer durch Krankheit herbeigeführten Erwerbsunfähigkeit für gewisse Zeiten Hilfe gewähren. Dem Ver= sicherungszwange sind gesetzlich alle Arbeiter und die ihnen sozial gleichstehenden Betriebsbeamten[1] unterworfen, welche in den nach= stehend aufgeführten Betrieben gegen Gehalt oder Lohn und nicht bloß vorübergehend[2] beschäftigt sind. Es sind dies folgende Betriebe:

1. Bergwerke, Salinen, Aufbereitungsanstalten, Brüche und Gruben, Fabriken und Hüttenwerke;
2. Werften;
3. Bauten;
4. der gesamte Betrieb der Post=, Telegraphen= und Eisenbahnverwaltungen, sowie sämtliche Betriebe der Marine= und Heeresverwaltungen;
5. der nicht staatliche Eisenbahnbetrieb;
6. der gewerbsmäßige Fuhrwerks=, Binnenschiffahrts=,

---

[1] Als solche bezeichnet das Gesetz die Betriebsbeamten, deren Arbeits= verdienst an Lohn oder Gehalt 6⅔ M. für den Arbeitstag nicht übersteigt.

[2] Auch darf die Beschäftigung nicht durch den Arbeitsvertrag im voraus auf einen Zeitraum von weniger als einer Woche beschränkt sein.

Flößerei-, Prahm- und Fährbetrieb, sowie die gewerbsmäßige Treidelei;

7. der Baggereibetrieb;
8. der gewerbsmäßige Speditions-, Speicher- und Kellerei-
betrieb;
9. der Gewerbebetrieb der Güterpacker, Güterlader, Schaffer,
Bracker, Wäger, Messer, Schauer und Stauer.

Ausgeschlossen von dem gesetzlichen Versicherungszwange sind:

1. Handlungsgehilfen und Lehrlinge, Gehilfen und Lehrlinge in Apotheken;
2. Personen, welche in anderen als den eben erwähnten
Transportgewerben beschäftigt werden;
3. Personen, welche von Gewerbetreibenden außerhalb ihrer
Betriebsstätte beschäftigt werden;
4. selbständige Gewerbetreibende, welche in eigenen Betriebsstätten als Hausindustrielle im Auftrage und für
Rechnung anderer Gewerbetreibender mit der Herstellung
oder Verarbeitung gewerblicher Erzeugnisse beschäftigt
werden;
5. die in der Land- und Forstwirtschaft beschäftigten
Arbeiter.

Durch Ortsstatut [1] [2] kann aber der Versicherungszwang auch
auf diese Klassen ausgedehnt werden, und darüber hinaus kann das
Ortsstatut ferner bestimmen, daß die Zwangsversicherung sich in
allen Fällen auch auf diejenigen Arbeiter erstrecken soll, deren Beschäftigung in dem versicherungspflichtigen Betriebe nur vorübergehend ist. Ebenso können Personen, welche im Stadtbezirk wohnen
und die, ohne zu einem bestimmten Arbeitgeber in einem dauernden
Arbeitsverhältnis zu stehen, doch vorwiegend in land- und forstwirtschaftlichen Betrieben des Gemeindebezirks gegen Lohn beschäftigt sind,
der Krankenversicherungspflicht auch für die Zeit unterworfen werden,
in der eine Beschäftigung gegen Lohn nicht stattfindet. Sie dürfen
dann in der Stadt zur Versicherung herangezogen werden, solange
sie nicht zu einer die Versicherungspflicht begründenden Beschäftigung

---

[1] Vgl. Ausfanw. vom 26. November 1883 Nr. 21—23.
[2] Vgl. dazu OVGE. Bd. 16 Nr. 53.

in einem anderen Erwerbszweige übergehen oder Mitglieder einer Betriebskrankenkasse werden. Während sie in der Stadt versichert sind, können sie nicht gezwungen werden, anderen Kasseneinrichtungen für land= und forstwirtschaftliche Arbeiter beizutreten. Der Stadt= vorstand hat diese Personen der Gemeindekrankenversicherung oder Ortskrankenkasse zuzuweisen, der die übrigen versicherungspflichtigen land- und forstwirtschaftlichen Arbeiter angehören. Ihre Versicherung beginnt mit dem Tage der Überweisung.[1]

Das Aufbringen der Mittel und ihre Verwaltung geschieht in der Regel durch genossenschaftliche Verbände der Arbeiter und ihrer Arbeitgeber, daneben bestehen auch die eingeschriebenen Hilfskassen, in denen allein die Arbeiter vereinigt sind. Zu einer dieser Kassen= einrichtungen — nämlich außer den eingeschriebenen Hilfskassen zu einer Orts=, Betriebs=, Bau= oder Innungs=Krankenkasse oder auch zu einer Knappschaftskasse — muß jede versicherungspflichtige Person gehören; ist dieses aus irgend einem Grunde nicht der Fall, so ist der Versicherungspflichtige ohne weiteres bei der Gemeinde= krankenversicherung Mitglied.

Die Gemeindekrankenversicherung ist eine Gemeindeanstalt zur Gewähr von Krankenhilfe an solche versicherungspflichtige Personen, die Anspruch darauf haben im Stadtbezirk unterstützt zu werden, ohne doch einer der dort bestehenden selbständigen Organisationen anzugehören. Anspruch auf Krankenhilfe haben aber alle ver= sicherungspflichtigen Personen, die im städtischen Bezirke beschäftigt[2] sind; sie erlangen dieses Recht schon durch das Zusammentreffen der beiden Thatsachen: einmal ihrer Beschäftigung im Stadtbezirk und dann ihrer Beschäftigung in einem Betriebe, für den in diesem Be= zirke der Versicherungszwang eingeführt ist. Gleichgültig ist es da= gegen, ob der Berechtigte auch seinerseits die ihm obliegenden Pflichten gegen die Gemeindekrankenversicherung erfüllt hat, das

---

[1] Die Überweisung ist zurückzunehmen, wenn die Voraussetzungen ihrer Zulässigkeit aufhören. Die Überweisung sowie der ihre Zurücknahme ab= lehnende Bescheid können im Verwaltungsstreitverfahren angefochten werden. Zuständig ist der Bezirksausschuß, gegen dessen Entscheidung nur die Revision zugelassen ist.

[2] Über den Beschäftigungsort land= und forstwirtschaftlicher Arbeiter vgl. Reichsgesetz vom 5. Mai 1886 §§ 10, 44, 134.

Gesetz gibt aber der Stadt gewisse Maßnahmen an die Hand, um solchem unerwünschten Ergebnisse zu entgehen. Die Arbeitgeber sind nämlich verpflichtet, jede der Gemeindekrankenversicherung zu= fallende Person spätestens am dritten Tage nach dem Beginn der Beschäftigung in ihrem Betriebe bei dem Stadtvorstande anzu= melden und spätestens am dritten Tage nach der Beendigung des Arbeitsverhältnisses wieder abzumelden.[1]) Wird diese Pflicht ver= säumt, so kann die Stadt wegen ihrer Aufwendungen, die sie für eine vor der Anmeldung erkrankte Person machen mußte, sich an dem Arbeitgeber erholen.

Außer den Versicherungspflichtigen können auch andere Per= sonen an der Gemeindekrankenversicherung teilnehmen. Alle Per= sonen nämlich, welche in Betrieben beschäftigt werden, die gesetzlich dem Versicherungszwange unterliegen oder ihm durch Ortsstatut unterworfen, werden können, sind befugt sich der Gemeindekranken= versicherung der Stadt anzuschließen, in deren Bezirk sie beschäftigt werden, auch wenn sie an sich nicht versicherungspflichtig sind. Das= selbe Recht haben auch Dienstboten in der Stadt, in der sie be= schäftigt sind. Der Beitritt erfolgt in all diesen Fällen durch schrift= liche oder mündliche Erklärung beim Stadtvorstande, er gewährt aber keinen Anspruch auf Unterstützung im Falle einer bereits zur Zeit dieser Erklärung eingetretenen Erkrankung. Leisten diese Per= sonen an zwei aufeinander folgenden Zahlungstagen ihre Beiträge nicht, so scheiden sie damit aus der Gemeindekrankenversicherung wieder aus.

Treten Personen, welche der Gemeindekrankenversicherung an= gehören, aus der Beschäftigung aus, welche diese Zugehörigkeit be= gründet hat, so behalten sie den Anspruch auf Krankenhilfe so lange, als sie die Versicherungsbeiträge fortzahlen, wenn sie im Gemeinde= bezirk ihres bisherigen Aufenthaltes verbleiben oder in dem Ge= meindebezirk ihren Aufenthalt nehmen, wo sie zuletzt beschäftigt wurden; außerdem dürfen sie dann auch nicht zu einer Beschäftigung

---

[1]) Über die gemeinsame Meldestelle für die Gemeindekrankenversicherung und die Ortskrankenkassen vgl. Krankenversicherungsgesetz vom 15. Juni 1883 § 49.

übergehen, vermöge deren sie nach gesetzlicher Vorschrift Mitglieder einer Krankenkasse werden müssen.

Die Krankenhilfe, welche die Gemeindekrankenversicherung gewährt, besteht nun darin:

a) vom Beginne der Krankheit ab in freier ärztlicher Behandlung, Arznei, sowie Brillen, Bruchbändern und ähnlichen Heilmitteln;

b) im Falle der Erwerbsunfähigkeit außerdem in einem Krankengelde, das vom dritten Tage nach dem Tag der Erkrankung für jeden Arbeitstag in Höhe der Hälfte des ortsüblichen Tagelohns gewöhnlicher Tagearbeiter gegeben wird. Das Krankengeld ist wöchentlich nachträglich zu zahlen.

An Stelle dieser Leistungen kann freie Kur und Verpflegung in einem Krankenhause gewährt werden, und zwar für diejenigen, welche verheiratet oder Glieder einer Familie sind, mit ihrer Zustimmung, oder unabhängig davon, wenn die Art der Krankheit eine Behandlung oder Verpflegung verlangt, deren Anforderungen in der Familie des Erkrankten nicht genügt werden kann. Für alle übrigen Erkrankten kann die Aufnahme ins Krankenhaus immer und auch gegen ihren Willen verfügt werden. Hat der in einem Krankenhause Untergebrachte Angehörige, deren Unterhalt er bisher aus seinem Arbeitsverdienste bestritten hat, so muß die Gemeindekrankenversicherung ihm neben der freien Kur und Verpflegung noch die Hälfte des Krankengeldes gewähren.

Die Unterstützung endet spätestens mit dem Ablauf der dreizehnten Woche nach dem Beginne der Krankheit, und sie kann durch Gemeindebeschluß noch weiter dahin beschränkt werden, daß bei Krankheiten, welche die Beteiligten sich vorsätzlich oder durch schuldhafte Teilnahme an Schlägereien oder Raufhändeln, durch Trunkfälligkeit oder geschlechtliche Ausschweifungen zugezogen haben, das Krankengeld gar nicht oder nur teilweise gewährt wird. Auch kann die Gemeinde verordnen, daß Personen, welche der Versicherungspflicht nicht unterliegen, die aber der Gemeindekrankenversicherung freiwillig beigetreten sind, erst nach Ablauf einer gewissen Frist, die aber höchstens auf 6 Wochen vom Beitritte ab bemessen werden darf, Krankenunterstützung erhalten. Der Betrag des ortsüblichen

Tagelohns gewöhnlicher Tagearbeiter, der für die Höhe des Krankengeldes maßgebend ist, wird vom Regierungspräsidenten [1]) nach Anhörung des Stadtvorstandes festgestellt. Die Festsetzung findet für
männliche und weibliche, für jugendliche und erwachsene Arbeiter
besonders statt; für Lehrlinge gilt die für jugendliche Arbeiter ge-
troffene Festsetzung.

Die Mittel, welche für die Unterstützungen notwendig sind,
werden durch Beiträge der Versicherten und ihrer Arbeitgeber zusammengebracht, die in der Regel 1½ Prozente des ortsüblichen
Tagelohns betragen sollen. Diese Summen werden zwar Eigentum
der Gemeinde, sie bilden aber ein Sondervermögen, das nur zu
ganz bestimmten Zwecken verwandt werden darf, die Einnahmen
und Ausgaben sind getrennt von den übrigen Einnahmen und Ausgaben der Stadt festzustellen und zu verrechnen. Reichen die Bestände der Krankenversicherungskasse nicht aus, um die fälligen Ausgaben zu decken, so muß die Stadt die erforderlichen Vorschüsse hin-
geben, die ihr dann von der Krankenversicherungskasse mit ihrem
Rücklagevermögen zu erstatten sind. Ergibt sich aus den Jahresabschlüssen, daß der Ausfall nicht bloß vorübergehend ist, sondern
daß die gesetzlichen Beiträge nicht ausreichen, um die gesetzlichen
Unterstützungen damit zu decken, so kann die Stadt mit Genehmigung
des Regierungspräsidenten [2]) die Beiträge bis zu 2 Prozenten des
ortsüblichen Tagelohnes erhöhen. Wird der Fehlbetrag auch jetzt
nicht gedeckt, so muß die Stadt mit den Gemeindemitteln das Gleichgewicht in den Einnahmen und Ausgaben herstellen. Die Stadt
kann aber in diesem Falle und ebenso wenn in ihrem Bezirke nicht
mindestens 50 Personen vorhanden sind, für welche die Gemeindekrankenversicherung einzutreten hat, bei dem Regierungspräsidenten
beantragen, daß ihre Gemeindekrankenversicherung mit derjenigen
einer oder mehrerer benachbarter Gemeinden verbunden werde.
Die Verwaltung der gemeinsamen Krankenversicherung wird dann
durch den Regierungspräsidenten nach Anhörung der beteiligten
Gemeinden geordnet, doch dürfen Städte von mehr als 10 000 Einwohnern ohne ihre Einwilligung nur dann mit kleineren Gemeinden

---

[1]) In Berlin von dem Oberpräsidenten.
[2]) In Berlin ist die Genehmigung des Oberpräsidenten notwendig.

vereinigt werden, wenn ihnen die Verwaltung der gemeinsamen Krankenversicherung übertragen wird.[1])

Weist die Gemeindekrankenversicherung Überschüsse der Ein=
nahmen über die Ausgaben auf, so sind nach Ansammlung eines Rücklagevermögens im Betrag einer durchschnittlichen Jahres=
einnahme zunächst die Beiträge bis zu 1 $1/_2$ Prozenten des ortsüblichen Tagelohns zu ermäßigen. Verbleiben auch dann noch Überschüsse, so hat die Stadt zu beschließen, ob eine weitere Herabsetzung der Beiträge oder eine Erhöhung der Unterstützungen erfolgen soll. Kommt ein Beschluß der Stadt nicht zustande, so kann der Regierungs=
präsident die Herabsetzung der Beiträge verfügen.

Die Beiträge der Mitglieder werden in den von der Stadt bestimmten Fristen, und wenn nichts anderes verordnet ist, wöchent=
lich von den Arbeitgebern an die Gemeindekrankenversicherung ge=
zahlt,[2]) freiwillige Mitglieder haben die Beiträge selbst einzuzahlen. Rückständige Beiträge werden im Verwaltungszwangsverfahren bei=
getrieben. Die freiwilligen Mitglieder müssen natürlich auch die vollen Beiträge aus eigenen Mitteln bestreiten, anders dagegen bei den Beiträgen der zwangsweise zur Gemeindekrankenversicherung Zugehörigen. Hier haben die Arbeitgeber ein Drittel der Bei=
träge, welche auf die von ihnen beschäftigten versicherungspflichtigen Personen entfallen, aus eigenen Mitteln zu leisten, doch kann durch das Ortsstatut bestimmt werden, daß Arbeitgeber, in deren Be=
trieben Dampfkessel oder durch elementare Kraft bewegte Triebwerke nicht verwandt und mehr als zwei dem Krankenversicherungszwange unterliegende Personen nicht beschäftigt werden, von der Verpflich=
tung zur Leistung von Beiträgen aus eigenen Mitteln befreit sind. Die übrigen zwei Drittel der Beiträge, welche die Arbeitgeber für ihre Arbeiter nur vorschußweise einzahlen, dürfen sie den von ihnen beschäftigten Personen bei jeder regelmäßigen Lohnzahlung inso=

---

[1]) Vgl. im übrigen über die Bildung und Auflösung der gemeinsamen Krankenversicherung §§ 12—14 des Krankenversicherungsgesetzes und Ausfanw. vom 26. November 1883 Nr. 54.

[2]) Die Beiträge sind so lange fortzuzahlen, bis die vorschriftsmäßige Ab=
meldung des Versicherten erfolgt ist, und für den betreffenden Zeitteil zurück=
zuerstatten, wenn die abgemeldete Person innerhalb der Zahlungsperiode aus der bisherigen Versicherung ausscheidet.

weit wieder in Abzug bringen, als sie auf diese Lohnzahlungs=
periode anteilsweise entfallen.[1]) Bei denjenigen Klassen, welche
dem Versicherungszwange nur auf Grund eines Ortsstatuts unter=
worfen sind, ist im Statut auch darüber Bestimmung zu treffen,
ob die Vorschriften, welche dem Arbeitgeber die Anmeldepflicht, die
Zahlung der Beiträge im voraus und ihre anteilige Übernahme
auf seine eigenen Mittel auferlegen, auch hinsichtlich dieser Ver=
sicherten gelten sollen. Für die Arbeiter, die in land= und
forstwirtschaftlichen Betrieben beschäftigt sind, darf indes eine der=
artige ortsstatutarische Anordnung nicht ergehen, sofern es sich nicht
um die „freien Arbeiter" handelt; im übrigen sollen hier die all=
gemeinen gesetzlichen Bestimmungen maßgebend bleiben.[2])

Erhalten land= und forstwirtschaftliche Arbeiter auf Grund
eines mindestens für die Dauer eines Jahres abgeschlossenen
Arbeitsvertrages Naturalleistungen, die dem dreihundertfachen
Betrage des von der Gemeindekrankenversicherung gewährten
Krankengeldes gleichstehen, oder bekommen sie auf Grund eines
solchen Vertrages für den Krankentag einen Arbeitslohn an Geld
oder Naturalleistungen, welcher das tägliche Krankengeld der
Gemeindekrankenversicherung erreicht, so tritt auf Antrag des
Arbeitgebers während der Geltungsdauer dieses Vertrages eine Er=
mäßigung der Versicherungsbeiträge ein, wogegen das Krankengeld
in Wegfall kommt, wenn der Versicherte außerdem auf die Fortgewäh=
rung der Leistungen seines Arbeitgebers, innerhalb der Geltungsdauer
des Arbeitsvertrages, für mindestens dreizehn Wochen einen Rechts=
anspruch hat. Durch Ortsstatut kann eine entsprechende Kürzung
des Krankengeldes und damit der Versicherungsbeiträge auch dann
angeordnet werden, wenn die Leistungen des Arbeitgebers an den
Versicherten in ihrer Höhe dem Krankengelde der Gemeindekranken=
versicherung nachstehen.

Streitigkeiten, die zwischen den Versicherten oder ihren

---

[1]) Bei Streitigkeiten zwischen dem Arbeitgeber und den von ihm be=
schäftigten Personen über die Berechnung und Anrechnung der zu leistenden
Versicherungsbeiträge entscheidet zunächst das Gewerbeschiedsgericht oder der
Stadtvorstand. Vgl. dazu S. 358.

[2]) Vgl. Krankenversicherungsgesetz § 2[1] und Reichsgesetz vom 5. Mai 1886
§§ 139, 142.

Arbeitgebern einerseits und der Gemeindekrankenversicherung anderseits über die Pflicht zur Leistung oder Einzahlung von Beiträgen oder über Unterstützungsansprüche entstehen, werden von dem Regierungspräsidenten entschieden. Gegen seinen Bescheid findet binnen zwei Wochen nach seiner Zustellung die Berufung auf den Rechtsweg mittels Erhebung der Klage statt. Die Entscheidung des Regierungspräsidenten ist vorläufig vollstreckbar, soweit es sich um Streitigkeiten handelt, die Unterstützungsansprüche betreffen.

III. Neben der Gemeindekrankenversicherung ist der Stadt auch noch in einzelnen Fällen die Pflicht auferlegt, kranke Personen im Umfange der durch die Krankenversicherung gewährten Leistungen aus Gemeindemitteln zu unterstützen, ohne daß damit ein Akt der Armenpflege geübt wird. Diese Krankenunterstützungspflicht ist entweder endgültig, oder sie ist nur eine vorläufige. Sie findet in folgenden Fällen statt. Erkrankt eine versicherungspflichtige Person, die in einem Transportgewerbe[1]) beschäftigt ist, auf der Fahrt im Inlande außerhalb des Bezirkes ihrer Krankenkasse oder Gemeindekrankenversicherung, so hat die Gemeinde, in der die Fürsorge für den Erkrankten notwendig wird, ihm die Unterstützung zu geben, die er von seiner Gemeindekrankenversicherung oder Krankenkasse beanspruchen kann. Diese Kassen müssen dann der unterstützenden Stadt die ihr daraus erwachsenen Kosten wieder ersetzen.[2])[3])

Die übrigen hierher gehörigen Fälle suchen etwaige Härten zu verhindern, die daraus entstehen können, daß der Kreis der Personen, welche durch die Unfallversicherung geschützt sind, auch solche umfaßt, die nicht gegen Krankheit versichert sind. Da hier die Fürsorge der Berufsgenossenschaften und Versicherungsanstalten erst mit der vierzehnten Woche nach Eintritt des Unfalls beginnt, so mußte die Pflicht, diese Personen während der vorhergehenden Zeit zu unterstützen, besonders geordnet werden. Bei den land- und forstwirtschaftlichen

---

[1]) Vgl. § 1 des Reichsgesetzes vom 28. Mai 1885.

[2]) Bei der Erstattung gilt als Ersatz der Leistungen die Hälfte des Krankengeldes, sofern nicht höhere Leistungen nachgewiesen werden.

[3]) Streitigkeiten zwischen der unterstützenden Stadt und der endgültig verpflichteten Korporation werden im Verwaltungsstreitverfahren entschieden. Zuständig ist der Bezirksausschuß, dessen Erkenntnis nur mit dem Rechtsmittel der Revision angefochten werden kann.

Arbeitern und bei denjenigen Bauarbeitern, die bei der Berufs=
genossenschaft der Baugewerbetreibenden versichert sind, ist diese Für=
sorgepflicht dahin geregelt, daß die Gemeinde, in deren Bezirke der
verletzte Arbeiter beschäftigt war, ihm freie Behandlung, Arznei und
kleine Heilmittel während der ersten dreizehn Wochen nach dem Un=
falle gewährt. Ist die Gemeinde des Beschäftigungsortes nicht zu=
gleich der Wohnort des Verletzten, so hat die Gemeinde des Wohn=
orts, auf Verlangen der verpflichteten Gemeinde, diese Fürsorge
vorläufig und unter Vorbehalt des Ersatzes der Kosten zu über=
nehmen.[1][2])

IV. Führt eine Stadt Bauarbeiten aus, so kann sie die Ver=
sicherung derjenigen Arbeiter, welche sonst zu der bei der Berufs=
genossenschaft der Baugewerbetreibenden errichteten Versicherungs=
anstalt gehören würden,[3] selbst übernehmen, wenn der Minister
auf Antrag der Stadt erklärt, daß sie zur Übernahme der durch die
Versicherung entstehenden Lasten für leistungsfähig zu erachten sei.[4][5])

V. Für städtische Betriebe bestehen bereits jetzt mehrfach Invaliden=
und Alterskassen. Auch nach dem Inkrafttreten des Reichsgesetzes
über die Invaliditäts= und Altersversicherung behalten die Städte
das Recht, solche Kassen für die in ihren Betrieben beschäftigten
Arbeiter fortzuführen oder neu zu errichten, deren Mitglieder dann
durch ihre Teilnahme an dieser Kasse ihrer Versicherungspflicht ge=
nügen. Die Kasse wird auf Antrag der Stadt von dem Bundesrat
zugelassen, wenn ihren Mitgliedern eine den reichsgesetzlich vorge=
sehenen Leistungen gleichwertige Fürsorge gesichert ist und wenn sie
weder in der Höhe der Beiträge über den bei der sonst zuständigen
Versicherungsanstalt erhobenen Beitrag hinausgeht,[6] noch auch ihre
Mitglieder bei Berechnung der Wartezeit und der Rente schlechter
stellt, als sie sich bei ihrer Teilnahme an der zuständigen Versicherungs=

---

[1]) Vgl. S. 413 Anm. 2.

[2]) Über die Zuständigkeit bei Streitigkeiten vgl. Reichsgesetz vom 5. Mai
1886 § 12, Reichsgesetz vom 11. Juli 1887 § 8.

[3]) Vgl. Reichsgesetz vom 11. Juli 1887 § 16.

[4]) Über die Organisation vgl. Reichsgesetz vom 11. Juli 1887 §§ 46, 47.

[5]) Über die Zahlung der Versicherungsbeiträge für einzelne Gruppen der
Bauunternehmer vgl. weiter unten.

[6]) Ausnahmen siehe in § 5 Nr. 1 des Reichsgesetzes vom 22. Juni 1889.

anstalt befinden würden. Außerdem muß über den Anspruch der einzelnen Beteiligten auf Gewährung von Invaliden= und Alters= rente ein schiedsgerichtliches Verfahren unter der Mitwirkung von Vertretern der Versicherten zugelassen sein.

Ist die Kasse vom Bundesrat anerkannt, so wird zu den von ihr zu leistenden Invaliden= und Altersrenten der Reichszuschuß gewährt, sofern auf diese Renten ein reichsgesetzlicher Anspruch besteht.[1]

Auch im übrigen hat die Stadt auf die Gestaltung der Invali= ditäts= und Altersrenten in ihrem Bezirk einen gewissen Einfluß. Wenn im Stadtbezirke der Lohn der in land= und forstwirtschaft= lichen Betrieben beschäftigten Arbeiter herkömmlich ganz oder zum Teil in Form von Naturalleistungen gewährt wird, so kann die Stadt durch Ortsstatut anordnen, daß den in ihrem Bezirke wohnenden Rentenempfängern, welche dort als Arbeiter in land= und forstwirt= schaftlichen Betrieben ihren Lohn oder Gehalt ganz oder zum Teil in Form von Naturalleistungen bezogen haben, auch die Rente bis zu zwei Dritteln ihres Betrages in dieser Form gewährt wird. Der Wert der Naturalleistungen wird nach Durchschnittspreisen in An= satz gebracht, die von dem Regierungspräsidenten festgesetzt werden. Der Anspruch auf die Rente geht dann zu dem Betrage, in welchem Naturalleistungen gewährt werden, auf die Stadt über, wogegen sie die Naturalien zu liefern hat. Den Bezugsberechtigten, auf welche diese Vorschriften Anwendung finden sollen, hat die Stadt dieses mitzuteilen. Die Bezugsberechtigten sind befugt, binnen zwei Wochen nach der Zustellung dieser Mitteilung die Entscheidung des Regierungs= präsidenten anzurufen. Ebenso werden auch alle übrigen Streitig= keiten entschieden, die aus der Anwendung dieser Bestimmungen zwischen den Bezugsberechtigten und der Stadt entstehen.[2]

---

[1] Vgl. a. a. O. §§ 5, 6, 94.

[2] Über die Bescheinigungen, kraft deren bei Einführung des Gesetzes die Wartezeit der Versicherungspflichtigen abgekürzt wird, vgl. a. a. O. § 18 und Ausfanw. vom 20. Februar 1890 in den Amtsblättern veröffentlicht. Auch abgedruckt bei Schmiß, das Reichsgesetz betr. die Invaliditäts= und Alters= Versicherung S. 113 ff. (Berlin bei Siemenroth und Worms).

## V. Die Stadt in ihren Beziehungen zur Staatsverwaltung.

### 1. Allgemeine Erörterungen.

Die bisherigen Erörterungen haben die Rechtsnormen darzustellen versucht, unter denen sich das Leben im Innern der Städte entwickelt. Sie betrachteten die Stadt als abgeschlossene Korporation. Dies ist sie aber mit nichten. Vielmehr sind die Städte als lebendige Glieder in den Organismus des Staates eingefügt, der wohlbefugt ist, sie als Rechtssubjekte und soziale Mächte seinen Zwecken dienstbar zu machen. Das innige Zusammenleben und Miteinanderwirken der Gemeinden mit dem Staate ist tief im Wesen der Gemeinde begründet, und es war ein verhängnisvoller Irrtum einer früheren Theorie, ein Irrtum, der leider auch heute noch hier und da in der Politik nachwirkt, städtische Freiheit nur im Gegensatze zum Staate und unter möglichster Abwehr staatlicher Einwirkung verwirklicht zu glauben.

Die enge Verbindung zwischen der Stadt und der staatlichen Verwaltung äußert sich nach zwei verschiedenen Richtungen. Gegenüber den Zielen der Staatsverwaltung soll die Stadt das besondere Interesse ihres Gemeinwesens wahrnehmen, sei es daß sie die staatliche Thätigkeit anregt, sie beratet oder auch wohl abwehrt und in der Art ihrer Ausübung ändert. Dann aber dient die Stadt auch wieder der staatlichen Verwaltung zur Durchführung ihrer Aufgaben. Auf vielen Gebieten hört die unmittelbare Einwirkung der staatlichen Behörden bereits vor der Stadt auf, der es dann überlassen bleibt, wenn auch unter Leitung der staatlichen Behörden, doch selbstthätig die staatlichen Gebote, Verbote und Anregungen in das Leben zu überführen.

In beiden Fällen wirkt die Stadt als Selbstverwaltungskörper, für den ja auch gerade seine Abhängigkeit von einer höheren Gewalt kennzeichnend ist. Daran kann auch die unklare und der Prinzipien bare Ausdrucksweise der Gesetze nichts ändern; als der innere Grund all jener Bestimmungen, die dem Gemeindevorstande staatliche Thätigkeiten übertragen, ergibt sich des deutlichsten, daß es darum geschehen ist, weil er eben Vorstand der Gemeinde, nicht aber nur, weil er eine den örtlichen Verhältnissen nahestehende Behörde ist. Daburch sondern diese Bestimmungen sich scharf von einer anderen Gruppe von Anordnungen, bei denen in der That für solche Übertragung Gründe der Zweckmäßigkeit maßgebend gewesen sind. Ich bezeichne diese letzte Art der Ausübung staatlicher Thätigkeit als Besorgung staatlicher Geschäfte kraft besonderen Auftrags; bei ihnen ist nicht die Stadt, sondern nur die Behörde oder der einzelne Beamte beteiligt, der dann auch durch seine Amtspflicht sogar in einen Gegensatz gegen das Gemeindeinteresse gedrängt werden kann.

**2. Die Stadt als Vertreterin der Gemeindeinteressen gegenüber der staatlichen Verwaltung.**

I. Die maßgebenden Gesichtspunkte für diese Thätigkeit der Stadt sind bereits angedeutet, es handelt sich hier gegenüber den allgemeinen Zielen der staatlichen Verwaltung darum, die Besonder= heit der örtlichen Interessen zur Geltung zu bringen. Hier erübrigt noch eine kurze Übersicht über die Gebiete, auf denen die Stadt mit solchem Wirken einzutreten berufen ist. Eine Darlegung, aus welchen Gründen gerade im einzelnen Falle so, wie geschehen, verordnet ist, muß dabei unterbleiben, da ein einheitliches Prinzip, das über den Grundsatz hinausgeht, der diesem Abschnitt als Überschrift vorgesetzt ist, nicht wohl aufzufinden ist.

II. Vor der Naturalisation eines Ausländers soll der Regie= rungspräsident die Stadt, wo sich der Aufzunehmende niederlassen will, mit ihrer Erklärung darüber hören, ob der Antragsteller nach ihrer Kenntnis einen unbescholtenen Lebenswandel geführt habe, ob er in der Stadt eine eigene Wohnung oder wenigstens ein Unter= kommen finden werde und ob er nach den dort bestehenden Ver= hältnissen im stande sei, sich und seine Angehörigen zu ernähren.[1]

III. Die Erlaubnis zur Anlage von Ansiedelungen[2] erteilt in den östlichen Provinzen, Westfalen, Schleswig=Holstein und Hannover

---

[1] Gesetz vom 1. Juni 1870 über die Erwerbung und den Verlust der Bundes= und Staatsangehörigkeit § 8.

[2] Gesetz betr. die Verteilung der öffentlichen Lasten bei Grundstücks= teilungen und die Gründung neuer Ansiedelungen in den Provinzen Preußen, Brandenburg, Pommern, Posen, Schlesien, Sachsen und Westfalen vom 25. August 1876, in der Provinz Hannover vom 4. Juli 1887, in der Provinz Schleswig=Holstein vom 13. Juni 1888.

die Ortspolizeibehörde, zur Anlage einer Kolonie[1]) wird in den Stadtkreisen dieser Provinzen die Genehmigung gleichfalls von der Ortspolizeibehörde, in den übrigen Städten von dem Kreisausschusse gegeben. Der Erlaubnis muß immer ein Verfahren vorangehen, in dem die Beteiligten mit ihren Einwänden gegen die geplante Ansiedlung zu hören sind, und hier ist auch die Stadt befugt, das Gemeindeinteresse zur Geltung zu bringen. Ist der Antrag auf Genehmigung einer Ansiedlung bei der Ortspolizeibehörde gestellt und sind unbedingte Hindernisse dagegen[2]) nicht vorhanden, so hat die Ortspolizeibehörde den Gemeindevorständen, zu deren Bezirk das zu besiedelnde Grundstück gehört oder an deren Bezirk es doch angrenzt, von dem Antrage Kenntnis zu geben. Die Gemeindevorstände sollen das Vorhaben auf ortsübliche Art in den Gemeinden bekannt machen und dabei bemerken, daß Einwände von den dazu Berechtigten innerhalb der gesetzlichen Ausschlußfrist bei der Ortspolizeibehörde angebracht werden müssen. Diese Notfrist beträgt in Hannover und Schleswig-Holstein zwei Wochen, sonst ist sie auf 21 Tage bestimmt. Zur Erhebung von Einwänden sind nun außer den Eigentümern, Gebrauchs- und Nutzungsberechtigten und den Pächtern der Grundstücke, die dem zu besiedelnden Grundstücke benachbart sind, auch die Vorstände der Gemeinde befugt, in deren Bezirke die Ansiedlung liegen soll oder an deren Bezirk sie doch angrenzt. Gegen den Bescheid der Ortspolizeibehörde, welcher mit Gründen versehen und den einsprechenden Gemeindevorständen zugestellt werden muß, haben diese das Recht im Verwaltungsstreitverfahren gegen die Ortspolizeibehörde zu klagen. Zuständig ist in Hannover immer der Bezirksausschuß, dasselbe gilt auch für die östlichen Provinzen, Westfalen und Schleswig-Holstein, wenn es sich um die Ortspolizeibehörde in einem Stadtkreise handelt, sonst hat hier der Kreisausschuß die erstinstanzliche Entscheidung.[3])

IV. Der Bezirksausschuß kann zur Vorbereitung von Unter-

---

[1]) Über den Begriff der Kolonie vgl. OVGE. Bd. 12 Nr. 63.

[2]) Vgl. § 14 des Gesetzes vom 25. August 1876, § 15 des Gesetzes vom 4. Juli 1887, § 14 des Gesetzes vom 13. Juni 1888.

[3]) Über das gleichmäßig geordnete Verfahren bei Anlage von Kolonien vgl. Gesetz vom 25. August 1876 §§ 18, 19. Gesetz vom 4. Juli 1887 §§ 19, 20. Gesetz vom 13. Juni 1888 §§ 18, 19.

nehmungen, welche die Enteignung von Grundeigentum rechtfertigen,[1]) dem Unternehmer die Erlaubniß erteilen, auf fremdem Grund und Boden die erforderlichen Vorarbeiten in gewissem Umfange auszuführen. Der Besitzer muß sich dann diese Handlungen des Unternehmers auf seinem Grund und Boden gefallen lassen, er hat aber Anspruch darauf, daß ihm der daraus erwachsene Schade vergütet werde. Sollen derartige Vorarbeiten im Gemeindebezirke stattfinden, so ist der Unternehmer verpflichtet, dem Stadtvorstande mindestens zwei Tage vorher die Zeit und den Ort, wo sie erfolgen sollen, bekannt zu geben. Der Stadtvorstand benachrichtigt dann die beteiligten Grundbesitzer davon und ist ermächtigt, dem Unternehmer auf dessen Kosten einen beeidigten Taxator zur Seite zu stellen, um vorkommende Beschädigungen sogleich festzustellen und abzuschätzen. Der abgeschätzte Schaden ist, vorbehaltlich seiner anderweitigen Feststellung im Rechtswege, dem Beteiligten sofort auszuzahlen, widrigenfalls der Stadtvorstand auf Antrag des beteiligten Grundbesitzers die Fortsetzung der Vorarbeiten zu hindern verpflichtet ist.[2])

Ist einem Unternehmen das Recht der Enteignung verliehen und handelt es sich nun um endgültige Feststellung des Planes für dies Unternehmen, so muß der Plan nebst seiner Beilage in den Gemeinden, in deren Bezirk das Unternehmen ausgeführt werden soll, 14 Tage hindurch zu jedermanns Einsicht offen gelegt werden. Während dieser Zeit kann auch der Stadtvorstand Einwände gegen den Plan erheben, die sich auf die Richtung des Unternehmens oder auf die Schutzanlagen beziehen, zu deren Errichtung und Unterhaltung der Unternehmer durch den Feststellungsbeschluß verpflichtet werden soll.[3]) Nach Ablauf der Frist sind die erhobenen Einwendungen von einem Kommissar des Regierungspräsidenten in einem Termine zu erörtern, zu dem jedenfalls auch der Stadtvorstand geladen werden soll. Demnächst entscheidet der Bezirksausschuß über die erhobenen Einwendungen durch begründeten Beschluß, der auch dem Stadtvorstande zugestellt werden muß. Der Stadtvorstand

---

[1]) Gesetz vom 11. Juni 1874 über die Enteignung von Grundeigentum §§ 5, 19, 22.

[2]) Vgl. auch die gleichartigen Vorschriften im Gesetz vom 1. April 1879 betr. die Bildung von Wassergenossenschaften § 71.

[3]) Vgl. § 14 des Gesetzes vom 11. Juni 1874.

kann dann auch gegen diesen Beschluß binnen zwei Wochen Rekurs an den Minister der öffentlichen Arbeiten einlegen.

V. In Stadtkreisen ist ein Gemeindebeschluß notwendig, wenn die wirtschaftliche Zusammenlegung der in vermengter Lage befind=lichen Grundstücke verschiedener Eigentümer in der städtischen Feld=mark vorschriftsmäßig beantragt ist. Der Gemeindebeschluß, welcher die Voraussetzung des ganzen Verfahrens ist, muß sich mit Rück=sicht auf die von der Zusammenlegung zu erwartende erhebliche Ver=besserung der Landeskultur dafür ausgesprochen haben. [1] [2]

VI. In Fällen, in denen die Erhaltung eines Waldbestandes oder die Aufforstung von Grundstücken notwendig erscheint, um er=hebliche Gefahren abzuwehren, die sonst der Stadt, ihrer Feldflur oder auch Wasserläufen, öffentlichen Anlagen, Straßen und anderen in ihrem Bezirke belegenen Grundstücken drohen, [3] [4] kann die Stadt

---

[1] Gesetz vom 2. April 1872 betr. die Ausdehnung der Gemeinheits=teilungs=Ordnung vom 7. Juni 1821 auf die Zusammenlegung von Grund=stücken, welche einer gemeinschaftlichen Benutzung nicht unterliegen.

[2] Vor dem Gemeindebeschluß soll das Gutachten einer von der Stadt gewählten sachverständigen Kommission eingeholt werden.

[3] Gesetz vom 6. Juli 1875 §§ 1—3, 5—7, 13, 23.

[4] Es sind dies Fälle, in denen:

a) durch die Beschaffenheit von Sandländereien benachbarte Grundstücke, öffentliche Anlagen, natürliche oder künstliche Wasserläufe der Gefahr der Versandung,

b) durch das Abschwemmen des Bodens oder durch die Bildung von Wasserstürzen in hohen Freilagen, auf Bergrücken, Bergkuppen und an Berghängen die unterhalb gelegenen nutzbaren Grundstücke, Straßen oder Gebäude der Gefahr einer Überschüttung mit Erde oder Stein=geröll, oder der Überflutung, ingleichen oberhalb gelegene Grundstücke, öffentliche Anlagen oder Gebäude der Gefahr des Nachrutschens,

c) durch die Zerstörung eines Waldbestandes an den Ufern von Kanälen oder natürlichen Wasserläufen Ufergrundstücke der Gefahr des Abbruches oder die im Schutze der Waldungen gelegenen Gebäude oder öffentlichen Anlagen der Gefahr des Eisganges,

d) durch die Zerstörung eines Waldbestandes Flüsse der Gefahr einer Verminderung ihres Wasserstandes,

e) durch die Zerstörung eines Waldbestandes in den Freilagen und in der Seenähe benachbarte Feldfluren und Ortschaften den nachteiligen Ein=wirkungen der Winde

in erheblichem Grade ausgesetzt sind.

bei dem Waldschutzgerichte[1]) beantragen, daß die Ausführung von
Waldkulturen oder anderen Schutzanlagen befohlen werde. Die
Kosten der Herstellung und der Unterhaltung dieser Anlagen hat
dann die Stadt zu tragen, soweit sie nicht den Eigentümern der
gefahrbringenden und der durch die Anlagen nunmehr geschützten
Grundstücke zur Last fallen.[2])

Wenn die forstmäßige Benutzung von Waldgrundstücken, öden
Flächen oder Heideländereien, die im Stadtbezirke nebeneinander
oder im Gemenge belegen sind, nach der Ansicht der Stadt nur
durch Zusammenwirken aller Beteiligten erreicht werden kann, so
ist die Stadt befugt, bei dem Waldschutzgericht die Vereinigung der
Eigentümer dieser Besitzungen zu einer Waldgenossenschaft anzuregen.

VII.[3]) a) Zum Betriebe der Gastwirtschaft, der Schankwirt=
schaft und des Kleinhandels mit Branntwein oder Spiritus ist staat=
liche Erlaubniß notwendig, welche von dem Kreisausschuß, in Stadt=
kreisen von dem Stadtausschuß erteilt wird. Vor der Gewährung
des Gesuchs ist der Stadtvorstand gutachtlich zu hören und bei
seinem Widerspruch darf die Erlaubniß nur auf Grund mündlicher
Verhandlung im Verwaltungsstreitverfahren erteilt werden. In
den kreissässigen Städten mit mehr als 10 000 Einwohnern und in
allen selbständigen Städten Hannovers ist der Stadtvorstand an
Stelle des Kreisausschusses die entscheidende Behörde, so daß hier
allerdings seine gutachtliche Äußerung wegfällt.

b) Auf Grund eines Gemeindebeschlusses kann der Regierungs=
präsident bestimmen, daß Personen, die in dem Stadtbezirk einen
Wohnsitz oder eine gewerbliche Niederlassung besitzen, der Erlaubnis
bedürfen, wenn sie innerhalb des Gemeindebezirks auf öffentlichen
Wegen, Straßen, Plätzen oder an anderen öffentlichen Orten oder
auch ohne vorgängige Bestellung von Haus zu Haus

    Waren feilbieten wollen;

    Waren bei anderen Personen als bei Kaufleuten oder solchen

---

[1]) In Stadtkreisen sind Waldschutzgerichte nicht vorhanden, gegebenen
Falls würde doch wohl der Stadtausschuß zuständig sein.

[2]) Vgl. darüber Gesetz vom 6. Juli 1875 § 5.

[3]) Reichsgewerbeordnung §§ 33, 42b, 64, 66, 69, 70, 76, 77. ZustGes.
§§ 114, 128.

Personen, welche die Waren produzieren, oder an anderen Orten, als in offenen Verkaufsstellen zum Wiederverkauf an= kaufen, oder Warenbestellungen bei Personen, in deren Gewerbebetriebe Waren der angebotenen Art keine Ver= wendung finden, aufsuchen wollen;

Gewerbliche Leistungen, hinsichtlich deren dies nicht Landes= gebrauch ist, anbieten wollen.

Diese Bestimmungen können auf gewisse Arten von Waren und Leistungen eingeschränkt werden.[1]

c) Zahl, Zeit und Dauer der Wochenmärkte werden durch den Bezirksausschuß unter Zustimmung des Stadtvorstandes festgesetzt. Jeder darf die Wochenmärkte besuchen und auf ihnen verkaufen und kaufen. Die Marktordnung wird von der Ortspolizei im Einver= ständnis mit dem Stadtvorstande festgesetzt, sie soll dem örtlichen Bedürfnis Genüge thun, namentlich auch für das Feilbieten von gleichartigen Gegenständen den Platz und für das Feilbieten im Umhertragen, mit oder ohne Ausruf, die Tageszeit und die Gattung der Waren bestimmen. —

Gegenstände des Wochenmarktverkehrs sind:

Rohe Naturerzeugnisse mit Ausschluß des größeren Viehs.

Fabrikate, deren Erzeugung mit der Land= und Forstwirt= schaft, dem Garten= und Obstbau oder der Fischerei in un= mittelbarer Verbindung steht, oder zu den Nebenbeschäf= tigungen der Landleute der Gegend gehört, oder durch Tage= löhnerarbeit bewirkt wird, mit Ausschluß der geistigen Getränke;

Frische Lebensmittel aller Art.

Auf Antrag des Stadtvorstandes kann der Bezirksausschuß anordnen, daß auch noch andere Gegenstände nach Bedürfnis und Ortsgewohnheit zu den Wochenmarktsartikeln gehören sollen.[2] Die Zustimmung des Stadtvorstandes ist nötig zur Erweiterung des Verkehrs auf Fachmärkten.

---

[1] Über die Ausnahmen vgl. a. a. O. § 42 b Abs. 3.

[2] § 64 Abs. 2 der Reichsgewerbeordnung kann nicht mehr praktisch werden. Zur Aufhebung oder Beschränkung des dort den städtischen Einwohnern ge= währten Vorrechts ist ein Antrag des Stadtvorstandes nicht nötig.

Endlich bedarf die Ortspolizeibehörde auch der Zustimmung des Stadtvorstandes, wenn sie für Bezirksschornsteinfeger, Lohnbediente und andere Personen, die auf öffentlichen Straßen oder Plätzen oder in Wirtshäusern ihre Dienste anbieten, sowie für die Benutzung von Wagen, Pferden, Sänften, Gondeln und anderen Transport= mitteln, die öffentlich zum Gebrauch aufgestellt sind, Taxen fest= setzen will.

VIII. Bevor der Betrag des ortsüblichen Tagelohnes gewöhn= licher Tagearbeiter von dem Regierungspräsidenten festgesetzt wird, eine Bestimmung, die bei der Kranken= und Unfallversicherung in mannigfacher Weise auf die Höhe der Zahlungen an die Ver= sicherten und ihrer Beiträge einwirkt, muß der Stadtvorstand mit seinem Gutachten angehört werden.

Schließlich sei noch auf die Mitwirkung des Stadtvorstandes und in einem Falle auch der Stadtverordneten bei dem Erlasse von Ortspolizeiverordnungen hingewiesen, worüber später noch näher gesprochen wird.[1])[2])

### 3. Die Teilnahme der Stadt an der Landesverwaltung.

#### a. Im Allgemeinen.

StO. 53 und W. §§ 10, 35, 56¹. Rh. §§ 9, 34. Fr. §§ 45, 63. SH. §§ 58, 59. H. §§ 17, 38, 71, 72. LBG. §§ 132, 133.
v. Möller §§ 137, 143. Steffenhagen § 71. Schmitz §§ 51—53.

I. Die Teilnahme der Stadt an der staatlichen Verwaltung[3]) wird regelmäßig durch den Stadtvorstand vermittelt, die Stadtverordneten nehmen nur in den seltensten Fällen an diesem Zweig städtischer Wirksamkeit Anteil. Sollen hier doch auch nicht Angelegenheiten der Gemeinde durchgeführt, sondern von der Gemeinde staatliche Geschäfte besorgt werden. Daraus ergibt sich auch die Stellung des Stadtvorstandes zu den staatlichen Behörden und zu der Ge=

---

[1]) Über die Teilnahme des Stadtvorstandes an der Feststellung des Festungsrayons vgl. Reichsgesetz vom 21. Dezember 1871 §§ 8, 11, 30, 33, 44.

[2]) Über die Teilnahme eines Abgeordneten des Stadtvorstandes bei der Abgrenzung des Jagdrayons in Festungen vgl. Gesetz vom 31. Oktober 1848 § 5.

[3]) Auch StO. SH. § 56 und H. § 72, sowie ihr Vorbild rev. StO. § 106, dürften nicht gegen die hier vorgetragene Auffassung sprechen.

meindevertretung. Regelmäßig hat der Stadtvorstand den staatlichen Behörden zu gehorsamen, sie bestimmen den Umfang der Anforderung und die Art ihrer Ausführung; dagegen ist der Stadtvorstand bei diesen Angelegenheiten gewöhnlich von den Stadtverordneten unab= hängig, es trifft dies für all jene Fälle zu, in denen die Besorgung der staatlichen Geschäfte bereits durch das Gesetz dem Stadtvorstande und nicht nur im allgemeinen der Stadt aufgegeben ist. Eine Be= ratung der Stadtverordneten über solche Gegenstände ist deshalb freilich nicht unzulässig, wie der Stadtvorstand denn auch, sofern dies der Regierungspräsident nicht verbietet, sich der Zustimmung der Stadtverordnetenversammlung zu seinen Maßregeln versichern kann.[1]

Als Organ der Staatsgewalt ist der Stadtvorstand den städti= schen Behörden gegenüber die Ortsobrigkeit. Soweit seine Anord= nungen sich innerhalb seiner gesetzlichen Befugnisse halten, muß ihnen jeder, den es angeht, Folge leisten. Nötigenfalls kann der Stadt= vorstand seine Anordnungen durch Zwangsmittel durchsetzen. Ins= besondere kann er unmittelbaren Zwang anwenden, wenn die An= ordnung sonst unausführbar ist. Liegt keine Nötigung vor, zu diesem äußersten Mittel zu greifen, so soll der Stadtvorstand die zu erzwingende Handlung, sofern es thunlich ist, durch einen dritten ausführen lassen und den vorläufig zu bestimmenden Kostenbetrag von dem Verpflichteten im Zwangswege einziehen. Kann die zu erzwingende Handlung nicht durch einen dritten geleistet werden, oder steht es fest, daß der Verpflichtete nicht im stande ist, die aus der Ausführung durch einen dritten entstehenden Kosten zu tragen, oder wenn eine Unterlassung erzwungen werden soll, so ist der Stadt= vorstand berechtigt, Geldstrafen anzudrohen und festzusetzen, an deren Stelle im Falle des Unvermögens Haftstrafen treten. Dabei sind die Stadtvorstände in den kreissässigen Städten befugt, Geldstrafen bis zur Höhe von 60 Mark oder Haft bis zu einer Woche, die Stadtvorstände in den Stadtkreisen Geldstrafen bis zu 150 Mark

---

[1] Die Zuständigkeit des Stadtvorstandes ist gesetzlich geregelt und er kann sie nicht ohne weiteres dadurch einschränken, daß er die Stadtverordneten an der Entscheidung der ihm zugewiesenen Sachen teilnehmen läßt. Immerhin wird der Stadtvorstand für befugt zu erachten sein, das Gutachten der Stadt= verordneten einzuholen, sofern er damit nur nicht dem ersichtlichen Willen der Staatsorgane entgegen handelt.

ober Haft bis zu 2 Wochen anzudrohen und festzusetzen. Der Aus=
führung durch einen dritten und der Festsetzung einer Strafe muß
immer eine schriftliche Androhung vorhergehen, in der, sofern eine
Handlung erzwungen werden soll, die Frist zu bestimmen ist, inner=
halb welcher die Ausführung gefordert wird. Gegen die Androhung
eines Zwangsmittels finden dieselben Rechtsmittel statt, wie gegen
die Anordnungen, um deren Durchsetzung es sich handelt.[1] Gegen
die Festsetzung und Ausführung eines Zwangsmittels ist nur die
Beschwerde im Aufsichtswege, die binnen 2 Wochen eingelegt werden
muß, statthaft.[2]

II. Die notwendige Kenntnis der staatlichen Anordnungen bei
den Städten sichert das Gebot, daß alle Städte die Gesetzsammlung
nebst dem Reichsgesetzblatt und das Amtsblatt der für sie zuständigen
Regierung halten müssen.[3]

III. An den Vorbereitungen für die Wahlen zum Reichstage
und dem Abgeordnetenhause sind die Städte nach verschiedenen
Richtungen hin beteiligt. Bei den Wahlen zum Reichstage hat der
Stadtvorstand die Wählerlisten aufzustellen und öffentlich auszu=
legen, auch entscheidet er über die Einsprüche gegen die Richtigkeit
dieser Listen. Ferner soll der Stadtvorstand die Wahlbezirke ab=
grenzen, die Wahlvorsteher ernennen und die Räume bestimmen, in
denen die Wahl vorzunehmen ist.[4] Ähnlich ist die Thätigkeit des
Stadtvorstandes bei den Wahlen zum Abgeordnetenhause.[5]

---

[1] Die Rechtsmittel erstrecken sich zugleich auf diese Anordnungen, sofern
sie nicht bereits Gegenstand eines besonderen Beschwerde= oder Verwaltungs=
streitverfahrens geworden sind.

[2] Haftstrafen, die an Stelle einer Geldstrafe festgesetzt sind, dürfen nicht
vollstreckt werden, bevor über das eingelegte Rechtsmittel endgültig beschlossen
oder rechtskräftig entschieden ist, oder aber die Rechtsmittelfrist abgelaufen ist.

[3] Königliche Verordnung vom 27. Oktober 1810 über die Erscheinung
und den Verkauf der neuen Gesetzsammlung. Verordnung vom 28. März 1811
über die Einrichtung der Amtsblätter in den Regierungsdepartements und
über die Publikation der Gesetze und Verfügungen durch dieselben und durch
die allgemeine Gesetzsammlung. Gesetz vom 10. März 1873 betr. die Ver=
pflichtung zum Halten der Gesetzsammlung und der Amtsblätter.

[4] Wahlgesetz für den Reichstag des Norddeutschen Bundes vom 31. Mai
1869. Reglement vom 28. Mai 1870 zur Ausführung des Wahlgesetzes für
den Reichstag des norddeutschen Bundes vom 31. Mai 1869.

[5] Verordnung vom 30. Mai 1849 über die Ausführung der Wahl der

Hier würde auch auf die Thätigkeit des Stadtausschusses und des Stadtvorstandes als Beschlußbehörde und Verwaltungs= gericht in Angelegenheiten der allgemeinen Landesverwaltung einzu= gehen sein, ebenso die Stellung des hannöverschen Rates bei der Besorgung staatlicher Geschäfte besprochen werden können. Dies alles mag aus praktischen Gründen für einen anderen Ort zurückgestellt werden.[1] [2]

### b. Die Stadt in ihren Beziehungen zur staatlichen Steuerverwaltung.

Gesetz vom 21. Mai 1861 betr. die Einführung einer allgemeinen Gebäude= steuer §§ 9, 14. Gesetz vom 8. Februar 1867 betr. die definitive Unterver= teilung und Erhebung der Grundsteuer in den sechs östlichen Provinzen des Staats und die Beschwerden wegen Grundsteuerüberbürdung §§ 40, 41, 46, Gesetz vom 30. Mai 1820 wegen Entrichtung der Gewerbesteuer §§ 19, 34, 36, 39, Gesetz vom 19. Juli 1861 betr. einige Abänderungen des Gesetzes wegen Entrichtung der Gewerbesteuer vom 30. Mai 1820 §§ 11—13. — Gesetz vom 3. Juli 1876 betr. die Besteuerung des Gewerbebetriebes im Umherziehen und einige Abänderungen des Gesetzes wegen Entrichtung der Gewerbesteuer vom 30. Mai 1820 § 4. Reichsgewerbeordnung § 14. — Einkommensteuer= gesetz vom 1. Mai 1851, Gesetz vom 25. Mai 1873 wegen Abänderung des Gesetzes vom 1. Mai 1851 betr. die Einführung einer Klassen= und klassifi= zierten Einkommensteuer.

v. Möller § 146. Steffenhagen § 120. Schmitz §§ 60—71.

I. Die Einziehung fast aller direkten Staatssteuern und die Veranlagung der meisten von ihnen geschieht durch die Stadt oder doch mit ihrer Hilfe.

In den östlichen Provinzen sind die Städte gehalten, die fälligen Beträge der Grund= und Gebäudesteuer von den Pflichtigen einzuziehen und dazu einen Ortserheber zu bestellen.[3] Für die

---

Abgeordneten zur zweiten Kammer. Vgl. dazu das Reglement vom 4. Sep= tember 1882 (BMBl. S. 183) nebst Nachtrag vom 22. August 1885.

[1] Über die Thätigkeit des Stadtvorstandes bei Strandungsfällen vgl. Reichsgesetz vom 17. Mai 1874 §§ 4—6.

[2] Über die Pflicht des Stadtvorstandes, die Eröffnung versicherungs= pflichtiger Betriebe im Stadtbezirke der landwirtschaftlichen Berufsgenossen= schaft mitzuteilen vgl. Reichsgesetz vom 5. Mai 1886 § 46.

[3] Dies gilt nicht für Berlin.

Einziehung der Gebäudesteuer wird den Städten der Betrag von drei Prozenten der eingegangenen Summen als Hebegebühr bewilligt, woraus aber auch alle Nebenkosten des Erhebungsgeschäftes bestritten werden müssen. Bei der alle 15 Jahre stattfindenden Neuveranlagung der Gebäudesteuer werden die Mitglieder des Einschätzungsausschusses in denjenigen Städten, die einen eigenen Verwaltungsbezirk bilden, von den Stadtverordneten gewählt.

Größer sind die Befugnisse und Pflichten der Städte bei der Verwaltung der Gewerbesteuer. Zunächst muß der Beginn und das Ende eines jeden stehenden Gewerbes dem Stadtvorstande angemeldet werden. Dieser ist verpflichtet, jährlich eine Nachweisung aufzustellen, in die alle, welche in der Stadt ein steuerpflichtiges Gewerbe betreiben, aufgenommen werden sollen; dieses Verzeichnis bildet dann die Grundlage für das Veranlagungsgeschäft. Was nun die Veranlagung selbst betrifft, so wird sie für die Steuerklassen B, H und K von dem Stadtvorstande bewirkt, in den Klassen A II und C geschieht sie durch Gesellschaftsabgeordnete, deren Wahl der Stadtvorstand aber leitet, wie er auch ihre Beratungen beaufsichtigt.[1)][2)] Für die Kosten der Veranlagung beziehen die Städte ein Hundertstel der in ihnen aufkommenden Steuersummen, weitere drei Prozente erhalten die Städte der östlichen Provinzen, welche auch die Erhebung der fälligen Beträge zu besorgen haben.

II. Eine wichtige Thätigkeit üben alle Städte bei der Einschätzung zur staatlichen Klassensteuer. Die Einschätzung liegt in der Hand eines städtischen Ausschusses, dessen Mitglieder von der Stadtverordnetenversammlung gewählt werden und dem der Bürgermeister oder ein von ihm damit beauftragter Angehöriger des Stadtvorstandes vorsitzt. Bei der Wahl der Ausschußmitglieder ist darauf zu achten, daß die verschiedenen Klassen der Steuerpflichtigen in dem Ausschusse möglichst gleichmäßig vertreten werden. In größeren Städten können auch mehrere Einschätzungsausschüsse gebildet werden und der Stadtvorstand kann dann auch den Vorsitz

---

[1)] Bei der Veranlagung der Klasse A I wirkt der Stadtvorstand nicht mit.

[2)] Auf die Verhältnisse in den ganz kleinen Städten, die zur vierten Abteilung gehören, kann hier nicht eingegangen werden.

in diesen Ausschüssen einem der von den Stadtverordneten gewähl=
ten Ausschußmitglieder übertragen.

Die Vorarbeiten für die gedeihliche Thätigkeit der Einschätzungs=
ausschüsse sind des Stadtvorstandes Sache. Er soll alle Merkmale
sammeln, die ein Urteil über die maßgebende Steuerstufe des
Pflichtigen näher zu begründen vermögen, namentlich über die Ein=
kommensverhältnisse der Abgabenpflichtigen, über ihr Vermögen,
ihren Besitz und Erwerb möglichst vollständige Nachrichten ein=
ziehen, soweit dies ohne tieferes Eindringen geschehen kann. Auch
ist es seine Aufgabe, festzustellen, ob und inwieweit etwa besondere
wirtschaftliche Verhältnisse auf die Steuerfähigkeit des Pflichtigen
einwirken.

Der Einschätzungsausschuß unterwirft dann das auf Grund
dieses Materials von seinem Vorsitzenden abgegebene Gutachten
einer genauen Prüfung unter Benutzung auch aller ihm sonst zu
Gebote stehenden Hilfsmittel. Dabei ist aber ebenfalls alles lästige
Eindringen in die Vermögens= und Einkommensverhältnisse der
einzelnen Steuerpflichtigen zu vermeiden. Ist die Prüfung voll=
zogen, so soll der Ausschuß nach dem Ergebnis der vorgenommenen
Ermittelungen oder nach den anderweit bekannten Verhältnissen des
Pflichtigen die Steuerstufe vorschlagen, in die er zu veranlagen
ist.[1]) Danach wird die Arbeit des Ausschusses von dem Landrate
und in Stadtkreisen von dem Bürgermeister nachgeprüft, die schließ=
liche Feststellung erfolgt durch die Regierung, welche aber nur nach
Anhörung des Einschätzungsausschusses Pflichtige in höhere Stufen
der Steuer versetzen kann.

Einsprüche[2]) gegen die Klassensteuerveranlagung müssen inner=
halb zweier Monate bei dem Landrate, in Stadtkreisen bei dem
Bürgermeister eingelegt sein. Darüber entscheidet dann die Regierung,

---

[1]) Die bei dem Einschätzungsgeschäft beteiligten Vorsitzenden der Aus=
schüsse und die sonstigen Beamten sind kraft des von ihnen geleisteten Amts=
eides zur Geheimhaltung der Vermögens= und Einkommensverhältnisse, die
bei diesem Geschäfte zu ihrer Kenntnis gelangen, verpflichtet. Die Mitglieder
der Ausschüsse haben diese Geheimhaltung dem Vorsitzenden mittels Hand=
schlags an Eidesstatt zu geloben.

[2]) Das Gesetz spricht von Reklamationen und Rekursen, bei der Ein=
kommensteuer von Remonstrationen und Reklamationen.

nachdem sie das Gutachten eines Reklamationsausschusses angehört
hat, der in den Stadtkreisen von den Stadtverordneten, sonst von
dem Kreistage gewählt wird. Will die Regierung von seinem
Gutachten abweichen, so entscheidet die Bezirkskommission für die
klassifizierte Einkommensteuer.

Den Stadtvorständen liegt es ob, die Jahresrollen der Abgabenpflichtigen und die Listen über die Zu= und Abgänge aufzustellen;
sie haben Personen, welche im Laufe des Steuerjahres abgabenpflichtig werden, zu der angemessenen Steuerstufe einzuschätzen,
vorbehaltlich des endgültigen Entscheids der Regierung.

Die Erhebung der Steuer geschieht in den östlichen Provinzen
durch die Gemeinden, welche vom Staate dafür und für die Ver=
anlagungskosten zusammen sechs Prozent der eingezogenen Steuer
erhalten; die Städte der westlichen und der neuen Provinzen be=
kommen drei Prozente der eingezogenen Steuer als Ersatz der Ver=
anlagungskosten.[1]

An der Veranlagung der Staatseinkommensteuer haben nur
die Stadtkreise Anteil, die unter dem Vorsitz des Bürgermeisters[2]
einen Einschätzungsausschuß bilden, der von der Stadtverordneten=
versammlung, und zwar zu $1/3$ aus ihren Mitgliedern und zu $2/3$
aus den einkommensteuerpflichtigen Einwohnern der Stadt, ge=
wählt wird.[3]

---

[1] Von den als Staatssteuer nicht mehr erhobenen beiden untersten
Stufen der Klassensteuer werden nur drei Prozent des Veranlagungssolls
an die Städte gezahlt, die Hebegebühr fällt weg. Für die übrigen Stufen
der Klassensteuer wird die Hebegebühr auch hinsichtlich der unerhoben bleiben=
den Monatsbeträge gewährt. Vgl. Gesetz vom 16. Juli 1880 betr. die Ver=
wendung der aus dem Ertrage von Reichssteuern an Preußen zu überweisen=
den Geldsummen § 6 und Gesetz vom 26. März 1883 betr. die Aufhebung
der beiden untersten Stufen der Klassensteuer § 5.

[2] In Hannover, Westfalen, Schleswig=Holstein und Frankfurt a/M. eines
vom Rate ernannten Bevollmächtigten. Vgl. Kreisordnung H. § 101. W. § 89
Sch. § 132, für Hessen=Nassau § 102.

[3] Wegen der Wahl der Mitglieder der Bezirkskommission für die klassifi=
zierte Einkommensteuer in Berlin vgl. LBGes. § 46.

c. **Die Stadt und die staatliche Justizverwaltung.**
ALR. I, 12 § 99. AGO. II, 2 §§ 5, 9; II, 5 § 43.   Königliche Verordnung
vom 21. Januar 1833 betr. die Errichtung von Testamenten vor den Magisträten.
Gerichtsverfassungsgesetz §§ 36—38, 40, 85.   Ausführungsgesetz zum deutschen
Gerichtsverfassungsgesetz vom 24. April 1878 § 35.
v. Möller §§ 121—123, 145.

I.  Die Beziehungen der Stadt zu der staatlichen Justizver=
waltung sind nur gering.  Sie beschränken sich auf einige Geschäfte
des Stadtvorstandes, welche die Wahl der Schöffen und Geschwore=
nen vorbereiten und auf sein Recht, einzelne Handlungen der frei=
willigen Gerichtsbarkeit vorzunehmen, eine Befugnis, die indes
nur für das Gebiet des Allgemeinen Landrechts gilt und auch hier
von geringer praktischer Wichtigkeit ist.

II.  Alljährlich soll der Stadtvorstand ein Verzeichnis der in
der Stadt wohnhaften Personen, die zu dem Schöffenamte be=
rufen werden können, aufstellen.  Die Liste ist in der Stadt eine
Woche hindurch zu jedermanns Einsicht auszulegen und, daß dies
geschehe, vorher öffentlich bekannt zu machen.  Innerhalb der ein=
wöchigen Frist kann jeder gegen die Richtigkeit oder Vollständigkeit
der Liste bei dem Stadtvorstande schriftlich oder zu Protokoll Ein=
spruch erheben.  Danach sendet der Stadtvorstand die Listen mit den
Einsprachen und den ihm erforderlich scheinenden Bemerkungen an
den zuständigen Amtsrichter, dem auch Berichtigungen, die später
etwa noch notwendig werden, mitzuteilen sind.  Das Verzeichnis
bildet die Urliste, aus der ein Ausschuß, der jährlich bei dem
Amtsgerichte zusammentritt, die Jahresliste der Schöffen und Hilfs=
schöffen, sowie eine Vorschlagsliste für die Geschworenen auswählt.
Der Ausschuß besteht aus dem Amtsrichter, einem Staatsverwaltungs=
beamten und sieben Vertrauensmännern, in Stadtkreisen werden
diese Vertrauensmänner sämmtlich oder, wenn der Amtsgerichts=
bezirk über den Stadtkreis hinausgeht, doch zum Teil von der
Stadtverordnetenversammlung bezeichnet.

III.  Im Gebiete des Allgemeinen Landrechts können in Städten,
wo der Amtsrichter nicht am Orte wohnt oder wo nur eine zur
Verwaltung des Richteramts bestellte Person vorhanden und diese
abwesend ist, Testamente durch eine Abordnung des Rates aufge=
nommen werden, die aus dem Bürgermeister oder seinem Stellver=

treter und zwei Ratsmitgliedern besteht. An die Stelle des einen
Ratsmitgliedes kann ein vereideter Gerichtsschreiber, ein Rechtsan=
walt oder auch der zuständige Ortspfarrer des Testators treten.
Das aufgenommene Testament muß die Abordnung sofort dem
Amtsgericht überreichen, wobei der Amtsrichter sie über den eigent=
lichen Hergang der Sache vernehmen und dann das Protokoll dar=
über nebst dem Testamente in gerichtliche Verwahrung nehmen soll.
In Notfällen kann der Rat dieser Städte auch sonst Handlun=
gen der freiwilligen Gerichtsbarkeit vornehmen, die keine Rechts=
kenntnis, sondern bloße Beglaubigung erfordern, er soll dann zu
dem Akte einen vereidigten Beamten hinzuziehen. Endlich ist der
Rat in Städten, wo kein Amtsgericht ist, befugt und auf Anwei=
sung des Amtsgerichts auch verpflichtet, Nachlaßverzeichnisse durch
eins seiner Mitglieder aufnehmen zu lassen.

### d. Die Stadt und die staatliche Militärverwaltung.

v. Möller § 147. Steffenhagen § 88. Schmitz §§ 54—59.

I. Die Beziehungen der Stadt zur staatlichen Militärver=
waltung sind doppelter Art. Die Stadt hat gewisse Verwaltungs=
akte auszuführen, welche der Militärverwaltung helfen sollen ihre
Ziele zu erreichen; und sie ist selbst zur Hingabe von Sachgütern
und zur Bestellung der geforderten menschlichen Kräfte verpflichtet.
Das eine Mal nimmt sie teil an der Militärverwaltung, im an=
deren Falle ist sie deren Objekt.[1] Zu der ersten Gruppe gehört
die Thätigkeit der Stadt bei den Geschäften des Heeresersatzes und
bei der Einforderung von Sachgütern, die für Militärzwecke er=
forderlich sind, von den im Gemeindebezirk befindlichen Pflichtigen.
Die andere Klasse bilden die Obliegenheiten der Stadt zur Be=
schaffung der von den Militärbehörden verlangten Sachgüter und
Dienste. Die beiden Klassen sind übrigens nicht streng von ein=
ander geschieden, da die Stadt befugt ist, solche Lasten, welche sie
nur innerhalb ihres Bezirks zu verteilen braucht, selbst als ihre
eigene Pflicht zu übernehmen und dadurch dann aus der Teilnehme=
rin an der militärischen Verwaltung auch hier zu deren Objekte zu
werden.

---

[1] Diese Gruppe gehört daher systematisch richtiger in die innere Ver=
waltung; es würde dies aber zu unnötigen Wiederholungen führen.

II. Alle Städte sind gehalten, Stammrollen über die in ihrem Bezirke gebürtigen oder sich daselbst aufhaltenden Militärpflichtigen zu führen. Die Stadtkreise nehmen auch an der Bildung der Er= satzkommissionen teil, deren bürgerliche Mitglieder von der Stadt= verordnetenversammlung gewählt werden. [1]

III. Reicht die Garnison einer Stadt nicht hin, um bei wöchentlich einmaligem Wachtdienst jedes Soldaten die nötigen Posten zu besetzen, so ist die Stadt verpflichtet, die außerdem erforderlichen Wachmannschaften zu stellen. [2]

IV. Die Beschaffung der sachlichen Güter, welche für die Ausrüstung und den Unterhalt des Heeres notwendig sind, ist im allgemeinen Aufgabe des Reiches. Nur insoweit sich der Zweck durch privatrechtliche Erwerbsakte gar nicht oder doch unverhältnis= mäßig schwierig erreichen läßt, tritt daneben die öffentlich=rechtliche Pflicht gewisser Klassen von Unterthanen, sich die Wegnahme ihres Eigentums gefallen zu lassen oder in die Beschränkung der Ver= fügungsgewalt über einzelne Gegenstände zu willigen. [3] Weiter ist das Reich dann auch befugt, von den Einzelnen wie von den kommunalen Verbänden gewisse Vermögensaufwendungen und Dienste zu fordern, die für den Unterhalt des Heeres notwendig sind oder in Kriegszeiten den militärischen Interessen dienen. Für die Leistungen gewährt das Reich in der Regel Entschädigung.

Nach ihrem juristischen Charakter läßt sich die erste Kategorie dieser Leistungen dem allgemeinen Begriffe der Enteignung ein= ordnen, die andere erscheint als eine besonders geartete öffentlich= rechtliche Pflicht, die mit der Steuerpflicht manche Ähnlichkeit hat. Von den verschiedenen Leistungen für Heereszwecke interessieren hier nur die, bei denen die Stadt selbst irgendwie beteiligt ist. Von den

---

[1] Reichsmilitärgesetz vom 2. Mai 1874 §§ 30, 31. Vgl. deutsche Wehr= ordnung vom 22. November 1888 §§ 2, 25, 45, 46, 57, 62, 80⁵, 95⁶, 102, 103, 106².

[2] Königliche Verordnung vom 11. Juli 1829.

[3] Ob danach die Voraussetzung vorhanden ist, die zu dem Fordern der Abtretung oder Beschränkung des Eigentumes berechtigt, das zu beurteilen ist zunächst Sache der Militärbehörden. Die Stadt darf sich der angesonnenen Leistung nicht weigern, wenn ihr auch dagegen die Beschwerde an die höheren staatlichen Instanzen zusteht.

Sachleistungen in Friedenszeiten sind dies die Pflichten zur Gewähr von Quartier, Naturalverpflegung und von Furage an die Truppen und die zur Armee gehörigen Pferde und anderen Zugtiere, schließlich auch zur Gestellung von Vorspann für die bewaffnete Macht. All diese Leistungen kann die Stadt durch ein Ortsstatut zu Gemeindelasten umwandeln, so daß sie allein sich nach außen hin als die Verpflichtete darstellt und dann ebenso wie auf den übrigen Gebieten der städtischen Verwaltung die Leistungen wie die dafür notwendigen Mittel beschafft. Eine solche völlige Umwandlung dieser Pflichten in eine Gemeindelast ist aber um deshalb bedenklich, weil die Stadt ihre Unterthanen nicht zur Gewährung solcher Leistungen zwingen kann,[1]) daher lediglich auf den privatwirtschaftlichen Erwerb der erforderlichen Gegenstände verwiesen ist. Im allgemeinen wird daher die Übernahme dieser Lasten auf die Stadt nur etwa bei der Einquartierungslast angänglich sein, wo denn auch das Gesetz bereits darauf hinweist.[2]) Dagegen wird es sich häufig empfehlen, daß die Stadt zwar diesen Lasten ihren Charakter als Leistungen der Einzelnen an das Reich beläßt, daß sie aber als Vertreter der Interessenten die geforderte Leistung einheitlich abführt und nur die entstandenen Kosten von den Pflichtigen einzieht.[3]) Gewöhnlich wird die Stadt sich dann die notwendigen Gegenstände allerdings gleichfalls durch freiwillige Erwerbsakte beschaffen, aber sie behält doch das Recht, soweit es erforderlich wird, auf die in den Gesetzen gegebenen Ermächtigungen zurückzukommen.

Die auf die einzelnen Pflichtigen verteilten Kosten sind in diesem Falle keine Gemeindelasten,[4]) sondern sie bleiben Leistungen an das Reich, daher können sie auch ebensowenig wie die Naturalleistung selbst durch Einspruch und Klage im Verwaltungsstreitverfahren angefochten werden, dagegen steht dem einzelnen Verpflichteten der ordentliche Rechtsweg offen, insoweit er auch gegen Staatssteuern gegeben ist.[5])

---

[1]) auch nicht im Wege des Ortsstatuts.
[2]) Vgl. Reichsgesetz vom 25. Juni 1868 § 7.
[3]) Auch für solche Ordnung ist ein Ortsstatut nötig.
[4]) Vgl. OBGE. Bd. 4 Nr. 22, Bd. 5 Nr. 18.
[5]) ALR. II, 14 § 79, Gesetz vom 24. Mai 1861 §§ 9, 10. Praktisch

V. Im einzelnen sei folgendes bemerkt:

a) Die Einquartierungslast [1]) besteht in der Pflicht eines jeden Inhabers von Baulichkeiten, alle für Quartiere benutzbaren Räume zur Verfügung zu stellen, soweit er dadurch nicht in der Benutzung der für seine Wohnungs=, Wirtschafts= und Gewerbebetriebsbedürf=nisse unentbehrlichen Räumlichkeiten behindert wird. [2]) [3]) Die Pflicht tritt im einzelnen Falle in Wirksamkeit

---

wichtig ist nur die Überbürdungsklage, die gegen den Stadtvorstand als Ver=treter aller Interessenten zu richten sein wird.

[1]) Reichsgesetz vom 25. Juni 1868 betr. die Quartierleistung für die be=waffnete Macht während des Friedenszustandes nebst der Ausführungsanwei=sung vom 31. Dezember 1868 (RGBl. 1869 S. 1). Reichsgesetz vom 21. Juni 1887 betr. Abänderung bezw. Ergänzung des Gesetzes betr. die Quartierleistung für die bewaffnete Macht während des Friedenszustandes, sowie des Gesetzes über die Naturalleistungen für die bewaffnete Macht im Frieden vom 13. Fe=bruar 1875.

[2]) Befreit von der Einquartierungslast sind nur: a) Die Gebäude, welche sich im Besitze der Mitglieder regierender Familien befinden oder zu den Standesherrschaften der vormals reichsständischen oder auch derjenigen Häuser gehören, denen diese Befreiung durch Verträge zugesichert ist oder auf Grund besonderer Rechtstitel zusteht, insofern all diese Gebäude für immer oder zeit=weise zum Wohnsitze ihrer Eigentümer bestimmt sind. b) Die Wohnungen der Gesandten und des Gesandtschaftspersonals fremder Mächte, ferner, in Voraus=setzung der Gegenseitigkeit, die Wohnungen der Berufskonsule fremder Mächte, sofern sie Angehörige des entsendenden Staates sind und in ihrem Wohnort kein Gewerbe betreiben oder keine Grundstücke besitzen. c) Diejenigen Ge=bäude und Gebäudeteile, welche zu einem öffentlichen Dienst oder Gebrauche bestimmt sind, ohne Rücksicht auf ihre Eigentumsverhältnisse, insonderheit also die zum Gebrauch von Behörden bestimmten, sowie die zum Betriebe der Eisenbahnen erforderlichen Gebäude und Gebäudeteile. d) Universitäts= und andere zum öffentlichen Unterrichte bestimmte Gebäude; Bibliotheken und Museen. e) Kirchen, Kapellen und andere dem öffentlichen Gottesdienste ge=widmete Gebäude, sowie die gottesdienstlichen Gebäude der mit Korporations=rechten versehenen Religionsgesellschaften. f) Armen=, Waisen= und Kranken=häuser, Besserungs=, Aufbewahrungs= und Gefängnisanstalten, sowie Gebäude, welche milden Stiftungen angehören und für deren Zwecke unmittelbar benutzt werden. g) Neu erbaute oder vom Grund aus wieder aufgebaute Gebäude bis zum Ablauf zweier Kalenderjahre nach dem Kalenderjahr, in dem sie be=wohnbar oder nutzbar geworden sind.

[3]) Zu neuen Herstellungen, die einen Kostenaufwand verursachen, können die Verpflichteten nur gegen vollständige Entschädigung vom Reiche angehalten werden.

in der Garnison durch Requisition der militärischen
Kommandobehörde oder ihres Beauftragten,

auf dem Marsche, bei Kommandos und im Kantonne=
ment durch die von der oberen Verwaltungsbehörde aus=
gefertigte Marschroute oder Quartieranweisung. [1]

Die Quartierlast wird vom Reiche niemals direkt dem Quartier=
geber auferlegt, sondern immer auf die Stadt im ganzen verteilt.
Die weitere Verteilung innerhalb der Stadt [2] ist dann Sache des
Stadtvorstandes oder des besonderen Servisausschusses; die dafür
maßgebenden Grundsätze müssen in einem Ortsstatute zusammen=
gestellt sein, in dem auch bestimmt werden kann, daß die Stadt die
einzuquartierenden Truppen ihrerseits unterbringen und nur die
aufgelaufenen Kosten von den Pflichtigen einziehen soll. [3-5]

Was den Umfang der Einquartierungslast anbetrifft, so sind
auf Erfordern für die bewaffnete Macht [6] an Gelassen zu ge=
währen:

für Truppen in Garnisonen sowie für Truppen in Kan=
tonnements, deren Dauer von vornherein auf einen sechs
Monate übersteigenden Zeitraum festgesetzt ist, Quartier
für die Mannschaften vom Feldwebel abwärts und Stallung
für Dienstpferde;

bei Kantonnierungen von sechs Monate nicht über=
steigender oder von unbestimmter Dauer, bei Märschen und

---

[1] Die Zuweisung an die einzelnen Quartierträger erfolgt mittels be=
sonderer „Quartierbillets“. Vgl. übrigens Ausführungsanweisung §§ 6, 10.

[2] In den dazu geeigneten Städten können besondere Quartierbezirke ge=
bildet werden.

[3] Vgl. oben S. 433.

[4] Die Einziehung der Kosten erfolgt nötigenfalls im Verwaltungszwangs=
verfahren.

[5] Den Quartierträgern ist auch gestattet, ihre Verbindlichkeit durch Ge=
stellung anderweiter Quartiere zu erfüllen, die aber den gesetzlichen Anforde=
rungen entsprechen müssen. Dies anderweite Quartier ist bei dem Stadtvor=
stande anzumelden, der es prüfen und geeignetenfalls ablehnen soll. Gegen
solchen Bescheid des Stadtvorstandes gibt es keine Berufung. Wird das
Quartier angenommen, so tritt sein Inhaber in die Obliegenheiten des ur=
sprünglich Verpflichteten ein.

[6] Zur bewaffneten Macht gehören die Truppen des Deutschen Reichs und
der mit ihm zu Kriegszwecken verbündeten Staaten nebst dem Heergefolge.

Kommandos: Quartier für Offiziere, Beamte und Mann=
schaften; Stallung für die von ihnen mitgeführten Pferde,
soweit dafür etatsmäßig Rationen gewährt werden; das
erforderliche Gelaß für Geschäfts=, Arrest= und Wacht=
räumlichkeiten. ¹) ²)

Dabei soll in den Städten, welche mit Garnison belegt werden, ³)
der Umfang der Einquartierungslast durch ein Kataster festgestellt
werden, ⁴) welches von der Gemeindebehörde ⁵) alljährlich zu ent=
werfen ist, und das alle zur Einquartierung benutzbaren Gebäude
unter Angabe ihrer Leistungsfähigkeit enthalten muß. ⁶) Nach ge=
schehener Aufstellung ist das Kataster 14 Tage lang öffentlich aus=
zulegen und dieses bekannt zu machen. Einsprüche dagegen können
sowohl von der Militärbehörde als auch von den übrigen Be=
teiligten innerhalb einer Ausschlußfrist von 21 Tagen nach beendeter
Offenlegung bei dem Stadtvorstande angebracht werden. Gegen
dessen Bescheid kann innerhalb zweier Wochen Beschwerde an den
Bezirksausschuß erhoben werden, dessen Beschluß endgültig ist. Nach
erfolgter Erledigung der Beschwerden schließt die Gemeindebehörde
das Kataster ab, was sie öffentlich bekannt machen soll.

Beschwerden über mangelhafte oder nicht vollständige Quartier=
leistung dürfen in Garnisonen der Garnisonälteste oder sein Beauf=
tragter, auf Märschen u. s. w. der Truppenbefehlshaber oder der
Furieroffizier erheben. Sie sind vom Stadtvorstande endgültig zu
erledigen, säumige Quartierträger werden durch Zwangsmittel zur

---

¹) Vgl. dazu Beilage A des Gesetzes vom 25. Juni 1868 und Art. I des
Gesetzes vom 21. Juni 1887.

²) Nach Ablauf von drei Monaten kann der Stadtvorstand einen allge=
meinen oder teilweisen Wechsel der Quartiere vornehmen, soll ein solcher
Wechsel schon früher stattfinden, so ist die Zustimmung der Militärbehörde
notwendig.

³) Vgl. dazu § 5 der Ausführungsanweisung.

⁴) Auf Grund übereinstimmenden Beschlusses des Stadtvorstandes und
der Stadtverordnetenversammlung kann die Aufstellung des Katasters unter=
bleiben.

⁵) d. i. der Stadtvorstand oder der Servisausschuß.

⁶) Die von der Stadt, in Gemäßheit eines mit der Militärverwaltung
getroffenen Übereinkommens, behufs Kasernierung der Truppen hergerichteten
Gebäude bleiben dabei außer Ansatz.

Pflichterfüllung angehalten. Beschwerden der Quartierträger können binnen vier Wochen nach dem Eintritte des beschwerenden Ereignisses erhoben werden; ihre Erledigung liegt dem Stadtvorstande in Gemeinschaft mit den Militärbehörden ob. [1]) Können diese beiden sich nicht einigen, so wird die Angelegenheit dem Regierungspräsidenten vorgelegt, der unter Zuziehung des Truppenkommandos endgültig entscheidet.

Wird die Quartierleistung thatsächlich in Anspruch genommen, so gewährt das Reich dafür eine Entschädigung, deren Höhe sich nach der Zugehörigkeit der Stadt zu einer der sechs Servisklassen [2]) bestimmt und im übrigen durch einen Tarif geregelt ist, der je nach dem militärischen Range des Einquartierten eine verschiedene Vergütung ansetzt. [3]) Der Servis wird für jeden Einquartierungstag mit Ausschluß des Abgangstages mit $\frac{1}{30}$ des Monatssatzes gewährt [4]) und an den Stadtvorstand gezahlt, dem dann die Befriedigung der einzelnen Quartiergeber zufällt. Durch Ortsstatut können auch Festsetzungen über Gemeindezuschüsse zu den Quartierentschädigungen oder über sonstige Geldausgleichung getroffen werden.

Entschädigungsansprüche für gewährtes Naturalquartier sowie alle Nachforderungen müssen, um nicht zu verjähren, spätestens im Laufe des Kalenderjahres, welches auf dasjenige folgt, in dem die Zahlungsverpflichtung begründet wurde, bei dem Stadtvorstand oder dem Regierungspräsidenten angemeldet werden.

b) Für die auf Märschen [5]) [6]) befindlichen Teile der bewaffneten Macht kann Naturalverpflegung von den Quartiergebern, für ihre Pferde und sonstigen Zugtiere Furage von allen Personen, die davon Bestände besitzen, gefordert werden; endlich können auch alle Besitzer von Zugtieren und Wagen angehalten werden, für die auf

---

[1]) Es sind dies dieselben Behörden, die zu Beschwerden über mangelhafte Quartierleistung befugt sind. Vgl. oben im Texte.

[2]) Klasse A und 1—5.

[3]) Vgl. den Servistarif im Reichsgesetz vom 3. August 1878 und die Klasseneinteilung im Reichsgesetz vom 28. Mai 1887.

[4]) Einzelbestimmungen siehe in §§ 15, 16 des Gesetzes vom 25. Juni 1868.

[5]) Vgl. Art. II des Reichsgesetzes vom 21. Juni 1887.

[6]) Dazu gehören sowohl die Marsch= und Ruhetage als auch die Liegetage.

Märschen, in Lagern oder in Kantonnierungen befindlichen Teile
der bewaffneten Macht Vorspann zu stellen. [1] [2])

Die Verteilung der Leistungen erfolgt wieder auf die Stadt im
ganzen, die weitere Unterverteilung nimmt der Stadtvorstand oder
der Servisausschuß vor, der sich dabei an die Grundsätze halten
soll, welche das Ortsstatut etwa aufstellt. Wie bereits früher er=
wähnt ist, können die Städte diese Leistungen auch zu einer Last der
Gemeinde umwandeln, [3]) wodurch dann die einzelnen Pflichtigen
völlig befreit werden, oder sie können auch die Leistungen an Stelle
der Pflichtigen und für sie übernehmen, dann dürfen sie die er=
wachsenen Kosten von den Einzelnen, die nunmehr von der unmittel=
baren Leistung befreit sind, nach Verhältnis ihrer Pflicht zu der
Naturalleistung wieder einziehen. Die Verpflichtung zu diesen
Leistungen tritt im einzelnen Falle ein auf Grund einer vom Re=
gierungspräsidenten ausgestellten Marschroute oder auf Grund einer
von ihm erlassenen besonderen schriftlichen Anordnung. [4]) In allen
Fällen muß die geforderte Leistung genau bezeichnet werden. Für

---

[1]) Reichsgesetz vom 13. Februar 1875 über die Naturalleistungen für die
bewaffnete Macht im Frieden nebst dem abändernden Reichsgesetz vom 21. Juni
1887 und der Ausführungsanweisung vom 30. August 1887.

[2]) Befreit von der Pflicht, Vorspann zu leisten, sind: a) Die Mitglieder
der deutschen regierenden Familien bezüglich der für ihren Hofhalt bestimmten
Wagen und Pferde. b) Die Gesandten und das Gesandtschaftspersonal fremder
Mächte. c) Staats= und Privatgestüte, sowie die Militärverwaltungen hin=
sichtlich ihrer Zuchttiere und Remonten. d) Offiziere, Beamte im Reichs=,
Staats= oder Kommunaldienste, sowie Seelsorger, Ärzte und Tierärzte hin=
sichtlich der zur Ausübung ihres Dienstes oder Berufes notwendigen Pferde.
e) Die Posthalter hinsichtlich derjenigen Pferde, welche von ihnen zur Be=
förderung der Posten vertragsmäßig gehalten werden müssen. — Dasselbe gilt
auch für die Pflicht zur Verabreichung von Furage, soweit der vorhandene
Bestand für den Unterhalt der von der Vorspannleistung befreiten Pferde er=
forderlich ist. Im übrigen sollen in erster Linie diejenigen herangezogen
werden, welche aus dem Vermieten ihrer Tiere und Wagen oder dem Betriebe
des Fuhrwesens ein Gewerbe machen.

[3]) Dies benimmt aber der Militärbehörde nicht das Recht, in dringenden
Fällen doch unmittelbar auf die einzelnen Pflichtigen zurückzugreifen.

[4]) In dringenden Fällen kann die zuständige Militärbehörde die Leistungen
unmittelbar von dem Stadtvorstande, und wenn auch dieser nicht rechtzeitig
zu erreichen ist, von den einzelnen Pflichtigen erfordern.

die gehörige und rechtzeitige Erfüllung hat dann der Stadtvorstand Sorge zu tragen. Unterläßt er dies, so ist bei Gefahr im Verzuge die Militärbehörde berechtigt, sich die Leistung ohne Zuziehung des Stadtvorstandes anderweit zu beschaffen.

Ist die Leistung nicht zur Last der Gemeinde erklärt, so kann der Stadtvorstand säumige Pflichtige zur Erfüllung ihrer Obliegen=heit durch Zwangsmittel anhalten und wenn die Leistung sonst nicht rechtzeitig zu erlangen ist, sie auf Kosten des Verpflichteten sich anderweitig beschaffen. Über die erfolgte Leistung ist von der Militär=behörde oder dem Kommandoführer der Truppe, für welche die Leistung geschehen ist, schriftlich zu quittieren. Das Reich vergütet dann diese Leistung. Die Höhe der Entschädigung wird nach Durch=schnittssätzen berechnet,[1]) die danach für Naturalverpflegung und Vorspann schuldigen Beträge sollen in der Regel sofort bezahlt werden, im übrigen wird mit den Städten monatlich abgerechnet.

Entschädigungsansprüche sind bei dem Stadtvorstande anzu=melden, sie erlöschen, wenn die Anmeldung nicht spätestens im Laufe desjenigen Jahres geschieht, welches auf das Jahr folgt, in dem der Anspruch entstanden ist. [2]) [3])

VI. In Kriegszeiten sind die Städte selbst die Verpflichteten und der Umfang der Leistungen ist größer. Das Reich ist befugt, soweit für die Beschaffung der Heeresbedürfnisse nicht anderweitig, insbesondere durch freien Ankauf oder Entnahme aus Magazinen, gesorgt werden kann, von den Städten nachfolgende Leistungen zu verlangen:[4])

a) Gewährung des Naturalquartiers für die bewaffnete Macht, einschließlich des Heergefolges, sowie der Stellung für die

---

[1]) Vgl. § 9 des Reichsgesetzes vom 13. Februar 1875 und Art. II §§ 4, 5, 6 des Reichsgesetzes vom 21. Juni 1887.

[2]) Vgl. die Sonderbestimmung in Art. II § 8 des Gesetzes vom 21. Juni 1887.

[3]) Über die Teilnahme des Stadtvorstandes bei der Feststellung der Ver=gütung für Flurschäden, welche durch Truppenübungen verursacht sind, vgl. § 11 des Reichsgesetzes vom 13. Februar 1875 und § 14 der Ausführungs=anweisung vom 30. August 1887.

[4]) Reichsgesetz vom 13. Juni 1873 über die Kriegsleistungen nebst den Ausführungsanweisungen vom 1. April 1876, 18. April 1882 und 14. April 1888.

zugehörigen Pferde, beides, soweit Räumlichkeiten dafür vor=
handen sind.

b) Gewährung der Naturalverpflegung für die auf Märschen
und in Kantonnierungen befindlichen Teile der bewaffneten
Macht, einschließlich des Heergefolges, sowie der Furage für
die zugehörigen Pferde.

c) Überlassung der im Stadtbezirke vorhandenen Transport=
mittel und Gespanne für militärische Zwecke und Stellung
der in der Stadt anwesenden Mannschaften zum Dienst als
Gespannführer, Wegweiser und Boten, sowie zum Bau
von Wegen, Eisenbahnen und Brücken, zu fortifikatorischen
Arbeiten, zu Fluß= und Hafensperren und zu Boots= und
Prahmdiensten.

d) Überweisung der für den Kriegsbedarf erforderlichen Grund=
stücke und vorhandenen Gebäude, sowie der im Stadtbezirk
vorhandenen Materialien zur Anlage von Wegen, Eisen=
bahnen, Brücken, Lagern, Übungs= und Beiwachtplätzen, zu
fortifikatorischen Anlagen und zu Fluß= und Hafensperren.

e) Gewährung des im Stadtbezirke vorhandenen Feuerungs=
materials und Lagerstrohs für Lager und Beiwachten.

f) Alle sonstigen Dienste und Gegenstände, deren Leistung oder
Lieferung das militärische Interesse ausnahmsweise erforder=
lich machen könnte, insbesondere die Lieferung von Be=
waffnungs= und Ausrüstungsgegenständen, von Arznei und
Verbandmitteln, soweit die hierzu erforderlichen Personen
und Gegenstände im städtischen Bezirke anwesend oder vor=
handen sind.

Der Eintritt der Verpflichtung und ihr Umfang wird im einzelnen
Falle auf Requisition der Militärbehörde durch den Regierungs=
präsidenten bestimmt, bei Stadtkreisen und auch sonst in dringenden
Fällen wird die Requisition unmittelbar an den Stadtvorstand ge=
richtet.[1]	Für die vollständige und rechtzeitige Erfüllung der ge=
forderten Leistungen ist die Stadt verantwortlich, ihre Weigerung
oder Säumnis berechtigt den Regierungspräsidenten, die Leistung

---

[1] oder wenn dieser nicht mehr rechtzeitig zu erlangen ist, auch unmittel=
bar an die einzelnen Pflichtigen.

zwangsweise herbeizuführen, bei Gefahr im Verzuge ist dazu auch
die Militärbehörde befugt. Über die erfolgte Leistung erhält die
Stadt eine Quittung und ihre Aufwendungen werden ihr vom Reiche
vergütet, wobei die Höhe der Entschädigung im allgemeinen nach
den für den Friedenszustand geltenden Durchschnittssätzen geregelt
wird.[1]) Die festgestellten Entschädigungen werden aber nur aus=
nahmsweise[2]) bar ausgezahlt, gewöhnlich sollen dafür verzinsliche
Anerkenntnisse gegeben werden, welche das Reich dann nach Maß=
gabe seiner verfügbaren Mittel einlöst. Nach Wiedereintritt des
Friedenszustandes wird den Städten vom Staate eine Ausschluß=
frist von einem Jahre drei Monaten gesetzt, in der sie rückständige
Entschädigungsansprüche anmelden müssen.

Um es den Städten nun zu ermöglichen, die von ihnen ge=
forderten Leistungen zu gewähren, ist ihnen das Recht gegeben, die
zur Teilnahme an den Gemeindelasten Verpflichteten sowie alle Reichs=
angehörigen, die sich in der Stadt aufhalten oder dort Eigentum
besitzen, zu Naturalleistungen und Diensten aller Art heranzuziehen,
insbesondere dürfen sie auch die im Stadtbezirk gelegenen Grund=
stücke und Gebäude, mit Ausnahme der landesherrlichen Schlösser
und der unmittelbar zu Staatszwecken dienenden Gebäude oder
Gebäudeteile, benutzen und davon, nötigenfalls zwangsweise, Be=
sitz ergreifen.[3]) Auch können sie die Einquartierung und Natural=
verpflegung der Truppen zwar selbst übernehmen, die daraus er=
wachsenen Kosten aber den dadurch von der unmittelbaren Leistung
befreiten Pflichtigen nach dem Verhältnis ihrer Verpflichtung zur
Naturalleistung auferlegen.[4]) Die von der Stadt mit Natural=
leistungen oder Diensten[5]) in Anspruch Genommenen haben ein Recht
auf Vergütung in demselben Umfange, wie die Stadt selbst vom

---

[1]) Vgl. darüber im einzelnen §§ 9—15 des Gesetzes vom 13. Juni 1873.

[2]) Die oben zu f. aufgeführten Leistungen und Lieferungen sollen aus den
bereitesten Beständen der Kriegskasse bezahlt werden.

[3]) In bringenden Fällen hat die Militärbehörde, wie dies bereits erwähnt
ist, das Recht, den Pflichtigen unmittelbar die Leistungen abzuverlangen; da=
mit verliert dann die Pflicht den Charakter einer auf der Stadt ruhenden Last.

[4]) Abgesehen hiervon bleiben die übrigen Barkosten der Stadt zur Last,
sie sind daher wie alle anderen Gemeindelasten aufzubringen.

[5]) oder mit den Kosten für Quartier= und Naturalverpflegung.

Reiche Entschädigung erhält. Sie können die Entschädigung in der Regel nicht früher fordern, als die Stadt sie vom Reiche ausgezahlt bekommen hat, beziehen aber bis dahin die Zinsen, welche das Reich an die Stadt entrichtet.[1] [2]

VII. Noch weitere Verpflichtungen liegen den Stadtkreisen in Kriegszeiten ob. Falls der Unterhalt der bewaffneten Macht auf andere Weise nicht sicher zu stellen ist, können sie durch Beschluß des Bundesrats zu Landlieferungen angehalten werden.[3] Sie müssen dann gegen eine Vergütung von Seiten des Reichs, die nach denselben Grundsätzen festgestellt wird, wie sie für die anderen Kriegsleistungen eben dargestellt sind, die Lieferung des Bedarfs an lebendem Vieh, Brotmaterial, Hafer, Heu und Stroh zur Füllung der Kriegsmagazine übernehmen.[4] Dabei können sie die zur Teil=nahme an den Kreislasten Verpflichteten und auch sonst alle Reichs=angehörigen, die sich im Stadtbezirk aufhalten oder dort Eigentum besitzen, zu den Leistungen heranziehen.

Außerdem sind die Stadtkreise auch verpflichtet,[5] die Familien von Mannschaften der Reserve, Landwehr, Ersatzreserve, der See=wehr und des Landsturms, welche bei Mobilmachungen oder not=wendigen Verstärkungen des Heeres oder der Flotte in den Dienst eintreten, im Falle der Bedürftigkeit vorläufig zu unterstützen.[6] Die Unterstützungspflicht der Stadt wird dadurch begründet, daß der Bedürftige zur Zeit des Beginns seines Unterstützungsanspruchs

---

[1] In Fällen besonderer Bedürftigkeit oder unverhältnismäßiger Belastung einzelner Pflichtiger soll die Stadt die Vergütung vorschußweise auszahlen.

[2] Zur Sicherung seiner Forderung kann jeder von der Stadt in An=spruch Genommene von ihr eine Bescheinigung über die gewährte Leistung verlangen.

[3] Reichsgesetz vom 13. Juni 1873 über die Kriegsleistungen; Gesetz vom 11. Mai 1851 über die Kriegsleistungen § 5.

[4] Sind solche Lieferungen Landkreisen auferlegt, so können sie die Last zunächst auf die einzelnen Gemeinden — also auch die kreissässigen Städte, unterverteilen.

[5] Reichsgesetz vom 28. Februar 1888 betr. die Unterstützung von Familien in den Dienst eingetretener Mannschaften.

[6] Das gleiche gilt bezüglich der Familien derjenigen Mannschaften, welche zur Disposition der Truppen= oder Marineteile beurlaubt sind, sowie der=jenigen Mannschaften, welche das wehrpflichtige Alter überschritten haben und freiwillig in den Dienst eintreten.

in der Stadt seinen gewöhnlichen Aufenthalt hat. Anspruch auf
die Unterstützung haben aber die Ehefrau des in den Dienst Ein=
getretenen und seine ehelichen sowie die den ehelichen gesetzlich gleich=
stehenden Kinder unter 15 Jahren, ferner seine Kinder über 15
Jahre, seine Verwandten in aufsteigender Linie und seine Geschwister,
insofern diese Personen von ihm unterhalten wurden oder das Be=
dürfnis, sie zu unterhalten, sich erst nach seinem Diensteintritte
herausstellte.[1]) Für den Beginn und die Fortdauer der Unter=
stützungen kommt auch der für den Hin= und Rückmarsch zum und
vom Truppenteil erforderliche Zeitraum in Berechnung. Die Unter=
stützung wird dadurch nicht unterbrochen, daß der in den Dienst
Eingetretene als krank oder verwundet zeitweilig in die Heimat
beurlaubt wird. Wenn er vor seiner Rückkehr verstirbt oder ver=
mißt wird, so werden die Unterstützungen so lange gewährt, bis die
Formation, der er angehörte, auf den Friedensfuß zurückgeführt oder
aufgelöst wird.[2])

Die Unterstützungen sollen mindestens betragen
für die Ehefrau in den Monaten Mai bis einschl. Oktober
6 Mk., in den übrigen Monaten 9 Mk.,
für die übrigen unterstützungsberechtigten Personen monat=
lich 4 Mk.

Die Unterstützung kann teilweise durch Lieferung von Brotkorn,
Kartoffeln, Brennmaterial u. dgl. ersetzt werden.[3]) Die Unter=
stützungsbeträge sind in halbmonatlichen Raten vorauszuzahlen,
Rückzahlungen der vorausgezahlten Beträge finden auch dann nicht
statt, wenn der in den Dienst Eingetretene vor Ablauf dieses Zeit=
raums zurückkehrt. Wenn Personen, deren Familien Unterstützung
erhalten, sich der Fahnenflucht schuldig machen, oder wenn sie durch
gerichtliches Erkenntnis zu Gefängnisstrafe von längerer als sechs=

---

[1]) Auch den Verwandten der Ehefrau in aufsteigender Linie und ihren
Kindern aus früherer Ehe kann eine Unterstützung gewährt werden, wenn der
in den Dienst Eingetretene sie unterhielt oder das Unterhaltungsbedürfnis
sich erst nach seinem Diensteintritte herausstellte.

[2]) Doch fallen diese Unterstützungen weg, wenn die Hinterbliebenen bereits
auf Grund des Reichsgesetzes vom 27. Juni 1871 Bewilligungen erhalten haben.

[3]) Unterstützungen von Privatvereinen und Privatpersonen dürfen auf
diese Mindestbeträge nicht angerechnet werden.

monatlicher Dauer oder zu einer härteren Strafe verurteilt worden, so fällt die bewilligte Unterstützung bis zum Wiedereintritt in den Dienst hinweg.

Ueber die Unterstützungsbedürftigkeit der einzelnen Familien und über den Umfang und die Art der Unterstützung entscheidet endgültig der Stadtvorstand oder ein damit beauftragter Verwaltungsausschuß. Soweit die Verhältnisse es gestatten, soll an den Verhandlungen auch ein vom Landwehrbezirkskommando bestimmter Offizier mit beratender Stimme teilnehmen, die geleisteten Unterstützungen werden zu den gesetzlichen Mindestbeträgen vom Reiche erstattet, der Zeitpunkt, zu dem diese Entschädigung gezahlt wird, soll jedesmal durch besonderes Gesetz festgestellt werden.

———

# Die Besorgung staatlicher Verwaltungsgeschäfte durch städtische Behörden kraft besonderen Auftrags.

## 1. Im allgemeinen.

StO. 53 u. W. § 62. Rh. § 57. Fr. § 69. SH. § 88, 90. H. §§ 71, 72, 78, 79.

v. Möller §§ 137, 143. Steffenhagen § 53.

I. Eine besondere Gruppe bilden die staatlichen Verwaltungsgeschäfte, welche nicht der Stadt, sondern nur einzelnen ihrer Beamten kraft besonderen und meist widerruflichen Auftrages überwiesen sind. Sie unterscheiden sich dadurch scharf von den staatlichen Verwaltungsgeschäften, welche die Stadt selbst als Organ des Staates erledigt, daß sie nach dem gesetzgeberischen Gedanken nicht notwendigerweise dem Wirkungskreis der Gemeinde zugehören; nicht weil die Gemeinde als der wichtigste öffentlich rechtliche Verband im Staate erscheint, werden diese Staatsgeschäfte von ihren Behörden erledigt, sondern weil die Gemeindebeamten gerade bequem zur Hand sind, sollen sie diese staatliche Verwaltung besorgen. Diese An= schauung ist freilich nicht überall so schroff durchgeführt, zumal in der Praxis werden sich die Unterschiede zwischen den hier behandelten Staatsgeschäften und denjenigen, die im vorhergehenden Abschnitt zusammengefaßt sind, vielfach verwischen; theoretisch ist doch die Sonderung aufrecht zu erhalten. Fast bei allen diesen Geschäften hat die Staatsverwaltung eine gewisse Freiheit der Wahl, inwie= weit sie dieselben von den städtischen Behörden erledigen lassen will, oder sie kann doch wenigstens aus den städtischen Behörden den ihr genehmen Beamten erwählen, dem sie dann die Verwaltung über= trägt. Aber auch wo dies alles nicht zutrifft, wie etwa bei der Verwaltung der Ortspolizei in den rheinischen Städten mit Bürger= meisterverfassung, da tritt doch die Verschiedenheit dieser Gruppe von den früher erörterten Geschäften staatlicher Verwaltung darin hervor, daß gerade in diesen Fällen ein Zwiespalt zwischen den Interessen der Stadt und den von der staatlichen Verwaltung zu schützenden Interessen sich aufthun kann, ein Gegensatz, bei dem dann die beauftragten städtischen Beamten ihrer Stadt gegenüber zu Hütern der Staatsinteressen berufen sind.[1])

II. In den alten Provinzen Schleswig=Holstein und Frank= furt a/M. können dem Bürgermeister alle örtlichen Geschäfte der Kreis=, Bezirks=, Provinzial= und allgemeinen Staatsverwaltung, für die nicht besondere Behörden bestehen, übertragen werden; in den östlichen Provinzen, Westfalen und Frankfurt a/M., ist es den Städten auch unverwehrt, mit Genehmigung des Regierungspräsi= denten, einzelne dieser Geschäfte einem anderen Ratsmitgliede zur Erledigung zu überweisen, in Schleswig=Holstein, kann dies auch an einen außerhalb des Rates stehenden Gemeindebeamten geschehen, wie hier anderseits der Regierungspräsident anordnen kann, daß einzelne Verwaltungsgeschäfte nicht von dem Bürgermeister, sondern von einem anderen Mitgliede des Rates oder von einem Gemeinde= beamten besorgt werden sollen.

---

[1]) Wäre z. B. die Ortspolizei der Stadt als solcher übertragen, so würde dieser Zwiespalt nicht möglich sein. Insoweit dann die Staatsinteressen ver= nachlässigt würden, müßten sich die Gegenmaßregeln gegen die Stadt selbst richten.

Abweichend von diesem Rechtszustande ist in den selbständigen Städten Hannovers [1]) die Wahrnehmung der Geschäfte der allgemeinen Landesverwaltung Sache der Stadt als des Organes der Staatsgewalt. Die Ausführung dieser Geschäfte liegt hier dem Rate als gesetzliche Pflicht ob.

III. Unter den staatlichen Verwaltungsgeschäften, die an dieser Stelle erwähnt werden müssen, sind von besonderer Wichtigkeit die Verwaltung der Ortspolizei und des städtischen Schulwesens, daneben werden auch die Geschäfte des Bürgermeisters als Standesbeamter und Amtsanwalt besonders besprochen werden, hier mögen einige unbedeutendere Verwaltungsgeschäfte, die städtischen Beamten übertragen werden können, zusammengestellt werden:

a) Im Geltungsbereiche des Ablösungsgesetzes vom 2. März 1850 können die Generalkommissionen jeden städtischen Beamten mit der Besorgung einzelner Geschäfte beauftragen, die zu einem Auseinandersetzungs- oder Gemeinheitsteilungsverfahren gehören, ihnen auch die vollständige Bearbeitung einfacher Auseinandersetzungen und Gemeinheitsteilungen übertragen. Die Beamten sind verpflichtet, sich innerhalb ihres Amtsbezirks solchen Aufträgen zu unterziehen und haben dann bei deren Erledigung gleiche Rechte und Pflichten wie die ständigen Kommissarien der Generalkommissionen. [2])

b) Im Grenzbezirke des deutschen Zollgebiets können den Stadtvorständen solcher Städte, in denen sich kein Zollamt befindet, die Geschäfte einer Anmeldestelle für die Anschreibungen der Warenstatistik übertragen werden. Ob die dafür vom Reiche gewährte Vergütung in die Stadtkasse fließt oder den mit diesen Geschäften betrauten Beamten zukommt, wird im einzelnen Falle zu regeln sein. [3])

---

[1]) Es sind dies z. Z. alle Städte mit Ausnahme von: Wunstorf, Eldagsen, Neustadt a/R., Münden, Pattensen, Bodenwerder, Mohringen, Burgdorf, Gifhorn a. d. L., Lüchow, Dannenberg, Otterndorf, Quakenbrück, Melle und Esens.

[2]) Gesetz vom 2. März 1850 betr. die Ablösung der Reallasten und die Regulierung der gutsherrlichen und bäuerlichen Verhältnisse § 108 Gesetz vom 2. März 1850 betr. die Ergänzung und Abänderung der Gemeinheitsteilungsordnung vom 7. Juni 1821 und einiger anderen über Gemeinheitsteilungen ergangenen Gesetze Art. 15.

[3]) Reichsgesetz vom 20. Juli 1879 betr. die Statistik des Warenverkehrs des deutschen Zollgebiets mit dem Auslande § 3.

c) Ist in einem Amtsbezirk keine zum Amtsvorsteher geeignete Person vorhanden, so kann der Oberpräsident die zeitweilige Verwaltung des Amtsbezirks dem Bürgermeister einer benachbarten Stadt des Kreises übertragen, wenn sowohl dieser wie die Stadtverordnetenversammlung dem zustimmt. Findet sich in einem Amtsbezirk keine Persönlichkeit, die zum Stellvertreter des Amtsvorstehers ernannt werden könnte, oder treten der Amtsvorsteher und sein Stellvertreter gleichzeitig aus dem Amt, oder endlich wenn beide gleichzeitig behindert sind, so kann mit der Stellvertretung von dem Kreisausschuß einstweilen der Bürgermeister einer benachbarten Stadt des Kreises betraut werden, wenn die Stadtverordneten damit einverstanden sind. Ist ein Amtsvorsteher bei der Erledigung eines Amtsgeschäfts persönlich beteiligt, so kann der Kreisausschuß damit den Bürgermeister einer benachbarten Stadt des Kreises beauftragen. [1] [2]

## 2. Die städtische Polizei.

Literatur: v. Möller §§ 113—116, 144. Steffenhagen § 77. Schmitz §§ 24 bis 29.

Th. Förstemann, Prinzipien des preußischen Polizeirechts, Berlin 1869. C. Bornhak, Studien zum preußischen Polizeirecht (Selbstverwaltung 1889). Parey, Das behördliche Polizeistrafverordnungsrecht in Preußen, Berlin 1882. Rosin, Das Polizeiverordnungsrecht in Preußen, Breslau 1882. Rotering, Polizeiübertretungen und Polizeiverordnungsrecht, Berlin 1888.

### a. Wesen und Organisation der städtischen Polizei.

StO. 53 u. W. § 62. Rh. § 57. Fr. § 69. SH. § 89. H. § 78. Kreisordnung vom 19. März 1881 §§ 49a, 77, für Westfalen § 32, für die Rheinprovinz § 32, für Schleswig-Holstein §§ 36, 69, für Hannover §§ 27, 30 ZustGes. § 6, Gesetz vom 11. März 1850 über die Polizeiverwaltung. Verordnung vom 20. September 1867 über die Polizeiverwaltung in den neu erworbenen Landesteilen. Verordnung vom 29. Juni 1867 betr. die Einrichtung einer königlichen Polizeiverwaltung zu Frankfurt a. M. Gesetz vom 12. Juni 1889 betr. die Übertragung polizeilicher Befugnisse in den Kreisen Teltow und Niederbarnim, sowie im Stadtkreise Charlottenburg an den Polizeipräsidenten zu Berlin. Verordnung vom 8. August 1835, womit das Regu-

---

[1] Vgl. OVGE. Bd. 12 Nr. 6, Bd. 15 Nr. 43.

[2] Kreisordnung vom 19. März 1881 §§ 57, 58, für Schleswig-Holstein §§ 49, 50.

lativ über die sanitätspolizeilichen Vorschriften bei den am häufigsten vor=
kommenden ansteckenden Krankheiten bestätigt wird. Feld= und Forstpolizei=
gesetz vom 1. April 1880 §§ 62—66.

I. Der Begriff, welcher mit dem Namen der Polizei ver=
bunden wird, hat sich im Laufe der Jahrhunderte, seit zuerst dieses
Wort in den deutschen Sprachschatz aufgenommen wurde, mehrfach
gewandelt. Ursprünglich als Bezeichnung der gesammten Staats=
thätigkeit gebraucht, verengte es sich bis zum Anfange dieses Jahr=
hunderts dahin, daß nur derjenige Teil der staatlichen Thätigkeit,
den wir heute die innere Verwaltung nennen, darunter verstanden
wurde. Daneben war schon eine noch engere Bedeutung aufge=
kommen, man faßte vielfach unter dem Namen der Polizei, auch
wohl als Sicherheitspolizei, nur solche Staatsthätigkeit auf dem
Gebiete der innern Verwaltung zusammen, die ein Abweichen von
dem seitens des Staates als Norm angesehenen Zustande, dem
polizeimäßigen Zustand, [1] verhindern sollte. Die neuere deutsche
Staatsrechtslehre hat diesen Begriff nicht eigentlich verengt, aber
vertieft. Während das allgemeine Landrecht noch von der Anschau=
ung ausgeht, daß sich die gesamte Staatsthätigkeit in zwei ge=
sonderte Teile scheiden lasse, die Polizei als den Schutz des be=
stehenden Zustandes und die Pflege als die Schaffung von besseren
Verhältnissen, ist nunmehr die Erkenntnis gewonnen, daß Polizei
und Pflege miteinander untrennbar verbunden sind, daß die Polizei
die gesamte Verwaltung durchdringt, überall nicht nur Grundlage
und Schutz, sondern auch selbst Förderungsmittel für die weiter=
bauende pflegliche Staatsthätigkeit ist. [2] Und dazu kommt dann
noch, daß heute in der Polizei die staatliche Thätigkeit nur als
zwingende und gebietende Gewalt erscheint, während das allgemeine
Landrecht wohl von denselben Grundgedanken ausgeht, ohne doch gerade
diese kennzeichnendste und wichtigste Eigenschaft des Polizeibegriffes

---

[1] Vgl. die Ausdrücke „erhalten" und „abwenden" in ALR. II, 17 § 10,
die beide einen bestehenden Zustand voraussetzen.

[2] Die Polizei bleibt und soll allerdings auch bleiben die schützende Macht
für den bestehenden Zustand, sie folgt aber jeweils der neu schaffenden Staats=
pflege und nur dadurch, daß sie sofort das von der Staatspflege Geschaffene
schützt, erhält diese selbst die Möglichkeit zu weiterem Fortarbeiten. Mit der
innern Verwaltung wächst daher auch ständig die Polizei.

gebührend hervorzuheben.[1]) So darf heute als Polizei diejenige Art der Staatsthätigkeit auf dem Gebiete der innern Verwaltung bezeichnet werden, welche durch Beschränkung der natürlichen Handlungsfreiheit der Unterthanen die Erhaltung der öffentlichen Ruhe, Sicherheit und Ordnung und die Abwendung der dem Publikum oder dessen einzelnen Mitgliedern bevorstehenden Gefahr zu erreichen sucht. Ihr Mittel ist der Zwang gegen die Unterthanen; durch Befehle und Verbote, nötigenfalls auch durch unmittelbaren Zwang sucht die Polizei ihre Aufgabe zu erfüllen.[2])

II. Nach preußischem Recht ist die Polizei Staatsthätigkeit, sie soll auf allen ihren Stufen staatliche Aufgaben erfüllen, es kann dies aber in verschiedener Weise geschehen. Ist es überhaupt die Aufgabe der innern Verwaltung, die Bedürfnisse und Ziele des sozialen Lebens mit den Zwecken des Staates in Einklang zu bringen, hier den gesellschaftlichen Egoismus zurückzudrängen, dort den Staat mit seinen Machtmitteln gesellschaftliche Strebungen unterstützen zu lassen, so bleibt auch das Objekt jeder polizeilichen Thätigkeit die Gesellschaft in ihren engeren und umfassenderen Verbänden. Landespolizei kann dann die Art polizeilichen Wirkens genannt werden, die zu ihrem Objekt die soziale Gemeinschaft des Volkes hat, Ortspolizei ist die polizeiliche Thätigkeit, welche den besonderen Verhältnissen der sozialen Gemeinschaft der zur Gemeinde vereinigten Nachbarn Genüge thun will. Diese materielle Abgrenzung von Landes- und Ortspolizei wird von einer formalen Scheidung der Behörden durchkreuzt. Denn in formellem Sinne ist die Gemeindepolizeibehörde immer auch Ortspolizeibehörde und ihre Anordnungen sind ortspolizeiliche Anordnungen, obwohl sie als Organ der höheren Behörden auch berufen sein kann, landespolizeiliche Maßnahmen durchzuführen.

Eine andere für das preußische Recht bedeutsame Scheidung bezeichnet als Sicherheitspolizei diejenige Art polizeilicher Thätigkeit, welche die Erhaltung der bestehenden Rechtsordnung unmittelbar zum Gegenstande hat, und stellt ihr die Verwaltungspolizei gegen-

---

[1]) Daß das allgemeine Landrecht thatsächlich von derselben Anschauung ausgeht, ergibt sich aus der systematischen Stellung der Polizei unter die Gerichtsbarkeit.

[2]) OVGE. Bd. 9 Nr. 51 und 52.

über, die nicht die Rechtsordnung, sondern zunächst die Thätigkeit des Gemeinwesens auf den einzelnen Gebieten der innern Verwaltung schützt gegen sie gefährdende Handlungen und Unterlassungen. Es ist dabei allerdings nicht zu verkennen, daß die Grenzen zwischen diesen beiden Arten der Polizei überaus flüssig sind.

III. Die Polizei hat sich zusammen mit der innern Verwaltung in Deutschland zuerst in den Städten des Mittelalters entwickelt. Aus der genossenschaftlichen Strafgewalt des Stadtvorstandes und der Friedensbewahrung des städtischen Gerichts entwickelte sich die obrigkeitliche Gewalt des Rates, die in der innern Verwaltung eben als Polizei erschien. Auch unter der erstarkenden Landeshoheit verblieb den Städten zunächst die Polizei zu eigenem Recht. Als aber in Brandenburg-Preußen unter dem großen Kurfürsten und Friedrich Wilhelm I. die Selbständigkeit der Städte vernichtet und sie in den Staatsorganismus eingeordnet wurden, blieb wohl die Polizei den Stadträten zur Ausübung überlassen, sie war nun aber, gleich der gesamten Gemeindeverwaltung, zu einem Teile staatlicher Verwaltung geworden. Die Neuordnung des städtischen Wesens im Jahre 1808 gewährte den Städten zwar eine sehr selbständige Stellung im Staate, die Polizei behielt sich aber der Staat selbst vor und nur ihre Ausübung erhielt der Rat in den kleineren Städten kraft besonderen Auftrages zugewiesen, wo er dann aber auch insoweit als staatliche Behörde betrachtet wurde. Diese Auffassung ist dem preußischen Staatsrecht eigentümlich geblieben, nur daß die revidierte Städteordnung dem Staat die Befugnis gab, nicht nur den Rat als Kollegium, sondern auch allein den Bürgermeister oder ein anderes einzelnes Mitglied des Rates mit der Verwaltung der Ortspolizei zu betrauen. Seit der Gemeindeordnung von 1850 ist diese Gestalt der Organisation gesetzlich befohlen, die hannöversche Städteordnung hat dagegen die Bestimmungen, wie sie die Städteordnung von 1831 enthielt, aufgenommen.

IV. Nach geltendem Recht führt in den alten Provinzen und Schleswig-Holstein der Bürgermeister[1]) die örtliche Polizeiverwaltung, doch kann sie in Schleswig-Holstein von dem Regierungspräsidenten

---

[1]) In Behinderungsfällen ist der Beigeordnete auch hier sein gesetzlicher Vertreter.

auch einem andern Mitgliede des Rats oder sonst einem städtischen Beamten übertragen werden, in den östlichen Provinzen und Westfalen kann die Stadt mit Genehmigung des Regierungspräsidenten die gleiche Anordnung für die ganze Polizeiverwaltung oder einzelne ihrer Teile treffen.[1]) In Hannover wird die örtliche Polizei vom Rat als Kollegium verwaltet, der Regierungspräsident kann aber unter den Mitgliedern des Rates diejenige Person bestimmen, welche die Geschäfte der Polizei bearbeiten soll.[2]) Auch kann der Rat mit Genehmigung des Regierungspräsidenten eine besondere städtische Polizeidirektion einrichten.[3])

In den alten Provinzen kann der Minister des Innern in den Städten von mehr als 10 000 Einwohnern, in Festungen und außerdem in allen Städten, wo sich eine Bezirksregierung oder ein Landgericht befindet, die Polizeiverwaltung an Stelle der städtischen Beamten durch königliche Beamte besorgen lassen.[4]) Einzelne Zweige der Polizei dürfen aber auch in diesem Falle mit Zustimmung der Stadt ihrem Bürgermeister aufgetragen werden. Anders ist die Regelung in Schleswig-Holstein und wieder anders in Hannover. In Schleswig-Holstein hat der Minister des Innern das Recht, in Festungen oder in Städten von mehr als 10 000 Einwohnern die Sicherheitspolizei,[5]) insbesondere die Verfolgung von Kriminal- und Polizeivergehen, einer besonderen Staatsbehörde oder einem besonderen Staatsbeamten zu übertragen. Aus bringenden Gründen kann zeitweilig dieselbe Einrichtung auch auf andere Zweige der Ortspolizei ausgedehnt und ganz oder teilweise auch in Städten anderer Kategorie eingeführt werden. Im Falle der Teilung der Ortspolizei bestimmt eine von dem Minister zu erlassende Vorschrift

---

[1]) Vgl. über die Stellung eines mit der Polizeiverwaltung betrauten Ratsmitgliedes zum Bürgermeister Minvfg. vom 11. März 1887 (BMBl. S. 98).

[2]) Der Rat bleibt Polizeibehörde, das Mitglied ist nur Dezernent.

[3]) In diesem Falle ist die Polizeidirektion eine selbständige städtische Behörde, welche die Ortspolizei nach außen hin selbständig, wenn auch nach den Weisungen des Rates, verwaltet.

[4]) Auch in anderen Städten kann diese Einrichtung aus bringenden Gründen zeitweise eingeführt werden.

[5]) Über den Begriff der Sicherheitspolizei vgl. oben S. 449.

die Grenzen der Zuständigkeit jeder Behörde. In Hannover ist der Minister des Innern befugt, in allen Städten, wo es die Verhält=nisse erforderlich machen, die Polizei nach einzelnen Richtungen hin durch staatliche Behörden verwalten zu lassen.[1] Für Frankfurt a M. ist ein königlicher Polizeipräsident bestellt; der Minister des Innern darf aber auch hier einzelne Zweige der örtlichen Polizeiverwaltung dem Oberbürgermeister übertragen.

V. Der Polizeibezirk fällt in der Regel mit dem Stadtbezirke zusammen, doch kann er in den östlichen Provinzen, Hannover und Schleswig=Holstein auch darüber hinaus erstreckt werden. In den östlichen Provinzen und Schleswig=Holstein kann nämlich der Minister des Innern im Einverständnis mit dem Bezirksausschuß Gemeinden[2] und Gutsbezirke, die in der Feldmark der Stadt oder in deren Nähe liegen,[3] zum städtischen Polizeibezirk schlagen; in Hannover kann eine Ausdehnung des städtischen Polizeibezirkes von dem Provinzialrat im Einverständnis mit dem Minister des Innern angeordnet werden.[4]

VI. Besondere Bestimmungen gelten für Charlottenburg und die Städte der Kreise Teltow und Niederbarnim. Der Minister des Innern ist befugt, mit Zustimmung des Provinzialrats der Provinz Brandenburg die ortspolizeiliche Zuständigkeit des Polizeipräsidenten zu Berlin in gewissem Umfange auf diese Städte auszudehnen.[5][6]

---

[1] Dem Rate muß immer die Polizei hinsichtlich der Gewerbeverhältnisse, der Einrichtung, Verwaltung und Beaufsichtigung der städtischen Güter und Anstalten und der für gemeinsame städtische Zwecke bestimmten Privatanstalten belassen werden.

[2] in den östlichen Provinzen nur ländliche Gemeinden.

[3] in den östlichen Provinzen müssen die Gutsbezirke und ländlichen Ge= meinden unmittelbar an den Stadtbezirk grenzen.

[4] Vgl. dazu auch Verordnung vom 17. Juli 1846 betr. die Anwendung der in den Städten geltenden feuer= und baupolizeilichen Vorschriften bei Ge= bäuden auf solchen zum platten Lande gehörigen Grundstücken, welche inner= halb der Städte oder im Gemenge mit städtischen bebauten Grundstücken liegen. Vgl. auch ZustGes. § 143.

[5] Von der Zuständigkeit des Polizeipräsidenten ist jedenfalls ausgeschlossen die Bau=, Gewerbe=, Schul=, Markt=, Feld=, Jagd=, Forst=, Gesinde=, Armen=, Wege=, Wasser=, Fischerei= und Feuerpolizei.

[6] Vgl. auch die besondere Bestimmung in § 5 des Gesetzes vom 12. Juni 1889.

VII. Die Organisation der städtischen Polizei und die Ein=
richtungen, die zur Erreichung der polizeilichen Zwecke erforder=
lich erscheinen, können vom Regierungspräsidenten bestimmt werden.
Die Polizeibeamten werden von der Stadt angestellt und sind Ge=
meindebeamte, jede Ernennung bedarf aber zu ihrer Gültigkeit der
Bestätigung durch den Regierungspräsidenten, nur in Schleswig=
Holstein wird von diesem Erforderniß hinsichtlich der Polizeibeamten,
die nur zu mechanischen Dienstleistungen verwendet werden, abge=
sehen. Eine besondere Stellung unter den Beamten der Polizei
nehmen die Feld= und Forsthüter ein. Sie sollen den Feld= und
Forstschutz ausüben und werden von den Städten entweder unter
Bestätigung seitens des Regierungspräsidenten ernannt oder als
Ehrenfeldhüter [1]) aus der Zahl der Gemeindeangehörigen gewählt. [2])

Neben ihren ständigen Beamten verfügt die Polizei über einige
besondere Organe zur Durchführung bestimmter Zwecke. Sind die
polizeilichen Kräfte in der Stadt zur Dämpfung von Unruhen nicht
genügend, so kann auf Antrag der Stadt von dem Regierungspräsi=
denten die Errichtung eines Sicherheitsvereins aus der Bürgerschaft
angeordnet werden. [3]) Ferner sollen in den Städten Sanitäts=
ausschüsse als Hülfsorgane der Polizei zur Verhütung und Be=
schränkung ansteckender Krankheiten gebildet werden. [4]) Diese Aus=
schüsse sollen bestehen

aus dem zugleich den Vorsitz führenden Vorstande der
Ortspolizeibehörde und, wo dies ein königlicher Beamter
ist, außerdem aus dem Bürgermeister oder einem vom
Stadtvorstande entsendeten Mitgliede;

----

[1]) Ehrenforsthüter gibt es nicht.

[2]) Die Wahl wird durch Gemeindebeschluß zu geschehen haben, sie ist nicht
auf die Bürger beschränkt.

[3]) Vgl. dazu Gesetz vom 11. März 1850 betr. die Verpflichtung der Ge=
meinden zum Ersatz des bei öffentlichen Aufläufen verursachten Schadens § 7,
königl. Verordnung vom 1. und Ministerialverordnung vom 4. Oktober 1830
(Kampz, Annalen Bd. 14 S. 805).

[4]) In den Städten von mindestens 5000 Einwohnern sollen die Sanitäts=
ausschüsse immer vorhanden sein, in kleineren Städten ist es dem Regierungs=
präsidenten überlassen, sie zu errichten. Ihre Thätigkeit ist indes im allge=
meinen wenig bedeutend geblieben.

aus einem oder mehreren von der Ortspolizeibehörde be=
rufenen Ärzten.

aus mindestens drei von den Stadtverordneten erwählten
Einwohnern der Stadt, in Garnisonorten außerdem aus
einem oder mehreren von den Militärbefehlshabern ab=
geordneten Offizieren und einem oberen Militärarzte.
In größeren Städten können noch besondere Unterausschüsse
errichtet werden, zu denen wenigstens ein Arzt, ein Polizei= oder
Gemeindebeamter und mehrere Stadtverordnete, die von der Stadt=
verordnetenversammlung gewählt werden, gehören sollen.

VIII. Die Zuständigkeit der Ortspolizeibehörde umfaßt die ge=
samte Ortspolizei und die ihr besonders aufgetragenen landes=
polizeilichen Geschäfte. Ihr sind alle Einzelpersonen und Gesamt=
persönlichkeiten innerhalb ihres Amtsbereichs unterworfen. Nähere
Betrachtung bedarf hier nur das Verhältnis der Stadt zur Orts=
polizeiverwaltung. Aufgabe der Polizei ist die Herstellung und Erhaltung
des polizeimäßigen Zustandes. Sie kann daher zunächst die Stadt,
gleich allen andern Personen, in ihrer privatrechtlichen Handlungs=
freiheit beschränken, die Thätigkeit der Stadt offenbart sich aber auch
auf öffentlich=rechtlichem Gebiete, die Stadt hat zahlreiche Aufgaben
der innern Verwaltung gesetzlich zur Erfüllung überwiesen erhalten,
und wo dies auch nicht geschehen ist, erscheint sie doch nach deutscher
Rechtsanschauung berufen, innerhalb des örtlichen Verbandes alle Ge=
meinzwecke zu verwirklichen. Soweit nun die Zuständigkeit der Stadt
im gegebenen Falle reicht, soweit sie ihr Leben bezeugen darf, in eben
diesem Umfange ist auch die staatliche Polizei befugt, die Stadt zur
Herstellung und Erhaltung polizeigemäßer Zustände anzuhalten. [1]) [2])

IX. Die Zuständigkeit der Ortspolizei ist auch innerhalb des
ihr gesetzlich zugewiesenen Wirkungskreises nicht schrankenlos, sondern
sie wird bedingt und bestimmt durch das Aufsichtsrecht der höheren
Behörden. Diese sind zwar in der Regel nicht befugt, in die Zu=
ständigkeit der Ortspolizei unmittelbar einzugreifen und sich selbst
an deren Stelle zu setzen, aber sie haben das Recht wie die Pflicht,
dafür zu sorgen, daß die notwendige Einheit der staatlichen Thätig=

---

[1]) Vgl. auch S. 104 ff.
[2]) Vgl. dazu OVGE. Bd. 12 Nr. 64 und 65. Siehe auch Bd. 18 Nr. 23.

keit aufrecht erhalten werde, sie dürfen daher das Thun der Orts=
polizeibehörden durch Anweisungen und Belehrungen regeln. [1]) Die
Aufsicht über alle Ortspolizeibehörden übt der Regierungspräsident,
als dessen Organ aber in den alten Provinzen und Schleswig=
Holstein [2]) der Landrat befugt und verpflichtet ist, die Polizeiver=
waltung in den kreisfässigen Städten zu überwachen. [3])

## b. Die Kosten der städtischen Polizeiverwaltung.

StO. SH. § 89. H. § 79. Gesetz vom 11. März 1850 über die Polizeiver=
waltung. Verordnung vom 20. September 1867 über die Polizeiverwaltung
in den neu erworbenen Landesteilen. Verordnung vom 29. Juni 1867 betr.
die Einrichtung einer königlichen Polizeiverwaltung zu Frankfurt a/M. Kreis=
ordnung vom 19. März 1881 § 49a, für Schleswig=Holstein § 36.

I. Die Kosten der Polizeiverwaltung trägt immer die Stadt,
mag die Verwaltung der Ortspolizei in den Händen des Bürger=
meisters liegen oder einer besonderen königlichen Behörde anvertraut
sein; [4]) nur die Gehälter der bei der königlichen Polizeibehörde an=
gestellten Beamten fallen in den alten Provinzen und Schleswig=
Holstein dem Staate zur Last, [5]) [6]) in Hannover hat er überhaupt
alle außerordentlichen Kosten zu tragen, die durch die Errichtung einer
königlichen Polizeibehörde entstehen.

Als Gegenwert für die Kostenlast bezieht die Stadt auch die
Einnahmen, die etwa aus der Verwaltung der Polizei herfließen,
wie Schreibgebühren und namentlich auch Exekutivstrafen. [7])

---

[1]) Vgl. OVGE. Bd. 3 Nr. 67, Bd. 4 Nr. 70.

[2]) ebenso für die auf S. 446 Anm. 1 genannten hannöverschen Städte.

[3]) Vgl. OVGE. Bd. 16 Nr. 63.

[4]) In Hannover muß der Staat diejenigen Ausgaben der Ortspolizei=
behörden tragen, welche durch Übertragung landespolizeilicher Geschäfte veran=
laßt werden.

[5]) Über die Pflicht der königlichen Polizeibehörden zur Offenlegung ihrer
Rechnungen und Belege an die Stadt vgl. ErkKomp. vom 9. Juni 1855
(VMBl. S. 194).

[6]) Zur Kasuistik vgl. MinVfgen. vom 12. Juni 1854 (VMBl. S. 139),
4. August 1856 (a. a. O. S. 204), 17. November 1888 (a. a. O. S. 213),
OTr. Entsch. Bd. 29 S. 207, Bd. 29 S. 213, Bd. 31 S. 153, Bd. 55 S. 61,
Bd. 65 S. 1. Striethorst, Archiv Bd. 23 S. 40, Bd. 34 S. 224. ErkKomp. vom
4. Juli 1857 (VMBl. S. 103), OVGE. Bd. 5 Nr. 16, Bd. 12 Nr. 7, Bd. 14
Nr. 15.

[7]) Über die Einnahmen aus den polizeilichen Straffestsetzungen vgl. S. 463.

II. Ist zu dem städtischen Polizeibezirk ein Gutsbezirk oder eine andere Gemeinde hinzugeschlagen, so soll ihr Kostenbeitrag zur städtischen Polizeiverwaltung in den östlichen Provinzen[1] und Schleswig-Holstein, mangels einer Einigung der Beteiligten, von dem Bezirksausschusse festgesetzt werden, in Hannover hat in diesem Falle der Staat einen verhältnismäßigen Beitrag zu den städtischen Polizeikosten zu leisten.[2]

### c. Die Formen der polizeilichen Thätigkeit.

Die Thätigkeit der Polizei äußert sich in der Regel durch Befehle und Verbote an die ihr unterworfenen Rechtssubjekte. Diese Befehle können in abstrakter Weise einen Rechtssatz aufstellen und seine Befolgung für die der Polizeigewalt Unterworfenen verbindlich machen, dann ist der Befehl ein Gesetz, denn als Gesetz stellt sich jeder gewillkürte Rechtssatz dar. Solche materiellen Gesetze, die von den Ortspolizeibehörden ausgehen, heißen Polizeiverordnungen. Der Befehl kann aber auch hinsichtlich eines einzelnen wirklich gewordenen Thatbestandes, der unter die vom Gesetze als möglich gedachten und von ihm beherrschten Thatbestände fällt, die gesetzlich vorgesehenen Rechtsfolgen herbeiführen. Befehle dieser Art werden Verfügungen genannt.

### d. Das Polizeiverordnungsrecht.

StO. 53 u. W. § 63. Fr. § 70. SH. § 89. Gesetz vom 11. März 1850 über die Polizeiverwaltung. Verordnung vom 20. September 1867 über die Polizeiverwaltung in den neu erworbenen Landesteilen, LVG. §§ 143—145.

I. Die Polizeiverordnungen sind staatliche Rechtsnormen. Sie erscheinen formell als Verordnungen der Verwaltungsbehörden, ihrem Inhalt wie ihrer Wirkung nach sind sie Gesetze. Die Ortspolizeibehörde übt ihre Gesetzgebungsgewalt aber nicht wie die Städte aus eigenem Recht, sie ist Organ des Staates, eingefügt in die Ordnung der staatlichen Ämter, und sie hat daher ihre gesetzgebende Gewalt zu gebrauchen gemäß den höheren Anweisungen. Darüber

---

[1] ausschließlich der Provinz Posen.

[2] Wegen des Teilnahmeverhältnisses der einzelnen unter dem Polizeipräsidenten zu Frankfurt a/M. stehenden Gemeinden an den Kosten der Polizeiverwaltung vgl. Gesetz vom 29. Juni 1867 § 3.

hinaus kann die von ihr gesetzte Rechtsnorm nicht nur durch jedes for= melle Gesetz Preußens oder des Reiches, wie Gleiches auch für die Ortsstatuten der Städte gilt, sondern auch durch Rechtsnormen höherer staatlicher Verwaltungsorgane abgeändert oder aufgehoben werden.

II. Das Polizeiverordnungsrecht geht im allgemeinen ebenso= weit wie die materielle Zuständigkeit der Ortspolizei. Zu den Gegenständen, die durch Polizeiverordnung geregelt werden können, gehört alles, was im besonderen Interesse der Stadt und ihrer An= gehörigen polizeilicher Ordnung bedarf. Das Gesetz zählt eine Reihe von einzelnen Kategorien auf, die diesen allgemeinen Begriff verdeutlichen sollen. Es benennt folgende Gegenstände als beson= ders zur Regelung durch Ortspolizeiverordnungen geeignet:

1. Den Schutz der Personen und des Eigentums;
2. Ordnung, Sicherheit und Leichtigkeit [1]) des Verkehrs auf öffentlichen Straßen, Wegen und Plätzen, Brücken, Ufern und Gewässern;
3. den Marktverkehr und das öffentliche Feilhalten von Nahrungsmitteln;
4. Ordnung und Gesetzlichkeit bei dem öffentlichen Zu= sammensein einer größeren Anzahl von Personen.
5. Das öffentliche Interesse in Bezug auf die Aufnahme und Beherbergung von Fremden; die Wein=, Bier= und Kaffeewirtschaften und die sonstigen Einrichtungen zur Verabreichung von Speisen und Getränken;
6. Sorge für Leben und Gesundheit;
7. Fürsorge gegen Feuersgefahr und sonstige Unsicherheit bei Bauausführungen, sowie gegen gemeinschädliche und gemeingefährliche Handlungen, Unternehmungen und Er= eignisse überhaupt; [2])
8. Den Schutz der Felder, Wiesen, Weiden, Baumpflan= zungen und Weinberge.

III. Die Polizeiverordnungen werden von den Ortspolizeibe= hörden für den Umfang des Stadtbezirks oder für einzelne seiner

---

[1]) Hier ist über den allgemeinen Polizeibegriff von ALR. II, 17 § 10 hinausgegangen.

[2]) Vgl. auch OVGE. Bd. 18 Nr. 46.

Teile erlassen. Der Wille der Ortspolizeibehörde ist aber derart an die Mitberatung und Zustimmung von Gemeindeorganen gebunden, daß ohne Erfüllung dieses Erfordernisses ihre Willenserklärung nichtig ist. Vor dem Erlaß von Polizeiverordnungen, welche sicherheits=polizeiliche Vorschriften geben, ist die Anhörung des Stadtvorstandes, vor dem Erlaß aller übrigen Polizeiverordnungen seine Zustimmung erforderlich, [1]—[3]) handelt es sich um Gegenstände der landwirtschaft=lichen [4]) Polizei, so muß außerdem auch das Einverständnis der Stadtverordneten festgestellt werden. [5]) [6]) Der Stadtvorstand und die Stadtverordnetenversammlung sind in allen ihnen unterbreiteten Fällen befugt, nicht nur ihre Zustimmung zu versagen, sondern sie auch an die Bedingung zu knüpfen, daß einzelne Vorschriften ge=ändert werden. [7]) Versagt der Stadtvorstand seine Zustimmung, so kann sie auf Antrag der Ortspolizeibehörde durch Beschluß des Bezirksausschusses ergänzt werden. [8]) In eiligen Fällen kann die Ortspolizeibehörde auch vor erlangter Zustimmung des Stadtvor=

---

[1]) Die Vorlage geht stets von der Ortspolizeibehörde aus, der Stadtvor=stand hat nicht das Recht des ersten Angriffs.

[2]) Sind in einer Polizeiverordnung Vorschriften sicherheitspolizeilichen Charakters mit andern Bestimmungen untrennbar verbunden, so ist für die ganze Verordnung nur die beratende Mitwirkung des Stadtvorstandes er=forderlich.

[3]) Ortspolizeiliche Verordnungen des Polizeipräsidenten zu Berlin für Charlottenburg und die Städte der Kreise Niederbarnim und Teltow bedürfen nach Anhörung des Rates der Zustimmung des Oberpräsidenten.

[4]) Zu der landwirtschaftlichen Polizei gehören alle Vorschriften, welche die Ordnung des landwirtschaftlichen Betriebes und den Schutz der Landwirte gegen die ihrem Betriebe drohenden Gefahren betreffen.

[5]) Sind Anordnungen der landwirtschaftlichen Polizei mit anderen poli=zeilichen Vorschriften in einer Polizeiverordnung untrennbar miteinander ver=bunden, so ist für die ganze Verordnung die Zustimmung der Stadtverordneten einzuholen.

[6]) Die Beratung der Stadtverordnetenversammlung über die Polizeiver=ordnung erfolgt in den alten Provinzen unter dem Vorsitze des mit der ört=lichen Polizeiverwaltung betrauten Beamten.

[7]) Fallen Stadtvorstand und Ortspolizeibehörde in einer Person oder einem Kollegium zusammen, so ist zwar eine gesonderte Zustimmung und Be=ratung nicht möglich, die Polizeiverordnung wird aber erkennen lassen müssen, daß sie von dem Beamten oder der Behörde in beiden Eigenschaften erlassen ist.

[8]) Die Zustimmung der Stadtverordneten kann nicht ergänzt werden.

standes[1]) die Polizeiverordnung erlassen. Sie muß dieselbe aber wiederum außer Kraft setzen, wenn die erforderliche Zustimmung nicht innerhalb vier Wochen nach dem Tage, an dem die Polizei= verordnung verkündet wurde, erteilt oder ergänzt ist.

IV. Übertretungen der Ortspolizeiverordnungen können mit Strafe bedroht sein, die Strafandrohung darf in Stadtkreisen bis zum Betrage von 30 M., in kreissässigen Städten bis zum Betrage von 9 M. und mit Genehmigung des Regierungspräsidenten gleich= falls bis 30 M. gehen.

V. Die Art der Verkündung und die Formen, von deren Be= obachtung die Gültigkeit der Polizeiverordnung abhängt, soll der Regierungspräsident bestimmen.

VI. Jede Polizeiverordnung kann in derselben Weise, wie sie erlassen ist, auch wieder abgeändert und aufgehoben werden. Gesetze oder Polizeiverordnungen höherer Behörden heben die entgegen= stehenden Bestimmungen der ortspolizeilichen Vorschriften ohne Weiteres auf.

VII. Die Kontrolle über die Rechtsgültigkeit der Polizeiver= ordnungen ist eine mittelbare und unmittelbare, die über ihre Zweck= mäßigkeit ist nur unmittelbar. Mittelbar, bei Gelegenheit des einzelnen Falles, prüfen der Strafrichter und der Verwaltungsrichter die Rechtsbeständigkeit der Verordnung,[3]) unmittelbar ist die Kon= trolle des Regierungspräsidenten und des Ministers des Innern. Zugleich bezieht sich ihr Prüfungsrecht ebensowohl auf die Rechts= gültigkeit wie die Zweckmäßigkeit der Verordnung. Sie beide sind befugt, jede ortspolizeiliche Vorschrift ganz oder teilweise außer Kraft zu setzen. Insoweit nicht Fälle vorliegen, die keinen Aufschub zulassen, soll der Regierungspräsident dies Recht nur unter Zu= stimmung des Bezirksausschusses ausüben.

------

[1]) oder auch der Stadtverordneten.

[2]) Der Strafrichter hat die Giltigkeit der Polizeiverordnung zu prüfen, wenn er auf Grund derselben eine Strafe zuerkennen soll, der Verwaltungs= richter kann dazu berufen sein, wenn eine bei ihm angefochtene Verfügung sich auf diese Polizeiverordnung stützt.

### e. Die polizeilichen Verfügungen.

Gesetz vom 11. März 1850 über die Polizeiverwaltung. Verordnung vom 20. September 1867 über die Polizeiverwaltung in den neuerworbenen Landesteilen. LVG. §§ 127—129, 132, 133.

I. Verfügungen heißen solche Befehle und Verbote auf dem Gebiete der innern Staatsverwaltung, die an einen wirklich gewordenen einzelnen Thatbestand, welcher unter die von einem Rechtssatz als möglich gedachten Thatbestände fällt, die dort vorgesehenen Rechtsfolgen anknüpfen. Polizeiliche Verfügungen sind diejenigen dieser Anordnungen, welche innerhalb der polizeilichen Zuständigkeit[1]) ergehen.

II. Zur Durchsetzung ihrer Verfügungen sind der Ortspolizeibehörde Zwangsmittel gegeben, um die Personen, an welche die jeweilige Verfügung gerichtet ist, zu einem polizeigemäßen Verhalten zu nötigen. Unter den Zwangsmitteln darf unmittelbarer Zwang nur angewandt werden, wenn die Anordnung sonst nicht durchführbar ist, im übrigen kann die Polizei die notwendige Handlung durch einen dritten ausführen lassen, oder wenn dies nicht angänglich ist, das polizeigemäße Verhalten durch Geldstrafen erzwingen.[2]) Ortspolizeibehörden in einer kreissässigen Stadt können Geldstrafen bis zu 60 M., Ortspolizeibehörden in Stadtkreisen bis zu 150 M. androhen und festsetzen.[3])[4])

III. Derjenige, der sich durch die polizeiliche Verfügung in seinen Rechten oder seinen Interessen verletzt glaubt, kann sie mit der Beschwerde anfechten, angebliche Verletzungen der Rechtssphäre können auch nach Erschöpfung des Zuges der Beschwerdeinstanzen oder auch sofort mit der Verwaltungsklage zurückgewiesen werden. Danach ergibt sich nun dieser Instanzenzug:[5])

---

[1]) d. h. innerhalb des materiellen Polizeibegriffs. Vgl. S. 359.

[2]) Vgl. näheres auf S. 424.

[3]) Wegen der Umwandlung der Geldstrafen in Haftstrafen vgl. LVG. § 132.

[4]) Über das Verhältnis der Zwangsmittel zu den Deliktsstrafen vgl. Rosin, Polizeiverordnungsrecht S. 65 ff. Siehe auch OVGE. Bd. 5 Nr. 44, Bd. 8 Nr. 60, Bd. 9 Nr. 40.

[5]) Anders sind die Rechtsmittel gegen wege- und wasserpolizeiliche Verfügungen geordnet. Vgl. ZustGes. §§ 56, 66.

Gegen polizeiliche[1]) Verfügungen der Ortspolizeibehörden einer kreisfässigen Stadt von nicht mehr als 10 000 Einwohnern findet binnen zwei Wochen Beschwerde an den Landrat und demnächst binnen gleicher Frist weitere Beschwerde an den Regierungspräsidenten statt, dessen Bescheid in derselben Frist mit der Klage bei dem Oberverwaltungsgericht angefochten werden kann. [2]) Anstatt dieser Rechtsmittel kann aber auch sofort die Klage gegen die Ortspolizeibehörden bei dem Kreisausschuß erhoben werden. [3])

Gegen polizeiliche Verfügungen der Ortspolizeibehörde in kreisfässigen Städten von mehr als 10 000 Einwohnern und in Stadtkreisen geht die Beschwerde an den Regierungspräsidenten und weiter an den Oberpräsidenten, gegen dessen Bescheid die Klage bei dem Oberverwaltungsgerichte gegeben ist. [4]) Es kann aber auch sofort die Klage gegen die Ortspolizeibehörde bei dem Bezirksausschusse angestrengt werden. [5]) [6])

Die Klage kann immer nur darauf gestützt werden, daß der angefochtene Bescheid durch Nichtanwendung oder unrichtige Anwendung des bestehenden Rechts, insbesondere auch der von den Behörden innerhalb ihrer Zuständigkeit erlassenen Verordnungen den Kläger in seinen Rechten verletze oder daß die thatsächlichen Voraussetzungen nicht vorhanden seien, welche die Polizeibehörde zum Erlasse der Verfügung berechtigt haben würden.

---

[1]) mögen sie ihrem Inhalte nach orts- oder landespolizeilicher Natur sein.

[2]) Die Klage ist bei dem Oberverwaltungsgericht anzubringen. LVG. § 63.

[3]) Weitere Rechtsmittel: Berufung an den Bezirksausschuß, Revision an das Oberverwaltungsgericht. Frist immer zwei Wochen.

[4]) Frist immer zwei Wochen.

[5]) Weiteres Rechtsmittel: binnen zwei Wochen Berufung an das Oberverwaltungsgericht.

[6]) Gegen ortspolizeiliche Verfügungen in Berlin geht die Beschwerde an den Oberpräsidenten und gegen dessen Bescheid kann Klage bei dem Oberverwaltungsgericht erhoben werden, oder es kann auch sofort bei dem Bezirksausschuß zu Berlin Klage erhoben werden. Gegen die ortspolizeilichen Verfügungen des Polizeipräsidenten zu Berlin in Charlottenburg und den Städten der Kreise Teltow und Niederbarnim findet die Beschwerde an den Oberpräsidenten mit nachfolgender Klage beim Oberverwaltungsgericht oder sofort Klage bei dem Bezirksausschuß zu Potsdam statt.

Trotz der eingelegten Rechtsmittel bleibt die Polizeibehörde be=
fugt, ihre Anordnungen jederzeit durchzusetzen [1]) und den von ihr
als polizeigemäß erachteten Zustand herbeizuführen.

### f. Die polizeilichen Strafverfügungen.

RStPO. §§ 453—458, (Gesetz vom 23. April 1883 betr. den Erlaß polizeilicher
Strafverfügungen wegen Übertretungen. [2])

In gewissem Umfange ist den Ortspolizeibehörden eine richter=
liche Strafgewalt gegeben.   Sie können wegen der in ihrem Be=
zirke verübten und in ihren Verwaltungsbereich fallenden Über=
tretungen durch Verfügung die Strafe festsetzen, sowie auch eine
etwa verwirkte Einziehung verhängen. [3])[4])[5])   Wird die Geldstrafe,
welche nicht höher als 30 Mark sein darf, festgesetzt, so soll zugleich
die für den Fall des Unvermögens an ihre Stelle tretende Haft be=
stimmt werden.   Die Haft darf niemals die Dauer von drei Tagen
übersteigen. [6])   Die Strafverfügung wird dem Beschuldigten durch
einen öffentlichen Beamten zugestellt.   Sie muß außer der Fest=
setzung der Strafe die strafbare Handlung, die Zeit und den Ort
ihrer Verübung, die angewendete Strafvorschrift und die Beweis=
mittel, sowie die Kasse, an welche die Geldstrafe zu zahlen ist, be=
zeichnen.   Sie muß ferner die Eröffnung enthalten, daß der Be=
schuldigte binnen einer Woche nach der Bekanntmachung bei der
Ortspolizeibehörde oder dem zuständigen Amtsgericht auf gerichtliche
Entscheidung antragen kann und daß die Strafverfügung, sofern

---

[1]) Wegen der Ausnahme bei Vollstreckung der Haftstrafen vgl. LVG. § 133.

[2]) Vgl. die Ausführungsanweisungen vom 2. und 9. Juli 1883 (BMBl.
S. 152 und 175).

[3]) Auch gegen Beschuldigte im Alter von 12 bis zu 18 Jahren ist die Straf=
verfügung zulässig, wenn die Polizeibehörde die Überzeugung gewonnen hat,
daß der Beschuldigte beim Begehen der Übertretung die zur Erkenntnis ihrer
Strafbarkeit erforderliche Einsicht besaß.

[4]) Polizeiliche Strafverfügungen sollen namentlich nicht bei Übertretungen
der Vorschriften über die Erhebung der öffentlichen Abgaben und Gefälle er=
lassen werden. Vgl. übrigens § 2 des Gesetzes vom 23. April 1883.

[5]) Wegen des Erlasses von Strafverfügungen gegen Militärpersonen vgl.
§ 11 des Gesetzes vom 23. April 1883.

[6]) Erachtet die Ortspolizeibehörde höhere Strafen für angemessen, so
muß sie die Verfolgung dem Amtsanwalt überlassen.

ein ſolcher Antrag nicht rechtzeitig geſtellt wird, vollſtreckbar wird. [1][2])

Iſt der Amtsanwalt eingeſchritten, bevor die Strafverfügung dem Beſchuldigten behändigt wurde, ſo iſt ſie wirkungslos. Wenn der Antrag auf gerichtliche Entſcheidung rechtzeitig geſtellt iſt und die Polizeibehörde ihre Verfügung nicht etwa zurücknimmt, ſo über= ſendet ſie die Akten dem zuſtändigen Amtsanwalt, der ſie dem Amts= richter vorlegt. Das Verfahren vor dem Schöffengericht iſt dann dasſelbe wie im Fall einer vom Amtsanwalt erhobenen und zur Hauptverhandlung verwieſenen Anklage. [3]) Iſt dagegen binnen der Friſt von einer Woche, [4]) nachdem die Verfügung dem Beſchuldigten zugeſtellt worden iſt, kein Antrag auf gerichtliche Entſcheidung ge= ſtellt, ſo wird die feſtgeſetzte Strafe rechtskräftig und vollſtreckbar.

Die endgültig feſtgeſetzten Geldſtrafen, ſowie die eingezogenen Gegenſtände fallen der Stadt zu, die dafür verpflichtet iſt, die Koſten zu tragen, welche durch Feſtſetzung und Vollſtreckung der Strafen entſtehen, von dem Beſchuldigten aber nicht beizutreiben ſind. [5]) Für die polizeilichen Strafverfügungen werden weder Gebühren noch Stempel erhoben, die baaren Auslagen fallen dem Beſchuldigten zur Laſt, wenn gegen ihn eine Strafe endgültig feſtgeſetzt iſt.

Iſt die polizeiliche Strafverfügung vollſtreckbar geworden, ſo findet wegen derſelben Handlung eine fernere Anſchuldigung nicht ſtatt, es ſei denn, daß die Handlung keine Übertretung, ſondern ein Vergehen oder Verbrechen darſtellt und die Polizeibehörde alſo ihre Zuſtändigkeit überſchritten hat. In dieſem Falle iſt während des gerichtlichen Verfahrens die Vollſtreckung der Strafverfügung einzu= ſtellen; erfolgt eine rechtskräftige Verurteilung wegen eines Vergehens oder Verbrechens, ſo tritt die Strafverfügung außer Kraft.

---

[1]) Iſt gegen einen Beſchuldigten im Alter von 12 bis zu 18 Jahren eine Strafverfügung erlaſſen, ſo kann binnen der für den Beſchuldigten laufenden Friſt auch ſein geſetzlicher Vertreter auf gerichtliche Entſcheidung antragen.

[2]) Wird bei dem Amtsgericht auf gerichtliche Entſcheidung angetragen, ſo iſt dem Antragſteller darüber koſtenfrei eine Beſcheinigung zu erteilen.

[3]) Vgl. hierzu RStPO. §§ 457, 458.

[4]) Wegen der Wiedereinſetzung in den vorigen Stand vgl. RStPO. § 455.

[5]) Vgl. aber § 7 Abſ. 3 des Geſetzes vom 23. April 1883.

## 3. Die städtischen Schulen.

### a) Die Grundlagen des preußischen Schulrechts.

ALR. II, 12 §§ 1—66. Preußische Verfassung Art. 21—26, 112. Gesetz vom 11. März 1872 betr. die Beaufsichtigung des Unterrichts- und Erziehungswesens. Königliche Verordnung vom 14. Mai 1825 betr. die Schulzucht in den Provinzen, wo das allgemeine Landrecht noch nicht eingeführt ist. Schulordnung vom 11. Dezember 1845 für die Elementarschulen der Provinz Preußen. Schulreglement vom 18. Mai 1801 für die niederen katholischen Schulen in den Städten und auf dem platten Lande von Schlesien und der Grafschaft Glatz. (Hannöversches) Gesetz vom 26. Mai 1845 das christliche Volksschulwesen betreffend. (Hannöversches) Gesetz vom 14. Oktober 1848 über Kirchen und Schulvorstände nebst den Zusatzgesetzen vom 5. November 1850 und 9. Oktober 1864. (Schleswig-Holsteinsche) allgemeine Schulordnung vom 24. August 1814.

Litteratur: v. Möller §§ 134—136. Steffenhagen § 86. L. v. Rönne, Das Volksschulwesen des preußischen Staates, Berlin 1855. K. Schneider und von Bremen, Das Volksschulwesen im preußischen Staate, 3 Bde., Berlin 1886/87. Wiese-Kuebler, Sammlung der Verordnungen und Gesetze für die höheren Schulen in Preußen, 3. A., Berlin 1886. — B. Schulz, Die Schulordnung für die Elementarschulen der Provinzen Ost- und Westpreußen vom 11. Dezember 1845, 2. A., Danzig 1887.

I. Das preußische Schulrecht beruht auf dem Schulzwange. Jeder Einwohner des Staates hat die staatsbürgerliche Pflicht, seinen Kindern den nötigen Unterricht zu teil werden zu lassen. Zur Erfüllung der allgemeinen Schulpflicht sind öffentliche Volksschulen errichtet.[1] Der Befestigung und Weiterführung der dort gewonnenen Bildung dienen die Fortbildungsschulen, während die gehobenen Elementarschulen, als Bürgerschulen, Mittelschulen und höhere Mädchenschulen, sich weitere Ziele stecken. Eine umfassendere Bildung und die Vorbereitung für die gelehrten Berufsarten sollen die höheren Schulen — Gymnasien, Realgymnasien, höhere Bürgerschulen — gewähren, eine besondere Stellung endlich nehmen die Fachschulen und die Schuleinrichtungen für blinde, taubstumme und schwachsinnige Kinder ein. Alle öffentlichen Schulen sind in Preußen Staatsanstalten, deren Einrichtung und Verfassung lediglich durch

---

[1] Vgl. dazu OVGE. Bd. 12 Nr. 33.

staatliche Anordnungen geregelt wird. Die Unterhaltung der Volks=
schulen ist in weiten Gebieten gleichfalls nicht Sache der Stadt,
sondern einer besonderen Zweckgemeinde, der Schulsozietät; die Lasten
desjenigen Schulwesens, das über die Ziele der Volksschule hinaus=
geht, hat der Staat zu tragen. Thatsächlich ist der Rechtszustand
in den Städten aber wesentlich anders. Von altersher bestehen ja
in vielen Städten höhere und gelehrte Schulen als Gemeinde=
anstalten, die Unterhaltungslast für die öffentlichen Volksschulen
liegt provinzialgesetzlich den Städten ob und auch sonst haben die
meisten Städte das Volksschulwesen als Gemeindeangelegenheit
übernommen.[1]) So erscheint die Sorge um die Schulen praktisch
als einer der wichtigsten Zweige städtischer Verwaltung, nur daß
der Stadt auf das innere Leben der Schule keine gesetzlich gewähr=
leistete Einwirkung zuerkannt ist; sie kann nur mittelbar durch ihre
Teilnahme an der Bildung des Stadtschulausschusses und durch ihr
Vorschlagsrecht bei der Anstellung der Lehrer auf die Art, wie die
Schulen in der Gemeinde geleitet werden, wie sie ihre so hoch be=
deutsame Aufgabe erfüllen soll, Einfluß ausüben.

### b. Die städtischen Volksschulen.

Gesetz vom 26. Mai 1887 betr. die Feststellung von Anforderungen für Volks=
schulen. Gesetz vom 14. Juni 1888 betr. die Erleichterung der Volksschullasten.
Gesetz vom 31. März 1889 betr. die Ergänzung des Gesetzes über die Er=
leichterung der Volksschullasten vom 14. Juni 1888.

I. Die städtischen Volksschulen sollen die allgemeine Schulpflicht
verwirklichen. Jedes Kind, das nicht anderweitig Unterricht erhält,
den die Schulaufsichtsbehörde für genügend erachtet, ist zu der
öffentlichen Volksschule zu weisen, wie anderseits jeder, der sich in
der Stadt aufhält, das Recht hat, seine Kinder die städtische Volks=
schule besuchen zu lassen.[2]) Der Unterricht und die Lehreinrichtung

---

[1]) Über die Umwandlung von Sozietätsschulen in Gemeindeschulen, sowie
über städtische Zuschüsse zur Unterhaltung von Sozietätsschulen vgl. Schneider
und v. Bremen §§ 264—267. Vgl. auch oben S. 105 Anm. 2 u. 3 sowie
OVGE. Bd. 12 Nr. 26.

[2]) Von den Kindern servisberechtigter Militärpersonen darf an dem dienst=
lichen Wohnsitz ihrer Eltern kein höheres Schulgeld als wie von den Ein=
heimischen erhoben werden — Minvfgen. vom 3. März 1888 und 26. Oktober

sind durch staatliche Verordnungen, namentlich durch die allgemeinen Bestimmungen vom 15. Oktober 1872, [1]) und die Anweisungen der Schulaufsichtsbehörden geregelt, die Stadt hat darauf keinen Einfluß.

II. Der Unterhalt der Volksschulen wird zunächst aus dem eigenen Vermögen bestritten, das die einzelnen Anstalten etwa haben; im übrigen muß die Stadt dafür in derselben Weise eintreten wie bei den übrigen Gemeindeanstalten. Dafür fließen ihr auch die Ein= künfte der Schule zu, doch ist die wichtigste Einnahme, das Schul= geld, jetzt weggefallen, wenigstens ist seine fernere Beibehaltung nur noch zeitweilig und in sehr beschränktem Umfange gestattet. [2]) Die Unterhaltungslast der Stadt wird durch sehr bedeutende Staatszu= schüsse erleichtert. Kleineren Städten können im Bedürftigkeitsfalle Beihilfen zu Schulbaukosten und zur Besoldung der Lehrer gewährt werden, [3]) auch erhalten die Lehrer in Städten bis zu 10 000 Einwohnern persönliche Dienstalterszulagen [4]) vom Staate, wie ihnen auch sonst wohl staatliche Unterstützungen bei Krankheit und Not zugebilligt werden. Die Pensionen der in den Ruhestand versetzten Lehrer sind überall bis zum Betrage von 600 M. vom Staate übernommen, [5]) seit kurzem leistet der Staat auch an alle Städte Beiträge zum Diensteinkommen der Lehrer und Lehrerinnen an Volksschulen. [6])

---

1889 (Centrbl. f. Unterrw. 1890 S. 182) —, ebensowenig von Kindern solcher Einwohner, die keine Gemeindeabgaben zahlen — Minvfg. vom 17. Dezember 1889 (Centrbl. f. Unterrw. 1890 S. 212).

[1]) Vgl. Schneider und v. Bremen § 364.

[2]) Gesetz vom 14. Juni 1888 § 4, vom 31. März 1889 Art. 11.

[3]) Über die Grundsätze, welche bei der Gewährung zu beachten sind, vgl. Schneider und v. Bremen § 282 Nr. 3a, 3b, 4a, 4b und § 286.

[4]) Die Grundsätze dafür sind soeben neu geregelt. Danach erhalten die dauernd angestellten Lehrer und Lehrerinnen an öffentlichen Volksschulen nach vollendetem zehntem Dienstjahre staatliche Dienstalterszulagen. Sie betragen bei den Lehrern 100 M., bei den Lehrerinnen 70 M. jährlich und steigen, von 5 zu 5 Jahren, bei den Lehrern um je 100 M. bis zum Höchstbetrage von 500 M. und bei den Lehrerinnen um je 70 M. bis zu 350 M.

[5]) Gesetz vom 6. Juli 1885 betr. die Pensionierung der Lehrer und Lehrerinnen an den öffentlichen Volksschulen Art. II.

[6]) Das Recht auf den Bezug des Beitrages ruht, solange und soweit nicht die Stadt das Diensteinkommen der Lehrer aus ihren Mitteln zu bestreiten hat, sondern dieses durch eigene Einkünfte der Schule oder von Dritten, die aus besonderen Rechtstiteln verpflichtet sind, bewirkt wird.

Dieser Staatsbeitrag soll zunächst dazu dienen, den sonst der Stadt obliegenden Aufwand für den baren Teil des Diensteinkommens der Lehrer, einschließlich der Aufwendungen für nicht vollbeschäftigte Lehrkräfte, zu bestreiten. Insoweit er hierzu nicht erforderlich ist, dürfen auch die Aufwendungen für das übrige Diensteinkommen des Lehrers, wozu auch die Dienstwohnung, Feuerung und Bewirt= schaftung des Dienstlandes gerechnet wird, mit ihm gedeckt werden, zum Bestreiten von Schulbaukosten darf er dagegen nicht verwandt werden. [1]) Die Höhe des Beitrages, der vierteljährlich im voraus an die Stadt zu zahlen ist, wird so berechnet, daß für die Stelle eines vollbeschäftigten [2]) alleinstehenden oder ersten ordentlichen Lehrers 500 M., [3]) eines anderen vollbeschäftigten ordentlichen Lehrers 300 M., einer vollbeschäftigten ordentlichen Lehrerin 150 M. und endlich eines vollbeschäftigten Hilfslehrers oder einer vollbeschäftigten Hilfslehrerin 100 M. gezahlt werden. Außerdem können die Städte auch zur Erleichterung ihrer Schullasten von den Kreisen Beihilfen erhalten. [4])

III. Der Umfang der Schullast begreift die Kosten für die Herstellung und Unterhaltung der Schulgebäude, [5]) das Beschaffen der Schuleinrichtung und der Lehrmittel, sowie für die Ausstattung der Lehrerstellen und die Aufbringung der Lehrerpensionen. Inner= halb dieser Grenzen kann die Schulaufsichtsbehörde [6]) von der Stadt alle Leistungen verlangen, die sie zum Erreichen des Schulzweckes [7])

---

[1]) Leistungen, welche auf Umlagen beruhen, sollen bei der Verwendung des Staatsbeitrages vor anderen Leistungen berücksichtigt werden.

[2]) darüber, ob eine Lehrkraft voll beschäftigt ist, entscheidet ausschließlich die Schulaufsichtsbehörde.

[3]) Bestehen in einer Stadt mehrere Schulen, so ist für die erste Lehrer= stelle jeder einzelnen der mehreren Volksschulen der Beitrag von 500 M. zu zahlen (Minvfg. vom 9. Mai 1889, Centrbl. f. Unterrw. S. 565).

[4]) Vgl. Gesetz vom 14. Mai 1885 (sog. lex Huene) § 4. Siehe auch S. 336.

[5]) Vgl. dazu Minvfg. vom 10. Oktober 1889 (BMBl. S. 163), welche die Ansammlung von Schulhausneubaufonds in den Städten empfiehlt.

[6]) Das ist die Regierung, Abteilung für Kirchen= und Schulwesen, in Berlin das Provinzialschulkollegium.

[7]) aber nur zur Befriedigung eines gegenwärtigen, nicht auch erst eines erst künftig in Aussicht stehenden Bedürfnisses. Vgl. OVGE. Bd. 1 Nr. 27.

für erforderlich hält. Doch ist das Ermessen der Schulaufsichts= behörde nach zwei Richtungen hin umschränkt. Wenn die Stadt einer Anordnung zu Neu= oder Reparaturbauten der Schulgebäude widerspricht oder wenn sie ihre Pflicht zum Aufbringen der Bau= kosten bestreitet, so hat die Regierung darüber Beschluß zu fassen, der dann von der Stadt im Verwaltungsstreitverfahren angefochten werden kann. [1])[2])  Handelt es sich, abgesehen von Schulbausachen, um Anforderungen der Schulaufsichtsbehörde, welche die Stadt zu neuen oder erhöhten Leistungen für ihre Schulen nötigen würden, so ist bei der Weigerung der Stadt, dem Anfordern nachzukommen, nicht die Regierung, sondern der Bezirksausschuß berufen, das Maß der von der Stadt zu gewährenden Aufwendung zu bestimmen, wo= bei er sowohl die Bedürfnisse der Schule wie die Leistungsfähigkeit der Stadt berücksichtigen soll. [3])[4])  Die Einleitung des Beschlußver= fahrens erfolgt auf Antrag der Regierung, gegen den Beschluß des Bezirksausschusses kann sowohl die Regierung wie die Stadt binnen zwei Wochen Beschwerde an den Provinzialrat einlegen, dessen Entscheid endgültig ist. Die Beschwerde hat aufschiebende Wirkung.

### c. Die Fortbildungsschulen.

Reichsgewerbeordnung § 120, Gesetz vom 4. Mai 1886 betr. die Errichtung und Unterhaltung von Fortbildungsschulen in den Provinzen Westpreußen und Posen.

An die Volksschule schließen sich die Fortbildungsschulen an, die das in der Schule Erlernte befestigen und weiterführen, sowie ihren Schülern auch die gerade für ihren Beruf nützlichen Kenntnisse und Fertigkeiten verschaffen sollen. Ihre Errichtung ist im allge= meinen dem freien Ermessen der Städte anheimgegeben. Beschließt eine

---

[1]) Frist zwei Wochen, zuständig ist der Bezirksausschuß.

[2]) Über den Umfang der Verwaltungsrechtsprechung vgl. ZustGes. § 49 und OVGE. Bd. 1 Nr. 26 und Bd. 12 Nr. 39. Siehe auch Bd. 12 Nr. 40.

[3]) Der Bezirksausschuß hat über die Berechtigung des Verlangens der Regierung nicht zu urteilen, da er aber in der Würdigung der Erwägungs= gründe unbeschränkt ist, so kann er sehr wohl zur gänzlichen Abweisung der Regierung kommen.

[4]) Für Posen gilt dies Verfahren nicht, hier ist die Regierung unbe= schränkt.

Stadt, eine Fortbildungsschule zu errichten, so kann sie zugleich durch Ortsstatut für alle gewerblichen Arbeiter unter 18 Jahren den Schulzwang einführen. [1] [2]   Den Städten in Posen und West=preußen kann der Minister für Handel und Gewerbe laufende Staatsbeiträge für ihre Fortbildungsschulen gewähren, hier auch nötigenfalls seinerseits die gewerblichen Arbeiter unter 18 Jahren zum Schulbesuche verpflichten. [3]

### d. Die übrigen städtischen Schulen.

Neben den Volksschulen bestehen in den bedeutenderen Städten als Gemeindeanstalten: gelehrte Schulen, Mittelschulen, welche eine Bildung gewähren sollen, die den Bedürfnissen des bürgerlichen Lebens genügt, und höhere Mädchenschulen zur Ausbildung der weiblichen Jugend. Besondere gesetzliche Bestimmungen sind dafür bisher nicht ergangen. Die Unterhaltung haben die Städte, oft unter Beihilfe von Staatszuschüssen, übernommen. Die innere Einrichtung dieser Schulen und die Gestalt des Unterrichts bestimmen die staatlichen Behörden gemäß den geltenden ministeriellen Ver=ordnungen.

### e. Die Rechtsverhältnisse der städtischen Lehrer.

Königliche Verordnung vom 9. Dezember 1842 betr. die Anstellung der Direk=toren und Lehrer der Gymnasien u. s. w., Gesetz vom 15. Juli 1886 betr. die Anstellung und das Dienstverhältnis der Lehrer und Lehrerinnen an den öffent=lichen Volksschulen im Gebiete der Provinzen Posen und Westpreußen. Ver=ordnung vom 28. Mai 1846 betr. die Pensionierung der Lehrer und Beamten an den höheren Unterrichtsanstalten mit Ausschluß der Universitäten. Gesetz vom 6. Juli 1885 betr. die Pensionierung der Lehrer und Lehrerinnen an den öffentlichen Volksschulen. Gesetz vom 22. Dezember 1869 betr. die Erweiterung, Umwandlung und Neuerrichtung von Witwen= und Waisenkassen für Elementar=lehrer nebst den Ergänzungsgesetzen vom 24. Februar 1881 und 19. Juni 1889.

I. Nach preußischem Recht ist die Befugnis, die Lehrer anzu=stellen, keine Gegengewähr für die Pflicht zur Unterhaltung der

---

[1] §§ 57, 59 des Gesetzes vom 9. Februar 1849 dürften nicht mehr gültig sein. Vgl. auch Reichsgewerbeordnung §§ 97³, 97a zu 1.

[2] Über die Ziele der Fortbildungsschulen vgl. Minvfg. vom 14. Januar 1884 (Schneider und v. Bremen § 354a Nr. 11).

[3] In den Städten Posens und Westpreußens kann der Minister für Handel und Gewerbe auch aus Staatsmitteln Fortbildungsschulen errichten.

Schulanstalten. Auch die Verfassung beläßt wenigstens die An=
stellung der Volksschullehrer dem Staate und beruft die Gemeinden
dabei nur zur Mitwirkung. [1]) Nach geltendem Recht ist die An=
stellung sämtlicher städtischer Lehrer dahin geregelt, daß sie von dem
Schulpatrone berufen werden, diese Berufung aber staatlicher Be=
stätigung bedarf. [2]) Im Gebiete des allgemeinen Landrechts ist in
der Regel der Stadtvorstand, als die frühere Gerichtsobrigkeit, zur
Berufung der Volksschullehrer berechtigt, für das Gebiet der Städte=
ordnung von 1808 hat dies auch noch die Ministerialverordnung
vom 26. Juni 1811 ausdrücklich anerkannt. Aber auch wo dem
Stadtvorstande dieses Recht nicht zur Seite steht, ist ihm doch
überall von der Verwaltungspraxis die Berufung der Lehrer an den
städtischen Volksschulen überlassen worden. [3]–[6]) Nur für die Pro=
vinz Posen und Teile von Westpreußen ist dieser Rechtszustand
neuerdings geändert. Hier werden jetzt die Lehrer der städtischen
Volksschulen unmittelbar vom Staat angestellt, doch ist der Rat und
der Stadtschulausschuß vorher über die beabsichtigte Anstellung mit
seinen Bedenken zu hören. Wenn die Einwendungen der Stadt
dann aber nicht berücksichtigt werden, so bleibt ihr nur die Be=
schwerde an den Unterrichtsminister übrig. Für die Stadtkreise
Westpreußens, die Städte von mehr als 10 000 Einwohner in dieser
Provinz, sowie für alle Städte der Kreise Marienburg, Rosenberg,
Deutsch=Krone und Elbing gilt das allgemeine Recht; der Rat hat

---

[1]) Preuß. Verfassung Art. 24.

[2]) ALR. II, 12 § 22, Schneider und v. Bremen §§ 160—162. Vgl. noch
für Hannover Minvfg. vom 9. Februar 1889 (Centrbl. f. Unterrw. S. 422).

[3]) Der Stadtvorstand ist nur berechtigt, für die offene Stelle einen ge=
eigneten Bewerber zu erwählen und der Schulaufsichtsbehörde vorzuschlagen,
vollendet wird die Berufung erst durch ihre Annahme seitens des Lehrers und
die hinzukommende staatliche Bestätigung.

[4]) Übt der Stadtvorstand sein Berufungsrecht nicht innerhalb einer an=
gemessenen Frist — nach der preußischen Schulordnung binnen 3 Monaten —
aus, so geht das Recht auf die Schulaufsichtsbehörde über.

[5]) Die Berufung der städtischen Lehrer ganz allgemein für eine Haupt=
oder Klassenlehrerstelle, ohne Bezeichnung der Schulanstalt, ist zulässig und
wünschenswert. (Minvfgen vom 14. April 1875 und 10. April 1876, Schneider
und v. Bremen § 162 Nr. 9 und 10).

[6]) Insoweit einem Dritten nach Herkommen oder besonderen Rechtstiteln
die Berufung der Lehrer zusteht, ist es dabei verblieben.

hier die Lehrer zu berufen. Die Direktoren und Lehrer an den ſtädtiſchen höheren Lehranſtalten erhalten überall ihre Berufung vom Stadt=vorſtande, die Lehrer beſtätigt das Provinzialſchulkollegium, die Direktoren der König.

II. Die Feſtſetzung der Lehrergehälter ſeitens der Gemeinden bedarf der Genehmigung durch die Schulaufſichtsbehörde. Als Grundſatz iſt dabei feſtzuhalten, daß jede Lehrerſtelle an den ſtädtiſchen Volksſchulen ihrem Inhaber die Möglichkeit gewähren ſoll, fern von jedem Anſpruch des Luxus und höherer Lebensver=verhältniſſe, einen einfachen Haushalt zu gründen und ihn bei Spar=ſamkeit und Nüchternheit ohne Sorgen der Nahrung zu führen.[1] Bei mehrklaſſigen Schulen oder falls mehrere ſtädtiſche Schulen vorhanden ſind, empfiehlt ſich die Durchführung eines Normalplanes, nach dem die Gehaltsſätze der Lehrer ſtufenweiſe aufſteigen oder ſog. bewegliche Gehaltsſkalen eingerichtet werden. Hierbei hat die Schul=aufſichtsbehörde das Recht, zu prüfen, ob der einzelne Lehrer etwa zu Unrecht von dem Aufrücken in eine höhere Gehaltsſtufe ausge=ſchloſſen wird, wie anderſeits ihre Genehmigung auch eingeholt werden muß, wenn einzelnen Lehrern außerordentliche Bezüge zu=gewieſen werden ſollen.

III. In dem Gebiete des allgemeinen Landrechts ſind die Städte verpflichtet, den Volksſchullehrer bei ſeinem Anzuge auf ihre Koſten herbeizuholen. Dieſe Verpflichtung erſtreckt ſich auch auf die Familie, das Dienſtperſonal und was der Lehrer von Kleidung, Wäſche, Hausrat und Büchern mitbringt. Die Stadt braucht den Lehrer aber nur auf die Entfernung von zwei gewöhnlichen Tagereiſen ab=zuholen[2] und falls er vor Ablauf von 10 Jahren[3] eine andere Stellung annimmt, muß er der Stadt die Anzugskoſten wieder er=ſtatten.

IV. Die Penſionsverhältniſſe der feſtangeſtellten Volksſchullehrer ſind jetzt durch das Geſetz vom 6. Juli 1885, das im weſentlichen die Grundſätze des Staatsdienerpenſionsgeſetzes vom 27. März 1872

---

[1] Minvfg. vom 19. Mai 1856 (Schneider und v. Bremen § 178).
[2] ALR. II, 12 §§ 39—41. Vgl. dazu preußiſche Schulordnung § 19.
[3] Nach der preußiſchen Schulordnung vor Ablauf von fünf Jahren.

wiederholt, neu geordnet worden.[1][2] Jeder fest angestellte
Lehrer erhält danach eine lebenslängliche Pension, wenn er nach
Ablauf einer Dienstzeit von mindestens 10 Jahren infolge körper=
lichen Gebrechens oder wegen Schwäche seiner körperlichen oder
geistigen Kräfte zur Erfüllung seiner Amtspflichten dauernd unfähig
ist und deshalb in den Ruhestand versetzt wird. Ist die Dienst=
unfähigkeit infolge des Dienstes bereits vor Ablauf von 10 Jahren
eingetreten, so ist der Lehrer auch schon früher pensionsberechtigt,
wird er aus anderen Gründen vor Beendigung einer zehnjährigen
Dienstzeit dienstunfähig, so kann ihm Pension bewilligt werden.
Die Höhe der Pension beträgt bis zum Ablauf des zehnten Dienst=
jahres $15/60$ des Diensteinkommens und steigt mit jedem weiter
zurückgelegten Dienstjahre um $1/60$, bis sie den Betrag von $45/60$ des
Diensteinkommens erreicht hat.[3] Bei Berechnung der Dienstzeit
kommt die gesamte Zeit in Anrechnung, in der sich der Lehrer im
öffentlichen Schuldienst in Preußen befand oder aber sonst im
Dienste des preußischen Staates, des Norddeutschen Bundes und des
Deutschen Reiches gestanden hat.[4] Darüber, ob und zu welchem Zeit=
punkte dem Antrage des Lehrers auf Versetzung in den Ruhestand
nachzugeben sei, ebenso auch darüber, ob und welche Pension ihm
gewährt werden soll, entscheidet die Schulaufsichtsbehörde. Gegen
ihren Entscheid darüber, ob und in welcher Höhe dem Lehrer eine
Pension zusteht, ist sowohl der Stadt wie dem Lehrer das Recht der
Beschwerde an den Unterrichtsminister und gegen dessen Entscheidung
die Zivilklage gegeben.[5] In der Regel tritt die Versetzung in
den Ruhestand mit Ablauf desjenigen Vierteljahres ein, das auf
den Monat folgt, in welchem dem Lehrer die Entscheidung der

---

[1] Vgl. dazu die Ausführungsanweisung vom 2. März 1886 (BMBl. S. 37).

[2] Über den bisherigen Rechtszustand und über die unfreiwillige Pensio=
nierung vgl. Schneider und v. Bremen §§ 213—215.

[3] Über die Berechnung des Diensteinkommens vgl. § 4 des Gesetzes vom
6. Juli 1885.

[4] Über die Berechnung der Dienstzeit vgl. a. a. O. §§ 6—11 und Gesetz
vom 26. April 1890.

[5] Die Beschwerde an den Unterrichtsminister muß binnen 6 Monaten
nach Zustellung der Entscheidung der Schulaufsichtsbehörde eingelegt und inner=
halb gleicher Zeit muß dann gegen den Bescheid des Ministers die Klage er=
hoben sein.

Schulaufsichtsbehörde über seine Versetzung in den Ruhestand und die Höhe der ihm etwa zustehenden Pension bekannt gemacht ist. [1]

Was nun die Aufbringung der Pensionen anbetrifft, so ist diese Last grundsätzlich den Städten verblieben, der Staat hat aber alle Pensionen bis zur Höhe von 600 Mk. auf seinen Etat übernommen, zum Aufbringen des übrigen Pensionsbetrages kann, insoweit dies bisher statthaft war, auch jetzt zunächst das Stelleneinkommen herangezogen werden, doch darf es dadurch nicht unter drei Viertel seiner etatsmäßigen Höhe und überhaupt niemals unter das Mindest= gehalt, wie es für die Stadt von der Schulaufsichtsbehörde fest= gestellt ist, herabsinken. Der ungedeckte Rest der Pension ist immer von der Stadt zu übernehmen. Übrigens dürfte wohl in allen größeren Städten und erfreulicherweise auch in vielen der kleineren Städte bereits völlig von dem Heranziehen des Stelleneinkommens zu der Pension Abstand genommen sein.

Für die Pensionierung der Lehrer an städtischen höheren Schulen sind die Bestimmungen des Pensionsgesetzes vom 27. März 1872 maßgebend. [2] Die Pension wird zunächst aus dem eigentümlichen Vermögen der Anstalt, an welcher der Lehrer angestellt ist, gewährt. Im Unvermögensfalle muß die Stadt die Pension tragen, doch sollen, abgesehen von größeren Stadtgemeinden, überall besondere Pensions= fonds der einzelnen Anstalten gebildet werden, welche einmal aus den Einkünften des Vermögens der Anstalt und dann auch durch jährliche Beiträge der Stadt und der festangestellten Lehrer gespeist werden. Die Höhe dieser Beiträge wird von dem Oberpräsidenten unter Vorbehalt der Berufung an die beteiligten Minister fest= gesetzt. [3][4]

V. Über die Sorge für die Hinterbliebenen der Lehrer an städtischen höheren Schulen sind keine besonderen Bestimmungen ge= troffen. Die Anordnungen wegen des Gnaden= und Sterbequartals [5]

---

[1] Vgl. über die Rechtsverhältnisse des Pensionärs a. a. O. §§ 16—21.

[2] Vgl. S. 173.

[3] Vgl. königl. Verordnung vom 28. Mai 1846 §§ 4, 13, 16—18, königl. Verordnung vom 13. März 1848.

[4] Insoweit die Unterhaltungslast der Schule neben der Stadt auch einem Dritten — z. B. einer Kirchengemeinde — obliegt, nimmt diese auch an der Aufbringung der Pensionen teil.

[5] Vgl. S. 181.

finden auch auf sie Anwendung. Dieselben Gnadenzuwendungen kommen auch den Hinterbliebenen der Volksschullehrer zu gute, außerdem sind überall unter staatlicher Verwaltung stehende Witwen= und Waisenkassen begründet, die eine Mindestpension von 250 M. gewähren. Zu diesen Kassen müssen die Städte für jede ihrer Elementarschullehrerstellen[1][2] einen jährlichen Beitrag von 12 M. leisten.[3] Eine Teilnahme an der Verwaltung der Kassen ist nur den Stadtkreisen zugestanden, wo der Bürgermeister Vorsitzender des Kreisvorstandes ist, dessen Thätigkeiten indes nur unbedeutende sind.

### f. Die Leitung des städtischen Schulwesens.

Nach den Grundsätzen des preußischen Rechts hat der Stadtvorstand die Leitung der äußeren wirtschaftlichen und finanziellen Angelegenheiten der Schule, während die Aufsicht über das innere Leben der städtischen Schulanstalten von staatlichen Behörden geführt wird. Diese Scheidung der beiden oft ineinander übergehenden Gebiete muß zu Unträglichkeiten führen, die sich durch die Vereinigung der gesamten Leitung des städtischen Schulwesens in der Hand einer Behörde von ebensowohl staatlichem wie städtischem Charakter beseitigen lassen. In glücklicher Weise ist diese Vereinigung durchgeführt von der Ministerialverordnung vom 26. Juni 1811, die in den östlichen Provinzen noch heute in Geltung steht, für Ost= und Westpreußen auch durch § 36 der Schulordnung vom 11. Dezember 1845 gesetzliche Anerkennung erhalten hat. Neuerdings sind dann die Grundsätze dieser Vorschrift auch für Westfalen als maßgebend erklärt worden,[4] während in der Rheinprovinz, Schleswig=Holstein und Hannover abweichende Bestimmungen gelten.[5]

---

[1] Zu den Elementarschulen gehören hier auch die höheren Mädchenschulen und die Rektoratsschulen.

[2] nicht aber der Lehrerinnenstellen.

[3] Von den Lehrern werden jetzt nicht mehr Beiträge zu den Witwen= und Waisenkassen erhoben. Die Fürsorge für die Waisen ist jetzt durch das Gesetz vom 27. Juni 1890 neugeordnet.

[4] Minvfg. vom 20. Juni 1822 (Centrbl. f. Unterrw. S. 671).

[5] In der Rheinprovinz gelten verschiedene Regierungsverordnungen. Hinsichtlich der Schulaufsicht in Hannover vgl. Minvfg. vom 21. Dezember 1889 (Centrbl. f. Unterrw. 1890 S. 215). Übrigens dürfte gemäß § 28 des Ge=

Im Geltungsbereiche der Verordnung vom 26. Juni 1811 soll nun für die Leitung und Aufsicht über alle in der Stadt bestehen= den Schulen ein städtischer Schulausschuß errichtet werden. Der Stadtschulausschuß besteht aus dem Kreis= und Ortsschulinspektor, je einem von der Regierung ernannten Vertreter derjenigen Schulen, die nicht städtischen Patronates sind, und aus 3—9 gewählten Mit= gliedern, von denen je ⅓ zu dem Rate und der Stadtverordneten= versammlung gehört, während das letzte Drittel sachverständige Bürger bilden. Die Mitglieder des Rates und der Stadtverord= netenversammlung werden in derselben Weise, wie dies für die übrigen Verwaltungsausschüsse geschieht, erwählt, sie bedürfen aber der Bestätigung der Regierung. ¹) Diese gewählten und bestätigten Mitglieder schlagen dann ihrerseits für jede Stelle eines Bürger= mitgliedes drei Kandidaten vor, von denen die Regierung einen zum Mitgliede des Schulausschusses ernennt. ²)

Der Stadtschulausschuß beaufsichtigt die Privatschulen in der Stadt und leitet das gesamte niedere Schulwesen. ³)⁴) Hinsichtlich der öffentlichen höheren Schulen ist ihm nur die Besorgung der äußeren Angelegenheiten übertragen, über das innere Leben dieser Anstalten bestimmen die Direktoren und demnächst das Provinzial= schulkollegium. ⁵) Innerhalb seines Wirkungskreises hat der Stadt= schulausschuß die Aufsicht über das Schulvermögen und die ordnungs= mäßige Ausführung des Schuletats, er soll auf die Befolgung der Gesetze und Anordnungen des Staates achten, die Lehrer zu strenger Pflichterfüllung anhalten, den regelmäßigen Schulbesuch er= streben und beaufsichtigen, sowie überhaupt nach allen Richtungen hin das Schulwesen zu heben und zu fördern suchen. Um dieses Ziel

---

setzes vom 14. Oktober 1848 die Ministerialverordnung vom 26. Juni 1811 auch hier eingeführt werden dürfen.

¹) nicht der Regierungspräsident, da es sich hier um die Schulaufsichts= behörde handelt.

²) In Westfalen soll sich in der Zahl der Vorgeschlagenen je ein Geistlicher der beteiligten Kirchengemeinden befinden.

³) Wegen der Aufsicht über die Rektoratsschulen vgl. Minvfg. vom 26. Juni 1811 § 12 und Minvfg. vom 1. Juli 1889 (Centrbl. f. Unterrw. S. 641).

⁴) Bei der Aufsicht über die Mädchenschulen soll der Stadtschulausschuß auch achtbare Frauen aus allen Ständen hinzuziehen.

⁵) Minvfg. vom 11. Dezember 1867 (BMBl. 1868 S. 97).

erreichen zu können, sollen die Mitglieder des Schulausschusses sich in genauer Kenntnis von dem Zustande der einzelnen Schulen er= halten, sie daher auch häufiger besuchen und den Prüfungen und Zensuren beizuwohnen. Jährlich soll der Stadtschulausschuß einen ausführlichen Bericht über den gesamten Zustand des Schulwesens an die Regierung erstatten.

Unter dem Schulausschusse walten öfters, und in Westfalen ist dies die Regel, noch Schulvorstände für die einzelnen Schulen,[1]) in größeren Städten ist auch ein Mitglied des Stadtvorstandes als Stadtschulrat besonders mit der Bearbeitung der Schulsachen betraut, er ist dann innerhalb der Zuständigkeit des Schulausschusses dessen Organ.[2]—[4]) Neben den Stadtschulausschüssen stehen die staatlichen Orts= und Kreisschulinspektoren mit selbständigem Wirkungskreise. Oberaufsichtsbehörde ist die Regierung, Abteilung für Kirchen= und Schulsachen; in Berlin das Provinzialschulkollegium.

### 3. Der Bürgermeister als Hilfsbeamter der Staatsanwaltschaft und als Amtsanwalt.

Gerichtsverfassungsgesetz vom 27. Januar 1877 § 153. Ausführungsgesetz zum deutschen Gerichtsverfassungsgesetz vom 24. April 1878 §§ 63—65.
Steffenhagen § 79. Schmitz §§ 30, 32.

I. In den kreissässigen Städten, in denen für die Polizeiver= waltung keine königliche Behörde besteht, ist der Bürgermeister oder

---

[1]) Die Zusammensetzung und die Aufgaben der westfälischen Schulvor= stände sind in der Oberpräsidialverordnung vom 6. November 1829 und der Minvfg. vom 20. Juni 1882 näher bestimmt.

[2]) Außer in Ost= und Westpreußen können die Städte auch von der Bildung des Stadtschulausschusses absehen. Die äußern Angelegenheiten der Schulen werden dann vom Stadtvorstand oder einem städtischen Verwaltungs= ausschusse besorgt und auf die inneren Verhältnisse der Schulen hat die Stadt in diesem Falle gar keinen Einfluß.

[3]) Über das Verhältnis des Stadtschulausschusses zum Ortsschulinspektor vgl. Schneider und v. Bremen § 9 Nr. 12—16 und Minvfg. vom 11. Juni 1887 (Centrbl. f. Unterrw. S. 685); zum Kreisschulinspektor vgl. Schneider und v. Bremen § 9 Nr. 18, 19 und Minvfg. vom 9. Juni 1888 (Centrbl. f. Unterrw. S. 603).

[4]) Die Regierungen können sich dabei des Landrates als ihres Kommissars bedienen. (Vgl. Minvfg. vom 6. Mai 1887 (Centrbl. f. Unterrw. S. 533).

das sonst mit der Polizeiverwaltung beauftragte Mitglied des Stadt=
vorstandes zum Hilfsbeamten der Staatsanwaltschaft bestellt. [1]

II. In allen Städten, in denen die Polizei nicht von einer
königlichen Behörde verwaltet wird, kann der Bürgermeister vom
Staate mit der Wahrnehmung der Geschäfte des Amtsanwalts be=
traut werden. Der Stadtvorstand ist aber befugt, für den Bürger=
meister eine andere geeignete Person in Vorschlag zu bringen, die
bereit ist, das Amt zu übernehmen. Auch kann der Stadtvorstand
beantragen, daß eine von ihm benannte geeignete Person zum stän=
digen Stellvertreter des Bürgermeisters in seiner Eigenschaft als
Amtsanwalt berufen werde. [2]  Der Bürgermeister oder der an seiner
Stelle ernannte Amtsanwalt erhält vom Staate für seine persön=
liche Mühewaltung und zur Deckung der sächlichen Kosten eine
Pauschsumme als Entschädigung.

### 4. Das Standesamt.

Reichsgesetz vom 6. Februar 1875 über die Beurkundung des Personenstandes
und die Eheschließung. ZustGes. § 154.
Steffenhagen § 80.  Schmitz § 76.

Die Beurkundung des Personenstandes geschieht durch Standes=
beamte, die vom Staate bestellt werden. Bildet die Stadt allein
einen Standesamtsbezirk, so ist der Bürgermeister verpflichtet, die
Geschäfte des Standesbeamten zu besorgen, wenn die Stadt keinen
besonderen Beamten dafür anstellt. Der Bürgermeister kann aber
mit Genehmigung des Oberpräsidenten diese Geschäfte einem anderen
städtischen Beamten widerruflich übertragen, auch kann die Stadt
beschließen, besondere Standesbeamte anzustellen. Die Ernennung
dieser besonderen Standesbeamten, welche Gemeindebeamte sind und
deren Besoldung die Stadt gewähren muß, sowie ihrer Stellvertreter
erfolgt mit Genehmigung des Oberpräsidenten durch den Stadt=
vorstand. [3]

Die sächlichen Kosten des Standesamts fallen der Stadt zur

---

[1] Minvfg. vom 15. September 1879 (BMBl. S. 265) und vom 20. De=
zember 1879 (BMBl. 1880 S. 28).

[2] Die Verteilung der Geschäfte regelt dann der Bürgermeister.

[3] Über die Ernennung des Standesbeamten in zusammengesetzten Be=
zirken vgl. Gesetz vom 6. Februar 1875 §§ 6, 7, ZustGes. § 154.

Last, doch werden die Register und die Formulare zu allen Register=
auszügen kostenfrei vom Staate geliefert.

Die Aufsicht über die Amtsführung der Standesbeamten übt
der Regierungspräsident, in höherer Instanz der Oberpräsident und
der Minister des Innern. [1]

# Die Stadt und die in ihr befindlichen Korporationen, Anstalten und Interessenten-gruppen.

—

## 1. Die Stadt als Vertreterin von Interessentengruppen.

Zur Vertretung verschiedener Interessentengruppen ist die Stadt
teils durch Gesetz verpflichtet, teils wird sie dazu durch den Willen
der Beteiligten berufen, dem sie dann Folge leisten muß. Hier
sei eine kurze Übersicht der einzelnen Fälle gegeben:

a) Der Stadtvorstand kann von der Auseinandersetzungs=
behörde auf Antrag der Beteiligten zum Vertreter einer Gesamtheit
von Grundbesitzern des Stadtbezirkes bestellt werden, für die durch
ein Auseinandersetzungsverfahren gemeinschaftliche Angelegenheiten
begründet sind. [2] Er hat dann die Gesamtheit gegen Dritte zu ver=
treten und die Verwaltung der den Interessenten gemeinschaftlichen
Angelegenheiten während und nach dem Auseinandersetzungsverfahren
zu führen. Er soll dafür sorgen, daß die zur ordnungsmäßigen Unter=
haltung der gemeinschaftlichen Anlagen erforderlichen Arbeiten aus=
geführt werden, er hat die nötigen Beiträge auf die Teilnehmer zu

---

[1] In Berlin der Oberpräsident und in höherer Instanz der Minister des
Innern.

[2] Gesetz vom 2. April 1887 betr. die durch ein Auseinandersetzungsver=
fahren begründeten gemeinschaftlichen Angelegenheiten.

verteilen und von ihnen einzuziehen,[1] und er kann sogar mit Ge=
nehmigung der Auseinandersetzungsbehörde über die Substanz des
gemeinschaftlichen Vermögens verfügen.

b) In Hannover können die Realgemeinden des Stadtbezirkes
den Rat zu ihrem Vorstand erwählen. Ist der Rat von ihnen nicht
zum Vorstande bestellt, so hat er doch über sie die Aufsicht zu
führen.[2] [3]

c) Bestellen die Miteigentümer einer im Stadtbezirke belegenen
gemeinschaftlichen Holzung, ungeachtet der Aufforderung des Regie=
rungspräsidenten, keinen Bevollmächtigten, so vertritt sie der Stadt=
vorstand gegenüber dem Regierungspräsidenten.[4]

d) Die Besitzer der Grundstücke in der Stadtmark, welche zum
gemeinschaftlichen Jagdbezirke gehören, werden in allen Jagdange=
legenheiten vom Stadtvorstande vertreten.[5] Die Jagd darf nur
durch Verpachtung genutzt[6] oder durch einen angestellten Jäger
beschossen werden. Die Einnahmen fließen in die Stadtkasse und
werden, nach Abzug der etwa entstandenen Verwaltungskosten, dann
von dem Stadtvorstande unter die zur Jagdgemeinschaft gehörigen
Besitzer nach dem Verhältnis des Flächeninhalts ihrer Grundstücke
verteilt. Auf Beschwerden und Einsprüche gegen diese Verteilung
beschließt der Stadtvorstand, gegen dessen Bescheid binnen zwei
Wochen die Klage bei dem Kreisausschuß, in Stadtkreisen bei dem
Bezirksausschusse offen steht.[7]

e) Der Stadtvorstand ist befugt, an Stelle der Interessenten,

---

[1] Das Beitragsverhältnis soll zunächst im Auseinandersetzungsverfahren
festgesetzt werden. Ist dies nicht geschehen, so tragen die Einzelnen nach Ver=
hältnis ihrer Teilnahmerechte bei. Gegen die Heranziehung sind dieselben
Rechtsmittel wie bei den Gemeindeabgaben gegeben.

[2] Gesetz vom 5. Juni 1888 betr. die Verfassung der Realgemeinden in
der Provinz Hannover.

[3] Vgl. über die Geschäfte des Rats bei der Errichtung des Statuts für
die Realgemeinden a. a. O. § 10.

[4] Gesetz vom 14. März 1881 über gemeinschaftliche Holzungen.

[5] Jagdpolizeigesetz vom 7. März 1850. ZustGes. § 106. Es gilt dies
übrigens nicht für Hannover.

[6] Vgl. dazu OVGE. Bd. 14 Nr. 71, Bd. 17 Nr. 45 und MinVfg. vom
13. April 1890 (VMBl. S. 61).

[7] Vgl. OVGE. Bd. 14 Nr. 53, 54 und Bd. 17 Nr. 44.

die Ablösung gewerblicher Berechtigungen, denen alle Gemeindeange=
hörigen oder alle Grundstücke des Gemeindebezirks pflichtig sind, in
Antrag zu bringen. [1] Auch bei dem Entschädigungsverfahren, das
solche Berechtigungen betrifft, muß der Stadtvorstand zugezogen
werden.

f) Die Stadtkasse kann auf Antrag der Handelskammer unter
Genehmigung des Regierungspräsidenten zugleich zur Kasse der
Handelskammer, die in der Stadt ihren Sitz hat, bestimmt werden. [2]

g) Gegenüber der Berufsgenossenschaft der Unternehmer land=
und forstwirtschaftlicher Betriebe sind der Stadt in Vertretung der
Mitglieder wie der Versicherten verschiedene Rechte und Pflichten
beigelegt. [3] Sie ist zunächst immer an der Bildung der Genossen=
schaftsversammlung beteiligt, die Stadtverordneten wählen in Stadt=
kreisen unmittelbar einen Vertreter, in den kreissässigen Städten
bezeichnen sie einen Wahlmann, der seinerseits zusammen mit den
übrigen Wahlmännern des Kreises den Vertreter erkürt.

Die Bezirke der Sektionen, in welche die Berufsgenossenschaf=
geteilt ist, fallen mit den Kreisen zusammen. Die Genossenschafts=
versammlung kann beschließen, daß die Verwaltung der Sektionen
den Organen der Selbstverwaltung übertragen werde, dann übt in
den Stadtkreisen der Stadtausschuß die Geschäfte des Sektionsvor=
standes aus. [4]

------

[1] Entschädigungsgesetz zur allgemeinen Gewerbeordnung vom 17. Januar
1845 §§ 34, 41, 42. Gesetz vom 31. Mai 1858, betr. die Regulierung des
Abdeckereiwesens, § 10. Gesetz vom 17. März 1868 betr. die Aufhebung und
Ablösung gewerblicher Berechtigungen in den durch die Gesetze vom 20. Sep=
tember und 24. Dezember 1866 mit der Preußischen Monarchie vereinigten
Landesteilen § 54, ZustGes. § 133.

[2] Gesetz vom 24. Februar 1870 über die Handelskammern § 25.

[3] Reichsgesetz vom 5. Mai 1886 betr. die Unfall= und Krankenversicherung
der in land= und forstwirtschaftlichen Betrieben beschäftigten Personen §§ 51,
59, 81—83. Gesetz vom 20. Mai 1887, betr. die Abgrenzung und Organi=
sation der Berufsgenossenschaften auf Grund des § 110 des Reichsgesetzes über
die Unfall= und Krankenversicherung der in land= und forstwirtschaftlichen Be=
trieben beschäftigten Personen, vom 5. Mai 1886. Ausführungsanweisung
vom 4. Juni 1887 (BMBl. S. 125).

[4] Für Berlin soll das Genossenschaftsstatut die Zusammensetzung des
Sektionsvorstandes bestimmen.

Wenn in einem Stadtkreise die Krankenversicherungspflicht für die land= und forstwirtschaftlichen Arbeiter nicht eingeführt ist, so wählen die Stadtverordneten aus den wahlfähigen versicherten Per= sonen zwei Beisitzer und vier Stellvertreter zum Schiedsgerichte der Berufsgenossenschaft.[1] Hat sich in einer Stadt ein Unfall ereignet und ist von den Krankenkassen kein Bevollmächtigter zur Teilnahme an den Unfalluntersuchungen bestellt, so benennt der Stadtvorstand auf Ersuchen der Ortspolizei einen Arbeiter aus der Zahl der wahlfähigen versicherten Personen, der dann zur Teilnahme an den Untersuchungsverhandlungen berechtigt ist. Der Stadtvorstand ist weiter immer verpflichtet, dem Sektionsvorstande von der Eröffnung jedes neuen versicherungspflichtigen Betriebes im Gemeindebezirk Kenntnis zu geben. Schließlich sollen die Stadtvorstände auch die Beiträge der Genossenschaftsmitglieder, die sich im Gemeindebezirke befinden, gemäß den vom Genossenschaftsvorstande übermittelten Auszügen aus der Heberolle einziehen und binnen vier Wochen in ganzer Summe an den Genossenschaftsvorstand abführen. Die Stadt erhält für die Einziehung vier Prozente des eingegangenen Betrages, sie haftet aber auch für die Summen, bei denen sie den wirklichen Ausfall oder die fruchtlos erfolgte Zwangsvollstreckung nicht nachweisen kann, und sie muß diese Summen jedenfalls zunächst vorschußweise mit einsenden.

h) Die Stadt muß an die Versicherungsanstalt der Berufs= genossenschaft der Baugewerbetreibenden für gewisse Klassen der dort versicherungspflichtigen Unternehmer die Beiträge selbst zahlen; von den übrigen bei der Versicherungsanstalt beteiligten Unternehmern hat sie die Versicherungsprämien einzuziehen, wofür sie von der Berufs= genossenschaft eine Vergütung verlangen kann.[2][3] Was nun die Beitragspflicht der Stadt anlangt, so werden zur Deckung der Entschädigungsbeträge und Verwaltungskosten, welche der Ver= sicherungsanstalt aus Unfällen erwachsen, die sich bei solchen Bau=

---

[1] Das Schiedsgericht besteht immer für den Bezirk einer Sektion, in Stadtkreisen also für den Gemeindebezirk.

[2] Reichsgesetz vom 11. Juli 1887 betr. die Unfallversicherung der bei Bauten beschäftigten Personen.

[3] a. a. O. § 25.

arbeiten ereignet haben, welche weniger als sechs Arbeitstage in Anspruch nehmen, nicht die Bauunternehmer herangezogen, sondern die Mittel hierzu werden durch Beiträge aller Gemeinden, über deren Bezirk die Berufsgenossenschaft sich erstreckt, aufgebracht.[1]) Die erforderlichen Beiträge werden jährlich auf die einzelnen Gemeinden nach Verhältnis ihrer Bevölkerungsziffer[2]) umgelegt und dann von der Stadt entweder aus Gemeindemitteln bezahlt oder gemäß einem Ortsstatute als Interessentenbeiträge zusammengebracht.[3])

### 2. Die Aufsicht der Stadt über im Gemeindebezirke bestehende Korporationen und Anstalten.

## a. Die Innungen.

Reichsgewerbeordnung §§ 98 c, 100 b, 100 d, 100 e, 100 g, 100 l, 100 m, 101, 103 a, 104 ZuftGei. §§ 125, 126.

I. Der Stadtvorstand führt die Aufsicht über die Innungen, welche im Stadtbezirk ihren Sitz haben.[4]) Er überwacht die Befolgung der gesetzlichen und statutarischen Vorschriften und kann sie durch Androhung, Festsetzung und Vollstreckung von Ordnungsstrafen gegen die Inhaber der Innungsämter, sowie gegen die Innungsmitglieder und deren Gesellen, soweit diese an den Geschäften der Innung teilnehmen, erzwingen. Er entscheidet Streitigkeiten über die Aufnahme und Ausschließung der Innungsmitglieder, über die Wahlen zu den Innungsämtern, sowie, unbeschadet der Rechte dritter, über die Befugnisse und Pflichten der Inhaber dieser Ämter.[5]) Ferner beruft und leitet der Stadtvorstand die Innungsversammlung, falls

---

[1]) Der Minister kann bestimmen, daß an die Stelle der Gemeinden weitere Kommunalverbände treten sollen.

[2]) Als Bevölkerungsziffer gilt diejenige Zahl von Einwohnern, welche aus Anlaß der nächstvorhergegangenen Volkszählung von der zuständigen Behörde amtlich festgestellt ist und zwar von dem auf die Feststellung folgenden Rechnungsjahre ab.

[3]) Insbesondere kann bestimmt werden, daß die Last nur von den Grund- oder Gebäudebesitzern zu tragen sei.

[4]) Für Innungen, welche ihren Sitz nicht innerhalb eines Stadtbezirks haben oder welche mehrere Gemeindebezirke umfassen, wird die Aufsichtsbehörde vom Regierungspräsidenten bestimmt.

[5]) Vgl. dazu auch § 100m a. E. und 100d Nr. 2.

ein Innungsvorstand nicht vorhanden ist oder falls er sich weigert die Versammlung einzuberufen. Beschlüsse der Innungsversamm= lung über Abänderung des Innungsstatuts oder Auflösung der Innung dürfen immer nur im Beisein eines Abgeordneten des Stadtvorstandes gefaßt werden. Der Stadtvorstand hat weiter das Recht, einen Vertreter zu den Prüfungen der Innung zu senden und die Hälfte der Mitglieder solcher Prüfungskommissionen zu er= nennen, vor denen Lehrlinge von Gewerbetreibenden, die der Innung nicht angehören, geprüft werden. Der Stadtvorstand ernennt auch den Vorsitzenden des Innungsschiedsgerichts und er entscheidet end= gültig über Beschwerden der Innungsmitglieder wegen der von der Innung gegen sie verhängten Ordnungsstrafen. Bei Genehmigung von Nebenstatuten und bei der Gewährung erweiterter Rechte an die Innung ist er zur Abgabe seines Gutachtens berufen. Er soll die Jahresrechnung über die Einnahmen und Ausgaben solcher Ein= richtungen der Innung prüfen, zu deren Kosten auch Gewerbs= genossen, die nicht der Innung angehören, und deren Gesellen bei= tragen müssen, und er hat endlich die Abwickelung der Geschäfte einer aufgelösten Innung zu beaufsichtigen, nötigenfalls auch bei dem Bezirksausschusse auf die Schließung einer Innung Klage zu er= heben.

Gegen die Entscheidungen des Stadtvorstandes kann der Verletzte binnen vier Wochen bei dem Bezirksausschuß die Klage anstrengen, die aber gegen den andern Beteiligten, nicht gegen den Stadtvorstand gerichtet sein muß; [1]) seine sonstigen Anordnungen können in gleicher Frist mit der Beschwerde bei dem Regierungs= präsidenten angefochten werden.

### b. Die Orts=, Betriebs= und Baukrankenkassen.

Reichsgesetz vom 15. Juni 1883 betr. die Krankenversicherung der Arbeiter.

Wenn in der Stadt mindestens 100 Personen vorhanden sind, die krankenversicherungspflichtig sind, so darf die Stadt für sie eine Ortskrankenkasse errichten. [2]) Sind aus einem einzelnen Erwerbs=

---

[1]) OVGE. Bd. 8 Nr. 43. Vgl. auch Bd. 15 Nr. 52, Bd. 18 Nr. 47.
[2]) Über gemeinsame Ortskrankenkassen vgl. Gesetz vom 15. Juni 1883 §§ 16, 18.

zweige oder aus einer Betriebsart mindestens 100 Personen ver=
sichert, so ist die Errichtung einer Ortskrankenkasse für sie die
Regel. Weigert sich die Stadt eine Ortskrankenkasse zu errichten,
trotzdem die gesetzlichen Vorbedingungen dafür vorhanden sind, so
kann sie, auf Antrag der Beteiligten, vom Regierungspräsidenten
dazu angehalten werden. [1] [2] Kommt die Stadt der rechtskräftigen
Anordnung nicht binnen der ihr gesetzten Frist nach, so darf sie
von allen Personen, für welche die Errichtung der Ortskrankenkasse
befohlen ist, fernerhin keine Beiträge zur Gemeindekrankenversicherung
erheben. Ist die Errichtung einer Ortskrankenkasse von der Stadt
beschlossen, so soll der Stadtvorstand, nach Anhörung der Beteilig=
ten oder ihrer Vertreter, ein Kassenstatut aufstellen, für das die Be=
stätigung des Bezirksausschusses nötig ist. Wird die Bestätigung
versagt, so kann der Stadtvorstand den Bescheid im Verwaltungs=
streitverfahren anfechten. [3]

Auf Antrag des Stadtvorstandes und unter Zustimmung der
Vollversammlung kann der Bezirksausschuß die Auflösung einer
Ortskrankenkasse verfügen. [4] [5]

Die Aufsicht über die bestehenden Ortskrankenkassen führt in
Städten von mehr als 10 000 Einwohnern der Stadtvorstand, in
kleineren Städten kann der Regierungspräsident sie ihm übertragen.
Die Aufsichtsbehörde überwacht die Befolgung der gesetzlichen und
statutarischen Vorschriften und kann sie durch Androhung, Festsetzung

---

[1] Der Antrag muß von mehr als der Hälfte der Beteiligten und von
mindestens 100 Personen gestellt sein.

[2] Über die Verfügung des Regierungspräsidenten kann sich die Stadt
binnen 4 Wochen bei dem Minister für Handel und Gewerbe beschweren.

[3] Zuständig ist der Bezirksausschuß, gegen dessen Urteil Berufung an das
Oberverwaltungsgericht offen steht. Frist immer 2 Wochen.

[4] Die Schließung einer Ortskrankenkasse muß erfolgen, wenn die Zahl
der Mitglieder dauernd unter fünfzig Personen sinkt, oder wenn sich aus den
Jahresabschlüssen der Kasse ergibt, daß die gesetzlichen Mindestleistungen auch
nach erfolgter Erhöhung der Beiträge der Versicherten auf drei Prozent des
durchschnittlichen Tagelohns nicht gedeckt werden können und wenn gegen die
weitere Erhöhung der Beiträge aus der Mitte der Versicherten Widerspruch
erhoben wird.

[5] Über die Auflösung gemeinsamer Ortskrankenkassen vgl. § 48 des Ge=
setzes vom 15. Juni 1883.

und Vollstreckung von Ordnungsstrafen gegen die Mitglieder des Kassenvorstandes erzwingen. Sie ist befugt von allen Verhand=lungen, Büchern und Rechnungen der Kasse Einsicht zu nehmen und die Kasse zu revidieren. [1]) Sie kann die Berufung der Kassenorgane zu Sitzungen verlangen und, falls diesem Verlangen nicht ent=sprochen wird, die Sitzungen selbst anberaumen. [2]) So lange der Vorstand oder die Vollversammlung nicht zustande kommt, oder die Organe der Kasse die Erfüllung ihrer gesetzlichen oder statuten=mäßigen Obliegenheiten verweigern, kann die Aufsichtsbehörde die Befugnisse und Obliegenheiten der Kassenorgane selbst oder durch von ihr bestellte Vertreter auf Kosten der Kasse wahrnehmen. [3]) Ist kein Vorstand der Kasse vorhanden, so leitet die Aufsichtsbehörde die Wahl des Vorstandes sowie der Vertreter zur Vollversammlung. Wird die Wahl des Vorstandes von der Vollversammlung oder die Wahl der Vertreter zur Vollversammlung von den Wahlberechtigten verweigert, so werden die Mitglieder des Vorstandes oder der Voll=versammlung von der Aufsichtsbehörde ernannt.

Die Aufsichtsbehörde kann für die Gemeindekrankenversicherung und sämtliche Ortskrankenkassen ihres Bezirks eine gemeinsame Meldestelle errichten.

Streitigkeiten, welche zwischen den versicherten Personen oder ihren Arbeitgebern einerseits und den Ortskrankenkassen andererseits über die Verpflichtung zur Leistung oder Einzahlung von Beiträgen oder über Unterstützungsansprüche entstehen, werden von der Auf=sichtsbehörde entschieden. Gegen ihre Entscheidung findet binnen zwei Wochen nach der Zustellung die Berufung auf den Rechtsweg mittels Erhebung der Klage statt. Die Entscheidung der Aufsichts=behörde ist aber vorläufig vollstreckbar, soweit es sich um Streitig=keiten handelt, welche Unterstützungsansprüche betreffen.

---

[1]) Die Kasse ist verpflichtet, der Aufsichtsbehörde in den vorgeschriebenen Fristen und nach den vorgeschriebenen Formularen einen Rechnungsabschluß sowie Übersichten über die Mitglieder, die Krankheits= und Sterbefälle, die vereinnahmten Beiträge und die geleisteten Unterstützungen einzureichen.

[2]) Die Aufsichtsbehörde kann in den auf ihren Anlaß anberaumten Sitzungen die Leitung der Verhandlungen übernehmen.

[3]) Vgl. OVGE. Bd. 14 Nr. 64.

Für Betriebs= und Baukrankenkassen gelten wesentlich die= selben Bestimmungen wie sie eben für die Ortskrankenkassen darge= stellt sind. [1])

## c. Die städtischen Stiftungen.

StO. 53 §§ 4, 49. W. §§ 4, 48. Rh. §§ 4, 45. F. § 59. SH. §§ 5, 20. H. §§ 125—128.

Vielfach ist die Stadt zur Verwaltung und Beaufsichtigung milder Stiftungen berufen. Hat die Stiftung selbständige Persön= lichkeit, ist sie also eine besondere Anstalt, so entscheidet die Anord= nung des Stifters darüber, wieweit sich die Verwaltung oder Auf= sicht des Stadtvorstandes erstreckt und ob auch der Stadtverordneten= versammlung eine Teilnahme daran zu gewähren ist. Häufig ist aber der Stadt nur ein Vermögensbestand, der bestimmtem Zwecke gewidmet werden soll, überwiesen. Dann wird dadurch ein städtisches Sondervermögen begründet, für dessen Verwaltung dieselben Grund= sätze wie für alle übrigen Vermögensobjekte der Stadt maßgebend sind. Eingehendere Anordnungen sind nur für Hannover gegeben. Dort soll der Rat das Sondervermögen der Stiftungen selbst oder durch einen besonderen Ausschuß verwalten; inwieweit auch die Stadtverordneten an der Verwaltung teilnehmen, soll das Orts= statut bestimmen, jedenfalls müssen sie aber hinzugezogen werden bei Veränderungen der Grundsätze, nach denen die Stiftungen verwaltet werden, ferner bei Veränderungen in der Substanz, namentlich bei dem Erwerb, der Veräußerung und Belastung von Grundstücken und bei Geldanleihen, wodurch der Schuldenbestand der Stiftung vermehrt wird. Auch wirken die Stadtverordneten bei der Abnahme der Rechnung in derselben Weise mit, wie bei der Abnahme der städtischen Rechnungen. [2]) Der Regierungspräsident hat darauf zu achten, daß das Vermögen der Stiftungen erhalten und die Ein= künfte stiftungsgemäß verwandt werden. Er entscheidet Beschwerden über die Verwaltung und ist befugt, die Rechnungen einzusehen. Zu einzelnen Verwaltungsakten muß die Genehmigung des Bezirks= ausschusses vorher eingeholt werden. Es sind dies die folgenden:

---

[1]) Vgl. §§ 60, 62, 66, 67, 72 des Reichsgesetzes vom 15. Juni 1883.
[2]) Vgl. S. 345.

Erlaß und Abänderung von Verwaltungsordnungen für die Stiftungen; freiwillige Veräußerungen von Grundstücken und Gerechtigkeiten; Anleihen, wodurch der Schuldenbestand vergrößert wird. [1]

### 3. Die Stadt und die Kirche.
v. Möller §§ 131—133.

Die Beziehungen der Stadt zur evangelischen und katholischen Kirche sind nur lose. Wo die Stadt Patron einer Kirche ist, werden die Patronatslasten aus Gemeindemitteln bestritten, die Rechte übt der Stadtvorstand aus.

Überall ist die Stadt befugt, die kirchlichen Lasten ihrer Angehörigen selbst zu übernehmen.[2] Gesetzlich sind die Städte in den Landesteilen des linken Rheinufers verpflichtet, zu den Kosten für die Bedürfnisse der Kirchengemeinde Beiträge zu leisten,[3] aber auch sonst wenden die Städte vielfach den Kirchengemeinden Unterstützungen zu.[4]

---

# Die Stadt als Glied höherer Selbstverwaltungskörper.

---

### I. Die Stadt im Kreise.
Kreisordnung vom 19. März 1881 §§ 11, 21, 85, 88, 89, 92, 93, 104, 106, 108, 111, 112, 112a, 117, für Westfalen und für die Rheinprovinz §§ 11, 21,

---

[1] Wo bis zur Städteordnung von 1856 die Stiftungen aus ihren Einkünften Beiträge zur Stadtverwaltung leisteten, hat es dabei sein Bewenden behalten, die Feststellung des Maßes dieser Beiträge bedarf der Genehmigung des Bezirksausschusses.

[2] OVGE. Bd. 12 Nr. 26.

[3] Gesetz vom 14. März 1845 betr. die Verpflichtung zur Aufbringung der Kosten für die kirchlichen Bedürfnisse der Pfarrgemeinden in den Landesteilen des linken Rheinufers. Gesetz vom 14. März 1880 betr. die Bestreitung der Kosten für die Bedürfnisse der Kirchengemeinden in den Landesteilen des linken Rheinufers.

[4] z. B. durch Gewährung von Bauplätzen für Kirchen und Pfarreien.

34, 37, 38, 40, 41, 48, 50, 52, 55, 56, 57, für Hannover §§ 11, 21, 27, 28, 41, 44, 45, 48, 49, 60, 62, 64, 67, 68, 69, für Schleswig-Holstein §§ 11, 21, 71, 74, 75, 78, 79, 90, 92, 94, 97, 98, 99, 104. LVG. § 51. Kreisordnung für das Großherzogthum Posen vom 20. Dezember 1828, Verordnung vom 21. November 1837, Gesetz vom 19. Mai 1889 über die allgemeine Landesverwaltung und die Zuständigkeit der Verwaltungs= und Verwaltungsgerichts= behörden in der Provinz Posen.

v. Möller §§ 138, 139. Steffenhagen § 82. Schmitz § 22.

I. Größere Städte bilden für sich einen eigenen Kreis, die übrigen gehören zusammen mit einer Anzahl Landgemeinden und Gutsbezirke zu einem Kreise. Sie nehmen an dem kommunalen Kreisverbande teil und stehen auch in Angelegenheiten der allge= meinen Landesverwaltung unter dem Kreisausschuß, doch sind hier auch vielfach besondere Zuständigkeiten geschaffen.[1]

II. Alle Städte des Kreises bilden für die Wahlen zum Kreis= tage einen Wahlverband.[2] Die Zahl der städtischen Abgeordneten bestimmt sich dabei nach dem Verhältnis der städtischen Bevölkerung des Kreises zur ländlichen, wie sie durch die letzte allgemeine Volks= zählung festgestellt ist. Doch darf die Zahl der städtischen Abgeord= neten niemals die Hälfte und wenn zu dem Kreise nur eine Stadt gehört, nicht ein Drittel der Gesamtzahl aller Abgeordneten über= steigen.[3] Innerhalb des Wahlverbandes der Städte werden die Abgeordneten auf die einzelnen Städte nach ihrer Seelenzahl ver= teilt. Sind in einem Kreise mehrere Städte vorhanden, auf die hiernach nicht je ein Abgeordneter fällt, so werden diese Städte be= hufs der Wahl mindestens eines gemeinschaftlichen Abgeordneten zu einem Wahlbezirke vereinigt.[4] Ist in einem Kreise neben anderen

---

[1] Vgl. ZuftGes. §§ 45, 46, 47, 50, 51.

[2] In Hannover, Westfalen und der Rheinprovinz gehören zum Wahlver= bande der Städte alle Gemeinden des Kreises, die bis zum Inkrafttreten der Kreisordnung auf dem Kreistage oder dem Provinziallandtage im Städtestande vertreten gewesen sind, und die Gemeinden, denen später die Städteordnung verliehen wird. In Schleswig-Holstein gehören zu dem Wahlverbande der Städte auch die Flecken=gemeinden.

[3] Wegen des Kreises Zellerfeld vgl. KrOH. § 45.

[4] Ergeben sich bei dieser Berechnung Bruchteile, so werden sie nur inso= weit berücksichtigt, als sie ½ erreichen oder übersteigen. Übersteigen sie ½, so gelten sie als voll, kommen sie ½ gleich, so bestimmt das Los, auf welcher

großen Städten nur eine Stadt vorhanden, die nach ihrer Seelen=
zahl nicht einen Abgeordneten zu wählen haben würde, so wird ihr
trotzdem ein Abgeordneter zugewiesen. Die Verteilung der Abge=
ordneten erfolgt durch den Kreistag auf Vorschlag des Kreisaus=
schusses, sie gilt immer für 12 Jahre.[1] Der Beschluß soll im
Kreis= oder Amtsblatt bekannt gemacht werden, diejenigen Städte,
die sich benachteiligt glauben, können ihn binnen 2 Wochen[2] nach
Ausgabe jenes Blattes, in dem er veröffentlicht ist, mit der Klage
beim Bezirksausschuß anfechten.[3]

Die Wahl der städtischen Kreistagsabgeordneten findet in den
Städten, die für sich einen oder mehrere Abgeordnete zu wählen
haben, durch den Rat und die Stadtverordneten statt, welche dazu
unter dem Vorsitze des Bürgermeisters zu einer einheitlichen Wahl=
versammlung vereinigt werden, in den rheinischen Städten mit
Bürgermeisterverfassung nimmt die Stadtverordnetenversammlung
die Wahl vor.[4] In gleicher Weise geschieht die Wahl der Wahl=
männer in den Städten, die mit anderen Städten des Kreises zu
einem Wahlbezirke vereinigt sind. Hier wird auf je 250 Ein=
wohner[5] ein Wahlmann ernannt, die Wahlmänner des Wahl=
bezirks treten dann unter Leitung des Landrates[6] an dem vom
Kreisausschusse bestimmten Wahlorte zur Wahl des Abgeordneten
zusammen. Wählbar zum Wahlmann und zum Mitgliede des Kreis=
tags ist jeder Bürger[7] der im Kreise belegenen Städte. Die

---

Seite der Bruchteil für voll gerechnet werden soll. Vgl. auch Ausführungs=
anweisung vom 10. März 1873 Art. 7 OVGE. Bd. 16 Nr. 2.

[1] Über die Fälle, in denen schon vor Ablauf der Zeit eine Änderung
stattfindet vgl. KrO. 1881 § 112, KrOW. und Rh. § 56, KrOH. § 68, KrOSH.
§ 98.

[2] In Hannover vier Wochen.

[3] Gegen seine Entscheidung ist nur das Rechtsmittel der Revision gegeben.

[4] Der Bürgermeister ist hier, wie früher erwähnt wurde, stimmberechtigter
Vorsitzender der Stadtverordnetenversammlung.

[5] Durch statutarische Anordnung des Kreistages kann diese Zahl erhöht
werden.

[6] Vgl. OVGE. Bd. 3 Nr. 13.

[7] Vgl. S. 48 ff. — Auch der Bürgermeister ist ohne Besitz des Bürger=
rechtes nicht wählbar.

Wahlmänner werden vor jeder Wahl neu gewählt, nur bei Ersatz=
wahlen bleiben die früheren Wahlmänner in Thätigkeit.

III. Die Kreisabgaben werden von dem Kreisausschuß auf die
Abgabenpflichtigen des Stadtbezirkes verteilt und von den Städten
in ganzer Summe eingefordert; die Städte sind berechtigt, die Kreis=
abgaben aus Gemeindemitteln zu zahlen, eine Befugnis, von der
wohl fast alle Gebrauch gemacht haben. [1])

IV. Eine besondere Stellung haben im Kreise die Städte von
mehr als 10 000 Einwohnern und in Hannover die selbständigen
Städte; nicht in der Kreiskommunalverwaltung, in der sie den
übrigen Städten gleichstehen, aber sie sind in der allgemeinen Landes=
verwaltung vielfach von der Zuständigkeit des Kreisausschusses aus=
genommen [2]) und unmittelbar unter den Bezirksausschuß gestellt, in
einigen Fällen tritt ihr Stadtvorstand sogar gradezu an die Stelle
des Kreisausschusses. [3])    Hat die Stadt Bürgermeisterverfassung, so
sollen sich für diese Angelegenheiten Bürgermeister und Beigeordnete
zu einem Kollegium zusammenthun.    Die selbständigen Städte Han=
novers sind außerdem bei der Verwaltung der Polizei unabhängig

---

[1]) Vgl. dazu OVGE. Bd. 1 Nr. 4 und 10, Bd. 4 Nr. 8, Bd. 8 Nr. 7.

[2]) Vgl. ZuftGef. §§ 41, 56. 57, 66, 82, 116, 119, 145, 146.

[3]) Es sind dies die Fälle ZuftGef. §§ 109, 114 und der königlichen Ver=
ordnung vom 31. Dezember 1883 (GS. 1884 S. 7) § 1. Es handelt sich da=
bei um Beschlüsse über folgende Angelegenheiten:

a) über Anträge auf Genehmigung zur Errichtung oder Veränderung
gewisser gewerblicher Anlagen,

b) über Anträge auf Erteilung der Erlaubnis zum Betriebe der Gast=
wirtschaft oder Schankwirtschaft, zum Kleinhandel mit Branntwein
oder Spiritus sowie zum Betriebe des Pfandleihgewerbes und zum
Handel mit Giften.

c) über Anträge auf Erteilung der Erlaubnis an diejenigen, welche
gewerbsmäßig in ihren Wirtschafts= und sonstigen Räumen Sing=
spiele, Gesangs= und deklamatorische Vorträge, Schaustellungen von
Personen oder theatralische Vorstellungen, ohne daß ein höheres
Interesse der Kunst oder Wissenschaft dabei obwaltet, öffentlich ver=
anstalten oder zu deren öffentlicher Veranstaltung ihre Räume be=
nutzen lassen wollen.

d) über Anträge auf Erteilung der Erlaubnis, innerhalb des Gemeinde=
bezirks, des Wohnsitzes oder der gewerblichen Niederlassung den
S. 421 zu b bezeichneten Gewerbebetrieb auszuüben, soweit es dazu
der Erlaubnis bedarf.

vom Landrate und nehmen anstatt des Landrats die Geschäfte der allgemeinen Landesverwaltung wahr.

V. In Posen gilt noch die auf ständischen Anschauungen beruhende Kreisordnung vom 20. Dezember 1828. Danach sendet jede kreissässige Stadt in den Kreistag einen Abgeordneten, den Rat und Stadtverordnete in gemeinsamer Sitzung für sechs Jahre erwählen. In derselben Weise geschieht auch die Wahl eines Stellvertreters. Die Abgeordneten müssen 24 Jahre alt und unbescholtenen Rufs sein, sie müssen entweder dem Rate oder den Stadtverordneten angehören oder städtische Grundbesitzer sein, die ein bürgerliches Gewerbe betreiben.

Findet sich der ganze Stand der Städte durch einen Kreistagsbeschluß in seinen Interessen verletzt, so steht ihm das Recht zu, durch Einreichen einer begründeten Beschwerde die Angelegenheit an die Aufsichtsbehörde zu ziehen.

Für die Kreisabgaben gelten jetzt dieselben Vorschriften wie in den übrigen Provinzen.

## 2. Der Stadtkreis.

LVG. §§ 7, 37—40, 43, 54—62, Kreisordnung 1881 §§ 4, 169, 170, für Hannover §§ 4, 101, 102, für Hessen-Nassau §§ 102, 103, für Westfalen und für die Rheinprovinz §§ 4, 89, 90, für Schleswig-Holstein §§ 4, 132, 133, ZustGes. § 2.
v. Möller § 138. Steffenhagen §§ 71, 81. Schmitz § 22.

I. Größere Städte bilden einen eigenen Stadtkreis. Hat eine kreissässige Stadt in den östlichen Provinzen, Schleswig-Holstein und Hannover, mit Ausschluß der Militärpersonen, eine Einwohnerzahl von 25 000, in Westfalen von 30 000 und in der Rheinprovinz von 40 000 Seelen erreicht, so darf sie aus dem Kreisverband ausscheiden und für sich einen Kreis bilden. [1] Die Stadt wird dann auf ihren Antrag vom Minister des Innern für ausgeschieden erklärt. Nach Anhörung des Provinziallandtags kann durch königliche Verordnung auch Städten von geringerer Einwohnerzahl auf Grund besonderer Verhältnisse das Ausscheiden aus dem bisherigen

---

[1] In Posen ist für das Ausscheiden der Städte aus dem Kreisverbande keine Einwohnerzahl festgesetzt, sie haben daher kein Recht darauf.

Kreisverbande und die Bildung eines eigenen Kreises gestattet wer=
den. In allen Fällen hat zuvor zwischen der ausscheidenden Stadt
und dem Restkreise eine Auseinandersetzung darüber stattzufinden,
welchen Anteil die Stadt an dem gemeinsamen aktiven und passiven
Vermögen des bisherigen Kreises erhalten soll und wieviel sie an
fortdauernden Leistungen für gemeinsame Zwecke der beiden Kreise
zu übernehmen hat. Die Auseinandersetzung wird durch Beschluß
des Bezirksausschusses bestimmt, innerhalb zweier Wochen nach der
Zustellung des Beschlusses können die Beteiligten dann beim Be=
zirksausschusse gegen einander klagen. [1]

II. Die Stadtkreise haben in kommunaler Hinsicht [2] dieselben
Befugnisse und Pflichten wie die übrigen Kreise, nur daß alle diese
Aufgaben hier nicht als Aufgaben des Kreises, sondern als städtische
Gemeindeangelegenheiten erscheinen, so daß auch die Thätigkeit des
Landrats, des Kreisausschusses und des Kreistags nach den Ver=
fassungsbestimmungen der für die einzelne Stadt geltenden Städte=
ordnung von den städtischen Organen, — dem Bürgermeister, dem
Rate, den Stadtverordneten, — ausgeübt wird. So tritt das
Emporheben der Stadt zu einem Stadtkreise im inneren Leben der
Stadt nur wenig hervor; einiger Aufgaben, deren Erfüllung der
Staat von den Kreisen fordert und die daher nur in den Stadt=
kreisen zur städtischen Verwaltung gehören, ist schon früher gedacht
worden; auch vereinzelte Einkünfte, die nur die Stadtkreise haben,
sind bereits vermerkt. [3] Hier bleibt noch übrig, einer solchen Ein=
nahme kurz zu gedenken. Seit einigen Jahren verteilt nämlich
Preußen seinen Anteil an den vom Reiche erhobenen Getreide= und
Viehzöllen, soweit er 15 Millionen Mark übersteigt, weiter an die
Kreise. Die Verteilung geschieht zu $2/3$ nach dem Maßstabe der in
den einzelnen Kreisen aufkommenden oder fingirten Grund= und
Gebäudesteuer, soweit sie nach den Grundsätzen der Kreisordnung

---

[1] Über die maßgebenden Grundsätze bei der Auseinandersetzung vgl.
OVGE. Bd. 2 Nr. 2, Bd. 7 Nr. 10, Bd. 10 Nr. 3.

[2] Die Veränderung des Stadtgebietes kann bei den Stadtkreisen nur
durch Gesetz erfolgen.

[3] Wegen der Einnahmen der Stadtkreise aus Jagdscheingebühren vgl.
Gesetz vom 7. März 1850 § 14, Gesetz vom 9. März 1868 § 1.

vom $\frac{13.\ \text{Dezember } 1872}{19.\ \text{März } 1881}$ durch Zuschläge zu den Kreissteuern heran=
gezogen werden darf, und zu $^1/_3$ nach der bei der letzten Volks=
zählung festgestellten Zivilbevölkerung des Kreises. Die Minister
des Innern und der Finanzen überweisen in jedem Jahre den
Kreisen die Summen, die ihnen zufallen. Die Stadt soll diese über=
wiesenen Gelder zur Erfüllung solcher Aufgaben verwenden, für
die sie sonst die Mittel durch direkte Gemeindesteuern aufbringen
müßte. [1]

III. In den Angelegenheiten der allgemeinen Landesverwaltung
tritt der Stadtkreis nur teilweise an die Stelle der übrigen Kreise.
Über das Verhältnis der Polizei zu der Stadt ist bereits gesprochen,
auch sonst bestehen wohl in den Städten für Zwecke der Landes=
verwaltung besondere königliche Behörden. Soweit dieses nicht der
Fall ist, gehen die Zuständigkeiten des Landrates und des Kreis=
tages auf die nach der städtischen Verfassung dazu berufenen Organe
über. Die Geschäfte des Kreisausschusses in seiner Eigenschaft als
Beschlußbehörde und Verwaltungsgericht sind in weitem Umfange
dem Bezirksausschuß übertragen und nur in den gesetzlich bestimm=
ten Fällen [2] tritt der Stadtausschuß für ihn ein.

Die Zusammensetzung des Stadtausschusses ist in den Städten
mit Ratsverfassung anders wie in denen mit Bürgermeisterverfassung.
Wo ein Rat an der Spitze der Stadt steht, wird der Stadtausschuß
gebildet von dem Bürgermeister oder seinem gesetzlichen Stellver=
treter und vier Mitgliedern, welche der Rat aus seiner Mitte für
die Dauer ihres Hauptamtes wählt. In den Stadtkreisen mit
Bürgermeisterverfassung werden die vier Mitglieder des Stadtaus=
schusses von der Stadtverordnetenversammlung aus der Zahl der
Bürger gewählt, den Vorsitz führt auch hier der Bürgermeister oder
sein Stellvertreter.

---

[1] Vgl. wegen der Staatsdotationen an den Stadtkreis Berlin Gesetz vom
8. Juli 1875 §§ 2, 20. Königl. Verordnung vom 12. September 1877.

[2] Daß im § 169 der Kreisordnung vom 19. März 1881 des Landrates
keine Erwähnung gethan ist, bedeutet keinen sachlichen Unterschied zu den
neueren Kreisordnungen. Vgl. StO. 1853 § 62.

[3] Vgl. die Zuständigkeitstabelle im Anhang. Siehe auch Minvfg. vom
2. März 1880 (BMBl. S. 80).

Die Wahl der Mitglieder des Stadtausschusses erfolgt in den Städten mit Bürgermeisterverfassung auf 6 Jahre; alle drei Jahre scheidet die Hälfte der gewählten Mitglieder aus und wird durch neue Wahlen ersetzt, die Ausscheidenden bleiben aber immer bis zur Einführung der Neugewählten in Thätigkeit. Die Mitglieder, welche das erste Mal ausscheiden, werden durch das Los bestimmt, die Ausscheidenden sind wieder wählbar. Für die vor Ablauf der Wahlzeit ausscheidenden Mitglieder sollen Ersatzwahlen stattfinden, die Ersatzmänner bleiben nur bis zum Ende des Zeitraums in Thätigkeit, für den die Ausgeschiedenen gewählt waren. Im übrigen gelten in betreff der Wählbarkeit, der Wahl, der Einführung und der Vereidigung der Mitglieder sowie des Verlustes ihrer Stellen und der einstweiligen Enthebung davon, die für unbesoldete Rats= mitglieder [1] bestehenden gesetzlichen Vorschriften.

Überall muß der Vorsitzende oder ein Mitglied des Stadtaus= schusses zum Richteramt oder zum höhern Verwaltungsdienste be= fähigt sein. [2]

Die gewählten Mitglieder des Stadtausschusses [3] können aus Gründen, welche die Entfernung eines Beamten aus seinem Amte rechtfertigen, [4] im Wege des Disziplinarverfahrens ihrer Stellen enthoben werden. Die Einleitung des Verfahrens sowie die Er= nennung des Untersuchungskommissars erfolgt durch den Regierungs= präsidenten, [5] die entscheidende Behörde erster Instanz ist der Be= zirksausschuß, in zweiter Instanz entscheidet der Disziplinarsenat des Oberverwaltungsgerichts. Der Vertreter der Staatsanwaltschaft wird für die erste Instanz vom Regierungspräsidenten, [6] für die zweite Instanz von dem Minister des Innern ernannt. Im übrigen regelt sich das Verfahren nach dem Disziplinargesetz vom 21. Juli 1852. [7]

---

[1] Vgl. StO. Rh. § 69. OVGE. Bd. 17 Nr. 11.

[2] Vgl. Minvfg. vom 18. März 1877 (VMBl. S. 114).

[3] also alle mit Ausnahme des Bürgermeisters und seines gesetzlichen Stell= vertreters. Praktisch ist die Bestimmung nur für die von den Stadtverord= neten erwählten Mitglieder von Wichtigkeit.

[4] § 2 des Disziplinargesetzes vom 21. Juli 1852.

[5] in Berlin durch den Oberpräsidenten.

[6] in Berlin vom Oberpräsidenten.

[7] Vgl. auch S. 162.

Der Stadtausschuß ist beschlußfähig, wenn mit Einschluß des Vorsitzenden drei Mitglieder anwesend sind. Die Beschlüsse werden nach Stimmenmehrheit gefaßt. Ist eine gerade Zahl von Mitgliedern anwesend, so nimmt das dem Lebensalter nach jüngste gewählte Mitglied an der Abstimmung nicht teil, dem Berichterstatter steht jedoch in allen Fällen das Stimmrecht zu.

Der Vorsitzende des Stadtausschusses beruft ihn, leitet und beaufsichtigt den Geschäftsgang und sorgt für die möglichst schnelle Erledigung der Geschäfte. Er bereitet die Beschlüsse der Behörde vor und trägt für ihre Ausführung Sorge, er vertritt den Stadtausschuß nach außen, verhandelt für ihn mit anderen Behörden und mit Privatpersonen, führt den Schriftwechsel und zeichnet in seinem Namen alle Schriftstücke.

Für Fälle der Behinderung sowohl des Bürgermeisters wie seines gesetzlichen Stellvertreters wählt der Stadtausschuß den Vorsitzenden aus seiner Mitte, der von dem Regierungspräsidenten bestätigt werden muß.[1]

Das Verfahren des Stadtausschusses ist entweder das Verwaltungsstreitverfahren oder das Beschlußverfahren, der Geschäftsgang ist im einzelnen durch ministerielle Anweisungen geregelt.[2][3]

Ist bei einer Angelegenheit, die zur Zuständigkeit des Stadtausschusses gehört, die Stadtgemeinde als solche beteiligt, so wird für das Verwaltungsstreitverfahren von dem Oberverwaltungsgericht, für das Beschlußverfahren vom Regierungspräsidenten[4] ein anderer Kreis oder Stadtausschuß mit der Entscheidung oder Beschlußfassung beauftragt.[5]

IV. In Berlin werden die zu wählenden Mitglieder des Bezirksausschusses gemeinsam von dem Rat und den Stadtverordneten unter dem Vorsitze des Bürgermeisters erwählt. Dabei sind die

---

[1] in Berlin vom Oberpräsidenten.

[2] Vgl. Anweisung vom 28. Februar 1884 (BMBl. S. 41. Auch abgedruckt bei Brauchitsch, Verwaltungsgesetze Bd. I und bei Brüning, die preußische Verwaltungsgesetzgebung für die Provinz Hannover).

[3] Über die örtliche Zuständigkeit vgl. LVG. §§ 57, 58, über Ablehnung von Mitgliedern des Stadtausschusses LVG. §§ 61, 62, OVGE. Bd. 16 S. 428.

[4] in Berlin vom Oberpräsidenten.

[5] OVGE. Bd. 16 S. 423, Bd. 18 Nr. 24.

Mitglieder des Rats und der Stadtverordnetenversammlung von der Wählbarkeit ausgeschlossen. Dasselbe Kollegium beschließt auch über das Aufhören einer der für die Wählbarkeit vorgeschriebenen Bedingungen, wodurch die geschehene Wahl ihre Wirkung verliert, und über die etwaige Abänderung der Dauer der Wahlzeit.

### 3. Die Stadt und die Provinz.

Provinzialordnung vom $\frac{29.\ \text{Juni}\ 1875}{22.\ \text{März}\ 1881}$ §§ 15—17, 106—108, 111, Gesetz vom 27. März 1824, wegen Anordnung der Provinzialstände für das Großherzogthum Posen. Verordnung vom 15. Dezember 1830 wegen der nach dem Gesetze vom 27. März 1824, die Anordnung der Provinzialstände im Großherzogthum Posen betreffend, vorbehaltenen Bestimmungen. Gesetz vom 19. Mai 1889 über die allgemeine Landesverwaltung und die Zuständigkeit der Verwaltungs= und Verwaltungsgerichtsbehörden in der Provinz Posen.
v. Möller § 140, 141. Schmitz § 23.

I. In unmittelbaren Beziehungen zur Provinz stehen nur die Stadtkreise. Auf diese werden die Provinzialabgaben mitverteilt und sie sind zur Wahl von Abgeordneten in den Provinziallandtag berechtigt.

Die Verteilung der Abgaben erfolgt auf die einzelnen Kreise nach dem Maßstabe der in ihnen aufkommenden direkten Staats=steuern mit Ausnahme der Hausiergewerbesteuer.[1]) Die Provinzial=abgaben können von der Stadt auf die einzelnen Pflichtigen weiter verteilt werden, sie sind aber wohl überall auf den Gemeindeetat übernommen. Die Abgeordneten zum Provinziallandtage werden von dem Rat und den Stadtverordneten in gemeinschaftlicher Sitzung unter der Leitung des Bürgermeisters gewählt, in den rheinischen Städten mit Bürgermeisterverfassung nimmt die Stadt=verordnetenversammlung die Wahl vor.[2]) Für die Vollziehung der Wahl gilt die zur Provinzialordnung erlassene Wahlvorschrift. Wählbar zum Mitgliede des Provinziallandtags ist jeder selbständige Angehörige des deutschen Reichs, welcher das dreißigste Lebensjahr vollendet hat, sich im Besitze der bürgerlichen Ehrenrechte befindet

---

[1]) Über die Grundsätze bei der Berechnung der Steuersummen vgl. Pro=vinzialordnung § 107.

[2]) Vgl. Provinzialordnung für die Rheinprovinz § 15.

und seit mindestens einem Jahre der Provinz durch Grundbesitz oder Wohnsitz angehört. Als selbständig gilt derjenige, dem das Recht, über sein Vermögen zu verfügen und es zu verwalten, nicht durch gerichtliche Anordnung entzogen ist.[1][2])

II. In Posen, wo noch die Provinzialordnung vom 27. März 1824 gilt, ist der Stand der Städte auf dem Provinziallandtage durch 16 Abgeordnete vertreten, davon entsenden Posen 2, die Städte Rawitsch, Lissa, Fraustadt, Meseritz, Bromberg und Gnesen je einen Abgeordneten, die übrigen Städte sind zu Wahlbezirken vereinigt, in denen jede einzelne Stadt eine Anzahl Wahlmänner ernennt, die dann zusammen mit den übrigen Wahlmännern des Bezirkes den Abgeordneten küren.

Die Wahl der Abgeordneten und Wahlmänner leitet der Rat. Auf je 150 von Christen bewohnte Feuerstellen[3]) wird ein Wahlmann erwählt, die Wahl der Abgeordneten in den mit Virilstimmen begabten Städten ist unmittelbar. Wahlberechtigt sind überall die mit Grundeigentum angesessenen Bürger, wahlfähig ist zum Wahlmann jeder Wähler, der in der Stadt ein Grundeigentum von 900 Mark besitzt. Zum Abgeordneten können nur städtische Grundbesitzer erkoren werden, die entweder dem Rate angehören oder ein bürgerliches Gewerbe[4]) betreiben.[5])

Hinsichtlich der Aufbringung und Verteilung der Provinzialabgaben gelten jetzt dieselben Bestimmungen wie in den andern Provinzen.

---

[1]) Berlin gehört zu keinem Provinzialverbande.

[2]) Wegen des Verhältnisses von Frankfurt a M. zu dem Bezirksverbande des Regierungsbezirks Wiesbaden vgl. Gesetz vom 8. Juni 1885 Art. III B Nr. 2, 3, 6.

[3]) Nicht entgegen ist Reichsgesetz vom 3. Juli 1869.

[4]) Der Grundbesitz muß bei den Gewerbetreibenden in Städten mit Virilstimmen einen Wert von 12 000 M., in den übrigen von 4 500 M. haben.

[5]) Vgl. aber auch Art. VIII der Verordnung vom 15. Dezember 1830.

# Der Einfluß der Stadt auf die Bildung des staatlichen Willens.

## Die Vertretung der Stadt im Herrenhause.

Verordnung vom 12. Oktober 1854 wegen Bildung der ersten Kammer.
v. Möller § 148.

Eine Anzahl größerer Städte sind berechtigt, dem Könige ein Mitglied des Stadtvorstandes[1]) zur Einberufung in das Herren= haus vorzuschlagen. Die Wahl geschieht in den Städten mit Rats= verfassung durch den Rat, in den Städten mit Bürgermeisterver= fassung durch die Stadtverordnetenversammlung. Der zum Mit= gliede des Herrenhauses in Vorschlag gebrachte Angehörige des Stadtvorstandes wird dann vom Könige für die Dauer seines Hauptamtes einberufen.

---

# Die Aufsicht des Staates über die Städte.

StO. 1853 §§ 76—78. W. §§ 76—80. Rh. §§ 81—85. Fr. §§ 79—81.
SH. §§ 82, 91, 92. H. § 119. ZustGes. §§ 7, 15, 19.
v. Möller § 142. Steffenhagen §§ 132—139. Schmitz § 21.

I. Der moderne Rechtsbegriff der Kommunalaufsicht führt seinen Ursprung zurück auf die Städteordnung von 1808.[2]) Hier zuerst wurde anerkannt, daß auch die Korporationen, die in den Staats= organismus eingefügt sind, doch eine eigene vom Staate verschiedene Persönlichkeit haben und daß sie ihr Leben innerhalb der vom

---

[1]) Dazu gehören in Städten mit Bürgermeisterverfassung: der Bürger= meister und die Beigeordneten. So königl. Verordnung vom 28. Februar 1855 (bei Rönne, Preuß. Staatsrecht I S. 211 Anm. 2).

[2]) StO. 1808 §§ 1, 2. StO. 1831 § 139.

Staate gesetzten Schranken selbständig bethätigen dürfen. Nicht, wie seither, die Leitung des städtischen Wesens, sondern die Wahrung der Rechte des Staates gegenüber den Städten erscheint von nun an als Aufgabe des Staates. Dieser Begriff der Staatsaufsicht über die Kommunen ist seitdem zu allgemeinem deutschen Rechte geworden. Nur in der Ausdehnung einzelner Befugnisse, die an dem Wesen nichts ändern, unterscheiden sich die deutschen Gemeindeordnungen. Die neueste Zeit hat dann den Begriff insofern weiter entwickelt, als sie schärfer, wie bisher geschehen war, die negative Aufgabe der Aufsicht, Überschreitungen der den Städten gezogenen Schranken zurückzuweisen, von ihren positiven Zwecken gesondert hat und auch auf diesem Gebiete obrigkeitlicher Verwaltung die Staatsbürger zu umfassendem Mitwirken heranzieht. [1] [2]

II. Die Städte sind Gesamtpersönlichkeiten, die selbständiges Leben haben, aber sie sind nicht unabhängig, gleich souveränen Staaten, sondern sie sollen und müssen die Freiheit ihres Wirkens beschränken lassen durch die ihnen vom Staate gesetzte Ordnung. Und weiter sollen sie ihre Aufgaben, zu deren Erfüllung sie gesetzlich berufen sind oder die sie in Bethätigung ihrer Autonomie übernommen haben, nur ausüben in Übereinstimmung, nicht aber im Gegensatze zu den Zwecken, die der Staat selbst verfolgt, denn im letzten Grunde sind die Zwecke der Stadt und des Staates eins, ein Entgegenwirken beider Gewalten müßte zur Auflösung des Staates führen. Die städtische Selbständigkeit in Harmonie zu halten mit der Einheit des Staatszweckes, das ist das Wesen der staatlichen Aufsicht. [3]

III. Die staatliche Aufsicht über die Städte wird vom Regierungspräsidenten, in höherer und letzter Instanz von dem Oberpräsidenten [4] ausgeübt, [5] die aber beide bei ihren Anordnungen

---

[1] In Anhalt, Baden, Bayern, Oldenburg und Württemberg sind keine Ehrenbeamte an der Ausübung der staatlichen Aufsicht beteiligt.

[2] In Württemberg besteht noch das besondere Institut des Ruggerichts. In regelmäßigen Fristen ruft die Aufsichtsbehörde die Gemeindeangehörigen zusammen und jeder Bürger kann ihr dann Mängel der städtischen Verwaltung anzeigen, die sofort untersucht werden sollen.

[3] Vgl. hierzu auch OVGE. Bd. 16 Nr. 9.

[4] In Berlin vom Oberpräsidenten und dem Minister des Innern.

[5] Beschwerden bei den Aufsichtsbehörden in städtischen Gemeindeange-

und Beschlüssen in weitem Umfange an die Mitwirkung des Bezirksausschusses und des Provinzialrats gebunden sind. Die Einheit der staatlichen Aufsicht ist durch das Recht des Ministers des Innern gewahrt, überall den Oberpräsidenten und den Regierungspräsidenten mit Anweisungen zu versehen und, soweit dadurch nicht in die gesetzlich geordnete Zuständigkeit anderer Behörden eingegriffen oder bestehende Rechte verletzt werden,[1]) auch deren Anordnungen wieder aufzuheben.

IV. Die staatliche Aufsicht hat zunächst die negative Aufgabe, Überschreitungen der den Städten gezogenen Grenzen ihres Wirkungskreises zurückzuweisen. Dem Staate sind hier nur ganz bestimmte Mittel gegeben. Beschlüsse [2]) der Stadtverordneten oder des Rates, welche ihre Befugnisse überschreiten oder die Gesetze verletzen, muß der Regierungspräsident durch den Rat oder den Bürgermeister beanstanden lassen. In der Verfügung sind die Gründe der Beanstandung anzugeben. Die Beanstandung hat aufschiebende Wirkung. Gegen die Beanstandungsverfügung, die formell stets vom Rat oder dem Bürgermeister ausgeht, kann das städtische Organ, dessen Beschluß dadurch in seiner Wirksamkeit angehalten wird, Klage im Verwaltungsstreitverfahren erheben. [3]) [4])

Unterläßt oder verweigert es eine Stadt, die ihr gesetzlich [5])

---

legenheiten sind in allen Instanzen innerhalb zweier Wochen anzubringen. Mit Ablauf dieser Zeit erlischt aber nur das Recht des Beschwerdeführers eine Untersuchung zu verlangen, nicht auch das Recht der Aufsichtsbehörde, solche von Amtswegen einzuleiten.

[1]) Dies würde geschehen, wenn z. B. in dem geordneten Verfahren von dem Oberpräsidenten zu Gunsten der Stadt oder des Beschwerdeführers entschieden und der Bescheid den Beteiligten bekannt gemacht ist. Auch die Praxis hält in kommunalen Aufsichtssachen daran fest, daß der Minister im allgemeinen nur die Behörden über seine Auffassung verständigt und sie geeignetenfalls zu deren Befolgung anweist.

[2]) Die Beschlüsse sind nur dann zur Beanstandung geeignet, wenn sie sonst eine rechtliche Wirkung äußern würden. Vgl. OVGE. Bd. 6 S. 68.

[3]) Zuständig ist der Bezirksausschuß, für Berlin das Oberverwaltungsgericht. Frist zwei Wochen.

[4]) Die Stadtverordnetenversammlung oder der Rat können zur Wahrnehmung ihrer Rechte vor den Verwaltungsgerichten einen besonderen Vertreter bestellen.

[5]) Der Wirkungskreis der Städte ist nach deutschem und preußischem

obliegenden Leistungen, die von der im einzelnen Falle dazu be=
rufenen Behörde innerhalb der Grenzen ihrer Zuständigkeit festge=
stellt sind, auf den Haushaltsetat zu übernehmen oder außerordent=
lich zu genehmigen, so verfügt der Regierungspräsident unter An=
führung der Gründe die Eintragung in den Etat oder die Fest=
stellung der außerordentlichen Ausgabe.[1]) Gegen seine Verfügung
ist der Stadt[2]) die Klage bei dem Oberverwaltungsgerichte ge=
geben.[3—5])

V. Die wichtigere Aufgabe der staatlichen Aufsicht ist aber posi=
tiv; sie soll das Wirken der Stadt zu den vom Staate erstrebten
Zielen hinleiten, beide, Staat und Stadt, in ihren Zwecken, die sie
verfolgen, in Übereinstimmung halten. Es geschieht dies einmal
durch das Recht der Bestätigung wichtiger städtischer Beamter und
durch das Recht der Genehmigung bedeutsamer Beschlüsse der Stadt
— hierüber ist im Fortgange der Darstellung an den einzelnen
Stellen bereits gesprochen — es geschieht aber namentlich durch
fortwährende Kenntnisnahme von der städtischen Verwaltung, durch
Anregung, neue und verbesserte Einrichtungen zu schaffen, durch
Warnungen, verfehlte Maßregeln zu beschließen und durchzuführen.
Hier überall wirkt die staatliche Aufsicht nicht zwingend, aber allein

---

Recht nicht auf bestimmte Angelegenheiten beschränkt. Dehnt die Stadt ihren
Wirkungskreis in gesetzlich zulässiger Weise aus, so daß sie an Stelle der zu=
nächst und bisher Verpflichteten tritt, so ist sie auch in demselben Umfange
wie jene zu Leistungen gesetzlich verpflichtet. Anders, wenn sie nur den neben
ihr bestehenden Korporationen aus Gemeindemitteln Unterstützungen gewährt,
oder wenn sie vertragsmäßige Verbindlichkeiten eingeht. So auch OVGE.
Bd. 16 Nr. 31, Bd. 17 Nr. 6.

[1]) Vgl. im allgemeinen dazu auch OVGE. Bd. 12 Nr. 7 und 8 und
namentlich Bd. 18 Nr. 23.

[2]) Vgl. OVGE. Bd. 14 Nr. 13.

[3]) Frist zwei Wochen.

[4]) Wegen der Auflösung der Stadtverordnetenversammlung vgl. S. 108.

[5]) Weitere Zwangsmittel gegen die Stadt hat der Staat nicht, sie sind
auch unnötig, da jedes Thun der Stadt auf einem Beschlusse des Stadtvor=
standes oder der Stadtverordnetenversammlung beruhen muß. Im übrigen
ist es Pflicht der städtischen Beamten, die Geschäftsführung der städtischen Ver=
waltung in Ordnung zu halten und, wo dies nicht geschieht, wird der Re=
gierungspräsident gegen sie im Disziplinarverfahren vorgehen dürfen.

durch diese fördernde und beratende Thätigkeit vermag der Staat seiner Pflicht der Aufsicht voll zu genügen.

# Anhang I.

**Die vereinfachte Stadtverfassung für kleine Städte und Flecken.**
StO. 1853 §§ 72, 73. SH. §§ 94—98. ZuftGes. § 22.
v. Möller § 25. Steffenhagen §§ 68, 70.

In den kleinen Städten[1]) der östlichen Provinzen und Schleswig=Holsteins und in den schleswig=holsteinschen Flecken[2]) kann die Städteordnung in einfacherer Gestalt eingeführt werden. Es tritt dann an die Stelle des Rates der Bürgermeister, der die Befugnisse des rheinischen Bürgermeisters erhält, die Stadtverordneten können in ihrer Zahl bis auf sechs, in Schleswig=Holstein sogar bis auf vier Mitglieder vermindert werden und zugleich Ratmänner sein. In Schleswig=Holstein können auch noch andere den einfachen Verhältnissen dieser kleinen Orte entsprechende Abänderungen der Städteordnung durch Ortsstatut angeordnet werden.

---

[1]) In den östlichen Provinzen kann diese vereinfachte Stadtverfassung nur in Städten unter 2500 Einwohnern eingeführt werden.

[2]) Wegen der Flecken in den östlichen Provinzen vgl. auch OVGE. Bd. 13 Nr. 21.

# Anhang II.

Das städtische Gewerbegericht. [1]
Litt. L. Mugdan, das Reichsgesetz betr. die Gewerbegerichte, Berlin 1890.

### a. Zur Einleitung.

Zu der Reihe städtischer Einrichtungen, wie sie seither besprochen sind, ist mit dem Gewerbegerichte eine eigenartige Institution hinzugekommen, eigenartig um deshalb, weil sie zugleich zur Erfüllung verschiedenster Aufgaben berufen ist. Das Gewerbegericht ist zunächst eine gerichtliche Behörde zur Entscheidung zivilrechtlicher Streitigkeiten, es ist weiter ein begutachtendes Organ, das gleich den Handelskammern und ähnlichen Einrichtungen, mit seiner Sachkunde die staatliche Verwaltung unterstützen oder auch deren Thätigkeit anregen soll, das Gewerbegericht ist dann endlich — und diese Art seines Wirkens mag vielen als die bedeutsamste gelten — auch berufen, in den sozialen Streitigkeiten der gewerblichen Unternehmer und Arbeiter die unparteiische Stelle zu sein, an der die widerstrebenden Ansprüche beider Teile geprüft und soweit möglich vereinigt werden.

Inwieweit sich die Thätigkeit des Gewerbegerichts auf all diesen Gebieten als fruchtbringend erweisen wird, steht bei der Zukunft, jedenfalls ist damit, daß hier die Städte in ihrem Organe zu autoritativer Teilnahme an den sozialen Kämpfen der Gegenwart berufen sind, der gemeindlichen Thätigkeit wiederum ein großes und hoffnungsreiches Feld ihres Wirkens eröffnet. Mögen sie es denn nutzen!

### b. Die Errichtung und Zusammensetzung des städtischen Gewerbegerichts.

Reichsgesetz vom 29. Juli 1890 betr. die Errichtung der Gewerbegerichte.

I. Im allgemeinen ist die Errichtung eines Gewerbegerichts dem Ermessen der Städte anheimgegeben. Sie erfolgt auf Grund

---

[1] Dieser Abschnitt tritt an die Stelle der Erörterungen auf Seite 358 unter III. Wegen der bestehenden Gewerbeschiedsgerichte und ihrer Überführung in Gewerbegerichte vgl. Reichsgesetz vom 29. Juli 1890 betr. die Gewerbegerichte — GGG. — § 81.

eines Ortsstatuts; [1] mehrere Gemeinden [2] können sich durch übereinstimmende Ortsstatute zur Errichtung eines gemeinsamen Gewerbegerichtes verbinden. [3] [4] [5]

Wenn die Stadt es aber unterläßt, ungeachtet der von dem Minister für Handel und Gewerbe an sie ergangenen Aufforderung, innerhalb der ihr gesetzten Frist, ein Gewerbegericht zu errichten, so kann nun der Minister für Handel und Gewerbe, auf den Antrag beteiligter Arbeitgeber oder Arbeiter, die Errichtung eines städtischen Gewerbegerichtes anordnen; zugleich werden dann auch von ihm alle die Festsetzungen getroffen, die sonst dem Statute überlassen sind. [6]

II. Die Zusammensetzung des Gewerbegerichts regelt das Ortsstatut. Es besteht immer aus einem Vorsitzenden, für den ein oder mehrere Stellvertreter, die im Bedürfnißfalle für ihn eintreten, vorhanden sein müssen, und aus wenigstens vier Beisitzern. Hat das Gewerbegericht mehrere Abteilungen — Kammern —, so können auch mehrere Vorsitzende bestellt werden.

III. Die Beisitzer werden von den Gerichtseingesessenen ge-

---

[1] Die Entscheidung des Bezirksausschusses muß binnen 6 Monaten erfolgen. Wird dem Statut die Genehmigung versagt, so ist der Bescheid mit Gründen zu versehen.

[2] d. h. mehrere Städte oder, was häufiger sein wird, die Stadt mit den umliegenden, fabrikreichen Landgemeinden.

[3] Die Genehmigung erteilt dann der Bezirksausschuß, der für diejenige Stadt zuständig ist, in der das Gericht seinen Sitz erhält.

[4] In allen Fällen sollen vor der Errichtung des Gewerbegerichts sowohl Arbeitgeber als Arbeiter der hauptsächlichen Gewerbezweige und Fabrikbetriebe gehört werden.

[5] Hinsichtlich der Errichtung eines Gewerbegerichts seitens eines weiteren Kommunalverbandes vgl. GGG. § 1. Die Zuständigkeit dieses Gerichts ist aber ausgeschlossen, soweit die Zuständigkeit eines bestehenden oder auch erst später errichteten städtischen oder gemeinsamen Gewerbegerichtes reicht.

[6] Über die Errichtung staatlicher Gewerbegerichte, die sich aber auf die Entscheidung der Streitigkeiten der in Bergwerken, Salinen, Aufbereitungsanstalten und unterirdisch betriebenen Brüchen und Gruben beschäftigten Arbeiter mit ihren Arbeitgebern beschränken müssen, vgl. GGG. § 77. Für Streitigkeiten der Arbeiter dieser Kategorieen untereinander — a. a. O. § 3 Nr. 4 — bleibt das städtische Gewerbegericht zuständig.

wählt, sie müssen zur Hälfte den Arbeitgebern und zur Hälfte den Arbeitern angehören, die der Zuständigkeit des Gewerbegerichts unterworfen sind. Jede der beiden Interessentengruppen wählt gesondert die aus ihr hervorgehenden Gerichtsbeisitzer.

Dabei gelten als Arbeiter alle diejenigen Gesellen, Gehilfen und Lehrlinge, auf die der siebente Titel der Reichsgewerbeordnung Anwendung findet,[1] ebenso auch Betriebsbeamte, Werkmeister und mit höheren technischen Dienstleistungen betraute Angestellte, deren Jahresarbeitsverdienst an Lohn oder Gehalt 2000 M. nicht übersteigt.

Zu den Arbeitgebern werden außer den selbständigen Gewerbetreibenden auch ihre mit der Leitung eines Gewerbebetriebes oder eines bestimmten Teiles davon betrauten Stellvertreter gezählt, soweit ihr Jahresarbeitsverdienst 2000 M. übersteigt.

Inwieweit die Hausgewerbetreibenden der einen oder der anderen Gruppe angehören, darüber zu bestimmen ist dem Ortsstatut überlassen.

IV. Zur Teilnahme an den Wahlen der Gerichtsbeisitzer ist jeder der Zuständigkeit des Gewerbegerichts unterworfene Arbeitgeber und Arbeiter befugt, der folgende Vorbedingungen in sich vereinigt. Er muß:

a) Deutscher und
b) 25 Jahre alt sein. Außerdem auch
c) seit mindestens einem Jahre in dem Bezirke des Gewerbegerichts seine Wohnung oder Beschäftigung haben.[2][3]

Ausgeschlossen von der Wahlberechtigung sind:

a) Personen, welche die Befähigung zur Bekleidung eines öffent-

---

[1] Der Zuständigkeit der Gewerbegerichte sind nicht unterworfen die Gehilfen und Lehrlinge in Apotheken und Handelsgeschäften sowie die Arbeiter, die in den unter der Militär- oder Marineverwaltung stehenden Betriebsanlagen beschäftigt sind.

[2] Es ist nicht nötig, daß diese Beschäftigung immer unter die Zuständigkeit des Gewerbegerichts fiel; sie muß aber immer eine gewerbliche gewesen sein.

[3] Die Zeit ist auch erfüllt, wenn der Wahlberechtigte etwa 3 Monate im Gerichtsbezirke gewohnt hat, aber auswärts beschäftigt war, und dann 9 Monate zwar auswärts wohnte, aber im Gerichtsbezirke beschäftigt war.

lichen Amts oder aber die bürgerlichen Ehrenrechte infolge strafgerichtlicher Verurteilung verloren haben;

b) Personen, gegen welche das Hauptverfahren wegen eines Verbrechens oder Vergehens eröffnet ist, das die Aber= kennung der bürgerlichen Ehrenrechte oder der Fähigkeit zur Bekleidung öffentlicher Ämter zur Folge haben kann;

c) Personen, welche infolge gerichtlicher Anordnung in der Verfügung über ihr Vermögen beschränkt sind.

Wählbar zum Beisitzer ist jeder Wahlberechtigte, wenn er

a) das 30. Lebensjahr vollendet hat;

b) seit mindestens zwei Jahren in dem Bezirke des Gerichts wohnt oder beschäftigt ist und

c) in dem der Wahl vorangegangenen Jahre für sich oder seine Familie Armenunterstützung aus öffentlichen Mitteln nicht empfangen oder die empfangene Armenunter= stützung bis zu seiner Wahl erstattet hat. [1])

Die Wahlperiode bestimmt das Ortsstatut, sie muß aber min= destens ein und darf höchstens 6 Jahre umfassen; Wiederwahl der ausscheidenden Gerichtsmitglieder ist zulässig.

Das Wahlverfahren ist unmittelbar und geheim, im übrigen sollen die näheren Bestimmungen über die Wahl und das Ver= fahren dabei im Ortsstatute getroffen werden. Es kann dort auch insbesondere festgesetzt werden, daß bestimmte gewerbliche Gruppen [2]) je einen oder mehrere Beisitzer zu wählen haben.

Der Vorsitzende des Gewerbegerichts und seine Stellvertreter werden durch den Rat, bei Bürgermeisterverfassung und sonst auch, wo das Ortsstatut so bestimmt, durch die Stadtverordnetenversamm= lung auf mindestens ein Jahr gewählt; [3]) sie dürfen weder ge= werbliche Arbeitgeber [4]) noch Arbeitnehmer sein und müssen im

---

[1]) Eine im Jahre der Wahl empfangene Armenunterstützung hindert die Wählbarkeit nicht.

[2]) z. B. Zimmerleute, Maurer u. s. w.

[3]) Bei gemeinsamen Gewerbegerichten werden sich die einzelnen Gemeinden über die Wahlart des Vorsitzenden in einem Statute einigen müssen.

[4]) Der Vorsitzende und die Stellvertreter dürfen auch nicht außerhalb des Gerichtsbezirks Arbeitgeber (oder Arbeiter) sein. Es wird dies aber, wie im Text geschehen, allgemein auf die Qualität als gewerblicher Arbeitgeber

übrigen die für die Wählbarkeit zum Beisitzer gestellten Bedingungen in sich erfüllen. Ihre Wahl bedarf der Bestätigung des Regierungs= präsidenten, [1]) doch ist diese für Staats= oder Gemeindebeamte, [2]) die ihr Amt kraft staatlicher Ernennung oder Bestätigung ver= walten, nicht erforderlich, so lange sie dieses Amt bekleiden.

Beschwerden gegen die Rechtsgültigkeit der Wahl des Vorsitzen= den, der Stellvertreter und der Beisitzer sind nur innerhalb eines Monates nach der Wahl zulässig. Sie werden durch den Regierungs= präsidenten entschieden, der, auf erhobene Beschwerde, Wahlen, die gegen das Gesetz oder die auf Grund des Gesetzes erlassenen Wahl= vorschriften verstoßen, für ungültig zu erklären hat.

Sind Wahlen nicht zustande gekommen oder wiederholt für ungültig [3]) erklärt, so ist der Regierungspräsident befugt,

die Wahlen, soweit sie die Arbeitgeber oder Arbeiter hätten vornehmen sollen, durch den Rat und bei Bürger= meisterverfassung oder wo sonst das Ortsstatut so bestimmt, durch die Stadtverordnetenversammlung vollziehen zu lassen, soweit die Wahlen aber vom Rat oder der Stadtver= ordnetenversammlung vorzunehmen gewesen wären, nun= mehr die Mitglieder des Gewerbegerichts selbst zu er= nennen. [4])

Nach erfolgter Wahl sollen die Namen und der Wohnort der Mitglieder des Gewerbegerichts öffentlich bekannt gemacht werden. Die Art der Veröffentlichung bestimmt das Ortsstatut.

Das Amt der Beisitzer ist ein Ehrenamt, seine Übernahme kann nur aus denselben Gründen, die auch sonst zur Ablehnung eines unbesoldeten Gemeindeamtes berechtigen, verweigert werden. [5]) Über

---

zu beschränken sein. Der Betrieb der Landwirtschaft macht daher den Vor= sitzenden nicht, wohl aber der Betrieb jeder Fabrik zu diesem Amte unfähig.

[1]) Erstreckt sich der Bezirk des gemeinsamen Gewerbegerichts über mehrere Regierungsbezirke, so ist der Regierungspräsident des Bezirks, in dem das Gewerbegericht seinen Sitz hat, zur Bestätigung zuständig.

[2]) wohl aber für Reichsbeamte.

[3]) Die wiederholte Versagung der Bestätigung hat nicht diese Wirkung.

[4]) Der Regierungspräsident kann also auch zur Ernennung der Beisitzer berufen sein, wenn etwa sowohl die Arbeitgeber wie der Rat die Vornahme von Wahlen verweigern.

[5]) Vgl. S. 351.

den Ablehnungsantrag entscheidet der Rat, bei Bürgermeisterver=
fassung und sonst auch gemäß ortsstatutarischer Bestimmung: die
Stadtverordneten. Die Ablehnungsgründe sollen nur berücksichtigt
werden, wenn sie schriftlich geltend gemacht worden sind, nachdem
der Beisitzer von seiner Wahl in Kenntnis gesetzt ist. Wer das
Amt eines Beisitzers 6 Jahre hindurch versehen hat, kann die Über=
nahme des Amts während der nächsten 6 Jahre ablehnen.

Ein Mitglied des Gewerbegerichts, hinsichtlich dessen Umstände
eintreten oder bekannt werden, die seine Wählbarkeit zu dem von
ihm bekleideten Amte ausschließen, muß vom Regierungspräsidenten
des Amts enthoben werden; vorher ist es aber mit seinen Aus=
führungen zu hören.

Macht sich ein Mitglied des Gewerbegerichts einer groben
Verletzung seiner Amtspflicht schuldig, so kann es seines Amts
entsetzt werden. Die Entsetzung erfolgt durch das Landgericht, in
dessen Bezirk das Gewerbegericht seinen Sitz hat. Hinsichtlich des
Verfahrens und der Rechtsmittel finden die Vorschriften entsprechende
Anwendung, die für die zur Zuständigkeit der Landgerichte ge=
hörigen Strafsachen gelten. Die Klage wird von der Staatsanwalt=
schaft auf Antrag des Regierungspräsidenten erhoben.

V. Der Vorsitzende des Gerichts und seine Stellvertreter werden
vor ihrem Amtsantritte durch den vom Regierungspräsidenten be=
auftragten Beamten, die Beisitzer vor ihrer ersten Dienstleistung
durch den Vorsitzenden auf die Erfüllung der Obliegenheiten des
ihnen übertragenen Amts eidlich verpflichtet.

Die Beisitzer erhalten für jede Sitzung, der sie beigewohnt
haben, Vergütung etwaiger Reisekosten und eine Entschädigung für
Zeitversäumnis. Die Höhe dieser Entschädigung wird im Statut
festgesetzt, ihre Zurückweisung ist unstatthaft.

Beisitzer, die sich ohne genügende Entschuldigung zu den
Sitzungen nicht rechtzeitig einfinden oder die sich in' anderer Weise
ihren Obliegenheiten entziehen, sind vom Vorsitzenden zu einer
Ordnungsstrafe bis zu 300 M. sowie in die verursachten Kosten
zu verurteilen. Erfolgt nachträglich genügende Entschuldigung, so
kann die Verurteilung ganz oder teilweise zurückgenommen werden.
Gegen diese Entscheidungen des Vorsitzenden findet Beschwerde an
das Landgericht statt, in dessen Bezirk das Gewerbegericht seinen

Sitz hat. Das Verfahren richtet sich nach den Vorschriften der Strafprozeßordnung.

VI. Bei jedem Gewerbegerichte wird eine Gerichtsschreiberei eingerichtet. Für die Bewirkung der Zustellungen in dem Verfahren vor den Gewerbegerichten können an Stelle der Gerichtsvollzieher auch Gemeindebeamte verwendet werden.

VII. Die Kosten der Einrichtung und der Unterhaltung des Gewerbegerichts fallen der Stadt zur Last, soweit sie nicht in den eigenen Einnahmen — den erhobenen Gebühren, Kosten und Strafen — ihre Deckung finden. Bei gemeinsamen Gewerbegerichten soll sogleich bei Festsetzung der Zuständigkeit bestimmt werden, zu welchen Anteilen die einzelnen Gemeinden an der Deckung der Kosten teilnehmen.

c. Das Gewerbegericht als Behörde zur Entscheidung zivilrechtlicher Streitigkeiten.

I. Das Gewerbegericht soll gewerbliche Streitigkeiten zwischen den Arbeitnehmern und ihren Arbeitgebern, in gewissem Umfange auch gewerbliche Streitigkeiten der Arbeitnehmer unter einander entscheiden.

Sein Gerichtssprengel umfaßt in der Regel den Stadtbezirk. Haben sich mehrere Gemeinden zur Errichtung eines gemeinsamen Gewerbegerichts vereinigt, so erstreckt sich dessen Bezirk auch über alle diese Gemeinden, anderseits kann das Gewerbegericht auch auf bestimmte Teile des Stadtbezirks beschränkt sein. [1]

Im einzelnen Falle ist das Gewerbegericht zuständig, in dessen Bezirk die streitige Verpflichtung zu erfüllen ist. [2]

Die sachliche Zuständigkeit umfaßt ohne Rücksicht auf den Wert des Streitgegenstandes folgende Angelegenheiten:

a) Streitigkeiten der Arbeiter und Heimarbeiter (Hausgewerbetreibenden) [3] mit ihren Arbeitgebern über den Antritt, die

---

[1] Darüber bestimmt das Ortsstatut.

[2] Vereinbarungen der Parteien auf ein andres Gericht sind dadurch nicht ausgeschlossen.

[3] d. h. Personen, die für bestimmte Gewerbetreibende außerhalb deren Arbeitsstätte mit der Anfertigung gewerblicher Erzeugnisse beschäftigt sind.

Fortſetzung oder die Auflöſung des Arbeitsverhältniſſes
ſowie über die Aushändigung oder den Inhalt des Arbeits=
buches oder Zeugniſſes;

b) Streitigkeiten der Arbeiter und Heimarbeiter mit ihren
Arbeitgebern über die Leiſtungen und Entſchädigungsan=
ſprüche aus dem Arbeitsverhältniſſe ſowie über eine in
Beziehung darauf bedungene Konventionalſtrafe;[1])

c) Streitigkeiten der Arbeiter und Heimarbeiter mit ihren
Arbeitgebern über die Berechnung und Anrechnung der von
den Arbeitern zu leiſtenden Krankenverſicherungsbeiträge;[2])

d) Streitigkeiten unter den Arbeitern oder Heimarbeitern des=
ſelben Arbeitgebers über die Anſprüche, die auf Grund
der Übernahme einer gemeinſamen Arbeit gegeneinander
erhoben werden.

Geſetzlich ſind nur ſolche Heimarbeiter der Zuſtändigkeit der
Gewerbegerichte unterworfen, deren Beſchäftigung auf die Bearbei=
tung oder Verarbeitung der ihnen von ihren Arbeitgebern ge=
lieferten Rohſtoffe oder Halbfabrikate beſchränkt iſt; das Orts=
ſtatut kann aber auch gewerbliche Streitigkeiten derjenigen Haus=
gewerbetreibenden, die ſich die Rohſtoffe oder Halbfabrikate ſelbſt
beſchaffen, ganz oder teilweiſe den Gewerbegerichten zuweiſen.

Die Zuſtändigkeit des Gewerbegerichts erſtreckt ſich entweder
auf alle gewerblichen Streitigkeiten innerhalb ſeines Bezirks oder
ſie umfaßt nur die Streitigkeiten in beſtimmten Arten von Ge=
werbe= oder Fabrikbetrieben[3])[4]) Aber auch innerhalb dieſer Zu=
ſtändigkeit ſind doch von den Gewerbegerichten exilmiert:

---

[1]) Streitigkeiten über eine Konventionalſtrafe, die für den Fall bedungen
iſt, daß der Arbeiter nach Beendigung des Arbeitsverhältniſſes ein ſolches bei
andern Arbeitgebern eingeht oder ein eigenes Geſchäft errichtet, gehören nicht
zur Zuſtändigkeit der Gewerbegerichte.

[2]) Vgl. §§ 53, 65, 72, 73 des Reichsgeſetzes vom 15. Juni 1883.

[3]) Den Umfang der Zuſtändigkeit beſtimmt das Ortsſtatut.

[4]) Dies iſt immer der Fall bei den ſtaatlichen Gewerbegerichten, deren
Zuſtändigkeit auf die Streitigkeiten der in Bergwerken, Salinen, Aufbereitungs=
anſtalten und unterirdiſch betriebenen Brüchen und Gruben beſchäftigten Arbeiter
beſchränkt iſt.

a) die Mitglieder einer Innung und deren Gesellen, wenn für die Innung ein Schiedsgericht[1]) errichtet ist;

b) die Mitglieder einer Innung und deren Lehrlinge; für die gegenseitigen Streitigkeiten dieser Personen bleibt immer die Innung zuständig.

Einigen anderen Gruppen von Personen steht für jeden einzelnen Fall die Wahl frei, ob sie sich dem Gewerbegericht oder dem Innungsschiedsgericht oder auch der Innung unterwerfen wollen. Ist nämlich einer Innung das Vorrecht verliehen, auf Anrufen eines der streitenden Teile auch dann in Streitigkeiten zwischen den Arbeitgebern und ihren Lehrlingen zu entscheiden, wenn der Arbeitgeber der Innung nicht angehört, obwohl er zum Eintritte berechtigt ist, so können nunmehr die streitenden Parteien wählen, ob sie die Innung oder das Gewerbegericht angehen wollen. Dasselbe gilt, wenn gemäß § 100 f. RGewO. die Arbeitgeber, die außerhalb der Innung bleiben, obwohl sie zum Eintritt berechtigt sind, zu den Kosten des Innungsschiedsgerichtes herangezogen werden. Auch hier können die streitenden Parteien zwischen dem Gewerbegericht und dem Innungsschiedsgerichte wählen. Ist einmal das Innungsschiedsgericht oder die Innung angerufen, so sind diese auch allein zuständig, dagegen kann der Beklagte den Streit vom Gewerbegericht an die Innung oder deren Schiedsgericht ziehen, solange er sich nicht in die Verhandlung zur Hauptsache eingelassen oder sich ausdrücklich mit der Verhandlung vor dem Gewerbegericht einverstanden erklärt hat.[2])

Abgesehen von dieser konkurrierenden Amtsgewalt der Innungen und Innungsschiedsgerichte ist die Zuständigkeit eines jeden Gewerbegerichts in seinem Bezirke ausschließlich; den Zivilgerichten ist damit die Verhandlung und Entscheidung dieser Streitigkeiten entzogen,[3]) sie haben den Gewerbegerichten aber Rechtshilfe zu leisten.[4])

II. Das Gewerbegericht verhandelt und entscheidet in der Be-

---

1) Vgl. S. 482.
2) Vgl. GGG. § 24 RCPO. §§ 38, 465.
3) Vgl. GGG. § 26.
4) GVG. §§ 158—169.

setzung von drei Mitgliedern einschließlich des Vorsitzenden, wobei
einer der Beisitzer den Arbeitern, der andere den Arbeitgebern an=
gehören muß.    Durch Ortsstatut kann bestimmt werden, daß allge=
mein oder für gewisse Streitigkeiten eine größere Zahl von Bei=
sitzern, die aber immer je zur Hälfte aus den Arbeitern und
Arbeitgebern genommen sein müssen, teilnehmen soll.   Das Orts=
statut soll auch darüber Festsetzungen geben, nach welchen Grund=
sätzen der Vorsitzende die einzelnen Beisitzer zuzuziehen hat. [1]   Für
die Befugnisse des Vorsitzenden und der Beisitzer sind die Vor=
schriften über das landgerichtliche Verfahren maßgebend. [2]   Außer=
halb der mündlichen Verhandlung werden die Beschlüsse und Ver=
fügungen des Gerichts von dem Vorsitzenden allein erlassen.

Das Verfahren ist im wesentlichen dasselbe wie bei den Amts=
gerichten nach den Vorschriften der Zivilprozeßordnung, nur daß
der Prozeßbetrieb von Amtswegen stattfindet, auch die Formen des
Verfahrens einfacher, die Kosten mäßiger sind.

Die Klage kann schriftlich eingereicht oder auch zu Protokoll
des Gerichtsschreibers angebracht werden, worauf der Vorsitzende
einen möglichst nahen Termin anberaumt.   Mit der Zustellung der
Klageschrift an den Beklagten gilt dann die Klage als erhoben. [3] [4]
Die im Prozesse notwendigen Zustellungen und Ladungen erfolgen
von Amtswegen. [5]   Die Verhandlung vor dem erkennenden Ge=
richt einschließlich der Verkündung der Urteile und Beschlüsse erfolgt
öffentlich, das Gericht kann aber nach Maßgabe der für die ordent=
lichen Gerichte geltenden Bestimmungen [6] die Öffentlichkeit für die

---

[1] Über Gesuche wegen Ablehnung von Gerichtspersonen entscheidet das
Gewerbegericht, d. h. außerhalb der mündlichen Verhandlung allein der Vor=
sitzende (GGG. § 53).

[2] Hinsichtlich der Beratung und Abstimmung findet GVG. §§ 194—200
entsprechende Anwendung.

[3] Wegen der Wahrung von Fristen vgl. aber GGG. § 30 a. E.

[4] An ordentlichen Gerichtstagen können die Parteien zur Verhandlung
des Rechtsstreites ohne Terminsbestimmung und Ladung vor dem Gerichte er=
scheinen.   Die Erhebung der Klage erfolgt in diesem Falle durch ihren münd=
lichen Vortrag.   Die Klage ist zu Protokoll zu nehmen, falls die Sache streitig
bleibt.

[5] Vgl. GGG. §§ 30—33.

[6] GVG. §§ 173—175.

ganze Verhandlung oder einzelne ihrer Teile ausschließen; auch hinsichtlich der Gerichtssprache und der Sitzungspolizei kommen die für die ordentlichen Gerichte bestehenden Vorschriften zur Anwendung.[1]) Über die Verhandlung vor dem Gewerbegericht muß ein Protokoll aufgenommen werden, das der Vorsitzende und der Gerichtsschreiber unterzeichnen.

Als Regel werden die Parteien ihre Sache selbst vor dem Gewerbegerichte führen, sie können sich aber auch durch Bevollmächtigte vertreten lassen,[2]) nur Rechtsanwälte und Personen, die das Verhandeln vor Gericht geschäftsmäßig betreiben, dürfen als Prozeßbevollmächtigte oder Beistände nicht zugelassen werden. Erscheint eine Partei im Verhandlungstermine nicht, so ergeht auf Antrag der erschienenen Partei ein Versäumnisurteil, gegen das binnen einer Notfrist von drei Tagen seit seiner Zustellung Einspruch erhoben werden kann.[3]) Bleiben beide Parteien aus, so ruht das Verfahren, bis die Ansetzung eines neuen Verhandlungstermines beantragt wird. Erscheinen beide Parteien in dem Termin, so soll das Gewerbegericht zunächst thunlichst auf eine gütliche Erledigung des Rechtsstreites hinwirken, es kann den Sühneversuch in jeder Lage des Verfahrens erneuern und es hat ihn jedenfalls bei Anwesenheit der Parteien am Schlusse der Verhandlung zu wiederholen. Kommt ein Vergleich zu Stande, so ist sein Inhalt durch Aufnahme in das Protokoll festzustellen, diese Feststellung den Parteien vorzulesen und im Protokolle zu bemerken, daß die Vorlesung stattgefunden habe und daß die Genehmigung erfolgt ist oder welche Einwendungen erhoben sind. Wenn ein Vergleich nicht zu Stande kommt, so muß der Rechtsstreit verhandelt werden. Die Leitung der Verhandlung hat der Vorsitzende. Er soll dahin wirken, daß die Parteien sich über alle erheblichen Thatsachen vollständig erklären, die Beweismittel für ihre Behauptungen bezeichnen und die sach-

---

[1]) GVG. §§ 176—193.

[2]) Nicht prozeßfähigen Parteien, die ohne gesetzlichen Vertreter sind, kann auf Antrag bis zum Eintritt des gesetzlichen Vertreters von dem Vorsitzenden ein besonderer Vertreter bestellt werden. Das Gleiche gilt im Fall erheblicher Entfernung des Aufenthaltsorts des gesetzlichen Vertreters. Die nicht prozeßfähige Partei ist aber auf ihr Verlangen auch selbst zu hören.

[3]) Vgl. dazu GGG. §§ 37, 38.

bienlichen Anträge stellen. Er kann jederzeit das persönliche Er=
scheinen der Parteien anordnen und für den Fall des Nichterscheinens
eine Geldstrafe bis zu 100 M. androhen. [1]

Wird die Fortsetzung der Verhandlung in einem weiteren Ter=
mine notwendig, insbesondere weil eine erforderliche Beweisauf=
nahme nicht sofort bewirkt werden kann, so soll der weitere Termin
alsbald verkündigt werden, wobei immer der zur Beweisaufnahme
vor dem Gerichte anberaumte Termin zugleich auch zur Fortsetzung
der Verhandlung bestimmt ist. [2] Die Beweisaufnahme erfolgt in
der Regel vor dem Gewerbegericht, [3] [4] [5] sie ist auch dann zu be=
wirken, wenn eine oder beide Parteien in dem Termine nicht er=
scheinen. Die Beeidigung der Zeugen und Sachverständigen erfolgt
nur, wenn das Gericht sie zur Herbeiführung einer wahrheits=
gemäßen Aussage für notwendig erachtet oder wenn eine Partei
die Beeidigung beantragt. Dabei gelten die Bestimmungen der
Zivilprozeßordnung, wonach die Vereidigung gewisser Personen un=
zulässig ist, [6] auch für dieses Verfahren. Ob die Leistung eines
zugeschobenen oder zurückgeschobenen Eides durch bedingtes Urteil
oder durch Beweisbeschluß anzuordnen sei, bestimmt das Gericht
nach freiem Ermessen. [7]

---

[1] Gegen die Festsetzung der Strafe findet Beschwerde nach den Bestim=
mungen der Zivilprozeßordnung statt.

[2] Über das Verfahren, wenn in einem zur Fortsetzung der Verhandlung
bestimmten Termine eine oder beide Parteien ausbleiben vgl. GGG. §§ 41, 42.

[3] Nur in den Fällen RZPO. §§ 337, 340, 347, 399, 441 darf sie dem
Vorsitzenden des Gerichts oder mittels Ersuchens dem Amtsgericht übertragen
werden.

[4] Beschließt das Gericht die Vernehmung von Zeugen oder Sachver=
ständigen, so sind diese, falls sie nicht von den Parteien zur Stelle gebracht
sind, zu laden. Von der Ladung der Sachverständigen kann abgesehen werden,
wenn schriftliche Begutachtung angeordnet wird.

[5] Die Gebührenordnung für Zeugen und Sachverständige findet auch in
dem Verfahren vor den Gewerbegerichten Anwendung.

[6] RZPO. § 358.

[7] Erscheint der Schwurpflichtige in dem zur Leistung eines Eides be=
stimmten Termine nicht, so ist der Eid ohne weiteres als verweigert anzu=
sehen. Dem Verfahren ist Fortgang zu geben. Der Schwurpflichtige kann
binnen einer Notfrist von drei Tagen nach dem Termine sich zur nachträglichen
Leistung des Eides erbieten. Auf ein inzwischen ergangenes Urteil finden die

Das Urteil wird in dem Termine verkündet, in dem die Ver=
handlung geschlossen wird. Ist bies nicht ausführbar, so erfolgt
die Verkündung in einem sofort anzuberaumenden Termine, der
nicht über drei Tage hinaus angesetzt werden soll. Die Wirksam=
keit der Verkündung des Urteils ist von der Anwesenheit der Par=
teien und Beisitzer nicht abhängig. Aus dem Urteile müssen er=
sichtlich sein: die Mitglieder des Gerichts, die bei der Entscheidung
mitgewirkt haben; die Parteien; das Sach= und Streitverhältnis in
gedrängter Darstellung nebst den wesentlichen Entscheidungsgründen
und endlich der Spruch des Gerichts in der Hauptsache und in Be=
treff der Kosten, deren Betrag, soweit er sofort zu ermitteln ist, im
Urteil festgesetzt werden soll. Das Urteil ist von dem Vorsitzenden
zu unterzeichnen. Erfolgt die Verurteilung auf Vornahme einer
Handlung, so ist der Beklagte zugleich, auf Antrag des Klägers,
für den Fall, daß die Handlung nicht binnen einer zu bestimmen=
den Frist vorgenommen ist, zur Zahlung einer nach dem Ermessen
des Gerichts festzusetzenden Entschädigung zu verurteilen.

Als Schuldner der entstandenen Gebühren und Auslagen gilt
derjenige, dem durch die gerichtliche Entscheidung die Kosten aufer=
legt sind, oder der sie durch eine vor dem Gewerbegericht abgegebene
oder ihm mitgeteilte Erklärung übernommen hat. In Ermangelung
einer solchen Entscheidung oder Übernahme werden die Kosten von
demjenigen verlangt, der das Verfahren beantragt hat. Ihre Ein=
ziehung erfolgt immer im Verwaltungszwangsverfahren. Auf An=
trag der obsiegenden Partei kann ihr für die Versäumnisse, die sie
durch das Erscheinen bei Gericht erlitten hat, in dem Urteil eine
Entschädigung zugebilligt werden. Dagegen erstreckt sich die Ver=
pflichtung der unterliegenden Partei, die Kosten des Rechtsstreits zu
tragen, auf die Erstattung der dem Gegner durch die Zuziehung
eines Prozeßbevollmächtigten oder Beistandes entstandenen Kosten

---

Bestimmungen des § 647 der RZPO. entsprechende Anwendung. Ein solches
Urteil ist, wenn der Eid nachträglich geleistet wird, insoweit aufzuheben, als
es auf der Annahme der Eidesverweigerung beruht. Erscheint der Schwur=
pflichtige auch in dem zur nachträglichen Eidesleistung bestimmten Termine
nicht, so findet ein nochmaliges Erbieten zur Eidesleistung nicht statt.
¹) In diesem Falle ist die Zwangsvollstreckung in Gemäßheit der §§ 773,
744 RZPO. ausgeschlossen.

nur unter der Voraussetzung, daß die Zuziehung durch besondere Umstände gerechtfertigt war und nur in Ansehung des Betrages, den das Gericht für angemessen erachtet. Wird ein zur Beilegung des Rechtsstreits abgeschlossener Vergleich aufgenommen, so wird eine Gebühr nicht erhoben, auch wenn eine kontradiktorische Verhandlung vorausgegangen war. Im übrigen können die ohnehin sehr mäßigen Gebühren und Auslagen [1]) durch das Ortsstatut auf einen noch geringeren Satz festgestellt werden, und das Ortsstatut kann auch ihren völligen Wegfall anordnen.

III. Da die Streitigkeiten, die vor dem Gewerbegerichte verhandelt werden, meist sehr einfacher Natur sind, so können die Parteien zu dem ersten auf die Klage angesetzten Termin zunächst vor den Vorsitzenden allein vorgeladen werden. Erscheint dann in dem Termine nur eine der Parteien, so erläßt der Vorsitzende auf ihren Antrag das Versäumnisurteil; erscheinen beide Parteien, so hat er einen Sühneversuch vorzunehmen. Kommt ein Vergleich zustande, so ist er im Protokolle festzustellen, das Gleiche gilt für den Fall, daß die Klage zurückgenommen, auf den Klageanspruch verzichtet oder er anerkannt wird. In all diesen Fällen hat der Vorsitzende, sofern beantragt wird, die Rechtsfolgen durch Urteil auszusprechen, das Urteil zu erlassen.

Bleibt die Sache in dem Termine streitig, so hat der Vorsitzende die Entscheidung zu erlassen, wenn sie sofort erfolgen kann und beide Parteien darauf antragen; andernfalls ist ein neuer Verhandlungstermin, zu dem die Beisitzer zuzuziehen sind, anzusetzen und sofort zu verkünden. Zeugen und Sachverständige, deren Vernehmung der Vorsitzende für erforderlich erachtet, sind zu diesem Termine zu laden.

IV. In den vor die Gewerbegerichte gehörigen Rechtsstreitigkeiten finden die Rechtsmittel statt, die in den zur Zuständigkeit der Amtsgerichte gehörigen bürgerlichen Rechtsstreitigkeiten zulässig sind. Die Berufung ist jedoch nur zulässig, wenn der Wert des Streitgegenstandes den Betrag von 100 M. übersteigt. [2]) Entscheidungen

---

[1]) Vgl. GGG. § 57.

[2]) Ein über den Grund des Anspruchs vorab entscheidendes Zwischenurteil ist u Betreff der Rechtsmittel nicht als Endurteil anzusehen.

über die Festsetzung der Kosten, einschließlich der an die siegende Partei zugebilligten Versäumnisentschädigung, sind nicht anfechtbar.

Als Berufungs- und Beschwerdegericht ist das Landgericht, in dessen Bezirk das Gewerbegericht seinen Sitz hat, zuständig.

Ist für das Rechtsmittel gegen eine Entscheidung des Gewerbe-gerichts eine Notfrist bestimmt, so beginnt diese für jede Partei mit der an sie bewirkten Zustellung und, sofern auf die Zustellung ver-zichtet war, mit der Verkündung der Entscheidung. Im übrigen richtet sich die Einlegung des Rechtsmittels und das Verfahren in der Rechtsmittelinstanz nach den Vorschriften der Zivilprozeß-ordnung.[1]

V. Aus den Endurteilen der Gewerbegerichte, die rechtskräftig oder für vorläufig vollstreckbar erklärt sind, sowie aus den Ver-gleichen, die nach Erhebung der Klage vor dem Gewerbegerichte abgeschlossen sind, findet die Zwangsvollstreckung statt. Die der Berufung oder dem Einspruch unterliegenden Urteile sind von Amts-wegen für vorläufig vollstreckbar zu erklären, wenn der Gegenstand der Verurteilung an Geld oder Geldeswert die Summe von 300 M. nicht übersteigt oder wenn sie Streitigkeiten über den Antritt, die Fortsetzung oder die Auflösung des Arbeitsverhältnisses, sowie über die Aushändigung oder den Inhalt des Arbeitsbuches oder Zeug-nisses betreffen. Die vorläufige Vollstreckbarkeit ist nicht auszu-sprechen, wenn glaubhaft gemacht wird, daß die Vollstreckung dem Schuldner einen nicht zu ersetzenden Nachteil bringen würde; auch kann sie von einer vorgängigen Sicherheitsbestellung abhängig gemacht werden. Im übrigen finden auf die Zwangsvollstreckung sowie auf den Arrest und die einstweiligen Verfügungen die Vorschriften im achten Buche der Zivilprozeßordnung Anwendung. Die für den Beginn der Zwangsvollstreckung erforderlichen Zustellungen sind, soweit sie nicht bereits vorher erfolgt sind, auf Antrag des Gläubigers durch das Gewerbegericht zu bewirken.

---

[1] Die Bestimmung im § 532 Abs. 2 RZPO. über die Einlegung der Beschwerde in den bei einem Amtsgericht anhängig oder anhängig gewesenen Sachen — daß nämlich die Beschwerde auch zu Protokoll des Gerichtsschreibers erhoben werden kann — findet auf das Verfahren bei den Gewerbegerichten entsprechende Anwendung.

Die Kosten der Rechtsmittel und der Zwangsvollstreckung be=
stimmen sich nach den für die ordentlichen Gerichte maßgebenden
Vorschriften. Das Gesuch um Festsetzung der Kosten zweiter Instanz
ist bei dem Landgericht anzubringen.

### d. Das Gewerbegericht als Sachverständigen= kollegium.

**Reichsgesetz vom 29. Juli 1890 betr. die Gewerbegerichte § 70.**

Das Gewerbegericht ist verpflichtet auf Ansuchen von Staats=
behörden oder des Stadtvorstandes[1] Gutachten über gewerbliche
Fragen abzugeben und es ist berechtigt, in gewerblichen Fragen,
welche die seiner Gerichtsbarkeit unterstehenden Betriebe berühren,
Anträge an Behörden und Vertretungen von Kommunalverbänden
zu richten.

Zur Vorbereitung oder Abgabe derartiger Gutachten und zur
Stellung solcher Anträge können Ausschüsse aus der Mitte des Ge=
werbegerichtes gebildet werden, die aber immer gleichmäßig aus
Arbeitgebern und Arbeitern zusammengesetzt sein müssen, wenn es
sich um Fragen handelt, welche die Interessen beider Teile berühren.
Im übrigen soll das Ortsstatut über diese Thätigkeit des Gewerbe=
gerichts und die Art ihrer Ausübung das nähere bestimmen.

### e. Das Gewerbegericht als Einigungsamt.

**Reichsgesetz vom 29. Juli 1890 betr. die Gewerbegerichte §§ 61—69.**

Als Einigungsamt ist das Gewerbegericht berufen an den
sozialen Kämpfen der gewerblichen Arbeitgeber und Arbeitnehmer
als vermittelnde und schlichtende Instanz teilzunehmen. Es kann
in Fällen von Streitigkeiten, die zwischen gewerblichen Arbeitgebern
und Arbeitern über die Bedingungen der Fortsetzung oder Wieder=
aufnahme des Arbeitsverhältnisses entstehen, von den streitenden
Teilen zur Schlichtung des Zwistes angerufen werden. Solcher
Anrufung ist Folge zu geben, wenn sie von beiden Teilen erfolgt,
wenn die streitenden Parteien unter diejenigen Kategorien der Ge=
werbetreibenden fallen, auf die überhaupt die Gerichtsbarkeit der

---

[1] Bei gemeinsamen Gewerbegerichten kann der Vorstand jeder beteiligten
Gemeinde die Abgabe von Gutachten erfordern.

Gewerbegerichte sich erstreckt[1]) und wenn die beteiligten Arbeiter und Arbeitgeber, diese sofern ihre Zahl mehr als drei beträgt, aus ihrer Mitte Vertreter bestellen, die mit der Verhandlung vor dem Einigungsamte beauftragt werden.

Die Zahl der von den Parteien ernannten Vertreter soll in der Regel nicht mehr als drei betragen, wenn das Einigungsamt auch jederzeit eine größere Anzahl zulassen kann. Als Vertreter können nur bei dem Streite beteiligte Personen[2]) bestellt werden, die das fünfundzwanzigste Lebensjahr vollendet haben,[3]) sich im Besitze der bürgerlichen Ehrenrechte befinden und nicht durch ge= richtliche Anordnung in der Verfügung über ihr Vermögen be= schränkt sind. Ob die Vertreter für genügend legitimiert zu erachten sind, entscheidet das Einigungsamt nach freiem Ermessen.[4])

Das Gewerbegericht, das als Einigungsamt thätig wird, soll neben dem Vorsitzenden mit vier Beisitzern, Arbeitgeber und Arbeiter in gleicher Zahl, besetzt sein. Ueber die Art und Reihenfolge, in der die Zuziehung der Beisitzer erfolgt, soll das Ortsstatut Anord= nungen treffen; ist dies nicht geschehen, so bestimmt darüber der Vorsitzende. Das Einigungsamt kann sich außerdem durch Zu= ziehung von Vertrauensmännern der Arbeitgeber und Arbeiter in gleicher Zahl ergänzen, und dies muß geschehen, wenn es von den Vertretern der beiden streitenden Teile unter Bezeichnung der zu= zuziehenden Vertrauensmänner beantragt wird. Die Beisitzer und Vertrauensmänner dürfen nicht zu den Beteiligten gehören. Befinden sich unter den Beisitzern unbeteiligte Arbeitgeber und Arbeiter nicht in genügender Zahl, so werden die fehlenden durch Vertrauens= männer ersetzt, die von den Vertretern der beiden Teile, je für ihre Partei, gewählt werden.

---

[1]) Ob grade das von den streitenden Parteien angerufene Gewerbegericht sonst für sie zuständig ist oder ob sie unter ein anderes Gewerbegericht oder auch ein Innungsschiedsgericht fallen, bleibt gleichgültig. Die Parteien können sich auf jedes Gewerbegericht einigen.
[2]) Auch Frauen können Vertreter sein.
[3]) Soweit Arbeiter in diesem Alter nicht oder nicht in genügender Anzahl vorhanden sind, können jüngere Vertreter zugelassen werden.
[4]) Auch die Wahl in öffentlichen Versammlungen ist zulässig.

Das Einigungsamt hat durch Vernehmung der Vertreter beider Teile die Streitpunkte und die für deren Beurteilung in Betracht kommenden Verhältnisse festzustellen, wobei es auch befugt ist, zur Aufklärung der Sachlage Auskunftspersonen vorzuladen und zu vernehmen.[1] Jedem Beisitzer und Vertrauensmann steht das Recht zu, durch den Vorsitzenden Fragen an die Vertreter und Auskunfts= personen zu richten. Nach erfolgter Klarstellung der Verhältnisse wird beiden Teilen Gelegenheit gegeben, sich in gemeinsamer Ver= handlung über das Vorbringen des anderen Teils sowie über die vorliegenden Aussagen der Auskunftspersonen zu äußern.[2] Dann findet ein Einigungsversuch zwischen den streitenden Teilen statt. Kommt eine Vereinbarung zustande, so wird ihr Inhalt durch eine von sämtlichen Mitgliedern des Einigungsamts und den Ver= tretern beider Teile zu unterzeichnende Bekanntmachung veröffentlicht. Kommt eine Vereinbarung nicht zustande, so gibt das Einigungs= amt einen Schiedsspruch ab, der sich auf alle zwischen den Parteien streitigen Fragen erstreckt. Die Beschlußfassung über diesen Schieds= spruch erfolgt mit einfacher Stimmenmehrheit; stehen aber bei der Beschlußfassung die Stimmen sämtlicher für die Arbeitgeber zuge= zogenen Beisitzer und Vertrauensmänner denjenigen sämtlicher für die Arbeiter hinzugezogenen gegenüber, so kann sich der Vorsitzende seiner Stimme enthalten und feststellen, daß ein Schiedsspruch nicht zu= stande gekommen ist. Ist ein Schiedsspruch zustande gekommen, so wird er den Vertretern beider Teile mit der Aufforderung eröffnet, sich binnen einer gewissen Frist darüber zu erklären, ob sie sich dem Schiedsspruche unterwerfen. Die Nichtabgabe der Erklärung inner= halb der bestimmten Frist gilt als Ablehnung der Unterwerfung. Nach Ablauf der Frist hat das Einigungsamt eine von seinen sämt= lichen Mitgliedern unterzeichnete öffentliche Bekanntmachung zu er= lassen, die den Schiedsspruch und die darauf abgegebenen Er= klärungen der Parteien enthält. Ist weder eine Vereinbarung noch ein Schiedsspruch zustande gekommen, so ist dieses negative Ergeb=

---

[1] Das Recht, die Auskunftspersonen zu vereidigen, hat das Einigungs= amt nicht.

[2] Ob die Verhandlung öffentlich sein soll, bestimmt das Einigungsamt, das auch im übrigen das Verfahren, soweit es nicht etwa statutarisch geordnet ist, selbständig regelt.

nis von dem Vorsitzenden des Einigungsamtes öffentlich bekannt zu machen.

**f. Der Bürgermeister als Schiedsrichter in Gewerbe=streitigkeiten.**

Reichsgesetz vom 29. Juli 1890 betr. die Gewerbegerichte §§ 71– 75.

Gewerbliche Arbeitgeber und Arbeiter, die an sich der Zuständig= keit der Gewerbegerichte unterworfen sind, können[1]) in denjenigen Städten, in denen für sie kein Gewerbegericht[2]) besteht, die vor= läufige Entscheidung des Bürgermeisters[3]) nachsuchen,[4]) wenn es sich um Streitigkeiten handelt:

a) über den Antritt, die Fortsetzung oder die Auflösung des Arbeitsverhältnisses, sowie über die Aushändigung oder den Inhalt des Arbeitsbuches oder Zeugnisses,

b) über die Leistungen und Entschädigungsansprüche aus dem Arbeitsverhältnisse sowie über eine in Beziehung darauf bedungene Konventionalstrafe,

c) über die Berechnung und Anrechnung der von den Arbeitern zu leistenden Krankenversicherungsbeiträge.[5])

Zuständig[6]) ist der Bürgermeister derjenigen Stadt, in deren Bezirk die streitige Verpflichtung aus dem Arbeitsverhältnisse zu erfüllen ist.

---

[1]) Ein Zwang zur Anrufung des Bürgermeisters besteht nicht mehr, es können auch unmittelbar die ordentlichen Gerichte angegangen werden.

[2]) oder Innungsschiedsgericht oder keine Innung.

[3]) Der Bürgermeister kann die Wahrnehmung dieser schiedsrichterlichen Thätigkeit mit Genehmigung des Regierungspräsidenten einem dauernden Stellvertreter übertragen, der aus der Mitte der Gemeindeverwaltung oder aus der Stadtverordnetenversammlung auf mindestens ein Jahr berufen werden muß. Die Berufung ist öffentlich bekannt zu machen.

[4]) Jede der beiden Parteien ist berechtigt, die Entscheidung des Bürger= meisters anzurufen.

[5]) In diesem Falle sind auch all diejenigen Arbeitgeber und Arbeit= nehmer, die wohl dem Krankenversicherungszwange, aber nicht der Zuständig= keit der Gewerbegerichte unterworfen sind, befugt, die Entscheidung des Bürgermeisters anzurufen, anstatt sich unmittelbar an das Zivilgericht zu wenden.

[6]) Ist die Sache bei dem Zivilgerichte bereits rechtshängig, so ist die Zu= ständigkeit des Bürgermeisters damit ausgeschlossen.

Nachdem die Entscheidung des Bürgermeisters nachgesucht ist, hat er den Parteien Gelegenheit zu geben, ihre Ausführungen und Beweismittel in einem Termine vorzubringen. Eine Beweisaufnahme durch Ersuchen anderer Behörden findet nicht statt, Vereidigungen sind unzulässig.

Kommt ein Vergleich zustande, so ist ein Protokoll darüber auf= zunehmen und von den Parteien und dem Bürgermeister zu unterschreiben.

Andernfalls erkennt der Bürgermeister; seine Entscheidung ist schriftlich abzufassen und von Amtswegen für vorläufig vollstreckbar zu erklären, wenn nicht glaubhaft gemacht wird, daß die Vollstreckung dem Schuldner einen nicht zu ersetzenden Nachteil bringen würde. [1] In geeigneten Fällen kann der Bürgermeister die vorläufige Voll= streckbarkeit auch von einer vorgängigen Sicherheitsleistung abhängig machen.

Die Entscheidung des Bürgermeisters geht in Rechtskraft über, wenn nicht binnen einer Notfrist von 10 Tagen von einer der Par= teien Klage bei dem ordentlichen Gerichte erhoben wird. Die Frist beginnt mit der Verkündung, gegen eine bei der Verkündung nicht anwesende Partei mit der Behändigung der Entscheidung.

Die vor dem Bürgermeister geschlossenen Vergleiche, sowie seine rechtskräftigen oder vorläufig vollstreckbaren Entscheidungen sind, sofern die Partei es beantragt, auf Ersuchen des Bürgermeisters durch die Ortspolizeibehörde nach den Vorschriften über das Ver= waltungszwangsverfahren zu vollstrecken. [2] [3]. Unmittelbarer Zwang ist dabei nur gegen einen der Lehre entlaufenen Lehrling, der zu seinem Lehrherrn zurückgeführt wird, zulässig. [4]

---

[1] Ist gegen die Entscheidung des Bürgermeisters rechtzeitig Klage bei dem Zivilgerichte erhoben, so findet auf die Aufhebung der vorläufigen Voll= streckbarkeit und die Einstellung der etwa eingeleiteten Zwangsvollstreckung § 647 der RZPO. entsprechende Anwendung.

[2] Vgl. über das Verwaltungszwangsverfahren S. 312.

[3] Die Herausgabe der Arbeitsbücher und Zeugnisse kann nicht im Ver= waltungszwangsverfahren, sondern nur gemäß RZPO. §§ 769—772 erwirkt werden.

[4] RGew.O. § 130.

# Tabelle

über die Zuständigkeit des Stadtausschusses.

| Gegenstand. | Gesetz. | Verfahren. | Rechtsmittel. | Bemerkungen. |
|---|---|---|---|---|
| **I. Armenangelegenheiten.** | | | | |
| 1. Schiedsrichterliches oder sühne- amtliches Vermittlungsverfahren zwischen Armenverbänden. | ZustGes. § 43¹. | Beschluß. | endgültig. | |
| 2. Streit zwischen Armenverbän- den und den zur Unterstützung eines Hilfsbedürftigen verpflichteten Angehörigen. | ZustGes. § 43². | Beschluß. | endgültig. | Der ordentliche Rechtsweg bleibt vorbehalten. |
| **II. Wasserpolizei.** | | | | |
| 3. Ernennung von Kommissarien behufs Festsetzung der Höhe des Wasserstandes bei Stauwerken. | ZustGes. § 67. | Beschluß. | endgültig. | |
| 4. Klage gegen die durch die Kommissarien beim Mangel rechts- verbindlicher deutlicher Bestimmun- gen bewirkte Festsetzung des Was- serstandes bei Stauwerken. | ZustGes. § 67. | Streit- verfahren. | Berufung. Revision. | |
| 5. Entscheidung von Streitig- keiten darüber, ob die Höhe des Wasserstandes bei Stauwerken in rechtsverbindlicher und deutlicher Weise bestimmt ist. | ZustGes. § 67. | Streit- verfahren. | Berufung. Revision. | |
| 6. Vorläufige Festsetzung eines Wasserstandes bei Stauwerken. | ZustGes. § 67. | Beschluß. | endgültig. | Der Beschluß bleibt bis zur rechtskräftigen Entscheidung im Verwaltungs- streitverfahren in Geltung. |

| Gegenstand. | Gesetz. | Verfahren. | Rechtsmittel. |
|---|---|---|---|
| 7. Verschaffung von Vorflut.<br>a) Entscheidung über Anträge auf Verschaffung von Vorflut. | ZustGes. § 68. | Beschluß. | Antrag auf mündliche Verhandlung im Streitverfahren. Berufung. Revision. |
| b) Aufforderung zur Schiedsrichterwahl, die Ernennung des Obmanns sowie der von den Beteiligten nicht rechtzeitig gewählten Schiedsrichter und die Ermächtigung des Schiedsgerichts | ZustGes. § 69. | dgl. | endgültig. |
| c) Entscheidung über die Rechtmäßigkeit der Ablehnung des Schiedsrichteramts. | ZustGes. § 70¹. | dgl. | Antrag auf mündliche Verhandlung im Streitverfahren. |
| d) Entscheidung über die Zurückweisung unzulässiger Schiedsrichter. | ZustGes. § 70². | dgl. | dgl. |
| e) Entscheidung über die Festsetzung der Vergütung der Schiedsrichter. | ZustGes. § 70³. | dgl. | dgl. |
| f) Anfechtung der schiedsrichterlichen Entscheidung. | ZustGes. § 71. | Streitverfahren. | Berufung. Revision. |
| 8. Präklusionsbescheid bei Bewässerungsanlagen. | ZustGes. § 74. | Beschluß. | Restitutionsgesuch innerhalb 2 Wochen an den Stadtausschuß, der dann im Streitverfahren entscheidet. Berufung. |
| 9. Präklusionsbescheid bei Entwässerungsanlagen. | ZustGes. § 74. | dgl. | dgl. |
| 10. Entscheidung über Widersprüche gegen eine Bewässerungsanlage des Uferbesitzers. | ZustGes. § 75. | Streitverfahren. | Berufung. Revision. |
| 11. Anträge eines Uferbesitzers auf Einräumung oder Beschränkung von Rechten behufs Ausführung oder | | | |

| Gegenstand. | Gesetz. | Verfahren. | Rechtsmittel. | Bemerkungen. |
|---|---|---|---|---|
| **Erhaltung von Bewässerungsanlagen:** | | | | |
| a) Prüfung der Vorfrage, ob ein überwiegendes Landeskulturinteresse vorwalte. | ZustGes. § 76. | Beschluß. | Beschwerde. | |
| b) Ernennung der Kommissarien für das fernere Verfahren. | ZustGes. § 77. | — | endgültig. | |
| c) Entscheidung über die erhobenen Widersprüche gegen den von den Kommissarien entworfenen Plan. | ZustGes. § 77. | Beschluß. | Antrag auf mündlicheVerhandlung im Streitverfahren. Berufung. Revision. | |
| d) Entscheidung über die Frist zur Ausführung des von den Kommissarien entworfenen Plans. | ZustGes. § 77. | dgl. | dgl. | |
| e) Ernennung der Taxatoren. | ZustGes. § 78. | — | endgültig. | |
| f) Feststellung der Entschädigung. | ZustGes. § 78. | Streitverfahren. | Berufung an das Oberlandeskulturgericht. | |
| g) Vorläufige Gestattung der Bewässerungsanlage und Feststellung der Höhe der zu erlegenden Kaution. | ZustGes. § 80. | Beschluß. | Beschwerde. | |
| **12. Befugnisse der Strombauverwaltung gegenüber den Uferbesitzern an öffentlichen Flüssen.** | | | | |
| a) Ernennung von Schiedsrichtern zur Feststellung des von dem Uferbesitzer an den Staat zu zahlenden Betrages, wenn er von den durch die Anlagen der Strombauverwaltung entstandenen Anlagen Besitz ergreifen will. | Gesetz vom 20. August 1883. § 6. | — | — | |
| b) Festsetzung der Höhe der in den Fällen der §§ 3 und 8 des Gesetzes vom 20. August 1883 zu gewährenden Entschädigung. | ebenda § 9. | Beschluß. | ordentlicher Rechtsweg. | Frist 90 Tage. |
| 13. Klage gegen die Anordnungen, Festsetzungen und Erkenntnisse der Wasserlösungskommissionen und der Schauungsmänner. | ZustGes. § 81. | Streitverfahren. | Berufung. Revision. | Nur in Schleswig gültig. |
| 14. Entscheidung im Falle des § 17, Schlußsatz, der provisorischen Verfügung vom 6. September 1863 für die Geestdistrikte des Herzogtums Schleswig. | ZustGes. § 81. | dgl. | dgl. | dgl. |

| Gegenstand. | Gesetz. | Verfahren. | Rechtsmittel. | Bemerkunge⟩ |
|---|---|---|---|---|
| 15. Entscheidung über Anträge auf Regulierungen, insbesondere über den Erlaß von Regulativen, durch welche die Rechte und Pflichten der an einer Wasserlösung Beteiligten bestimmt werden sollen. | ZustGes. § 82. | Beschluß. | Antrag auf mündliche Verhandlung im Streitverfahren. Berufung. Revision. | Nur in Holste und Lauenbu gültig. |
| 16. Entscheidung über Anträge auf Zulassung neuer Entwässerungs-, Bewässerungs- oder Stauanlagen, oder auf Änderung oder Wegräumung derartiger Anlagen gegen den Widerspruch Beteiligter. | ZustGes. § 84¹. | dgl. | dgl. | Nur in Hannover gültig. |
| 17. Entscheidung über Anträge auf Setzung eines Stauziels u. dgl. für vorhandene Stauanlagen. | ZustGes. § 84². | dgl. | dgl. | dgl. |
| 18. Entscheidung über Anträge auf den Eintritt in eine und den Austritt aus einer Entwässerungs- oder Bewässerungsgenossenschaft, welche auf Grund des hannöverschen Gesetzes vom 22. August 1847 oder vor seinem Erlaß errichtet und als öffentliche Genossenschaft im Sinne des Gesetzes vom 1. April 1879 nicht begründet ist. | ZustGes. § 84³. | dgl. | dgl. | dgl. |

**III. Deichangelegenheiten.**

| | | | | |
|---|---|---|---|---|
| 19. Überweisung von Befugnissen hinsichtlich der Deich- und Sielverbände durch deren Statuten. | ZustGes. § 98. | — | — | — |

**IV. Fischereipolizei.**

| | | | | |
|---|---|---|---|---|
| 20. Aufsicht über Fischereigenossenschaften. | ZustGes. § 100. | Beschluß. | Antrag auf mündliche Verhandlung im Streitverfahren. Berufung. Revision. | |
| 21. Streit über die Verpflichtung zur Teilnahme an den Genossenschaftslasten oder über das Recht zur Teilnahme an den Auskünften aus der gemeinschaftlichen Fischnutzung. | ZustGes. § 102. | Streitverfahren. | Berufung. Revision. | Die Entscheidung des Stadtausschusses i vorläufig vol streckbar. |

| Gegenstand. | Gesetz. | Verfahren. | Rechtsmittel. | Bemerkungen. |
|---|---|---|---|---|
| **V. Wassergenossenschaften.** | | | | |
| 22. Genehmigung zur Veräuße=rung von Immobilien und zur Aufnahme von Anleihen, durch die der Schuldenbestand vermehrt wird, sowie zu anderen statutarisch be=stimmten Angelegenheiten. | Gesetz vom 1. April 1879 § 51. | Beschluß. | Beschwerde. | Von der Zu=ständigkeit des Stadtausschus=ses ausgenom=men sind die öffentlichen Ge=nossenschaften, welche zur An=lage und Ver=besserung von Wasserstraßen und anderen Schiffahrtsan=lagen begründet sind. vgl. |
| 23. Streit über die Zugehörig=keit zur Genossenschaft, insonder=heit über die Verpflichtung zur Teilnahme an den Lasten. | ebenda § 53. | Streit=verfahren. | Berufung. Revision. | |
| 24. Genehmigung der Vorarbei=ten zur Vorbereitung einer öffent=lichen Genossenschaft. | ebenda § 71. | Beschluß. | Beschwerde, soweit nicht der ordent=liche Rechts=weg statt=findet. | |
| **VI. Gewerbepolizei.** | | | | |
| 25. Entscheidung über Anträge auf Genehmigung zur Errichtung oder Veränderung nachstehender gewerblicher Anlagen: Gasberei=tungs= und Gasbewahrungsanstal=ten, Anstalten zur Destillation von Erdöl, Anlagen zur Bereitung von Braunkohlenteer, Steinkohlenteer und Koks,. Asphaltkochereien und Dachsiedereien, Glas= und Ruß=hütten, Kalk=, Ziegel= und Gips=öfen, Metallgießereien, Hammer=werke, Schnellbleichen, Firnißsiede=reien, Stärkefabriken, Stärkesyrup=fabriken, Wachstuch=, Darmsaiten=, Dachpappen= und Dachfilzfabriken, Darmzubereitungsanstalten, Leim=, Thran= und Seifensiedereien, Knochenbrennereien, Knochendar=ren, Knochenkochereien und Knochen= | ZuständG. § 109. Königl. Verord=nungen vom 13. August 1884, 11. Mai 1885, 16. Sep=tember 1888. | dgl. | Beschwerde an den Mi=nister für Handel und Gewerbe. | |

| Gegenstand. | Gesetz. | Verfahren. | Rechtsmittel. | Bemerkung |
|---|---|---|---|---|
| bleichen, Hopfenschwefeldarren, Zubereitungsanstalten für Tierhaare, Talgschmelzen, Schlächtereien, Gerbereien, Abdeckereien, Strohpapierstofffabriken, Stauanlagen für Wassertriebwerke, Fabriken, in welchen Dampfkessel oder andere Blechgefäße durch Vernieten hergestellt werden, Anstalten zum Imprägnieren von Holz mit erhitzten Teerölen, Kunstwollefabriken, Dégrasfabriken, Fabriken, in welchen Röhren aus Blech durch Vernieten hergestellt werden, Anlagen zur Erbauung eiserner Schiffe, zur Herstellung eiserner Brücken oder sonstiger eiserner Baukonstruktionen, Anlagen zur Destillation oder zur Verarbeitung von Teer und von Teerwasser, Anstalten zum Trocknen und Einsalzen ungegerbter Tierfelle, endlich Dampfkessel mit Ausnahme der für den Gebrauch auf Eisenbahnen bestimmten Lokomotiven und der zum Betriebe auf Bergwerken und Aufbereitungsanstalten bestimmten Dampfkessel. | | | | |
| 26. Entscheidung über Anträge auf Erteilung der Erlaubnis zum Betriebe der Gastwirtschaft oder Schankwirtschaft, zum Kleinhandel mit Branntwein oder Spiritus, sowie zum Betriebe des Pfandleihgewerbes und zum Handel mit Giften. | ZustGes. § 114. | Beschluß. | Gegen den versagenden Bescheid: Antrag auf mündliche Verhandlung im Streitverfahren. Berufung. | |
| 27. Entscheidung über die Erteilung der Erlaubnis an diejenigen, welche gewerbsmäßig in ihren Wirtschafts- oder sonstigen Räumen Singspiele, Gesangs- und deklamatorische Vorträge, Schaustellungen von Personen oder theatralische Vorstellungen, ohne daß ein höheres Interesse der Kunst- oder Wissenschaft dabei obwaltet, öffentlich veranstalten oder zu deren öffent- | Königl. Verordnung vom 31. Dezember 1883 § 1. | dgl. | dgl. | |

| Gegenstand. | Gesetz. | Verfahren. | Rechtsmittel. | Bemerkungen. |
|---|---|---|---|---|
| ...cher Veranstaltung ihre Räume be=nutzen lassen wollen. | | | | |
| 28. Entscheidung über Anträge auf Erteilung der Erlaubnis, in=erhalb des Gemeindebezirks des Wohnsitzes oder der gewerblichen Niederlassung den in § 42 b Abs. 1 der Reichsgewerbeordnung bezeich=neten Gewerbebetrieb auszuüben, soweit es dazu der Erlaubnis be=darf. | Königl. Verord=nung vom 31. De=zember 1883 § 1. | Beschluß. | Gegen den versagenden Bescheid: An=trag auf mündliche Verhandlung im Streitver=fahren, Be=rufung. | |
| **VII. Enteignungssachen.** | | | | |
| 29. Bestimmung: a) der Rechte, die Wegebau=pflichtigen in Bezug auf Entnahme von Materialien zum Wegebau einzuräumen sind, | ZustGes. § 151. | dgl. | Beschwerde. | |
| b) der dafür zu gewährenden Entschädigung. | dgl. | dgl. | endgültig. | |

# Nachträge und Berichtigungen.

S. 2. Von den Chroniken der deutschen Städte ist Band 21 erschienen.

S. 10. Es sei hier auch auf die inhaltreiche Zeitschrift Forschungen zur brandenburgischen und preußischen Geschichte, herausgegeben von Reinhold Koser, hingewiesen.

S. 15 ist folgende Anmerkung nachzutragen:
Die Kammern oder wie sie offiziell hießen, die Kriegs- und Domänenkammern, waren die Vorgänger der heutigen Regierungen.

S. 38. Zu dem Litteraturverzeichnisse ist nachzutragen:
Conrad Bornhak, Preußisches Staatsrecht 3 Bde., Freiburg i. B. 1888—90. Gerland, Eine einheitliche Städteordnung für Preußen (Schmoller, Jahrbuch für Gesetzgebung 13, 3). G. Dullo, Eine einheitliche Städteordnung (Preuß. Jahrb. Bd. 65). Marcinowski, Reform der Städteordnung vom 30. Mai 1853 im Anschluß an die Regelung der kommunalen Selbstverwaltung der Kreis- und Provinzialverbände (Hartmann, Zeitschrift für Gesetzgebung und Praxis Bd. 6). Marcinowski und Hoffmann, Die Städteordnung für die sechs östlichen Provinzen der preußischen Monarchie vom 30. Mai 1853 und das Gesetz, betreffend die Verfassung und Verwaltung der Städte und Flecken in der Provinz Schleswig-Holstein vom 14. April 1869. 3 A., Berlin 1890. Zelle, Die Städteordnung von 1853 in ihrer heutigen Gestalt. 2 A., Berlin 1888. Bruening, Die hannöversche Städteordnung vom 24. Juni 1858, Hannover 1885. v. Brauchitsch, Verwaltungsgesetze. Der Ergänzungsband für Posen ist von Haase bearbeitet. Von den Entscheidungen des Oberverwaltungsgerichts sind jetzt 18 Bände, des Kammergerichts 9 Bände, des Reichsgerichts in Zivilsachen 24 Bände und in Strafsachen 19 Bände erschienen.

S. 45 Anm. 1. Die angeführte Entscheidung ist jetzt OVG E. Bd. 17 Nr. 26 veröffentlicht.

S. 45 Anm. 2. Die 1866 depossedierten Fürsten sind von der Gemeindezugehörigkeit nicht ausgenommen.

S. 46. Über die Abweisung Neuanziehender vgl. jetzt auch Minvfg. vom 10. Januar 1890 (BMBl. S. 35).

S. 46. Über die Begründung eines Wohnsitzes seitens für blödsinnig er-klärter, unter Vormundschaft stehender Personen vgl. OVGE. Bd. 13 Nr. 13.

S. 48. 3. Die Bürger. Zu der Gesetzesübersicht ist hinzuzufügen: Gesetz vom 25. Mai 1873 wegen Abänderung des Gesetzes vom 1. Mai 1851 betr. die Einführung einer Klassen- und klassifizierten Einkommensteuer § 9 b.

S. 49 zu 4. In Schleswig-Holstein muß der Bewerber um das Bürgerrecht bereits seit einem Jahre selbständig sein.

S. 49 zu 9. Besitzen mehrere gemeinsam ein Wohnhaus, so ist jeder Mit-besitzer zum Erwerbe des Bürgerrechts fähig.

S. 52 zu b. Nach der Städteordnung vom 16. Dezember 1870 für Lauen-burg, die im übrigen ganz mit der Städteordnung für Schleswig-Holstein übereinstimmt, geht das Bürgerrecht auch verloren durch Nichtzahlung der schuldigen Gemeindeabgaben eines vollen Jahres.

S. 53 zu III b. Vgl. jetzt auch OVGE. Bd. 18 Nr. 1.

S. 54. Die letzten beiden Reihen von c sind zu streichen.

S. 57 zu II a. E. Die Verordnung der Ziviladministration für Hannover vom 6. November 1867 (Amtsblatt S. 1647), welche be-stimmt, daß, abgesehen von der Häusersteuer, der Klassen-steuersatz von 6 M. angewandt werden soll, ist ungültig.

S. 60 zu IV. Bei den Forensen müssen außerdem die S. 48, 49 zu 1, 2, 3, 4, 5 aufgeführten Erfordernisse erfüllt sein. Vgl. dazu auch OVGE. Bd. 17 Nr. 13. Der Fiskus ist nicht wahlberechtigt. Vgl. OVGE. Bd. 14 Nr. 18, Bd. 17 Nr. 13.

S. 70 zu IV. Durch das Gesetz vom 31. März 1890 betr. die Erweiterung der Stadtgemeinde und des Stadtkreises Altona ist gestattet, daß in Altona die Zahl der Stadtverordneten von 30 auf 42 erhöht werde.

S. 73 zu IV a. Wegen der Teilnahme der juristischen Personen, insbesondere auch des Fiskus an den Stadtverordnetenwahlen vgl. auch OVGE. Bd. 17 Nr. 13.

S. 73 zu IV b Nr. 2. Die bei den evangelischen Kirchen angestellten Ren-danten der Kirchenkassen sind als Kirchendiener zu Stadtverordneten nicht wählbar. Vgl. OVGE. Bd. 17 Nr. 17.

S. 78 Anm. 3. Die gegenteilige Ansicht des Oberverwaltungsgerichts — OVGE. Bd. 17 Nr. 15 — vermag mich von der Unrichtig-keit meiner Ausführungen nicht zu überzeugen. Die Streit-frage würde gegenstandslos werden, wenn der von dem Abg.

34*

Zelle eingebrachte und von beiden Häusern des Landtags angenommene Gesetzesentwurf betr. die Abänderung einiger Bestimmungen wegen der Wahl von Stadtverordneten Ge= setzeskraft erhielte. Bei der Flüchtigkeit, mit der er redi= giert ist — im Art. I ist nicht einmal angegeben, von welcher Städteordnung die Rede ist — muß allerdings gewünscht werden, daß dies nicht geschehe.

S. 80 zu III. Über die Art, in der Wahlen vorzunehmen sind, durch die nicht eine Ergänzung, sondern eine Umbildung der Stadtver= ordnetenversammlung — Erhöhung oder Erniedrigung ihrer Mitgliederzahl — erfolgt, vgl. OVGE. Bd. 17 Nr. 14.

S. 80 zu III a. E. — Die zur regelmäßigen Ergänzung der Versammlung und die zum Ersatze vorzeitig ausgeschiedener Mit= glieder bestimmten Wahlen dürfen nicht in der Weise mit einander verbunden werden, daß sie in einer zeitlich einheitlichen Wahlhandlung stattfinden. So OVGE. Bd. 18 Nr. 6.

S. 84 II. Vgl. OVGE. Bd. 18 Nr. 6 — siehe auch den oben vorher gehen= den Vermerk.

S. 86 zu IV. Bei unvollständiger Besetzung des Wahlvorstandes läßt sich eine Ungültigkeit des gesamten Wahlgeschäfts nur dann annehmen, wenn die widerrechtliche Zusammensetzung des Wahlvorstandes so lange gedauert hat, daß davon das Er= gebnis der Wahl selbst beeinflußt wird. So OVGE. Bd. 17 Nr. 16.

S. 87 Anm. 2 muß heißen ZustGes. § 110³.

S. 89 zu V. Vgl. auch OVGE. Bd. 17 Nr. 16.

S. 90 zu VIII. Vgl. auch OVGE. Bd. 17 Nr. 12.

S. 94 zu II. Vgl. auch OVGE. Bd. 18 Nr. 7.

S. 119 Anm. 2. Vgl. dazu auch ZustGes. § 162.

S. 128 zu c. So auch OVGE. Bd. 17 Nr. 59.

S. 152 zu Anm. 2. Vgl. auch Verordnung vom 4. Juli 1867 betr. die Organisation der Forstverwaltung in den neu erworbenen Gebietsteilen.

S. 155 zu d a. E. Hinsichtlich der Frage, welche Beamten auf Kündigung angestellt werden dürfen und welches die Rechtsfolgen einer unzulässigerweise auf Kündigung erfolgten An= stellung sind vgl. OVGE. Bd. 12 Nr. 8, Bd. 18 Nr. 8 und Entscheidung des Reichsgerichts vom 6. Dezember 1888 — Gruchot, Beiträge Bd. 33 S. 1038. —

S. 155 zu e I. Über die Teilnahme der Beamten am öffentlichen politischen Leben vgl. OVGE. Bd. 14 Nr. 69.

S. 156 zu III. In Fällen, in denen die Erfüllung staatsbürgerlicher Pflichten öffentliche Beamte nötigt, ihren Dienst zu versäumen, be= dürfen sie keines Urlaubs, sind aber zu einer Anzeige der

Verhinderung in ihrem Amte an den Vorgesetzten verbunden, welche diesen in den Stand setzt, die Dauer der Verhinderung zu kontrollieren. OVGE. Bd. 16 Nr. 62.

S. 156 zu III. Der Bürgermeister bedarf in den alten Provinzen und Schleswig-Holstein nach dem Gesetze zu jedem Urlaub der Erlaubnis des Regierungspräsidenten, durch Verwaltungs-anordnung ist aber nachgelassen worden, daß er sich bis zu 3 Tagen ohne weiteres selbst beurlauben darf und bei einer längeren Abwesenheit bis zu 8 Tagen nur dem Regierungs-präsidenten davon Anzeige erstatten soll.

S. 160 zu V. Vgl. auch OVGE. Bd. 17 Nr. 59.

S. 162. Vgl. dazu OVGE. Bd. 18 Nr. 65 und 66.

S. 172 zu d. Vgl. dazu OVGE. Bd. 18 Nr. 65.

S. 172 Anm. 3. So auch Entscheidung des Reichsgerichts vom 6. Dezember 1888 — Gruchot, Beiträge Bd. 33 S. 1038. —

S. 176. Siehe auch Entscheidung des Reichsgerichts vom 18. Juni 1885 — JMBl. 1886 S. 19.

S. 197. Über die Freiheit der Städte und städtischer Anstalten von Ge-richtskosten vgl. Gesetz vom 10. Mai 1851 § 4, Reichsgesetz vom 18. Juni 1878 § 98.

S. 214 lies Anm. 2: In Hannover ist die Bestätigung des Bezirksausschusses nicht erforderlich.

S. 219 Anm. 3. Wegen der Bestätigung der Gemeindeforstbeamten in Han-nover vgl. StOH. § 56 a. E.

S. 222 streiche: Marktstandsgelder. Vgl. dazu S. 372 Anm. 2.

S. 237 zu II b. Das Diensteinkommen der Volksschullehrer bleibt in der Gemeinde ihres thatsächlichen Wohnsitzes von allen direkten Beiträgen zu den Gemeindelasten auch dann befreit, wenn sie an einer außerhalb jener Gemeinde belegenen Volks-schule angestellt sind. So mit Recht OVGE. Bd. 18 Nr. 21.

S. 237 Anm. 2. Die Steuerfreiheit genießen auch die Strafanstaltsgeistlichen. Vgl. OVGE. Bd. 18 Nr. 18; Minvfg. vom 8. Januar 1890 (VMBl. S. 6).

S. 243 Anm. 2. Wegen der Lehrer an höheren städtischen Schulen vgl. Minvfg. vom 19. Juli 1889 (Centrbl. f. Unterrw. 1889 S. 696).

S. 245 Anm. 2. Wegen des Diensteinkommens der Gerichtsvollzieher vgl. auch OVGE. Bd. 18 Nr. 16.

S. 248. Die zur Probedienstleistung bei Civilbehörden kommandierten Inhaber von Civilversorgungsscheinen (Militäranwärter) sind als servisberech-tigte Militärpersonen des aktiven Dienststandes hinsichtlich des Dienst-einkommens nicht steuerpflichtig. So OVGE. Bd. 18 Nr. 17.

S. 281. Vgl. dazu auch RGCE. Bd. 24 Nr. 48.

S. 337. Vgl. dazu die Minvfg. vom 15. März 1890 (VMBl. S. 77). 13. Mai 1890 (VMBl. S. 93) und 31. Mai 1890 (VMBl. S. 93).

S. 376 Anm. 5. Vgl. dazu Erk. des Reichsgerichts vom 8. Februar 1890 (VMBl. S. 80.)

# Sachregister.

der Rat Handlungen derselben aus=
üben kann 431.
Gerichtsstand der Städte 197.
Gesamtpersönlichkeit, die mittelalter=
liche Stadt ist eine 8.
Geschäftsanweisung für den Stadt=
vorstand 124³.
Geschäftsordnung der Stadtverord=
neten=Versammlung 96.
Geschworenen, Wahl der 430.
Gesetz ist Quelle des Stadtrechts 29.
Gesetzesmaterialien, ihr Wert 39.
Gesetzgebung, Begriff 185, städtische,
ihre Formen 185.
Gesetzsammlung müssen die Städte
halten 425.
Gewerbegericht 503.
Gewerbeschiedsgericht 358.
Gewerbesteuer 300, 319, 320, 427,
als Gemeindesteuer 233, 300.
Gewerbetreibende, Bürgerrechtser=
werb der 50, inwieweit sie Bürger=
rechtsgeld zahlen 50, 225.
Gewerbliche Anlagen, Besteuerung
des Einkommens aus 253, 255.
Gnadenbewilligungen an die Hinter=
bliebenen städtischer Beamter 181.
Grafschaften des Mittelalters, Be=
griff 5².
Gratifikationen an städtische Beamte
169¹, ihre Besteuerung 263.
Grundherr, geistlicher, siehe Bischof.
Grundsteuer als Gemeindesteuer 233,
293, 319, Befreiungen 296, Ab=
lösung der Befreiungen 300, Ein=
ziehung der staatlichen 426.
Grundstücke, Besteuerung des Ein=
kommens aus 253, 255, städtische,
Veräußerung der 208, städtische,
Verlust des Eigentums an 210.
Grundstücksteilung, Verteilung der
Abgaben bei 308.
Güterbestätiger, Bestellung durch die
Stadt 370.

Gutsherrliche und bäuerliche Verhält=
nisse, Regulierung der 210.

H.

Handelskammer kann die städtische
Kasse benutzen 480.
Handlungen, unerlaubte, der Städte
198.
Hausbesitzer, ihre Vertretung in der
Stadtverordnetenversammlung 71,
Verteilung der in die Stadtverord=
netenversammlung zu wählenden auf
die Wahlbezirke 78², ihre Verteilung
bei Ergänzungswahlen 84.
Hausiergewerbesteuer 300.
Hausierhandel innerhalb der Stadt,
Erlaubnis dazu 421.
Hausstand, eigener 49.
Heberollen 311.
Herrenhaus, Vertretung einzelner
Städte in ihm 498.
Hinterbliebene städtischer Beamter,
Fürsorge für sie 181, insbesondere,
wenn der Beamte infolge eines Be=
triebsunfalls gestorben ist 179; siehe
auch Gnadenbewilligungen.
Historischem Wert, Gegenstände von
194, 220.
Hofbeamte können in Hannover die
Wahl zum Stadtverordneten ab=
lehnen 75, ihre Steuerpflicht 244.
Hofrecht, Begriff 5¹.
Hohenzollern, die Mitglieder der fürst=
lichen Familie gehören zur Stadt=
gemeinde 45.
Holznutzungen der Städte in Hanno=
ver 214³.
Hundertschaft, Verhältnis der Stadt
zur 8.
Hundesteuer 303, 319, 320.

J.

Impfgeschäft, Teilnahme der Städte
daran 365.

**Verlag von Siemenroth & Worms in Berlin SW.**

In unserem Verlage erschien soeben:

# Allgemeine Staats-Lehre.

Als Einleitung in das Studium der Rechts-Wissenschaft.

Von

## Hermann Henschel.

1890. — Erste Lieferung — 96 Seiten gr. 4°. Preis 4 Mark.

## Inhalt des Werkes:

Einleitung. I. Der Zweck des Rechts. — II. Recht und Staat. — **Erstes Buch: Die natürlichen Grundlagen des Staates.** Erster Abschnitt: Das Land. I. Die natürliche Beschaffenheit des Landes. II. Die Ausdehnung des Landes. — Zweiter Abschnitt: Die Bevölkerung. 1. Kapitel: Die Menschheit. I. Die Stellung des Menschen in der Natur. II. Die Entwickelung der menschlichen Kultur. 1. Der Urzustand der Menschheit. 2. Das wirthschaftliche Leben. 3. Das geistige Leben. 4. Das sittliche Leben. 5. Das religiöse Leben. 2. Kapitel: Die Menschen-Rassen. 3. Kapitel: Die Nationen und Völker. 4. Kapitel: Die Volks-Schichten [Sklaverei; Kasten; Stände; Klassen]. 5. Kapitel: Die Verschiedenheit des Geschlechts [Stellung der Frauen]. — **Zweites Buch: Die Staats-Gewalt.** Erster Abschnitt: Die Entstehung der Staats-Gewalt. — Zweiter Abschnitt: Die Formen der Staats-Gewalt. Erste Abtheilung: Einheits-Staaten. 1. Kapitel: Monarchische Staats-Formen. 2. Kapitel: Aristokratische Staats-Formen.

3. Kapitel: Demokratische Staats-Formen. Zweite Abtheilung: Staaten-Verbindungen. 1. Kapitel: Personal- und Real-Union. 2. Kapitel: Staaten-Bund. 3. Kapitel: Staaten-Staat [Bundes-Staat]. — Dritter Abschnitt: Die Funktionen der Staats-Gewalt. 1. Kapitel: Gesetzgebung. 2. Kapitel: Regierung [Verwaltnng]. 3. Kapitel: Rechts-Pflege. Anhang: Das System der Rechts-Wissenschaft.

----

Das vorliegende Werk behandelt das Staats- und Rechtsleben im Zusammenhange mit den übrigen Schöpfungen der menschlichen Kultur und deren bisheriger Entwickelung, überall auf die Uranfänge des Werdens zurückgehend.

Es will in rein sachlicher Weise, fern von jeder Voreingenommenheit und Parteileidenschaft, über die vielverzweigten Fragen des politischen Lebens unterrichten.

Ganz besonders will es dem Jünger der Rechtswissenschaft ein Hülfsmittel an die Hand geben, die Grundlagen seines Fachstudiums zu erweitern und einen Standpunkt zu gewinnen, von dem aus er das große Gebiet seiner, das gesammte Kulturleben umspannenden Wissenschaft mit freiem und sicherem Blick überschauen kann.

Die Darstellung des umfangreichen Stoffes ist bei aller Gründlichkeit kurz und ungemein übersichtlich, die Ausdrucksweise durchgängig so klar und faßlich, daß auch der Ungelehrte das Buch nicht ohne den Gewinn eines tieferen Einblicks in die Probleme der menschlichen Gesellschaft lesen dürfte.

Die erschienene erste Lieferung umfaßt die Abschnitte I und II Kap. 1 bis Ziffer II, 4 des ersten Buches, und behandelt u. A.: den Einfluß der Natur (Klima, Bodengestalt ꝛc.) auf das Kultur- und Staatsleben, den Kulturzustand der vorgeschichtlichen Zeit, die historische Entwickelung des Wirthschaftslebens und seine gegenwärtige Gestaltung (mit zahlreichen statistischen Tabellen), die Entwickelung des geistigen Lebens, die moderne Presse und die politischen Parteien.

Das Werk wird mit fünf Lieferungen, welche zwei Bände bilden, 1891 vollständig vorliegen und etwa 18 Mark kosten.

----

Verlag von Siemenroth & Worms in Berlin SW.

# Die Arbeiter-Versorgung.

## Central-Organ

für die

## Staats- und Gemeindeverwaltungsbehörden, Vorstände der Krankenkassen und Berufsgenossenschaften,

zur Ausführung der Gesetzgebung, betreffend das Arbeiter = Versicherungswesen im deutschen Reiche.

**Unter Benutzung amtlicher Quellen, nach den Mittheilungen des Reichsversicherungsamtes und unter Mitwirkung hervorragender Verwaltungsbeamten Juristen, Fachmänner und Aerzte**

herausgegeben und redigirt

von

### J. Schmitz.

Monatlich drei Nummern à 1 Bogen stark. Preis pro Halbjahr 6 Mark. Zu beziehen durch alle Buchhandlungen und durch jedes Postamt. (Postzeitungsliste Nr. 577.) Frühere Jahrgänge (1884 bis 1889) werden zu je 12 Mark noch abgegeben. Probenummern bereitwilligst.

Vorstehende Zeitschrift wurde von den Ministerien fast aller deutschen Staaten und den meisten Herren Oberpräsidenten Preußens empfohlen. Sie behandelt alle auf dem Gebiete der Kranken=, Unfall=, Invaliditäts= und Alters=Versicherung auftauchenden Fragen. Die gerichtlichen und verwaltungsbehördlichen Entscheidungen fast aller prinzipiell wichtigen Prozesse aus dem Gebiete der Arbeiter=Versicherung, die Rekurs=Entscheidungen, Bescheide, Beschlüsse und Rundschreiben des Reichsversicherungsamtes und der Landes=Versicherungs= ämter, Erkenntnisse der Schiedsgerichte, Verfügungen der Behörden, werden in der „Arbeiter=Versorgung" veröffentlicht.

„ . . . Für alle diejenigen, welche sich mit der Kranken= und Unfallversicherung und den verwandten Gebieten wissenschaftlich oder praktisch beschäftigen, ist die Zeitschrift „Die Arbeiter = Versorgung" als Fundgrube für thatsächliches Material und gründliche Würdigung desselben zu empfehlen."

(Norddeutsche Allgemeine Zeitung.)

„ . . . Aus dem Gedanken, die praktische Durchführung der sozialpolitischen Gesetzgebung des deutschen Reiches zu erleichtern, entstand 1884 die Herausgabe der Zeitschrift: „Die Arbeiter=Versorgung". Sie wurde im Laufe der folgenden Jahre zu einem Organe der Fortentwickelung des sozialpolitischen Friedenswerkes, behandelte mit großer Sachkenntniß alle Organisations= und Verwaltungsfragen der Krankenkassen, besprach aufgetretene Zweifel und Meinungsverschiedenheiten über gesetzliche Bestimmungen und wirkte zur Erweiterung und Vervollkommnung des Hilfskassenwesens anregend mit. Das Verdienst der Zeitschrift liegt darin, daß sie das Material für eine richtige Auslegung der schwierigen Gesetze sorgfältig zusammengetragen und gesichtet hat, so daß das Unternehmen eine gewisse autoritative Bedeutung für die mit Durchführung der Versicherung der Arbeiter betrauten Behörden erlangte. Der 1888er Jahrgang enthält eine Reihe von Aufsätzen über wichtige Fragen des Arbeiterversicherungs=Rechtes, bespricht treffend eine Menge in der Praxis hervorgetretener Kontroversen, das gesammte Gesetz über die Unfallversicherung der land= und forstwirthschaftlichen Arbeiter, die Grundzüge zur Alters= und Invalidenversicherung u. s. w. Von besonderem Interesse für alle Behörden sind die zahlreichen Aeußerungen über in der Praxis hervorgetretene Streitfragen und Belehrungen über zweckmäßige Anwendung des Gesetzes in einzelnen Fällen. So bildet das Unternehmen den besten Kommentar für sämmtliche Kranken= und Unfallgesetze, es wird den Praktiker selten im Stich lassen."

(Darmstädter Zeitung.)

Verlag von Siemenroth & Worms in Berlin SW.

# Die Unfall-Versicherung

## der in land- u. forstwirthschaftlichen Betrieben beschäftigten Personen

### nach dem Reichsgesetz vom 5. Mai 1886

#### und den zu demselben ergangenen Ausführungsbestimmungen
#### der Bundesstaaten

unter

besonderer Berücksichtigung der für die einer Berufsgenossenschaft nicht angeschlossenen
Betriebe des Reichs und des Staats maßgebenden Vorschriften

bearbeitet von

## Just,

Königl. Preuß. Regierungsrath,
Vorsitzender des für die Staats-Forstbetriebe im Reg.-Bez. Hildesheim errichteten Schiedsgerichts.

XVI u. 397 S. gr. 8. Geh. 7 Mark, geb. in Kaliko 8 Mark.

... „Im Uebrigen kann dem Kommentar nur volles Lob gespendet werden.
Die Anmerkungen zu den einzelnen Paragraphen sind reichhaltig, dabei klar und
ohne Weitschweifigkeit abgefaßt; sie geben neben eigenen Ausführungen des Ver-
fassers insbesondere die Judikatur des Reichsversicherungsamtes korrekt und übersichtlich wieder, benützen die vorhandene Literatur ausgiebig und berücksichtigen
überall die Vorschriften der Landesgesetzgebungen und der Ausführungsbestimmungen.
Diese Vorschriften sind in den Anlagen unter 64 Nummern abgedruckt und erstrecken
sich auf das Reich und 22 Bundesstaaten. Ein korrektes Sachregister beschließt
das Werk, welches sicher neben den bisherigen Bearbeitungen des Gesetzes Beifall
finden und den vom Verfasser ausgesprochenen Zweck vollständig erfüllen wird."

(Jahrbuch für Gesetzgebung. 1889 Januarheft.)

... „(Durch die Aufnahme der sämmtlichen Ausführungsbestimmungen der
einzelnen Bundesstaaten) erhält die sorgfältige Arbeit auch für weitere Kreise Werth,
in allen Staaten wird jene Zusammenstellung des partikulären Rechts zu benutzen
sein. Wo es irgend anging ist die Judikatur des R.-V.-A. im Wortlaute wieder-
gegeben, überall mit dem Stoffe sorgfältig bearbeitet. Hiermit ist auch über den
Kreis der Organe der staatlichen Versicherung einem praktischen Bedürfniß gerecht
geworden und ein weiterer Beitrag zum Verständnisse des Gesetzes überhaupt geliefert. Die Erläuterungen zeichnen sich in ihrer präcisen Kürze durch Gründlichkeit
und Vollständigkeit vortheilhaft aus. Die Arbeit darf bei Fachleuten und Privaten
der beifälligsten Aufnahme gewiß sein."

(Arch. f. sociale Gesetzgeb. II. S. 214.)

**Verlag von Siemenroth & Worms in Berlin SW.**

# Sammlung

## der Bescheide, Beschlüsse und Rekurs-Entscheidungen

### des Reichs-Versicherungsamts

### nebst den wichtigsten Rundschreiben desselben.

Systematisch zusammengestellt

von

## J. Schmitz,

Herausgeber der „Arbeiter-Versorgung", Zentral-Organ für das Arbeiter-Versicherungswesen.

1888. Erster Band XVI u. 334 S. gr. 8°. Geheftet 6 Mark, geb. 7 Mark.

1890. Zweiter Band 190 S. gr. 8°. Geheftet 4 Mark, geb. 5 Mark.

„. . . Der Verfasser, welcher als Redakteur der „Arbeiter-Versorgung" auf dem Gebiete der öffentlich-rechtlichen Versicherung erprobt ist, hat sich der anerkennenswerthen Mühe unterzogen, systematisch die in den Amtlichen Nachrichten des Reichs-Versicherungsamtes veröffentlichten Bescheide, Beschlüsse und Rekursentscheidungen zu ordnen, soweit dieselben nicht bloße Spezialfragen betreffen, vielmehr ein Allgemeininteresse haben. Es werden die Grundsätze dieses höchsten Gerichtshofes für das Unfallversicherungsrecht darin in einer für Jeden leicht auffindbaren Art zusammengestellt und deren Nachschlagen durch ein sorgfältiges und vollständiges Sachregister erleichtert."

(Baugewerks-Zeitung 1888 Nr. 69.)

„Angesichts des Umstandes, daß die Bescheide, Beschlüsse und Rekurs-Entscheidungen des Reichs-Versicherungsamts sehr zerstreut in den „Amtlichen Nachrichten" dieses Amtes und anderen Zeitschriften veröffentlicht sind, hat es der als Herausgeber der „Arbeiter-Versorgung" in weiteren Kreisen bekannte Verfasser der vorbezeichneten Sammlung unternommen, die Rechtsprechung und Verwaltungspraxis der genannten Reichsbehörde übersichtlich zu ordnen. Er gliedert den reichhaltigen Stoff, bei welchem auch die Rundschreiben des Reichs-Versicherungsamtes nicht vergessen sind, in 5 Haupt-Abschnitte: 1. Allgemeine Bestimmungen. 2. Die Unfallfürsorge. 3. Die Betriebsunternehmer und Berufsgenossenschaften. 4. Die Theilnahme der Arbeiter an der Unfallversicherung. 5. Die Unfallverhütung. Ein sorgfältig gearbeitetes Inhaltsverzeichniß, sowie eine vergleichende Uebersicht der Nummern der „Amtlichen Nachrichten" mit den Nummern der aufgenommenen Entscheidungen u. s. w. erhöht den Werth des Werkes für die mit der Handhabung des Unfallversicherungs- und der Ergänzungsgesetze befaßten Behörden und Genossenschafts-Organe." (Zeitschr. f. d. Berg-, Hütten- u. Salin.-Wes. Bd. 37, H. 1.)

Verlag von Siemenroth & Worms in Berlin SW.

# Anleitung
## zur Kassen- und Rechnungsführung der Berufsgenossenschaften
unter besonderer Berücksichtigung
### der Kassen- und Buchführung der Berufsgenossenschafts-Sektionen
und der
### bei den Baugewerks-Berufsgenossenschaften errichteten Versicherungsanstalten.

Nach amtlichem Material bearbeitet und herausgegeben

von

## Emil Götze,
exped. Sekretär und Kalkulator im Reichs-Versicherungsamt.

---

**1889. 200 S. Lex. 8°. Gebunden 5 Mark.**

---

„Um einem mehrfach in Genossenschaftskreisen empfundenen Verlangen nach einer thunlichst einfachen, durch klare und bestimmte Vorschriften geregelten Kassenführung zu entsprechen, ist von dem expedirenden Sekretär und Kalkulator **Götze** im Reichs-Versicherungsamt an der Hand der bei der Bearbeitung der für den Reichstag eingereichten Rechnungsergebnisse aller Berufsgenossenschaften gesammelten Erfahrungen mit Genehmigung des Reichs-Versicherungsamts eine Anleitung über die Kassen- und Rechnungsführung der Berufsgenossenschaften aufgestellt worden. Der Verfasser, welcher vor seinem Uebertritt in das Reichs-Versicherungsamt selbst mehrfach Kassen verwaltet und auch als Kontrolbeamter über die Vermögensverwaltungen verschiedener größerer Staatsinstitute fungirt hat, ist, wie in dem Vorwort zu der erwähnten Anleitung ausgeführt werden wird, davon durchdrungen, daß es bei dem Umfange, welchen der Geldverkehr bei den Genossenschaften gewinnt, im Interesse der Vorstandsmitglieder, welche für ihre Amtshandlungen wie Vormünder ihren Mündeln haften, ein unbedingtes Erforderniß ist, die Kassen- und Rechnungsführung durch ganz bestimmte Vorschriften zu regeln. Abgesehen davon, daß derartige Vorschriften als Normen für die die Kassen- und Buchführung besorgenden Beamten — besonders beim Wechsel und bei Vertretungen derselben — vorhanden sein müssen, werden die ersteren namentlich noch deshalb für erforderlich gehalten, um eine sachgemäße Kontrole seitens des mit der Revision der Genossenschaftskasse bezw. auch mit der Vorprüfung ꝛc. der Jahresrechnung zu betrauenden Ausschusses (Rechnungs-Prüfungs-Kommission) zu ermöglichen.

Außerdem wird eine für alle Berufsgenossenschaften (industrielle und landwirthschaftliche) anwendbare Buchführung in Vorschlag gebracht, welche den gesammten Kassenverkehr dergestalt klar darstellt, daß der Gang und Stand desselben sowohl im Ganzen, als in den einzelnen Zweigen jeden Augenblick vollständig übersehen werden kann.“

**Die Götze'sche Anleitung ist durch Rundschreiben des Reichs-Versicherungsamts den Berufsgenossenschaften und deren Sektionen zur Anschaffung empfohlen worden.**

**von Rohr.** — Unfallversicherung. I. Unfallversicherungsgesetz vom 6. Juli 1884. Bekanntmachung des Bundesraths vom 22. Januar 1885 und Ausdehnungsgesetz vom 28. Mai 1885. Mit einer systematischen Darstellung, fortlaufenden Erläuterungen und dem gesammten amtlichen Ausführungsmaterial von v. Rohr, Regierungs-Assessor. Zweite umgearbeitete und erweiterte Auflage. 1886. XII und 308 S. kl. 8°.

Gebunden 3 Mark.

„— — Vor Allem für Mitglieder der Sektions- und Genossenschaftsvorstände und Vertrauensmänner, außerdem aber auch für jeden Betriebsunternehmer und Arbeiter, der das Gesetz mit verhältnißmäßig geringer Mühe kennen lernen will, wird dieses Buch ein vorzüglicher Führer sein. Rezensent wenigstens nennt keine andere kommentirte Ausgabe des Gesetzes, welche er der v. Rohrschen zu dem Zwecke vorziehen, oder welche er derselben in diesem Sinne gleichstellen könnte.“

(Zeitschrift für Spiritusindustrie IX. Jahrg. Nr. 9.)

**Schmitz.** — Die Arbeiter-Versicherung. Handbuch für die Vorstände und Rechnungsführer von Krankenkassen aller Art. Nach den Reichsgesetzen vom 15. Juni 1883, 6. Juli 1884, 28. Mai 1885 und 5. Mai 1886 dargestellt von J. Schmitz, Herausgeber der „Arbeiter-Versorgung“. 1888. IV u. 287 S. gr. 8°.

Preis 5 Mark.

Inhalt: Die Entwickelung der Kranken- und Unfallversicherung. — Erster Abschnitt: Die Krankenversicherung. — I. Gegenstand und Umfang der Versicherung. — II. Die Anstalten zur Durchführung der Versicherung. — III. Das Ortsstatut. — IV. Das Kassenstatut. — V. Die Rechtsverhältnisse der Krankenkassen zu ihren Mitgliedern und dritten Personen. — VI. Die Verwaltung der Krankenkasse. — VII. Ende der Krankenkasse. — VIII. Das Verhältniß der Krankenkassen zu den Staats- und Gemeindebehörden. — IX. Kassenverband.

**Schmitz.** — Uebersicht der für die sämmtlichen Bundesstaaten in Gemäßheit des § 8 des Reichsgesetzes betreffend die Krankenversicherung der Arbeiter vom 15. Juni 1883 festgestellten ortsüblichen Tagelöhne gewöhnlicher Tagearbeiter zusammengestellt von J. Schmitz, Herausgeber der „Arbeiter-Versorgung“. (Das Kgl. Preußische Kriegs-Ministerium bestellte 40 Exemplare vorstehender Uebersicht.)

Preis 6 Mark.

**Fuhrmann.** — Normalstatut für Innungs-Krankenkassen nebst Einleitung und Erläuterungen sowie einer praktischen Anleitung zur Errichtung derartiger Kassen. Herausgegeben von E. Fuhrmann, Regierungsrath und Justitiar der Königl. Regierung zu Merseburg. 8°. 46 S.

1 Mark 20 Pf.

Verlag von Siemenroth & Worms in Berlin SW.

Die

# Preußische Gewerbesteuergesetzgebung

in ihrer heutigen Gestalt

und

## das Gesetz betreffend Besteuerung des Wanderlagerbetriebes.

Mit

### Kommentar

für

Justiz- und Verwaltungsbeamte

von

### Rudolf Falkmann,
Amtsrichter.

1886. X u. 253 S. gr. 8°. Geh. 4 Mark 50 Pf. Geb. 5 Mark 50 Pf.

„Es war wohl endlich einmal an der Zeit, daß auf dem Gebiete der preußischen Gewerbesteuergesetzgebung seit dem Erlaß des zum Theil heute noch gültigen Gesetzes vom 30. Mai 1820 angehäufte Material an neuen gesetzlichen Vorschriften, ministeriellen Ausführungsinstruktionen und Reskripten, höchstinstanzlichen Judikaten u. s. w. zu ordnen und zu sichten, veraltete und überflüssige Bestimmungen zu streichen und, mit einem Worte, das ganze für das praktische Leben hochbedeutsame Gebiet der Steuergesetzgebung zu kodifiziren. Dieser Aufgabe hat sich der Herr Verfasser dieses vortrefflichen Hilfsbuches mit Sachkenntniß und dankenswerther Ausdauer unterzogen und dieselbe in der vollständigsten und glücklichsten Weise gelöst, so daß der Beamte und der Privatmann, welche sich über gewerbesteuerliche Fragen im Allgemeinen oder für spezielle Fälle in zuverlässiger Weise unterrichten wollen, entweder aus der lichtvollen und übersichtlichen Darstellung selbst, oder an der Hand der sorgfältig gearbeiteten alphabetischen und chronologischen Register ohne erhebliche Mühe gründliche Belehrung finden können. Wir begrüßen diese tüchtige Arbeit mit Freuden und wünschen dem fleißigen Herrn Verfasser sowie der Verlagshandlung, letzterer für die schöne Ausstattung, den wohlverdienten Erfolg." „Die Selbstverwaltung."